독자의 1초를
아껴주는 정성을
만나보세요!

세상이 아무리 바쁘게 돌아가더라도 책까지 아무렇게나 빨리 만들 수는 없습니다.

인스턴트 식품 같은 책보다 오래 익힌 술이나 장맛이 밴 책을 만들고 싶습니다.

땀 흘리며 일하는 당신을 위해 한 권 한 권 마음을 다해 만들겠습니다.

마지막 페이지에서 만날 새로운 당신을 위해 더 나은 길을 준비하겠습니다.

OpenCV 4로 배우는 컴퓨터 비전과 머신 러닝

COMPUTER VISION AND
MACHINE LEARNING
WITH OPENCV 4

황선규 지음

길벗

OpenCV 4로 배우는 컴퓨터 비전과 머신 러닝
Computer Vision and Machine Learning with OpenCV 4

초판 발행 · 2019년 4월 12일
초판 9쇄 발행 · 2022년 10월 28일

지은이 · 황선규
발행인 · 이종원
발행처 · (주)도서출판 길벗
출판사 등록일 · 1990년 12월 24일
주소 · 서울시 마포구 월드컵로 10길 56(서교동)
대표전화 · 02)332-0931 | **팩스** · 02)323-0586
홈페이지 · www.gilbut.co.kr | **이메일** · gilbut@gilbut.co.kr

기획 및 책임편집 · 안윤경(yk78@gilbut.co.kr) | **디자인** · 최주연 | **제작** · 이준호, 손일순, 이진혁
영업마케팅 · 임태호, 전선하, 지운집, 박성용 | **영업관리** · 김명자 | **독자지원** · 송혜란, 홍혜진

교정교열 · 김윤지 | **전산편집** · 남은순 | **출력 및 인쇄** · 예림인쇄 | **제본** · 예림바인딩

ISBN 979-11-6050-765-2 93000
(길벗 도서번호 006939)

정가 42,000원

. . . .

독자의 1초를 아껴주는 정성 길벗출판사

길벗 | IT실용서, IT/일반 수험서, IT전문서, 경제실용서, 취미실용서, 건강실용서, 자녀교육서
더퀘스트 | 인문교양서, 비즈니스서
길벗이지톡 | 어학단행본, 어학수험서
길벗스쿨 | 국어학습서, 수학학습서, 유아학습서, 어학학습서, 어린이교양서, 교과서

페이스북 · www.facebook.com/gbitbook
예제소스 · https://github.com/gilbutITbook/006939

드디어 길었던 집필이 끝나고 마지막 글을 적고 있습니다. 처음 OpenCV 책을 써야겠다고 생각한 지 2년이 더 지나서야 책이 완성되는 모습을 보게 되었습니다. 그사이에 OpenCV 버전이 3.2에서 3.3, 3.4, 결국에는 4.0까지 나오게 되었습니다. OpenCV 버전이 업그레이드되면서 새로운 기능이 추가되고 그에 맞게 책의 내용도 알차지는 것은 기분 좋은 일이지만, 그래도 더 빨리 독자분들께 보여 드리지 못한 것은 아쉽게 생각합니다.

이 책의 내용은 패스트캠퍼스에서 진행하고 있는 〈OpenCV로 배우는 컴퓨터 비전 프로그래밍 캠프〉 강의를 기반으로 구성되었습니다. OpenCV 강의를 13회 이상 진행하면서 컴퓨터 비전 초보자 분들도 체계적으로 학습할 수 있도록 커리큘럼을 다듬을 수 있었고, 그 결과를 이 책에서 주된 설명의 흐름으로 삼았습니다. 아무쪼록 이 책이 컴퓨터 비전과 OpenCV를 시작하시는 분들께 쉽게 다가가기를 바라고, 학습과 실무에 도움이 되기를 바랍니다.

IT 책에는 어울릴 것 같지 않은 말이지만, 자꾸 인연(因緣)이라는 말이 머릿속에 맴돕니다. 저와 OpenCV에도 인연이 있고, OpenCV 강의를 시작하게 된 것도 인연이 있어서 이루어진 것이고, OpenCV 강의를 하면서 만났던 수많은 분들도 다 인연의 끈이 이어져 있다고 생각합니다. 그 인연에 늘 감사하며, 이러한 인연으로 인해 이 책이 나올 수 있었습니다. 그리고 이 책으로 인해 독자분들과 새로운 인연이 맺어지고 있으니 반가울 따름입니다.

4년 전 처음 OpenCV 강의를 제안해 준 패스트캠퍼스 김지훈 상무님과 지금은 그렙에서 고생하고 있는 김슬기 팀장님께 감사의 인사를 드립니다. 이 책을 기획하고 오랜 집필 기간 동안 기분 좋게 독려해 준 길벗출판사 안윤경 차장님께 감사의 인사를 드립니다. 책을 쓴다는 것에 대해 늘 진지한 조언을 해 주는 친구 형철이에게도 고맙다는 말을 전하고 싶습니다. 책을 쓰는 동안 주말에도 아빠 대신 아이들과 오랜 시간 놀아 주었던 아내 건하와 한창 아빠랑 축구하고 싶어 하던 채원이와 시원이에게 사랑한다는 말을 전합니다.

황선규

예제 파일 내려받기

책에서 사용하는 예제 파일은 길벗출판사 웹 사이트에서 도서명으로 검색하여 내려받거나 깃허브에서 내려받을 수 있습니다.

- **길벗출판사 웹 사이트**: http://www.gilbut.co.kr
- **출판사 깃허브**: https://github.com/gilbutITbook/006939
- **저자 깃허브**: https://sunkyoo.github.io/opencv4cvml/
  저자 깃허브에서 Visual Studio 2017과 OpenCV 설치 방법, 일부 책 내용에 대한 동영상 강의를 제공합니다.
- **파이썬으로 구현한 소스 코드**: https://github.com/sunkyoo/opencv4cvml/tree/master/python
  저자 깃허브에서 책의 예제를 파이썬 언어로 구현한 소스 코드를 공개합니다. 다만 책 본문에서 설명하는 Mat 클래스, Scalar 클래스 사용법 등 C/C++ 언어에 특화된 내용은 파이썬 예제로 제공하지 않습니다.

예제 파일 구조 및 참고사항

책에서 사용하는 예제 파일을 장별로 제공합니다.

ch02

ch03

ch04

- Microsoft Windows 10(64비트)을 기준으로 합니다.
- Visual Studio Community 2017과 OpenCV 4.0.0을 기준으로 합니다.
- Python 3.7.2와 TensorFlow 1.13.1을 기준으로 합니다.
- CMake 3.14.0을 기준으로 합니다.
- Ubuntu 18.04.2를 기준으로 합니다.

베타테스터 실습 후기

Camera, Lidar, Radar 센서를 활용하여 자율 주행 시스템을 구현하는 것에 대해 연구하고 있는 대학원생입니다. 저는 책에서 소개된 버전보다 좀 더 최근에 나온 OpenCV 4.0.1 버전으로 1장에서 8장까지 실습을 진행하였습니다. 초기 설정이 조금 다르지만 책에서 소개하고 있는 방법을 따라 하면, 모든 실습 코드가 정상적으로 실행됩니다. 실습 코드는 OpenCV의 기본적인 구성을 갖추고 있어서, 책과 병행하여 공부하면 효과적으로 이해할 수 있습니다.

- **실습 환경** Windows10, NVIDIA Geforce GTX 1050, Visual Studio 2017, OpenCV 4.0.1, Windows SDK 10.0.17763.0 | 1~8장

권동재_대구경북과학기술원 정보통신융합공학전공 석사 과정

실습 코드는 구현하기 어렵지 않고 잘 실행되었습니다. OpenCV의 이전 버전과 차이점, 유래, 관련 정의와 용어부터 설명한 점은 매우 좋았습니다. 본문 중간에 수학 공식을 넣어 좀 더 깊이 있게 설명한 점도 매우 유용했습니다. 개인적으로 배열을 좀 더 깊이 있게 다루어도 좋았을 것 같습니다. 또 책에서 제공되는 예제 외에도 좀 더 다양한 예제가 있었으면 하는 아쉬움도 있습니다.

- **실습 환경** Ryzen7 1700, 16GB, Windows10, Visual Studio 2017 | 1~8장

허승균_Data Engineer

책에 수록된 예제들은 대체로 짧고 간단하기에 코드를 이해하기가 편했습니다. 여러 개의 파일로 이루어진 것이 아니라 main.cpp 파일 한 개로 이루어져 있고, 코드도 꼭 필요한 함수 호출만 있어 책 내용에만 집중할 수 있었습니다. 수록된 예제들은 코드 일부가 아니라 전체 코드이기 때문에 책의 어느 장을 먼저 보더라도 실습하는 데 큰 영향이 없었던 점도 좋았습니다. 영상 전공자가 아닌 사람들에게 다소 이해하기 어려운 장들도 있었지만, 쉬운 설명과 원본과 결과 화면을 같이 볼 수 있게 되어 있어 좀 더 쉽게 도전해 볼 수 있었던 것 같습니다. 버전별로 OpenCV 사용법이나 문법적인 차이가 있어서 어려운 부분이 많았는데, 책에서는 최신 트렌드인 C++11 이후의 문법과 OpenCV 4.0을 다루고 있어 앞으로 더 유용하게 찾아볼 수 있는 교재가 될 것 같습니다.

- **실습 환경** 1) Mac OS(Mojave), OpenCV 4.0, CMake 개발 환경, 2) Windows 10, OpenCV 4.0, Visual Studio 2017 | 9~16장

서충원, 이혜란_Samsung Research 로봇 연구원

전통적인 알고리즘부터 현재의 딥러닝까지 영상 처리에 관련된 이론적 개념을 익히고 OpenCV를 통해서 구현해 보았습니다. API 사용에 치우친 것이 아니라 OpenCV에서 제공되는 여러 영상 처리 API의 수학적 해석을 함께 익히면서 깊이 있는 학습을 할 수 있었고 영상 처리에서 머신 러닝과 딥러닝의 응용에 대해 살펴볼 수 있어서 유용했습니다. 영상 처리를 공부하는 분들과 영상 처리에서의 머신 러닝을 공부하고 싶으신 분들에게 이 책을 추천합니다.

- **실습 환경** Windows 10, Visual Studio 2017, OpenCV 4.0.0 | 9~16장

서영원_Youngwonio, 머신 러닝 엔지니어

편집자 실습 후기

노트북에서 실습했으며, 모든 예제가 오류 없이 잘 실행되었습니다. 깃허브의 예제 파일은 장마다 연관성 있는 예제들을 모아서 한 개의 예제 파일로 실행할 수 있게 구성되어 있습니다. 또 예제마다 실행 방법이 조금씩 다른 경우가 있으니 본문을 주의 깊게 살핀 후 실습하길 권장합니다.

- **실습 환경** Windows 10, Intel Core i7-7700HQ @ 2.8GHz, RAM 16GB, Visual Studio 2017, OpenCV 4.0.0 | 전체

1^장

컴퓨터 비전과
영상의 이해

1.1 컴퓨터 비전 개요

새로운 이론과 학문을 접할 때 가장 먼저 용어에 대한 정의를 명확하게 하는 것이 좋습니다. 컴퓨터 비전(computer vision)은 컴퓨터를 이용하여 정지 영상 또는 동영상으로부터 의미 있는 정보를 추출하는 방법을 연구하는 학문입니다. 즉, 사람이 눈으로 사물을 보고 인지하는 작업을 컴퓨터가 동등하게 수행할 수 있게끔 연구하는 학문이라고 할 수 있습니다. 사람의 눈이 하는 작업을 카메라가 대신하고, 사람의 뇌가 하는 작업을 수학적 알고리즘을 통해 컴퓨터가 유사하게 수행할 수 있도록 만드는 작업이 컴퓨터 비전입니다.

사람이 사물을 보고 무엇인지 인지하는 것은 매우 직관적이고 쉬운 작업이지만, 컴퓨터가 사물을 인식할 수 있도록 만드는 일은 결코 쉽지 않습니다. 전통적인 컴퓨터 비전 문제 해결 방법에서는 영상으로부터 유용한 정보를 추출하고, 이를 조합하여 결과를 유추합니다. 예를 들어 그림 1-1(a)와 같은 사과 사진을 컴퓨터에 입력으로 주고, 이 사진의 객체를 사과라고 인식하는 문제에 대해 생각해 보겠습니다. 흰 배경을 제외한 가운데 영역에 빨간색 성분이 많이 있고 둥근 윤곽을 가지고 있으면 사과라고 인식하게끔 프로그램을 만들면 빨간 사과를 인식할 수 있을 것입니다. 그러나 그림 1-1(b) 사진처럼 초록색 사과도 함께 인식해야 한다면 사과의 색상 정보에 초록색도 추가해야 합니다. 만약 그림 1-1(c) 영상처럼 빨간색 토마토가 입력으로 들어오면 상황은 좀 더 복잡해집니다. 빨간색 색상 정보와 둥근 윤곽선 정보만으로는 사과와 토마토가 구분이 되지 않으므로 꼭지의 모양까지 고려해야 합니다. 그림 1-1(d) 영상처럼 배경이 단순하지 않고, 여러 과일이 겹쳐 있는 경우에는 인식이 더욱 어려워집니다.

▼ 그림 1-1 컴퓨터 비전과 영상 인식

(a)　　　　　(b)　　　　　(c)　　　　　(d)

컴퓨터 비전에서 주로 활용하는 영상 정보는 밝기, 색상, 모양, 텍스처(texture) 등이 있으며, 이들 정보와 머신 러닝(machine learning) 알고리즘을 함께 사용하여 사물을 인지할 수 있습니다. 그러나 영상으로부터 유용한 정보를 추출하는 것은 쉬운 일이 아닙니다. 예를 들어 배경과 객체를 어떻게 구분해야 하는지, 빨간색을 판단하기 위해 어떤 수식을 사용해야 하는지, 둥근 윤곽인지 아닌지를 검사하기 위해 어떤 알고리즘이 적합한지 결정하기가 쉽지 않습니다. 사과와 토마토를 구분하기 위해 꼭지의 모양을 비교하고 싶은데, 꼭지 부분을 찾는 것이 새로운 문제가 되어 버리기도 합니다. 게다가 날씨 또는 시간대에 따른 조명 변화, 카메라 시점의 변화, 잡음 등의 영향으로 영상의 구성이 일관되지 않는 경우도 많습니다. 이처럼 영상 데이터에는 다양한 변형이 가해질 수 있기 때문에 영상을 제대로 분석하고 이해하기 위해서는 여러 방식으로 추출한 영상 정보를 복합적으로 사용해야 합니다. 그러므로 컴퓨터 비전에서는 영상으로부터 유용한 정보를 추출하는 방법과 추출된 정보를 효과적으로 사용하는 방법을 모두 다루고 있습니다.

컴퓨터 비전과 더불어 널리 사용되는 용어 중에 영상 처리(image processing)가 있습니다. 몇몇 학자들은 영상을 입력으로 받아 화질을 개선하는 등의 처리를 하여 다시 영상을 출력으로 내보내는 작업을 영상 처리라고 정의합니다. 그래서 영상 처리를 컴퓨터 비전의 전처리 과정으로 간주하기도 합니다. 반면에 영상을 다루는 모든 학문과 응용을 통틀어 영상 처리라고 하고, 그중 영상 인식과 같은 고수준의 처리를 컴퓨터 비전이라고 이야기하는 사람들도 있습니다. 사실 컴퓨터 비전과 영상 처리의 명확한 경계를 나누는 것은 매우 애매하며 많은 사람들이 컴퓨터 비전과 영상 처리를 혼용해서 사용합니다. 이 책에서도 컴퓨터 비전과 영상 처리 용어를 완전히 구분 지어서 다루지 않고 비슷한 의미로 사용합니다.

그렇다면 컴퓨터 비전은 어떻게 발전되어 왔을까요? 컴퓨터 비전은 말 그대로 컴퓨터를 활용하는 학문이기 때문에 컴퓨터 비전의 역사는 컴퓨터가 보급되기 시작한 1960년대부터 시작합니다. 1960년대 이전에는 필름 카메라로 영상을 촬영하고, 현상된 필름을 가위로 오려서 짜깁기하는 아날로그 방식의 영상 합성 방법을 사용했습니다. 1960년대 미국에서 인공위성으로부터 전송된 달 표면 사진의 잡음을 제거하는 작업을 수행하였는데, 이것이 디지털 영상 처리의 시초라고 알려져 있습니다. 1966년에는 미국 MIT 대학에서 'The Summer Vision Project'라는 제목으로 카메라와 컴퓨터를 연결하여 카메라가 바라보는 장면을 컴퓨터가 인식하는 시도를 하였고, 이것을 컴퓨터 비전의 시초로 보는 사람들도 있습니다. 이후 1970년대부터 1990년대까지는 다양한 분야에서 컴퓨터 비전 연구가 진행되었습니다. 영상에서 객체의 윤곽 또는 에지 정보를 추출하거나 코너 점 검출, 모양 정보 분석, 텍스처 분석 등의 기본적인 영상 특징 분석 방법과 이를 응용한 3차원 구조 분석, 움직임 정보 추출, 얼굴 검출 및 인식 등의 고수준 연구도 활발하게 진행되었습니다. 2000

년대 들어와서는 실시간 얼굴 검출, 크기 불변 특징점 검출 및 매칭 등의 기술이 개발되면서 실생활에도 컴퓨터 비전 기술이 밀접하게 다가오기 시작했습니다. 예를 들어 실시간 얼굴 검출 기술은 현재 대부분의 디지털 카메라에 기능이 탑재되어 얼굴에 자동으로 초점을 맞춰 주는 용도로 활용되고 있습니다. 2010년대에 들어와서는 딥러닝(deep learning) 기술이 크게 발전하면서 컴퓨터 비전의 가능성과 활용 영역이 훨씬 확대되고 있습니다.

컴퓨터 비전을 제대로 공부하기 위해서는 그림 1-2와 같은 다양한 관련 분야 지식이 필요합니다. 특히 컴퓨터 비전에서 수학이 차지하는 비중은 상당히 큽니다. 행렬 연산과 관련된 선형대수, 미적분학, 확률과 통계, 기하학 등의 다양한 수학적 이해가 있으면 컴퓨터 비전에 좀 더 쉽게 다가갈 수 있습니다. 또한 신호 처리(signal processing) 학문에도 컴퓨터 비전과 관련된 이론적 배경이 다수 존재합니다. 과거에는 영상 처리가 2차원 디지털 신호 처리의 한 분야로서 간주되기도 하였으며, 지금도 많은 연구 분야에서 영상 처리와 신호 처리는 밀접한 관계를 가지고 있습니다. 패턴 인식(pattern recognition)과 딥러닝으로 대표되는 머신 러닝도 컴퓨터 비전과 떼어 내서 생각할 수 없는 분야입니다. 이외에도 수치 해석, 알고리즘, 최적화 등을 다루는 컴퓨터 과학(computer sciences), 카메라 구조 및 영상 획득과 관련된 광학, 사람이 영상을 이해하는 방식을 연구하는 인지 과학도 컴퓨터 비전과 관련이 많은 분야입니다. 최근에는 영상 분석 정보를 이용하여 자연스럽게 영상을 재구성하는 컴퓨터 그래픽스와 컴퓨터 비전이 로봇의 눈과 머리 역할을 담당하는 로봇공학 분야도 컴퓨터 비전과 함께 발전하고 있습니다.

▼ 그림 1-2 컴퓨터 비전 관련 분야

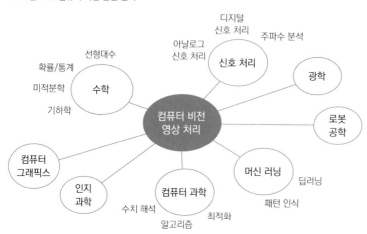

컴퓨터 비전이 수학과 밀접한 관계가 있기 때문에 이 책의 내용을 제대로 이해하려면 고등학교 이상의 수학적 지식이 필요합니다. 특히 행렬과 미분에 대한 개념은 필수적입니다. 또한 OpenCV

라이브러리가 C++ 언어로 구현되었기 때문에 C++ 문법에 대한 충분한 이해도 필요합니다. 클래스와 상속 관계, STL, 그리고 최신 C++ 문법인 C++11/14/17에 대한 지식도 어느 정도 필요합니다. 만약 여러분이 지금 설명한 내용들에 대해 익숙하지 않다면 인터넷과 다른 서적을 참고하면서 이 책을 읽기 바랍니다.

컴퓨터 비전은 현재 다양한 산업 분야에서 사용되고 있습니다. 대부분의 스마트폰 카메라에서 지원하는 HDR(High Dynamic Range) 사진 촬영, 인스타그램의 필터 기능 등은 영상의 화질을 개선하여 보기 좋은 사진을 만드는 용도로 사용되고 있습니다. 공장에서는 제품의 검사, 측정, 불량 판정 등의 목적으로 컴퓨터 비전이 널리 사용되고 있으며, 공장 자동화에 주로 사용되는 컴퓨터 비전 시스템을 머신 비전(machine vision)이라고도 합니다. 머신 비전은 사람의 수작업을 대체하며, 사람보다 훨씬 빠르고 정확하게 동작할 수 있기 때문에 다양한 산업 분야에 널리 적용되고 있습니다. 최근에는 머신 러닝과 딥러닝의 발전으로 인해 과거 영화에서나 가능했던 일들이 현실이 되고 있습니다. 길거리에 설치된 CCTV에서 범죄자 얼굴을 인식하는 기술과 자동차가 차선과 신호, 장애물 등을 인식하여 자동으로 주행하는 기술도 이미 상용화 수준까지 발전한 상태입니다. 컴퓨터 비전은 앞으로도 CPU, GPU 등의 하드웨어 발전, 센서 융합, 딥러닝 등의 영향으로 더 많은 영역에서 사용성이 높아질 것입니다.

Note ≡ 요즘 인터넷 또는 일상 대화에서 '영상'이라는 용어가 대체로 동영상을 의미하는 용도로 사용되고 있습니다. 그러나 컴퓨터 비전 또는 영상 처리 분야에서 '영상'이란 움직임이 없는 정지 영상을 의미합니다. 즉, 영단어 image는 영상이라고 번역하여 사용하고, 영단어 video 또는 motion picture는 비디오 또는 동영상으로 번역해서 사용합니다. 그러므로 이 책에서 '영상'이라고 표현하는 것은 움직이는 동영상이 아니라 정지 영상임을 기억하기 바랍니다.

1.2 영상의 구조와 표현 방법

이 절에서는 컴퓨터 비전에서 다루는 대상인 디지털 영상의 구조와 표현 방법에 대해 알아보겠습니다. 먼저 디지털 카메라로부터 영상이 생성되는 과정에 대해 간략히 알아보고, 영상의 구조와 표현 방법에 대해 알아보겠습니다. 특히 컴퓨터 비전에서 주로 다루는 그레이스케일 영상과 컬러 영상에서 픽셀 값 표현 방법에 대해 자세히 살펴보겠습니다.

1.2.1 영상의 획득과 표현 방법

일반적인 디지털 카메라에서 사진을 촬영하는 과정을 그림 1-3에 나타냈습니다. 카메라로 사진을 찍을 때, 그 대상이 되는 풍경이나 사물을 피사체라고 합니다. 태양의 가시광선 또는 특정 광원에서 발생한 빛이 피사체에 부딪혀 반사되고, 그 반사된 빛이 카메라 렌즈(lens)를 통해 카메라 내부로 들어오게 됩니다. 그림 1-3에는 매우 단순하게 렌즈를 표현했지만, 실제 카메라에는 여러 개의 렌즈를 복합적으로 사용하여 좋은 화질의 사진을 얻을 수 있도록 설계됩니다. 렌즈는 카메라 바깥으로부터 들어온 빛을 굴절시켜 이미지 센서(image sensor)로 모아 주는 역할을 합니다.

이미지 센서는 빛을 전기적 신호로 변환하는 포토 다이오드(photodiode)가 2차원 평면상에 배열되어 있는 장치입니다. 렌즈에서 모인 빛이 이미지 센서에 닿으면 이미지 센서에 포함된 포토 다이오드가 빛을 전기적 신호로 변환합니다. 빛을 많이 받은 포토 다이오드는 큰 신호를 생성하고, 빛을 적게 받은 포토 다이오드는 작은 크기의 신호를 생성함으로써 명암이 있는 2차원 영상을 구성합니다. 포토 다이오드에서 생성된 전기적 신호는 아날로그-디지털 변환기(ADC, Ananlog-to-Digital Convertor)를 거쳐 디지털 신호로 바뀌게 되고, 이 디지털 신호는 다시 카메라의 ISP(Image Signal Processor) 장치로 전달됩니다. ISP 장치는 화이트밸런스 조정, 색 보정, 잡음 제거 등의 기본적인 처리를 수행한 후 2차원 디지털 영상을 생성합니다. 이렇게 구성된 영상은 곧바로 컴퓨터로 전송되거나 또는 JPG, TIFF 등의 영상 파일 형식으로 변환되어 저장됩니다.

▼ 그림 1-3 디지털 카메라에서 영상 획득 과정

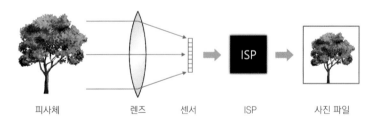

피사체   렌즈   센서   ISP   사진 파일

영상을 구성하는 최소 단위를 픽셀(pixel)이라고 합니다. 픽셀은 사진(picture)과 요소(element)를 뜻하는 영단어로부터 유래되었으며 화소(畵素)라고도 부릅니다. 흔히 카메라 스펙을 나타내는 용어 중에 '2000만 화소'라는 말은 2000만 개의 픽셀로 이루어진 사진을 촬영할 수 있음을 의미합니다. 하나의 픽셀은 하나의 밝기 또는 색상을 표현하며, 이러한 픽셀이 모여서 2차원 영상을 구성합니다.

영상은 픽셀이 바둑판처럼 균일한 격자 형태로 배열되어 있는 형태로 표현합니다. 컴퓨터에서 영상을 표현하는 방식을 그림 1-4에 나타냈습니다. 영상을 표현하는 2차원 xy 좌표계에서 x 좌표는 왼쪽에서 오른쪽으로 증가하고, y 좌표는 위에서 아래로 증가합니다. 그림 1-4에 표시한 영상은 가로 크기가 w이고, 세로 크기가 h인 영상입니다. 이 영상의 픽셀 좌표를 (x, y)로 표현할 경우, x는 0부터 $w-1$ 사이의 정수를 가질 수 있고, y는 0부터 $h-1$ 사이의 정수를 가질 수 있습니다. 이처럼 좌표의 시작을 0부터 표현하는 방식을 0-기반(zero-based) 표현이라고 부르며, 보통 컴퓨터에서 많이 사용하는 방식입니다.

❤ 그림 1-4 디지털 영상 표현과 좌표계

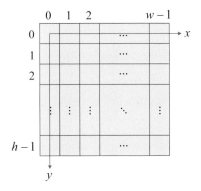

영상을 수식으로 설명할 때에는 보통 함수의 형태를 사용합니다. 즉, x 좌표와 y 좌표를 입력으로 받고 해당 위치에서의 픽셀 값을 출력으로 내보내는 함수 형태로 영상을 표현할 수 있습니다. 예를 들어 그림 1-4에 나타난 영상을 f라고 표기할 수 있으며, 이때 (x, y) 좌표에서의 픽셀 값은 $f(x, y)$로 표현합니다.

영상은 2차원 평면 위에 픽셀 값이 나열된 형태이기 때문에 영상을 2차원 행렬로 표현할 수도 있습니다. 실제로 몇몇 영상 처리 알고리즘은 행렬 이론을 이용하여 컴퓨터 비전 문제를 해결하기도 합니다. 행 개수가 M이고, 열 개수가 N인 행렬 $\mathbf{A}$는 보통 다음과 같이 나타냅니다.

$$\mathbf{A} = \begin{bmatrix} a_{1,1} & a_{1,2} & \cdots & a_{1,N} \\ a_{2,1} & a_{2,2} & \cdots & a_{2,N} \\ \vdots & \vdots & \ddots & \vdots \\ a_{M,1} & a_{M,2} & \cdots & a_{M,N} \end{bmatrix}$$

위 행렬에서 소문자 $a_{j,i}$는 j번째 행, i번째 열에 위치한 행렬 원소를 나타냅니다. 만약 행렬 $\mathbf{A}$가 영상을 나타내는 경우라면 $a_{j,i}$는 (i, j) 좌표에 위치한 픽셀을 나타냅니다. 행렬에서 행 번호 j는 xy 좌표 공간에서 y 좌표에 해당하고, 열 번호 i는 x 좌표에 해당합니다. 행렬은 수학적인 표현이므로 행과 열 번호가 0부터 시작하지 않고 1부터 시작하는 형태로 표기하였습니다.

1.2.2 그레이스케일 영상과 컬러 영상

컴퓨터 비전 분야에서는 주로 그레이스케일 영상(grayscale image)과 트루컬러 영상(truecolor image)을 사용합니다. 그레이스케일 영상은 흑백 사진처럼 오직 밝기 정보만으로 구성된 영상을 의미하며, 회색조 영상이라고도 합니다. 반면에 컬러 사진처럼 다양한 색상을 표현할 수 있는 영상을 트루컬러 영상이라고 합니다. 예전에는 256개 이하의 색상으로 구성된 컬러 영상과 구분하기 위하여 트루컬러라는 표현을 쓰곤 했지만, 요즘에는 굳이 트루컬러라는 용어 대신 그냥 컬러 영상이라고 부르기도 합니다. 그레이스케일 영상과 트루컬러 영상의 예를 그림 1-5에 함께 나타냈습니다. 그림 1-5(a)는 그레이스케일 영상의 예이고, 그림 1-5(b)는 컬러 영상의 예입니다.

❤ 그림 1-5 그레이스케일 영상과 트루컬러 영상의 예

(a) (b)

그레이스케일 영상은 밝기 정보를 256단계로 구분하여 표현합니다. 즉, 그레이스케일 영상에서 하나의 픽셀은 0부터 255 사이의 정수 값을 가질 수 있으며, 0은 가장 어두운 검은색을 표현하고 255는 가장 밝은 흰색을 표현합니다. 그레이스케일 영상에서 픽셀이 가질 수 있는 값의 범위를 그레이스케일 레벨(grayscale level)이라고 합니다. 즉, 그레이스케일 레벨은 0부터 255 사이의 정수 범위를 의미합니다. 그레이스케일 레벨의 값에 따른 실제 밝기 정도를 그림 1-6에 나타냈습니다. 그림 1-6에서 배경은 그레이스케일 중간값인 128로 설정하였고, 중앙에 검은색에서 흰색으로 변하는 부분이 그레이스케일 값을 밝기로 표현한 부분입니다.

❤ 그림 1-6 그레이스케일 값에 따른 밝기 변화

그레이스케일 값을 저장하기 위하여 C/C++에서는 보통 unsigned char 자료형을 사용합니다. unsigned char 자료형은 1바이트(byte)의 크기를 가지며 부호 없는 8비트(bit) 정수 값을 저장할 수 있습니다. 즉, unsigned char 자료형에는 0부터 255 사이의 정수를 저장할 수 있으며, 그레이스케일 값을 표현하기에 가장 적합한 자료형입니다. 그런데 여러 운영 체제와 라이브러리에서는 unsigned char 자료형 이름을 아래와 같이 재정의하여 사용합니다.

```
typedef unsigned char BYTE;
typedef unsigned char uint8_t;
typedef unsigned char uchar;
```

여기서 BYTE는 주로 Windows 운영 체제에서 사용하는 이름 재정의 방식이고, uint8_t 타입은 리눅스에서 사용됩니다. OpenCV 라이브러리에서는 unsigned char 대신에 uchar라는 이름을 사용합니다. 이 책에서도 0부터 255 사이의 정수 값을 표현할 때에는 주로 uchar 자료형을 이용합니다.

실제 그레이스케일 영상에서 픽셀 밝기와 그레이스케일 값과의 상관관계를 살펴보겠습니다. 그림 1-7은 camera.bmp 영상에서 카메라맨 머리 부분의 픽셀 값 분포를 확대하여 2차원 배열 형태로 나타낸 그림입니다. 그림 1-7의 오른쪽 확대된 그림에서 밝은 회색 영역의 픽셀은 180~200 사이의 큰 값으로 구성되어 있는 것을 확인할 수 있습니다. 반면에 카메라맨의 머리카락에 해당하는 어두운 영역에서는 10~30 정도의 작은 픽셀 값을 가지고 있습니다. 즉, 영상에서 밝은 영역의 픽셀은 큰 그레이스케일 값을 가지고, 어두운 영역의 픽셀은 상대적으로 작은 그레이스케일 값을 가집니다.

▼ 그림 1-7 그레이스케일 영상에서 픽셀 값 분포

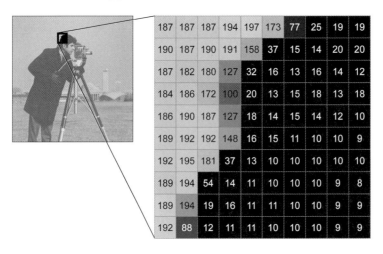

187	187	187	194	197	173	77	25	19	19
190	187	190	191	158	37	15	14	20	20
187	182	180	127	32	16	13	16	14	12
184	186	172	100	20	13	15	18	13	18
186	190	187	127	18	14	15	14	12	10
189	192	192	148	16	15	11	10	10	9
192	195	181	37	13	10	10	10	10	10
189	194	54	14	11	10	10	10	9	8
189	194	19	16	11	11	10	10	9	9
192	88	12	11	11	10	10	10	9	9

트루컬러 영상은 보통 R, G, B 세 개의 색상 성분 조합으로 픽셀 값을 표현합니다. 여기서 R은 빨간색(red), G는 녹색(green), B는 파란색(blue)을 나타냅니다. 각각의 색상 성분은 0부터 255 사이의 정수 값으로 표현되며, 0은 해당 색상 성분이 전혀 없음을 의미하고 255는 해당 색상 성분이 가득 차 있음을 의미합니다. 트루컬러 영상에서 하나의 픽셀은 unsigned char 자료형 세 개를 이용하여 표현할 수 있습니다.

R, G, B 색상 성분의 조합으로 표현할 수 있는 대표적인 색과 색상 성분 값을 그림 1-8에 나타냈습니다. 그림 1-8은 빛의 삼원색이라고 부르는 빨간색, 녹색, 파란색과 이들 색상의 조합을 보여줍니다. 각 색상에 적혀 있는 세 개의 숫자는 차례대로 빨간색, 녹색, 파란색 색상 성분을 나타냅니다. 즉, 그림 1-8에서 빨간색 영역에 적혀 있는 (255, 0, 0)은 빨간색 성분이 255, 녹색 성분이 0, 파란색 성분이 0임을 의미합니다. 이는 빨간색 성분은 가득 차 있고, 녹색과 파란색 성분은 전혀 없다는 뜻입니다. 빨간색과 녹색이 겹치는 부분은 노란색으로 칠해져 있고, 이 영역의 색 성분 값은 (255, 255, 0)으로 표현되어 있습니다. 즉, 빨간색과 녹색 성분은 가득 있고, 파란색 성분이 전혀 없으면 노란색으로 표현됩니다. 빨간색, 녹색, 파란색 성분이 모두 가득 차 있으면 흰색으로 표현되고, 세 가지 색 성분이 전혀 없다면 검은색으로 표현됩니다.

▼ 그림 1-8 대표적인 색상과 (R, G, B) 색상 성분 표시

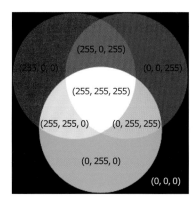

트루컬러 영상에서의 픽셀 값 분포 예를 그림 1-9에 나타냈습니다. 그림 1-9에서 테스트 영상으로 사용한 맨드릴(mandrill) 원숭이는 포유류 중에서는 흔치 않게 화려한 색상의 얼굴을 가지고 있습니다. 맨드릴 원숭이 얼굴에서 붉은색 코 부분과 파란색 볼 근방의 픽셀 값 분포를 확대하여 그림 1-9 아래쪽에 나타냈습니다. 트루컬러 영상의 각 픽셀은 각각 0에서 255 사이의 값을 갖는 R, G, B 세 색상 성분의 조합으로 표현됩니다. 붉은색 코 영역에서는 R 성분이 200이 넘는 큰 값을 갖는 반면, G와 B 성분 값은 상대적으로 낮은 100 안팎인 것을 볼 수 있습니다. 반면에 파란색 볼 영역에서는 B 성분의 값이 200보다 큰 값을 가지고, R 성분의 값은 150 안팎으로 감소한 것을 확인할 수 있습니다.

▼ 그림 1-9 트루컬러 영상에서 픽셀 값 분포

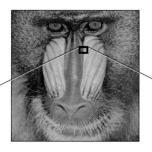

231	103	92	228	118	86	220	122	122	213	92	59	166	136	164	131	185	228	142	192	227	145	195	228
229	104	92	221	114	72	226	109	109	208	101	51	150	146	189	137	189	232	132	189	229	143	195	229
228	109	103	229	110	90	228	107	107	206	86	64	144	165	206	138	187	230	137	188	227	142	195	230
229	110	104	231	108	102	226	117	102	206	81	45	134	155	199	135	187	230	139	193	231	156	199	229
224	106	93	219	132	114	208	118	137	189	88	70	133	166	211	127	184	229	145	192	229	165	201	228
231	111	98	227	102	70	209	110	103	178	84	65	121	157	210	131	183	229	145	192	228	161	199	228

Note ≡   컴퓨터에서 널리 사용되는 영상 파일 형식에는 BMP, JPG, GIF, PNG 등이 있습니다. 각각의 파일 형식은 나름대로의 압축 방식을 가지고 있고, 사용 용도가 각기 다릅니다. 컴퓨터 비전 프로그래밍 관점에서 각 파일 형식의 특징을 간략하게 정리하였습니다.

- BMP   BMP 파일은 픽셀 데이터를 압축하지 않은 상태로 저장합니다. 그렇기 때문에 파일 구조가 간단하지만, 대신 파일 용량이 커지는 단점이 있습니다. 파일 구조가 간단하기 때문에 개인이 직접 BMP 파일 입출력 프로그램을 작성하여 사용하는 경우도 많고, 파일 입출력 시간도 빠른 편입니다.

- JPG   주로 사진과 같은 트루컬러 영상을 저장하기 위해 사용되며, 손실 압축(lossy compression)을 사용합니다. 손실 압축으로 저장된 영상은 다시 압축을 풀어 복원하면 원본 영상의 픽셀 값이 미세하게 달라지기 때문에 정확한 픽셀 값 연산을 처리해야 하는 분야에서는 JPG 파일 형식을 사용하지 않는 것이 좋습니다. 그러나 JPG 형식은 파일 용량이 크게 감소한다는 장점이 있어서 디지털 카메라에서 촬영된 사진을 저장하는 용도로 주로 사용하고 있습니다.

- GIF   256 이하의 색상을 가진 영상만을 저장할 수 있는 포맷이며, 무손실 압축(lossless compression)을 수행합니다. 카메라로 찍은 사진을 GIF 형식으로 저장하면 자동으로 256 색상으로 변환되기 때문에 화질이 크게 손상됩니다. GIF 포맷은 움직이는 그림인 Animation GIF를 지원하기 때문에 인터넷 웹 페이지에서 널리 사용되고 있지만, 컴퓨터 비전 분야에서는 잘 사용되지 않습니다.

- PNG   Portable Network Graphics의 약자이며, 무손실 압축을 수행합니다. 트루컬러 영상과 그레이스케일 영상 등을 모두 지원합니다. 무손실 압축의 특성상 JPG 형식보다 파일 용량은 큰 편이지만 픽셀 값이 변경되지 않은 장점이 있습니다. PNG 파일은 알파 채널을 지원하며, 일부분을 투명하게 설정할 수 있습니다.

2^장

OpenCV 설치와
기초 사용법

2.1 / OpenCV 개요와 설치

이 절에서는 OpenCV 라이브러리의 특징과 역사, 관련 웹 사이트를 소개하고 OpenCV에 포함된 다양한 모듈에 대해 설명합니다. 그리고 Windows 운영 체제에서 OpenCV 라이브러리를 설치하는 방법과 OpenCV 응용 프로그램을 만들고 실행하기 위해 필요한 시스템 환경 설정 방법에 대해 설명합니다. OpenCV 설치와 시스템 환경 설정은 앞으로 OpenCV 응용 프로그램을 개발하고 실행하기 위해 반드시 필요한 작업이므로 주의를 기울여 함께 진행하기 바랍니다.

2.1.1 OpenCV 개요

OpenCV는 오픈 소스로 개발되고 있는 컴퓨터 비전 및 머신 러닝 라이브러리입니다. OpenCV는 Open Source Computer Vision Library의 약어 형태로 이름이 지어졌으며, '오픈씨브이'라고 읽습니다. OpenCV는 2500개가 넘는 최신 컴퓨터 비전 알고리즘과 머신 러닝 알고리즘을 포함하고 있습니다. 기본적인 영상 파일 입출력, 영상의 화질 향상, 객체 검출과 인식, 추적, 3차원 비전 문제 해결 등 기능을 제공하고, k 최근접 이웃(kNN, k-Nearest Neighbor) 알고리즘과 서포트 벡터 머신(SVM, Support Vector Machine) 같은 머신 러닝 알고리즘도 제공합니다. 최근에는 딥러닝(deep learning)으로 알려져 있는 심층 신경망(DNN, Deep Neural Network) 모델을 실행하는 기능도 제공되어 OpenCV 라이브러리의 활용도가 더욱 높아지고 있습니다. OpenCV의 공식 웹 사이트 주소는 https://opencv.org/이고, 이곳에서 OpenCV 라이브러리 설치 파일 및 소스 파일을 내려받을 수 있습니다. OpenCV는 현재 1900만 이상의 다운로드 횟수를 기록하고 있고, 전 세계에 5만 명 이상의 사용자를 보유하고 있습니다.

OpenCV는 그 태생부터 실시간 처리를 고려하여 만들어졌기 때문에 다양한 하드웨어 플랫폼에서 매우 빠르게 동작합니다. OpenCV는 기본적으로 C/C++ 언어로 작성되었지만, 현재 널리 사용되고 있는 Python, Java, Matlab, JavaScript 등 인터페이스도 제공합니다. OpenCV는 Windows, Linux, MacOS 등 운영 체제를 지원하고, 안드로이드와 iOS 같은 모바일 환경도 지원합니다. OpenCV 기능은 대부분 병렬 처리로 동작하며 MMX, SSE, AVX, NEON 등 CPU 특화 명령어도 지원합니다. 또한 오래전부터 CUDA와 OpenCL을 통한 GPU 활용을 지원하고 있습니다.

OpenCV 라이브러리는 BSD 라이선스를 따르고 있기 때문에 학계 연구용이나 상업적인 용도로 자유롭게 사용할 수 있습니다. OpenCV 라이브러리를 이용하여 상용 프로그램을 만들 수도 있고, OpenCV 소스 코드의 일부를 사용하여 프로그램을 개발하는 것도 허용됩니다. 실제로 구글, 야후, 마이크로소프트, 인텔, IBM, 소니, 혼다, 토요타와 같은 대기업과 많은 스타트업 회사에서도 OpenCV를 사용하고 있습니다. 구글 스트리트 뷰에서 영상을 이어 붙이는 용도로 사용되기도 하였고, 감시 카메라, 검사 장비, 로봇 또는 자율 주행 자동차에서도 사용되기도 했습니다. 유럽에서는 수영장에서 익사 사고 감시 시스템으로 사용되기도 하였고, 인터렉티브 아트(interactive art)에서도 OpenCV가 사용된 사례가 있습니다.

OpenCV 역사

OpenCV는 1999년 인텔(Intel)에서 개발된 IPL(Image Processing Library)을 기반으로 만들어지기 시작했습니다. 이후 2000년 일반에 공개되어 오픈 소스로서 개발이 진행되었고, 2006년에 OpenCV 1.0 버전이 정식으로 배포되었습니다. OpenCV 1.0은 C 언어를 기반으로 구현되었습니다. 그러므로 많은 컴퓨터 비전 알고리즘이 주로 구조체와 함수로 구현되었으며, 영상 데이터는 IplImage라는 이름의 구조체를 이용하여 표현하였습니다. OpenCV 1.0 버전이 나온 지 3년 후인 2009년에는 OpenCV 2.0이 발표되었습니다. OpenCV 2.0은 C 언어 대신 C++ 인터페이스를 채택하였고, Mat라는 이름의 클래스를 사용하여 영상 데이터를 표현하기 시작했습니다. C++ 클래스를 사용함으로써 메모리 관리가 좀 더 수월해지고 소스 코드 작성이 더욱 편리해졌습니다. 이후 지속적인 소규모 버전업이 진행되면서 새로운 알고리즘 구현 함수, 성능 개선, 병렬 처리 기능 강화 등이 추가되었습니다.

OpenCV 3.0은 2015년 6월에 발표되었습니다. OpenCV 3.0 버전에서는 OpenCV 프로젝트 구조가 크게 개선되었고 전반적인 성능이 향상되었습니다. OpenCL 사용성을 크게 확대한 T-API(Transparent API)를 지원하기 시작하였고, 유료로 사용해야 했던 인텔 IPP(Integrated Performance Primitives) 라이브러리 일부를 OpenCV에서 무료로 사용할 수 있게 되었습니다. 2017년 8월에 발표된 OpenCV 3.3 버전에서는 최근에 각광받고 있는 심층 신경망을 지원하는 DNN 모듈이 기본 소스에 포함되기 시작하였습니다. 또한 AVX/AVX2/SSE4.x 최적화가 추가되었고, 최신 C++11 문법도 지원하기 시작하였습니다.

이 책에서 설명하는 OpenCV 4.0은 2018년 11월에 발표되었습니다. OpenCV 4.0의 가장 큰 변화는 C++11의 필수 지원입니다. OpenCV 4.0은 C++11을 지원하는 컴파일러 환경에서 사용할 수 있으며, 최신 C++ 문법을 기본적으로 사용할 수 있습니다. 함수의 포인터 또는 함수 객체 대신 람다 표현식(lambda expression)을 사용할 수 있게 되었고, Mat 클래스 객체 초기화 시 C++11 초기화 방법을 사용할 수 있게 되었습니다. 이외에도 DNN 모듈 기능이 강화되어 AlexNet, Inception v2, Resnet, VGG 같은 영상 분류기뿐만 아니라 Mask-RCNN, tiny YOLO 같은 최신 딥러닝 네트워크 구조를 지원합니다. QR 코드를 검출하고 해석하는 기능도 새롭게 제공합니다. 참고로 OpenCV 4.0에서는 오래된 C API 지원이 종료되어 더 이상 IplImage 구조체 등을 사용할 수 없습니다.

지금까지 설명한 OpenCV 버전에 따른 주요 특징을 그림 2-1에 요약하여 나타냈습니다.

▼ 그림 2-1 OpenCV 버전과 주요 특징

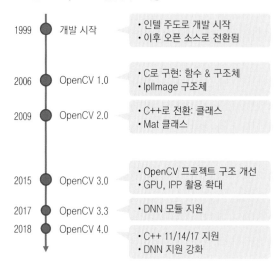

OpenCV 모듈

OpenCV 라이브러리는 다수의 모듈(module)로 구성되어 있습니다. 모듈은 OpenCV에서 제공하는 다양한 클래스와 함수를 그 기능과 성격에 따라 모아서 만들어 놓은 OpenCV의 부분 라이브러리입니다. 예를 들어 OpenCV의 핵심 클래스와 함수는 core 모듈에 들어 있고, 영상 출력 기능은 highgui 모듈에 포함되어 있습니다. 결국 OpenCV는 다수의 모듈 라이브러리가 모여서 만들어진 것이라고 볼 수 있습니다. OpenCV에서 제공하는 다양한 모듈의 이름과 설명을 표 2-1에 정리했습니다.

모듈 이름	설명
calib3d	카메라 캘리브레이션과 3차원 재구성
core	행렬, 벡터 등 OpenCV 핵심 클래스와 연산 함수
dnn	심층 신경망 기능
features2d	2차원 특징 추출과 특징 벡터 기술, 매칭 방법
flann	다차원 공간에서 빠른 최근방 이웃 검색
highgui	영상의 화면 출력, 마우스 이벤트 처리 등 사용자 인터페이스
imgcodecs	영상 파일 입출력
imgproc	필터링, 기하학적 변환, 색 공간 변환 등 영상 처리 기능
ml	통계적 분류, 회귀 등 머신 러닝 알고리즘
objdetect	얼굴, 보행자 검출 등 객체 검출
photo	HDR, 잡음 제거 등 사진 처리 기능
stitching	영상 이어 붙이기
video	옵티컬 플로우, 배경 차분 등 동영상 처리 기술
videoio	동영상 파일 입출력
world	여러 OpenCV 모듈을 포함하는 하나의 통합 모듈

OpenCV 모듈은 각각 별도의 *.lib 파일과 *.dll 파일로 만들어집니다. 예를 들어 OpenCV 4.0.0 버전의 경우 core 모듈은 opencv_core400.lib 파일과 opencv_core400.dll 파일로 만들어지고, imgproc 모듈은 opencv_imgproc400.lib 파일과 opencv_imgproc400.dll 파일로 만들어집니다. OpenCV를 이용하는 프로그램을 개발하려면 여러 모듈 중에서 자신에게 필요한 모듈을 모두 선택하여 프로젝트에 포함시켜야 합니다.

일반적인 컴퓨터 비전 문제 해결 과정에서 사용할 수 있는 OpenCV 모듈을 그림 2-2에 나타냈습니다. core 모듈은 OpenCV에서 행렬 및 영상을 저장하는 용도로 사용되므로 항상 필요합니다. 동영상 또는 정지 영상 파일을 불러오기 위해 videoio, imgcodecs 모듈이 필요하고, 기본적인 영상 처리 기능을 이용하기 위해 imgproc 모듈도 필요합니다. 이외에도 특징점 검출, 객체 검출, 움직임 분석 등 특화된 컴퓨터 비전 기능을 사용하기 위해 features2d, objdetect, video 등 모듈이 필요할 수 있습니다. 영상 인식 또는 판단과 같은 고수준의 작업을 위하여 ml 또는 dnn 모듈을 사용할 수도 있습니다.

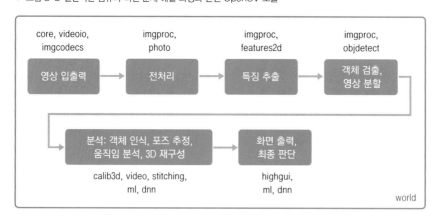

❤ 그림 2-2 일반적인 컴퓨터 비전 문제 해결 과정과 관련 OpenCV 모듈

대부분의 컴퓨터 비전 프로그램에서는 core, imgcodecs, imgproc, highgui 등 모듈을 항상 필요로 하며, 경우에 따라서는 더 많은 모듈을 프로젝트에 포함시켜야 하는 상황이 발생합니다. 이처럼 새로운 프로젝트를 만들 때마다 다수의 모듈을 프로젝트에 포함하는 것이 번거롭기 때문에 OpenCV는 여러 개의 모듈을 통합하는 world 모듈을 제공합니다. world 모듈은 개별적으로 나뉘어 있는 OpenCV 모듈을 모두 합쳐서 하나의 모듈로 재구성한 것입니다. 즉, world 모듈 하나만 프로젝트에 추가하면 OpenCV에서 제공하는 모든 기능을 사용할 수 있습니다. OpenCV 4.0.0에서 world 모듈은 opencv_world400.lib 파일과 opencv_world400.dll 파일로 만들어집니다.

OpenCV 라이브러리는 현재에도 지속적으로 업데이트되고 있으며, 최신의 컴퓨터 비전 알고리즘은 OpenCV 추가 모듈(extra module) 형태로 함께 개발되고 있습니다. 추가 모듈에는 주로 아직 안정화가 되지 않은 최신 알고리즘 구현이 포함됩니다. 이외에도 소스 코드는 공개되었지만 알고리즘에 특허가 걸려 있어서 무료로 사용할 수 없는 기능과 CUDA 관련 기능도 추가 모듈로 배포됩니다. 추가 모듈은 OpenCV 소스 코드가 배포되는 GitHub 웹 사이트에서 opencv_contrib라는 이름의 저장소를 통해 따로 배포되고 있습니다.[1] 예를 들어 추가 모듈 중에서 tracker 모듈은 동영상에서 객체를 안정적으로 추적하는 기능이 구현되어 있고, face 모듈은 얼굴 인식과 관련된 기능이 포함되어 있습니다. OpenCV 4.0 버전부터는 CUDA 관련 모듈도 모두 opencv_contrib 저장소로 옮겨졌습니다. OpenCV 추가 모듈은 opencv_contrib 저장소의 소스 코드를 내려받은 후 사용자가 직접 빌드하여 사용할 수 있습니다.

---

1 opencv_contrib 저장소 주소는 https://github.com/opencv/opencv_contrib/입니다.

OpenCV 관련 사이트

OpenCV 라이브러리를 사용할 때 알아 두면 유용한 웹 사이트에 대해 알아보겠습니다. 먼저 OpenCV 공식 사이트 주소는 https://opencv.org/입니다. OpenCV 공식 웹 사이트에서는 OpenCV에 대한 소개와 최신 소식을 확인할 수 있고, OpenCV 라이브러리 설치 파일 및 소스 파일을 내려받을 수 있습니다.

OpenCV의 함수 또는 클래스의 자세한 사용 방법이 알고 싶다면 OpenCV 문서 사이트를 활용할 수 있습니다. OpenCV 문서 사이트 주소는 https://docs.opencv.org/이며, 여기서 OpenCV 버전에 따른 문서 접근이 가능합니다. 특히 OpenCV 4.0.0 버전의 문서는 https://docs.opencv.org/4.0.0/에서 확인할 수 있습니다. 그림 2-3은 OpenCV 4.0.0 문서 사이트에 접속한 화면의 예입니다. OpenCV 문서 페이지의 우측 상단 검색 창에 OpenCV 함수 또는 클래스 이름을 입력하면 해당하는 함수 또는 클래스에 대한 자세한 설명 페이지로 쉽게 이동할 수 있습니다. OpenCV 문서 페이지 첫 화면에서 **OpenCV Tutorials** 링크를 따라 이동하면 OpenCV 라이브러리 기능별 사용 설명서를 읽어 볼 수 있어서 유용합니다.

▼ 그림 2-3 OpenCV 4.0.0 문서 사이트

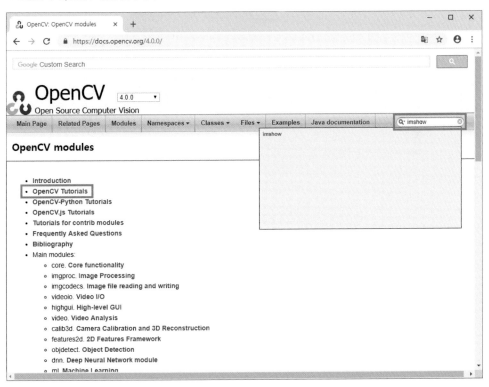

OpenCV를 이용하다가 궁금한 사항이 생기면 OpenCV 질문/답변 포럼에서 해답을 구할 수 있습니다. OpenCV 질문/답변 포럼 주소는 http://answers.opencv.org/questions/입니다. 이 포럼에는 5만 명 이상의 사용자가 가입되어 있으며 다양한 OpenCV 정보를 교환할 수 있습니다. 이 웹 사이트에서 궁금한 사항을 검색하거나 또는 새로운 질문을 올려서 해결 방법을 찾을 수 있습니다.

OpenCV 최신 소스 코드는 GitHub 웹 사이트를 통해 관리됩니다. OpenCV 기본 소스 저장소 주소는 https://github.com/opencv/opencv/이고, OpenCV 추가 모듈 소스 저장소 주소는 https://github.com/opencv/opencv_contrib/입니다. 이 저장소에서 OpenCV 소스 코드의 업데이트 현황을 확인할 수 있으며, 최신 소스 코드를 내려받을 수 있습니다.

2.1.2 OpenCV 설치하기

OpenCV를 설치한다는 것은 OpenCV와 관련된 헤더 파일, LIB 파일, DLL 파일을 여러분 컴퓨터에 생성하는 작업을 의미합니다. Windows 운영 체제를 사용하는 경우 두 가지 방법으로 OpenCV를 설치할 수 있습니다. 하나는 OpenCV 웹 사이트에서 설치 실행 파일을 내려받아 설치하는 방법이고, 다른 하나는 OpenCV 소스 코드를 내려받은 후 직접 빌드하여 설치하는 방법입니다. 두 가지 설치 방법의 장단점을 표 2-2에 정리하였습니다.

▼ 표 2-2 OpenCV 설치 방법 비교

	설치 실행 파일 이용	소스 코드 직접 빌드
장점	• 설치가 빠르고 간단함 • 미리 빌드된 DLL, LIB 파일 제공	• 자신의 시스템 환경에 최적화된 DLL, LIB 파일 생성 • OpenCV 추가 모듈 사용 가능
단점	• OpenCV 추가 모듈 사용 불가 • Windows 64비트 운영 체제만 지원	• 빌드 작업이 복잡하고 시간이 오래 걸림

OpenCV 설치 실행 파일은 Windows 운영 체제만을 지원하며, 최신 Visual Studio를 이용하여 x64 환경에서 빌드된 DLL 파일과 LIB 파일을 제공합니다. 그러므로 매우 빠르고 간편하게 OpenCV 라이브러리를 설치할 수 있으며, 초보자가 사용하기에 적합한 방법입니다. 그러나 OpenCV 설치 실행 파일에서 제공하는 라이브러리 파일은 OpenCV 추가 모듈 기능을 제공하지 않는다는 단점이 있습니다. 반면에 OpenCV 소스 코드를 직접 빌드하여 설치하는 방법은 사용자 컴퓨터 시스템 환경에 최적화된 LIB 파일과 DLL 파일을 생성할 수 있습니다. OpenCV 추가 모듈 소스 코드도 내려받아서 함께 빌드하면 CUDA 기능과 같은 OpenCV 추가 모듈도 사용할 수 있습니다. 그러나 초보자가 OpenCV 소스 코드를 빌드하는 것은 꽤 복잡할 수 있으며, 빌드 시간이 오래 걸린다는 단점이 있습니다.

이 책에서는 비교적 간단한 설치 방법인 OpenCV 설치 실행 파일을 이용하는 방법을 설명합니다. 일단 OpenCV 설치 실행 파일을 이용하여 OpenCV 사용법을 익힌 후, 추후 OpenCV 추가 모듈 기능을 사용하고 싶으신 분들은 OpenCV 소스 코드를 직접 빌드하여 설치해 보기 바랍니다. 참고로 이 책의 부록 A에서 OpenCV 소스 코드를 직접 빌드하여 설치하는 방법을 따로 설명합니다.

OpenCV 설치 실행 파일을 이용하여 OpenCV를 설치하려면 일단 여러분이 사용하고 있는 컴퓨터가 64비트 Windows 운영 체제어야 합니다. 그리고 Visual Studio 2017 또는 Visual Studio 2015 버전을 사용해야 합니다. 설치에 필요한 하드디스크 공간은 약 1.1GByte입니다.

OpenCV 설치 파일은 OpenCV 웹 사이트에서 내려받을 수 있습니다.[2] OpenCV 웹 사이트 주소는 https://www.opencv.org/입니다. 웹 브라우저를 이용하여 OpenCV 공식 사이트에 접속한 후, 상단의 **RELEASES** 메뉴를 마우스로 클릭하면 그림 2-4와 같이 OpenCV 설치 파일을 내려받을 수 있는 페이지로 이동합니다. 여기서 OpenCV 버전 4.0.0과 관련된 항목 중에서 **Win pack** 링크를 마우스로 클릭하면 sourceforge 웹 사이트로 이동하면서 자동으로 OpenCV 설치 파일을 내려받을 수 있습니다.[3]

❤ 그림 2-4 OpenCV 설치 실행 파일 내려받기

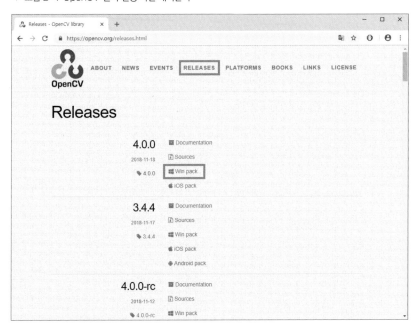

---

2 OpenCV 4.0.0 설치 파일은 OpenCV GitHub 웹 사이트 https://github.com/opencv/opencv/releases/tag/4.0.0에서도 내려받을 수 있습니다.

3 이 책을 집필 중인 2019년 1월 현재 OpenCV 4.0.1 버전이 출시되어 OpenCV 4.0.0 버전은 Releases 페이지를 조금 아래로 스크롤해야 찾을 수 있습니다.

OpenCV 4.0.0 설치 실행 파일의 이름은 opencv-4.0.0-vc14_vc15.exe입니다. 이 파일은 자동으로 압축이 해제되는 자동 압축 해제 프로그램입니다. 그러므로 탐색기에서 opencv-4.0.0-vc14_vc15.exe 파일을 더블클릭하여 실행하면 그림 2-5와 같이 압축을 해제할 폴더 위치를 묻는 창이 나타납니다. 이 책에서는 하드디스크 C 드라이브의 최상위 폴더에 OpenCV를 설치하여 사용하는 방법을 설명합니다. 그러므로 그림 2-5와 같이 Extract to: 위치에 C:\라고 입력하거나 또는 ⬚ 모양의 버튼을 클릭하여 C:\ 위치를 선택하십시오. 그리고 아래쪽의 **Extract** 버튼을 클릭하면 C:\ 폴더 아래에 opencv라는 이름의 폴더가 새로 만들어지고, 그 아래에 OpenCV 관련 파일이 생성됩니다.

▼ 그림 2-5 OpenCV 설치 폴더 지정

OpenCV 설치 프로그램이 파일 압축을 모두 해제하면 C:\opencv\ 폴더 아래에 sources 폴더와 build 폴더가 생성됩니다. C:\opencv\sources 폴더 아래에는 OpenCV 소스 코드 파일이 들어 있고, C:\opencv\build 폴더 아래에는 소스 코드로부터 만들어진 라이브러리 파일과 헤더 파일, 그리고 기타 유용한 파일이 저장되어 있습니다. 이 중 C:\opencv\build\ 폴더 아래의 폴더 구조와 간략한 설명을 그림 2-6에 나타냈습니다.

▼ 그림 2-6 설치된 OpenCV 폴더 구조

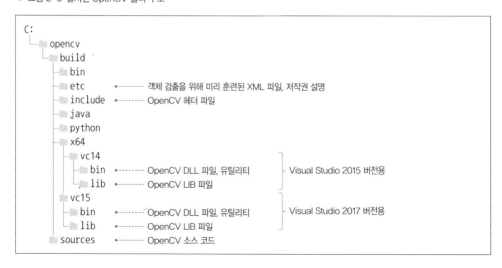

OpenCV 라이브러리에서 사용하는 OpenCV 관련 헤더 파일(*.hpp)은 모두 C:\opencv\build\include 폴더 아래에 모여 있습니다. 그리고 미리 빌드된 OpenCV 라이브러리 파일은 C:\opencv\build\x64 폴더 아래에 위치합니다. 이 폴더 아래의 vc14 폴더에는 Visual Studio 2015를 이용하여 빌드된 라이브러리 파일이 있고, vc15 폴더에는 Visual Studio 2017 버전으로 빌드된 라이브러리 파일이 있습니다. 이 책에서는 Visual Studio 2017을 사용하는 방법을 설명하므로 C:\opencv\build\x64\vc15 아래에 있는 라이브러리 파일을 사용할 것입니다. C:\opencv\build\x64\vc15 폴더 아래에는 다시 bin과 lib 폴더가 있습니다. 이 중 bin 폴더에는 OpenCV 프로그램 실행 시 필요한 동적 연결 라이브러리(DLL, Dynamic Linking Library) 파일과 OpenCV 유틸리티 프로그램이 생성됩니다. 그리고 OpenCV DLL 파일이 생성될 때 함께 만들어지는 가져오기 라이브러리(import library) 파일은 lib 폴더에 저장됩니다.

OpenCV 설치 파일은 world 모듈을 이용하여 빌드된 라이브러리 파일을 제공합니다. 그러므로 OpenCV 4.0.0 설치 실행 파일이 생성하는 동적 연결 라이브러리 파일 이름은 opencv_world400.dll과 opencv_world400d.dll입니다. 그리고 이 DLL 파일과 연관된 가져오기 라이브러리 파일 이름은 opencv_world400.lib와 opencv_world400d.lib입니다. 라이브러리 파일 이름 뒤에 ~d가 붙은 파일은 디버그 모드에서 사용되는 파일입니다. OpenCV 헤더 파일과 *.lib 파일은 추후 Visual Studio에서 OpenCV 응용 프로그램을 개발할 때 사용됩니다. 그리고 OpenCV 응용 프로그램을 실행할 때에는 OpenCV DLL 파일이 필요합니다. OpenCV DLL 파일은 여러 OpenCV 응용 프로그램에서 공통으로 사용하므로 OpenCV DLL 파일이 있는 폴더를 시스템 환경 변수 PATH에 추가하여 사용하는 것이 편리합니다.

시스템 환경 변수 PATH에 OpenCV DLL 파일 폴더 위치를 추가하는 방법에 대해 알아보겠습니다. 컴퓨터 제어판에서 **시스템** 항목을 선택하고, 다시 시스템 창에서 **고급 시스템 설정** 항목을 클릭하면 시스템 속성 창이 나타납니다. 또는 키보드에서 Windows 로고 키와 S 키를 함께 눌러 Windows 검색 창이 나타나게 한 후, 여기에 '시스템 환경 변수 편집'이라고 입력하면 시스템 속성 창을 띄울 수 있습니다. 시스템 속성 창에서 **고급** 탭을 선택하고, 다시 아래쪽의 **환경 변수** 버튼을 클릭하면 환경 변수 편집 창이 나타납니다. 여기서 〈**사용자계정**〉에 대한 **사용자 변수** 항목의 **새로 만들기** 버튼을 클릭하면 새 사용자 변수 창이 나타납니다. 새 사용자 변수 창에서 **변수 이름** 항목에는 OPENCV_DIR을 입력하고 **변수 값**에는 C:\opencv\build로 설정합니다. 그러면 그림 2-7의 왼쪽 화면처럼 OPENCV_DIR 변수가 생성됩니다. 그리고 Path 환경 변수를 더블클릭하여 %OPENCV_DIR%\x64\vc15\bin을 추가합니다. OPENCV_DIR 환경 변수가 추가된 모습과 Path 환경 변수를 편집하는 화면을 그림 2-7에 나타냈으니 참고하기 바랍니다. 환경 변수 추가가 완료되었으면 **확인** 버튼을 눌러 창을 모두 닫습니다.

▼ 그림 2-7 시스템 환경 변수에 OpenCV 관련 변수 추가

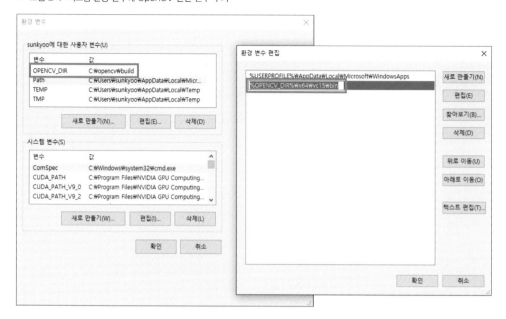

이제 OpenCV DLL 폴더 위치가 시스템 Path 환경 변수에 잘 적용이 되었는지 확인해 보겠습니다. 키보드에서 Windows 로고 키 [⊞]와 [R] 키를 함께 눌러서 실행 창이 나타나게 한 후, cmd라고 입력하면 그림 2-8과 같은 콘솔 창이 나타납니다. 여기에 opencv_version.exe를 입력하고 키보드의 [Enter] 키를 눌러 보세요. 그러면 그림 2-8과 같이 4.0.0이라는 문자열이 출력됩니다. opencv_version.exe 프로그램은 OpenCV DLL 폴더 위치에 함께 존재하는 실행 파일이며, 시스템에 설치된 OpenCV 버전을 출력합니다. 만약 정확한 버전 번호 대신 "'opencv_version.exe'은(는) 내부 또는 외부 명령, 실행할 수 있는 프로그램, 또는 배치 파일이 아닙니다."라는 에러 메시지가 나타나면 시스템 환경 변수 PATH 등록 부분을 다시 한 번 확인해 보기 바랍니다.

▼ 그림 2-8 OpenCV 버전 확인 유틸리티 실행하기

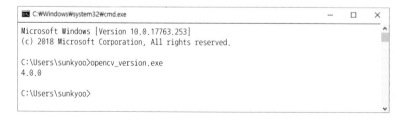

이로써 OpenCV 라이브러리 설치와 Path 환경 변수 설정을 마쳤습니다. 다음 절에서는 설치된 OpenCV 라이브러리를 이용하여 OpenCV 예제 프로그램을 만드는 방법에 대해 알아보겠습니다.

Note ≡ 이 책에서는 기본적으로 OpenCV 설치 실행 파일을 이용한 OpenCV 설치 방법을 사용합니다. 그러나 OpenCV 추가 모듈을 사용하거나 자신의 컴퓨터 시스템에 최적화된 OpenCV DLL 파일을 사용하려면 OpenCV 소스 코드를 직접 빌드하여 OpenCV 라이브러리를 설치해야 합니다. 이 책의 부록 A에서는 Windows 운영 체제에서 OpenCV 소스 코드를 직접 빌드하여 설치하는 방법을 설명합니다. 또한 Windows 운영 체제가 아닌 Linux에서 OpenCV 라이브러리를 사용하기 원하는 분들을 위해 부록 B에서는 Ubuntu 18.04 버전에서 OpenCV 소스 코드를 설치하고 사용하는 방법을 소개하고 있으니 참고하기 바랍니다.

2.2 OpenCV 사용하기: HelloCV

OPENCV

이 절에서는 OpenCV 라이브러리를 사용하여 간단한 OpenCV 응용 프로그램을 만드는 방법을 설명합니다. Visual Studio에서 새로운 프로젝트를 생성하고, 프로젝트 속성에서 OpenCV 라이브러리와 관련된 설정을 추가하는 방법에 대해 알아볼 것입니다. 먼저 OpenCV 라이브러리 버전을 문자열 형태로 출력하는 방법을 설명하고, 이후 영상 파일을 불러와서 화면에 출력하는 방법을 알아보겠습니다.

2.2.1 OpenCV 프로젝트 만들기

이 책에서는 Visual Studio 2017을 이용하여 OpenCV 응용 프로그램을 만드는 방법을 설명합니다.[4] OpenCV 예제 프로그램을 만들기 위하여 먼저 컴퓨터에 설치된 Visual Studio 2017을 실행하세요. Visual Studio에서 새로운 프로젝트를 생성하기 위하여 메뉴에서 **파일 > 새로 만들기 > 프로젝트** 항목을 선택하세요. 그러면 그림 2-9와 같은 새 프로젝트 창이 나타납니다. 새 프로젝트 창의 왼편에서 'Visual C++' 항목 아래 **Windows 데스크톱** 항목을 선택하고, 중앙에 나열된 항목 중에서는 **Windows 데스크톱 마법사** 항목을 선택하세요.[5] 이 책에서는 'Windows 데스크톱 마법사' 형식을 이용하여 비어 있는 콘솔 응용 프로그램 프로젝트를 생성하고 사용하는 방법을 설명합니다.

---

4 Visual Studio 제품 중에서 Community(커뮤니티) Edition은 학생 또는 개인 개발자가 무료로 사용할 수 있습니다. 아직 Visual Studio 2017을 설치하지 않았다면 https://visualstudio.microsoft.com/ko/downloads/ 웹 사이트에서 설치 파일을 내려받아 설치하기 바랍니다.

5 만약 'Visual C++' 항목이 보이지 않으면 새 프로젝트 창 좌측 하단의 **Visual Studio 설치 관리자 열기** 항목을 클릭하여 **C++를 사용한 데스크톱 개발** 항목을 선택하여 설치하기 바랍니다.

'Windows 데스크톱 마법사' 형식을 선택하였으면 이제 화면 아래쪽에 프로젝트 이름을 입력해야 합니다. 처음으로 만들 OpenCV 예제 프로그램 이름은 'HelloCV'로 정하겠습니다. 프로젝트 이름을 HelloCV로 설정하면 나중에 만들어지는 프로그램의 실행 파일 이름이 HelloCV.exe로 결정됩니다. Visual Studio 2017의 경우 새 프로젝트 생성 위치는 기본적으로 C:\User\〈사용자계정〉\source\repos\ 폴더로 설정됩니다. 이 폴더 위치를 그대로 사용하여도 되고, 우측의 **찾아보기** 버튼을 클릭하여 다른 폴더를 선택하여 사용해도 무방합니다. 이 책에서는 C:\coding\opencv 폴더 아래에 장 번호 형태의 폴더를 만들고, 그 아래에 예제 프로젝트를 생성하겠습니다. 즉, 2장에서 만드는 예제 프로젝트의 위치는 C:\coding\opencv\ch02로 설정하였습니다.

마지막으로 새 프로젝트 창의 우측 하단에서 **솔루션용 디렉터리 만들기** 항목의 선택은 해제하겠습니다. 복잡한 응용 프로그램을 만드는 경우에는 솔루션용 디렉터리를 만드는 것이 유리할 수 있지만, 이 책에서는 단순한 형태의 예제 프로그램만을 만들 것이므로 번거롭게 솔루션용 디렉터리를 만들지 않겠습니다. 이제 **확인** 버튼을 클릭하면 Windows 데스크톱 프로젝트의 옵션을 설정할 수 있는 창이 나타납니다.

▼ 그림 2-9 새 프로젝트 창에서 HelloCV 프로젝트 만들기

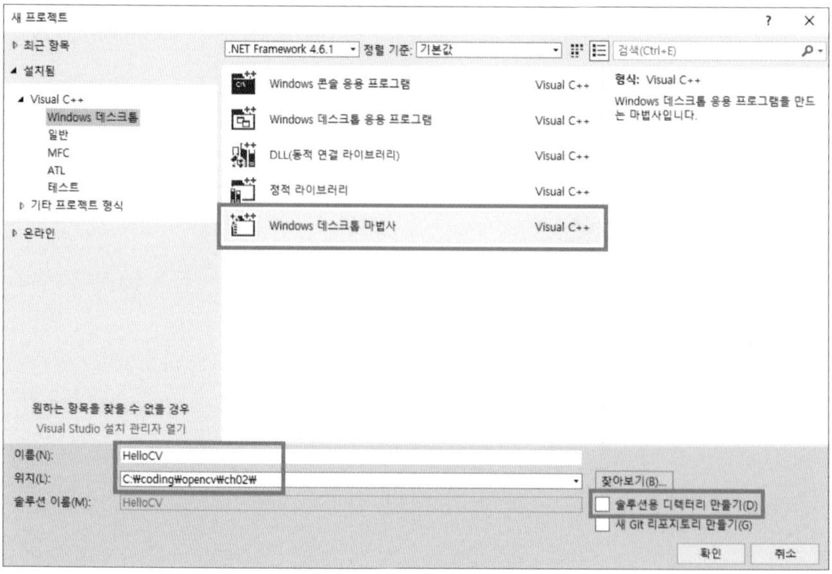

그림 2-10은 Windows 데스크톱 프로젝트의 종류와 옵션을 설정하는 창의 모습입니다. 기본적으로 응용 프로그램 종류는 '콘솔 응용 프로그램'으로 설정되어 있고, 추가 옵션에서는 '미리 컴파일된 헤더' 항목과 'SDL(Security Development Lifecycle) 검사' 항목이 선택되어 있습니다. 이중에서 **미리 컴파일된 헤더** 항목의 선택을 해제하고, **빈 프로젝트** 항목을 새로 선택하십시오. 이

책에서는 빈 프로젝트 형식으로 새 프로젝트를 생성하고, 추후 필요한 소스 파일만 추가하여 프로그램을 개발할 것입니다. 그러므로 그림 2-10과 같은 형태로 옵션을 선택하였는지 확인한 후 **확인** 버튼을 클릭하세요. 그러면 비어 있는 새 프로젝트가 생성됩니다.

▼ 그림 2-10 Windows 데스크톱 프로젝트 속성 설정 화면

새 프로젝트가 생성되면 그림 2-11과 같은 화면이 나타납니다. Visual Studio 왼편에 솔루션 탐색기 창이 나타나고, 여기에서 HelloCV라는 프로젝트가 생성되어 있음을 확인할 수 있습니다. Visual Studio 2017은 기본적으로 새 프로젝트의 활성 솔루션을 32비트 버전인 x86으로 설정합니다. 그러나 OpenCV 라이브러리는 64비트로 빌드되어 있기 때문에 여러분이 만드는 OpenCV 예제 프로그램도 x64 플랫폼을 사용해야 합니다. 그러므로 Visual Studio 상단 툴바에 나타나 있는 활성 솔루션 플랫폼을 그림 2-11과 같이 **x64**로 변경하십시오.

▼ 그림 2-11 활성 솔루션 플랫폼을 x64로 설정하기

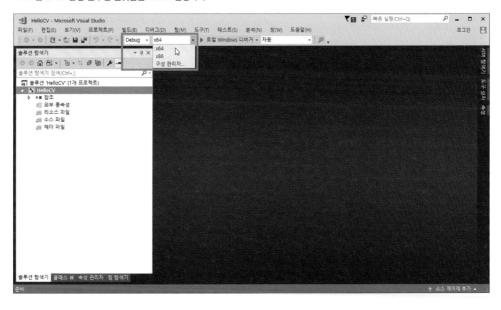

그림 2-11에서 주황색 사각형 영역을 보면 활성 솔루션 구성이 현재 디버그(Debug) 모드로 되어 있는 것을 확인할 수 있습니다. 일반적으로 프로그램 개발 초기에는 활성 솔루션 구성을 디버그 모드로 설정하여 개발하고, 추후 개발이 완료된 후에는 릴리스(Release) 모드로 프로그램을 빌드하여 배포합니다. 디버그 모드에서는 말 그대로 Visual Studio의 강력한 디버깅 기능을 사용할 수 있습니다. 그 대신 디버그 모드에서 생성된 실행 파일은 디버깅 정보가 포함되어 있어 파일 용량이 커지고, 릴리스 모드로 빌드된 실행 파일보다 프로그램 동작 속도가 느립니다. 만약 특정 소스 코드의 실행 시간을 측정하려고 한다면 디버그 모드가 아닌 릴리스 모드로 프로그램을 빌드하여 동작 시간을 측정해야 합니다.

그림 2-11에서 왼쪽 솔루션 탐색기 창을 보면 '소스 파일'과 '헤더 파일'이라는 이름을 가진 폴더 모양의 아이콘만 있고, 실제 소스 파일과 헤더 파일은 하나도 없는 것을 볼 수 있습니다. 이는 앞서 Windows 데스크톱 프로젝트의 옵션에서 '빈 프로젝트' 항목을 선택하였기 때문입니다. HelloCV 프로젝트에 소스 코드를 입력할 새 소스 파일을 추가하려면 Visual Studio 메뉴에서 **프로젝트 > 새 항목 추가…**를 선택합니다. 그러면 그림 2-12와 같은 새 항목 추가 창이 나타납니다. 새 항목 추가 창 왼편에서 **설치됨** > Visual C++ 항목을 선택하고, 중앙에 나열된 항목 중에서는 **C++ 파일(.cpp)** 항목을 선택하세요. 그리고 새 항목 추가 창의 아래쪽 파일 이름 칸에는 main. cpp라고 입력하세요. 소스 파일 이름은 다른 이름을 지정해도 상관없지만, 이 책에서는 모든 예제 프로그램에서 main.cpp라는 이름의 소스 파일을 사용하겠습니다. 새 파일 생성 위치는 기본적으로 여러분이 HelloCV 프로젝트를 생성한 폴더로 지정될 것입니다. 그림 2-12와 같이 입력을 완료했으면 하단의 **추가** 버튼을 클릭하여 창을 닫습니다.

▼ 그림 2-12 새 항목 추가 창에서 main.cpp 파일 추가

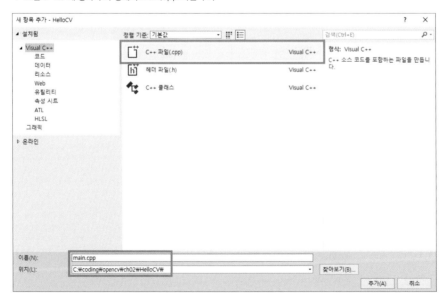

main.cpp 파일을 새로 생성하면 곧바로 Visual Studio 중앙에 소스 코드를 입력할 수 있는 편집 창이 나타납니다. main.cpp 파일에 입력할 HelloCV 예제 프로그램 소스 코드를 코드 2-1에 나타냈습니다. 코드 2-1은 현재 여러분 컴퓨터에 설치되어 있는 OpenCV 라이브러리 버전을 문자열 형태로 출력하는 코드입니다.

코드 2-1 OpenCV 버전을 출력하는 HelloCV 프로그램 소스 코드 [ch02/HelloCV]

```
01    #include "opencv2/opencv.hpp"
02    #include <iostream>
03
04    int main()
05    {
06        std::cout << "Hello OpenCV " << CV_VERSION << std::endl;
07
08        return 0;
09    }
```

- 1행   OpenCV에서 사용하는 다양한 클래스와 함수가 선언되어 있는 opencv.hpp 헤더 파일을 포함합니다. opencv.hpp 파일은 OpenCV 헤더 파일이 모여 있는 폴더 위치에서 opencv2라는 이름의 하위 폴더 안에 있기 때문에 #include "opencv2/opencv.hpp" 형태로 코드를 입력해야 합니다.
- 2행   C++ 표준 출력을 위해 iostream 헤더 파일을 포함합니다.
- 6행   C++ 표준 출력으로 OpenCV 라이브러리의 버전을 출력하는 코드입니다. 소스 코드에서 사용된 CV_VERSION은 컴퓨터에 설치되어 있는 OpenCV 라이브러리의 버전 정보를 문자열 형태로 정의한 매크로입니다. 이 책에서는 OpenCV 4.0.0 버전을 사용하기 때문에 CV_VERSION에는 "4.0.0" 문자열이 저장되어 있습니다.

코드 2-1은 OpenCV 문법에 맞게 제대로 작성된 소스 코드입니다. 그러나 실제로 Visual Studio 편집 창에 소스 코드를 입력하고 나면 그림 2-13처럼 몇몇 부분에서 빨간색 물결 모양 밑줄이 나타나는 것을 볼 수 있습니다. 이러한 빨간색 밑줄은 Visual Studio에서 지원하는 IntelliSense 기능에 의해 나타나는 것이며, Visual Studio가 인식할 수 없거나 문법적으로 잘못되었다고 판단되는 부분을 알려 줍니다.

그림 2-13처럼 첫 번째 빨간색 밑줄이 나타난 #include 글씨 위에 마우스 커서를 위치시키면 '파일 소스을(를) 열 수 없습니다. "opencv2/opencv.hpp"'라는 팝업 메시지가 나타납니다. 여기서 opencv.hpp 파일은 OpenCV에서 사용하는 다양한 클래스와 함수 선언이 들어 있는 헤더 파일이며, OpenCV 라이브러리가 설치되어 있는 폴더에 실제로 존재합니다. 그러나 Visual Studio가 이 파일이 위치한 폴더를 인식하지 못하기 때문에 헤더 파일을 열 수 없다는 에러 메시지를 나타내는 것입니다. 그러므로 OpenCV 응용 프로그램을 개발할 때에는 Visual Studio에서

OpenCV 라이브러리와 관련된 폴더 정보를 인식하도록 별도의 설정을 해 주어야 하며, 이러한 작업은 프로젝트 속성 페이지에서 수행합니다.

▼ 그림 2-13 main.cpp 소스 코드 입력 후 빨간색 밑줄 메시지 확인하기

Visual Studio 메뉴에서 **프로젝트** > HelloCV **속성** 항목을 선택하면 그림 2-14와 같은 HelloCV 속성 페이지 창이 나타납니다. 먼저 속성 페이지 창 상단에서 '플랫폼'이 여러분이 사용하고 있는 'x64'로 되어 있는지를 확인하세요. 만약 플랫폼 항목이 'Win32'로 되어 있다면 'x64'로 변경한 후 속성 설정을 시작해야 합니다. 구성 항목은 'Debug' 또는 'Release'를 선택할 수 있으며, 두 가지 모드에 대해 각각 OpenCV 관련 설정을 추가해야 합니다. 일단은 Debug 구성에서 OpenCV 관련 설정을 추가하는 방법을 알아보겠습니다.

▼ 그림 2-14 HelloCV 속성 페이지 창에서 추가 포함 디렉터리 설정하기

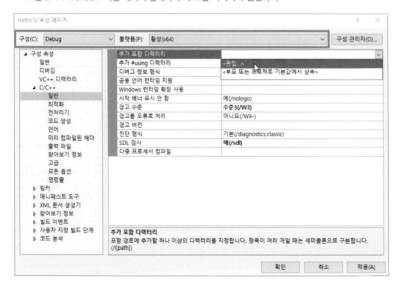

먼저 OpenCV 헤더 파일이 위치한 디렉터리를 설정하는 작업부터 시작해 보겠습니다. 속성 페이지 창 왼쪽에서 **구성 속성** > **C/C++** > **일반** 항목을 선택하고, 오른쪽 목록 중에서 맨 위에 있는 **추가 포함 디렉터리** 항목을 마우스로 클릭하세요. 그러면 선택된 항목의 맨 오른쪽에 역삼각형 모양의 버튼(▽)이 나타납니다. 이 버튼을 마우스로 클릭하고, 나타나는 목록 중에서 〈편집…〉 항목을 선택하면 그림 2-15와 같은 추가 포함 디렉터리 창이 나타납니다. 추가 포함 디렉터리 창 위쪽 네 개의 아이콘 중에서 첫 번째 아이콘(🖹)을 클릭하면 빈칸이 하나 추가되고, 여기에 **$(OPENCV_DIR)₩include**라고 입력하세요. $(OPENCV_DIR)은 2.1.2절에서 추가한 시스템 환경 변수이고, c:\opencv\build 폴더를 가리킵니다. 그러므로 $(OPENCV_DIR)\include는 c:\opencv\build\include 폴더를 나타냅니다. 그림 2-15와 같이 입력하였으면 **확인** 버튼을 클릭하여 추가 포함 디렉터리 창을 닫습니다.

▼ 그림 2-15 OpenCV 포함 디렉터리 추가하기

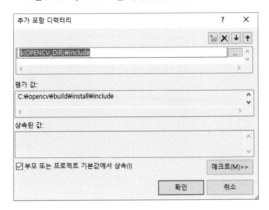

다음으로는 OpenCV 라이브러리 파일이 위치한 폴더를 설정해야 합니다. HelloCV 속성 페이지 왼쪽에서 **구성 속성** > **링커** > **일반** 항목을 선택하고, 오른쪽 항목 중에서는 **추가 라이브러리 디렉터리** 항목을 선택합니다. 그리고 추가 포함 디렉터리 설정할 때와 마찬가지로 맨 오른쪽에 역삼각형 모양의 버튼(▽)을 마우스로 클릭하고, 나타난 목록 중에서 〈편집…〉 항목을 선택합니다. 그러면 그림 2-16과 같은 추가 라이브러리 디렉터리 창이 나타납니다. 여기서 첫 번째 아이콘(🖹)을 클릭하여 빈칸을 하나 추가하고, 여기에 **$(OPENCV_DIR)₩x64₩vc15₩lib**라고 입력합니다.

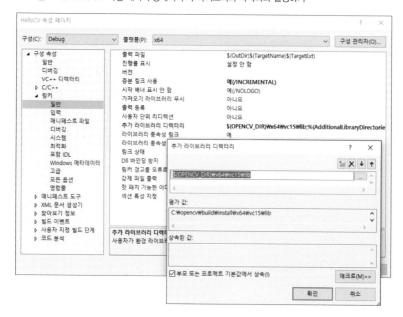

마지막으로 HelloCV 프로젝트에서 사용할 OpenCV 라이브러리 이름을 입력해야 합니다.
HelloCV 속성 페이지 왼편에서 **구성 속성 > 링커 > 입력** 항목을 선택하고, 오른쪽 항목 중에서 **추가 종속성** 항목을 선택합니다. 추가 종속성 항목 맨 오른쪽에 나타난 역삼각형 모양의 버튼(▽)을 마우스로 클릭하고, 나타난 목록 중에서 〈편집…〉 항목을 선택하면 그림 2-17과 같이 추가 종속성 창이 나타납니다. 추가 종속성 맨 위 칸에 키보드로 opencv_world400d.lib라고 입력하고 **확인** 버튼을 클릭합니다.

▼ 그림 2-17 HelloCV 속성 페이지 창에서 추가 종속성 설정

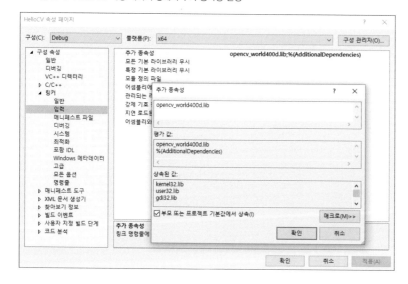

여기까지 HelloCV 프로젝트의 Debug 구성에 대한 OpenCV 관련 설정을 마쳤습니다. 이제 구성을 Release로 변경하고 OpenCV 관련 설정을 추가하겠습니다. 일단 HelloCV 속성 페이지 창 하단의 **적용** 버튼을 클릭하고, 좌측 상단의 구성 항목을 Release로 변경하세요. 그리고 앞에서 수행했던 OpenCV와 관련된 추가 포함 디렉터리와 추가 라이브러리 디렉터리를 같은 방법으로 설정하세요. OpenCV와 관련된 추가 포함 디렉터리와 추가 라이브러리 디렉터리를 설정하는 방법은 앞서 Debug 구성에서 설정했던 방법과 완전히 동일합니다. 다만 추가 종속성 설정 시 입력할 라이브러리 이름은 opencv_world400d.lib 대신 **opencv_world400.lib**라고 입력해야 합니다. OpenCV 라이브러리 이름 중에서 뒤에 ~d가 붙어 있는 파일은 Debug 모드에서 사용하는 파일이고, ~d가 붙어 있지 않은 파일은 릴리스 모드에서 사용하는 파일입니다.

HelloCV 속성 페이지 창에서 OpenCV 라이브러리와 관련하여 설정한 세 가지 사항을 표 2-3에 요약하여 나타냈습니다. 새로운 OpenCV 예제 프로젝트를 생성할 때마다 표 2-3에 나타난 설정을 프로젝트 속성에 추가해야 한다는 점을 기억하기 바랍니다.

▼ 표 2-3 OpenCV 예제 프로그램 속성 페이지에서 OpenCV 관련 설정하기

	Debug 모드	Release 모드
추가 포함 디렉터리	$(OPENCV_DIR)\include	
추가 라이브러리 디렉터리	$(OPENCV_DIR)\x64\vc15\lib	
추가 종속성	opencv_world400d.lib	opencv_world400.lib

HelloCV 속성 페이지 창에서 OpenCV 설정을 마치고 다시 main.cpp 편집 창으로 돌아오면 빨간색 밑줄이 사라진 것을 확인할 수 있습니다. 에러가 사라졌으므로 이제 HelloCV 프로젝트를 빌드하여 실행할 수 있습니다. 메뉴에서 **빌드 > 솔루션 빌드** 항목을 선택하면 Visual Studio가 HelloCV 프로젝트를 빌드하여 HelloCV.exe 실행 파일을 생성합니다. 만약 현재 솔루션 구성이 Debug라면 HelloCV 프로젝트 폴더 아래 x64\Debug 폴더에 HelloCV.exe 파일이 생성됩니다. 솔루션 구성이 Release인 경우에는 x64\Release 폴더 아래에 HelloCV.exe 파일이 생성됩니다.

새로 빌드된 HelloCV.exe 프로그램을 실행하려면 Visual Studio 메뉴에서 **디버그 > 디버그하지 않고 시작** 메뉴 항목을 선택합니다. **디버그 > 디버깅 시작** 메뉴를 선택해도 HelloCV.exe 프로그램이 실행이 됩니다만, 이 메뉴는 말 그대로 디버깅을 위한 용도이므로 단순히 실행 결과를 확인하려면 **디버그하지 않고 시작** 메뉴를 사용하는 편이 좋습니다. 그러면 화면에 그림 2-18과 같은 Microsoft Visual Studio 디버그 콘솔 창이 나타나고, 여러분이 사용하고 있는 OpenCV 버전 정보가 문자열로 출력됩니다. 참고로 **디버그하지 않고 시작** 메뉴로 프로그램을 실행하면 그림 2-18처럼 키보드 입력이 있을 때까지 콘솔 창을 닫지 않기 때문에 결과를 확인하기가 편리합니다.

▼ 그림 2-18 OpenCV 버전을 출력하는 HelloCV 실행 화면

```
▨ Microsoft Visual Studio 디버그 콘솔                                    —    □    ×

Hello OpenCV 4.0.0

C:\coding\opencv\ch02\HelloCV\x64\Debug\HelloCV.exe(7864 프로세스)이(가) 0 코드로 인해 종료되었습니다.
이 창을 닫으려면 아무 키나 누르세요.
```

이로써 OpenCV 라이브러리를 사용하여 Windows 콘솔 응용 프로그램을 만드는 기본적인 방법
을 익혔습니다. 새 프로젝트를 생성하여 소스 코드를 입력하고, 프로젝트 설정에 OpenCV 헤더
파일과 라이브러리 파일을 설정하는 방법을 알게 되었습니다. 이제부터는 OpenCV 라이브러리
를 이용하여 영상 파일을 불러와서 처리하는 방법을 하나하나 배워 보겠습니다.

> Note ☰   Visual Studio 편집 창에서는 기본적으로 돋움체 글꼴을 사용하고, 글꼴 크기는 10으로 설정되어 있습
> 니다. 그러나 소스 코드를 편집할 때 돋움체를 사용하면 i의 대문자(I), L의 소문자(l), 숫자 1이 잘 구분되지 않는 단점
> 이 있습니다. 또한 소스 코드 편집 시에는 모든 글자의 폭이 같은 고정폭 글꼴을 사용하는 것이 보기에 좋습니다. 그래
> 서 개인적으로는 Windows 운영 체제에 기본적으로 포함되어 있는 Consolas 글꼴을 Visual Studio 편집 창 글꼴
> 로 사용하고 있습니다.
>
> Visual Studio 편집 창의 기본 글꼴을 Consolas로 변경하려면 **도구 > 옵션…** 메뉴를 선택하고, 이후 나타나는
> 옵션 창에서 그림 2-19와 같이 설정합니다. 즉, 옵션 창 왼편에서 **환경 > 글꼴 및 색**을 선택하고, 설정 표시가 '텍스트
> 편집기'로 되어 있는 것을 확인하세요. 그림 2-19에서 텍스트 편집기 창의 글꼴은 'Consolas'로 설정하였고, 글꼴의
> 크기는 12로 설정하였습니다. 참고로 텍스트 편집기의 폰트 크기는 편집 창에서 Ctrl +마우스 휠 조합으로 간단히
> 확대 또는 축소할 수 있습니다.

▼ 그림 2-19 Visual Studio 옵션 창에서 텍스트 편집기 글꼴 변경하기

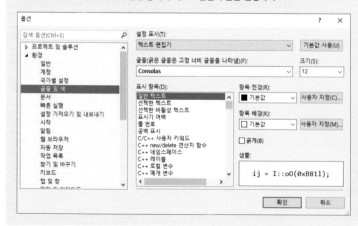

2.2.2 영상을 화면에 출력하기

앞 절에서 HelloCV라는 이름의 새 프로젝트를 생성하고 OpenCV 버전을 문자열로 출력하는 코드를 만들어 보았습니다. 이 절에서는 HelloCV 프로젝트에 소스 코드를 추가하여 BMP 파일 영상을 불러와서 화면에 나타내는 방법을 알아보겠습니다.

OpenCV에서 영상 데이터는 Mat 클래스를 이용하여 표현합니다. Mat 클래스는 cv 네임스페이스 안에서 정의되었기 때문에 cv::Mat이라고 표기하는 것이 정확한 표현이지만, 이 책에서는 간략히 Mat 클래스라고 표기하겠습니다. Mat 클래스는 다양한 자료형의 행렬을 표현할 수 있는 범용 행렬 클래스입니다. 영상은 원소가 0부터 255 사이의 정수 값을 가질 수 있는, 특별한 형태의 이차원 행렬이기 때문에 영상도 Mat 클래스를 이용하여 표현할 수 있습니다. BMP 파일에 저장된 영상을 화면에 출력하기 위해서는 일단 영상 파일로부터 Mat 객체를 생성하고, Mat 객체를 화면에 출력하는 OpenCV 함수를 호출하면 됩니다. 이러한 작업을 수행하는 전체 소스 코드를 코드 2-2에 나타냈습니다.

코드 2-2 BMP 파일 영상을 화면에 출력하는 HelloCV 소스 코드

```
01   #include "opencv2/opencv.hpp"
02   #include <iostream>
03
04   int main(void)
05   {
06       std::cout << "Hello OpenCV " << CV_VERSION << std::endl;
07
08       cv::Mat img;
09       img = cv::imread("lenna.bmp");
10
11       if (img.empty()) {
12           std::cerr << "Image load failed!" << std::endl;
13           return -1;
14       }
15
16       cv::namedWindow("image");
17       cv::imshow("image", img);
18
19       cv::waitKey();
20       return 0;
21   }
```

- 1~6행   코드 2-1에서 설명한 HelloCV 소스 코드와 동일합니다.
- 8행   Mat 클래스 타입의 변수 img를 선언했습니다.

- 9행 OpenCV에서 제공하는 imread() 함수를 사용하여 lenna.bmp 파일을 불러와서 img 변수에 저장합니다. imread() 함수 이름은 영상 읽기(image read)를 뜻하며, imread() 함수도 cv 네임스페이스 안에서 선언되었기 때문에 cv::imread() 형태로 사용합니다.

- 11~14행 lenna.bmp 파일을 제대로 불러오지 못했을 경우에 대한 예외 처리 코드입니다. 프로그램 실행 디렉터리에 lenna.bmp 파일이 존재하지 않거나 혹은 lenna.bmp 파일이 손상되어 제대로 불러오지 못한 경우, Mat 클래스의 멤버 함수 Mat::empty()는 true를 반환합니다. 만약 Mat::empty() 함수가 true를 반환하여 if 문 블록 안으로 진입하면 "Image load failed!"라는 문자열을 출력한 후 프로그램을 종료합니다. 정상적으로 lenna.bmp 파일을 불러오면 16행 이하의 코드가 실행됩니다.

- 16행 namedWindow() 함수를 이용하여 영상을 화면에 나타내기 위한 새로운 창을 생성하고, 그 창에 "image"라는 이름을 부여합니다.

- 17행 imshow() 함수를 이용하여 "image"라는 이름의 창에 img 객체가 가지고 있는 lenna.bmp 영상을 출력합니다. imshow() 함수 이름은 영상 보여 주기(image show)를 의미합니다.

- 19~20행 waitKey() 함수는 사용자의 키보드 입력을 기다리는 함수이며, 사용자가 키보드를 누르기 전까지 영상을 화면에 나타나게 해 줍니다. 만약 사용자가 키보드에서 아무 키나 누르면 19행을 지나가게 되고, 20행의 return 구문을 만나면 프로그램이 종료합니다.

코드 2-2에 사용된 다수의 OpenCV 함수와 Mat 클래스는 모두 cv 네임스페이스로 선언되어 있기 때문에 각각의 함수와 클래스 이름 앞에 cv::을 붙여서 코드가 작성되어 있습니다. 그러나 매번 cv::을 붙여서 코드를 작성하면 코드도 길어지고 타이핑도 번거로운 편입니다. 그러므로 소스 코드 맨 위에 using namespace cv; 문장을 추가하고, 실제 소스 코드에서는 cv::을 생략하는 것이 편리합니다. 더불어 STL 표준 입출력을 위한 std 네임스페이스도 using namespace std; 문장을 추가해서 사용하는 것이 편리합니다. 그러므로 코드 2-2의 소스 코드를 코드 2-3과 같이 변경하겠습니다. 코드 2-3은 내려받은 예제 파일 중 ch02/HelloCV 프로젝트에서 확인할 수 있습니다.

코드 2-3 using namespace 구문을 사용한 HelloCV 소스 코드 [ch02/HelloCV]

```
01    #include "opencv2/opencv.hpp"
02    #include <iostream>
03
04    using namespace cv;
05    using namespace std;
06
07    int main()
08    {
09        cout << "Hello OpenCV " << CV_VERSION << endl;
10
11        Mat img;
12        img = imread("lenna.bmp");
13
```

```
14        if (img.empty()) {
15            cerr << "Image load failed!" << endl;
16            return -1;
17        }
18
19        namedWindow("image");
20        imshow("image", img);
21
22        waitKey();
23        return 0;
24    }
```

- 4~5행   cv와 std 네임스페이스를 사용하도록 선언했습니다. 이로써 이후 소스 코드에서 cv::과 std::을 생략해도 됩니다.

- 7~24행   코드 2-2의 main() 함수와 내용은 같지만 cv::과 std::이 모두 사라져서 코드가 간결해졌습니다.

프로그램 소스 코드를 제대로 입력하였으면 이제 다시 프로젝트를 빌드하고 실행해 보겠습니다. 일단 **빌드 > 솔루션 빌드** 메뉴를 실행하고, 에러가 발생하지 않았다면 **디버깅 > 디버그하지 않고 시작** 메뉴를 선택하여 프로그램을 실행하세요. 예상한 대로 lenna.bmp 영상이 화면에 잘 출력되나요? 실제로 프로그램을 실행해 보면 영상이 화면에 출력되지 않고, 그 대신 그림 2-20과 같이 'Image load failed!' 문자열이 출력되고 프로그램이 종료됩니다.

▼ 그림 2-20 영상 불러오기 실패 시 HelloCV 실행 화면

```
■ Microsoft Visual Studio 디버그 콘솔                                  —    □    ×

Hello OpenCV 4.0.0
Image load failed!

C:\coding\opencv\ch02\HelloCV\x64\Debug\HelloCV.exe(2996 프로세스)이(가) -1 코드로 인해 종료되었습니다.
이 창을 닫으려면 아무 키나 누르세요.
```

콘솔 창에 'Image load failed!' 문자열이 출력되었다는 것은 코드 2-3의 14~17행 if 문 블록이 수행되었다는 것을 의미합니다. 즉, 프로그램이 실행되면서 lenna.bmp 파일을 불러오는 작업이 실패한 것이죠. 왜냐하면 새로 만든 HelloCV 프로젝트 폴더에 lenna.bmp 파일이 존재하지 않기 때문입니다. 그러므로 내려받은 예제 파일의 ch02/HelloCV 프로젝트 폴더에서 lenna.bmp 파일을 복사하여 여러분이 만든 HelloCV 프로젝트 폴더에 저장하십시오. 그리고 다시 **디버깅 > 디버그하지 않고 시작** 메뉴를 선택하여 프로그램을 실행하면 그림 2-21과 같이 image라는 이름의 창에 lenna.bmp 영상이 나타나는 것을 확인할 수 있습니다.

♥ 그림 2-21 lenna.bmp 파일 영상을 화면에 출력하기

그림 2-21에서 image 창에 나타난 영상이 lenna.bmp 파일에 저장되어 있는 레나(lenna) 영상입니다. 레나 영상은 영상 처리 및 컴퓨터 비전 분야에서 테스트용으로 널리 사용되는 영상입니다. 레나 영상은 이 책에서 설명하는 다양한 예제 프로그램에서도 테스트 영상으로 자주 사용됩니다. HelloCV 프로그램은 Image라는 이름의 새 창에 레나 영상을 출력하고, 사용자가 키보드의 아무키나 누르면 창이 사라지면서 프로그램이 종료됩니다.[6]

어떤가요? 겨우 스무 줄 남짓의 소스 코드를 이용하여 BMP 영상 파일을 불러오고, 새 창을 띄워서 영상을 출력할 수 있었습니다. OpenCV를 사용하지 않고 같은 작업을 수행하는 C/C++ 프로그램을 만들려면 수백 줄의 코드를 작성해야 합니다. OpenCV 라이브러리를 사용하였기 때문에 매우 간단하게 영상을 다룰 수 있게 되었습니다. 그러나 아직 OpenCV 함수의 자세한 사용법까지는 알기 어려울 것으로 생각됩니다. 그러므로 다음 절에서는 HelloCV 프로그램에서 사용한 OpenCV 함수에 대해 좀 더 자세히 알아보겠습니다.

---

6 영상 출력 창에 포커스가 있는 상태에서 키보드를 눌러야 동작합니다.

Note ≡ 레나(lenna) 영상은 영상 처리 관련 논문과 서적에서 가장 많이 사용되고 있는 테스트 영상입니다. 이 사진은 1973년 미국의 한 대학에서 처음으로 테스트 영상으로 사용된 이후 지금까지 많은 사람들에 의해 테스트 영상으로 사용되고 있습니다. 이 영상은 사람의 얼굴을 포함하고, 평탄한 배경 영역과 복잡한 머리카락 영역, 밝은 부분과 어두운 부분 등의 다양한 성분이 골고루 분포하고 있어서 테스트 영상으로 사용하기에 적합합니다. OpenCV는 〈OPENCV-SRC〉\samples\data\lena.jpg 파일로 레나 영상을 제공하고 있습니다. 레나 영상에 대한 좀 더 자세한 정보는 http://www.lenna.org 웹 사이트를 참고하기 바랍니다.

2.2.3 HelloCV에서 사용된 OpenCV 주요 함수 설명

이 절에서는 앞서 HelloCV 프로젝트에서 사용한 기본적인 OpenCV 함수에 대해 좀 더 자세히 알아보겠습니다. imread(), namedWindow(), imshow(), waitKey() 같은 함수는 OpenCV 응용 프로그램에서 매우 빈번하게 사용되므로 이 절에서 사용법을 제대로 이해하고 넘어가는 것이 좋습니다. 더불어 HelloCV 프로그램에서 직접 사용하지는 않았지만 함께 알아 두면 좋은 OpenCV 함수들도 소개하겠습니다.

Note ≡ OpenCV 라이브러리에서 사용하는 대부분의 함수와 클래스는 cv 네임스페이스 안에서 선언되어 있습니다. 그러므로 imread 함수나 Mat 클래스를 표현할 때 cv::imread() 또는 cv::Mat 형태로 작성하는 것이 정확한 표기입니다. 그러나 항상 cv::을 붙여서 표기하면 지면을 많이 차지하고 오히려 가독성이 더 떨어지기 때문에 이 책에서는 cv::을 따로 붙이지 않고 설명을 하겠습니다. 즉, cv::imread() 함수 대신 imread() 함수라고 표기하고, cv::Mat 클래스 대신 Mat 클래스라고 간략하게 표기하겠습니다. 실제로 이 책에서 사용하는 모든 소스 코드에서는 파일 상단부에 using namespace cv; 문장을 추가하여 실제 코드 본문에서는 cv::을 생략하여 코드를 작성하고 있기 때문에, 책에서 설명할 때에도 cv::을 붙이지 않는 것이 통일성이 있습니다. 다만 cv 네임스페이스가 아닌 OpenCV 함수 또는 클래스에 대해서는 별도로 네임스페이스에 대한 설명을 추가하겠습니다.

가장 먼저 영상 파일을 불러올 때 사용한 imread() 함수에 대해 알아보겠습니다. imread() 함수 원형은 다음과 같습니다.

```
Mat imread(const String& filename, int flags = IMREAD_COLOR);
```

- filename   불러올 영상 파일 이름
- flags   영상 파일 불러오기 옵션 플래그. ImreadModes 열거형 상수를 지정합니다.
- 반환값   불러온 영상 데이터(Mat 객체)

imread() 함수는 filename 영상 파일을 불러와 Mat 객체로 변환하여 반환합니다. filename 인자의 타입으로 지정된 String은 std::string의 이름 재정의입니다. filename에 "lenna.bmp"처럼 파일 이름만 지정하면 프로그램 작업 폴더에 위치한 lenna.bmp 파일을 불러옵니다. 만약 다른 폴더의 파일을 불러오려면 절대 경로 또는 상대 경로 형식으로 파일 위치를 지정해야 합니다. 예를 들어 C 드라이브 최상위 폴더에 lenna.bmp 파일이 존재한다면 "C:\\lenna.bmp" 문자열을 filename 인자로 설정합니다. imread() 함수는 BMP, JPG, TIF, PNG와 같이 널리 사용되는 대부분의 영상 파일 형식을 지원합니다. 만약 filename으로 지정된 파일이 존재하지 않거나 잘못된 형식의 영상 파일이라면 비어 있는 Mat 객체를 반환합니다. 그러므로 imread() 함수를 사용한 후에는 Mat 클래스의 멤버 함수 Mat::empty()를 이용하여 Mat 객체가 제대로 생성되었는지를 확인하는 것이 좋습니다.

imread() 함수의 두 번째 인자 flags는 영상 파일을 불러올 때 사용할 컬러 모드와 영상 크기를 지정하는 플래그입니다. flags 인자에는 ImreadModes 열거형 상수를 지정할 수 있으며, 주로 사용되는 ImreadModes 열거형 상수와 의미를 표 2-4에 나타냈습니다. flags 인자는 기본값으로 IMREAD_COLOR가 지정되어 있기 때문에 imread() 함수 호출 시 두 번째 인자를 지정하지 않으면 자동으로 3채널 컬러 영상 형식으로 영상을 불러옵니다.

▼ 표 2-4 주요 ImreadModes 열거형 상수

ImreadModes 열거형 상수	설명
IMREAD_UNCHANGED	입력 파일에 지정된 그대로의 컬러 속성을 사용합니다. 투명한 PNG 또는 TIFF 파일의 경우, 알파 채널까지 이용하여 4채널 영상으로 불러옵니다.
IMREAD_GRAYSCALE	1채널 그레이스케일 영상으로 변환하여 불러옵니다.
IMREAD_COLOR	3채널 BGR 컬러 영상으로 변환하여 불러옵니다.
IMREAD_REDUCED_GRAYSCALE_2	크기를 1/2로 줄인 1채널 그레이스케일 영상으로 변환합니다.
IMREAD_REDUCED_COLOR_2	크기를 1/2로 줄인 3채널 BGR 영상으로 변환합니다.
IMREAD_IGNORE_ORIENTATION	EXIF에 저장된 방향 정보를 사용하지 않습니다.

Mat 객체에 저장되어 있는 영상 데이터를 파일로 저장하기 위해서는 imwrite() 함수를 사용합니다. imwrite() 함수 원형은 다음과 같습니다.

```
bool imwrite(const String& filename, InputArray img,
             const std::vector<int>& params = std::vector<int>());
```

- filename   저장할 영상 파일 이름
- img   저장할 영상 데이터(Mat 객체)
- params   저장할 영상 파일 형식에 의존적인 파라미터(플래그 & 값) 쌍
              (paramId_1, paramValue_1, paramId_2, paramValue_2, ...)
- 반환값   정상적으로 저장하면 true, 실패하면 false를 반환합니다.

imwrite() 함수는 img 변수에 저장되어 있는 영상 데이터를 filename 이름의 파일로 저장합니다. 영상 파일 형식은 filename 문자열에 포함된 파일 확장자에 의해 결정됩니다. params 인자에는 저장할 파일 형식에 의존적인 별도의 옵션을 지정할 수 있습니다. params 인자의 형식은 std::vector<int> 타입으로 지정하며, 옵션 플래그와 실제 값을 정수 값 두 개의 쌍으로 지정해야 합니다. 예를 들어 img 변수에 저장된 영상을 lenna.jpg 파일로 저장할 때 JPEG 압축률을 95%로 지정하고 싶다면 다음과 같이 코드를 작성합니다.

```
vector<int> params;
params.push_back(IMWRITE_JPEG_QUALITY);
params.push_back(95);
imwrite("lenna.jpg", img, params);
```

앞 코드에서 IMWRITE_JPEG_QUALITY 플래그가 JPEG 압축률을 나타내는 옵션 플래그입니다. imwrite() 함수의 params 인자에 사용할 수 있는 전체 옵션 플래그는 OpenCV 문서 사이트를 참고하기 바랍니다.

HelloCV 프로그램에서 imread 함수를 이용하여 lenna.bmp 파일을 불러온 후, 영상 데이터가 정상적으로 불러왔는지를 확인하기 위해 Mat::empty() 함수를 사용했습니다. Mat::empty() 함수는 Mat 클래스의 멤버 함수이며, 함수 원형과 동작 방식은 다음과 같습니다.

```
bool Mat::empty() const
```

- 반환값　　　　　행렬의 rows 또는 cols 멤버 변수가 0이거나, 또는 data 멤버 변수가 NULL이면 true를 반환합니다.

Mat 클래스 객체에 저장되어 있는 영상 데이터를 화면에 나타내기 위해서는 먼저 영상 출력을 위한 빈 창을 생성해야 합니다. 이때 사용하는 함수가 namedWindow()이며, 이 함수의 원형은 다음과 같습니다.

```
void namedWindow(const String& winname, int flags = WINDOW_AUTOSIZE);
```

- winname　　　　영상 출력 창 상단에 출력되는 창 고유 이름. 이 문자열로 창을 구분합니다.
- flags　　　　　　생성되는 창의 속성을 지정하는 플래그. WindowFlags 열거형 상수를 지정합니다.

namedWindow() 함수는 두 개의 인자로 구성되어 있지만, 두 번째 인자는 기본 인자가 있으므로 winname 문자열 하나만 지정하여 사용할 수 있습니다. 원래 Windows 운영 체제에서는 각각의 창을 구분하기 위해 핸들(handle)이라는 숫자 값을 사용하지만, OpenCV에서는 각각의 창에 고유한 문자열을 부여하여 각각의 창을 구분합니다. 그러므로 새로운 창을 만들 때에는 winname 인자에 고유한 문자열을 지정해야 합니다. winname으로 지정한 창의 고유 이름은 실제 생성되는 창의 상단 제목 표시줄에 출력됩니다.

namedWindow() 함수의 두 번째 인자 flags는 새로 생성하는 창의 속성을 지정하는 용도로 사용됩니다. flags 인자에는 WindowFlags 열거형 상수를 지정할 수 있으며, 주로 사용되는 WindowFlags 열거형 상수와 의미를 표 2-5에 나타냈습니다.

❤ 표 2-5 주요 WindowFlags 열거형 상수

WindowFlags 열거형 상수	설명
WINDOW_NORMAL	영상 출력 창의 크기에 맞게 영상 크기가 변경되어 출력됩니다. 사용자가 자유롭게 창 크기를 변경할 수 있습니다.
WINDOW_AUTOSIZE	출력하는 영상 크기에 맞게 창 크기가 자동으로 변경됩니다. 사용자가 임의로 창 크기를 변경할 수 없습니다.
WINDOW_OPENGL	OpenGL을 지원합니다.

namedWindow() 함수의 flags 인자 기본값은 WINDOW_AUTOSIZE이기 때문에, flags 인자를 지정하지 않고 만들어진 창의 크기는 자동으로 영상 크기에 맞게 조정됩니다. 만약 여러분이 사용하고 있는 모니터 해상도보다 큰 영상을 화면에 출력하려고 할 경우, WINDOW_AUTOSIZE 속성으로 생성된 창에서는 영상의 일부가 화면에 표시되지 않을 수도 있으니 주의해야 합니다. 만약 새로 생성한 창 크기를 마우스 또는 resizeWindow() 함수를 이용하여 변경하고 싶다면 flags 인자에 WINDOW_NORMAL을 지정해야 합니다.

namedWindow() 함수에 의해 생성된 영상 출력 창은 destroyWindow() 또는 destroyAllWindows() 함수를 이용하여 닫을 수 있습니다. destroyWindow() 함수는 하나의 창을 닫을 때 사용하고, destroyAllWindows() 함수는 열려 있는 모든 창을 닫을 때 사용합니다. 이 두 함수의 원형은 다음과 같습니다.

```
void destroyWindow(const String& winname);
void destroyAllWindows();
```

• winname   소멸시킬 창 이름

일반적으로 OpenCV 응용 프로그램이 완전히 종료되는 경우에는 운영 체제에 의해 OpenCV 응용 프로그램이 사용하던 모든 자원이 해제되며, namedWindow() 함수에 의해 만들어진 창도 모두 자동으로 닫힙니다. 앞서 HelloCV 프로그램 소스 코드에서도 destroyWindow() 또는 destroyAllWindows() 함수를 명시적으로 호출하지 않았지만 프로그램 종료 시 영상 출력 창이 자동으로 닫히는 것을 확인했습니다. 그러나 프로그램 동작 중에 창을 닫고 싶을 때에는 destroyWindow() 또는 destroyAllWindows() 함수를 이용해야 합니다.

OpenCV의 영상 출력 창과 관련된 함수 중에는 창 크기를 바꾸거나 위치를 바꿀 수 있는 함수도 있습니다. 먼저 창 위치를 변경하는 함수는 moveWindow() 입니다.

```
void moveWindow(const String& winname, int x, int y);
```

- winname   위치를 이동할 창 이름
- x   창이 이동할 위치의 x 좌표
- y   창이 이동할 위치의 y 좌표

moveWindow() 함수는 winname 이름의 창을 (x, y) 좌표 위치로 이동시킵니다. 여기서 (x, y) 좌표는 모니터 전체 화면에서의 좌표를 나타내며, 모니터 좌측 상단을 원점으로 간주합니다.

프로그램 동작 중에 영상 출력 창의 크기를 변경하고 싶다면 resizeWindow() 함수를 사용합니다.

```
void resizeWindow(const String& winname, int width, int height);
```

- winname   크기를 변경할 창 이름
- width   창의 가로 크기
- height   창의 세로 크기

resizeWindow() 함수는 winname에 해당하는 창 크기를 가로 width, 세로 height 크기에 맞게 변경합니다. 이때 함수의 인자로 전달하는 width와 height 크기는 창 전체 크기가 아니라 창의 뷰 (view) 영역에 나타나는 영상 크기를 의미합니다. 그러므로 resizeWindow() 함수에 의해 변경된 창 크기는 창의 제목 표시줄, 경계선 두께로 인해 width와 height 크기보다 약간 큰 형태로 결정 됩니다. 다만 WINDOW_AUTOSIZE 플래그를 사용하여 만들어진 영상 출력 창은 resizeWindow() 함수로 크기를 변경할 수 없습니다.

이번에는 Mat 클래스 객체에 저장된 영상 데이터를 화면에 출력하는 imshow() 함수에 대해 알아보 겠습니다. imshow() 함수 원형은 다음과 같습니다.

```
void imshow(const String& winname, InputArray mat);
```

- winname   영상을 출력할 대상 창 이름
- mat   출력할 영상 데이터(Mat 객체)

imshow() 함수는 winname 창에 mat 인자로 전달된 영상 데이터를 출력합니다. mat 객체에 저장된 영상이 1채널 8비트 uchar 자료형으로 구성된 그레이스케일 영상이라면 픽셀 값을 그대로 그레이 스케일 밝기 형태로 나타냅니다. mat 객체에 저장된 영상이 uchar 자료형을 사용하는 3채널 컬러 영상이라면 색상 채널이 파란색(Blue), 녹색(Green), 빨간색(Red) 순서로 되어 있다고 간주하여 색 상을 표현합니다. 만약 mat 객체가 부호 없는 16비트 또는 32비트 정수형이라면 행렬 원소 값을

256으로 나눈 값을 영상의 밝기 값으로 사용합니다. 반면에 mat 객체가 32비트 또는 64비트 실수형 행렬이라면 행렬 원소에 255를 곱한 값을 밝기 값으로 사용합니다.[7]

그런데 imshow() 함수의 두 번째 인자 자료형이 InputArray라고 되어 있는 점이 조금 특이합니다. 앞서 HelloCV 소스 코드에서 imshow() 함수를 사용할 때에는 imshow() 함수의 두 번째 인자에 Mat 클래스 타입의 변수를 전달했습니다. HelloCV 프로그램에서 사용했던 소스 코드를 다시 써 보면 다음과 같습니다.

```
Mat img = imread("lenna.bmp");

namedWindow("image");
imshow("image", img);
```

앞 코드에서 img는 Mat 클래스 타입의 변수이지만 imshow() 함수의 두 번째 인자로 전달된 것을 볼 수 있습니다. 사실 InputArray 타입은 Mat, vector<T> 등 다양한 객체를 표현할 수 있는 인터페이스 클래스이며, 주로 OpenCV 함수 입력에 해당하는 인자의 자료형으로 사용됩니다. 그러므로 OpenCV 함수 설명에서 인자 타입이 InputArray라고 되어 있으면 대부분 Mat 클래스 타입의 변수를 전달한다고 생각하여도 무방합니다. InputArray 타입에 대해서는 3.4.1절에서 좀 더 자세히 설명하겠습니다.

만약 imshow() 함수가 호출되는 시점에 winname에 해당하는 창이 없으면 imshow() 함수는 자동으로 WINDOW_AUTOSIZE 속성의 창을 새로 만들어서 영상을 출력합니다.[8] 참고로 Windows 운영 체제에서는 Ctrl+C 키를 눌러 영상 출력 창에 나타난 영상 데이터를 비트맵 형식으로 클립보드로 복사할 수 있으며, Ctrl+S 키를 눌러서 파일 형태로 저장할 수 있습니다.

HelloCV 예제 프로그램에서 마지막으로 사용한 OpenCV 함수는 waitKey()입니다. 이 함수는 사용자로부터 키보드 입력을 받는 용도로 사용됩니다. waitKey() 함수 원형은 다음과 같습니다.

```
int waitKey(int delay = 0);
```

- delay   키 입력을 기다릴 시간(밀리초 단위). delay ≤ 0이면 무한히 기다립니다.
- 반환값   눌린 키 값. 지정한 시간 동안 키가 눌리지 않았으면 −1을 반환합니다.

---

7   OpenCV 4.0.0 버전의 경우, imshow() 함수에 8비트 uchar 자료형이 아닌 영상을 전달하면 프로그램 동작이 종료되는 버그가 있습니다. 만약 부호 없는 16비트 또는 32비트 정수형, 32비트 또는 64비트 실수형 행렬을 imshow() 함수에서 사용해야 한다면 OpenCV 4.0.1 이상 버전을 사용하기 바랍니다.

8   이러한 동작 특성을 이용하여 이 책의 많은 예제 코드에서 namedWindow() 함수 호출을 생략하고 있습니다.

waitKey() 함수는 delay에 해당하는 밀리초 시간 동안 키 입력을 기다립니다. 만약 지정한 delay 시간 동안 키 입력이 있으면 해당 키의 아스키 코드(ASCII code) 값을 반환합니다. 만약 지정한 시간 동안 키 입력이 없으면 waitKey() 함수는 -1을 반환합니다. 만약 delay 인자에 기본값으로 설정되어 있는 0이 전달되면 사용자가 키를 입력할 때까지 무한히 기다립니다.

사실 waitKey() 함수는 키 입력을 기다리는 것 외에 더 중요한 기능이 숨어 있습니다. 앞서 imshow() 함수가 영상을 화면에 나타내는 함수라고 설명했습니다만 실제로는 imshow() 함수만 사용해서는 영상이 화면에 나타나지 않습니다. imshow() 함수를 호출한 후 waitKey() 함수를 호출해야 화면 그리기 이벤트가 동작하여 영상이 화면에 정상적으로 출력됩니다. 그러므로 대부분의 OpenCV 소스 코드에서 imshow() 함수와 waitKey() 함수는 연속하여 호출하는 형태로 사용됩니다.

지금까지 OpenCV 예제 프로그램 작성 시에 자주 사용되는 주요 함수에 대해 설명했습니다. 남아 있는 많은 OpenCV 함수들은 앞으로 실제 예제에서 사용할 때 자세히 설명하겠습니다.

3^장

OpenCV
주요 클래스

3.1 기본 자료형 클래스

OpenCV는 컴퓨터 비전 프로그래밍에서 자주 사용되는 다양한 자료형 클래스를 지원합니다. 픽셀의 좌표를 표현하는 Point_ 클래스, 사각형 영역의 크기를 표현하는 Size_ 클래스, 사각형의 위치와 크기 정보를 나타내는 Rect_ 클래스는 다양한 컴퓨터 비전 응용 프로그램에서 널리 사용됩니다. 또한 회전된 사각형을 표현하는 RotatedRect 클래스, 범위를 표현하는 Range 클래스, 문자열을 표현하는 String 클래스도 유용하게 사용되고 있습니다. 이 절에서는 이들 클래스의 정의와 사용 방법에 대해 자세히 알아보겠습니다.

3.1.1 Point_ 클래스

OpenCV에서 제공하는 여러 자료형 클래스 중에서 먼저 Point_ 클래스에 대해 알아보겠습니다. Point_ 클래스는 2차원 평면 위에 있는 점의 좌표를 표현하는 템플릿 클래스입니다.[1] Point_ 클래스는 2차원 좌표를 나타내는 x와 y라는 이름의 멤버 변수를 가지고 있습니다. 간략화한 Point_ 클래스 정의를 코드 3-1에 나타냈습니다.

코드 3-1 간략화한 Point_ 클래스 정의와 이름 재정의

```
01    template<typename _Tp> class Point_
02    {
03    public:
04        Point_();
05        Point_(_Tp _x, _Tp _y);
06        Point_(const Point_& pt);
07
08        Point_& operator = (const Point_& pt);
09
10        _Tp dot(const Point_& pt) const;
11        double ddot(const Point_& pt) const;
12        double cross(const Point_& pt) const;
13        bool inside(const Rect_<_Tp>& r) const;
14        ...
15
```

---

1   이 책에서는 템플릿 클래스(template class)를 클래스 템플릿(class template)과 같은 의미로 사용합니다.

```
16        _Tp x, y;
17    };
18
19    typedef Point_<int>      Point2i;
20    typedef Point_<int64>    Point2l;
21    typedef Point_<float>    Point2f;
22    typedef Point_<double>   Point2d;
23    typedef Point2i          Point;
```

- 4행   기본 생성자. x = 0, y = 0으로 초기화됩니다.

- 5행   (_x, _y) 좌표를 인자로 받는 생성자. x = _x, y = _y로 초기화됩니다.

- 6행   복사 생성자. x = pt.x, y = pt.y로 초기화됩니다.

- 8행   대입 연산자 재정의입니다.

- 10행   Point::dot( ) 멤버 함수는 두 점 사이의 내적(dot product)을 계산하여 반환합니다.

- 11행   Point::ddot( ) 멤버 함수는 두 점 사이의 내적을 실수형으로 계산하여 double 자료형으로 반환합니다.

- 12행   Point::cross( ) 멤버 함수는 두 점 사이의 외적(cross product)을 반환합니다.

- 13행   Point::inside( ) 멤버 함수는 점의 좌표가 사각형 r 영역 안에 있으면 true를 반환합니다.[2]

- 16행   멤버 변수. x는 x축 좌표, y는 y축 좌표를 나타냅니다.

- 19~23행   다양한 자료형에 대한 Point_ 클래스 이름 재정의입니다.

코드 3-1에서 볼 수 있듯이 Point_ 클래스는 템플릿 클래스이기 때문에 실제로 사용할 때에는 어떤 자료형으로 좌표를 표현할 것인지를 명시해야 합니다. 예를 들어 정수 좌표를 표현하려면 Point_<int> 클래스를 사용해야 합니다. 다만 Point_ 클래스를 사용할 때마다 자료형을 명시하는 것이 다소 번거로울 수 있어서 OpenCV는 자주 사용하는 자료형에 대하여 Point_ 클래스 이름을 재정의하여 제공합니다. 코드 3-1에서 19~23행 문장이 다양한 자료형에 대한 Point_ 클래스 이름 재정의입니다. 즉, 정수형 int 자료형으로 점의 좌표를 표현하려면 Point2i 클래스를 사용하고, float 자료형을 사용하려면 Point2f 클래스를 사용합니다. 특히 정수형 좌표를 표현하는 경우가 많기 때문에 Point2i 클래스는 좀 더 일반적인 이름인 Point 클래스로 다시 재정의하였습니다. 그러므로 OpenCV 소스 코드에서 Point 클래스는 2차원 정수 좌표계에서 좌표를 표현하는 자료형이라고 생각하면 됩니다.

Point_ 클래스를 사용하는 코드 작성 방법에 대해 알아보겠습니다. 2차원 정수 좌표계에서 점의 좌표를 표현하려면 다음과 같이 코드를 작성할 수 있습니다.

---

2   Rect_ 클래스는 사각형의 위치와 크기를 표현하는 클래스이며, 3.1.3절에서 자세히 설명합니다.

```
Point pt1;               // pt1 = (0, 0)
pt1.x = 5; pt1.y = 10;   // pt1 = (5, 10)
Point pt2(10, 30);       // pt2 = (10, 30)
```

이 코드에서 변수 pt1은 기본 생성자를 사용하여 생성되었으며, 이 경우 멤버 변수 pt1.x와 pt1.y
는 0으로 초기화됩니다. 그러므로 기본 생성자로 생성된 변수 pt1은 (0, 0) 좌표를 나타냅니다. 앞
코드의 두 번째 행에서는 pt1.x에 5를 대입하고, pt1.y에는 10을 대입함으로써 pt1 변수가 (5, 10)
좌표를 나타내도록 변경했습니다. 변수 pt2는 생성과 동시에 (10, 30) 좌표를 나타냅니다.

Point_ 클래스는 다양한 연산자에 대해 연산자 재정의가 되어 있습니다. 그러므로 다음과 같은 코
드를 이용하여 좌표 연산을 수행할 수 있습니다.

```
// pt1 = [5, 10], pt2 = [10, 30]
Point pt3 = pt1 + pt2;        // pt3 = [15, 40]
Point pt4 = pt1 * 2;          // pt4 = [10, 20]
int d1 = pt1.dot(pt2);        // d1 = 350
bool b1 = (pt1 == pt2);       // b1 = false
```

이 코드에서 오른쪽에 주석으로 표시된 부분은 연산에 의해 생성되는 Point 객체의 좌표를 나타
냅니다. 먼저 Point 객체끼리 덧셈 연산을 하면 x 좌표와 y 좌표를 각각 더하여 새로운 좌표를 생
성합니다. 앞선 예제 코드에서 pt1은 (5, 10), pt2는 (10, 30) 좌표를 표현하고 있으므로, pt3에는
(15, 40) 좌표가 저장됩니다. 변수 pt4는 pt1에 정수 2를 곱한 결과이며, 이 경우 pt1의 x 좌표와
y 좌표에 각각 2를 곱하여 pt4에는 (10, 20) 좌표가 저장됩니다. Point::dot() 함수는 두 점의 내
적을 계산하는 멤버 함수이며, 두 점의 내적은 x 좌표끼리 곱한 값에 y 좌표끼리 곱한 값을 더하
여 계산합니다. 그러므로 d1에는 $5 \times 10 + 10 \times 30 = 350$이 저장됩니다. Point 객체끼리 == 또는
!= 연산자를 이용하여 두 점의 좌표가 서로 같은지 혹은 다른지를 검사할 수도 있습니다. 앞의 코
드에서는 pt1과 pt2의 좌표가 서로 같지 않으므로 변수 b1에는 false가 저장됩니다.

OpenCV에서 제공하는 대부분의 자료형 클래스는 C++ 표준 출력을 지원합니다. 그러므로
std::cout과 << 연산자를 이용하여 Point_ 객체의 좌표를 쉽게 출력할 수 있습니다. 다음은 pt1과
pt2 변수에 저장된 좌표를 화면에 출력하는 코드 예제입니다.

```
cout << "pt1: " << pt1 << endl;
cout << "pt2: " << pt2 << endl;
```

실제로 이 코드를 실행하면 콘솔 창에 다음과 같이 점의 좌표가 출력됩니다.

```
pt1: [5, 10]
pt2: [10, 30]
```

지금까지 Point_ 클래스의 정의와 사용 방법에 대해 알아봤습니다. Point_ 클래스에 대해 제대로 이해하였다면 이후에 나타나는 Size_, Rect_ 등 클래스도 어렵지 않게 이해할 수 있을 것입니다.

3.1.2 Size_ 클래스

영상 또는 사각형 영역의 크기를 표현할 때에는 Size_ 클래스를 사용합니다. Size_ 클래스는 사각형 영역의 가로와 세로 크기를 나타내는 width와 height 멤버 변수를 가지고 있습니다. 간략화한 Size_ 클래스 정의를 코드 3-2에 나타냈습니다.

코드 3-2 간략화한 Size_ 클래스 정의와 이름 재정의

```
01    template<typename _Tp> class Size_
02    {
03    public:
04        Size_();
05        Size_(_Tp _width, _Tp _height);
06        Size_(const Size_& sz);
07
08        Size_& operator = (const Size_& sz);
09
10        _Tp area() const;
11        bool empty() const;
12
13        _Tp width, height;
14    };
15
16    typedef Size_<int>     Size2i;
17    typedef Size_<int64>   Size2l;
18    typedef Size_<float>   Size2f;
19    typedef Size_<double>  Size2d;
20    typedef Size2i         Size;
```

- 4행   기본 생성자. width = 0, height = 0으로 초기화됩니다.
- 5행   (_width, _height) 크기를 인자로 받는 생성자. width = _width, height = _height로 초기화됩니다.
- 6행   복사 생성자. width = sz.width, height = sz.height로 초기화됩니다.
- 8행   대입 연산자 재정의입니다.
- 10행   Size::area( ) 멤버 함수는 사각형 크기에 해당하는 면적(width×height)을 반환합니다.
- 11행   Size::empty( ) 멤버 함수는 유효하지 않은 크기이면 true를 반환합니다.
- 13행   멤버 변수. width는 사각형 영역의 가로 크기, height는 사각형 영역의 세로 크기를 나타냅니다.
- 16~20행   다양한 자료형에 대한 Size_ 클래스 이름 재정의입니다.

앞 절에서 살펴본 Point_ 클래스와 마찬가지로 Size_ 클래스도 템플릿으로 정의되어 있으며, 다양한 자료형에 대해 이름이 재정의되어 있습니다. 사각형 영역의 가로 및 세로 크기를 int 자료형으로 표현하려면 Size2i 클래스를 사용하고, float 자료형을 사용하려면 Size2f 클래스를 사용합니다. 특히 정수형으로 가로, 세로 크기를 표현하는 경우가 많기 때문에 Size2i는 다시 Size라는 이름으로 재정의되어 있습니다. 즉, Size 클래스는 정수형 멤버 변수 width, height를 가지고 있는 사각형 크기 표현 클래스입니다.

Size_ 클래스를 사용하는 코드 작성 방법에 대해 알아보겠습니다. 2차원 정수 좌표계에서 크기를 표현하려면 다음과 같이 코드를 작성할 수 있습니다.

```
Size sz1, sz2(10, 20);          // sz1 = [0 x 0], sz2 = [10 x 20]
sz1.width = 5; sz1.height = 10;  // sz1 = [5 x 10]
```

이 코드에서 오른쪽 주석으로 표시된 부분은 연산에 의해 생성되는 Size_ 객체의 크기를 나타냅니다. 변수 sz1은 기본 생성자를 사용하여 생성하였으며, 이 경우 멤버 변수 sz1.width와 sz1.height는 0으로 초기화됩니다. 그러므로 기본 생성자로 생성된 변수 sz1은 0×0의 크기를 나타내고, 이는 유효하지 않은 크기 객체입니다. 변수 sz2는 생성과 동시에 10×20의 크기를 나타냅니다. 앞 코드의 두 번째 행에서는 sz1.width에 5를 대입하고, sz1.height에는 10을 대입함으로써 5×10의 크기를 나타내도록 변경했습니다.

Point_ 클래스와 마찬가지로 Size_ 클래스도 다양한 연산자에 대해 연산자 재정의가 되어 있습니다. 그러므로 다음과 같이 사칙 연산을 이용하여 크기를 조절할 수 있습니다.

```
// sz1 = [5 x 10], sz2 = [10 x 20]
Size sz3 = sz1 + sz2;   // sz3 = [15 x 30]
Size sz4 = sz1 * 2;     // sz4 = [10 x 20]
int area1 = sz4.area(); // area1 = 200
```

먼저 Size 객체끼리 덧셈 연산을 하면 가로 크기와 세로 크기를 각각 더하여 새로운 크기 객체를 생성합니다. 그러므로 sz3.width에는 5 + 10 = 15가 저장되고, sz3.height에는 10 + 20 = 30이 저장됩니다. 변수 sz4는 sz1에 정수 2를 곱하여 생성하였으며, 이 경우 sz1.width와 sz1.height에 각각 2를 곱한 결과가 sz4에 저장됩니다. 그러므로 sz4의 크기 정보는 10×20이 됩니다. Size_::area() 멤버 함수는 사각형 크기에 해당하는 면적을 반환하며, 변수 area1에는 $10 \times 20 = 200$이 저장됩니다.

Size_ 클래스도 C++ 표준 스트림 출력을 지원합니다. 예를 들어 앞서 생성한 sz3과 sz4 객체의 정보를 화면에 출력하려면 다음과 같이 코드를 작성합니다.

```
cout << "sz3: " << sz3 << endl;
cout << "sz4: " << sz4 << endl;
```

std::cout과 << 연산자를 이용하여 Size_ 객체를 출력하면 크기 정보가 [width×height] 형식으로 출력됩니다. 다음은 앞 코드를 실제로 실행하면 출력되는 결과입니다.

```
sz3: [15 x 30]
sz4: [10 x 20]
```

3.1.3 Rect_ 클래스

OpenCV에서 사각형의 위치와 크기 정보를 표현할 때에는 Rect_ 클래스를 사용합니다. Rect_ 클래스는 사각형의 좌측 상단 점의 좌표를 나타내는 x, y 멤버 변수와 사각형의 가로 및 세로 크기를 나타내는 width, height 멤버 변수를 가지고 있습니다. 간략화한 Rect_ 클래스 정의를 코드 3-3에 나타냈습니다.

코드 3-3 간략화한 Rect_ 클래스 정의와 이름 재정의

```
01    template<typename _Tp> class Rect_
02    {
03    public:
04        Rect_();
05        Rect_(_Tp _x, _Tp _y, _Tp _width, _Tp _height);
06        Rect_(const Rect_& r);
07        Rect_(const Point_<_Tp>& org, const Size_<_Tp>& sz);
08        Rect_(const Point_<_Tp>& pt1, const Point_<_Tp>& pt2);
09
10        Rect_& operator = ( const Rect_& r );
11
12        Point_<_Tp> tl() const;
13        Point_<_Tp> br() const;
14        Size_<_Tp> size() const;
15        _Tp area() const;
16        bool empty() const;
17        bool contains(const Point_<_Tp>& pt) const;
18
19        _Tp x, y, width, height;
20    };
21
22    typedef Rect_<int>    Rect2i;
```

```
23    typedef Rect_<float>  Rect2f;
24    typedef Rect_<double> Rect2d;
25    typedef Rect2i        Rect;
```

- 4행   기본 생성자. 모든 멤버 변수를 0으로 초기화합니다.
- 5행   (_x, _y, _width, _height) 사각형 정보를 인자로 받는 생성자. x = _x, y = _y, width = _width, height = _height로 초기화합니다.
- 6행   복사 생성자. x = r.x, y = r.y, width = r.width, height = r.height로 초기화합니다.
- 7행   좌측 상단 점의 좌표와 사각형의 크기 정보를 인자로 받는 생성자입니다.
- 8행   사각형에서 서로 대각 위치에 있는 두 점의 좌표를 인자로 받는 생성자입니다.
- 10행   대입 연산자 재정의입니다.
- 12행   Rect::tl() 멤버 함수는 사각형의 좌측 상단 점의 좌표를 반환합니다.
- 13행   Rect::br() 멤버 함수는 사각형의 우측 하단 점의 좌표를 반환합니다.
- 14행   Rect::size() 멤버 함수는 사각형의 크기 정보를 반환합니다.
- 15행   Rect::area() 멤버 함수는 사각형의 면적(width×height)을 반환합니다.
- 16행   Rect::empty() 멤버 함수는 유효하지 않은 사각형이면 true를 반환합니다.
- 17행   Rect::contains() 멤버 함수는 인자로 전달된 pt 점이 사각형 내부에 있으면 true를 반환합니다.
- 19행   멤버 변수. x, y는 사각형 좌측 상단 점의 좌표, width, height는 사각형의 가로와 세로 크기를 나타냅니다.
- 22~25행 다양한 자료형에 대하여 Rect_ 클래스 이름 재정의입니다.

Rect_ 클래스도 템플릿으로 정의되어 있으며, 다양한 자료형에 대해 이름이 재정의되어 있습니다. int 자료형을 이용하여 사각형 정보를 표현하려면 Rect2i 클래스를 사용하고, float 자료형으로 사각형을 표현하려면 Rect2f 클래스를 사용합니다. 특히 정수형으로 사각형 정보를 표현하는 경우가 많기 때문에 Rect2i는 다시 Rect라는 이름으로 재정의되어 있습니다. 즉, Rect 클래스는 정수형 멤버 변수 x, y, width, height를 가지고 있는 사각형 표현 클래스입니다.

Rect_ 클래스를 사용하는 코드 작성 방법에 대해 알아보겠습니다. 2차원 정수형 좌표계에서의 사각형 정보를 표현하려면 다음과 같이 코드를 작성할 수 있습니다.

```
Rect rc1;                    // rc1 = [0 x 0 from (0, 0)]
Rect rc2(10, 10, 60, 40);    // rc2 = [60 x 40 from (10, 10)]
```

이 코드에서 오른쪽 주석으로 표시된 부분은 연산에 의해 생성되는 Rect_ 객체의 위치와 크기 정보를 나타냅니다. 즉, rc2는 (10, 10) 좌표부터 크기가 60×40인 사각형임으로 나타냅니다. 변수 rc1은 기본 생성자를 사용하여 생성되었으며, 이 경우 모든 멤버 변수는 0으로 초기화됩니다. 변수

rc2는 네 개의 정수를 생성자 인자로 사용하였으며, 이 인자들은 차례대로 Rect_ 클래스의 멤버 변수 x, y, width, height 값으로 설정됩니다.

Rect_ 클래스는 Size_ 또는 Point_ 클래스 객체와의 산술 연산자 재정의가 되어 있습니다. 덧셈 연산자를 이용하여 Rect_ 객체와 Size_ 객체를 서로 더하면 사각형의 가로와 세로 크기가 변경됩니다. 반면에 Rect_ 객체와 Point_ 객체를 서로 더하거나 빼면 사각형 위치가 변경됩니다. 다음은 Rect_ 객체의 크기 및 위치를 변경하는 코드 예제입니다.

```
// rc1 = [0 x 0 from (0, 0)], rc2 = [60 x 40 from (10, 10)]
Rect rc3 = rc1 + Size(50, 40);    // rc3 = [50 x 40 from (0, 0)]
Rect rc4 = rc2 + Point(10, 10);   // rc4 = [60 x 40 from (20, 20)]
```

이 코드에서 rc1 객체는 모든 멤버 변수가 0으로 설정되어 있는 유효하지 않은 사각형입니다. 변수 rc1에 Size(50, 40)을 더하면 rc1의 가로 크기와 세로 크기가 각각 50과 40만큼 증가합니다. 그러므로 rc3은 (0, 0) 좌표에서 시작하고, 가로 50, 세로 40인 사각형을 표현하게 됩니다. 변수 rc4는 rc2 객체에 Point(10, 10)을 덧셈 연산자를 이용하여 더하였으며, 이 경우 rc2 사각형의 위치가 (10, 10)만큼 이동합니다. rc2 사각형이 (10, 10)에서 시작하는 60×40 크기의 사각형이므로, rc4는 (20, 20)에서 시작하는 같은 크기의 사각형이 됩니다.

Rect_ 객체끼리 서로 &, | 연산자를 이용한 논리 연산을 수행할 수 있습니다. 두 개의 사각형 객체끼리 & 연산을 수행하면 두 사각형이 교차하는 사각형 영역을 반환합니다. 반면에 두 사각형 객체끼리 | 연산을 수행하면 두 사각형을 모두 포함하는 최소 크기의 사각형을 반환합니다. 다음 예제 코드를 확인하세요.

```
// rc3 = [50 x 40 from (0, 0)], rc4 = [60 x 40 from (20, 20)]
Rect rc5 = rc3 & rc4;             // rc5 = [30 x 20 from (20, 20)]
Rect rc6 = rc3 | rc4;             // rc6 = [80 x 60 from (0, 0)]
```

예제 코드의 동작을 쉽게 이해할 수 있도록 그림 3-1에 rc3, rc4, rc5, rc6을 각각 나타냈습니다. 앞서 적었던 코드에서 rc3은 (0, 0) 좌표에서 시작하는 50×40 크기의 사각형이고, rc4는 (20, 20) 좌표에서 시작하는 60×40 크기의 사각형입니다. 그림 3-1에서 rc3과 rc4 사각형은 붉은색으로 표시했습니다. 이 두 사각형에 대해 & 연산을 수행하면 사각형이 겹치는 영역이 반환되며, 이는 그림 3-1(a)에서 녹색으로 그려진 사각형 영역입니다. 그러므로 rc5는 (20, 20) 좌표에서 시작하는 30×20 크기의 사각형입니다. rc3과 rc4 두 사각형에 대해 | 연산을 수행하면 두 사각형을 모두 포함하는 최소 크기의 사각형이 반환되며, 이는 그림 3-1(b)에서 녹색으로 그려진 사각형입니다. 즉, rc6은 (0, 0) 좌표에서 시작하는 80×60 크기의 사각형이 됩니다.

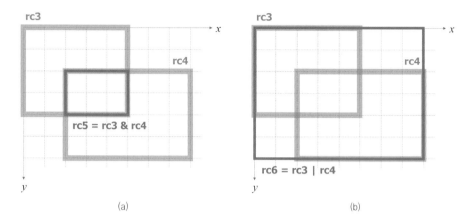

(a)　　　　　　　　　　　　　　　　　　　(b)

Rect_ 클래스도 C++ 표준 스트림 출력을 지원합니다. 예를 들어 앞서 생성한 rc5와 rc6 객체 정보를 화면에 출력하려면 다음과 같이 코드를 작성합니다.

```
cout << "rc5: " << rc5 << endl;
cout << "rc6: " << rc6 << endl;
```

std::cout과 << 연산자를 이용하여 Rect_ 객체를 출력하면 사각형 정보가 [width x height from (x, y)] 형식으로 출력됩니다. 실제로 앞의 코드를 실행하면 다음과 같은 문자열이 출력됩니다.

```
rc5: [30 x 20 from (20, 20)]
rc6: [80 x 60 from (0, 0)]
```

3.1.4 RotatedRect 클래스

RotatedRect 클래스는 회전된 사각형을 표현하는 클래스입니다. RotatedRect 클래스는 회전된 사각형의 중심 좌표를 나타내는 center, 사각형의 가로 및 세로 크기를 나타내는 size, 회전 각도 정보를 나타내는 angle을 멤버 변수로 가집니다. 간략화한 RotatedRect 클래스 정의를 코드 3-4에 나타냈습니다.

코드 3-4 간략화한 RotatedRect 클래스 정의

```
01    class RotatedRect
02    {
03    public:
04        RotatedRect();
```

```
05        RotatedRect(const Point2f& _center, const Size2f& _size, float _angle);
06        RotatedRect(const Point2f& point1, const Point2f& point2, const Point2f& point3);
07
08        void points(Point2f pts[]) const;
09        Rect boundingRect() const;
10        Rect_<float> boundingRect2f() const;
11
12        Point2f center;
13        Size2f size;
14        float angle;
15    };
```

- 4행   기본 생성자. 모든 멤버 변수를 0으로 초기화합니다.

- 5행   (_center, _size, _angle)을 인자로 받는 생성자. center = _center, size = _size, angle = _angle로 초기화합니다.

- 6행   (point1, point2, point3)을 인자로 받는 생성자. 인자로 전달된 세 점은 회전된 사각형의 세 꼭지점 좌표를 나타냅니다.

- 8행   RotatedRect::points() 멤버 함수는 회전된 사각형은 네 꼭지점 좌표를 pts 인자에 저장합니다.

- 9행   RotatedRect::boundingRect() 멤버 함수는 회전된 사각형을 포함하는 최소 크기의 사각형 정보를 반환합니다(정수 단위).

- 10행   RotatedRect::boundingRect2f() 멤버 함수는 회전된 사각형을 포함하는 최소 크기의 사각형 정보를 반환합니다(실수 단위).

- 12~14행 멤버 변수. center는 사각형의 중심 좌표, size는 사각형의 크기, angle은 시계 방향 회전 각도를 나타냅니다.

RotatedRect 클래스는 앞서 살펴본 Point_, Size_, Rect_ 클래스와 달리 템플릿 클래스가 아니며, 모든 정보를 float 자료형을 사용하여 표현합니다. 즉, 중심점 좌표는 Point2f 클래스를 사용하고, 크기 정보는 Size2f 클래스를 사용합니다. 회전 각도는 float 자료형을 사용합니다.

RotatedRect 클래스를 사용하는 코드 작성 방법에 대해 알아보겠습니다. 중심 좌표가 (40, 30), 크기는 40×20, 시계 방향으로 30°만큼 회전된 사각형 객체는 다음 코드를 이용하여 생성할 수 있습니다.

```
RotatedRect rr1(Point2f(40, 30), Size2f(40, 20), 30.f);
```

이 코드에 의해 생성되는 rr1 객체의 형태를 그림 3-2(a)에 나타냈습니다.

만약 회전된 사각형 객체의 네 꼭지점 좌표를 알고 싶다면 RotatedRect::points() 멤버 함수를 사용합니다. RotatedRect::points() 함수에는 크기가 4인 Point2f 자료형의 배열 이름을 전달합니다.

```
Point2f pts[4];
rr1.points(pts);
```

이 코드를 실행하면 회전된 사각형의 네 꼭지점 좌표가 pts 배열에 저장됩니다. 실제로 코드를 실행하면 pts[0] = (17.6795, 28.6603), pts[1] = (27.6795, 11.3397), pts[2] = (62.3205, 31.3397), pts[3] = (52.3205, 48.6603) 형태로 좌표가 설정됩니다. RotatedRect::points() 함수는 사각형의 좌측 하단 꼭지점부터 시계 방향으로 꼭지점 좌표를 추출합니다.

경우에 따라서는 회전된 사각형을 감싸는 최소 크기의 사각형 정보가 필요합니다. 이처럼 특정 객체를 감싸는 최소 크기의 사각형을 바운딩 박스(bounding box)라고 합니다. 회전된 사각형의 바운딩 박스를 구하려면 RotatedRect::boundingRect() 멤버 함수를 사용합니다.

```
Rect br = rr1.boundingRect();
```

실제로 이 코드를 실행하여 구해지는 사각형 객체 br은 (17, 11)에 위치하고 크기가 47×39인 사각형으로 설정됩니다. 만약 바운딩 박스 사각형의 좌표를 실수 단위로 얻고 싶다면 RotatedRect::boundingRect2f() 함수를 사용해야 합니다. 회전된 사각형의 꼭지점 pts와 바운딩 박스 br 정보를 그림 3-2(b)에 나타냈으니 참고하기 바랍니다.

❤ 그림 3-2 RotatedRect 객체 생성과 정보 추출의 예

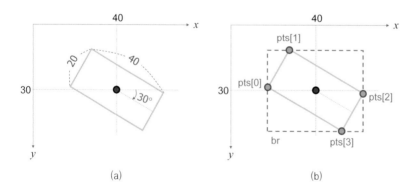

(a)   (b)

3.1.5 Range 클래스

Range 클래스는 범위 또는 구간을 표현하는 클래스입니다. Range 클래스는 범위의 시작과 끝을 나타내는 start와 end 멤버 변수를 가지고 있습니다. 간략화한 Range 클래스 정의를 코드 3-5에 나타냈습니다.

```
01    class Range
02    {
03    public:
04        Range();
05        Range(int _start, int _end);
06
07        int size() const;
08        bool empty() const;
09        static Range all();
10
11        int start, end;
12    };
```

- 4행   기본 생성자. start = end = 0으로 초기화합니다.
- 5행   두 개의 정수를 인자로 받는 생성자. start = _start, end = _end로 초기화합니다.
- 7행   Range::size() 멤버 함수는 범위 크기(end – start)를 반환합니다.
- 8행   Range::empty() 멤버 함수는 start와 end가 같으면 true를 반환합니다.
- 9행   Range::all() 멤버 함수는 start = INT_MIN, end = INT_MAX로 설정한 Range 객체를 반환합니다.
- 11행   멤버 변수. start는 범위의 시작, end는 범위의 끝을 나타냅니다.

Range 클래스는 start부터 end까지의 정수 단위 범위를 표현합니다. 이때 start는 범위에 포함되고, end는 범위에 포함되지 않습니다. 예를 들어 다음 예제 코드에서 r1은 0부터 9까지의 범위를 표현하고, 10은 포함하지 않습니다.

```
Range r1(0, 10);
```

3.1.6 String 클래스

이번에는 OpenCV에서 문자열을 다루는 방법에 대해 알아보겠습니다. 많은 C/C++ 프로그램이 그러하듯이 OpenCV에서도 문자열을 다루는 경우가 많습니다. OpenCV에서는 영상 출력 창에 고유의 문자열을 지정하여 구분하고, 영상에 문자열을 출력하는 기능도 제공합니다. C++ 표준 라이브러리(STL)에서 std::string 클래스를 이용하여 문자열을 저장하고 처리하듯이 OpenCV에서는 cv::String 클래스를 사용하여 문자열을 저장하고 처리할 수 있습니다.

원래 OpenCV 라이브러리에서는 자체적인 String 클래스를 정의하여 사용했습니다. String 클래스는 std::string 클래스와 완전히 호환되도록 설계되어 있어서 std::string 클래스를 다루는 방식과 유사하게 사용할 수 있었습니다. 그러다가 OpenCV 4.0 버전부터는 자체적인 String 클래스 정의를 삭제하고, 대신 C++ 표준 라이브러리의 std::string 클래스를 String 클래스로 이름 재정의하였습니다. 실제로 OpenCV 헤더 파일에는 다음과 같이 이름 재정의 코드가 들어가 있습니다.

```
typedef std::string String;
```

결국 OpenCV 4.0 버전부터 std::string 클래스와 String 클래스는 완전히 같은 클래스입니다. 다만 코드 호환성을 위하여 여전히 OpenCV 코드에서는 std::string 대신 String 클래스 이름을 사용합니다.

String 타입의 문자열 객체는 C/C++ 언어에서 사용하는 이중 따옴표로 감싸진 문자열로부터 간단하게 만들 수 있습니다. 그리고 덧셈 연산자를 이용하여 여러 문자열을 이어서 하나의 문자열을 만들 수 있습니다. 다음 예제 코드를 실행하면 str3 변수에 "Hello World" 문자열이 저장됩니다.

```
String str1 = "Hello";
String str2 = "world";
String str3 = str1 + " " + str2; // str3 = "Hello world"
```

두 문자열 객체의 내용을 비교하기 위해서는 std::string::compare() 함수 또는 == 연산자 재정의를 사용할 수 있습니다. 예를 들어 다음은 두 문자열의 내용이 같은지 비교하는 예제 코드입니다.

```
bool ret = (str2 == "WORLD");
```

str2 변수에는 소문자로 구성된 "world"가 저장되어 있습니다. == 연산자는 대 · 소문자를 구분하므로 str2와 "WORLD"를 비교할 경우 서로 다르다고 인식합니다. 그러므로 ret 변수에는 false가 저장됩니다.

만약 특정한 형식의 문자열을 만들고 싶다면 OpenCV에서 제공하는 format() 함수를 사용할 수 있습니다. format() 함수 원형은 다음과 같습니다.

```
String format(const char* fmt, ...);
```

- fmt   형식 문자열
- ...   가변 인자
- 반환값   지정한 형식으로 생성된 문자열

format() 함수는 가변 인자 함수로 정의되어 있으며 사용법은 C 언어의 printf() 함수와 유사합니다. 즉, C 언어에서 printf() 함수를 사용하듯이 함수의 인자를 설정하면 그에 해당하는 출력

문자열이 String 객체 형태로 반환합니다. 예를 들어 OpenCV 예제 프로그램에서 test01.bmp, test02.bmp, test03.bmp 세 개의 테스트 파일을 불러오고 싶을 때, 다음과 같은 코드를 이용하여 파일 이름에 해당하는 문자열을 생성할 수 있습니다.

```
Mat imgs[3];
for (int i = 0; i < 3; i++) {
    String filename = format("test%02d.bmp", i + 1);
    imgs[i] = imread(filename);
}
```

3.2 Mat 클래스

OpenCV에서 가장 많이 사용하는 클래스는 행렬을 나타내는 Mat 클래스입니다. 그러므로 OpenCV 라이브러리를 잘 다루기 위해서는 Mat 클래스를 제대로 이해하고 있어야 합니다. 이 절에서는 Mat 클래스를 이용하여 행렬 또는 영상을 생성하는 기본적인 방법부터 행렬의 복사, 부분 행렬 추출, 행렬의 정보 참조 방법 등을 설명합니다. 또한 Mat 클래스에 저장된 행렬의 원소 혹은 영상의 픽셀 값에 접근하는 방법과 일반적인 행렬 연산 방법도 예제 코드와 함께 설명하겠습니다.

3.2.1 Mat 클래스 개요

OpenCV 라이브러리에서 가장 많이 사용하는 클래스는 단연 행렬을 표현하는 Mat 클래스입니다. Mat 클래스는 일반적인 2차원 행렬뿐만 아니라 고차원 행렬을 표현할 수 있으며, 한 개 이상의 채널(channel)을 가질 수 있습니다. Mat 클래스에는 정수, 실수, 복소수 등으로 구성된 행렬 또는 벡터(vector)를 저장할 수 있고, 그레이스케일 또는 컬러 영상을 저장할 수도 있습니다. 경우에 따라서는 벡터 필드(vector field), 포인트 클라우드(point cloud), 텐서(tensor), 히스토그램(histogram) 등 정보를 저장하는 용도로 사용됩니다. 그러나 실제적으로는 2차원 영상 데이터를 저장하고 처리하는 용도로 가장 많이 사용되고 있습니다. 그러므로 OpenCV 라이브러리를 이용하여 컴퓨터 비전 프로그램을 개발하기 위해서는 Mat 클래스 사용법을 제대로 익히는 것이 중요합니다.

Mat 클래스는 〈OPENCV-SRC〉\modules\core\include\opencv2\core\mat.hpp 파일에 정의되어 있습니다. 여기서 〈OPENCV-SRC〉는 OpenCV 소스 코드가 있는 폴더 위치를 의미합니다.[3] Mat 클래스가 정의된 헤더 파일을 찾아서 코드를 분석하는 작업은 분명히 의미가 있는 일이지만, Mat 클래스 전체를 분석하는 작업은 매우 복잡하며 꽤 오랜 시간이 필요할 수도 있습니다. 그러므로 여기서는 간략화한 Mat 클래스 정의를 확인하겠습니다. 코드 3-6은 Mat 클래스 전체 정의에서 중요한 부분만 선별하여 나타낸 것입니다.

코드 3-6 간략화한 Mat 클래스 정의

```
01    class Mat
02    {
03    public:
04        Mat();
05        Mat(int rows, int cols, int type);
06        Mat(Size size, int type);
07        Mat(int rows, int cols, int type, const Scalar& s);
08        Mat(Size size, int type, const Scalar& s);
09        Mat(const Mat& m);
10        ~Mat();
11
12        void create(int rows, int cols, int type);
13        bool empty() const;
14
15        Mat clone() const;
16        void copyTo(OutputArray m) const;
17        Mat& setTo(InputArray value, InputArray mask=noArray());
18
19        static MatExpr zeros(int rows, int cols, int type);
20        static MatExpr ones(int rows, int cols, int type);
21
22        Mat& operator = (const Mat& m);
23        Mat operator()( const Rect& roi ) const;
24
25        template<typename _Tp> _Tp* ptr(int i0 = 0);
26        template<typename _Tp> _Tp& at(int row, int col);
27
28        int dims;
29        int rows, cols;
30        uchar* data;
31        MatSize size;
32        ...
33    };
```

---

3 2장에서 설명한 OpenCV 설치 방법을 따른 경우 〈OPENCV-SRC〉는 C:\opencv\sources 폴더를 나타냅니다.

- 4~10행   Mat 클래스의 다양한 생성자와 소멸자입니다.
- 12~26행   Mat 클래스의 멤버 함수입니다. Mat 클래스의 멤버 함수에는 연산자 재정의 함수와 정적 멤버 함수도 포함됩니다.
- 28~31행   Mat 클래스의 주요 멤버 변수입니다.
- 32행   맨 줄임표는 실제 소스 코드가 아니라 일부 코드가 생략되어 있음을 의미합니다.

코드 3-6에 나타난 Mat 클래스는 다양한 형태의 생성자와 많은 멤버 함수, 멤버 변수를 가지고 있습니다. 생성자와 멤버 함수 사용법은 이후 3.2.2절부터 예제 코드와 함께 자세히 설명하기로 하고, 여기서는 코드 3-6의 28~31행에 나타난 Mat 클래스의 멤버 변수에 대해 알아보겠습니다. 먼저 Mat::dims 멤버 변수는 Mat 행렬의 차원을 나타내며, 영상과 같은 2차원 행렬의 경우 Mat::dims 값은 2입니다. Mat::rows와 Mat::cols 멤버 변수는 2차원 행렬의 크기를 나타냅니다. Mat::rows는 행렬의 행 개수를 나타내고, Mat::cols는 열 개수를 나타냅니다. 만약 Mat 객체에 정지 영상이 저장되어 있는 경우라면 Mat::rows는 영상의 세로 픽셀 크기이고, Mat::cols는 영상의 가로 픽셀 크기입니다. Mat::rows와 Mat::cols 멤버 변수는 Mat 객체가 2차원 행렬인 경우에만 의미 있는 값을 가지며, 3차원 이상의 행렬에서는 −1이 저장됩니다. 3차원 이상 행렬의 크기 정보는 Mat::size 멤버 변수를 이용하여 참조할 수 있습니다.[4] Mat::data는 행렬의 원소 데이터가 저장되어 있는 메모리 공간을 가리키는 포인터형 멤버 변수입니다. 만약 행렬에 아무것도 저장되어 있지 않은 상태라면 Mat::data는 0(NULL) 값을 가집니다. Mat 클래스의 모든 멤버 변수는 public 접근 지시자로 선언되어 있어서 클래스 외부에서 직접 접근할 수 있습니다. 코드 3-6에 소개되지 않은 Mat 클래스 멤버 변수들은 활용성이 높지 않으므로 이 책에서는 설명을 생략합니다.

> Note ≡   Mat 클래스는 이름에서 알 수 있듯이 행렬(matrix)을 표현하는 클래스입니다. 그러나 OpenCV가 컴퓨터 비전 라이브러리이기 때문에 실제로는 일반적인 행렬보다는 2차원 영상을 표현하는 용도로 많이 사용됩니다. 그러므로 이 책에서는 Mat 클래스로 생성된 객체를 행렬이라고 표현하기도 하고, 영상이라고 부르기도 합니다. 앞으로 Mat 클래스 타입의 변수를 영상이라고 표현해도 혼동하지 않길 바랍니다.

OpenCV에서 Mat 행렬은 다양한 자료형의 원소를 가질 수 있습니다. 또한 Mat 클래스의 원소는 하나의 값을 가질 수도 있고, 또는 여러 개의 값이 모여서 하나의 원소로 표현되기도 합니다. Mat 클래스를 제대로 이용하려면 Mat 클래스가 행렬 원소를 구성하고 표현하는 방법에 대해 이해하고 있어야 합니다.

---

4   Mat::size 멤버 변수의 타입인 MatSize는 3차원 이상의 행렬 크기를 표현하기 위해 사용되는 클래스입니다. MatSize 클래스에 대한 자세한 설명은 OpenCV 문서 사이트를 참고하기 바랍니다.

OpenCV는 C/C++ 기본 자료형 중에서 unsigned char, signed char, unsigned short, signed short, int, float, double 자료형을 사용하는 Mat 행렬을 지원합니다. OpenCV 4.0부터는 16비트 실수형 자료형도 사용할 수 있습니다. Mat 클래스에서 행렬이 어떤 자료형을 사용하는지에 대한 정보를 깊이(depth)라고 부릅니다. OpenCV에서 Mat 행렬의 깊이는 다음과 같은 형식의 매크로 상수를 이용하여 표현합니다.

```
CV_<bit-depth>{U|S|F}
```

깊이 표현 매크로 상수 형식의 처음에 나타나는 CV_는 OpenCV를 나타내는 접두사와 같은 역할입니다. 그 뒤의 <bit-depth>에는 8, 16, 32, 64의 숫자를 지정할 수 있으며, 이는 원소 값 하나의 비트 수를 나타냅니다. 그다음 {U|S|F} 부분에는 U, S, F 세 문자 중 하나를 지정할 수 있습니다. 여기서 U는 부호 없는 정수형, S는 부호 있는 정수형, F는 부동 소수형을 의미합니다. 실제로 OpenCV 라이브러리는 행렬의 깊이 표현을 위해 다음과 같은 매크로 상수를 정의하여 사용합니다.

```
#define CV_8U    0       // uchar, unsigned char
#define CV_8S    1       // schar, signed char
#define CV_16U   2       // ushort, unsigned short
#define CV_16S   3       // signed short
#define CV_32S   4       // int
#define CV_32F   5       // float
#define CV_64F   6       // double
#define CV_16F   7       // float16_t
```

앞에 나열된 매크로 정의에서 오른편 주석 부분은 각각의 깊이 표현 매크로 상수와 대응되는 C/C++ 자료형을 나타냅니다.[5] 예를 들어 Mat 행렬의 깊이가 CV_8U라는 것은 이 행렬의 원소가 unsigned char 자료형을 사용한다는 의미입니다. 만약 행렬 원소를 float 자료형으로 표현하려면 깊이가 CV_32F인 행렬을 사용해야 합니다.

Mat 행렬 원소는 하나의 값을 가질 수도 있고, 또는 여러 개로 구성된 값을 가질 수도 있습니다. Mat 행렬 원소를 구성하는 각각의 값을 채널(channel)이라고 부릅니다. 즉, Mat 행렬은 하나의 채널을 가질 수도 있고, 여러 개의 채널을 가질 수도 있습니다. 이때 하나의 행렬을 구성하는 각 채널은 모두 같은 자료형을 사용해야 합니다. 예를 들어 그레이스케일 영상은 하나의 픽셀이 밝기 정보 하나만 사용하므로 1채널 행렬로 표현합니다. 반면에 트루컬러 영상은 하나의 픽셀이 파란색(B), 녹색(G), 빨간색(R) 세 개의 색상 정보를 가지고 있으므로 3채널 행렬로 표현합니다.

---

5   예외적으로 float16_t는 OpenCV에서 정의한 자료형입니다.

OpenCV에서는 Mat 행렬의 깊이 정보와 채널 수 정보를 합쳐서 Mat 객체의 타입(type)이라고 부릅니다. OpenCV 행렬의 타입은 다음과 같은 형식의 매크로 상수로 표현합니다.

```
CV_<bit-depth>{U|S|F}C(<number_of_channels>)
```

즉, Mat 행렬의 깊이 표현 매크로 뒤에 C1, C3 같은 채널 정보가 추가로 붙어 있는 형태입니다. 예를 들어 CV_8UC1 타입은 8비트 unsigned char 자료형을 사용하고 채널이 한 개인 행렬 또는 영상을 의미합니다.[6] B, G, R 세 개의 색상 성분을 가지고 있는 컬러 영상은 unsigned char 자료형을 사용하고 세 개의 채널을 가지고 있기 때문에 CV_8UC3 타입입니다. 복소수처럼 두 개의 실수 값을 사용하는 행렬은 CV_32FC2 타입으로 만들 수 있습니다. OpenCV에서 새로운 행렬을 생성할 때에는 행렬의 타입 정보를 명시적으로 지정해야 합니다.

지금까지 Mat 클래스 정의와 Mat 행렬의 깊이, 채널, 타입에 대해 알아봤습니다. 다음 절부터 Mat 클래스의 다양한 생성자와 멤버 함수 사용법을 예제 코드와 함께 알아보겠습니다. 이 절에서 설명하는 모든 예제의 전체 코드는 내려받은 예제 파일 중 ch03/MatOp 프로젝트에서 확인할 수 있습니다.

> Note ≡ OpenCV는 C/C++에서 사용하는 기본 자료형의 이름을 typedef 구문을 이용하여 새롭게 정의하여 사용합니다. 예를 들어 OpenCV에서 uchar 자료형은 unsigned char를 재정의한 이름입니다. 이처럼 C/C++ 기본 자료형에 새로운 이름을 부여하는 것은 키보드로 타이핑하기 쉽게 하려는 이유도 있지만 OpenCV 라이브러리를 다양한 운영 체제에서 통일성 있게 활용하기 위한 목적도 있습니다. OpenCV에서 주로 사용하는 자료형과 그 의미를 표 3-1에 정리하였습니다.

▼ 표 3-1 OpenCV에서 사용하는 주요 자료형

OpenCV 자료형	설명	OpenCV 자료형	설명
schar	부호 있는 1바이트 정수	int64	부호 있는 8바이트 정수
uchar	부호 없는 1바이트 정수	uint64	부호 없는 8바이트 정수
short	부호 있는 2바이트 정수 (C/C++ 기본 자료형)	float16_t	(부호 있는) 2바이트 실수
ushort	부호 없는 2바이트 정수	float	(부호 있는) 4바이트 실수 (C/C++ 기본 자료형)
int	부호 있는 4바이트 정수 (C/C++ 기본 자료형)	double	(부호 있는) 8바이트 실수 (C/C++ 기본 자료형)
uint	부호 없는 4바이트 정수		

---

6   채널이 한 개인 경우에는 타입 매크로 상수 형식 맨 뒤의 C1을 생략할 수 있습니다. 즉, CV_8UC1 타입은 CV_8U 형태로 간략히 쓸 수 있습니다.

3.2.2 행렬의 생성과 초기화

이 절에서는 Mat 클래스를 이용하여 행렬 객체를 생성하는 여러 가지 방법에 대해 알아보겠습니다. 가장 기본적인 Mat 객체 생성 방법은 Mat 클래스의 기본 생성자를 이용하는 방법입니다. 기본 생성자는 아무런 인자를 받지 않으며 실제 코드를 작성할 때는 단순히 Mat 클래스 타입의 변수를 선언하는 형태입니다.

```
Mat img1;
```

이렇게 생성된 img1 객체는 비어 있는 행렬입니다. 즉, img1.rows와 img1.cols 값은 0이고, img1.data에도 0(NULL)이 저장됩니다. 이러한 비어 있는 행렬을 OpenCV 영상 처리 함수의 입력으로 사용하거나 또는 비어 있는 행렬의 원소 값을 참조하려고 하면 에러가 발생하므로 주의해야 합니다.

Mat 객체를 생성함과 동시에 원소 값 저장을 위한 메모리 공간을 할당하려면 다음 생성자를 사용합니다.

```
Mat::Mat(int rows, int cols, int type);
```

- rows   새로 만들 행렬의 행 개수(영상의 세로 크기)
- cols   새로 만들 행렬의 열 개수(영상의 가로 크기)
- type   새로 만들 행렬의 타입

이 생성자는 행 개수가 rows이고, 열 개수가 cols인 2차원 행렬(또는 영상)을 생성합니다. 이 생성자의 세 번째 인자 type에는 Mat 객체의 타입을 나타내는 매크로 상수를 전달합니다. 이 생성자를 이용하여 가로 크기가 640이고, 세로 크기가 480인 영상을 생성하려면 다음과 같은 형태로 코드를 작성합니다.

```
Mat img2(480, 640, CV_8UC1);    // unsigned char, 1-channel
Mat img3(480, 640, CV_8UC3);    // unsigned char, 3-channels
```

Mat 클래스 생성자에 영상의 크기 정보를 지정할 때 가로 크기, 세로 크기 순서가 아니라 세로 크기, 가로 크기 순서인 점을 주의하기 바랍니다. 앞 코드에서 img2와 img3은 서로 크기는 같지만 타입이 다른 영상입니다. img2 객체는 unsigned char 자료형을 사용하고 한 개의 채널이 있는 영상을 표현합니다. img3 객체는 타입이 CV_8UC3이므로 unsigned char 자료형을 사용하고 세 개의 채널이 있는 영상입니다. 보통 CV_8UC1 타입은 그레이스케일 영상에서 사용하고, CV_8UC3 타입은 트루컬러 영상에 사용합니다.

Mat 클래스 생성자에서 행렬의 크기를 지정할 때 Size 클래스를 사용할 수도 있습니다.

```
Mat::Mat(Size size, int type);
```

- size   새로 만들 행렬의 크기. Size(cols, rows) 또는 Size(width, height)
- type   새로 만들 행렬의 타입

여기서 사용된 Size 클래스는 2차원 사각형(또는 영상, 행렬)의 가로, 세로 크기를 표현하기 위해
사용하는 OpenCV 클래스입니다. Size 클래스의 생성자는 보통 두 개의 인자를 받으며, 가로 크
기와 세로 크기 순서로 값을 지정합니다. 그러므로 가로 크기가 640, 세로 크기가 480인 3채널
컬러 영상을 생성하려면 다음과 같이 코드를 작성합니다.

```
Mat img4(Size(640, 480), CV_8UC3);    // Size(width, height)
```

그런데 이처럼 행렬의 크기와 타입을 지정하여 Mat 객체를 생성할 경우, Mat 행렬의 모든 원소는
흔히 쓰레기 값(garbage value)이라고 부르는 임의의 값으로 채워지게 됩니다. 그러므로 Mat 객체
를 생성함과 동시에 모든 원소 값을 특정 값으로 초기화하여 사용하는 것이 안전합니다. 정해진
크기와 타입의 Mat 객체를 생성하고 모든 원소 값을 초기화하려면 다음 형태의 생성자를 사용합
니다.

```
Mat::Mat(int rows, int cols, int type, const Scalar& s);
Mat::Mat(Size size, int type, const Scalar& s);
```

- rows   새로 만들 행렬의 행 개수(영상의 세로 크기)
- cols   새로 만들 행렬의 열 개수(영상의 가로 크기)
- size   새로 만들 행렬의 크기
- type   새로 만들 행렬의 타입
- s   행렬 원소 초깃값

이 생성자들은 행렬의 크기와 타입을 지정하는 생성자에 원소의 초깃값을 설정하는 인자 s가 추가
되어 있습니다. 초깃값 s의 타입으로 사용된 Scalar 클래스는 네 개의 실수 값을 저장할 수 있는
OpenCV 클래스이며, 주로 영상의 픽셀 값을 표현하는 용도로 사용됩니다.[7] Scalar 클래스가 그
레이스케일 영상의 픽셀 값을 표현할 때에는 하나의 멤버 변수만을 사용하고, 3채널 컬러 영상의
픽셀 값을 표현할 때에는 세 개의 멤버 변수를 사용합니다. 예를 들어 모든 픽셀 값이 128로 초기
화된 그레이스케일 영상과 모든 픽셀이 빨간색으로 설정된 컬러 영상을 생성하려면 다음과 같이
코드를 작성합니다.

---

7   Scalar 클래스에 대해서는 3.3.2절에서 좀 더 자세하게 설명하겠습니다.

```
Mat img5(480, 640, CV_8UC1, Scalar(128));        // initial values, 128
Mat img6(480, 640, CV_8UC3, Scalar(0, 0, 255));  // initial values, red
```

이 코드에서 그레이스케일 영상 img5는 모든 픽셀 밝기가 128로 설정됩니다. 그리고 컬러 영상 img6에 대해서는 초깃값으로 Scalar(0, 0, 255)를 지정하였으며, 이는 순수한 빨간색을 나타냅니다. Scalar 클래스를 이용하여 컬러 영상의 색상을 지정할 때에는 파란색(B), 녹색(G), 빨간색(R) 색상 성분 순서로 값을 지정합니다.

새로운 행렬을 생성할 때 모든 원소 값을 0으로 초기화하는 경우가 많으며, 이러한 경우 Mat 클래스의 행렬 원소 초깃값에 Scalar(0)을 지정하면 됩니다. 그런데 이처럼 행렬 원소가 0으로 초기화된 행렬을 생성하는 경우가 많기 때문에 OpenCV는 이러한 용도의 함수를 별도로 제공합니다. OpenCV에서 모든 원소가 0으로 초기화된 행렬을 만드는 함수 이름은 Mat::zeros()입니다.

```
static MatExpr Mat::zeros(int rows, int cols, int type);
static MatExpr Mat::zeros(Size size, int type);
```

- rows   새로 만들 행렬의 행 개수(영상의 세로 크기)
- cols   새로 만들 행렬의 열 개수(영상의 가로 크기)
- size   새로 만들 행렬의 크기
- type   새로 만들 행렬의 타입
- 반환값   모든 원소가 0으로 초기화된 행렬 표현식

Mat::zeros() 함수는 새로 생성할 행렬의 크기와 타입 정보를 인자로 받습니다. Mat::zeros() 함수는 Mat 클래스의 정적 멤버 함수이기 때문에 실제 코드에서 사용할 때 Mat::을 붙여서 사용해야 합니다. Mat::zeros() 함수의 반환형인 MatExpr은 OpenCV에서 행렬의 대수 연산을 표현하는 클래스이며, 자동으로 Mat 클래스로 형 변환됩니다. 그러므로 Mat::zeros() 함수의 반환값은 Mat 타입의 변수에 할당할 수 있습니다. 예를 들어 0으로 초기화된 3×3 정수형 행렬을 생성하려면 다음과 같이 코드를 작성합니다.

```
Mat mat1 = Mat::zeros(3, 3, CV_32SC1);     // 0's matrix
```

행렬의 모든 원소가 1로 초기화된 행렬을 생성하려면 Mat::ones() 함수를 사용할 수 있습니다. 또한 행렬 연산에서 자주 사용되는 단위 행렬(identity matrix)을 생성하려면 Mat::eye() 함수를 사용할 수 있습니다. Mat::ones()와 Mat::eye() 함수 원형은 다음과 같습니다.

```
static MatExpr Mat::ones(int rows, int cols, int type);
static MatExpr Mat::ones(Size size, int type);
```

- rows   새로 만들 행렬의 행 개수(영상의 세로 크기)
- cols   새로 만들 행렬의 열 개수(영상의 가로 크기)
- size   새로 만들 행렬의 크기
- type   새로 만들 행렬의 타입
- 반환값   모든 원소가 1로 초기화된 행렬 표현식

```
static MatExpr Mat::eye(int rows, int cols, int type);
static MatExpr Mat::eye(Size size, int type);
```

- rows   새로 만들 행렬의 행 개수(영상의 세로 크기)
- cols   새로 만들 행렬의 열 개수(영상의 가로 크기)
- size   새로 만들 행렬의 크기
- type   새로 만들 행렬의 타입
- 반환값   단위 행렬을 표현하는 행렬 표현식

Mat::ones()와 Mat::eye() 함수의 사용 방법은 Mat::zeros() 함수와 완전히 같으며, 생성되는 행렬 원소의 초깃값만 다릅니다. 다음은 Mat::ones()와 Mat::eye() 함수를 사용하여 Mat 객체를 생성하는 예제 코드입니다.

```
Mat mat2 = Mat::ones(3, 3, CV_32FC1);      // 1's matrix
Mat mat3 = Mat::eye(3, 3, CV_32FC1);       // identity matrix
```

이 예제 코드에서 mat2와 mat3은 모두 3×3 크기의 행렬이고, 행렬 원소는 float 자료형을 사용합니다. 앞에서 생성된 행렬 mat1, mat2, mat3을 행렬 수식으로 표현하면 다음과 같습니다.

$$mat1 = \begin{bmatrix} 0 & 0 & 0 \\ 0 & 0 & 0 \\ 0 & 0 & 0 \end{bmatrix}, \quad mat2 = \begin{bmatrix} 1 & 1 & 1 \\ 1 & 1 & 1 \\ 1 & 1 & 1 \end{bmatrix}, \quad mat3 = \begin{bmatrix} 1 & 0 & 0 \\ 0 & 1 & 0 \\ 0 & 0 & 1 \end{bmatrix}$$

Mat 객체를 생성할 때, 행렬 원소를 저장할 메모리 공간을 새로 할당하는 것이 아니라 기존에 이미 할당되어 있는 메모리 공간의 데이터를 행렬 원소 값으로 사용할 수 있습니다. 외부 메모리 공간을 활용하여 Mat 객체를 생성한다는 것은 자체적인 메모리 할당을 수행하지 않고 외부 메모리를 참조하는 방식이기 때문에 객체 생성이 빠르다는 장점이 있습니다. 이러한 용도의 Mat 클래스 생성자 형식은 다음과 같습니다.

```
Mat::Mat(int rows, int cols, int type, void* data, size_t step=AUTO_STEP);
Mat::Mat(Size size, int type, void* data, size_t step=AUTO_STEP);
```

- rows   새로 만들 행렬의 행 개수(영상의 세로 크기)
- cols   새로 만들 행렬의 열 개수(영상의 가로 크기)
- size   새로 만들 행렬의 크기
- type   새로 만들 행렬의 타입
- data   사용할 (외부) 행렬 데이터의 주소. 외부 데이터를 사용하여 Mat 객체를 생성할 경우, 생성자에서 원소 데이터 저장을 위한 메모리 공간을 동적으로 할당하지 않습니다.
- step   (외부) 행렬 데이터에서 한 행이 차지하는 바이트 수. 만약 외부 행렬 데이터의 각 행에 여분의 패딩 바이트(padding byte)가 존재한다면 명시적으로 지정해야 합니다. 만약 기본값 AUTO_STEP을 사용하면 패딩 바이트가 없다고 간주합니다.

외부 메모리 공간의 주소를 지정하는 Mat 클래스의 생성자를 이용하여 작은 크기의 행렬을 생성하는 예제 코드를 살펴보겠습니다. 다음 코드는 여섯 개의 원소를 갖는 float 자료형의 배열 data를 먼저 정의하고, 이 배열을 행렬 원소로 사용하는 Mat 객체 mat4를 생성합니다.

```
float data[] = { 1, 2, 3, 4, 5, 6 };
Mat mat4(2, 3, CV_32FC1, data);
```

이처럼 외부 배열을 행렬 원소 값으로 사용하고자 할 경우, 외부 배열 크기와 생성할 행렬 원소 개수는 같아야 하고 서로 사용하는 자료형도 같아야 합니다. 앞 코드에서 data 배열은 여섯 개의 원소를 가지고 있고, mat4 행렬도 2행 3열이므로 원소가 여섯 개입니다. 또한 data와 mat4는 모두 float 자료형을 사용합니다. 앞과 같이 코드를 작성할 경우 mat4 행렬의 1행은 data 배열의 처음 세 개의 원소로 채워지고, 2행은 data 배열의 나머지 세 원소로 채워집니다. 결국 앞 코드에 의해 생성되는 mat4 행렬은 다음과 같은 형태를 갖습니다.

$$mat4 = \begin{bmatrix} 1 & 2 & 3 \\ 4 & 5 & 6 \end{bmatrix}$$

이처럼 외부 메모리 공간을 참조하여 Mat 객체를 생성할 경우, Mat 객체의 원소 값과 외부 메모리 공간의 데이터 값이 상호 공유된다는 점을 기억해야 합니다. 즉, mat4 객체를 생성한 후 외부 메모리 공간의 값을 변경하면 mat4 행렬의 원소 값도 같이 변경됩니다. 반대로 mat4 행렬의 원소 값을 변경하면 외부 메모리 공간의 값도 변경됩니다. 이는 하나의 메모리 공간을 서로 공유하기 때문에 당연한 일이지만, 소스 코드를 작성할 때에는 주의를 기울여야 합니다. 동적 할당하여 만든 대용량 메모리도 Mat 클래스에서 참조하여 사용할 수 있습니다. 다만 동적 할당한 메모리는 Mat 객체가 소멸될 때 자동으로 해제되지 않으므로 반드시 사용자가 직접 메모리를 해제해야 합니다.

사용자가 지정한 원소 값을 이용하여 Mat 객체를 생성하는 방법 중에 Mat_ 클래스를 사용하는 방법도 종종 사용됩니다. Mat_ 클래스는 Mat 클래스를 상속하여 만든 템플릿 클래스로서 Mat_ 클래스 객체와 Mat 객체는 상호 변환이 가능합니다. 그런데 Mat_ 클래스는 << 연산자와 콤마(,)를 이용하여 간단하게 행렬 원소 값을 설정하는 인터페이스를 제공합니다. 그래서 일단 Mat_ 객체를 만들어서 << 연산자로 행렬 원소를 지정한 후, 이를 Mat 객체로 변환하여 사용하기도 합니다. 실제 Mat_ 클래스를 사용하는 예제 코드를 살펴보겠습니다.

```
Mat_<float> mat5_(2, 3);
mat5_ << 1, 2, 3, 4, 5, 6;
Mat mat5 = mat5_;
```

앞 예제 코드의 첫 번째 행에서 변수 mat5_는 float 자료형을 사용하는 2×3 행렬입니다. Mat_ 클래스는 템플릿 클래스로 정의되어 있어서 저장할 원소의 자료형을 명시적으로 지정해야 합니다. 두 번째 행에서는 << 연산자와 콤마(,)를 이용하여 mat_ 행렬의 전체 여섯 개의 원소 값을 차례대로 지정하였습니다. 그리고 세 번째 행에서는 mat5_ 행렬을 복사하여 Mat 클래스 타입의 변수 mat5를 선언하였습니다. 그 결과 mat5 행렬은 2×3 크기를 갖고, 타입은 CV_32FC1이며 mat5_ 행렬과 원소를 공유합니다. 이후 mat5_ 변수를 사용하지 않는다면 앞에서 세 줄로 쓴 코드는 다음과 같이 한 줄로 간략하게 사용할 수 있습니다.

```
Mat mat5 = (Mat_<float>(2, 3) << 1, 2, 3, 4, 5, 6);
```

이렇게 생성된 mat5는 다음과 같은 형태의 행렬입니다.

$$mat5 = \begin{bmatrix} 1 & 2 & 3 \\ 4 & 5 & 6 \end{bmatrix}$$

OpenCV 4.0에서는 C++11의 초기화 리스트(initializer list)를 이용한 행렬 초기화 방법을 사용할 수 있습니다. Mat 클래스 또는 Mat_ 클래스의 생성자에 행렬 크기와 초깃값을 중괄호를 이용한 리스트 형태로 전달하는 방식입니다. 다만 생성된 Mat 객체의 타입을 명시적으로 지정하기 위해 Mat_ 클래스 형식으로 생성한 후 Mat 타입으로 변경하는 것이 좋습니다. 다음은 앞서 설명한 mat5 행렬과 같은 초깃값을 갖는 행렬 mat6을 초기화 리스트 방법으로 생성하는 예제 코드입니다.

```
Mat mat6 = Mat_<float>({2, 3}, { 1, 2, 3, 4, 5, 6 });
```

비어 있는 Mat 객체 또는 이미 생성된 Mat 객체에 새로운 행렬을 할당하려면 Mat 클래스의 Mat::create() 멤버 함수를 사용할 수 있습니다. Mat::create() 멤버 함수의 원형은 다음과 같습니다.

```
void Mat::create(int rows, int cols, int type);
void Mat::create(Size size, int type);
```

- rows 새로 만들 행렬의 행 개수(영상의 세로 크기)
- cols 새로 만들 행렬의 열 개수(영상의 가로 크기)
- size 새로 만들 행렬의 크기
- type 새로 만들 행렬의 타입

이미 행렬 데이터가 할당되어 있는 Mat 객체에서 Mat::create() 함수를 호출할 경우, 만약 Mat::create() 함수의 인자로 지정한 행렬 크기와 타입이 기존 행렬과 모두 같으면 Mat::create() 함수는 별다른 동작을 하지 않고 그대로 함수를 종료합니다. 반면에 새로 만들 행렬의 크기 또는 타입이 기존 행렬과 다른 경우, Mat::create() 함수는 일단 기존 메모리 공간을 해제한 후 새로운 행렬 데이터 저장을 위한 메모리 공간을 할당합니다. 예를 들어 이미 생성되어 있는 Mat 클래스 타입의 변수 mat4와 mat5에 새로운 크기와 타입의 행렬을 할당하려면 다음과 같이 코드를 작성합니다.

```
mat4.create(256, 256, CV_8UC3);  // 256x256, uchar, 3-channels
mat5.create(4, 4, CV_32FC1);     // 4x4, float, 1-channel
```

Mat::create() 함수는 새로 만든 행렬의 원소 값을 초기화하는 기능이 없습니다. 그러므로 Mat::create() 함수를 이용하여 행렬을 생성한 후 행렬 전체 원소 값을 초기화하고 싶다면 OpenCV에서 제공하는 별도의 함수를 이용해야 합니다. Mat 클래스는 = 연산자 재정의 또는 Mat::setTo() 멤버 함수를 이용하여 행렬 전체 원소 값을 한꺼번에 설정할 수 있습니다.[8] Mat 행렬의 전체 원소 값 설정을 위한 = 연산자 재정의와 Mat::setTo() 함수의 원형은 다음과 같습니다.

```
Mat& Mat::operator = (const Scalar& s);
```

- s   행렬 원소에 설정할 값
- 반환값 값이 설정된 Mat 객체의 참조

```
Mat& Mat::setTo(InputArray value, InputArray mask = noArray());
```

- value 행렬 원소에 설정할 값
- mask   마스크 행렬. 마스크 행렬의 원소가 0이 아닌 위치에서만 value 값이 설정됩니다. 행렬 전체 원소 값을 설정
         하려면 noArray() 또는 Mat()을 지정합니다.
- 반환값 Mat 객체의 참조

---

8   만약 행렬의 원소 값을 개별적으로 설정하고 싶다면 Mat::at() 멤버 함수를 사용할 수 있으며, 이 방법은 3.2.5절에서 자세히 다루겠습니다.

Mat::setTo() 함수는 두 개의 인자를 가지고 있지만 두 번째 인자 mask는 기본값을 가지고 있으므로 생략할 수 있습니다. mask 인자를 생략하거나 mask 인자에 noArray() 또는 Mat()을 지정하면 행렬 전체 원소를 value 값으로 설정합니다. mask 인자는 영상의 특정 영역에 대해서만 원소 값을 설정하고 싶을 때 사용할 수 있으며, 마스크 연산에 대해서는 4.5.1절에서 자세히 다루겠습니다.

앞서 Mat::create() 함수를 이용하여 행렬 mat4와 mat5를 새로 생성하였으므로 이 두 행렬의 모든 원소 값을 일괄적으로 설정하는 예제 코드를 만들어 보겠습니다.

```
mat4 = Scalar(255, 0, 0);
mat5.setTo(1.f);
```

이 코드는 mat4 영상의 모든 픽셀을 파란색에 해당하는 Scalar(255, 0, 0)으로 설정하고, 행렬 mat5의 모든 원소 값은 1.f로 설정합니다.

지금까지 설명한 다양한 Mat 행렬 생성과 원소 값 초기화 예제 코드를 모아서 코드 3-7에 나타냈습니다. 코드 3-7의 MatOp1() 함수는 실제로 실행되더라도 아무런 출력을 하지 않으며, 다만 나중에 Mat 객체를 생성해야 할 경우에 참고할 수 있도록 예제 코드를 모아 놓은 것입니다. MatOp1() 함수에서 사용된 모든 변수는 지역 변수로 선언되었으므로 함수가 종료되면 자동으로 소멸됩니다.

코드 3-7 Mat 객체 생성 [ch03/MatOp]

```
01    void MatOp1()
02    {
03        Mat img1;      // empty matrix
04
05        Mat img2(480, 640, CV_8UC1);                // unsigned char, 1-channel
06        Mat img3(480, 640, CV_8UC3);                // unsigned char, 3-channels
07        Mat img4(Size(640, 480), CV_8UC3);          // Size(width, height)
08
09        Mat img5(480, 640, CV_8UC1, Scalar(128));       // initial values, 128
10        Mat img6(480, 640, CV_8UC3, Scalar(0, 0, 255));   // initial values, red
11
12        Mat mat1 = Mat::zeros(3, 3, CV_32SC1);    // 0's matrix
13        Mat mat2 = Mat::ones(3, 3, CV_32FC1);     // 1's matrix
14        Mat mat3 = Mat::eye(3, 3, CV_32FC1);      // identity matrix
15
16        float data[] = { 1, 2, 3, 4, 5, 6 };
17        Mat mat4(2, 3, CV_32FC1, data);
18
19        Mat mat5 = (Mat_<float>(2, 3) << 1, 2, 3, 4, 5, 6);
20        Mat mat6 = Mat_<uchar>({2, 3}, { 1, 2, 3, 4, 5, 6 });
21
22        mat4.create(256, 256, CV_8UC3);  // uchar, 3-channels
```

```
23      mat5.create(4, 4, CV_32FC1);    // float, 1-channel
24
25      mat4 = Scalar(255, 0, 0);
26      mat5.setTo(1.f);
27  }
```

Note ≡   Mat 클래스는 3차원 이상의 다차원 행렬도 지원합니다. 3차원 이상의 행렬을 생성할 경우에는 다음과 같은 형태의 생성자를 사용할 수 있습니다.

```
Mat::Mat(int ndims, const int* sizes, int type);
Mat::Mat(const std::vector<int>& sizes, int type);
```

그러나 실제적으로는 3차원 이상의 Mat 행렬을 직접 만들어서 사용하는 경우는 거의 없습니다. 그러므로 이 책에서는 2차원 행렬의 생성과 사용법에 대해서만 자세히 설명하고, 3차원 이상의 행렬 생성에 관한 자세한 사항은 OpenCV 문서 사이트를 참고하기 바랍니다.

3.2.3 행렬의 복사

이 절에서는 Mat 클래스 타입의 변수에 저장된 행렬 객체를 다른 행렬 객체에 대입하거나 복사하는 방법에 대해 알아보겠습니다. 먼저 강아지 사진이 담겨 있는 dog.bmp 파일을 불러와서 Mat 타입의 변수 img1에 저장하고, 이를 이용하여 다양한 예제 코드를 만들어 보겠습니다.

```
Mat img1 = imread("dog.bmp");
```

Mat 클래스 객체에 저장된 영상 또는 행렬을 복사하는 가장 간단한 방법은 복사 생성자 또는 대입 연산자를 사용하는 방법입니다. 먼저 Mat 클래스 복사 생성자를 이용하여 영상을 복사하는 예제 코드를 살펴보겠습니다. img1 변수에 저장된 강아지 영상을 복사하여 img2 영상을 생성하려면 다음과 같이 코드를 작성합니다.

```
Mat img2 = img1;        // 복사 생성자(얕은 복사)
```

이 코드는 img1과 같은 크기, 같은 타입의 새로운 Mat 객체 img2를 생성하고 img1의 픽셀 데이터를 img2가 참조하도록 설정합니다. 즉, img1과 img2는 하나의 영상을 공유하는 서로 다른 이름의 변수 형태로 동작합니다. 이처럼 Mat 클래스의 복사 생성자는 행렬의 원소 데이터를 공유하는 얕은 복사(shallow copy)를 수행합니다.

Mat 클래스의 대입 연산자도 복사 생성자와 마찬가지로 얕은 복사를 수행합니다. 대입 연산자를 이용하여 img1 영상을 새로운 변수 img3에 복사하려면 다음과 같이 코드를 작성합니다.

```
Mat img3;
img3 = img1;                  // 대입 연산자(얕은 복사)
```

만약 복사본 영상을 새로 생성할 때, 픽셀 데이터를 공유하는 것이 아니라 메모리 공간을 새로 할당하여 픽셀 데이터 전체를 복사하고 싶다면 Mat::clone() 또는 Mat::copyTo() 함수를 사용해야 합니다. Mat::clone() 함수와 Mat::copyTo() 함수의 원형은 다음과 같습니다.

```
Mat Mat::clone() const;
```

- 반환값   *this 행렬의 복사본

```
void Mat::copyTo(OutputArray m) const;
void Mat::copyTo(OutputArray m, InputArray mask) const;
```

- m   복사본이 저장될 행렬. 만약 *this 행렬과 크기 및 타입이 다르면 메모리를 새로 할당한 후 픽셀 값을 복사합니다.
- mask   마스크 행렬. 마스크 행렬의 원소 값이 0이 아닌 좌표에서만 행렬 원소를 복사합니다.

Mat::clone() 함수는 자기 자신과 동일한 Mat 객체를 완전히 새로 만들어서 반환합니다. Mat:: copyTo() 함수는 인자로 전달된 m 행렬에 자기 자신을 복사합니다. 만약 Mat::copyTo() 함수를 호출한 행렬과 인자로 전달된 행렬 m이 서로 크기와 타입이 같으면 원소 값 복사만 수행합니다. 반면에 서로 크기 또는 타입이 다르면 Mat::copyTo() 함수 내부에서 행렬 m을 새로 생성한 후 픽셀 값을 복사합니다.

Mat::clone()과 Mat::copyTo() 함수를 사용하는 예제 코드를 살펴보겠습니다. 앞에서 dog.bmp 강아지 영상을 저장하고 있던 img1 영상을 Mat::clone()과 Mat::copyTo() 함수를 이용하여 새로운 영상에 복사하려면 다음과 같이 코드를 작성합니다.

```
Mat img4 = img1.clone();        // 깊은 복사

Mat img5;
img1.copyTo(img5);              // 깊은 복사
```

이 코드에서 img4는 img.clone() 함수에 의해 반환되는 행렬 객체를 저장합니다. 변수 img5는 일단 비어 있는 행렬 객체로 생성되고, 이후 Mat::copyTo() 함수에 의해 img1 객체에 저장된 영상이 img5 객체로 복사됩니다. 결국 img4와 img5는 각각 픽셀 데이터를 저장할 메모리 공간을 따로 가지고 있고, img1에 저장된 강아지 영상의 복사본을 저장합니다. Mat::clone()과 Mat::copyTo()

함수처럼 완전히 메모리 공간을 새로 할당하여 픽셀 값을 복사하는 형태의 복사를 깊은 복사(deep copy)라고 합니다.

복사 생성자 또는 대입 연산자를 이용하는 행렬의 얕은 복사와 Mat::clone() 또는 Mat::copyTo() 함수를 이용한 행렬의 깊은 복사 차이를 직관적으로 이해할 수 있는 예제 코드를 코드 3-8에 나타냈습니다. 코드 3-8의 MatOp2() 함수는 앞에서 설명하였던 다양한 복사 방법을 이용하여 img1에 저장된 강아지 영상을 새로운 영상 img2, img3, img4, img5에 각각 복사합니다. 그리고 img1 영상의 모든 픽셀 값을 노란색에 해당하는 Scalar(0, 255, 255)로 설정한 후, 각각의 영상을 화면에 출력합니다.

코드 3-8 행렬의 다양한 복사 방법 예제 [ch03/MatOp]

```
01    void MatOp2()
02    {
03        Mat img1 = imread("dog.bmp");
04
05        Mat img2 = img1;
06        Mat img3;
07        img3 = img1;
08
09        Mat img4 = img1.clone();
10        Mat img5;
11        img1.copyTo(img5);
12
13        img1.setTo(Scalar(0, 255, 255)); // yellow
14
15        imshow("img1", img1);
16        imshow("img2", img2);
17        imshow("img3", img3);
18        imshow("img4", img4);
19        imshow("img5", img5);
20
21        waitKey();
22        destroyAllWindows();
23    }
```

- 3행   dog.bmp 강아지 영상을 불러와서 img1에 저장합니다.
- 5~7행   복사 생성자와 대입 연산자를 이용하여 img1의 복사본 영상 img2, img3을 생성합니다(얕은 복사).
- 9~11행   Mat::clone()과 Mat::copyTo() 함수를 이용하여 img1의 복사본 영상 img4, img5를 생성합니다(깊은 복사).
- 13행   img1 영상의 모든 픽셀을 Scalar(0, 255, 255)에 해당하는 노란색으로 설정합니다.
- 15~19행   img1~img5 영상을 모두 새 창으로 출력합니다.

코드 3-8의 MatOp2( ) 함수 실행 결과를 그림 3-3에 나타냈습니다. MatOp2( ) 함수에서는 img1 영상만 노란색으로 설정하였지만 그림 3-3을 보면 img1, img2, img3 영상이 모두 노란색으로 바뀐 것을 확인할 수 있습니다. img2와 img3 영상이 img1의 픽셀 데이터를 공유하기 때문에 나타난 결과입니다. 반면에 img4와 img5 영상은 깊은 복사를 수행하였기 때문에 강아지 영상을 그대로 간직하고 있습니다.

▼ 그림 3-3 행렬의 다양한 복사 방법 예제 실행 결과

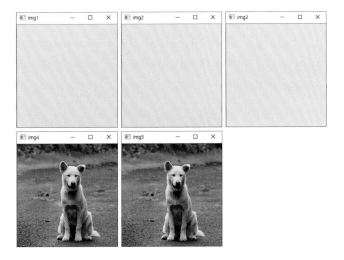

3.2.4 부분 행렬 추출

이 절에서는 영상에서 사각형 모양의 부분 영상을 추출하거나 참조하는 방법에 대해 알아보겠습니다. 먼저 Mat 클래스에 저장된 영상에서 사각형 모양의 부분 영상을 추출하는 방법부터 알아보겠습니다. Mat 클래스로 정의된 행렬에서 특정 사각형 영역의 부분 행렬을 추출하고 싶을 때에는 Mat 클래스에 정의된 괄호 연산자 재정의를 사용합니다. 주로 사용되는 Mat 클래스 괄호 연산자 재정의 함수 원형은 다음과 같습니다.

```
Mat Mat::operator()(const Rect& roi) const;
Mat Mat::operator()(Range rowRange, Range colRange) const;
```

- roi   사각형 관심 영역
- rowRange   관심 행 범위
- colRange   관심 열 범위
- 반환값   추출한 부분 행렬 또는 영상. 부분 영상의 픽셀 데이터를 서로 공유합니다.

실제 예제 코드를 보면서 부분 영상 추출 동작에 대해 알아보겠습니다. 다음 예제 코드는 cat. bmp 파일에 저장된 고양이 영상을 불러와서 고양이 얼굴 주변의 부분 영상을 추출하는 예제 코드입니다.

```
Mat img1 = imread("cat.bmp");
Mat img2 = img1(Rect(220, 120, 340, 240));
```

이 예제 코드의 첫 번째 행에서는 cat.bmp 고양이 영상을 3채널 컬러 영상 형태로 불러와서 img1 변수에 저장하였습니다. 두 번째 행에서 img1 변수 이름 바로 뒤에 괄호를 붙여서 사용하였는데, 이 부분이 Mat 클래스의 괄호 연산자 재정의로 동작합니다. 즉, img1(Rect(220, 120, 340, 240)) 코드는 img1 영상의 (220, 120) 좌표부터 340×240 크기만큼의 사각형 부분 영상을 추출하는 코드이고, 추출한 부분 영상은 img2 변수에 저장하였습니다. 만약 img1과 img2 영상을 imshow() 함수를 사용하여 화면에 출력하면 그림 3-4와 같이 나타납니다. 그림 3-4에서 img2 창에 나타난 부분 영상의 가로 크기는 340픽셀이고 세로 크기는 240픽셀입니다.

❤ 그림 3-4 부분 영상 추출 결과

부분 영상을 추출할 때 주의할 점은 Mat 클래스의 괄호 연산자를 이용하여 얻은 부분 영상이 독립된 메모리 공간을 확보하여 복사하는 깊은 복사가 아니라, 픽셀 데이터를 공유하는 얕은 복사 형식이라는 점입니다. 그렇기 때문에 부분 영상을 추출한 후 부분 영상의 픽셀 값을 변경하면 추출한 부분 영상뿐만 아니라 원본 영상의 픽셀 값도 함께 변경됩니다.

부분 영상 추출 시 픽셀 데이터를 공유한다는 특성을 이용하면 입력 영상의 일부분에만 특정한 영상 처리를 수행할 수 있습니다. 아직 OpenCV 라이브러리를 이용한 영상 처리 기법에 대해 설명할 단계는 아니지만 간단하게 테스트해 볼 수 있는 기법 중에 영상의 반전이 있습니다. 영상의 반전은 밝은 픽셀은 어둡게 만들고, 어두운 픽셀은 밝게 변화시키는 밝기 변환 기법입니다. 3채널 컬러 영상의 경우에는 각각의 색상 성분에 대해 반전을 수행합니다. 영상의 반전은 Mat 클래스 타입의 변수 앞에 ~ 연산자를 붙이는 방식으로 쉽게 적용할 수 있습니다.[9] 예를 들어 앞서 구한 부분 영상 img2를 반전시키려면 다음과 같이 코드를 작성합니다.

```
img2 = ~img2;
```

이 코드는 img2 영상을 반전하여 그 결과를 다시 img2에 저장합니다. 실제로 코드를 실행한 후 다시 img1과 img2 영상을 출력하면 그림 3-5와 같이 나타납니다. 그림 3-5에서 img2 영상 전체가 반전이 되었고, 더불어 img1 영상에서 고양이 얼굴 주변의 부분 영상만 반전되어 나타나는 것을 확인할 수 있습니다.

▼ 그림 3-5 부분 영상 추출 후 영상 반전 결과

이처럼 Mat 클래스의 부분 영상 참조 기능은 입력 영상에 사각형 모양의 관심 영역(ROI, Region Of Interest)을 설정하는 용도로 사용할 수 있습니다. ROI는 영상의 전체 영역 중에서 특정 영역에 대해서만 영상 처리를 수행할 때 설정하는 영역을 의미합니다. 사각형이 아닌 임의의 모양의 ROI를 설정하고 싶은 경우에는 마스크 연산을 응용할 수 있으며, 마스크 연산에 대해서는 4.5.1절에서 자세히 다루겠습니다.

만약 독립된 메모리 영역을 확보하여 부분 영상을 추출하고자 한다면 괄호 연산자 뒤에 Mat::clone() 함수를 함께 사용해야 합니다. 즉, Mat 클래스의 괄호 연산자 재정의 함수를 사용한

---

9 원래 Mat 객체에 저장된 3채널 컬러 영상을 반전하려면 Scalar(255, 255, 255)에서 해당 변수를 빼는 연산을 수행해야 합니다. 즉, img2 영상을 반전하려면 img2 = Scalar(255, 255, 255) - img2; 형태로 코드를 작성하는 것이 정석입니다. 원래 ~ 연산자는 비트 단위 부정(NOT) 연산을 수행하지만, uchar 자료형을 사용하는 Mat 영상에 대해서는 ~ 연산자가 반전과 같은 역할을 수행합니다. 이 부분에 대한 추가적인 설명은 6.2절을 참고하기 바랍니다.

후, 바로 뒤에 .clone() 코드를 붙여서 사용하면 독립된 복사본의 부분 영상을 만들 수 있습니다. 다음은 실제 코드 사용 예입니다.

```
Mat img3 = img1(Rect(220, 120, 340, 240)).clone();
```

이처럼 코드를 작성하면 img1 영상과 img3 영상은 서로 다른 메모리 공간을 사용하며, 추후 img3 영상의 픽셀 값을 변경해도 img1 영상은 변경되지 않습니다.

지금까지 설명한 영상의 부분 영상 관련 예제 코드를 정리하여 코드 3-9에 나타냈습니다. 추후 영상에서 부분 영상을 추출하거나 일부 영역에 대해 영상 처리를 적용할 경우에 MatOp3() 함수에 나열된 예제 코드를 참고하기 바랍니다.

코드 3-9 영상의 부분 영상 반전하기 [ch03/MatOp]

```
01    void MatOp3()
02    {
03        Mat img1 = imread("cat.bmp");
04
05        if (img1.empty()) {
06            cerr << "Image load failed!" << endl;
07            return;
08        }
09
10        Mat img2 = img1(Rect(220, 120, 340, 240));
11        Mat img3 = img1(Rect(220, 120, 340, 240)).clone();
12
13        img2 = ~img2;
14
15        imshow("img1", img1);
16        imshow("img2", img2);
17        imshow("img3", img3);
18
19        waitKey();
20        destroyAllWindows();
21    }
```

Mat 행렬에서 특정 범위의 행 또는 열을 부분 행렬로 추출하고자 할 때에는 Mat::rowRange() 또는 Mat::colRange() 함수를 사용할 수 있습니다. Mat::rowRange() 함수는 지정한 범위의 행으로 구성된 행렬을 반환하고, Mat::colRange() 함수는 지정한 범위의 열로 구성된 행렬을 반환합니다. 행 또는 열의 범위는 두 개의 int 값으로 지정할 수도 있고, 또는 Range 클래스 객체를 이용하여 지정할 수 있습니다. Mat::rowRange()와 Mat::colRange() 함수 원형은 다음과 같습니다.

```
Mat Mat::rowRange(int startrow, int endrow) const;
Mat Mat::rowRange(const Range& r) const;
```

- startrow 추출할 행 범위 시작 번호(포함)
- endrow 추출할 행 범위 끝 번호(불포함)
- r 추출할 행 범위
- 반환값 지정한 행 범위에 해당하는 행렬

```
Mat Mat::colRange(int startcol, int endcol) const;
Mat Mat::colRange(const Range& r) const;
```

- startcol 추출할 열 범위 시작 번호(포함)
- endcol 추출할 열 범위 끝 번호(불포함)
- r 추출할 열 범위
- 반환값 지정한 열 범위에 해당하는 행렬

만약 Mat 행렬로부터 하나의 행 또는 열을 추출하여 1행짜리 또는 1열짜리 행렬을 만들고자 할 때에는 Mat::row() 또는 Mat::col() 함수를 사용할 수 있습니다. Mat::row()와 Mat::col() 함수 원형은 다음과 같습니다.

```
Mat Mat::row(int y) const;
Mat Mat::col(int x) const;
```

- y 부분 행렬로 추출할 행 번호
- x 부분 행렬로 추출할 열 번호
- 반환값 추출한 부분 행렬(얕은 복사)

Mat::rowRange(), Mat::colRange(), Mat::row(), Mat::col() 함수들은 모두 부분 행렬을 얕은 복사 형태로 반환합니다. 그러므로 메모리를 따로 할당하여 행렬 원소를 복사하는 깊은 복사를 수행하려면 Mat::clone() 함수와 함께 사용해야 합니다.

3.2.5 행렬의 원소 값 참조

OpenCV 라이브러리는 다양한 영상 처리에 필요한 기능을 구현한 클래스와 함수를 제공합니다. 그러므로 OpenCV에서 제공하는 클래스와 함수만 잘 조합하여 사용해도 웬만한 영상 처리 시스템은 충분히 구축할 수 있습니다. 그러나 OpenCV에서 제공하는 기능 외에 사용자가 직접 자신만의 알고리즘을 구현하여 적용해야 하는 경우도 자주 발생합니다. 이때 필요한 기능이 영상의 픽셀 값을 참조하는 기능입니다. OpenCV는 Mat 클래스에 저장된 행렬 원소 값을 참조하고 값을 변경할 수 있는 다양한 인터페이스를 제공합니다. 이 절에서는 OpenCV에서 제공하는 세 가지 픽셀 값 접근 방법에 대해 알아보고, 각 방법의 장단점에 대해 살펴보겠습니다.

Mat::at() 함수 사용 방법

OpenCV에서 제공하는 가장 직관적인 행렬 원소 접근 방법은 Mat::at() 멤버 함수를 사용하는 방법입니다. Mat::at() 함수는 보통 행과 열을 나타내는 두 개의 정수를 인자로 받아 해당 위치의 행렬 원소 값을 참조 형식으로 반환합니다. Mat::at() 함수는 템플릿을 사용하는 템플릿 함수로서 여러 가지 형태로 재정의가 되어 있으며, 주로 사용하는 Mat::at() 함수 형식은 다음과 같습니다.

```
template<typename _Tp> _Tp& Mat::at(int y, int x)
```

• y   참조할 행 번호
• x   참조할 열 번호
• 반환값   (_Tp& 타입으로 형 변환된) y번째 행, x번째 열의 원소 값(참조)

Mat::at() 함수는 템플릿 함수로 정의되어 있기 때문에 Mat::at() 함수를 사용할 때에는 행렬 원소 자료형을 명시적으로 지정해야 합니다. 예를 들어 Mat 행렬의 타입이 CV_8UC1이면 uchar 자료형을 지정하고, CV_32FC1 타입의 행렬이라면 float 자료형을 지정해야 합니다. 만약 CV_8UC3 타입을 사용하는 3채널 컬러 영상이라면 OpenCV에서 정의한 Vec3b 자료형을 명시해서 사용합니다.[10] Mat::at() 함수의 첫 번째 인자는 참조할 원소의 행 번호이고, 이는 (x, y) 좌표계에서 y 좌표에 해당합니다. Mat::at() 함수의 두 번째 인자에는 참조하려는 원소의 열 번호를 전달합니다. 그러므로 Mat 타입의 변수 img에 그레이스케일 영상이 저장되어 있을 경우, (x, y) 좌표 픽셀 값을 참조하려면 img.at<uchar>(y, x) 형태로 코드를 작성해야 합니다. 만약 Mat::at() 함수로 전달된 인자의 좌표 (x, y)가 행렬 크기를 벗어날 경우에는 에러가 발생하므로 주의해야 합니다.

Mat::at() 함수를 사용하여 행렬의 원소 값을 참조하는 방법을 예제 코드와 함께 알아보겠습니다. 일단 모든 원소 값이 0으로 초기화된 CV_8UC1 타입의 행렬 mat1을 정의하고, 이 행렬의 모든 원소 값을 1만큼 증가시키는 예제 코드를 살펴보겠습니다.

```
Mat mat1 = Mat::zeros(3, 4, CV_8UC1);

for (int j = 0; j < mat1.rows; j++) {
    for (int i = 0; i < mat1.cols; i++) {
```

---

10 Vec3b 타입은 uchar 자료형 세 개로 이루어진 데이터 타입입니다. Vec3b 타입에 대해서는 3.3.1절에서 자세히 설명합니다.

```
        mat1.at<uchar>(j, i)++;
    }
}
```

이 예제 코드에서 mat1은 0으로 초기화된 3×4 행렬이고, 각 원소는 uchar 자료형을 사용합니다. 그러므로 Mat::at() 함수를 사용할 때 <> 괄호 안에 uchar 자료형을 명시하였습니다. 코드에서 바깥쪽 for 반복문은 행렬의 전체 행에 대한 반복이고, 변수 j는 각 행의 번호를 나타냅니다. 그리고 안쪽 for 반복문은 j번째 행의 전체 열에 대한 반복이고, 변수 i는 각 열의 번호를 나타냅니다. for 반복문 안에서는 Mat::at() 함수를 이용하여 j번째 행, i번째 열의 원소를 참조하고 그 값을 1만큼 증가시킵니다. Mat::at() 함수가 행렬 원소를 참조로 반환하기 때문에 Mat::at() 함수의 반환값을 변경하면 mat1 행렬 원소 값도 함께 변경됩니다.

앞 예제 코드에서 Mat::at() 함수가 참조하는 행렬 원소 위치를 그림 3-6에 알아보기 쉽게 나타냈습니다. 그림 3-6은 uchar 자료형을 사용하는 3×4 행렬 mat1을 나타냅니다. Mat 행렬에서 특정 원소의 위치를 나타낼 때 행과 열 번호를 0-기반으로 표현하기 때문에 mat1 행렬에서 맨 첫 번째 원소는 mat1.at<uchar>(0, 0) 형태로 참조한다는 점을 기억하기 바랍니다.

❤ 그림 3-6 Mat::at() 함수의 동작 방식

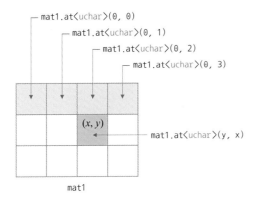

Note ≡   이 절에서는 Mat::at() 함수를 사용하는 기본적인 방법과 예제에 대해서만 설명했습니다. Mat::at() 함수를 이용하여 실제로 영상 처리 기법을 구현하는 방법은 5.1.3절에서 좀 더 자세히 다루겠습니다. 또한 컬러 영상처럼 여러 개의 채널을 가지고 있는 행렬을 다룰 때 Mat::at() 함수를 사용하는 방법에 대해서는 10.1.1절에서 자세히 설명하겠습니다.

Mat::ptr() 함수 사용 방법

두 번째로 살펴볼 행렬 원소 접근 방법은 Mat::ptr() 멤버 함수를 이용하는 방법입니다. Mat::ptr() 함수는 Mat 행렬에서 특정 행의 첫 번째 원소 주소를 반환합니다. Mat::ptr() 함수는 여러 가지 형식으로 재정의되어 있지만, 가장 널리 사용하는 Mat::ptr() 함수 형식은 다음과 같습니다.

```
template<typename _Tp>
_Tp* Mat::ptr(int y)
```

• y   참조할 행 번호
• 반환값   (_Tp* 타입으로 형 변환된) y번째 행의 시작 주소

Mat::ptr() 함수는 인자로 전달된 y번째 행의 시작 주소를 반환합니다. Mat::ptr() 함수도 Mat::at() 함수와 마찬가지로 템플릿으로 정의되어 있기 때문에 Mat::ptr() 함수를 사용할 때 행렬 원소의 자료형을 명시적으로 지정해야 합니다. Mat::ptr() 함수는 지정한 자료형의 포인터를 반환하며, 이 포인터를 이용하여 지정한 행의 원소에 접근할 수 있습니다.

Mat::ptr() 함수를 사용하여 행렬 원소 값을 참조하는 방법을 예제 코드를 통해 알아보겠습니다. CV_8UC1 타입의 행렬 mat1이 있다 가정하고, Mat::ptr() 함수를 사용하여 mat1 행렬의 모든 원소 값을 1씩 증가시키려면 다음과 같이 코드를 작성합니다.

```
for (int j = 0; j < mat1.rows; j++) {
    uchar* p = mat1.ptr<uchar>(j);
    for (int i = 0; i < mat1.cols; i++) {
        p[i]++;
    }
}    ...
```

이 코드에서 바깥쪽 for 반복문은 행렬의 전체 행에 대한 반복이고, 변수 j는 각 행의 번호를 나타냅니다. 그러므로 mat1.ptr<uchar>(j) 코드는 j번째 행 원소의 시작 주소를 반환합니다. 이 주소를 포인터형 변수 p에 저장하면 이후 p를 1차원 배열처럼 사용하여 해당 행의 원소에 접근할 수 있습니다. 즉, j번째 행의 0번째 열 원소는 p[0]이고, 1번째 열 원소는 p[1]입니다. j번째 행의 맨 마지막 열에 해당하는 원소는 p[mat1.cols - 1] 형식으로 접근할 수 있습니다. Mat::ptr() 함수를 통해 얻은 행의 시작 주소를 이용하여 각 행의 모든 픽셀을 1차원 배열처럼 접근할 경우, 행렬의 가로 크기를 벗어나는 위치에 접근하지 않도록 주의해야 합니다.

이러한 Mat::ptr() 함수 동작을 그림으로 표현하면 그림 3-7처럼 나타낼 수 있습니다. 그림 3-7에서 변수 p는 uchar* 타입으로 선언된 포인터 변수이고, mat1.ptr<uchar>(0) 코드는 0번째 행의 시작 주소를 가리킵니다. 0번째 행의 시작 주소를 p에 저장하였으므로 (0, 0) 위치의 원소는 *p

또는 p[0] 형태로 접근할 수 있습니다. 그리고 0번째 행의 i번째 원소는 *(p+i) 또는 p[i] 형태로 접근 가능합니다. 나머지 행에 대해서도 각 행의 시작 주소를 얻은 후, 포인터 연산을 통해 각 행의 모든 원소에 접근할 수 있습니다.

▼ 그림 3-7 Mat::ptr() 함수의 동작 방식

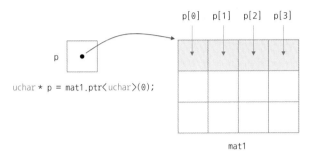

Mat::ptr() 함수를 사용하여 픽셀 값에 접근하는 방법은 행 단위로 행렬 원소를 참조하는 경우에 유용합니다. 일반적으로 for 반복문을 이용하여 행렬의 모든 원소를 참조하는 경우, Mat::ptr() 함수를 사용하는 방법이 앞서 설명한 Mat::at() 함수 사용 방법보다 빠르게 동작합니다. 다만 행 단위로 연산을 수행하는 것이 아니라 임의 좌표 원소에 빈번하게 접근해야 하는 경우라면 Mat::at() 함수를 사용하는 것이 편리합니다.

MatIterator_ 반복자 사용 방법

앞서 설명한 Mat::at() 또는 Mat::ptr() 함수를 사용하여 행렬의 원소를 참조할 경우, 함수 인자로 전달된 값이 행렬의 크기를 벗어나면 에러가 발생합니다. 그러므로 프로그램 코드를 작성할 때 사용자가 행렬 또는 영상의 크기를 충분히 고려해야 하며, 주의하지 않으면 예기치 않게 프로그램이 종료될 수 있습니다. 이러한 단점을 해소하기 위해 OpenCV는 반복자(iterator) 개념을 도입하여 행렬 원소를 참조할 수 있는 방법을 제공합니다. 즉, Mat 행렬 원소 참조를 위한 반복자 변수를 만들어서 행렬 크기에 상관없이 행렬 전체 원소를 차례대로 참조하는 방식입니다.

Mat 클래스와 함께 사용할 수 있는 반복자 클래스 이름은 MatIterator_입니다. MatIterator_ 클래스는 템플릿으로 정의된 클래스이므로 실제 사용할 때에는 Mat 행렬 타입에 맞는 자료형을 명시하여 사용해야 합니다. MatIterator_ 클래스를 사용하는 방식은 C++의 반복자 사용 방법과 유사합니다. Mat::begin() 함수를 이용하여 행렬의 첫 번째 원소 위치를 얻을 수 있고, Mat::end() 함수를 이용하여 마지막 원소 바로 다음 위치를 얻을 수 있습니다.

MatIterator_ 반복자를 사용하여 행렬의 모든 원소에 접근하는 방법을 예제 코드를 통해 알아보겠습니다. CV_8UC1 타입의 행렬 mat1이 있다 가정하고, MatIterator_ 반복자를 사용하여 mat1
행렬의 모든 원소 값을 1씩 증가시키는 예제 코드는 다음과 같습니다.

```
for (MatIterator_<uchar> it = mat1.begin<uchar>(); it != mat1.end<uchar>(); ++it) {
    (*it)++;
}
```

이 예제 코드의 for 반복문에서는 MatIterator_<uchar> 타입의 변수 it를 선언하고, mat1.
begin<uchar>() 함수의 반환값으로 초기화하였습니다. 그리고 it 값이 mat1.end<uchar>()와 같아
질 때까지 위치를 증가시키면서, 해당 위치 원소 값을 1씩 증가시킵니다. 이때 반복자 변수 it가
가리키는 원소 값을 참조하기 위해 (*it) 형태로 코드를 작성한다는 점을 기억하기 바랍니다.

앞의 반복자 예제 코드에서는 행렬 mat1의 가로 및 세로 크기를 참조하는 코드는 찾아볼 수 없습
니다. 즉, MatIterator_ 반복자를 사용하면 행렬의 가로 또는 세로 크기에 상관없이 행렬의 모든
원소를 안전하게 방문할 수 있습니다. 다만 MatIterator_ 반복자를 사용하는 방법은 동작 속도 면
에서 Mat::ptr() 사용 방법보다 느린 편이고, Mat::at() 함수처럼 임의의 위치에 자유롭게 접근
할 수 없어서 사용성이 높지 않은 편입니다.

지금까지 설명한 세 가지 행렬 원소 참조 방법을 사용하여 행렬 원소 값을 1씩 증가시키는 예제
코드를 코드 3-10에 한꺼번에 나타냈습니다. 코드 3-10의 MatOp4() 함수에서는 모든 원소 값이 0
으로 초기화된 CV_8UC1 타입의 행렬 mat1을 정의하고, Mat::at() 함수와 Mat::ptr() 함수, 그리고
MatIterator_ 반복자를 사용하여 모든 행렬 원소 값을 1씩 증가시킵니다. 그 결과 MatOp4() 함수
가 종료되는 시점에 mat1 행렬을 출력해 보면 모든 원소 값이 3으로 출력되는 것을 확인할 수 있
습니다.

코드 3-10 행렬의 원소 값 참조 방법을 이용하여 원소 값 증가시키기 [ch03/MatOp]

```
01    void MatOp4()
02    {
03        Mat mat1 = Mat::zeros(3, 4, CV_8UC1);
04
05        for (int j = 0; j < mat1.rows; j++) {
06            for (int i = 0; i < mat1.cols; i++) {
07                mat1.at<uchar>(j, i)++;
08            }
09        }
10
11        for (int j = 0; j < mat1.rows; j++) {
12            uchar* p = mat1.ptr<uchar>(j);
13            for (int i = 0; i < mat1.cols; i++) {
```

```
14              p[i]++;
15          }
16      }
17
18      for (MatIterator_<uchar> it = mat1.begin<uchar>(); it != mat1.end<uchar>(); ++it) {
19          (*it)++;
20      }
21
22      cout << "mat1:\n" << mat1 << endl;
23  }
```

3.2.6 행렬 정보 참조하기

Mat 클래스를 이용하여 만든 행렬 객체로부터 다양한 정보를 참조하는 방법에 대해 알아보겠습니다. 먼저 Mat 클래스 멤버 변수를 직접 참조하여 얻을 수 있는 행렬 정보에 대해 알아보고, 이어서 Mat 클래스 멤버 함수로부터 얻을 수 있는 행렬 정보에 대해 알아보겠습니다.

Mat 객체에서 가장 자주 참조하는 정보는 행렬 또는 영상의 크기 정보입니다. Mat::rows 멤버 변수는 행렬의 행 개수를 나타내고, Mat::cols 멤버 변수는 열 개수를 나타냅니다. Mat 객체에 영상이 저장되어 있는 경우라면 Mat::rows는 영상의 세로 픽셀 크기이고, Mat::cols는 영상의 가로 픽셀 크기를 나타냅니다. 이들 멤버 변수는 모두 public 접근 지시자로 선언되어 있기 때문에 클래스 외부에서도 자유롭게 접근할 수 있습니다.

예를 들어 lenna.bmp 레나 영상을 불러와서 영상의 가로 및 세로 크기를 출력하려면 다음과 같이 코드를 작성할 수 있습니다.

```
Mat img1 = imread("lenna.bmp");

cout << "Width: " << img1.cols << endl;
cout << "Height: " << img1.rows << endl;
```

이 코드에서 img1 영상의 가로 크기를 출력하기 위해 img1.cols를 사용하였고, 세로 크기를 출력하기 위해 img1.rows를 사용했습니다. 실제로 lenna.bmp 파일의 레나 영상 크기는 512×512이기 때문에 앞 코드를 실행하면 다음과 같은 문자열이 출력됩니다.

```
Width: 512
Height: 512
```

Mat 클래스의 Mat::data 멤버 변수는 행렬 원소 데이터가 저장되어 있는 메모리 공간의 시작 주소를 가리키는 포인터입니다. Mat::data 멤버 변수가 가리키는 메모리 주소를 활용하면 행렬 원소를 사용자가 직접 참조할 수 있습니다. 그러나 포인터 연산을 잘못하면 에러가 발생할 수 있으므로 행렬 원소 접근을 위해서 Mat::data 변수를 직접 프로그램 코드에서 다루는 것보다는 3.2.5절에서 설명한 Mat::at() 또는 Mat::ptr() 등의 함수를 사용하는 것을 권장합니다.

Mat::rows와 Mat::cols 멤버 변수에 저장된 크기 정보 외에 다른 행렬 정보는 Mat 클래스에서 제공하는 멤버 함수를 이용하여 참조할 수 있습니다. Mat 클래스에서 행렬의 정보 확인을 위해 사용할 수 있는 멤버 함수를 표 3-2에 정리했습니다. 표 3-2에 나열된 함수들은 모두 const 키워드가 붙어 있으며 Mat 객체 정보를 참조하는 용도로만 사용됩니다.

❤ 표 3-2 Mat 클래스 정보 참조를 위한 멤버 함수

Mat 클래스 멤버 함수	설명
int Mat::channels() const;	행렬의 채널 수를 반환합니다.
int Mat::depth() const;	행렬의 깊이를 반환합니다. (예) CV_8U, CV_32F
size_t Mat::elemSize() const;	한 개의 원소가 차지하는 메모리 크기를 바이트 단위로 반환합니다 (CV_32SC3 타입 행렬의 경우 4×3=12를 반환).
size_t Mat::elemSize1() const;	하나의 채널에서 한 개의 원소가 차지하는 메모리 크기를 바이트 단위로 반환합니다(CV_32SC3 타입 행렬의 경우 4를 반환).
bool Mat::empty() const;	비어 있는 행렬이면 true를 반환합니다.
bool Mat::isContinuous() const;	각 행의 원소가 연속적으로 저장되어 있으면 true를 반환합니다.
bool Mat::isSubmatrix() const;	행렬이 다른 행렬의 부분 행렬이면 true를 반환합니다.
Size Mat::size() const;	행렬 크기를 Size 타입으로 반환합니다. [11]
size_t Mat::total() const;	전체 원소 개수를 반환합니다.
int Mat::type() const;	행렬의 타입을 반환합니다. (예) CV_32FC1, CV_8UC3

예를 들어 현재 다루고 있는 영상 객체가 그레이스케일 영상인지 혹은 3채널 컬러 영상인지를 확인하려면 Mat::type() 멤버 함수를 이용할 수 있습니다. 일반적으로 그레이스케일 영상은 CV_8UC1 타입을 사용하며, 3채널 컬러 영상은 CV_8UC3 타입을 사용합니다. 그러므로 Mat::type() 함수의 반환값이 CV_8UC1이면 그레이스케일 영상으로 간주하고, CV_8UC3이면 3채널 트루컬러 영상이라고 생각할 수 있습니다. 실제로 앞에서 사용한 예제 코드에서 img1에 저장된 레나 영상이

---

11 Mat::size()는 사실 Mat 클래스의 멤버 변수 Mat::size에 연산자 재정의가 되어 있는 ()가 붙어 있는 형태입니다. 그러므로 엄밀하게는 멤버 함수는 아니지만, 편의상 표 3-2에 함께 나타냈습니다.

그레이스케일 영상인지 컬러 영상인지를 확인하는 문자열을 출력하려면 다음과 같이 코드를 작성할 수 있습니다.

```
if (img1.type() == CV_8UC1)
    cout << "img1 is a grayscale image." << endl;
else if (img1.type() == CV_8UC3)
    cout << "img1 is a truecolor image." << endl;
```

앞에서 lenna.bmp 파일로부터 img1 영상을 불러올 때, imread() 함수의 두 번째 인자를 설정하지 않았으므로 img1 영상은 3채널 컬러 영상으로 생성됩니다. 그러므로 img1 영상의 타입은 CV_8UC3이고, 앞 예제 코드는 다음 문자열을 출력합니다.

```
img1 is a truecolor image.
```

Mat 객체에 저장된 행렬 속성 정보가 아니라 행렬 원소 값을 직접 확인하고 싶은 경우도 있습니다. 만약 Mat 클래스에 저장된 객체가 영상이라면 imshow() 함수를 이용하여 화면에 표시할 수 있습니다. 그러나 Mat 객체에 int, float, double 같은 자료형의 행렬이 저장되어 있는 경우라면 imshow() 함수를 사용하는 것이 적절하지 않습니다. 이런 경우에는 C++ 표준 출력 스트림 std::cout으로 Mat 객체에 저장된 행렬 원소를 출력할 수 있습니다. OpenCV는 << 연산자 재정의를 이용하여 행렬 원소를 출력하는 기능을 제공합니다.

```
static inline
std::ostream& operator << (std::ostream& out, const Mat& mtx)
```

- out   C++ 표준 출력 스트림 객체
- mtx   출력할 행렬
- 반환값   C++ 표준 출력 스트림 객체의 참조

앞에 나타낸 << 연산자 재정의가 조금 복잡하게 느껴질 수도 있지만, 실제 사용하는 방법은 매우 간단합니다. << 연산자 왼쪽에는 std::cout을 적고, << 연산자 오른쪽에는 Mat 객체 변수 이름을 적으면 해당 행렬 원소가 모두 콘솔 창에 출력됩니다. 예를 들어 작은 크기의 행렬 원소를 모두 화면에 출력하려면 다음과 같이 코드를 작성할 수 있습니다.

```
float data[] = { 2.f, 1.414f, 3.f, 1.732f };
Mat mat1(2, 2, CV_32FC1, data);

std::cout << mat1 << std::endl;
```

이 코드에서 mat1은 float 자료형을 사용하는 2×2 행렬이고, 행렬 원소는 data 배열로 구성됩니다. 이 행렬을 << 연산자를 이용하여 std::cout 표준 출력 스트림으로 전달하면 콘솔 창에 다음과 같은 형태로 행렬 원소 값이 나타납니다.

```
[2, 1.414;
 3, 1.732]
```

즉, << 연산자를 이용하여 C++ 표준 출력 스트림으로 Mat 객체를 내보내면 [ ] 대괄호 안에 행렬 원소가 행과 열을 구분하여 출력됩니다. 각각의 원소는 콤마(,)로 구분되어 나타나고, 각 행은 세미콜론(;)으로 구분됩니다. 작은 크기의 행렬뿐만 아니라 큰 영상 객체에 대해서도 << 연산자를 이용하여 픽셀 값을 출력할 수 있지만, 콘솔 창에 너무 많은 숫자가 한꺼번에 나타날 수 있으므로 주의해야 합니다.

지금까지 설명한 행렬의 정보 참조 예제 코드를 모아 코드 3-11에 나타냈습니다. 코드 3-11의 MatOp5() 함수는 lenna.bmp 파일에서 불러온 레나 영상의 크기, 채널 수, 타입 정보를 확인하여 화면에 출력합니다. 그리고 작은 크기의 행렬을 정의하고, std::cout과 << 연산자를 이용하여 행렬의 모든 원소를 화면에 출력합니다. 추후 Mat 객체의 정보를 참조할 경우에 MatOp5() 함수에 나열된 예제 코드를 참고하기 바랍니다.

코드 3-11 Mat 행렬 정보 참조하기 [ch03/MatOp]

```
01    void MatOp5()
02    {
03        Mat img1 = imread("lenna.bmp");
04
05        cout << "Width: " << img1.cols << endl;
06        cout << "Height: " << img1.rows << endl;
07        cout << "Channels: " << img1.channels() << endl;
08
09        if (img1.type() == CV_8UC1)
10            cout << "img5 is a grayscale image." << endl;
11        else if (img1.type() == CV_8UC3)
12            cout << "img5 is a truecolor image." << endl;
13
14        float data[] = { 2.f, 1.414f, 3.f, 1.732f };
15        Mat mat1(2, 2, CV_32FC1, data);
16        cout << "mat1:\n" << mat1 << endl;
17    }
```

3.2.7 행렬 연산

OpenCV에서 Mat 클래스는 영상을 표현하는 용도로 많이 사용되고 있지만, 일반적인 행렬 표현과 행렬 연산을 위한 기능도 충분히 제공하고 있습니다. 이 절에서는 Mat 클래스를 이용하여 기본적인 행렬 연산을 수행하는 방법과 역행렬, 전치 행렬 등을 구하는 방법을 예제 코드와 함께 알아보겠습니다.

먼저 행렬의 사칙 연산을 수행하는 방법부터 알아보겠습니다. OpenCV는 Mat 클래스가 표현하는 행렬을 마치 수학 수식을 쓰듯이 사용할 수 있도록 다양한 연산자 재정의 함수를 제공합니다. 이를 통하여 행렬과 행렬의 덧셈 또는 곱셈 연산을 수행할 수 있고, 행렬에 상수 값을 곱하는 연산을 수행할 수도 있습니다. 행렬 사칙 연산을 위한 주요 연산자 재정의 함수는 다음과 같습니다.

```
MatExpr operator + (const Mat& a, const Mat& b);
MatExpr operator + (const Mat& a, const Scalar& s);
MatExpr operator + (const Scalar& s, const Mat& a);

MatExpr operator - (const Mat& a, const Mat& b);
MatExpr operator - (const Mat& a, const Scalar& s);
MatExpr operator - (const Scalar& s, const Mat& a);

MatExpr operator - (const Mat& m);

MatExpr operator * (const Mat& a, const Mat& b);
MatExpr operator * (const Mat& a, double s);
MatExpr operator * (double s, const Mat& a);

MatExpr operator / (const Mat& a, const Mat& b);
MatExpr operator / (const Mat& a, double s);
MatExpr operator / (double s, const Mat& a);
```

앞에 나열된 연산자 재정의 함수 인자로 사용된 s에는 Scalar 객체뿐만 아니라 uchar, int, float, double 같은 C/C++ 기본 자료형을 전달할 수 있습니다. 연산자 재정의 함수의 반환형으로 사용된 MatExpr 타입은 OpenCV에서 행렬 연산을 표현하는 용도로 사용되는 행렬 표현식 클래스입니다. MatExpr 클래스는 Mat 객체와 Scalar 객체, 그리고 int, float, double 같은 C/C++ 기본 자료형으로 구성된 행렬 연산을 표현하며, 복사 생성자 또는 대입 연산자에 의해 Mat 객체로 변환될 수 있습니다. 그러므로 앞에 나열된 연산자 재정의 함수의 실행 결과는 모두 Mat 타입의 변수에 저장할 수 있습니다.

이러한 연산자 재정의 함수를 이용하여 수행할 수 있는 행렬의 사칙 연산 예제 코드와 그 의미를 표 3-3에 정리하였습니다. 표 3-3에서 mat1, mat2, mat3은 Mat 클래스 타입의 변수이고, s1은 Scalar 타입의 변수, d1은 double 자료형 변수를 나타냅니다. 참고로 s1 대신에 uchar, int, float, double 같은 기본 자료형을 사용할 수 있으며, d1 위치에도 uchar, int, float 같은 자료형을 사용할 수 있습니다. 다만 d1 위치에는 Scalar 객체를 지정할 수 없습니다.

▼ 표 3-3 Mat 클래스 행렬 연산 예제 코드와 의미

행렬의 사칙 연산 예제 코드	설명
mat3 = mat1 + mat2; mat3 = mat1 - mat2;	mat1과 mat2 행렬 사이의 덧셈 및 뺄셈 연산을 수행합니다.[12]

mat3 = mat1 + s1;
mat3 = mat1 - s1;
mat3 = s1 + mat1;
mat3 = s1 - mat1;
	mat1 행렬의 각 원소와 스칼라 값 s1 사이의 덧셈 및 뺄셈 연산을 수행합니다.

mat3 = -mat1;	mat1 행렬의 각 원소에 -1을 곱합니다.
mat3 = mat1 * mat2;	mat1과 mat2 행렬의 곱셈 연산을 수행합니다.
mat3 = mat1 * d1; mat3 = d1 * mat1;	mat1 행렬의 각 원소에 실수 d1을 곱합니다.
mat3 = mat1 / mat2;	mat1과 mat2 행렬의 같은 위치 원소끼리 나눗셈 연산을 수행합니다.
mat3 = mat1 / d1; mat3 = d1 / mat1;	mat1 행렬의 각 원소와 실수 d1끼리 나눗셈 연산을 수행합니다.

표 3-3에 나열된 행렬 연산 예제 중에서 * 연산자를 사용하는 곱셈 연산은 행렬의 수학적 곱셈 연산을 의미합니다. 만약 두 행렬에서 같은 위치에 있는 원소끼리 곱셈 연산을 수행하려면 Mat::mul() 멤버 함수를 사용해야 합니다. Mat::mul() 함수 원형은 다음과 같습니다.

```
MatExpr Mat::mul(InputArray m, double scale=1) const;
```

- m   *this 행렬과 크기 및 타입이 같은 행렬, 또는 행렬 표현식
- scale   추가적으로 곱할 값
- 반환값   두 행렬의 같은 위치 원소끼리 곱셈한 결과 행렬 표현식

행렬과 관련된 중요한 연산 중에 역행렬(inverse matrix)을 구하는 연산이 있습니다. OpenCV에서 행렬의 역행렬을 구할 때에는 Mat::inv() 멤버 함수를 사용합니다. Mat::inv() 함수 원형은 다음과 같습니다.

---

12 서로 타입이 다른 두 행렬을 더하거나 뺄 때에는 연산자 재정의 대신 add() 또는 subtract() 함수를 사용해야 합니다. add()와 subtract() 함수에 대해서는 6.1절에서 자세히 다루겠습니다.

```
MatExpr Mat::inv(int method=DECOMP_LU) const;
```

- method   역행렬 계산 방법. DECOMP_LU, DECOMP_SVD, DECOMP_EIG, DECOMP_CHOLESKY 중 하나를 지정할 수 있습니다.
- 반환값   역행렬에 대한 행렬 표현식

Mat::inv() 함수는 method 인자를 통해 역행렬 계산 방법을 지정할 수 있습니다. 역행렬이 존재하는 일반적인 행렬이라면 가우스 소거법을 사용하는 DECOMP_LU를 사용할 수 있으며, 이 값은 기본값으로 지정되어 있으므로 생략할 수 있습니다. 역행렬이 존재하지 않는 경우 DECOMP_SVD를 지정하면 특잇값 분해(singular value decomposition) 방법을 이용하여 의사 역행렬(pseudo-inverse matrix)을 구할 수 있습니다. DECOMP_EIG와 DECOMP_CHOLESKY는 각각 고윳값 분해와 촐레스키(Cholesky) 분해에 의한 역행렬 계산을 의미합니다.

행렬의 행과 열을 서로 교환해서 만드는 전치 행렬(transpose matrix)은 Mat::t() 멤버 함수를 이용하여 구할 수 있습니다. Mat::t() 함수 원형은 다음과 같습니다.

```
MatExpr Mat::t() const;
```

- 반환값   전치 행렬에 대한 행렬 표현식

만약 전치 행렬 연산의 입력 행렬이 정방 행렬(square matrix)이면 단순히 행렬 원소의 행과 열 위치만 서로 바꿉니다. 그러나 입력 행렬 크기가 $M \times N$이고 $M \neq N$이라면 Mat::t() 함수에 의해 구해지는 전치 행렬의 크기는 $N \times M$으로 변경됩니다.

지금까지 설명한 행렬 연산 연산자와 함수를 사용하는 예제 코드를 살펴보겠습니다. 코드 3-12에 나타난 MatOp6() 함수는 작은 크기의 행렬로부터 역행렬과 전치 행렬을 구하고, 행렬의 덧셈 및 곱셈 연산을 수행하는 코드 작성 방법을 보여 줍니다.

코드 3-12 Mat 클래스를 이용한 간단한 행렬 연산 [ch03/MatOp]

```
01    void MatOp6()
02    {
03        float data[] = { 1, 1, 2, 3 };
04        Mat mat1(2, 2, CV_32FC1, data);
05        cout << "mat1:\n" << mat1 << endl;
06
07        Mat mat2 = mat1.inv();
08        cout << "mat2:\n" << mat2 << endl;
09
10        cout << "mat1.t():\n" << mat1.t() << endl;
11        cout << "mat1 + 3:\n" << mat1 + 3 << endl;
```

```
12        cout << "mat1 + mat2:\n" << mat1 + mat2 << endl;
13        cout << "mat1 * mat2:\n" << mat1 * mat2 << endl;
14    }
```

- 3~4행   data 배열을 원소로 사용하는 2×2 크기의 행렬 mat1을 생성합니다.
- 7행   mat1 행렬의 역행렬을 구하여 mat2에 저장합니다.
- 10행   mat1 행렬의 전치 행렬을 구하여 화면에 출력합니다.
- 11~13행   연산자 재정의를 이용하여 행렬의 산술 연산을 수행하고, 그 결과를 출력합니다.

코드 3-12의 3~4행에서 테스트로 사용할 입력 행렬 mat1을 생성합니다. mat1 행렬은 3행의 data 배열과 원소를 공유하는 2×2 행렬이고, CV_32FC1 타입을 사용합니다. 5행은 mat1 행렬을 출력하는 코드이며 실제 실행 결과는 다음과 같습니다.

```
mat1:
[1, 1;
 2, 3]
```

코드 3-12의 7행에서는 Mat 클래스의 멤버 함수 Mat::inv()를 이용하여 mat1 행렬의 역행렬을 구하고, 그 결과를 mat2 변수에 저장합니다. 코드 3-12의 8행에 의해 출력되는 mat2 행렬은 다음과 같습니다.

```
mat2:
[3, -1;
 -2, 1]
```

코드 3-12의 10~13행은 mat1 행렬의 전치 행렬과 간단한 행렬 연산 결과를 출력합니다. 실제로 10~13행 코드에 의한 출력 결과는 다음과 같습니다.

```
mat1.t():
[1, 2;
 1, 3]
mat1 + 3:
[4, 4;
 5, 6]
mat1 + mat2:
[4, 0;
 0, 4]
mat1 * mat2:
[1, 0;
 0, 1]
```

3.2.8 크기 및 타입 변환 함수

이 절에서는 Mat 클래스의 크기 또는 타입을 변화시키는 멤버 함수에 대해 소개합니다. 먼저 행렬의 타입을 변경할 때에는 Mat::convertTo() 함수를 사용합니다. Mat::convertTo() 함수 원형은 다음과 같습니다.

```
void Mat::convertTo( OutputArray m, int rtype, double alpha=1, double beta=0 ) const;
```

- m   출력 행렬. 만약 m 행렬이 적절한 크기와 타입이 아닌 경우 행렬 원소 데이터를 새로 할당합니다.
- rtype   원하는 출력 행렬의 타입. 만약 rtype이 음수이면 출력 행렬은 입력 행렬과 같은 타입을 갖습니다.
- alpha   추가적으로 곱할 값
- beta   추가적으로 더할 값

Mat::convertTo() 함수는 행렬 원소의 타입을 다른 타입으로 변경하고, 추가적으로 모든 원소에 일정한 값을 더하거나 곱할 수 있습니다. Mat::convertTo() 함수에 의해 생성되는 출력 행렬 m의 원소 값은 다음 수식에 의해 결정됩니다.

$$m(x, y) = saturate\_cast < rtype > (alpha \times (*this)(x, y) + beta)$$

그렇다면 어떠한 경우에 Mat::convertTo() 함수가 사용될까요? 일반적인 영상은 각 픽셀 값을 uchar 자료형을 이용하여 표현합니다. 그러나 일련의 복잡한 연산을 수행해야 할 경우, 연산의 정확도를 높이기 위하여 픽셀 값을 정수형이 아닌 float, double 같은 실수형으로 변환하여 내부 연산을 수행하기도 합니다. 이러한 경우에 Mat::convertTo() 함수를 사용하여 CV_8UC1 타입의 행렬을 CV_32FC1 타입으로 변경할 수 있습니다. 또는 0부터 1 사이의 실수 값으로 구성된 2차원 행렬을 영상 형태로 화면에 나타내고 싶을 때, 행렬의 모든 원소에 255를 곱한 후 uchar 자료형으로 변환하여 그레이스케일 영상 형식으로 만든 후 imshow() 함수를 사용하여 화면에 출력할 수 있습니다.

다음은 lenna.bmp 파일을 그레이스케일 영상 img1로 불러온 후, uchar 자료형 대신 float 자료형을 사용하는 행렬 img1f를 생성하는 예제 코드입니다.

```
Mat img1 = imread("lenna.bmp", IMREAD_GRAYSCALE);

Mat img1f;
img1.convertTo(img1f, CV_32FC1);
```

다음으로 살펴볼 Mat 클래스 멤버 함수는 Mat::reshape() 함수입니다. Mat::reshape() 함수는 주어진 행렬의 크기 또는 채널 수를 변경합니다. Mat::reshape() 멤버 함수는 다양한 형식으로 재정의되어 있으며, 그중 널리 사용되는 형식은 다음과 같습니다.

```
Mat Mat::reshape(int cn, int rows=0) const;
```

- cn   새로운 채널 수. 만약 이 값이 0이면 채널 수를 변경하지 않습니다.
- rows   새로운 행의 수. 만약 이 값이 0이면 행의 개수를 변경하지 않습니다.
- 반환값   모양이 변경된 행렬을 반환합니다.

Mat::reshape() 함수는 행렬 원소 데이터를 복사하여 새로운 행렬을 만드는 것이 아니라 하나의 행렬 원소 데이터를 같이 참조하는 행렬을 반환합니다. 그러므로 Mat::reshape() 함수에 의해 반환된 행렬 원소 값을 변경하면 원본 행렬의 원소 값도 함께 바뀌게 됩니다.

다음은 Mat::reshape() 함수를 이용하여 3×4 크기의 행렬을 1×12 크기의 행렬로 변환하는 예제 코드입니다.

```
uchar data1[] = { 1, 2, 3, 4, 5, 6, 7, 8, 9, 10, 11, 12 };
Mat mat1(3, 4, CV_8UC1, data1);
Mat mat2 = mat1.reshape(0, 1);

cout << "mat1:\n" << mat1 << endl;
cout << "mat2:\n" << mat2 << endl;
```

이 코드를 실행하면 콘솔 창에 다음과 같이 출력됩니다. 3×4 크기의 행렬 mat1이 1행으로 구성된 1×12 크기의 행렬 mat2로 변경된 것을 확인할 수 있습니다.

```
mat1:
[  1,   2,   3,   4;
   5,   6,   7,   8;
   9,  10,  11,  12]
mat2:
[  1,   2,   3,   4,   5,   6,   7,   8,   9,  10,  11,  12]
```

Mat::reshape() 멤버 함수처럼 행렬의 모양을 변경시키는 것이 아니라 단순히 행렬의 행 크기를 변경하고 싶을 때에는 Mat::resize() 함수를 사용할 수 있습니다.

```
void Mat::resize(size_t sz);
void Mat::resize(size_t sz, const Scalar& s);
```

- sz   새로운 행 개수
- s   새로 추가되는 행 원소의 초깃값

Mat::resize() 함수는 행렬의 행 개수를 sz개로 변경합니다. sz가 기존 행렬의 행 개수보다 작으면 아래쪽 행을 제거하고, 기존 행렬의 행 개수보다 크면 아래쪽에 행을 추가합니다. 이때 추가하는

행 원소의 초깃값으로 s를 지정할 수 있습니다. 예를 들어 앞서 살펴본 mat1 행렬의 행을 5로 증가시키려면 다음과 같이 코드를 작성합니다.

```
mat1.resize(5, 100);
```

기존의 mat1 행렬이 3×4 크기였지만 mat1.resize(5, 100) 코드에 의해 5×4 크기의 행렬로 변경되고, 새로 추가된 행의 원소는 모두 100으로 설정됩니다. 실제로 이 코드를 실행한 후 mat1 행렬을 출력해 보면 다음과 같습니다.

```
[  1,   2,   3,   4;
   5,   6,   7,   8;
   9,  10,  11,  12;
 100, 100, 100, 100;
 100, 100, 100, 100]
```

이미 존재하는 행렬에 원소 데이터를 추가하고 싶을 때에는 Mat::push_back() 멤버 함수를 사용할 수 있습니다. Mat::push_back() 함수는 다음과 같이 다양한 형식으로 정의되어 있습니다.

```
template<typename _Tp> void Mat::push_back(const _Tp& elem);
template<typename _Tp> void Mat::push_back(const Mat_<_Tp>& elem);
template<typename _Tp> void Mat::push_back(const std::vector<_Tp>& elem);
void Mat::push_back(const Mat& m);
```

- elem   행렬의 맨 마지막 행에 추가할 원소 데이터
- m   행렬의 맨 마지막 행에 추가할 행렬. *this와 타입과 열 개수가 같아야 합니다.

Mat::push_back() 함수 인자로 _Tp& 또는 std::vector<_Tp>& 타입을 사용할 경우, *this 행렬은 1열짜리 행렬이어야 합니다. 만약 Mat_<_Tp>& 또는 Mat& 타입을 인자로 사용할 경우에는 *this 행렬과 인자로 전달된 m 행렬의 열 개수가 같아야 합니다. 앞에 나열한 네 가지 Mat::push_back() 함수 모두 *this 행렬의 타입과 인자로 전달된 데이터의 타입은 같아야 합니다. 다음은 Mat::push_back() 함수를 이용하여 3×4 크기의 행렬 mat1에 1×4 크기의 행렬 mat3을 맨 마지막 행으로 추가하는 예제 코드입니다.

```
Mat mat3 = Mat::ones(1, 4, CV_8UC1) * 255;
mat1.push_back(mat3);
```

예제 코드에서 mat3은 모든 원소가 255로 구성된 1행 4열 행렬입니다. mat1.push_back(mat3) 코드가 실행되면 mat3 행렬을 기존 5×4 크기의 행렬 mat1 맨 아래에 추가합니다. 코드를 실행한 후 mat1 행렬은 다음과 같이 변경됩니다.

```
[  1,   2,   3,   4;
   5,   6,   7,   8;
   9,  10,  11,  12;
 100, 100, 100, 100;
 100, 100, 100, 100;
 255, 255, 255, 255]
```

Mat::push_back() 함수와 반대로 행렬에서 맨 아래에 있는 행을 제거할 때에는 Mat::pop_back() 멤버 함수를 사용할 수 있습니다. Mat::pop_back() 함수 원형은 다음과 같습니다.

```
void Mat::pop_back(size_t nelems=1);
```

• nelems   제거할 행 개수. *this 행렬의 행 개수보다 크면 안 됩니다.

지금까지 설명한 행렬의 타입 변환 및 크기 변환 예제 코드를 모아서 코드 3-13에 나타냈습니다. 추후 행렬의 크기 및 타입을 변경해야 할 경우에 MatOp7() 함수에 나열된 예제 코드를 참고하기 바랍니다.

코드 3-13 크기 및 타입 변환 함수 사용 예 [ch03/MatOp]

```
01    void MatOp7()
02    {
03        Mat img1 = imread("lenna.bmp", IMREAD_GRAYSCALE);
04
05        Mat img1f;
06        img1.convertTo(img1f, CV_32FC1);
07
08        uchar data1[] = { 1, 2, 3, 4, 5, 6, 7, 8, 9, 10, 11, 12 };
09        Mat mat1(3, 4, CV_8UC1, data1);
10        Mat mat2 = mat1.reshape(0, 1);
11
12        cout << "mat1:\n" << mat1 << endl;
13        cout << "mat2:\n" << mat2 << endl;
14
15        Mat mat3 = Mat::ones(1, 4, CV_8UC1) * 255;
16        mat1.push_back(mat3);
17        cout << "mat1:\n" << mat1 << endl;
18
19        mat1.resize(6, 100);
20        cout << "mat1:\n" << mat1 << endl;
21    }
```

3.3 Vec과 Scalar 클래스

이 절에서는 작은 개수의 원소로 구성된 벡터를 표현하는 Vec 템플릿 클래스에 대해 설명합니다. Vec 클래스는 다양한 OpenCV 프로그래밍에서 유용하게 사용되고 있으며, 특히 Vec3b, Vec4i, Vec2f 등 이름으로 재정의되어 사용되고 있습니다. 또한 Vec 클래스의 특별한 형태인 Scalar 클래스는 Mat 클래스만큼 사용 빈도가 많으므로, Scalar 클래스 정의와 사용 방법에 대해 자세히 알아보겠습니다.

3.3.1 Vec 클래스

하나의 행으로만 이루어진 행렬은 행 벡터라고 부르고, 하나의 열로만 구성된 행렬은 열 벡터라고 부릅니다. 그리고 행 벡터와 열 벡터를 합쳐서 벡터 또는 벡터 행렬이라고 부릅니다. 즉, 벡터는 같은 자료형을 가진 원소 몇 개로 구성된 데이터 형식이라고 볼 수 있습니다.

OpenCV는 이러한 벡터 데이터를 표현할 수 있는 범용적인 Vec 클래스를 제공합니다. 간략화한 Vec 클래스 정의를 코드 3-14에 나타냈습니다.

코드 3-14 간략화한 Matx와 Vec 클래스 정의

```
01    template<typename _Tp, int m, int n> class Matx
02    {
03    public:
04        ...
05        _Tp val[m*n]; //< matrix elements
06    };
07
08    template<typename _Tp, int cn> class Vec : public Matx<_Tp, cn, 1>
09    {
10    public:
11        ...
12        /*! element access */
13        _Tp& operator[](int i);
14    };
15
16    template<typename _Tp, int n> static inline
17    std::ostream& operator << (std::ostream& out, const Vec<_Tp, n>& vec);
```

- 1~6행   작은 크기의 행렬을 표현하는 Matx 클래스 정의입니다. 행렬 원소는 val 멤버 변수 배열에 저장됩니다.
- 8~14행   작은 크기의 벡터를 표현하는 Vec 클래스 정의입니다. Vec 클래스는 Matx 클래스를 상속받아 만들어지며, cn개의 원소를 갖는 val 배열을 멤버 변수로 갖습니다.
- 13행   Vec 클래스의 멤버 변수 배열 val에 접근할 수 있는 [ ] 연산자 재정의입니다.
- 16~17행   C++ 표준 출력 스트림을 이용하여 벡터 원소를 출력하는 연산자 재정의입니다.

코드 3-14에서 Matx 클래스는 작은 크기의 행렬을 표현하기 위해 만들어진 템플릿 클래스입니다. 이 행렬 클래스는 원소 데이터를 val이라는 이름의 배열에 저장합니다. 코드 3-14의 1행에서 _Tp는 행렬 원소 자료형이고, m과 n은 각각 행과 열 개수를 의미합니다. Vec 클래스는 Matx 클래스를 상속받아 만들어지며, 열 개수가 1개로 특화된 벡터 표현 클래스입니다. Vec 클래스도 템플릿을 사용하기 때문에 실제 코드에서 사용할 때에는 <> 괄호 사이에 데이터 자료형과 데이터 개수를 명시해야 합니다. 예를 들어 정수형 데이터 네 개를 가지고 있는 벡터라면 Vec<int, 4> 형식을 사용하고, uchar 자료형 세 개를 가지고 있는 벡터라면 Vec<uchar, 3> 형식으로 사용합니다. 특히 Vec<uchar, 3> 형식은 3채널 컬러 영상의 픽셀 값을 표현하는 용도로 자주 사용됩니다. 다음은 Vec<uchar, 3> 형식의 변수 p1, p2를 선언하는 예제 코드입니다.

```
Vec<uchar, 3> p1, p2(0, 0, 255);
```

그런데 매번 Vec<uchar, 3> 형태로 입력하는 것은 꽤 번거롭고 불편합니다. 다행히 OpenCV는 자주 사용되는 자료형과 개수에 대한 Vec 클래스 템플릿의 이름 재정의를 제공하며, 이를 이용하면 꽤 간단하게 원하는 크기와 자료형의 벡터를 표현할 수 있습니다. OpenCV에서 제공하는 Vec 클래스 템플릿의 이름 재정의는 다음 형식을 따릅니다.

```
Vec<num-of-data>{b¦s¦w¦i¦f¦d}
```

<num-of-data> 위치에는 2, 3, 4 등 작은 숫자를 지정할 수 있고, {b¦s¦w¦i¦f¦d} 부분에는 b, s, w, i, f, d 문자 중 하나를 지정합니다. 여기서 b는 uchar(unsigned char), s는 short, w는 ushort(unsigned short), i는 int, f는 float, d는 double 자료형을 의미합니다. 실제로 OpenCV 라이브러리에 정의된 Vec 클래스의 이름 재정의는 다음과 같습니다.

```
typedef Vec<uchar, 2> Vec2b;
typedef Vec<uchar, 3> Vec3b;
typedef Vec<uchar, 4> Vec4b;

typedef Vec<short, 2> Vec2s;
typedef Vec<short, 3> Vec3s;
typedef Vec<short, 4> Vec4s;
```

```
typedef Vec<ushort, 2> Vec2w;
typedef Vec<ushort, 3> Vec3w;
typedef Vec<ushort, 4> Vec4w;

typedef Vec<int, 2> Vec2i;
typedef Vec<int, 3> Vec3i;
typedef Vec<int, 4> Vec4i;
typedef Vec<int, 6> Vec6i;
typedef Vec<int, 8> Vec8i;

typedef Vec<float, 2> Vec2f;
typedef Vec<float, 3> Vec3f;
typedef Vec<float, 4> Vec4f;
typedef Vec<float, 6> Vec6f;

typedef Vec<double, 2> Vec2d;
typedef Vec<double, 3> Vec3d;
typedef Vec<double, 4> Vec4d;
typedef Vec<double, 6> Vec6d;
```

예를 들어 컬러 영상의 픽셀 값을 표현하고 싶을 때는 Vec<uchar, 3> 형식 대신에 Vec3b 클래스를 사용할 수 있습니다. Vec3b 클래스를 사용하면 앞에서 설명한 p1, p2 변수 선언을 다음과 같이 작성할 수 있습니다.

```
Vec3b p1, p2(0, 0, 255);
```

이와 같이 변수를 선언할 경우 p1과 p2는 각각 내부에 uchar val[3]; 형식의 멤버 변수를 가지고 있습니다. p1의 경우 p1.val 배열 원소가 모두 0으로 초기화되고, p2의 경우는 p2.val[0]은 0, p2.val[1]은 0, p2.val[2]는 255로 초기화됩니다. 만약 p1 변수의 첫 번째 원소를 100으로 변경하고 싶다면 다음과 같이 코드를 작성할 수 있습니다.

```
p1.val[0] = 100;
```

그런데 Vec 클래스는 다음과 같이 [] 연산자 재정의가 되어 있기 때문에 [] 연산자를 이용하여 멤버 변수 val 배열에 쉽게 접근할 수 있습니다.

```
template<typename _Tp, int cn> inline
_Tp& Vec<_Tp, cn>::operator [](int i)
{
    CV_DbgAssert( (unsigned)i < (unsigned)cn );
    return this->val[i];
}
```

이 코드에서 CV_DbgAssert() 매크로 함수는 디버그 모드에서만 동작하는 예외 처리 코드이며, 동작 성능을 고려하여 릴리스 모드에서는 무시됩니다. [] 연산자 재정의를 이용하여 p1 변수의 첫 번째 원소를 100으로 변경하려면 다음과 같이 코드를 작성합니다.

```
p1[0] = 100;
```

많은 OpenCV 자료형 클래스가 그러하듯이 Vec 클래스도 std::cout과 << 연산자를 이용하여 벡터의 원소를 간단하게 출력할 수 있습니다. 예를 들어 p1과 p2 벡터의 원소를 모두 출력하려면 다음과 같이 코드를 작성합니다.

```
cout << "p1: " << p1 << endl;
cout << "p2: " << p2 << endl;
```

실제로 이 코드를 실행하면 콘솔 창에 다음과 같이 벡터의 내용이 출력됩니다.

```
p1: [100, 0, 0]
p2: [0, 0, 255]
```

지금까지 Vec 클래스의 기본적인 사용법에 대해서 설명하였습니다. 이외에도 Vec 클래스는 다양한 멤버 함수와 +, - 등 연산자 재정의도 제공하며, 이에 대한 보다 자세한 사항은 OpenCV 문서 사이트를 참고하기 바랍니다.

3.3.2 Scalar 클래스

OpenCV 프로그래밍에서 Mat 클래스 다음으로 자주 사용되는 클래스는 Scalar 클래스입니다. Scalar 클래스는 4채널 이하의 영상에서 픽셀 값을 표현하는 용도로 자주 사용됩니다. 사실 Scalar 클래스는 Scalar_라는 이름의 클래스 템플릿 이름 재정의이며, Scalar_ 클래스는 Vec 클래스를 상속받아 만들어졌습니다. 코드 3-15는 간략화한 Scalar_ 클래스와 Scalar 이름 재정의를 보여 줍니다.

코드 3-15 간략화한 Scalar_와 Scalar 클래스 정의

```
01    template<typename _Tp> class Scalar_ : public Vec<_Tp, 4>
02    {
03    public:
04        Scalar_();
05        Scalar_(_Tp v0);
06        Scalar_(_Tp v0, _Tp v1, _Tp v2=0, _Tp v3=0);
```

```
07
08        static Scalar_<_Tp> all(_Tp v0);
09        ...
10    };
11
12    typedef Scalar_<double> Scalar;
```

- 4~5행   Scalar_ 클래스 생성자입니다.
- 8행   Scalar_::all() 멤버 함수는 네 개의 val 배열 값을 모두 v0으로 설정한 Scalar_ 객체를 반환합니다.
- 12행   double 자료형을 사용하는 Scalar_ 클래스에 대해 Scalar라는 이름으로 재정의합니다.

코드 3-15에 정의된 Scalar_ 클래스는 Vec 클래스를 상속받았으며, 네 개의 원소를 가지고 있는 템플릿 클래스입니다. Scalar_ 클래스는 템플릿 클래스이기 때문에 다양한 자료형에 대해 정의할 수 있습니다. 그중 특별히 double 자료형을 사용하는 경우에는 Scalar라고 재정의된 이름을 사용할 수 있습니다. 그러므로 Scalar 클래스는 크기가 4인 double형 배열 val을 멤버 변수로 가지고 있는 자료형이라고 생각할 수 있습니다.

Scalar 클래스는 보통 네 개 이하의 채널을 갖는 영상의 픽셀 값을 표현하는 용도로 사용됩니다. 그레이스케일 영상의 경우, Scalar 클래스의 첫 번째 원소가 픽셀 밝기를 표현하고 나머지 세 개의 원소는 0으로 설정됩니다. 트루컬러 영상의 경우, Scalar 클래스의 처음 세 개 원소가 B(파란색), G(녹색), R(빨간색) 색상 성분 값을 표현하고, 네 번째 원소는 보통 0으로 설정됩니다. 간혹 PNG 파일 형식처럼 투명도를 표현하는 알파 채널이 있는 경우 Scalar 클래스의 네 번째 원소를 이용하기도 합니다. 자주 사용되는 Scalar 클래스 객체 생성 방법을 정리하면 다음과 같습니다.

```
Scalar(밝기)
Scalar(파란색, 녹색, 빨간색)
Scalar(파란색, 녹색, 빨간색, 투명도)
```

실제로 Scalar 클래스를 사용하는 예제 코드를 보면서 Scalar 클래스 사용 방법을 알아보겠습니다. 코드 3-16은 Scalar 클래스를 사용하는 예제 코드이며, 여기에 나온 ScalarOp() 함수를 사용하는 전체 코드는 내려받은 예제 파일에서 ch03/ScalarOp 프로젝트에서 확인할 수 있습니다.

코드 3-16 Scalar 클래스 사용법 [ch03/ScalarOp]

```
01    void ScalarOp()
02    {
03        Scalar gray = 128;
04        cout << "gray: " << gray << endl;
05
06        Scalar yellow(0, 255, 255);
```

```
07          cout << "yellow: " << yellow << endl;
08
09          Mat img1(256, 256, CV_8UC3, yellow);
10
11          for (int i = 0; i < 4; i++)
12              cout << yellow[i] << endl;
13      }
```

- 3행   128 정수 하나를 이용하여 Scalar 클래스 타입의 변수 gray를 초기화합니다. gray 객체의 val 멤버
          변수에는 [128, 0, 0, 0] 값이 저장됩니다.
- 6행   yellow 객체에는 노란색을 표현하는 [0, 255, 255, 0] 값이 저장됩니다.
- 9행   yellow 변수를 Mat 클래스 생성자의 네 번째 인자로 전달하여, 노란색으로 초기화된 256×256 크기
          의 컬러 영상 img1을 생성합니다.
- 11~12행 yellow 객체에 저장된 값을 참조하기 위해 [ ] 연산자 재정의를 사용하였습니다.

코드 3-16에 나타난 예제 코드를 좀 더 자세히 살펴보겠습니다. 3행은 Scalar 클래스 타입의 변
수 gray에 128 정수 하나를 이용하여 초기화하는 예제 코드입니다. 이 경우 gray 변수가 가지고
있는 네 개의 double형 원소 중에서 첫 번째 원소만 128로 설정되고, 나머지 세 개의 원소는 0
으로 초기화됩니다. 6행의 yellow 변수는 네 개의 double형 원소 중 처음 세 원소가 차례대로 0,
255, 255로 설정되고, 마지막 네 번째 원소는 0으로 초기화됩니다.

Scalar 클래스도 Vec 클래스와 마찬가지로 std::cout과 << 연산자를 이용하여 원소 값을 간단하
게 출력할 수 있습니다. 그러므로 코드 3-16의 4행과 7행이 실행되면 다음과 같이 원소 값이 순서
대로 출력됩니다.

```
gray: [128, 0, 0, 0]
yellow: [0, 255, 255, 0]
```

코드 3-16의 11~12행은 Scalar 클래스의 원소 값을 참조하는 방법을 보여 줍니다. Scalar 클
래스에 저장된 데이터 원소에 접근하기 위해 멤버 변수 val 배열을 직접 참조해도 되지만 보통은
[ ] 연산자 재정의를 사용합니다. 예를 들어 yellow 변수의 0번째 원소 값을 참조하려면 yellow.
val[0]이라고 입력해도 되지만 yellow[0] 코드를 더 많이 사용합니다. 코드 3-16의 11~12행 실
행 결과는 다음과 같습니다.

```
0
255
255
0
```

3.4 InputArray와 OutputArray 클래스

이 절에서는 OpenCV 함수 인자로 자주 사용되는 InputArray 클래스와 OutputArray 클래스의 특징과 사용 방법에 대해 설명합니다. InputArray 클래스는 주로 OpenCV 함수의 입력으로 사용되고, OutputArray 클래스는 OpenCV 함수의 출력으로 사용되는 인터페이스 클래스입니다. InputArray와 OutputArray 클래스는 OpenCV 함수 정의에서 자주 볼 수 있으므로 사용 방법을 제대로 이해하기 바랍니다.

3.4.1 InputArray 클래스

OpenCV 문서 사이트를 보면 InputArray 타입의 인자를 사용하는 함수를 자주 볼 수 있습니다. 영상의 화면 출력 함수인 imshow() 함수도 영상을 InputArray 타입으로 전달하도록 선언되어 있습니다. InputArray 클래스는 Mat, vector<T> 등 다양한 타입을 표현할 수 있는 인터페이스 클래스로서 주로 OpenCV 함수의 입력 인자 자료형으로 사용됩니다.

InputArray 클래스는 다음과 같은 형태로 이름 재정의되어 있습니다.

```
typedef const _InputArray& InputArray;
```

InputArray 클래스를 완벽하게 이해하려면 _InputArray 클래스의 정의부터 살펴봐야 하겠지만, 사실 _InputArray 클래스 정의를 여러분이 직접 분석할 필요는 없습니다. _InputArray 클래스는 단순히 사용의 편의성을 위해 만들어진 구현체일 뿐이며 내부 인터페이스는 향후 필요에 따라 변경될 수도 있습니다. 그러므로 OpenCV 함수 인자에서 InputArray 클래스가 사용될 때 사용자가 어떻게 해석해야 하는지에 대해서만 이해하는 것이 중요합니다.

InputArray 클래스는 Mat, Mat<T>, Matx<T, m, n>, vector<T>, vector< vector<T> >, vector<Mat>, vector<Mat_<T> >, UMat, vector<UMat>, double 같은 다양한 타입으로부터 생성될 수 있는 인터페이스 클래스입니다.[13] _InputArray 클래스는 OpenCV 라이브러리 내부에서 코드 구현 편의상 사용되며, 사용자가 명시적으로 _InputArray 클래스의 인스턴스 또는 변수를 생

---

13 _InputArray 클래스를 생성하는 방법 중 UMat 클래스는 OpenCL 기능을 사용하는 OpenCV 행렬 표현 클래스입니다. OpenCL에 대한 설명은 https://opencv.org/platforms/opencl.html을 참고하세요.

성하여 사용하는 것을 금지하고 있습니다. 즉, OpenCV 도움말 페이지에서 특정 함수의 인자가 InputArray 타입을 받도록 설명되어 있다면 Mat 클래스 객체 또는 vector<T> 타입의 변수를 전달하는 형태로 코드를 작성해야 합니다. 만약 InputArray 타입의 함수 인자에 비어 있는 행렬을 전달하려면 함수 인자에 noArray() 또는 Mat()를 입력해야 합니다.

만약 OpenCV에서 제공하는 함수처럼 사용자 정의 함수에서 Mat 객체뿐만 아니라 vector<T> 타입의 객체를 한꺼번에 전달받을 수 있게 만들고 싶다면 사용자 정의 함수 인자에 InputArray 타입을 사용할 수 있습니다. 그리고 실제 함수 본문에서는 _InputArray 클래스의 멤버 함수인 _InputArray::getMat() 함수를 사용하여 Mat 객체 타입 형태로 변환해서 사용해야 합니다.

```
Mat _InputArray::getMat(int idx=-1) const;
```

- idx   참조할 행 번호. idx < 0이면 행렬 전체를 참조합니다.
- 반환값   Mat 행렬 객체

코드 3-17은 InputArray 클래스 타입의 인자를 사용하는 함수를 정의하는 방법과 실제 사용 방법을 보여 주는 예제 코드입니다. 코드 3-17에 나온 InputArrayOp() 함수와 printMat() 함수를 사용하는 전체 코드는 내려받은 예제 파일에서 ch03/InputArrayOp 프로젝트에서 확인할 수 있습니다.

코드 3-17 InputArray 클래스를 이용한 사용자 함수 정의 [ch03/InputArrayOp]

```
01    void InputArrayOp()
02    {
03        uchar data1[] = { 1, 2, 3, 4, 5, 6 };
04        Mat mat1(2, 3, CV_8U, data1);
05        printMat(mat1);
06
07        vector<float> vec1 = { 1.2f, 3.4f, -2.1f };
08        printMat(vec1);
09    }
10
11    void printMat(InputArray _mat)
12    {
13        Mat mat = _mat.getMat();
14        cout << mat << endl;
15    }
```

- 3~4행   data1 배열 값을 원소로 갖는 2×3 행렬 mat1을 생성합니다.
- 5행   printMat() 함수에 Mat 클래스 객체를 전달하여 원소 값을 출력합니다.
- 7행   세 개의 실수로 이루어진 vec1 벡터를 생성합니다.

- 8행   printMat() 함수에 vector<float> 객체를 전달하여 원소 값을 출력합니다.
- 13행   InputArray 타입의 _mat 객체로부터 Mat 객체 mat를 생성합니다.
- 14행   C++ 표준 출력 스트림으로 mat 행렬을 출력합니다.

코드 3-17에서 printMat() 함수는 Mat 행렬의 원소 값을 출력하는 기능을 가지고 있으며, 함수의 인자로 전달받는 타입이 InputArray로 되어 있는 것을 확인할 수 있습니다. InputArrayOp() 함수에서는 printMat() 함수를 두 번 호출하며, 한 번은 Mat 객체를 전달하고 다음에는 vector<float> 객체를 전달합니다. printMat() 함수는 두 가지 경우에 대해 모두 getMat() 함수를 통해 Mat 객체를 생성하고, 이를 std::cout과 << 연산자를 통해 화면에 출력합니다. 실제 InputArrayOp() 함수의 실행 결과는 다음과 같습니다.

```
[   1,    2,    3;
    4,    5,    6]
[1.2, 3.4000001, -2.0999999]
```

3.4.2 OutputArray 클래스

많은 OpenCV 함수는 영상을 입력으로 받아 영상 처리를 수행하고, 그 결과를 다시 영상으로 생성하여 반환합니다. 이때 출력 영상을 함수의 return 구문으로 반환하는 것이 아니라 보통 OutputArray 클래스의 참조를 함수 인자로 사용하여 결과 영상을 전달합니다. OutputArray 클래스는 다음과 같이 이름 재정의가 되어 있습니다.

```
typedef const _OutputArray& OutputArray;
```

_OutputArray 클래스는 클래스 계층적으로 _InputArray 클래스를 상속받아 만들어졌습니다. 그러므로 _OutputArray 클래스도 Mat 또는 vector<T> 같은 타입의 객체로부터 생성될 수 있습니다. 다만 _OutputArray 클래스는 새로운 행렬을 생성하는 _OutputArray::create() 함수가 추가적으로 정의되어 있습니다. 그래서 OpenCV의 많은 영상 처리 함수는 결과 영상을 저장할 새로운 행렬을 먼저 생성한 후, 영상 처리 결과를 저장하는 형태로 구현되어 있습니다.

OutputArray 클래스도 InputArray와 마찬가지로 사용자가 직접 OutputArray 타입의 변수를 생성해서 사용하면 안 됩니다. OutputArray 타입으로 정의된 OpenCV 함수의 인자에는 Mat 또는 vector<T> 같은 타입의 변수를 전달하는 형태로 코드를 작성해야 합니다.

참고로 영상에 그림을 그리는 몇몇 OpenCV 함수는 입력 영상 자체를 변경하여 다시 출력으로 반환하는 경우가 있으며, 이러한 함수는 InputOutputArray 클래스 타입의 인자를 사용합니다. InputOutputArray 클래스는 클래스 이름에서 알 수 있듯이 입력과 출력의 역할을 동시에 수행할 때 사용됩니다.

4^장

OpenCV
주요 기능

4.1 카메라와 동영상 파일 다루기

이 절에서는 컴퓨터에 연결되어 있는 카메라를 다루는 방법과 동영상 파일의 입출력 방법에 대해 알아봅니다. OpenCV에서는 카메라 또는 동영상 파일로부터 정지 영상 프레임을 받아 올 때 VideoCapture 클래스를 이용합니다. VideoCapture 클래스의 정의와 다양한 멤버 함수 사용법에 대해 알아보고, 실제로 카메라와 동영상 파일을 재생하는 소스 코드 작성 방법에 대해 알아보겠습니다. 또한 여러 장의 정지 영상을 동영상 파일로 저장할 때 사용할 수 있는 VideoWriter 클래스에 대해서도 소개합니다.

4.1.1 VideoCapture 클래스

요즘은 일상 속에서도 카메라와 동영상을 많이 사용합니다. 대부분의 노트북 컴퓨터에는 화상 대화를 위한 웹 카메라가 장착되어 있고, 스마트폰 카메라를 이용하여 동영상을 촬영하고 공유하는 일도 빈번하게 일어납니다. 컴퓨터 비전 분야에서도 정지 영상 데이터만을 다루는 것이 아니라 동영상 데이터를 불러와서 처리한다거나 혹은 컴퓨터에 연결된 카메라로부터 실시간으로 영상을 받아 와서 처리하는 응용이 늘어나고 있습니다.

동영상이란 일련의 정지 영상을 압축하여 파일로 저장한 형태입니다. 이때 동영상에 저장되어 있는 일련의 정지 영상을 프레임(frame)이라고 합니다. 그러므로 동영상을 처리하는 작업은 동영상에서 프레임을 추출한 후, 각각의 프레임에 영상 처리 기법을 적용하는 형태로 이루어집니다. 컴퓨터에 연결된 카메라 장치를 사용하는 작업도 카메라로부터 일정 시간 간격으로 정지 영상 프레임을 받아 와서 처리하는 형태입니다. 그러므로 카메라와 동영상 파일을 다루는 작업은 연속적인 프레임 영상을 받아 와서 처리한다는 공통점이 있습니다.

OpenCV에서는 VideoCapture라는 하나의 클래스를 이용하여 카메라 또는 동영상 파일로부터 정지 영상 프레임을 받아 올 수 있습니다. 간략화한 VideoCapture 클래스 정의를 코드 4-1에 나타냈습니다. 참고로 VideoCapture 클래스의 멤버 변수는 모두 protected: 모드로 선언되어 있어서 사용자가 직접 접근할 수 없으며, 코드 4-1에는 표시를 생략했습니다.

```
01    class VideoCapture
02    {
03    public:
04        VideoCapture();
05        VideoCapture(const String& filename, int apiPreference = CAP_ANY);
06        VideoCapture(int index, int apiPreference = CAP_ANY);
07        virtual ~VideoCapture();
08
09        virtual bool open(const String& filename, int apiPreference = CAP_ANY);
10        virtual bool open(int index, int apiPreference = CAP_ANY);
11        virtual bool isOpened() const;
12        virtual void release();
13
14        virtual bool grab();
15        virtual bool retrieve(OutputArray image, int flag = 0);
16
17        virtual VideoCapture& operator >> (Mat& image);
18        virtual bool read(OutputArray image);
19
20        virtual bool set(int propId, double value);
21        virtual double get(int propId) const;
22        ...
23    };
```

- 4~7행   VideoCapture 클래스의 생성자와 소멸자입니다.
- 9~12행   동영상 파일 또는 카메라 장치를 열거나 닫는 작업과 관련된 멤버 함수입니다.
- 14~18행   동영상 파일 또는 카메라 장치로부터 한 프레임을 받아 오는 기능의 멤버 함수입니다.
- 20~21행   현재 열려 있는 동영상 파일 또는 카메라 장치로부터 정보를 가져오거나 설정하는 기능을 담당하는 멤버 함수입니다.

이 절에서는 주로 VideoCapture 클래스 기능과 멤버 함수 사용법에 대해 알아보고, 실제 소스 코드 작성 방법에 대해서는 다음 절에서 예제 코드와 함께 설명하겠습니다.

먼저 VideoCapture 클래스를 사용하여 동영상 파일을 불러오는 기능에 대해 알아보겠습니다. VideoCapture 클래스에서 동영상 파일을 불러오려면 처음 VideoCapture 객체를 생성할 때 생성자에 동영상 파일 이름을 지정하거나 또는 기본 생성자로 VideoCapture 객체를 생성한 후 VideoCapture::open() 멤버 함수를 호출해야 합니다. 이때 사용하는 VideoCapture 생성자와 VideoCapture::open() 멤버 함수 원형은 다음과 같습니다.

```
VideoCapture::VideoCapture(const String& filename, int apiPreference = CAP_ANY);
bool VideoCapture::open(const String& filename, int apiPreference = CAP_ANY);
```

- filename　　　　　동영상 파일 이름
- apiPreference　　 사용할 비디오 캡처 API 백엔드
- 반환값　　　　　 (VideoCapture::open( ) 함수) 열기가 성공하면 true, 실패하면 false

filename 인자에는 말 그대로 *.avi, *.mpg, *.mp4 등 확장자를 갖는 동영상 파일 이름을 전달합니다. 현재 프로그램 실행 폴더에 동영상 파일이 있으면 "video.mp4" 형태로 파일 이름만 지정하면 되고, 다른 폴더에 동영상 파일이 있다면 절대 경로 또는 상대 경로를 추가하여 파일 이름을 지정합니다. 예를 들어 하드디스크의 C 드라이브 최상위 폴더에 video.mp4 파일이 있다면 "C:\\video.mp4" 형태로 파일 이름을 전달합니다. 하나의 동영상 파일 대신 일련의 숫자로 구분되는 이름의 정지 영상 파일을 가지고 있고, 이 파일을 차례대로 불러오고 싶을 때에도 VideoCapture 클래스를 사용할 수 있습니다. 예를 들어 img0001.jpg, img0002.jpg, img0003.jpg 등의 이름으로 구성된 다수의 정지 영상 파일이 있을 경우, filename 인자에 "img%04d.jpg"라고 입력하여 일련의 영상 파일을 차례대로 불러올 수 있습니다. 또한 filename 인자에 "protocol://host:port/script_name?script_params|auth" 형태의 비디오 스트림 URL을 지정하여 인터넷 동영상을 사용할 수도 있습니다.

apiPreference 인자에는 동영상 파일을 불러오는 방법을 지정할 수 있습니다. apiPreference 인자에는 VideoCaptureAPIs 열거형 상수 중 하나를 지정합니다. 주로 사용되는 VideoCaptureAPIs 열거형 상수 일부와 그 의미를 표 4-1에 나타냈습니다. 그러나 대부분의 경우 apiPreference 인자를 생략하거나 기본값인 CAP_ANY를 지정하며, 이 경우 시스템이 알아서 적절한 방법을 선택하여 사용합니다.

▼ 표 4-1 주요 VideoCaptureAPIs 열거형 상수

VideoCaptureAPIs 열거형 상수	설명
CAP_ANY	자동 선택
CAP_V4L, CAP_V4L2	V4L/V4L2(리눅스)
CAP_FIREWIRE, CAP_FIREWARE, CAP_IEEE1394	IEEE 1394 드라이버
CAP_DSHOW	다이렉트쇼(DirectShow)
CAP_PVAPI	PvAPI, Prosilica GigE SDK
CAP_OPENNI	OpenNI
CAP_MSMF	마이크로소프트 미디어 파운데이션 (Microsoft Media Foundation)

◐ 계속

VideoCaptureAPIs 열거형 상수	설명
CAP_GSTREAMER	GStreamer
CAP_FFMPEG	FFMPEG 라이브러리
CAP_IMAGES	OpenCV에서 지원하는 일련의 영상 파일 (예) img_%02d.jpg
CAP_OPENCV_MJPEG	OpenCV에 내장된 MotionJPEG 코덱

이번에는 VideoCapture 클래스를 이용하여 컴퓨터에 연결된 카메라 장치를 사용하는 방법을 알아 보겠습니다. 카메라 장치를 열 때에도 VideoCapture 생성자 혹은 VideoCapture::open() 멤버 함 수를 사용하는데, 이때는 함수의 인자에 문자열이 아니라 정수 값을 전달합니다. 다음에 나타낸 VideoCapture 생성자와 VideoCapture::open() 멤버 함수는 카메라 장치를 열 때 사용합니다.

```
VideoCapture::VideoCapture(int index, int apiPreference = CAP_ANY);
bool VideoCapture::open(int index, int apiPreference = CAP_ANY);
```

- index   카메라와 장치 사용 방식 지정 번호
- apiPreference   사용할 카메라 캡처 API 백엔드
- 반환값   (VideoCapture::open() 함수) 열기가 성공하면 true, 실패하면 false

카메라 장치를 사용하려고 할 때 VideoCapture 클래스의 생성자 혹은 VideoCapture::open() 함수 에 전달하는 정수 값 index는 다음과 같은 형태로 구성됩니다.

```
index = camera_id + domain_offset_id
```

만약 컴퓨터에 한 대의 카메라만 연결되어 있다면 이 카메라의 camera_id 값은 0입니다. 두 대 이 상의 카메라가 연결되어 있다면 각각의 카메라는 0보다 같거나 큰 정수를 ID로 갖습니다. domain_ offset_id는 카메라 장치를 사용하는 방식을 표현하는 정수 값이며 VideoCaptureAPIs 열거형 상 수 중 하나를 지정합니다. 대부분의 경우 domain_offset_id는 자동 선택을 의미하는 0(CAP_ANY)을 사용하기 때문에 index 값은 결국 camera_id와 같은 값으로 설정합니다. 즉, 컴퓨터에 연결된 기 본 카메라를 사용하려면 index 값으로 0을 지정하고, 두 대의 카메라가 연결되어 있다면 0 또는 1 을 지정합니다.

카메라 또는 동영상 파일 열기를 수행한 후에는 VideoCapture::isOpened() 멤버 함수를 이용하여 열기 작업이 성공적으로 수행되었는지 확인하는 것이 좋습니다.

```
bool VideoCapture::isOpened() const;
```

- 반환값   카메라 또는 동영상 파일이 사용 가능하면 true, 그렇지 않으면 false

카메라 장치 또는 동영상 파일의 사용이 끝나면 VideoCapture::release() 함수를 호출하여 사용하던 자원을 해제해야 합니다. 참고로 VideoCapture 클래스의 소멸자에도 VideoCapture::release() 함수와 마찬가지로 사용하고 있던 자원을 모두 해제하는 코드가 들어가 있어서 VideoCapture 객체가 소멸할 때 자동으로 열려 있던 카메라 장치 또는 동영상 파일이 닫히게 됩니다. VideoCapture::release() 함수 원형은 다음과 같습니다.

```
virtual void VideoCapture::release();
```

이번에는 카메라 또는 동영상 파일로부터 한 프레임의 정지 영상을 받아 오는 방법에 대해 알아보겠습니다. VideoCapture 클래스를 이용하여 카메라 또는 동영상 파일을 정상적으로 열었다면, 그 후에는 공통의 멤버 함수를 사용하여 프레임을 받아 올 수 있습니다. VideoCapture 클래스에서 한 프레임을 받아 오기 위해서는 VideoCapture::operator >>() 연산자 재정의 함수 또는 VideoCapture::read() 함수를 사용합니다.

```
VideoCapture& VideoCapture::operator >> (Mat& image);
bool VideoCapture::read(OutputArray image);
```

- image   다음 비디오 프레임. 만약 더 가져올 프레임이 없다면 비어 있는 행렬로 설정됩니다.
- 반환값   프레임을 받아 올 수 없으면 false 반환

>> 연산자 재정의와 VideoCapture::read() 멤버 함수는 모두 카메라 또는 동영상 파일로부터 다음 프레임을 받아 와서 Mat 클래스 형식의 변수 image에 저장합니다. 사실 >> 연산자 재정의는 함수 내부에서 명시적으로 VideoCapture::read() 함수를 호출하는 형태로 구현되어 있습니다. 결국 VideoCapture::read() 함수와 >> 연산자 재정의가 하는 일은 완전히 같지만 사용하는 방법만 다른 형태입니다. 예를 들어 컴퓨터에 연결된 기본 카메라로부터 한 프레임의 정지 영상을 받아 오려면 다음과 같은 형태로 코드를 작성합니다.

```
VideoCapture cap(0);

Mat frame1, frame2;
cap >> frame1;          // 1st frame
cap.read(frame2);       // 2nd frame
```

이 코드에서는 첫 번째 프레임 frame1은 VideoCapture::operator >>() 연산자 재정의 함수를 사용하여 받아 왔고, 두 번째 프레임 frame2는 VideoCapture::read() 함수를 사용하여 받았습니다. 참고로 이 책에서 제시하는 예제 코드에서는 대부분 VideoCapture::operator >>() 연산자 재정의를 이용하여 프레임을 받아 오는 방식을 사용합니다.

Note ≡ 앞서 코드 4-1에 나열한 VideoCapture 클래스 멤버 함수 중에는 VideoCapture::grab() 함수와 VideoCapture::retrieve() 함수가 있습니다. VideoCapture::grab() 함수는 카메라 장치에 다음 프레임을 획득하라는 명령을 내리는 함수이고, VideoCapture::retrieve()는 획득한 프레임을 실제로 받아 오는 함수입니다. 결국 VideoCapture::read() 또는 VideoCapture::operator >>() 연산자 함수는 VideoCapture::grab()과 VideoCapture::retrieve() 함수를 합쳐 놓은 것이라고 볼 수 있습니다.

만약 컴퓨터에 여러 대의 카메라를 연결하고 여러 카메라로부터 동시에 영상을 획득하고 싶다면 VideoCapture:: read() 함수를 쓰는 것보다 VideoCapture::grab()과 VideoCapture::retrieve() 함수를 따로 호출하여 사용하는 것이 좋습니다. 일반적으로 VideoCapture::retrieve() 함수는 VideoCapture::grab() 함수보다 수행 속도가 느린 편입니다. 그러므로 같은 시점의 사진을 획득할 때에는 여러 대의 카메라에 대해 차례대로 VideoCapture::grab() 함수를 호출한 후, 다시 VideoCapture::retrieve() 함수를 차례대로 호출하여 실제 프레임을 받아 오는 것이 좋습니다. 여러 대의 카메라 동기화를 고려하는 상황이 아니라면 VideoCapture::read() 함수 또는 >> 연산자 재정의를 사용하는 것이 편리합니다.

현재 열려 있는 카메라 장치 또는 동영상 파일로부터 여러 가지 정보를 받아 오기 위해서는 VideoCapture::get() 함수를 사용합니다.

```
double VideoCapture::get(int propId) const;
```

- propId   속성 ID. VideoCaptureProperties 열거형 중 하나를 지정합니다.
- 반환값   지정한 속성 값. 만약 지정한 속성을 얻을 수 없으면 0을 반환합니다.

VideoCapture::get() 함수는 인자로 지정한 속성 ID(propId)에 해당하는 속성 값을 반환합니다. VideoCapture::get() 함수의 인자로 지정할 수 있는 속성 ID는 VideoCaptureProperties 열거형 상수 중 하나를 지정할 수 있으며, 자주 사용되는 상수와 의미를 표 4-2에 정리했습니다. 표 4-2 에 열거된 상수 중에는 동영상 파일에서만 동작하는 속성도 있고, 카메라에 대해서만 사용할 수 있는 속성도 있습니다. 몇몇 속성은 실제 사용하는 카메라 하드웨어와 드라이버가 지원해야 동작하는 속성도 있습니다. 표 4-2에 열거한 속성은 OpenCV에서 지원하는 많은 속성 중 일부이며, 전체 속성은 OpenCV 문서 사이트를 참고하기 바랍니다.

❤ 표 4-2 주요 VideoCaptureProperties 열거형 상수

VideoCaptureProperties 열거형 상수	설명
CAP_PROP_POS_MSEC	비디오 파일에서 현재 위치(밀리초 단위)
CAP_PROP_POS_FRAMES	현재 프레임 위치(0-기반)
CAP_PROP_POS_AVI_RATIO	[0, 1] 구간으로 표현한 동영상 프레임의 상대적 위치(0: 시작, 1: 끝)
CAP_PROP_FRAME_WIDTH	비디오 프레임의 가로 크기
CAP_PROP_FRAME_HEIGHT	비디오 프레임의 세로 크기

◑ 계속

VideoCaptureProperties 열거형 상수	설명
CAP_PROP_FPS	초당 프레임 수
CAP_PROP_FOURCC	fourcc 코드(코덱을 표현하는 정수 값)
CAP_PROP_FRAME_COUNT	비디오 파일의 전체 프레임 수
CAP_PROP_BRIGHTNESS	(카메라에서 지원하는 경우) 밝기 조절
CAP_PROP_CONTRAST	(카메라에서 지원하는 경우) 명암비 조절
CAP_PROP_SATURATION	(카메라에서 지원하는 경우) 채도 조절
CAP_PROP_HUE	(카메라에서 지원하는 경우) 색상 조절
CAP_PROP_GAIN	(카메라에서 지원하는 경우) 감도 조절
CAP_PROP_EXPOSURE	(카메라에서 지원하는 경우) 노출 조절
CAP_PROP_ZOOM	(카메라에서 지원하는 경우) 줌 조절
CAP_PROP_FOCUS	(카메라에서 지원하는 경우) 초점 조절

예를 들어 시스템 기본 카메라를 열고, 카메라의 기본 프레임 크기를 확인하려면 다음과 같이 코드를 작성할 수 있습니다.

```
VideoCapture cap(0);

int w = cvRound(cap.get(CAP_PROP_FRAME_WIDTH));
int h = cvRound(cap.get(CAP_PROP_FRAME_HEIGHT));
```

VideoCapture::get() 함수는 카메라 또는 동영상 파일 속성을 double 자료형으로 반환합니다. 그러므로 실제 코드에서 정수형 변수에 프레임 크기를 저장하려면 반올림하여 정수형으로 변환하는 것이 좋습니다. 앞의 소스 코드에서 사용된 cvRound() 함수는 OpenCV에서 제공하는 반올림 함수이고, 변수 w에는 프레임 가로 크기, h에는 프레임 세로 크기가 저장됩니다.

VideoCapture::get() 함수와 반대로 현재 열려 있는 카메라 또는 비디오 파일 재생과 관련된 속성 값을 설정할 때에는 VideoCapture::set() 함수를 사용합니다.

```
bool VideoCapture::set(int propId, double value);
```

- propId   속성 ID. VideoCaptureProperties 열거형 중 하나를 지정합니다.
- value   지정할 속성 값
- 반환값   속성 지정이 가능하면 true, 아니면 false

VideoCapture::set() 함수의 속성 ID에도 앞서 표 4-2에 정리한 VideoCaptureProperties 열거형 상수를 지정합니다. 만약 video.mp4 파일을 열어서 100번째 프레임으로 이동하려면 다음과 같이 코드를 작성합니다.

```
VideoCapture cap("video.mp4");
cap.set(CAP_PROP_POS_FRAMES, 100);
```

지금까지 VideoCapture 클래스와 멤버 함수 기능에 대해 알아보았습니다. 다음 절에서는 카메라 또는 동영상 파일을 다루는 예제 프로그램을 만들어 보면서 VideoCapture 클래스를 사용하는 소스 코드 작성 방법에 대해 알아보겠습니다.

4.1.2 카메라 입력 처리하기

앞 절에서 설명한 VideoCapture 클래스를 사용하여 컴퓨터에 연결된 카메라로부터 프레임을 받아 와서 처리하는 예제 프로그램을 만들어 보겠습니다. VideoCapture 클래스를 이용하려면 일단 VideoCapture 클래스 객체를 생성해야 합니다. VideoCapture 객체는 단순히 VideoCapture 클래스 타입의 변수를 하나 선언하는 방식으로 생성할 수 있습니다. 일단 VideoCapture 기본 생성자를 이용하여 변수를 하나 선언하고, 그다음에는 VideoCapture::open() 멤버 함수를 이용하여 사용할 카메라 장치를 열어야 합니다. 컴퓨터에 연결되어 있는 기본 카메라를 사용하려면 VideoCapture::open() 함수의 인자에 0을 지정합니다.

```
VideoCapture cap;
cap.open(0);
```

그런데 VideoCapture 클래스는 객체 생성과 동시에 카메라 장치를 열 수 있는 형태의 생성자도 지원하므로 앞에서 두 줄로 쓴 코드는 다음과 같이 한 줄로 쓸 수 있습니다.

```
VideoCapture cap(0);
```

일단 cap 변수를 선언하고 기본 카메라 장치를 사용하도록 코드를 작성하였지만 실제로 카메라 장치가 사용 가능한 상태로 열렸는지 확인하는 것이 좋습니다. 카메라 장치가 정상적으로 열렸는지는 VideoCapture::isOpened() 멤버 함수를 이용하여 확인할 수 있습니다. 만약 VideoCapture::isOpened() 함수가 false를 반환하면 카메라 장치를 사용할 수 없는 상태이므로 예외 처리 코드를 추가하는 것이 좋습니다.

```
if (!cap.isOpened()) {
    cerr << "Camera open failed!" << endl;
    return -1;
}
```

이 소스 코드는 cap.isOpened() 함수가 false를 반환하면 "Camera open failed!" 메시지를 출력하고 함수 진행을 종료합니다.

카메라 장치를 사용할 수 있는 상태라면 이제 카메라 장치로부터 프레임을 받아 올 수 있습니다. 하나의 프레임은 한 장의 정지 영상을 의미하기 때문에 Mat 클래스 객체에 저장할 수 있고, Mat 객체에 저장된 영상은 imshow() 함수를 사용하여 화면에 출력할 수 있습니다. 다음은 카메라로부터 일정 시간 간격마다 프레임을 받아 와서 화면에 출력하는 예제 코드입니다.

```
Mat frame;
while (true) {
    cap >> frame;

    imshow("frame", frame);
    waitKey(10);
}
```

이 예제 코드는 while 반복문을 무한으로 반복하면서 매 프레임을 화면에 출력합니다. while 반복문 안에서 일단 VideoCapture::operator >>() 연산자 재정의를 이용하여 카메라 장치로부터 프레임을 받아 와 frame 변수에 저장합니다. 그리고 imshow() 함수와 waitKey() 함수를 이용하여 받아 온 프레임을 화면에 출력합니다. waitKey() 함수의 인자에 0을 지정하면 사용자의 키 입력을 무한히 기다리기 때문에 카메라 혹은 동영상을 재생하는 경우에는 waitKey() 함수 인자에 보통 0보다 큰 정수를 입력해야 하며, 카메라 혹은 동영상 파일의 초당 프레임 수를 고려하여 충분히 작은 정수를 입력해야 합니다. 앞의 예제 코드에서는 waitKey() 함수에 10을 전달하였으므로 10ms 동안 기다린 후, 다음 프레임을 받아 오게 됩니다.

그런데 앞과 같이 코드를 작성하면 while 반복문을 빠져나올 수 없기 때문에 사용자가 프로그램을 종료시킬 수 없습니다. 그러므로 프로그램 동작 중 사용자가 키보드의 특정 키를 누를 때 종료할 수 있도록 코드를 추가하는 것이 좋습니다. 또한 혹시라도 카메라에서 정지 영상 프레임을 제대로 받아 오지 못하는 경우에 대한 예외 처리도 추가하는 것이 좋습니다. 이러한 예외 처리 코드를 추가한 소스 코드는 다음과 같습니다.

```
Mat frame;
while (true) {
    cap >> frame;
```

```
      if (frame.empty())
          break;

      imshow("frame", frame);

      if (waitKey(10) == 27) // ESC key
          break;
  }
```

앞 소스 코드에는 while 반복문 안에 두 개의 if 조건문이 추가되었습니다. 첫 번째 if 문에서는 만약 카메라로부터 받아 온 frame 영상이 비어 있으면 while 반복문을 빠져나가도록 설정했습니다. 두 번째 if 문에서는 waitKey() 함수의 반환값을 조사하여, 만약 사용자의 키 입력이 있었고 해당 키 값이 27이면 while 루프를 빠져나오도록 설정했습니다. 여기서 정수 27은 키보드에서 Esc 키에 해당하는 키 값이며, 이 예제 코드는 사용자가 Esc 키를 누를 때 while 반복문을 빠져나오게 됩니다.

while 반복문 안에서 카메라로부터 프레임을 받아 왔다면 이후 각 프레임에 다양한 정지 영상 처리 기법을 적용할 수 있습니다. 예를 들어 카메라의 매 프레임에 대하여 영상의 반전을 수행하고, 그 결과를 화면에 같이 출력할 수 있습니다. 또는 앞으로 이 책에서 소개할 다양한 영상 처리 기법을 적용하여 사람의 얼굴을 검출하는 등 작업도 수행할 수 있습니다. 카메라 및 동영상 처리는 결국 매 프레임에 대한 정지 영상 처리와 같은 구조임을 기억하기 바랍니다.

지금까지 설명한 카메라 처리 소스 코드를 모아서 예제 프로그램을 만들어 보겠습니다. 코드 4-2의 camera_in() 함수는 카메라 장치를 사용하는 기본적인 소스 코드를 담고 있습니다. 다만 camera_in() 함수에는 카메라로부터 받아 온 매 프레임에 대해 반전 영상을 생성하고 화면에 출력하는 코드가 추가되어 있습니다. camera_in() 함수가 정의된 소스 파일은 내려받은 예제 파일 중 ch04/video 프로젝트에서 확인할 수 있습니다.

코드 4-2 카메라 입력 처리 예제 프로그램 [ch04/video]

```
01    void camera_in()
02    {
03        VideoCapture cap(0);
04
05        if (!cap.isOpened()) {
06            cerr << "Camera open failed!" << endl;
07            return;
08        }
09
10        cout << "Frame width: " << cvRound(cap.get(CAP_PROP_FRAME_WIDTH)) << endl;
11        cout << "Frame height: " << cvRound(cap.get(CAP_PROP_FRAME_HEIGHT)) << endl;
```

```
12
13        Mat frame, inversed;
14        while (true) {
15            cap >> frame;
16            if (frame.empty())
17                break;
18
19            inversed = ~frame;
20
21            imshow("frame", frame);
22            imshow("inversed", inversed);
23
24            if (waitKey(10) == 27) // ESC key
25                break;
26        }
27
28        destroyAllWindows();
29    }
```

- 3행   VideoCapture 객체를 생성하고, 컴퓨터에 연결된 기본 카메라를 사용하도록 설정합니다.
- 5~8행   카메라 장치가 성공적으로 열리지 않았다면 에러 메시지를 출력하고 함수를 종료합니다.
- 10~11행   카메라 속성 중에서 프레임 가로 크기와 세로 크기를 콘솔 창에 출력합니다.
- 13행   Mat 타입의 변수 frame과 inversed를 선언합니다.
- 15~17행   카메라 장치로부터 한 프레임을 받아 와서 frame 변수에 저장합니다. 만약 해당 프레임 영상이 비어 있으면 while 루프를 빠져나갑니다.
- 19행   현재 프레임을 반전하여 inversed 변수에 저장합니다.
- 21~22행   frame과 inversed에 저장된 정지 영상을 화면에 출력합니다.
- 24~25행   사용자로부터 10ms 시간 동안 키보드 입력을 대기합니다. 만약 키보드 입력이 있고, 해당 키 값이 27(Esc)이면 while 루프를 빠져나갑니다.
- 28행   모든 창을 닫습니다.
- 29행   camera_in() 함수가 종료될 때 cap 변수가 소멸되면서 자동으로 카메라 장치를 닫기 때문에 명시적인 cap.release(); 함수 호출은 생략했습니다.

코드 4-2의 camera_in() 함수 실행 결과를 그림 4-1에 나타냈습니다. camera_in() 함수가 정상적으로 실행되면 카메라로부터 매 프레임을 받아 와서 원본 프레임과 반전된 프레임을 각각 화면에 나타냅니다. 그리고 콘솔 창에는 해당 프레임의 가로 크기와 세로 크기를 픽셀 단위로 출력합니다. 키보드의 Esc 키를 누르면 카메라 동작을 종료하고 모든 창을 닫습니다. 만약 컴퓨터에 카메라가 제대로 연결되어 있지 않거나 다른 프로그램이 카메라를 사용하고 있는 상태라면 "Camera open failed!" 문자열을 출력하고 함수가 종료됩니다.

❤ 그림 4-1 카메라 입력 처리 예제 프로그램 실행 화면

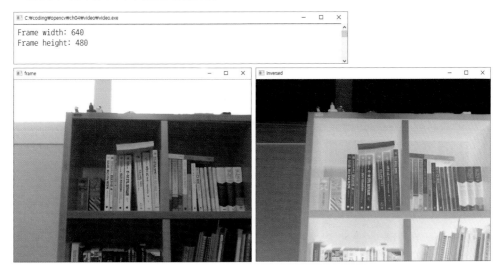

4.1.3 동영상 파일 처리하기

대부분의 동영상 파일은 고유의 코덱(codec)을 이용하여 압축된 형태로 저장됩니다. 코덱은 복잡한 알고리즘을 이용하여 대용량 동영상 데이터를 압축하거나, 반대로 압축을 해제하여 프레임을 받아 오는 기능을 제공합니다. 복잡한 알고리즘으로 압축된 동영상 파일을 C/C++ 프로그램에서 불러오는 것은 결코 간단한 작업이 아닙니다. 그러나 OpenCV는 현재 널리 사용되고 있는 MPEG-4, H.264 등 코덱 해석 기능을 제공하기 때문에 VideoCapture 클래스를 사용하면 동영상 파일을 쉽게 불러와서 사용할 수 있습니다. OpenCV에서 동영상 파일을 다루는 방법은 앞서 살펴본 카메라 입력 처리하는 방법과 매우 비슷합니다.

동영상 파일을 다룰 때에도 우선 VideoCapture 객체를 생성해야 합니다. 그리고 VideoCapture::open() 멤버 함수를 이용하여 동영상 파일을 여는 작업을 수행합니다. 이때 사용하는 VideoCapture::open() 함수는 동영상 파일의 이름을 문자열 형태로 받게 됩니다. 예를 들어 현재 프로그램 작업 폴더에 video.mp4 파일이 있다면 다음과 같이 코드를 작성합니다.

```
VideoCapture cap;
cap.open("video.mp4");
```

이처럼 두 줄로 작성된 코드는 동영상 파일 이름을 인자로 갖는 VideoCapture 생성자를 이용하여 한 줄로 바꿔 쓸 수 있습니다.

```
VideoCapture cap("video.mp4");
```

동영상 파일은 모두 나름대로의 초당 프레임 수, 즉 FPS(frames per second) 값을 가지고 있습니다. 동영상 파일을 재생하는 프로그램을 만들 경우 해당 동영상의 FPS 값을 고려하지 않으면 동영상 이 너무 빠르거나 느리게 재생되는 경우가 발생합니다. 그러므로 동영상을 적절한 속도로 재생하 려면 동영상의 FPS 값을 참고해야 합니다. OpenCV에서 동영상의 FPS 값을 확인하는 코드는 다 음과 같습니다.

```
double fps = cap.get(CAP_PROP_FPS);
```

동영상 파일의 FPS 값을 이용하면 매 프레임 사이의 시간 간격을 계산할 수 있습니다. 이 값은 다 음과 같이 간단한 산수를 통해 계산됩니다.

```
int delay = cvRound(1000 / fps);
```

예를 들어 초당 30프레임을 재생하는 동영상의 경우 delay 값은 33이며, 이는 매 프레임을 33ms 시간 간격으로 출력해야 함을 의미합니다. 여기서 구한 delay 값은 이후 동영상 프레임을 받아 와 서 화면에 출력하는 반복문 안에서 waitKey() 함수의 인자로 사용됩니다.

동영상 파일을 불러와서 처리하는 예제 프로그램 소스 코드를 코드 4-3에 나타냈습니다. 코드 4-3의 video_in() 함수는 프로그램 실행 폴더에 있는 stopwatch.avi 파일을 불러와서 원본 프레 임과 반전된 프레임을 함께 출력합니다. video_in() 함수가 정의된 소스 파일과 사용된 동영상 파 일은 내려받은 예제 파일 중 ch04/video 프로젝트에서 확인할 수 있습니다.

코드 4-3 동영상 파일 처리 예제 프로그램 [ch04/video]

```
01   void video_in()
02   {
03       VideoCapture cap("stopwatch.avi");
04
05       if (!cap.isOpened()) {
06           cerr << "Video open failed!" << endl;
07           return;
08       }
09
10       cout << "Frame width: " << cvRound(cap.get(CAP_PROP_FRAME_WIDTH)) << endl;
11       cout << "Frame height: " << cvRound(cap.get(CAP_PROP_FRAME_HEIGHT)) << endl;
12       cout << "Frame count: " << cvRound(cap.get(CAP_PROP_FRAME_COUNT)) << endl;
13
14       double fps = cap.get(CAP_PROP_FPS);
15       cout << "FPS: " << fps << endl;
```

```
16
17        int delay = cvRound(1000 / fps);
18
19        Mat frame, inversed;
20        while (true) {
21            cap >> frame;
22            if (frame.empty())
23                break;
24
25            inversed = ~frame;
26
27            imshow("frame", frame);
28            imshow("inversed", inversed);
29
30            if (waitKey(delay) == 27) // ESC key
31                break;
32        }
33
34        destroyAllWindows();
35    }
```

- 3행   stopwatch.avi 파일을 불러와서 cap 객체를 생성합니다.
- 10~12행   비디오 프레임의 가로 크기와 세로 크기, 전체 프레임 수를 출력합니다.
- 14~15행   비디오 파일의 초당 프레임 수(FPS) 값을 받아 와서 출력합니다.
- 17행   FPS 값으로부터 각 프레임 사이의 시간 간격 delay(밀리초 단위)를 계산합니다.
- 21~23행   카메라 장치로부터 한 프레임을 받아 와서 frame 변수에 저장합니다. 만약 해당 프레임 영상이 비어 있으면 while 루프를 빠져나갑니다.
- 25행   현재 프레임을 반전하여 inversed 변수에 저장합니다.
- 27~28행   frame과 inversed에 저장된 정지 영상을 화면에 출력합니다.
- 30~31행   delay 시간만큼 키 입력을 기다리고, 만약 [Esc] 키가 눌리면 while 반복문을 빠져나갑니다.

코드 4-3의 video_in() 함수 실행 결과를 그림 4-2에 나타냈습니다. video_in() 함수가 정상적으로 실행되면 stopwatch.avi 동영상 파일로부터 매 프레임을 받아 와서 원본 프레임과 반전된 프레임을 각각 화면에 나타냅니다. 그리고 콘솔 창에는 프레임의 가로 크기와 세로 크기, 전체 프레임 수, FPS 값이 출력됩니다. 전체 프레임이 모두 출력되면 video_in() 함수는 자동으로 종료됩니다. 참고로 VideoCapture 클래스를 이용한 동영상 재생 시에는 동영상에 포함된 오디오는 출력되지 않습니다.

✔ 그림 4-2 동영상 파일 처리 예제 프로그램 실행 화면

4.1.4 동영상 파일 저장하기

OpenCV는 카메라 및 동영상 파일의 프레임을 받아 오는 기능뿐만 아니라 일련의 프레임을 동영상 파일로 저장하는 기능도 제공합니다. OpenCV에서 동영상 파일을 생성하고 프레임을 저장하기 위해서는 VideoWriter 클래스를 사용합니다. 간략화한 VideoWriter 클래스 정의를 코드 4-4에 나타냈습니다.

코드 4-4 간략화한 VideoWriter 클래스 정의

```
01    class VideoWriter
02    {
03    public:
04        VideoWriter();
05        VideoWriter(const String& filename, int fourcc, double fps,
06                    Size frameSize, bool isColor = true);
07        virtual ~VideoWriter();
08
09        virtual bool open(const String& filename, int fourcc, double fps,
10                    Size frameSize, bool isColor = true);
11        virtual bool isOpened() const;
12        virtual void release();
13
14        virtual VideoWriter& operator << (const Mat& image);
```

```
15        virtual void write(const Mat& image);
16
17        virtual bool set(int propId, double value);
18        virtual double get(int propId) const;
19
20        static int fourcc(char c1, char c2, char c3, char c4);
21        ...
22    };
```

- 4~7행   VideoWriter 클래스의 생성자와 소멸자입니다.
- 9~12행   동영상 파일을 열거나 닫는 작업을 수행하는 멤버 함수입니다.
- 14~15행   동영상 파일에 프레임을 추가하는 기능의 멤버 함수입니다.
- 17~18행   현재 열린 동영상 파일로부터 정보를 가져오거나 설정하는 기능을 담당하는 함수입니다.
- 20행   VideoWriter::fourcc() 멤버 함수는 fourcc 코드를 생성하는 정적 멤버 함수입니다.

새로운 동영상 파일을 만들려면 먼저 VideoWriter 클래스 객체를 생성해야 합니다. VideoWriter 기본 생성자를 이용하여 VideoWriter 객체를 생성하려면 단순히 VideoWriter 타입의 변수를 선언하면 됩니다.

```
VideoWriter video;
```

VideoWriter 객체를 생성하였으면 VideoWriter::open() 멤버 함수를 이용하여 저장할 동영상 파일을 쓰기 모드로 열어야 합니다. VideoWriter::open() 함수 원형은 다음과 같습니다.

```
VideoWriter::VideoWriter(const String& filename, int fourcc, double fps,
                         Size frameSize, bool isColor = true);
bool VideoWriter::open(const String& filename, int fourcc, double fps,
                       Size frameSize, bool isColor = true);
```

- filename   저장할 동영상 파일 이름
- fourcc   동영상 압축 코덱을 표현하는 4-문자 코드
- fps   저장할 동영상의 초당 프레임 수
- frameSize   동영상 프레임의 가로 및 세로 크기
- isColor   이 값이 true이면 컬러 동영상으로 저장하고, false이면 그레이스케일 동영상으로 저장합니다. 이 플래그는 Windows 운영 체제에서만 지원합니다.
- 반환값   (VideoWriter::open() 함수) 열기가 성공하면 true, 실패하면 false

VideoWriter::open() 함수의 두 번째 인자의 이름 fourcc는 4-문자 코드(four character code)의 약자이며, 말 그대로 네 개의 문자로 구성된 코드입니다. fourcc는 동영상 파일의 코덱, 압축 방식, 색상 혹은 픽셀 포맷 등을 정의하는 정수 값이며, 코덱을 표현하는 네 개의 문자를 묶어서 fourcc

를 생성합니다. fourcc에 해당하는 정수 값은 VideoWriter::fourcc() 함수를 사용하여 생성할 수 있습니다.

```
static int VideoWriter::fourcc(char c1, char c2, char c3, char c4);
```

- c1, c2, c3, c4   코덱을 표현하는 1byte 문자 네 개
- 반환값   정수형 4-문자 코드

VideoWriter::fourcc() 함수를 사용하여 생성할 수 있는 주요 fourcc 코드와 관련 코덱 정보를 표 4-3에 정리했습니다. 좀 더 많은 fourcc 코드와 코덱 정보는 http://www.fourcc.org/codecs. php 웹 사이트를 참고하기 바랍니다.

▼ 표 4-3 주요 fourcc 코드와 의미

fourcc 코드 생성 방법	코덱 설명
VideoWriter::fourcc('D', 'I', 'V', 'X')	DivX MPEG-4 코덱
VideoWriter::fourcc('X', 'V', 'I', 'D')	XVID MPEG-4 코덱
VideoWriter::fourcc('F', 'M', 'P', '4')	FFMPEG MPEG4 코덱
VideoWriter::fourcc('W', 'M', 'V', '2')	Windows Media Video 8 코덱
VideoWriter::fourcc('M', 'J', 'P', 'G')	모션 JPEG 코덱
VideoWriter::fourcc('Y', 'V', '1', '2')	YUV 4:2:0 Planar(비압축)
VideoWriter::fourcc('X', '2', '6', '4')	H.264/AVC 코덱
VideoWriter::fourcc('A', 'V', 'C', '1')	Advanced Video 코덱

예를 들어 DivX MPEG-4 코덱을 이용하는 output.avi 동영상 파일을 생성하려면 다음과 같은 형태로 코드를 작성합니다.

```
VideoWriter video;
int fourcc = VideoWriter::fourcc('D', 'I', 'V', 'X');
video.open("output.avi", fourcc, fps, Size(w, h));
```

이 코드에서 fps는 FPS 값, w와 h는 프레임 크기를 나타냅니다. 그런데 VideoWriter 클래스는 VideoWriter::open() 함수와 같은 인자 구성을 갖는 생성자를 지원하기 때문에 앞에서 두 줄로 쓴 코드는 다음과 같이 한 줄의 코드로 바꿔 쓸 수 있습니다.

```
VideoWriter video("output.mp4", fourcc, fps, Size(w, h));
```

열려 있는 동영상 파일에 새로운 프레임을 추가하기 위해서는 << 연산자 재정의 또는 VideoWriter::
write() 함수를 사용합니다.

```
VideoWriter& VideoWriter::operator << (const Mat& image);
void VideoWriter::write(InputArray image);
```

• image   추가할 프레임

<< 연산자 재정의 또는 VideoWriter::write() 함수를 이용하여 프레임을 추가할 때, 새로 추가하
는 image 프레임 크기는 동영상 파일을 생성할 때 지정했던 프레임 크기와 같아야 합니다. 또한
컬러로 설정된 동영상 파일에 그레이스케일 영상을 추가하면 정상적으로 저장되지 않으므로 주의
해야 합니다.

프레임 저장이 완료되었으면 열려 있던 파일을 닫는 VideoWriter::release() 함수를 호출해야 합
니다. 다만 VideoWriter 클래스의 소멸자에서 VideoWriter::release() 함수를 호출하기 때문에
VideoWriter 객체가 소멸되면 자동으로 파일이 닫힙니다.

```
virtual void VideoWriter::release();
```

VideoWriter 클래스를 이용하여 실제로 동영상 파일을 생성하는 예제 소스 코드를 만들어 보겠습
니다. 코드 4-5에 나타난 camera_in_video_out() 함수는 컴퓨터에 연결된 카메라로부터 프레임을
입력받고, 해당 프레임을 반전한 영상을 이용하여 동영상 파일을 생성합니다. 즉, VideoCapture
클래스를 이용하여 카메라 장치를 열고, VideoWriter 클래스를 이용하여 반전된 동영상 파일을 생
성합니다. camera_in_video_out() 함수가 정의된 소스 파일은 내려받은 예제 파일 중 ch04/video
프로젝트에서 확인할 수 있습니다.

코드 4-5 카메라 입력을 반전하여 동영상 파일로 저장하기 [ch04/video]

```
01    void camera_in_video_out()
02    {
03        VideoCapture cap(0);
04
05        if (!cap.isOpened()) {
06            cerr << "Camera open failed!" << endl;
07            return;
08        }
09
10        int w = cvRound(cap.get(CAP_PROP_FRAME_WIDTH));
11        int h = cvRound(cap.get(CAP_PROP_FRAME_HEIGHT));
12        double fps = cap.get(CAP_PROP_FPS);
```

```
13
14        int fourcc = VideoWriter::fourcc('D', 'I', 'V', 'X');
15        int delay = cvRound(1000 / fps);
16
17        VideoWriter outputVideo("output.avi", fourcc, fps, Size(w, h));
18
19        if (!outputVideo.isOpened()) {
20            cout << "File open failed!" << endl;
21            return;
22        }
23
24        Mat frame, inversed;
25        while (true) {
26            cap >> frame;
27            if (frame.empty())
28                break;
29
30            inversed = ~frame;
31            outputVideo << inversed;
32
33            imshow("frame", frame);
34            imshow("inversed", inversed);
35
36            if (waitKey(delay) == 27)
37                break;
38        }
39
40        destroyAllWindows();
41    }
```

- 3행   시스템 기본 카메라를 사용합니다.
- 10~12행   카메라 프레임의 가로, 세로 크기, 카메라의 FPS 값을 받아 옵니다.
- 14행   DivX MPEG-4 코덱에 해당하는 fourcc 코드를 생성합니다.
- 15행   FPS 값으로부터 매 프레임 사이의 시간 간격을 밀리초 단위로 계산합니다.
- 17행   저장할 동영상 파일을 생성합니다. 동영상 파일의 이름은 output.avi입니다.
- 26행   카메라로부터 한 프레임을 받아 와 frame에 저장합니다.
- 30행   카메라 프레임을 반전하여 inversed에 저장합니다.
- 31행   반전된 카메라 프레임 영상 inversed를 출력 동영상에 추가합니다.

코드 4-5의 camera_in_video_out() 함수를 실행하면 화면에 frame과 inversed 이름을 가진 창이 나타나고, 각각 카메라 입력 프레임과 반전된 프레임 영상을 출력합니다. 그리고 사용자가 키보드의 Esc 키를 누르면 창이 사라지면서 함수가 종료됩니다. 함수가 종료된 후 Windows 파일 탐색기를 이용하여 프로그램 실행 폴더로 이동하면 output.avi 파일이 생성된 것을 확인할 수 있습니다. 이 파일은 DivX 코덱을 사용하여 저장된 동영상 파일이며, 일반적인 동영상 재생 프로그램에서 재생할 수 있습니다. 그림 4-3은 녹화된 output.avi 파일을 Windows Media Player에서 재생하는 화면입니다.

❤ 그림 4-3 녹화된 output.avi 파일을 Windows Media Player에서 재생하기

OPENCV

4.2 다양한 그리기 함수

컴퓨터 비전은 영상의 특징을 분석하여 정보를 추출하는 작업입니다. 영상으로부터 추출된 정보는 콘솔 창에 문자열 형태로 출력하거나 텍스트 파일로 저장할 수 있지만, 영상 출력 창 위에 직접 문자열 또는 그림으로 정보를 표현하는 것이 보기 좋은 경우가 많습니다. 예를 들어 얼굴 검출 프로그램에서 검출된 얼굴 영역을 빨간색 사각형으로 표시하거나 또는 객체 인식 시스템에서 검출된 객체 이름을 곧바로 화면에 나타낼 수도 있습니다. 이 절에서는 OpenCV에서 제공하는 다양한 그리기 함수에 대해 알아보겠습니다.

4.2.1 직선 그리기

가장 먼저 살펴볼 OpenCV 그리기 함수는 영상 위에 직선을 그리는 line() 함수입니다. line() 함수도 cv 네임스페이스에서 선언되어 있지만 이 책에서는 간단히 line() 함수라고 표기하겠습니다. line() 함수 원형은 다음과 같습니다.

```
void line(InputOutputArray img, Point pt1, Point pt2, const Scalar& color,
          int thickness = 1, int lineType = LINE_8, int shift = 0);
```

- img   입출력 영상
- pt1   시작점
- pt2   끝점
- color   선 색상(또는 밝기)
- thickness   선 두께
- lineType   선 타입. LINE_4, LINE_8, LINE_AA 중 하나를 지정합니다.
- shift   그리기 좌표 값의 축소 비율(오른쪽 비트 시프트(>>) 연산)

line() 함수는 img 영상 위에 pt1 좌표부터 pt2 좌표까지 직선을 그립니다. 이때 선 색상 또는 밝기는 color 인자로 지정할 수 있습니다. 예를 들어 3채널 컬러 영상에 빨간색 선을 그리려면 color 인자에 Scalar(0, 0, 255)를 전달하고, 그레이스케일 영상에 검은색 선을 그리려면 0 또는 Scalar(0)을 전달합니다. thinkness 인자는 선 두께를 의미하고, lineType 인자는 직선을 그리는 방식을 지정합니다. lineType 인자에는 LineTypes 열거형 상수 중 하나를 지정할 수 있으며, LineTypes 열거형 상수와 의미를 표 4-4에 정리했습니다. line() 함수의 맨 마지막 인자 shift는 0보다 같거나 큰 정수를 지정할 수 있으며, 지정한 크기만큼 직선 좌표 값을 오른쪽 비트 시프트 연산(>>)을 수행한 후 직선 그리기 작업을 수행합니다. shift 인자 값이 0이면 지정한 좌표를 그대로 사용하여 그리기를 수행합니다. line() 함수의 인자 중에서 thinkness, lineType, shift 인자는 기본값이 지정되어 있으므로 생략할 수 있습니다.

▼ 표 4-4 LineTypes 열거형 상수

LineTypes 열거형 상수	값	설명
FILLED	-1	내부를 채움(직선 그리기 함수에는 사용 불가)
LINE_4	4	4방향 연결
LINE_8	8	8방향 연결
LINE_AA	18	안티에일리어싱(anti-aliasing)

만약 화살표 형태의 직선을 그려야 하는 경우에는 arrowedLine() 함수를 이용하면 편리합니다. arrowedLine() 함수 원형은 다음과 같습니다.

```
void arrowedLine(InputOutputArray img, Point pt1, Point pt2, const Scalar& color,
                 int thickness=1, int line_type=8, int shift=0, double tipLength=0.1);
```

- img   입출력 영상
- pt1   시작점
- pt2   끝점
- color   선 색상
- thickness   선 두께
- line_type   선 타입. LINE_4, LINE_8, LINE_AA 중 하나를 지정합니다.
- shift   그리기 좌표 값의 축소 비율(오른쪽 비트 시프트(>>) 연산)
- tipLength   전체 직선 길이에 대한 화살표 길이의 비율

arrowedLine() 함수는 img 영상 위에 pt1 좌표부터 pt2 좌표까지 직선을 그리고, 끝점인 pt2에 화살표 모양의 직선 두 개를 추가로 그립니다. 이때 화살표 모양의 직선 길이는 arrowedLine() 함수의 마지막 인자 tipLength를 이용하여 조절할 수 있습니다. tipLength 인자는 기본값으로 0.1이 지정되어 있으며, 이는 직선 전체 길이의 0.1에 해당하는 길이로 화살표를 그리라는 의미입니다.

OpenCV 함수 중에서 drawMarker() 함수는 직선 그리기 함수를 이용하여 다양한 모양의 마커(marker)를 그립니다. drawMarker() 함수 원형은 다음과 같습니다.

```
void drawMarker(InputOutputArray img, Point position, const Scalar& color,
                int markerType = MARKER_CROSS, int markerSize=20, int thickness=1,
                int line_type=8);
```

- img   입출력 영상
- position   마커 출력 위치
- color   선 색상
- markerType   마커 종류. MarkerTypes 열거형 상수 중 하나를 지정합니다.
- markerSize   마커 크기
- thickness   선 두께
- line_type   선 타입. LINE_4, LINE_8, LINE_AA 중 하나를 지정합니다.

drawMarker() 함수는 img 영상의 position 좌표에 color 색상을 이용하여 마커를 그립니다. 마커 종류는 markerType 인자로 지정할 수 있으며, 기본값으로 십자가 모양을 의미하는 MARKER_CROSS 가 지정되어 있습니다. 만약 다른 종류의 마커를 그리고 싶다면 markerType 인자에 MarkerTypes 열거형 상수 중 하나를 지정할 수 있습니다. drawMarker() 함수에서 사용할 수 있는 MarkerTypes 열거형 상수와 의미를 표 4-5에 나타냈습니다.

▼ 표 4-5 MarkerTypes 열거형 상수

MarkerTypes 열거형 상수	설명
MARKER_CROSS	십자가 모양(+ 모양)
MARKER_TILTED_CROSS	45도 회전된 십자가 모양(× 모양)
MARKER_STAR	MARKER_CROSS 모양과 MARKER_TILTED_CROSS 모양이 합쳐진 형태(✳ 모양)
MARKER_DIAMOND	마름모 모양(◇ 모양)
MARKER_SQUARE	정사각형 모양(□ 모양)
MARKER_TRIANGLE_UP	위로 뾰족한 삼각형(△ 모양)
MARKER_TRIANGLE_DOWN	아래로 뾰족한 삼각형(▽ 모양)

앞에서 설명한 line(), arrowedLine(), drawMarker() 함수를 사용하여 직선을 그리는 예제 코드를 코드 4-6에 나타냈습니다. 코드 4-6의 drawLines() 함수는 흰색으로 초기화된 400×400 크기 영상에 다양한 직선과 화살표 등을 그리고 화면에 나타냅니다. drawLines() 함수가 정의된 소스 파일은 내려받은 예제 파일 중 ch04/drawing 프로젝트에서 확인할 수 있습니다.

코드 4-6 직선 그리기 예제 [ch04/drawing]

```
01    void drawLines()
02    {
03        Mat img(400, 400, CV_8UC3, Scalar(255, 255, 255));
04
05        line(img, Point(50, 50), Point(200, 50), Scalar(0, 0, 255));
06        line(img, Point(50, 100), Point(200, 100), Scalar(255, 0, 255), 3);
07        line(img, Point(50, 150), Point(200, 150), Scalar(255, 0, 0), 10);
08
09        line(img, Point(250, 50), Point(350, 100), Scalar(0, 0, 255), 1, LINE_4);
10        line(img, Point(250, 70), Point(350, 120), Scalar(255, 0, 255), 1, LINE_8);
11        line(img, Point(250, 90), Point(350, 140), Scalar(255, 0, 0), 1, LINE_AA);
12
13        arrowedLine(img, Point(50, 200), Point(150, 200), Scalar(0, 0, 255), 1);
14        arrowedLine(img, Point(50, 250), Point(350, 250), Scalar(255, 0, 255), 1);
15        arrowedLine(img, Point(50, 300), Point(350, 300), Scalar(255, 0, 0), 1,
                       LINE_8, 0, 0.05);
16
17        drawMarker(img, Point(50, 350), Scalar(0, 0, 255), MARKER_CROSS);
18        drawMarker(img, Point(100, 350), Scalar(0, 0, 255), MARKER_TILTED_CROSS);
19        drawMarker(img, Point(150, 350), Scalar(0, 0, 255), MARKER_STAR);
20        drawMarker(img, Point(200, 350), Scalar(0, 0, 255), MARKER_DIAMOND);
21        drawMarker(img, Point(250, 350), Scalar(0, 0, 255), MARKER_SQUARE);
22        drawMarker(img, Point(300, 350), Scalar(0, 0, 255), MARKER_TRIANGLE_UP);
23        drawMarker(img, Point(350, 350), Scalar(0, 0, 255), MARKER_TRIANGLE_DOWN);
```

```
24
25        imshow("img", img);
26        waitKey();
27
28        destroyAllWindows();
29    }
```

- 3행　　　　400×400 크기의 3채널 컬러 영상을 생성하고, 모든 픽셀을 흰색으로 초기화합니다.
- 5~7행　　　수평 방향의 직선 세 개를 서로 다른 색상과 두께로 그립니다.
- 9~11행　　대각선 방향의 직선 세 개를 서로 다른 색상과 직선 타입으로 그립니다.
- 13~15행　　수평 방향의 화살표 세 개를 서로 다른 색상, 길이, 화살표 길이로 그립니다.
- 17~23행　　다양한 모양의 마커를 그립니다.

❤ 그림 4-4 직선 그리기 예제 실행 결과

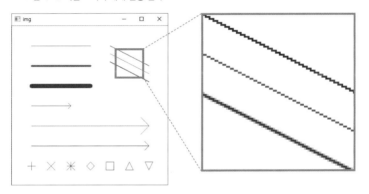

코드 4-6의 drawLines() 함수 실행 결과를 그림 4-4에 나타냈습니다. 그림 4-4에서 img 창 좌측 상단에 그려진 세 개의 수평선은 코드 4-6의 5~7행에 있는 line() 함수에 의한 그리기 결과입니다. 세 수평선 중에서 맨 위의 빨간색 직선은 선 두께를 1로 지정하여 그린 것이고, 보라색과 파란색 직선은 선 두께를 각각 3과 10으로 지정하여 그린 결과입니다. img 영상 우측 상단에 그려진 세 개의 사선은 코드 4-6의 9~11행 실행 결과입니다. 세 개의 사선 중에서 맨 위의 빨간색 사선은 직선 타입을 LINE_4로 지정한 것이고, 가운데 보라색 사선은 LINE_8 타입으로 그린 직선입니다. 마지막 파란색 사선은 LINE_AA 타입으로 그린 직선입니다. 그림 4-4의 오른편에 나타낸 그림은 img 창에서 사선이 그려진 영역을 확대하여 나타낸 그림입니다. LINE_4 타입으로 그린 직선은 상하좌우 네 방향으로 픽셀이 연결되어 있고, LINE_8 타입의 직선은 픽셀이 대각선 방향으로도 연결되어 있습니다. LINE_AA로 그린 파란색 사선은 안티에일리어싱(anti-aliasing) 기법이 적용되어 다소 부드럽게 직선이 그려진 것을 확인할 수 있습니다.

그림 4-4의 img 창 중간에 그려진 세 개의 화살표 직선은 코드 4-6의 13~15행의 arrowedLine() 함수의 실행 결과입니다. 맨 위의 빨간색 화살표 직선과 가운데 보라색 화살표 직선은 길이만 다를 뿐, 그리는 방식은 동일하게 코드가 입력되어 있습니다. 그러나 보라색 직선의 길이가 빨간색보다 길기 때문에 보라색 직선의 화살표 크기가 더욱 크게 그려진 것을 확인할 수 있습니다. 만약 길이가 긴 직선에 대해서 화살표 크기를 작게 그리려면 arrowedLine() 함수의 맨 마지막 인자 tipLength의 값을 기본값인 0.1보다 작게 지정하면 됩니다. 코드 4-6의 15행에서 파란색 화살표 직선을 그릴 때 tipLength의 값을 0.05로 지정하여 화살표 크기가 작게 그려진 것을 확인할 수 있습니다.

그림 4-4에서 맨 아래에 그려진 일곱 개의 도형은 drawMarker() 함수에 의해 그려진 마커입니다. 가장 왼쪽부터 차례대로 MARKER_CROSS, MARKER_TILTED_CROSS, MARKER_STAR, MARKER_DIAMOND, MARKER_SQUARE, MARKER_TRIANGLE_UP, MARKER_TRIANGLE_DOWN에 해당하는 마커 종류로 그린 결과입니다.

4.2.2 도형 그리기

이 절에서는 영상에 사각형, 원, 타원과 같은 도형을 그리는 OpenCV 함수에 대해 알아보겠습니다. OpenCV 도형 그리기 함수를 이용하여 외곽선으로 이루어진 도형뿐만 아니라 내부가 채워진 도형도 그릴 수 있습니다.

먼저 영상에 사각형을 그리는 OpenCV 함수 이름은 rectangle()입니다. 그림을 그릴 사각형 정보는 사각형의 대각 위치에 있는 두 꼭지점 좌표를 이용하거나 또는 Rect 클래스 타입의 객체를 이용하여 전달할 수 있습니다. OpenCV는 다음과 같이 두 가지 형식의 rectangle() 함수를 제공합니다.

```
void rectangle(InputOutputArray img, Point pt1, Point pt2, const Scalar& color,
               int thickness = 1, int lineType = LINE_8, int shift = 0);
void rectangle(InputOutputArray img, Rect rec, const Scalar& color,
               int thickness = 1, int lineType = LINE_8, int shift = 0);
```

- img   입출력 영상
- pt1   사각형 꼭지점 좌표. Point 객체
- pt2   pt1과 대각 방향에 있는 사각형 꼭지점 좌표. Point 객체
- rec   사각형 위치 정보. Rect 객체
- color   사각형 색상(또는 밝기)
- thickness   사각형 외곽선 두께. 이 값이 음수(-1 또는 FILLED)이면 내부를 채웁니다.
- lineType   선 타입
- shift   그리기 좌표 값의 축소 비율(오른쪽 비트 시프트(>>) 연산)

rectangle() 함수 인자 중 thinkness는 도형 외곽선의 두께를 지정할 때 사용합니다. 만약 thinkness 값에 −1과 같은 음수 또는 FILLED 열거형 상수를 지정하면 내부를 채운 사각형을 그립니다. rectangle() 함수 인자 중에서 thickness, lineType, shift 인자는 기본값을 가지고 있으므로 생략할 수 있습니다.

OpenCV에서 원을 그리는 함수는 circle()입니다. 원을 그리기 위해서는 원의 중심점 좌표와 반지름을 지정해야 합니다. circle() 함수 원형은 다음과 같습니다.

```
void circle(InputOutputArray img, Point center, int radius,
            const Scalar& color, int thickness = 1,
            int lineType = LINE_8, int shift = 0);
```

- img   입출력 영상
- center   원의 중심
- radius   원의 반지름
- color   원 색상
- thickness 원 외곽선 두께. 이 값이 음수(−1 또는 FILLED)이면 내부를 채웁니다.
- lineType   선 타입
- shift   그리기 좌표 값의 축소 비율(오른쪽 비트 시프트(>>) 연산)

OpenCV에서 타원을 그리고 싶을 때에는 ellipse() 함수를 사용할 수 있습니다. 타원을 그리는 방식은 원보다는 좀 더 복잡합니다. ellipse() 함수 원형은 다음과 같습니다.

```
void ellipse(InputOutputArray img, Point center, Size axes,
             double angle, double startAngle, double endAngle,
             const Scalar& color, int thickness = 1,
             int lineType = LINE_8, int shift = 0);
```

- img   입출력 영상
- center   타원의 중심
- axes   타원의 반지름. Size(x축_반지름, y축_반지름)
- angle   타원 회전 각도(x축 기준, 시계 방향)
- startAngle 타원 호의 시작 각도(x축 기준, 시계 방향)
- endAngle   타원 호의 끝 각도(x축 기준, 시계 방향)
- color   타원 색상
- thickness 타원 외곽선 두께. 이 값이 음수(−1 또는 FILLED)이면 내부를 채웁니다.
- lineType   선 타입
- shift   그리기 좌표 값의 축소 비율(오른쪽 비트 시프트(>>) 연산)

ellipse() 함수는 다양한 형태의 타원 또는 타원의 일부인 호를 그릴 수 있습니다. 타원의 크기는 axes 인자를 통해 지정합니다. axes 인자는 Size 자료형을 사용하며, x축 방향 타원의 반지름과 y축 방향 반지름을 지정합니다. angle 인자에 0이 아닌 값을 전달하면 회전된 타원을 그릴 수 있습니다. startAngle과 endAngle 인자를 적절하게 이용하면 호를 그리는 용도로도 사용할 수 있습니다. 예를 들어 startAngle에는 0을 지정하고 endAngle에는 360을 지정하면 완전한 타원을 그립니다. 만약 startAngle은 0을 지정하고 endAngle에 180을 지정하면 타원의 반에 해당하는 호를 그립니다. thickness 인자는 타원 외곽선 두께를 나타내는 인자이며, 이 값을 -1 또는 FILLED로 설정하면 내부를 채운 타원 또는 호를 그립니다.

임의의 다각형을 그리기 위해서는 polylines() 함수를 사용할 수 있습니다. polylines() 함수에는 다각형의 꼭지점 좌표를 전달해야 하며, 꼭지점 좌표는 보통 vector<Point> 자료형에 저장하여 전달합니다. polylines() 함수 원형은 다음과 같습니다.

```
void polylines(InputOutputArray img, InputArrayOfArrays pts,
               bool isClosed, const Scalar& color,
               int thickness = 1, int lineType = LINE_8, int shift = 0);
```

- img   입출력 영상
- pts   다각형 외곽 점들의 좌표 배열. 주로 vector<Point> 타입
- isClosed   다각형이 닫혀 있는지를 나타내는 플래그. 이 값이 true이면 다각형의 마지막 꼭지점과 첫 번째 꼭지점을 잇는 직선을 추가로 그립니다.
- color   선 색상
- thickness   선 두께. 이 값이 음수(-1 또는 FILLED)이면 내부를 채웁니다.
- lineType   선 타입
- shift   그리기 좌표 값의 축소 비율(오른쪽 비트 시프트(>>) 연산)

사각형, 원, 타원, 다각형 그리기 함수를 사용하여 그림을 그리는 예제 코드를 코드 4-7에 나타냈습니다. 코드 4-7의 drawPolys() 함수는 흰색으로 초기화된 400×400 크기의 영상에 다양한 사각형, 원, 타원, 다각형을 그려서 화면에 출력합니다. drawPolys() 함수가 정의된 소스 파일은 내려받은 예제 파일 중 ch04/drawing 프로젝트에서 확인할 수 있습니다.

코드 4-7 다양한 도형 그리기 예제 [ch04/drawing]

```
01    void drawPolys()
02    {
03        Mat img(400, 400, CV_8UC3, Scalar(255, 255, 255));
04
05        rectangle(img, Rect(50, 50, 100, 50), Scalar(0, 0, 255), 2);
06        rectangle(img, Rect(50, 150, 100, 50), Scalar(0, 0, 128), -1);
07
08        circle(img, Point(300, 120), 30, Scalar(255, 255, 0), -1, LINE_AA);
09        circle(img, Point(300, 120), 60, Scalar(255, 0, 0), 3, LINE_AA);
10
11        ellipse(img, Point(120, 300), Size(60, 30), 20, 0, 270, Scalar(255, 255, 0),
                    -1, LINE_AA);
```

```
12        ellipse(img, Point(120, 300), Size(100, 50), 20, 0, 360, Scalar(0, 255, 0),
                   2, LINE_AA);
13
14        vector<Point> pts;
15        pts.push_back(Point(250, 250)); pts.push_back(Point(300, 250));
16        pts.push_back(Point(300, 300)); pts.push_back(Point(350, 300));
17        pts.push_back(Point(350, 350)); pts.push_back(Point(250, 350));
18        polylines(img, pts, true, Scalar(255, 0, 255), 2);
19
20        imshow("img", img);
21        waitKey();
22
23        destroyAllWindows();
24    }
```

- 5행   사각형을 두께 2인 선으로 그립니다(빨간색).
- 6행   사각형을 내부를 채워서 그립니다(갈색).
- 8행   반지름 30인 원을 내부를 채워서 그립니다(하늘색).
- 9행   반지름 60인 원을 두께 3인 선으로 그립니다(파란색).
- 11행   타원을 0°부터 270°까지 내부를 채워서 그립니다(하늘색).
- 12행   타원을 두께 2인 선으로 그립니다(녹색).
- 14~18행   계단 모양의 다각형을 두께 2인 선으로 그립니다(보라색).

코드 4-7의 drawPolys() 함수 실행 결과를 그림 4-5에 나타냈습니다. 소스 코드와 실제 그리기 결과 화면을 함께 대응하여 확인해 보기 바랍니다. 참고로 원과 타원을 그릴 때에는 선 타입을 LINE_AA로 지정하여 그리는 것이 보기에 좋습니다.

▼ 그림 4-5 다양한 도형 그리기 예제 실행 결과

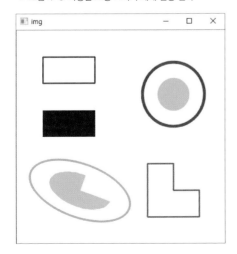

4.2.3 문자열 출력하기

이 책에서는 주로 콘솔 응용 프로그램 형식의 OpenCV 예제 프로그램을 만들어서 사용하기 때문에 C++ 표준 입출력을 이용하여 콘솔 창에 필요한 정보를 출력할 수 있습니다. 그러나 때로는 영상에 직접 영상 처리 결과 또는 추가적인 정보를 문자열 형태로 나타내는 것이 보기에 좋습니다. OpenCV는 영상 위에 정해진 폰트로 문자열을 출력하는 putText() 함수를 제공합니다. putText() 함수 원형은 다음과 같습니다.

```
void putText(InputOutputArray img, const String& text, Point org,
             int fontFace, double fontScale, Scalar color,
             int thickness = 1, int lineType = LINE_8,
             bool bottomLeftOrigin = false);
```

- img   입출력 영상
- text   출력할 문자열
- org   영상에서 문자열을 출력할 위치의 좌측 하단 좌표
- fontFace   폰트 종류. cv::HersheyFonts에서 선택
- fontScale   폰트 크기 확대/축소 비율
- color   문자열 색상
- thickness   문자열을 그릴 때 사용할 선 두께
- lineType   선 타입. LINE_4, LINE_8, LINE_AA 중 하나를 지정합니다.
- bottomLeftOrigin   이 값이 true이면 영상의 좌측 하단을 원점으로 간주합니다. false이면 좌측 상단이 원점입니다.

putText() 함수는 img 영상의 org 위치에 text로 지정된 문자열을 출력합니다. 이때 사용할 폰트 종류는 fontFace 인자로 지정할 수 있고, faceScale 인자를 이용하여 폰트 크기를 조절할 수 있습니다. fontFace 인자에는 HersheyFonts 열거형 상수 값을 지정할 수 있으며, HersheyFonts 열거형 상수와 의미를 표 4-6에 나타냈습니다. 표 4-6에서 마지막 FONT_ITALIC 상수는 논리합 연산자(|)를 이용하여 다른 HersheyFonts 상수와 함께 사용하며, 이 경우 해당 폰트가 기울어진 이탤릭체로 출력됩니다. putText() 함수는 영문자와 숫자를 출력할 수 있으며, 아쉽지만 한글은 출력할 수 없습니다.

▼ 표 4-6 HersheyFonts 열거형 상수

HersheyFonts 열거형 상수	설명
FONT_HERSHEY_SIMPLEX	일반 크기의 산세리프 폰트
FONT_HERSHEY_PLAIN	작은 크기의 산세리프 폰트
FONT_HERSHEY_DUPLEX	일반 크기의 산세리프 폰트(FONT_HERSHEY_SIMPLEX보다 복잡한 형태)

❍ 계속

HersheyFonts 열거형 상수	설명
FONT_HERSHEY_COMPLEX	일반 크기의 세리프 폰트
FONT_HERSHEY_TRIPLEX	일반 크기의 세리프 폰트(FONT_HERSHEY_COMPLEX보다 복잡한 형태)
FONT_HERSHEY_COMPLEX_SMALL	FONT_HERSHEY_COMPLEX보다 작은 폰트
FONT_HERSHEY_SCRIPT_SIMPLEX	필기체 스타일의 폰트
FONT_HERSHEY_SCRIPT_COMPLEX	필기체 스타일의 폰트(FONT_HERSHEY_SCRIPT_SIMPLEX보다 복잡한 형태)
FONT_ITALIC	이탤릭체를 위한 플래그

각각의 폰트 종류와 실제 출력되는 문자열 형태를 확인하기 위한 예제 코드를 코드 4-8에 나타냈습니다. 코드 4-8의 drawText1() 함수는 800×500 크기의 흰색 영상에 다양한 폰트의 문자열을 출력합니다. 각각의 putText() 함수에 의해 출력할 문자열에는 폰트 상수 이름을 지정하였습니다. drawText1() 함수가 정의된 소스 파일은 내려받은 예제 파일 중 ch04/drawing 프로젝트에서 확인할 수 있습니다.

코드 4-8 다양한 폰트로 문자열 출력하기 [ch04/drawing]

```
01    void drawText1()
02    {
03        Mat img(500, 800, CV_8UC3, Scalar(255, 255, 255));
04
05        putText(img, "FONT_HERSHEY_SIMPLEX", Point(20, 50),
                   FONT_HERSHEY_SIMPLEX, 1, Scalar(0, 0, 255));
06        putText(img, "FONT_HERSHEY_PLAIN", Point(20, 100),
                   FONT_HERSHEY_PLAIN, 1, Scalar(0, 0, 255));
07        putText(img, "FONT_HERSHEY_DUPLEX", Point(20, 150),
                   FONT_HERSHEY_DUPLEX, 1, Scalar(0, 0, 255));
08        putText(img, "FONT_HERSHEY_COMPLEX", Point(20, 200),
                   FONT_HERSHEY_COMPLEX, 1, Scalar(255, 0, 0));
09        putText(img, "FONT_HERSHEY_TRIPLEX", Point(20, 250),
                   FONT_HERSHEY_TRIPLEX, 1, Scalar(255, 0, 0));
10        putText(img, "FONT_HERSHEY_COMPLEX_SMALL", Point(20, 300),
                   FONT_HERSHEY_COMPLEX_SMALL, 1, Scalar(255, 0, 0));
11        putText(img, "FONT_HERSHEY_SCRIPT_SIMPLEX", Point(20, 350),
                   FONT_HERSHEY_SCRIPT_SIMPLEX, 1, Scalar(255, 0, 255));
12        putText(img, "FONT_HERSHEY_SCRIPT_COMPLEX", Point(20, 400),
                   FONT_HERSHEY_SCRIPT_COMPLEX, 1, Scalar(255, 0, 255));
13        putText(img, "FONT_HERSHEY_COMPLEX ¦ FONT_ITALIC", Point(20, 450),
                   FONT_HERSHEY_COMPLEX ¦ FONT_ITALIC, 1, Scalar(255, 0, 0));
14
```

```
15      imshow("img", img);
16      waitKey();
17  }
```

- 5~12행   다양한 폰트를 이용하여 문자열을 출력합니다.
- 13행   FONT_HERSHEY_COMPLEX 폰트와 FONT_ITALIC 상수를 함께 사용하여 이탤릭체로 문자열을 출력합니다.

코드 4-8의 drawText1() 함수 실행 결과를 그림 4-6에 나타냈습니다. 각각의 폰트 이름과 실제 문자열 출력 모양을 비교해 보기 바랍니다.

▼ 그림 4-6 다양한 폰트로 문자열 출력하기 실행 결과

OpenCV는 문자열 출력을 위해 필요한 사각형 영역 크기를 가늠할 수 있는 getTextSize() 함수도 제공합니다. 이 함수를 잘 이용하면 문자열이 한쪽으로 치우치지 않고 적당한 위치에 출력되도록 설정할 수 있습니다. getTextSize() 함수 원형은 다음과 같습니다.

```
Size getTextSize(const String& text, int fontFace, double fontScale,
                int thickness, int* baseLine);
```

- text   출력할 문자열
- fontFace   폰트 종류
- fontScale 폰트 크기 확대/축소 비율
- thickness 문자열을 그릴 때 사용할 선 두께
- baseLine   (출력) 가장 하단의 텍스트 위치를 기준으로 하는 기준선(baseline)의 y 좌표, 필요 없으면 0 지정
- 반환값   지정한 문자열 출력 시 차지하는 사각형 크기

getTextSize() 함수는 지정한 문자열, 폰트 종류, 폰트 크기 등을 이용하여 문자열을 출력할 때 차지할 사각형 영역 크기 정보를 반환합니다. putText() 함수를 이용하여 특정 위치 좌표에 문자열을 출력하는 경우, 보통 문자열 길이와 크기에 따라 문자열이 차지하는 영역 크기가 달라지기 때문에 문자열이 한쪽으로 치우쳐서 나타날 수 있습니다. 그러나 getTextSize() 함수가 반환하는 문자열 영역 크기 정보를 이용하면 문자열 출력 위치를 적절하게 조절할 수 있습니다.

getTextSize() 함수를 이용하여 영상 중앙에 문자열을 출력하는 예제 코드를 코드 4-9에 나타냈습니다. 코드 4-9의 drawText2() 함수는 640×200 크기의 흰색 영상 정중앙에 "Hello, OpenCV" 문자열을 출력합니다. drawText2() 함수가 정의된 소스 파일은 내려받은 예제 파일 중 ch04/drawing 프로젝트에서 확인할 수 있습니다.

코드 4-9 영상의 중앙에 문자열 출력하기 [ch04/drawing]

```
01    void drawText2()
02    {
03        Mat img(200, 640, CV_8UC3, Scalar(255, 255, 255));
04
05        const String text = "Hello, OpenCV";
06        int fontFace = FONT_HERSHEY_TRIPLEX;
07        double fontScale = 2.0;
08        int thickness = 1;
09
10        Size sizeText = getTextSize(text, fontFace, fontScale, thickness, 0);
11        Size sizeImg = img.size();
12
13        Point org((sizeImg.width - sizeText.width) / 2, (sizeImg.height +
                      sizeText.height) / 2);
14        putText(img, text, org, fontFace, fontScale, Scalar(255, 0, 0), thickness);
15        rectangle(img, org, org + Point(sizeText.width, -sizeText.height),
                      Scalar(255, 0, 0), 1);
16
17        imshow("img", img);
18        waitKey();
19
20        destroyAllWindows();
21    }
```

- 5~8행   출력할 문자열과 폰트 종류, 크기 비율, 선 두께를 지정합니다.
- 10행   출력할 문자열이 차지할 사각형 영역의 크기를 구하여 sizeText 변수에 저장합니다.
- 11행   출력할 대상 영상의 크기를 sizeImg 변수에 저장합니다.
- 13행   sizeText와 sizeImg 크기 정보를 이용하여 문자열을 출력할 좌표를 계산합니다.
- 14~15행   실제 문자열을 출력하고 문자열을 감싸는 사각형 영역을 그립니다.

코드 4-9의 drawText2() 함수에서는 img.size() 코드를 이용하여 img 영상 크기를 받아 와서 sizeImg 변수에 저장했습니다. 그러므로 영상의 가로 크기는 sizeImg.width, 세로 크기는 sizeImg.height 형태로 참조할 수 있습니다. 출력할 문자열이 차지할 영역의 크기는 getTextSize() 함수를 이용하여 sizeText 변수에 저장했습니다. 영상의 크기와 실제 문자열이 출력된 사각형의 크기를 알기 때문에 이를 이용하여 문자열이 출력될 사각형 영역의 좌측 하단 좌표를 다음과 같이 계산할 수 있습니다.

$$org.x = \frac{sizeImg.width - sizeText.width}{2}, \ org.y = \frac{sizeImg.height + sizeText.height}{2}$$

drawText2() 함수 실행 결과를 그림 4-7에 나타냈습니다. 그림 4-7에는 drawText2() 함수 동작을 쉽게 이해할 수 있도록 실제 img1 출력 창 모습 위에 함수 내부에서 사용되는 변수 의미를 함께 나타냈습니다. 파란색으로 그려진 "Hello, OpenCV" 문자열과 사각형은 drawText2() 함수에서 그린 것이고, 나머지 sizeImg, sizeText, org를 표시한 글씨와 그림은 함수 동작 이해를 위해 추가로 표시한 것입니다. 소스 코드와 그림에 나타난 변수를 함께 살펴보면서 drawText2() 예제 코드의 동작을 이해하기 바랍니다.

❤ 그림 4-7 영상의 중앙에 문자열 출력하기 실행 결과와 동작 원리

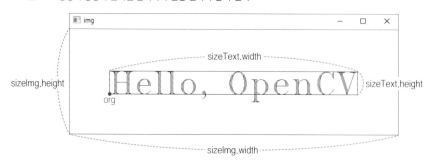

Note ≡　OpenCV의 그리기 함수는 영상의 픽셀 값을 변경시켜 그림을 그립니다. 그러므로 일반 영상 위에 그리기 함수로 직선, 도형, 문자열을 출력하면 원본 영상의 픽셀 값은 복구할 수 없게 됩니다. 만약 영상에 그리기를 수행한 후에 다시 원본 영상을 사용할 필요가 있다면 미리 원본 영상을 복사해 두고 사용해야 합니다. 이때 대입 연산자 혹은 Mat 클래스 복사 생성자를 사용하여 복사하는 것이 아니라 Mat::clone() 또는 Mat::copyTo() 함수를 사용해야 한다는 점을 기억하세요.

4.3 이벤트 처리

OpenCV는 영상 출력 창에서 발생하는 키보드 입력과 마우스 이벤트를 사용자에게 전달하는 인터페이스를 제공하며, 이를 이용하면 프로그램 동작 시 사용자 입력을 실시간으로 처리하는 영상처리 응용 프로그램을 만들 수 있습니다. 또한 OpenCV에서 제공하는 트랙바 인터페이스를 이용하면 프로그램 실행 중 특정 범위의 값을 사용자가 선택하여 프로그램 동작을 제어할 수 있습니다. 이 절에서는 OpenCV에서 유용하게 사용할 수 있는 키보드, 마우스, 트랙바 이벤트 처리 방법에 대해 알아보겠습니다.

4.3.1 키보드 이벤트 처리

OpenCV에서 키보드 입력을 처리하는 작업은 2.2절에서 HelloCV 예제 프로그램을 만들 때 설명한 적이 있습니다. HelloCV 예제 프로그램은 lenna.bmp 영상을 화면에 출력하고, 사용자가 키보드에서 아무 키나 누르면 프로그램이 종료하였습니다. HelloCV 프로그램에서 키 입력을 확인하기 위해 사용한 함수는 waitKey() 함수이고, 이 함수가 키보드 입력을 처리하는 기본적인 OpenCV 함수입니다. 다시 한 번 waitkey() 함수의 원형을 소개하면 다음과 같습니다.

```
int waitKey(int delay = 0);
```
- delay   키 입력을 기다릴 시간(밀리초 단위). delay ≤ 0이면 무한히 기다립니다.
- 반환값   눌러진 키 값. 지정한 시간 동안 키가 눌리지 않았으면 −1을 반환합니다.

waitKey() 함수는 delay에 해당하는 밀리초 시간 동안 키 입력을 기다리다가 키 입력이 있으면 해당 키의 아스키 코드(ASCII code) 값을 반환합니다. 만약 지정한 시간 동안 키 입력이 없으면 waitKey() 함수는 −1을 반환합니다. waitKey() 함수의 인자를 지정하지 않거나 0 또는 음수로 설정하면 키 입력이 있을 때까지 무한히 기다리고, 사용자가 키보드를 누르면 눌린 키의 아스키 코드를 반환하면서 함수가 종료합니다.

앞서 2장에서 설명한 HelloCV 예제 프로그램은 lenna.bmp 영상이 화면에 나타난 상태에서 키보드의 아무 키나 누르면 프로그램이 종료했습니다. 만약 특정 키를 눌렀을 때에만 영상 출력 창을 닫게끔 만들려면 waitKey() 함수의 반환값을 조사해야 합니다. 예를 들어 lenna.bmp 영상을 화면에 출력한 상태에서 키보드의 Esc 키를 누를 때에만 창을 닫게끔 동작시키려면 소스 코드를 다음과 같이 작성할 수 있습니다.

```
Mat img = imread("lenna.bmp", IMREAD_GRAYSCALE);

namedWindow("img");
imshow("img", img);

while (true) {
    if (waitKey() == 27)
        break;
}

destroyWindow("img");
```

이 소스 코드에서는 영상을 화면에 출력한 후, while (true) { … } 문장을 이용하여 while 블록을 무한히 수행하도록 설정하였습니다. 그리고 while 반복문 안에서는 if 조건문을 사용하여 조건이 참인 경우에만 while 반복문을 빠져나올 수 있도록 설정하였습니다. if 조건문에서는 waitKey() 함수를 호출하고, waitKey() 함수 반환값이 27인지를 검사합니다. 여기서 숫자 27은 키보드의 Esc 키에 해당하는 아스키 코드 값입니다.[1] 즉, 앞 소스 코드는 Esc 키를 누를 때에만 while 반복문을 빠져나오고, Esc 이외의 키를 누를 때에는 계속 while 반복문 안에서 머물게 됩니다.

만약 키보드에서 여러 키 입력에 대해 서로 다른 처리를 하고 싶다면 waitKey() 함수의 반환값을 정수형 변수에 저장하였다가 비교하는 작업을 수행합니다. 여러 키 입력에 대해 서로 다른 동작을 수행하는 예제 프로그램의 소스 코드를 코드 4-10에 나타냈습니다. 코드 4-10에 나타난 소스 코드 파일은 내려받은 예제 파일의 프로젝트 중 ch04/keyboard 프로젝트에서 확인할 수 있습니다.

코드 4-10 키보드 이벤트 처리 예제 프로그램 [ch04/keyboard]

```
01    #include "opencv2/opencv.hpp"
02    #include <iostream>
03
04    using namespace cv;
05    using namespace std;
06
07    int main(void)
08    {
09        Mat img = imread("lenna.bmp");
10
```

---

1   참고로 키보드에서 Enter 키의 아스키 코드는 13이고, Backspace 키는 8, Tab 키는 9입니다.

```
11          if (img.empty()) {
12              cerr << "Image load failed!" << endl;
13              return -1;
14          }
15
16          namedWindow("img");
17          imshow("img", img);
18
19          while (true) {
20              int keycode = waitKey();
21
22              if (keycode == 'i' || keycode == 'I') {
23                  img = ~img;
24                  imshow("img", img);
25              }
26              else if (keycode == 27 || keycode == 'q' || keycode == 'Q') {
27                  break;
28              }
29          }
30
31          return 0;
32      }
```

- 9행　　　　　lenna.bmp 파일을 그레이스케일 영상 형태로 불러와서 img 변수에 저장합니다.

- 19행　　　　while 블록을 무한히 반복합니다.

- 20행　　　　waitKey() 함수의 반환값을 keycode 변수에 저장합니다.

- 22~25행　　키보드의 ⅰ 또는 Ⅰ 키를 누르면 img 영상을 반전하여 "img" 창에 나타냅니다.

- 26~28행　　키보드의 Esc 또는 q 또는 Q 키를 누르면 while 반복문을 빠져나갑니다.

코드 4-10의 keyboard 예제 프로그램은 lenna.bmp 레나 영상을 불러와서 화면에 출력하고, 키보드의 ⅰ 또는 Ⅰ 키를 누를 때마다 영상을 반전시켜 보여 줍니다. 만약 키보드에서 Esc 키 또는 q 또는 Q 키를 누르면 프로그램이 종료됩니다. 이외의 키보드를 눌렀을 경우에는 아무런 동작을 수행하지 않으며, 다시 waitKey() 함수가 실행되어 새로운 키 입력을 기다리게 됩니다. 코드 4-10의 keyboard 프로그램의 동작 화면은 매우 직관적이므로 책에는 따로 표시하지 않겠습니다.

Windows 운영 체제에서는 waitKey() 함수를 이용하여 일반적인 키보드 입력은 처리할 수 있지만 함수 키(F1, F2, …, F12) 또는 ↑, ↓, ←, → 화살표 키 등 특수 키 입력은 처리하지 못합니다. 만약 키보드의 특수 키에 대한 처리하고 싶다면 waitKey() 함수 대신 waitKeyEx() 함수를 사용해야 합니다. waitKeyEx() 함수의 사용법은 waitKey() 함수와 유사하지만 특수 키에 대해 동작한다는 점이 다릅니다.

```
int waitKeyEx(int delay = 0);
```

- delay   키 입력을 기다릴 시간(밀리초 단위). delay ≤ 0이면 무한히 기다립니다.
- 반환값   눌러진 키 값. 지정한 시간 동안 키가 눌리지 않았으면 −1을 반환합니다.

주요 특수 키에 대해 waitKeyEx() 함수가 반환하는 정수 값을 표 4-7에 나타냈습니다. Windows 운영 체제에서 특수 키에 대한 정의를 16진수를 사용하여 표기하기 때문에 표 4-7에서도 waitKeyEx() 함수 반환값을 16진수로 표기하였습니다.

▼ 표 4-7 주요 특수 키에 해당하는 waitKeyEx() 함수 반환값

특수 키	waitKeyEx() 반환값	특수 키	waitKeyEx() 반환값
Insert	0x2d0000	F1	0x700000
Delete	0x2e0000	F2	0x710000
Home	0x240000	F3	0x720000
End	0x230000	F4	0x730000
Page Up	0x210000	F5	0x740000
Page Down	0x220000	F6	0x750000
←	0x250000	F7	0x760000
↑	0x260000	F8	0x770000
→	0x270000	F9	0x780000
↓	0x280000	F10	0x790000
		F11	0x7a0000
		F12	0x7b0000

4.3.2 마우스 이벤트 처리

OpenCV는 영상 출력 창에서 발생하는 마우스 이벤트를 사용자에게 전달하는 기능을 제공합니다. 이를 이용하면 OpenCV에 의해 만들어진 창에서 마우스 클릭에 반응하거나 마우스를 드래그하여 영상에 그림을 그리는 등의 동작을 수행할 수 있습니다. OpenCV 응용 프로그램에서 마우

스 이벤트를 처리하려면 먼저 마우스 콜백 함수를 등록하고, 이후 마우스 콜백 함수에 마우스 이벤트를 처리하는 코드를 추가해야 합니다.

OpenCV에서 특정 창에 마우스 콜백 함수를 등록할 때에는 setMouseCallback() 함수를 사용합니다. setMouseCallback() 함수의 원형과 사용법은 다음과 같습니다.

```
void setMouseCallback(const String& winname, MouseCallback onMouse,
                      void* userdata = 0);
```

- winname   마우스 이벤트 처리를 할 창의 이름
- onMouse   마우스 이벤트 처리를 위한 콜백 함수 이름
- userdata   콜백 함수에 전달할 사용자 데이터의 포인터

setMouseCallback() 함수는 winname 창에서 마우스 이벤트가 발생하면 onMouse로 등록된 콜백 함수가 자동으로 호출되도록 설정합니다. userdata 인자에는 사용자가 마우스 콜백 함수에 전달하고 싶은 데이터를 void* 형식으로 전달할 수 있습니다. 만약 콜백 함수에 전달할 사용자 데이터가 없다면 userdata 인자는 지정하지 않아도 됩니다.

setMouseCallback() 함수의 두 번째 인자 onMouse에 지정하는 마우스 콜백 함수에 대해 알아보겠습니다. 마우스 콜백 함수는 마우스 이벤트가 발생할 때 자동으로 호출되는 함수이며, 이 콜백 함수의 형식 MouseCallback은 다음과 같이 정의되어 있습니다.

```
typedef void (*MouseCallback)(int event, int x, int y, int flags, void* userdata);
```

즉, 마우스 콜백 함수는 네 개의 정수형과 하나의 void* 타입을 인자로 가지며, void를 반환형으로 사용해야 합니다. 마우스 콜백 함수 이름을 반드시 onMouse로 설정해야 하는 것은 아니며, 여러분이 원하는 다른 이름을 사용해도 됩니다. 마우스 콜백 함수의 첫 번째 인자 event에는 MouseEventTypes로 정의된 열거형 상수 중 하나가 전달되며, 그 값과 의미를 표 4-8에 나타냈습니다. 마우스 콜백 함수의 두 번째와 세 번째 인자에는 마우스 이벤트가 발생한 위치의 x 좌표와 y 좌표가 전달됩니다. 마우스 콜백 함수의 네 번째 인자 flags는 마우스 이벤트가 발생할 때의 마우스 또는 키보드의 상태 정보를 담고 있습니다. flags 인자에는 MouseEventFlags 열거형 상수의 논리합 조합이 전달됩니다. MouseEventFlags 열거형 상수와 의미는 표 4-9에 정리했습니다. 마지막으로 void* 타입의 다섯 번째 인자에는 setMouseCallback() 함수에서 설정한 사용자 데이터의 포인터가 전달됩니다. 만약 setMouseCallback() 함수에서 세 번째 인자 userdata를 설정하지 않았다면 마우스 콜백 함수의 userdata 인자에는 항상 0(NULL)이 전달됩니다.

▼ 표 4-8 MouseEventTypes 열거형 상수

MouseEventTypes 열거형 상수	값	설명
EVENT_MOUSEMOVE	0	마우스가 창 위에서 움직이는 경우
EVENT_LBUTTONDOWN	1	마우스 왼쪽 버튼을 누른 경우
EVENT_RBUTTONDOWN	2	마우스 오른쪽 버튼을 누른 경우
EVENT_MBUTTONDOWN	3	마우스 가운데 버튼을 누른 경우
EVENT_LBUTTONUP	4	마우스 왼쪽 버튼을 떼는 경우
EVENT_RBUTTONUP	5	마우스 오른쪽 버튼을 떼는 경우
EVENT_MBUTTONUP	6	마우스 가운데 버튼을 떼는 경우
EVENT_LBUTTONDBLCLK	7	마우스 왼쪽 버튼을 더블클릭하는 경우
EVENT_RBUTTONDBLCLK	8	마우스 오른쪽 버튼을 더블클릭하는 경우
EVENT_MBUTTONDBLCLK	9	마우스 가운데 버튼을 더블클릭하는 경우
EVENT_MOUSEWHEEL	10	마우스 휠을 앞뒤로 돌리는 경우
EVENT_MOUSEHWHEEL	11	마우스 휠을 좌우로 움직이는 경우

▼ 표 4-9 MouseEventFlags 열거형 상수

MouseEventFlags 열거형 상수	값	설명
EVENT_FLAG_LBUTTON	1	마우스 왼쪽 버튼이 눌려 있음
EVENT_FLAG_RBUTTON	2	마우스 오른쪽 버튼이 눌려 있음
EVENT_FLAG_MBUTTON	4	마우스 가운데 버튼이 눌려 있음
EVENT_FLAG_CTRLKEY	8	Ctrl 키가 눌려 있음
EVENT_FLAG_SHIFTKEY	16	Shift 키가 눌려 있음
EVENT_FLAG_ALTKEY	32	Alt 키가 눌려 있음

setMouseCallback() 함수를 사용하여 마우스 이벤트를 처리하는 예제 코드를 코드 4-11에 나타 냈습니다. 이 예제 프로그램은 마우스 왼쪽 버튼이 눌리거나 떼어진 좌표를 콘솔 창에 출력하고, 마우스 왼쪽 버튼을 누른 상태로 마우스를 움직이면 마우스 움직임 궤적을 영상 위에 노란색으로 표시합니다. 이 예제 코드는 내려받은 예제 파일 중 ch04/mouse 프로젝트에서 확인할 수 있습 니다.

```
01    #include "opencv2/opencv.hpp"
02    #include <iostream>
03
04    using namespace cv;
05    using namespace std;
06
07    Mat img;
08    Point ptOld;
09    void on_mouse(int event, int x, int y, int flags, void*);
10
11    int main(void)
12    {
13        img = imread("lenna.bmp");
14
15        if (img.empty()) {
16            cerr << "Image load failed!" << endl;
17            return -1;
18        }
19
20        namedWindow("img");
21        setMouseCallback("img", on_mouse);
22
23        imshow("img", img);
24        waitKey();
25
26        return 0;
27    }
28
29    void on_mouse(int event, int x, int y, int flags, void*)
30    {
31        switch (event) {
32        case EVENT_LBUTTONDOWN:
33            ptOld = Point(x, y);
34            cout << "EVENT_LBUTTONDOWN: " << x << ", " << y << endl;
35            break;
36        case EVENT_LBUTTONUP:
37            cout << "EVENT_LBUTTONUP: " << x << ", " << y << endl;
38            break;
39        case EVENT_MOUSEMOVE:
40            if (flags & EVENT_FLAG_LBUTTON) {
41                line(img, ptOld, Point(x, y), Scalar(0, 255, 255), 2);
42                imshow("img", img);
43                ptOld = Point(x, y);
44            }
45            break;
```

```
46          default:
47              break;
48          }
49      }
```

- 7행   main( ) 함수와 on_mouse( ) 함수에서 함께 사용할 영상 img를 전역 변수로 선언합니다.
- 8행   on_mouse( ) 함수에서 이전 마우스 이벤트 발생 위치를 저장하기 위한 용도로 ptOld 변수를 전역 변수 형태로 선언합니다.
- 20~21행   setMouseCallback( ) 함수를 사용하기 전에 마우스 이벤트를 받을 창이 미리 생성되어 있어야 합니다.
- 33행   마우스 왼쪽 버튼이 눌린 좌표를 전역 변수 ptOld에 저장합니다. ptOld는 마우스가 움직인 궤적을 그릴 때 사용됩니다.
- 34행   마우스 왼쪽 버튼이 눌린 좌표를 콘솔 창에 출력합니다.
- 37행   마우스 왼쪽 버튼이 떼어진 좌표를 콘솔 창에 출력합니다.
- 39~44행   마우스가 움직이는 경우, 마우스 왼쪽 버튼이 눌려 있는 상태라면 img 영상 위에 노란색 직선을 이어 그립니다. 직선은 ptOld 좌표부터 현재 마우스 이벤트 발생 좌표까지 그리며, 직선을 그리고 난 후에는 현재 마우스 이벤트 발생 좌표를 ptOld에 저장합니다.

코드 4-11에서는 main( ) 함수와 마우스 콜백 함수 on_mouse( ) 함수에서 함께 사용할 레나 영상을 전역 변수 img로 선언하여 사용합니다. setMouseCallback( ) 함수의 세 번째 인자를 이용하여 영상 데이터를 마우스 콜백 함수로 전달할 수도 있지만, 여기서는 간단하게 전역 변수를 사용하는 형태로 코드를 구성하였습니다.[2]

코드 4-11에서 마우스 이벤트를 처리하는 on_mouse( ) 함수에 대해 자세히 알아보겠습니다. on_mouse( ) 함수에서는 switch ~ case 구문을 이용하여 다양한 마우스 이벤트를 처리합니다. 사용자가 마우스 왼쪽 버튼을 누르면 "EVENT_LBUTTONDOWN: " 문자열과 마우스 버튼이 눌린 좌표를 출력합니다. 눌렸던 왼쪽 마우스 버튼을 떼는 경우에는 "EVENT_LBUTTONUP: " 문자열과 해당 마우스 좌표를 출력합니다. 코드 4-11의 39~44행은 마우스가 움직이는 MOUSE_MOVE 이벤트 처리 구문입니다. 이때 flags 인자에 EVENT_FLAG_LBUTTON 상태가 설정되어 있으면 line( ) 함수를 이용하여 img 영상에 노란색 마우스 궤적을 그립니다. flags 인자에서 EVENT_FLAG_LBUTTON 비트가 설정되어 있는지를 확인하기 위해 & 연산자를 사용하였습니다. 41~43행 코드는 사용자가 마우스 왼쪽 버튼을 누른 상태에서 마우스를 움직일 때 실행되는 코드 블록입니다.

코드 4-11의 mouse 예제 프로그램을 실행하여 마우스 이벤트를 처리한 결과 화면을 그림 4-8에 나타냈습니다. 레나 영상이 나타난 img 창에 마우스로 그린 노란색으로 선이 나타난 것을 볼

---

2   콜백 함수에서 userdata 인자를 설정하여 Mat 영상을 전달하는 방식은 4.3.3절 트랙바 예제 코드를 참고하기 바랍니다.

수 있고, 배경의 콘솔 창에는 마우스 왼쪽 버튼이 눌린 좌표와 뗀 좌표가 출력된 것을 확인할 수 있습니다. 영상 출력 창 위에서 두 번 마우스를 클릭하여 그림을 그렸기 때문에 콘솔 창에 EVENT_LBUTTONDOWN과 EVENT_LBUTTONUP 좌표가 각각 두 번 출력되었습니다.

▼ 그림 4-8 마우스 이벤트 처리 예제 실행 화면

4.3.3 트랙바 사용하기

OpenCV를 이용하면 함수 몇 개만 호출하여 새로운 창을 만들고 영상을 출력할 수 있습니다. 그러나 가끔은 새 창에 영상만 출력하는 것이 아니라 프로그램 동작 중에 사용자 입력을 받을 수 있는 그래픽 사용자 인터페이스, 즉 GUI(Graphical User Interface)를 추가하고 싶을 때가 있습니다. OpenCV는 다양한 운영 체제에서 동작하는 라이브러리이기 때문에 범용적인 GUI 기능을 제공하기가 쉽지 않습니다. 그럼에도 OpenCV는 Windows, Linux, Mac OS 운영 체제에서 공통으로 사용할 수 있는 트랙바(trackbar) 인터페이스를 제공합니다. 트랙바는 슬라이더 컨트롤(slider control)이라고도 부르며, 영상 출력 창에 부착되어 프로그램 동작 중에 사용자가 지정된 범위 안의 값을 선택할 수 있습니다.

그림 4-9는 일반적인 OpenCV 트랙바 인터페이스 모습입니다. 트랙바는 사용자가 지정한 영상 출력 창의 상단에 부착되며, 필요한 경우 창 하나에 여러 개의 트랙바를 생성할 수 있습니다. 각각의 트랙바에는 고유한 이름을 지정해야 하며, 이 이름은 트랙바 왼쪽에 나타납니다. 트랙바 위치는 사용자가 마우스를 이용하여 이동시킬 수 있고, 트랙바의 현재 위치는 트랙바 이름 옆에 함께 표시됩니다. 트랙바가 가리킬 수 있는 최대 위치는 트랙바 생성 시 지정할 수 있으며, 최소 위치는 항상 0으로 고정되어 있습니다.

▼ 그림 4-9 트랙바 인터페이스

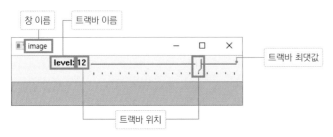

OpenCV에서 트랙바를 생성하려면 createTrackbar() 함수를 사용하며, 이 함수의 원형은 다음과 같습니다.

```
int createTrackbar(const String& trackbarname, const String& winname,
                   int* value, int count, TrackbarCallback onChange = 0,
                   void* userdata = 0);
```

- trackbarname   트랙바 이름
- winname   트랙바를 생성할 창 이름
- value   트랙바 위치를 받을 정수형 변수의 주소
- count   트랙바 최대 위치
- onChange   트랙바 위치가 변경될 때마다 호출되게 만들 콜백 함수 이름(함수의 포인터)
  만약 NULL을 지정하면 콜백 함수는 호출되지 않고 value로 지정한 변수 값만 갱신됩니다.
- userdata   트랙바 콜백 함수에 전달할 사용자 데이터의 포인터
- 반환값   정상 동작하면 1을, 실패하면 0을 반환합니다.

createTrackbar() 함수는 winname 이름의 창에 trackbarname 이름의 트랙바를 부착하고, 트랙바가 움직일 때마다 onChange에 해당하는 트랙바 콜백 함수가 호출되도록 설정합니다. 생성된 트랙바의 최소 위치는 항상 0으로 설정되고, 최대 위치는 네 번째 인자인 count 값으로 지정합니다. 정수형 변수를 하나 만들고 그 변수의 주소를 value 인자로 설정하면, 트랙바 위치가 해당 변수에 자동으로 저장됩니다. 사용자가 트랙바 콜백 함수에 전달하고 싶은 데이터가 있다면 userdata 인자를 통해 void* 형식으로 전달할 수 있습니다. 만약 콜백 함수에 전달할 사용자 데이터가 없다면

userdata 인자는 지정하지 않아도 됩니다.

createTrackbar() 함수의 다섯 번째 인자 onChange에 지정하는 트랙바 콜백 함수에 대해 알아보겠습니다. 트랙바 콜백 함수는 트랙바 위치가 변경될 때 자동으로 호출되는 함수이며, 이 콜백 함수의 형식 TrackbarCallback은 다음과 같이 정의되어 있습니다.

```
typedef void (*TrackbarCallback)(int pos, void* userdata);
```

즉, 트랙바 콜백 함수는 int와 void* 타입의 인자 두 개를 가지며, 반환형은 void인 형태로 정의해야 합니다. 트랙바 콜백 함수 첫 번째 인자에는 현재 트랙바의 위치 정보가 전달되고, 두 번째 인자에는 createTrackbar() 함수에서 지정한 사용자 데이터 포인터 값이 전달됩니다. 트랙바 콜백 함수 이름은 사용자 마음대로 지정해도 되지만, 함수의 인자 목록과 반환형은 반드시 정해진 형태를 따라야 합니다. 예를 들어 다음과 같은 형식의 함수는 트랙바 콜백 함수로 사용할 수 있습니다.

```
void my_trackbar_callback(int pos, void* userdata);
```

실제로 createTrackbar() 함수를 이용하여 트랙바를 만들고 이용하는 예제 코드를 코드 4-12에 나타냈습니다. 이 예제 프로그램은 image 이름의 새 창에 0부터 16 사이의 값을 선택할 수 있는 트랙바를 생성합니다. 그리고 트랙바 콜백 함수로 등록된 on_level_change() 함수는 사용자가 선택한 트랙바 위치에 16을 곱하여 영상의 전체 픽셀 값으로 설정합니다. 즉, 이 예제 프로그램은 그레이스케일 레벨을 16단계로 보여 줍니다. 코드 4-12에 나타난 소스 코드 파일은 내려받은 예제 파일 중 ch04/trackbar 프로젝트에서 확인할 수 있습니다.

코드 4-12 트랙바를 이용하여 그레이스케일 레벨 표현하기 [ch04/trackbar]

```
01    #include "opencv2/opencv.hpp"
02    #include <iostream>
03
04    using namespace cv;
05    using namespace std;
06
07    void on_level_change(int pos, void* userdata);
08
09    int main(void)
10    {
11        Mat img = Mat::zeros(400, 400, CV_8UC1);
12
13        namedWindow("image");
14        createTrackbar("level", "image", 0, 16, on_level_change, (void*)&img);
15
```

```
16          imshow("image", img);
17          waitKey();
18
19          return 0;
20      }
21
22      void on_level_change(int pos, void* userdata)
23      {
24          Mat img = *(Mat*)userdata;
25
26          img.setTo(pos * 16);
27          imshow("image", img);
28      }
```

- • 7행   트랙바 콜백 함수를 선언합니다. 이 트랙바 콜백 함수의 정의는 22~28행에 있습니다.
- • 11행   픽셀 값이 0으로 초기화된 400×400 크기의 영상 img를 생성합니다.
- • 13행   트랙바를 부착할 image 창을 미리 생성합니다.
- • 14행   트랙바를 생성하고 트랙바 콜백 함수를 등록합니다. 트랙바 이름은 level이고, 최대 위치는 16으로 지정
             하였습니다. 트랙바 콜백 함수 이름은 on_level_change이고 img 객체의 주소를 사용자 데이터로 지
             정하였습니다.
- • 16~17행   img 영상을 image 창에 출력하고, 키 입력이 있을 때까지 창을 닫지 않고 유지합니다.
- • 24행   void* 타입의 인자 userdata를 Mat* 타입으로 형변환한 후 img 변수로 참조합니다.
- • 26행   트랙바 위치 pos에 16을 곱한 결과를 img 영상의 전체 픽셀 값으로 설정합니다. 만약 pos * 16 결과
             가 255보다 크면 포화 연산이 적용됩니다.
- • 27행   픽셀 값이 설정된 img 영상을 image 창에 출력합니다. 앞서 17행에서 waitKey() 함수가 사용되었기
             때문에 여기서는 waitKey() 함수를 따로 호출하지 않아도 됩니다.

코드 4-12에서 트랙바 콜백 함수로 사용자 데이터를 전달하는 방법에 대해 살펴보겠습니다. createTrackbar() 함수에서 사용자 데이터는 void* 타입으로 설정해야 하며, 코드 4-12에서는 createTrackbar() 함수 여섯 번째 인자를 (void*)&img 형태로 지정하였습니다. on_level_change() 함수에서는 전달된 userdata를 먼저 Mat* 타입으로 형변환한 후, 이를 Mat 타입 지역 변수 img에 복사하였습니다. 결국 on_level_change() 함수에서 사용하는 img 변수는 main() 함수의 img 영상과 같은 영상 데이터를 사용합니다.

코드 4-12의 trackbar 예제 프로그램 실행 결과를 그림 4-10에 나타냈습니다. 프로그램이 실행되면 그림 4-10의 왼쪽 그림처럼 전체가 완전히 검은색으로 채워진 영상이 나타납니다. 그리고 사용자가 마우스를 이용하여 트랙바 위치를 조정하면 그에 해당하는 밝기로 영상이 변경됩니다. 그림 4-10의 오른쪽 그림은 트랙바 위치가 12이므로 12 * 16 = 192에 해당하는 픽셀 값으로 설정된 결과입니다.

▼ 그림 4-10 트랙바를 이용하여 그레이스케일 레벨 표현하기

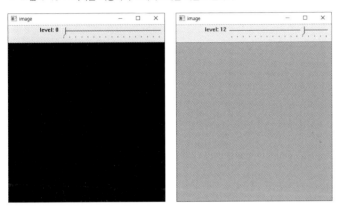

트랙바를 생성한 후, 트랙바의 현재 위치를 알고 싶다면 getTrackbarPos() 함수를 사용할 수 있습니다. 또한 프로그램 동작 중 트랙바 위치를 강제로 특정 위치로 옮기고 싶다면 setTrackbarPos() 함수를 사용할 수 있습니다. getTrackbarPos() 함수와 setTrackbarPos() 함수 원형은 다음과 같습니다.

```
int getTrackbarPos(const String& trackbarname, const String& winname);
```

- trackbarname   트랙바 이름
- winname   트랙바가 부착되어 있는 창 이름
- 반환값   지정한 트랙바의 현재 위치

```
void setTrackbarPos(const String& trackbarname, const String& winname, int pos);
```

- trackbarname   트랙바 이름
- winname   트랙바가 부착되어 있는 창 이름
- pos   트랙바를 이동할 위치

4.4 OpenCV 데이터 파일 입출력

OpenCV에서 Mat 클래스에 저장된 영상 데이터는 imwrite() 함수를 이용하여 BMP, JPG, PNG 등 영상 파일로 저장할 수 있습니다. 그러나 uchar 자료형을 사용하는 영상 데이터가 아니라 int, float, double 등의 자료형을 사용하는 일반적인 행렬은 영상 파일 형식으로 저장할 수 없습니다. OpenCV는 일반적인 행렬을 범용적인 데이터 저장 방식으로 저장하고 불러오는 기능을 제공합니다. OpenCV에서 제공하는 FileStorage 클래스는 Mat 클래스 객체뿐만 아니라 일반적인 C/C++ 자료형 데이터를 XML, YAML, JSON 등 파일 형식으로 저장하는 기능을 제공합니다. 이절에서는 FileStorage 클래스 정의에 대해 간략히 알아보고, FileStorage 클래스를 이용하여 다양한 형식의 데이터를 파일로 저장하고 다시 불러오는 방법에 대해 알아보겠습니다.

4.4.1 FileStorage 클래스

OpenCV에서 데이터 파일 입출력은 FileStorage 클래스가 담당합니다. FileStorage 클래스는 OpenCV에서 사용하는 데이터의 파일 입출력 기능을 캡슐화하여 지원하는 클래스입니다. 간략화한 FileStorage 클래스 정의를 코드 4-13에 나타냈습니다.

코드 4-13 간략화한 FileStorage 클래스 정의

```
01   class FileStorage
02   {
03   public:
04       FileStorage();
05       FileStorage(const String& filename, int flags, const String& encoding=String());
06
07       virtual bool open(const String& filename, int flags,
08                   const String& encoding=String());
09       virtual bool isOpened() const;
10       virtual void release();
11
12       FileNode operator[](const char* nodename) const;
13       ...
14   };
15
16   template<typename _Tp> static
17   FileStorage& operator << (FileStorage& fs, const _Tp& value);
```

```
18    static FileStorage& operator << (FileStorage& fs, const String& str);
19    static FileStorage& operator << (FileStorage& fs, const char* str);
20
21    template<typename _Tp> static
22    void operator >> (const FileNode& n, _Tp& value)
23    template<typename _Tp> static
24    void operator >> (const FileNode& n, std::vector<_Tp>& vec)
```

- 4~5행   FileStorage 클래스 생성자입니다.
- 7~10행   파일을 열고 닫을 때 사용하는 멤버 함수입니다.
- 12행   [ ] 연산자 재정의는 파일에서 데이터를 읽어서 FileNode 객체를 반환합니다.
- 16~19행   << 연산자 재정의는 파일에 데이터를 저장할 때 사용합니다.
- 21~24행   >> 연산자 재정의는 파일에서 데이터를 읽어 올 때 사용합니다.

FileStorage 클래스를 이용하여 OpenCV 데이터를 저장하거나 읽어 오려면 먼저 FileStorage 객체를 생성해야 합니다. FileStorage 객체는 단순히 FileStorage 클래스 타입의 변수를 하나 선언하는 방식으로 생성할 수 있습니다.

```
FileStorage fs;
```

FileStorage 객체를 생성한 후에는 FileStorage::open() 함수를 이용하여 실제 사용할 파일을 열어야 합니다. FileStorage::open() 함수 원형은 다음과 같습니다.

```
virtual bool FileStorage::open(const String& filename, int flags,
                               const String& encoding = String());
```

- filename   파일 이름
- flags   파일 열기 모드
- encoding   (XML) 파일 인코딩 방식
- 반환값   정상적으로 파일을 열면 true, 실패하면 false를 반환합니다.

FileStorage::open() 함수의 첫 번째 인자 filename에는 데이터 파일 이름을 지정합니다. FileStorage 클래스는 XML, YAML, JSON 형식의 파일 입출력을 지원하며, 사용할 파일 형식은 filename의 확장자에 의해 자동으로 결정됩니다. 예를 들어 filename의 확장자가 *.xml이면 XML 파일 형식을 사용하고, *.yml 또는 *.yaml이면 YAML 파일 형식을 사용합니다. filename의 확장자가 *.json이면 JSON 파일 형식을 사용합니다. 만약 데이터 파일 이름 뒤에 .gz를 추가하면 데이터 파일을 압축하여 저장합니다. 예를 들어 filename을 "mydata.xml.gz"로 설정하면 XML 파일 형식으로 데이터를 저장한 후 gzip 형식으로 압축합니다. FileStorage::open() 함수의 두 번째 인자 flags는 파일 열기 모드를 결정합니다. flags 인자에는 FileStorage::mode 열거형 상수를 지정할 수 있으며, 주로 사용되는 상수는 표 4-10에 나타냈습니다. FileStorage::open() 함수의 세 번째 인자에는 XML 파일의 인코딩 형식을 지정하는 문자열을 지정할 수 있으며, 기본값이 설정되어 있으므로 생략할 수 있습니다.

❤ 표 4-10 주요 FileStorage::mode 열거형 상수

FileStorage::mode 열거형 상수	설명
FileStorage::READ	읽기 모드
FileStorage::WRITE	쓰기 모드(새로 생성)
FileStorage::APPEND	추가로 쓰기 모드
FileStorage::MEMORY	논리합 연산자(¦)를 이용하여 FileStorage::READ 또는 FileStorage::WRITE 상수와 함께 사용될 경우, 실제 파일 입출력 대신 메모리 버퍼를 이용한 입출력을 수행합니다.

FileStorage 클래스 타입의 변수를 선언한 후, FileStorage::open() 함수를 이용하여 mydata. json 파일을 쓰기 모드로 열기 위해서는 다음과 같이 소스 코드를 작성합니다.

```
FileStorage fs;
fs.open("mydata.json", FileStorage::WRITE);
```

그런데 FileStorage 클래스는 FileStorage::open() 멤버 함수와 같은 형식의 인자를 갖는 생성자도 지원합니다. 코드 4-13의 5행에 적혀 있는 생성자를 이용하면 FileStorage 타입의 객체 생성과 동시에 데이터 파일을 특정 모드로 열 수 있습니다. 예를 들어 앞에서 두 줄로 작성한 예제 코드는 다음과 같이 한 줄로 쓸 수 있습니다.

```
FileStorage fs("mydata.json", FileStorage::WRITE);
```

FileStorage 객체에서 데이터 파일 열기를 시도한 후에는 해당 파일이 정상적으로 열렸는지 확인하는 것이 좋습니다. FileStorage::open() 멤버 함수를 사용하여 파일을 열 경우에는 함수의 반환값을 검사하여 정상 동작을 확인할 수 있지만, FileStorage 생성자를 이용하여 객체 생성과 파일 열기를 한꺼번에 수행하는 경우에는 파일이 정상적으로 열렸는지를 따로 확인해야 합니다. 이때 사용할 수 있는 함수가 FileStorage::isOpened() 함수입니다. 이 함수는 FileStorage 객체가 사용할 파일이 정상적으로 열린 상태이면 true를 반환합니다.

```
virtual bool FileStorage::isOpened() const;
```

• 반환값   파일이 정상적으로 열려 있으면 true, 그렇지 않으면 false를 반환합니다.

파일이 정상적으로 열렸다면 이제 데이터를 쓰거나 읽는 작업을 수행할 수 있습니다. 일반적으로 FileStorage 클래스를 이용하여 파일에 데이터를 저장할 때에는 << 연산자 재정의 함수를 사용합니다. 반대로 파일로부터 데이터를 읽어 오는 작업을 할 때에는 >> 연산자 재정의 함수를 사용합니다. 이 두 연산자 함수의 사용법은 다음 절에서 실제 예제 코드와 함께 설명하겠습니다.

FileStorage 객체를 이용하여 파일 입출력 작업이 완료되면 FileStorage::release() 함수를 호출해야 합니다. FileStorage::release() 함수는 사용하고 있던 파일을 닫고 메모리 버퍼를 해제합니다.

```
virtual void FileStorage::release();
```

4.4.2 데이터 파일 저장하기

FileStorage 클래스를 이용하여 XML/YAML/JSON 파일을 쓰기 모드로 열었다면 C/C++ 자료형, STL 클래스, OpenCV 클래스 형식의 데이터를 파일에 저장할 수 있습니다. FileStorage 클래스를 이용하여 데이터를 파일에 저장할 때에는 보통 << 연산자 재정의 함수를 사용합니다. FileStorage 클래스 객체에 데이터를 저장할 때 사용하는 << 연산자 재정의 함수 원형은 다음과 같습니다.

```
template<typename _Tp>
static FileStorage& operator << (FileStorage& fs, const _Tp& value);
static FileStorage& operator << (FileStorage& fs, const String& str);
static FileStorage& operator << (FileStorage& fs, const char* str);
```

- fs   FileStorage 객체
- value   저장할 데이터(C/C++ 기본 자료형, 벡터, 클래스 등)
- str   문자열(이름 또는 값)
- 반환값   FileStorage 객체의 참조

FileStorage 객체를 사용하는 << 연산자 재정의는 함수 템플릿으로 구성되어 있어서 다양한 자료형의 데이터와 함께 사용될 수 있습니다. 즉, char, int, float, double 등 C/C++ 기본 자료형과 string, vector 같은 STL 클래스 객체, 그리고 OpenCV에서 사용하는 Mat, Scalar, Point, Size, Rect 등 클래스 객체를 저장할 수 있습니다.

FileStorage 클래스를 이용하여 파일에 여러 개의 데이터를 저장할 때에는 데이터의 구분을 위한 문자열 형식의 이름을 함께 저장합니다. 즉, FileStorage 객체에 데이터 이름을 먼저 저장한 후,

실제 저장할 데이터를 저장합니다. 예를 들어 C/C++의 int형 데이터 2019를 "year"라는 이름으로 저장하려면 다음과 같이 코드를 작성합니다. 다음 코드에서 변수 fs는 쓰기 모드로 생성된 FileStorage 객체입니다.

```
int year = 2019;
fs << "year";
fs << year;
```

그런데 FileStorage 클래스와 함께 사용하는 << 연산자 재정의 함수는 사용된 FileStorage 객체를 참조 형태로 반환합니다. 그러므로 앞에서 데이터의 이름과 값을 저장하기 위해 두 줄로 작성한 코드는 다음과 같이 한 줄의 코드로 바꿔 쓸 수 있습니다.

```
int year = 2019;
fs << "year" << year;
```

FileStorage 클래스를 이용하여 여러 형식의 데이터를 파일에 저장하는 예제 코드를 코드 4-14에 나타냈습니다. 코드 4-14의 writeData() 함수는 FileStorage 클래스를 이용하여 C/C++ 기본 자료형, STL 벡터, OpenCV 자료형 등을 JSON 파일 형식으로 저장합니다. writeData() 함수가 정의된 소스 파일은 내려받은 예제 파일 중 ch04/storage 프로젝트에서 확인할 수 있습니다.

코드 4-14 파일에 데이터 저장하기 [ch04/storage]

```
01    // String filename = "mydata.xml";
02    // String filename = "mydata.yml";
03    String filename = "mydata.json";
04
05    void writeData()
06    {
07        String name = "Jane";
08        int age = 10;
09        Point pt1(100, 200);
10        vector<int> scores = { 80, 90, 50 };
11        Mat mat1 = (Mat_<float>(2, 2) << 1.0f, 1.5f, 2.0f, 3.2f);
12
13        FileStorage fs(filename, FileStorage::WRITE);
14
15        if (!fs.isOpened()) {
16            cerr << "File open failed!" << endl;
17            return;
18        }
19
20        fs << "name" << name;
21        fs << "age" << age;
```

```
22        fs << "point" << pt1;
23        fs << "scores" << scores;
24        fs << "data" << mat1;
25
26        fs.release();
27    }
```

- 1~3행   4.4.3절에서 설명할 readData( ) 함수에서 함께 사용하기 위하여 데이터 파일 이름을 전역 변수로
             선언하였습니다.
- 7~11행   파일에 저장할 데이터 변수를 선언합니다.
- 13행   FileStorage 객체를 쓰기 모드로 생성합니다.
- 20~24행   << 연산자를 이용하여 준비한 데이터를 파일에 저장합니다.
- 26행   데이터 저장이 끝나면 파일을 닫습니다.

코드 4-14의 writeData( ) 함수를 실행하면 프로그램 실행 폴더에 mydata.json 파일이 생성됩니다. 그림 4-11은 실제로 writeData( ) 함수에 의해 생성된 mydata.json 파일의 내용입니다. mydata.json 파일에는 JSON 문법을 이용하여 각각의 데이터가 저장되어 있으며, 각 데이터는 이름과 값이 콜론(:)으로 구분되어 있습니다. 문자열과 정수형 데이터는 하나의 값 형태로 저장되고, Point 자료형과 vector⟨int⟩ 형식의 데이터는 [ ] 대괄호를 이용한 JSON 배열 형태로 저장됩니다. Mat 클래스 데이터는 {} 중괄호를 이용하는 JSON 객체 형식으로 저장됩니다.

▼ 그림 4-11 mydata.json 파일 내용

```
{
    "name": "Jane",
    "age": 10,
    "point": [ 100, 200 ],
    "scores": [ 80, 90, 50 ],
    "data": {
        "type_id": "opencv-matrix",
        "rows": 2,
        "cols": 2,
        "dt": "f",
        "data": [ 1.0, 1.50000000e+00, 2.0, 3.20000005e+00 ]
    }
}
```

코드 4-14에서 저장할 파일 이름을 mydata.json 대신 mydata.xml 또는 mydata.yml로 지정하면 각각 XML과 YAML 형식에 맞게 데이터를 저장합니다. 파일 이름을 mydata.xml로 지정하였을 때 저장된 파일의 내용을 그림 4-12에 나타냈고, mydata.yml을 파일 이름으로 사용하

여 YAML 형식으로 저장된 결과를 그림 4-13에 나타냈습니다. FileStorage 클래스에 의해 다양한 형식의 데이터 파일이 정상적으로 생성되는 것을 확인할 수 있으며, 저장된 파일은 추후 FileStorage 클래스를 이용하여 다시 읽어 올 수 있습니다.

▼ 그림 4-12 mydata.xml 파일 내용

```
<?xml version="1.0"?>
<opencv_storage>
<name>Jane</name>
<age>10</age>
<point>
  100 200</point>
<scores>
  80 90 50</scores>
<data type_id="opencv-matrix">
  <rows>2</rows>
  <cols>2</cols>
  <dt>f</dt>
  <data>
    1. 1.50000000e+00 2. 3.20000005e+00</data></data>
</opencv_storage>
```

▼ 그림 4-13 mydata.yml 파일 내용

```
%YAML:1.0
---
name: Jane
age: 10
point: [ 100, 200 ]
scores: [ 80, 90, 50 ]
data: !!opencv-matrix
   rows: 2
   cols: 2
   dt: f
   data: [ 1., 1.50000000e+00, 2., 3.20000005e+00 ]
```

4.4.3 데이터 파일 불러오기

이번에는 FileStorage 클래스를 이용하여 XML/YAML/JSON 형식의 파일로부터 데이터를 읽어 오는 방법을 알아보겠습니다. FileStorage 클래스를 이용하여 데이터 파일을 읽어 오려면 먼저 FileStorage 객체를 생성하고, 그다음 실제 사용할 데이터 파일을 읽기 모드로 열어야 합니다. FileStorage 클래스의 생성자 중에서 파일 이름과 열기 모드를 지정하는 생성자를 이용하여 두 가지 작업을 한꺼번에 수행할 수 있습니다. 다음은 FileStorage 객체 fs를 선언함과 동시에 mydata.json 파일을 읽기 모드로 여는 예제 코드입니다.

```
FileStorage fs("mydata.json", FileStorage::READ);
```

FileStorage 객체가 XML/YAML/JSON 파일을 읽기 모드로 열면 FileStorage 객체는 파일 전체를 분석하여 계층적 구조를 갖는 노드(node) 집합을 구성합니다. 노드는 이름과 값으로 구성되어 있는 하나의 데이터를 의미합니다. 하나의 노드는 하나의 정수 혹은 문자열을 저장하고 있는 경우도 있고, 여러 데이터의 집합으로 구성되기도 합니다. OpenCV는 이러한 노드를 FileNode 클래스를 이용하여 표현합니다. 특정 이름으로 저장되어 있는 FileNode 객체에 접근하려면 FileStorage::operator[]() 연산자 재정의 함수를 사용합니다.

```
FileNode FileStorage::operator[](const char* nodename) const;
```

- nodename   노드 이름
- 반환값   FileNode 객체

일단 노드 이름을 이용하여 FileNode 객체를 얻어 온 후에는 FileNode 클래스의 >> 연산자 재정의 함수를 이용하여 노드에 저장된 데이터 값을 받아 올 수 있습니다. FileNode 객체와 함께 사용하는 >> 연산자 재정의 함수 원형은 다음과 같습니다.

```
template<typename _Tp>
static void operator >> (const FileNode& n, _Tp& value);
template<typename _Tp>
static void operator >> (const FileNode& n, std::vector<_Tp>& vec);
```

- n   FileNode 객체
- value   받아 올 데이터 형식(C/C++ 기본 자료형, 벡터, 클래스 등)에 맞는 변수 이름
- vec   STL vector 형식으로 저장된 데이터를 불러올 때 사용합니다.

재정의된 >> 연산자 함수를 사용하여 데이터를 읽어 오려면 >> 연산자 왼쪽에 FileNode 객체 이름을 쓰고, >> 연산자 오른쪽에는 받아 올 데이터 형식에 맞는 변수 이름을 적습니다. 예를 들어 데이터 파일에 "year"라는 이름으로 저장되어 있는 정수형 데이터를 읽어 와서 변수 year에 저장하려면 다음과 같이 코드를 작성합니다. 다음 코드에서 변수 fs는 읽기 모드로 생성된 FileStorage 객체입니다.

```
int year;
FileNode fn = fs["year"];
fn >> year;
```

그런데 앞 코드에서 변수 fn은 임시로 사용된 후 필요가 없어지므로 굳이 변수로 선언하여 사용하지 않는 것이 일반적입니다. 그러므로 앞 코드는 보통 다음과 같은 형태로 사용합니다.

```
int year;
fs["year"] >> year;
```

이 예제 코드는 FileStorage 객체 fs로부터 "year"라는 노드 이름의 데이터를 읽어 와서 year 변수에 저장합니다. 결국 FileStorage 클래스를 이용하여 파일을 읽을 때에는 FileNode 클래스의 객체를 명시적으로 사용하지 않아도 되며, 데이터 노드 이름과 자료형을 제대로 알고 있다면 어떠한 데이터도 쉽게 읽을 수 있습니다.

FileStorage 클래스를 이용하여 파일로부터 데이터를 읽어 오는 예제 코드를 코드 4-15에 나타냈습니다. 코드 4-15의 readData() 함수는 FileStorage 클래스를 이용하여 파일로부터 C/C++ 기본 자료형, STL 벡터, OpenCV 자료형 등을 읽어 옵니다. 이 예제에서는 앞서 4.4.2절의 코드 4-14에서 생성한 mydata.json 파일을 데이터 파일로 사용합니다. readData() 함수가 정의된 소스 파일은 내려받은 예제 파일 중 ch04/storage 프로젝트에서 확인할 수 있습니다.

코드 4-15 파일로부터 데이터 불러오기 [ch04/storage]

```
01    void readData()
02    {
03        String name;
04        int age;
05        Point pt1;
06        vector<int> scores;
07        Mat mat1;
08
09        FileStorage fs(filename, FileStorage::READ);
10
11        if (!fs.isOpened()) {
12            cerr << "File open failed!" << endl;
13            return;
14        }
15
16        fs["name"] >> name;
17        fs["age"] >> age;
18        fs["point"] >> pt1;
19        fs["scores"] >> scores;
20        fs["data"] >> mat1;
21
22        fs.release();
23
24        cout << "name: " << name << endl;
25        cout << "age: " << age << endl;
26        cout << "point: " << pt1 << endl;
```

```
27        cout << "scores: " << Mat(scores).t() << endl;
28        cout << "data:\n" << mat1 << endl;
29    }
```

- 3~7행   파일에서 읽어 올 데이터를 저장할 변수를 선언합니다.
- 9행   FileStorage 객체를 읽기 모드로 생성합니다. filename은 코드 4-14에 정의되어 있습니다.
- 16~20행   [ ] 연산자와 >> 연산자를 이용하여 파일에서 데이터를 읽습니다.
- 24~28행   파일로부터 데이터를 제대로 읽었는지 확인하기 위하여 읽은 데이터를 콘솔 창에 출력합니다.
- 27행   Mat(scores).t() 코드는 std::vector 객체에 저장된 값을 간단히 출력하기 위해 사용된 코드입니다. scores는 std::vector<int> 형식으로 정의된 변수이며, Mat(scores)는 scores에 저장된 정수 값으로 구성된 1열짜리 행렬을 생성합니다. 이 행렬에 대해 Mat::t() 함수를 호출하면 1행짜리 전치 행렬이 구해집니다.

코드 4-15의 readData() 함수를 실행한 결과 화면을 그림 4-14에 나타냈습니다. 앞서 4.4.2절에서 생성된 mydata.json 파일의 내용을 제대로 읽어서 화면에 출력한 것을 확인할 수 있습니다.

❤ 그림 4-14 파일로부터 데이터 불러오기 예제 실행 화면

```
name: Jane
age: 10
point: [100, 200]
scores: [80, 90, 50]
data:
[1, 1.5;
 2, 3.2]

C:\coding\opencv\ch04\storage\x64\Release\storage.exe(5548 프로세스)이(가) 0 코드로 인해 종료되었습니다.
이 창을 닫으려면 아무 키나 누르세요.
```

4.5 유용한 OpenCV 기능

이 절에서는 OpenCV 라이브러리에서 제공하는 여러 유용한 기능을 소개합니다. 먼저 영상의 일부 영역에 대해서만 특정 연산을 수행할 수 있는 마스크 연산에 대해 소개하고, 이를 이용하여 두 영상을 합성하는 예제 프로그램을 만들어 보겠습니다. 그리고 컴퓨터 비전 프로그램의 최적화 작업에서 유용하게 사용할 수 있는 연산 시간 측정 방법에 대해 알아보겠습니다. 마지막으로 다양한 OpenCV 프로그램 개발 시 유용하게 사용할 수 있는 OpenCV 주요 함수를 예제 코드와 함께 소개하겠습니다.

4.5.1 마스크 연산

앞서 3.2.4절에서 부분 행렬 추출 기능을 이용하여 영상에 사각형 ROI를 설정하는 방법에 대해 설명했습니다. 그러나 경우에 따라서는 사각형이 아닌 임의의 ROI 설정이 필요하기도 합니다. OpenCV에서는 임의의 모양을 갖는 ROI 설정을 위하여 일부 행렬 연산 함수에 대하여 마스크 (mask) 연산을 지원합니다. 마스크 연산을 지원하는 OpenCV 함수는 보통 입력 영상과 크기가 같고 깊이가 CV_8U인 마스크 영상을 함께 인자로 전달받습니다. 마스크 영상이 주어질 경우, 마스크 영상의 픽셀 값이 0이 아닌 좌표에 대해서만 연산이 수행됩니다. 일반적으로 마스크 영상은 사람의 눈으로도 구분이 쉽도록 픽셀 값이 0 또는 255로 구성된 흑백 영상이 사용됩니다.

몇 가지 마스크 연산을 지원하는 함수를 살펴보면서 마스크 연산 방법에 대해 알아보겠습니다. 앞서 3.2.2절에서 행렬의 픽셀 값을 설정하기 위해 Mat::setTo() 멤버 함수를 사용했습니다. Mat::setTo() 함수는 마스크 연산을 지원하는 함수이며, 이 함수의 원형을 다시 쓰면 다음과 같습니다.

```
Mat& Mat::setTo(InputArray value, InputArray mask = noArray());
```

- value   행렬 원소에 설정할 값
- mask   마스크 행렬. 마스크 행렬의 원소가 0이 아닌 위치에서만 value 값이 설정됩니다. 행렬 전체 원소 값을 설정하려면 noArray() 또는 Mat()을 지정합니다.
- 반환값   Mat 객체의 참조

Mat::setTo() 함수의 두 번째 인자 mask에 마스크 영상을 지정할 수 있습니다. 기본값으로 설정되어 있는 noArray()를 mask 인자로 지정하면 입력 행렬의 모든 원소 값을 value 값으로 설정하고, 적절한 마스크 영상을 mask 인자로 지정하면 특정 영역에 대해서만 픽셀 값을 설정할 수 있습니다. 이때 마스크 영상은 Mat::setTo()를 호출하는 대상 행렬과 크기가 같아야 합니다.

Mat::setTo() 함수에서 마스크 영상을 사용하는 예제 코드를 코드 4-16에 나타냈습니다. 코드 4-16의 mask_setTo() 함수는 lenna.bmp 레나 영상의 일부 영역에 대해서만 픽셀 값을 노란색으로 설정합니다. 이때 노란색으로 설정할 영역 정보는 mask_smile.bmp 파일이 제공합니다. mask_setTo() 함수가 정의된 소스 파일과 사용된 영상 파일은 내려받은 예제 파일 중 ch04/utils 프로젝트에서 확인할 수 있습니다.

코드 4-16 마스크 영상을 이용한 픽셀 값 설정 예제 [ch04/utils]

```
01    void mask_setTo()
02    {
03        Mat src = imread("lenna.bmp", IMREAD_COLOR);
```

```
04        Mat mask = imread("mask_smile.bmp", IMREAD_GRAYSCALE);
05
06        if (src.empty() || mask.empty()) {
07            cerr << "Image load failed!" << endl;
08            return;
09        }
10
11        src.setTo(Scalar(0, 255, 255), mask);
12
13        imshow("src", src);
14        imshow("mask", mask);
15
16        waitKey();
17        destroyAllWindows();
18    }
```

- 3행   레나 영상을 src 변수에 저장합니다.

- 4행   마스크 영상을 mask 변수에 저장합니다.

- 11행   mask 영상에서 픽셀 값이 0이 아닌 위치에서만 src 영상 픽셀을 노란색으로 설정합니다.

코드 4-16의 mask_setTo() 함수 실행 결과를 그림 4-15에 나타냈습니다. 그림 4-15의 오른쪽에
나타난 mask 영상은 중앙에 웃는 얼굴 부분이 흰색으로 설정되어 있고, 나머지 영역은 픽셀 값 0
에 해당하는 검은색으로 채워져 있습니다. 마스크 영상에서 흰색으로 표시된 영역에 대해서만 레
나 영상 픽셀이 노란색으로 설정된 것을 확인할 수 있습니다.

▼ 그림 4-15 마스크 연산을 이용한 픽셀 값 설정 예제 실행 결과

마스크 연산을 지원하는 함수를 하나 더 살펴보겠습니다. 앞서 3.2.3절에서 설명한 행렬 복사 함수 중에 Mat::copyTo() 함수가 있었는데요, 사실 Mat::copyTo() 함수는 두 가지 형태로 정의되어 있습니다. 하나는 복사할 대상 행렬 하나만 인자로 받고, 다른 하나는 복사할 대상 행렬과 마스크 영상 두 개를 인자로 받습니다. 마스크 연산을 지원하는 Mat::copyTo() 함수 원형은 다음과 같습니다.

```
void Mat::copyTo(OutputArray m, InputArray mask) const;
```

- m 복사본이 저장될 행렬. 만약 *this 행렬과 크기 및 타입이 다르면 메모리를 새로 할당한 후 픽셀 값을 복사합니다.
- mask 마스크 행렬. 마스크 행렬 원소 값이 0이 아닌 좌표에서만 행렬 원소를 복사합니다. mask 행렬은 *this와 같은 크기이고 깊이는 CV_8U이어야 합니다.

마스크 연산을 지원하는 Mat::copyTo() 함수는 mask 영상의 픽셀 값이 0이 아닌 위치에서만 *this 행렬 원소 값을 행렬 m으로 복사합니다. 만약 Mat::copyTo() 함수를 호출하는 *this 행렬과 인자로 전달된 m 행렬이 서로 크기 또는 타입이 같지 않을 경우, Mat::copyTo() 함수 내부에서 m.create() 함수를 호출하여 대상 영상 m을 새롭게 생성한 후 마스크 영상을 고려하여 픽셀 값을 복사합니다. 만약 *this 행렬과 m 행렬이 서로 크기와 타입이 같다면 m 행렬 원소 값을 그대로 유지한 상태에서 *this 행렬의 픽셀 값을 복사합니다.

이러한 Mat::copyTo() 함수의 동작 특성을 이용하여 두 장의 영상을 합성하는 예제 코드를 코드 4-17에 나타냈습니다. 코드 4-17의 mask_copyTo() 함수는 비행기 영상과 비행기 영역을 나타내는 마스크 영상, 그리고 들판 사진을 이용하여 들판 위에 비행기가 날아가고 있는 영상을 합성합니다. mask_copyTo() 함수가 정의된 소스 파일과 사용된 영상 파일은 내려받은 예제 파일 중 ch04/utils 프로젝트에서 확인할 수 있습니다.

코드 4-17 마스크 영상을 이용하여 픽셀 값의 일부분만 복사하기 [ch04/utils]

```
01    void mask_copyTo()
02    {
03        Mat src = imread("airplane.bmp", IMREAD_COLOR);
04        Mat mask = imread("mask_plane.bmp", IMREAD_GRAYSCALE);
05        Mat dst = imread("field.bmp", IMREAD_COLOR);
06
07        if (src.empty() || mask.empty() || dst.empty()) {
08            cerr << "Image load failed!" << endl;
09            return;
10        }
11
12        src.copyTo(dst, mask);
13
14        imshow("dst", dst);
```

```
15
16        waitKey();
17        destroyAllWindows();
18   }
```

- 3행   airplane.bmp 비행기 영상을 src 변수에 저장합니다.
- 4행   mask_plane.bmp 비행기 마스크 영상을 mask 변수에 저장합니다.
- 5행   field.bmp 들판 영상을 dst 변수에 저장합니다.
- 12행   mask 영상에서 흰색 영역 위치에서만 src 영상 픽셀 값을 dst로 복사합니다.

코드 4-17의 mask_copyTo() 함수 동작을 이해하기 위해 그림 4-16을 살펴보겠습니다. 그림 4-16에서 src는 airplane.bmp 파일에 저장된 영상이고, mask는 mask_plane.bmp 파일에 저장된 영상입니다. mask는 그레이스케일 영상이며, src 영상에서 비행기가 있는 위치에서만 픽셀 값이 255이고 나머지 영역은 픽셀 값이 0입니다. 그림 4-16의 왼쪽에 나타난 dst 영상은 field.bmp 파일에 저장된 들판 영상입니다. src, dst, mask 영상을 이용하여 src.copyTo(dst, mask) 코드를 수행하면 그림 4-16의 오른쪽에 나타난 형태로 dst 영상이 변경됩니다. 즉, mask 영상에서 흰색으로 표현된 위치에서만 src 영상의 픽셀 값이 dst 영상으로 복사됩니다. src와 dst 영상은 서로 크기와 타입이 같기 때문에 src.copyTo(dst, mask) 코드가 실행될 때 dst 영상이 새로 생성되거나 초기화되지 않으며, 오직 마스크 영상에 의해 지정된 비행기 영역 픽셀 값만 복사됩니다.[3] mask_copyTo() 함수가 실행되면 그림 4-16의 오른쪽에 나타난 dst 영상이 화면에 출력됩니다.

❤ 그림 4-16 mask_op() 함수의 동작 원리

src.copyTo(dst, mask);

dst   dst

---

3   소스 코드에서 변수 src는 source를 의미하고, dst는 destination을 의미합니다. 즉, src는 입력 영상, dst는 출력 또는 결과 영상을 나타내는 변수 이름으로 사용됩니다.

4.5.2 연산 시간 측정

대부분의 영상 처리 시스템은 대용량 영상 데이터를 다루고 복잡한 알고리즘 연산을 수행합니다. 여러 단계로 구성된 영상 처리 시스템을 개발하는 경우, 각 단계에서 소요되는 연산 시간을 측정하고 시간이 오래 걸리는 부분을 찾아 개선하는 시스템 최적화 작업이 필수적입니다. 특히 머신비전 분야처럼 실시간 연산을 필요로 하는 시스템을 만드는 경우에는 각 단계의 연산 시간을 제대로 측정하여 분석하는 작업은 매우 중요합니다.

이러한 컴퓨터 비전 분야의 특성을 충족시키기 위해 OpenCV 라이브러리는 정밀한 시간 측정 방법을 제공합니다. 원래 특정 프로그램의 동작 시간을 측정하는 C/C++ 소스 코드 작성 방법은 운영 체제마다 각기 다르지만 OpenCV 라이브러리를 이용하면 운영 체제에 상관없이 통일된 인터페이스 함수를 사용하여 연산 시간을 측정할 수 있습니다. OpenCV에서는 getTickCount() 함수와 getTickFrequency() 함수를 사용하여 특정 연산의 수행 시간을 측정합니다.

먼저 getTickCount() 함수 원형은 다음과 같습니다.

```
int64 getTickCount(void)
```

• 반환값　　　　시스템의 현재 틱(tick) 횟수

getTickCount() 함수는 컴퓨터 시스템의 특정 시점(예를 들어 컴퓨터 부팅 시점)부터 현재까지 발생한 틱(tick) 횟수를 반환합니다. 여기서 틱 횟수는 컴퓨터 시스템에서 발생하는 클럭(clock)처럼 매우 빠르게 증가하는 성능 측정 계수를 의미하며, 여러분이 사용하고 있는 컴퓨터 성능에 따라 틱 횟수는 빠르게 증가할 수도 있고 조금 느리게 증가할 수도 있습니다. getTickCount() 함수의 반환형으로 사용되는 int64는 OpenCV에서 64비트 정수를 저장하기 위해 사용하는 자료형입니다.

보통 특정 연산에 걸리는 시간을 측정하기 위해서는 특정 연산 수행 전에 getTickCount() 함수 반환값을 저장해 놓고, 연산 후에 다시 getTickCount() 함수 반환값을 구하여 그 차이를 계산합니다. 이렇게 계산되는 틱 횟수 차이 값은 사용하고 있는 컴퓨터 시스템의 성능에 따라 다르게 측정됩니다. 그러므로 실제 연산 시간을 알아내기 위해서는 틱 횟수 차이를 시스템의 틱 주파수(tick frequency)로 나누는 작업이 동반되어야 합니다. 틱 주파수란 1초 동안 발생하는 틱 횟수를 의미하며, OpenCV에서는 getTickFrequency() 함수를 이용하여 시스템 틱 주파수를 구할 수 있습니다.

```
double getTickFrequency(void)
```

• 반환값　　　　시스템의 초당 틱 횟수

특정 연산이 수행되는 시간을 측정하기 위해서는 getTickCount() 함수와 getTickFrequency() 함수를 같이 조합해서 사용합니다. 만약 특정 함수가 수행되는 시간을 밀리초 단위로 측정하려면 다음과 같이 코드를 작성합니다.

```
int64 t1 = getTickCount();

my_func(); // do something

int64 t2 = getTickCount();
double ms = (t2 - t1) * 1000 / getTickFrequency();
```

앞 코드에서는 my_func() 함수 호출 전후에 각각 getTickCount() 함수를 호출하여 틱 횟수 차이 (t2 - t1)을 계산하였습니다. 이 차이 값을 getTickFrequency() 함수 반환값으로 나누면 초 단위의 수행 시간이 측정됩니다. 그러나 대부분의 연산이 보통 1초 이내에 수행되는 경우가 많기 때문에, 앞 소스 코드에서는 연산 시간에 1000을 곱하여 밀리초 단위의 연산 시간을 변수 ms에 저장하였습니다.

이처럼 getTickCount()와 getTickFrequency() 함수를 조합하여 사용하면 특정 연산 시간을 정확하게 측정할 수 있지만, 이 두 함수의 이름과 사용법이 초보자에게는 다소 생소하게 느껴지기도 합니다. 그래서 OpenCV 3.2.0 버전부터 연산 시간 측정을 위한 TickMeter라는 이름의 클래스를 새롭게 제공합니다. TickMeter 클래스는 직관적인 이름의 시간 측정 멤버 함수를 가지고 있어서 OpenCV 초보자도 쉽게 사용할 수 있습니다. 간략화한 TickMeter 클래스 정의를 코드 4-18에 나타냈습니다.

코드 4-18 간략화한 TickMeter 클래스 정의

```
01    class TickMeter
02    {
03    public:
04        TickMeter();
05
06        void start();
07        void stop();
08        void reset();
09
10        double getTimeMicro() const;
11        double getTimeMilli() const;
12        double getTimeSec() const;
13        int64 getCounter() const
14        ...
15    };
```

- 1행   TickMeter 기본 생성자입니다.
- 6~8행   TickMeter::start() 함수는 시간 측정을 시작할 때 사용합니다.
- 7행   TickMeter::stop() 함수는 시간 측정을 멈출 때 사용합니다.
- 8행   TickMeter::reset() 함수는 새롭게 연산 시간을 측정하고자 할 때 사용하며, 모든 멤버 변수 값을 0 으로 초기화합니다.
- 10행   TickMeter::getTimeMicro() 함수는 연산 시간을 마이크로 초 단위로 반환합니다.
- 11행   TickMeter::getTimeMilli() 함수는 연산 시간을 밀리초 단위로 반환합니다.
- 12행   TickMeter::getTimeSec() 함수는 연산 시간을 초 단위로 반환합니다.
- 13행   TickMeter::getCounter() 함수는 시간 측정을 수행한 횟수를 반환합니다.

TickMeter 클래스를 이용하여 특정 연산이 수행되는 시간을 측정하려면 다음과 같은 형태로 소스 코드를 작성합니다.

```
TickMeter tm;
tm.start();

my_func(); // do something

tm.stop();
double ms = tm.getTimeMilli();
```

TickMeter 클래스를 이용하여 연산 시간을 측정하기 위해서는 TickMeter 타입의 변수를 먼저 선 언해야 합니다. 앞 예제 코드에서는 tm이라는 이름의 변수를 선언하였습니다. 그리고 시간 측정을 시작하는 위치에서 tm.start() 함수를 호출하고, 시간 측정을 마치는 위치에서 tm.stop() 함수를 호출합니다. 앞 코드에서는 my_func() 함수 호출 전후에 각각 tm.start() 함수와 tm.stop() 함수 를 호출하였습니다. tm.start() 함수가 호출된 시점부터 tm.stop() 함수가 호출된 시점까지의 시 간 간격은 TickMeter 내부 멤버 변수에 저장되고, 이 시간 간격을 밀리초 단위로 받아 오기 위하여 tm.getTimeMilli() 함수를 사용하였습니다. 앞 예제 코드에서는 double형 변수 ms에 my_func() 함수 실행 시간이 저장됩니다.

TickMeter 클래스를 이용하여 간단한 영상 처리 실행 시간을 측정하는 예제 코드를 코드 4-19에 나타냈습니다. 코드 4-19의 time_inverse() 함수는 for 반복문을 이용하여 레나 영상을 직접 반 전시키고, 이때 소요되는 연산 시간을 측정하여 콘솔 창에 출력합니다. time_inverse() 함수가 정 의된 소스 파일은 내려받은 예제 파일 중 ch04/utils 프로젝트에서 확인할 수 있습니다.

```
01    void time_inverse()
02    {
03        Mat src = imread("lenna.bmp", IMREAD_GRAYSCALE);
04
05        if (src.empty()) {
06            cerr << "Image load failed!" << endl;
07            return;
08        }
09
10        Mat dst(src.rows, src.cols, src.type());
11
12        TickMeter tm;
13        tm.start();
14
15        for (int j = 0; j < src.rows; j++) {
16            for (int i = 0; i < src.cols; i++) {
17                dst.at<uchar>(j, i) = 255 - src.at<uchar>(j, i);
18            }
19        }
20
21        tm.stop();
22        cout << " Image inverse took " << tm.getTimeMilli() << "ms." << endl;
23    }
```

- 12행   TickMeter 클래스 객체 tm을 선언합니다.

- 13행   시간 측정을 시작합니다.

- 15~19행   영상의 모든 픽셀을 반전시킵니다.

- 21행   시간 측정을 종료합니다.

- 22행   측정된 시간을 콘솔 창에 출력합니다.

코드 4-19는 소스 코드의 연산 시간을 측정하는 코드이므로 릴리스 모드로 빌드하여 실행해야 합니다. 디버그 모드로 빌드할 경우에는 디버깅을 위한 연산이 추가되기 때문에 영상 처리만을 위한 정확한 연산 시간을 측정할 수 없습니다. 코드 4-19가 정의된 utils 프로젝트를 릴리스 모드에서 빌드하고 time_inverse() 함수를 실행한 결과 화면을 그림 4-17에 나타냈습니다. 참고로 그림 4-17에 나타난 실행 시간은 인텔 i5-7500 3.4GHz CPU를 탑재한 PC에서 측정된 결과입니다.[4]

---

4   연산 시간을 좀 더 정확하게 측정하려면 같은 연산을 여러 번 반복하여 평균 연산 시간을 측정하는 것이 좋습니다.

▼ 그림 4-17 영상의 반전 시간 측정 예제 실행 화면

4.5.3 유용한 OpenCV 함수 사용법

이 절에서는 이 책에서 사용하는 주요 OpenCV 함수 사용법을 소개합니다. 특정 영상 처리 알고리즘과 관련된 함수는 나중에 알고리즘 설명과 함께 함수 사용법을 소개하기로 하고, 여기서는 범용적으로 사용할 수 있는 주요 OpenCV 함수에 대해 알아보겠습니다.

sum() 함수와 mean() 함수

주어진 행렬의 전체 원소 합 또는 평균을 구하는 일은 종종 필요합니다. OpenCV에서 Mat 행렬의 원소 합을 구하고 싶을 때에는 sum() 함수를 사용하고, 평균을 구하고 싶을 때에는 mean() 함수를 사용합니다. 이 두 함수는 4채널 이하의 행렬에 대해서만 동작하며, 합과 평균을 Scalar 타입으로 반환합니다. 두 함수의 원형은 다음과 같습니다.

```
Scalar sum(InputArray src);
```
• src   입력 행렬(1~4채널)
• 반환값   각 채널의 합

```
Scalar mean(InputArray src, InputArray mask = noArray());
```
• src   입력 행렬(1~4채널)
• mask   마스크 영상
• 반환값   각 채널의 평균

mean() 함수는 마스크 연산을 지원하므로 필요한 경우 mask 영상을 지정하여 특정 영역의 원소 평균을 구할 수도 있습니다. sum() 함수와 mean() 함수를 이용하여 행렬의 합 또는 평균을 구할 때에는 이들 함수의 반환형이 Scalar라는 점을 기억해야 합니다. 만약 입력 행렬이 그레이스케일 영상처럼 1채널 행렬이라면 Scalar 자료형의 첫 번째 원소에 행렬 합 또는 평균이 저장됩니다. 입력 행렬이 3채널 컬러 영상이라면 Scalar 자료형의 처음 세 원소에 각각 파란색, 녹색, 빨간색 성분

의 합 또는 평균이 저장됩니다.

다음은 그레이스케일 레나 영상에 대하여 모든 픽셀 값의 합과 평균을 구하는 예제 코드입니다.

```
Mat img = imread("lenna.bmp", IMREAD_GRAYSCALE);

cout << "Sum: " << (int)sum(img)[0] << endl;
cout << "Mean: " << (int)mean(img)[0] << endl;
```

앞 예제 코드에서 sum(src)는 Scalar 자료형을 반환합니다. 그리고 Scalar 자료형에서 첫 번째 원소 값을 참조하기 위해 sum(src) 코드 뒤에 [0]을 추가로 붙여서 코드를 작성했습니다. 앞 예제 코드를 실행하면 콘솔 창에 다음 문자열이 출력됩니다.

```
Sum: 32518590
Mean: 124
```

minMaxLoc() 함수

다음으로 살펴볼 함수는 주어진 행렬의 최솟값, 최댓값을 찾는 minMaxLoc() 함수입니다. 이 함수는 최솟값, 최댓값이 있는 좌표 정보도 함께 알아낼 수 있습니다. minMaxLoc() 함수 원형은 다음과 같습니다.

```
void minMaxLoc(InputArray src, double* minVal,
               double* maxVal = 0, Point* minLoc = 0,
               Point* maxLoc = 0, InputArray mask = noArray());
```

- src   입력 영상. 단일 채널
- minVal   최솟값을 받을 double형 변수의 주소. 필요 없으면 0을 지정합니다.
- maxVal   최댓값을 받을 double형 변수의 주소. 필요 없으면 0을 지정합니다.
- minLoc   최솟값 위치 좌표를 받을 Point형 변수의 주소. 필요 없으면 0을 지정합니다.
- maxLoc   최댓값 위치 좌표를 받을 Point형 변수의 주소. 필요 없으면 0을 지정합니다.
- mask   마스크 영상. 마스크 영상의 픽셀 값이 0이 아닌 위치에서만 연산을 수행합니다.

minMaxLoc() 함수는 행렬 또는 영상에서 최솟값, 최댓값, 그리고 최솟값과 최댓값 위치를 찾을 때 사용합니다. minMaxLoc() 함수는 마스크 연산을 지원하므로 행렬 일부 영역에서의 최솟값, 최댓값 또는 해당 위치를 구할 수도 있습니다. 만약 주어진 행렬에서 가장 큰 원소 값만 알고 싶다면 maxVal 인자만 설정하고, 나머지 인자에는 0(NULL)을 전달합니다.

minMaxLoc() 함수를 사용하여 레나 영상 img에서 최소 그레이스케일 값과 최대 그레이스케일 값, 그리고 해당 좌표를 출력하려면 다음과 같이 코드를 작성할 수 있습니다.

```
double minVal, maxVal;
Point minPos, maxPos;
minMaxLoc(img, &minVal, &maxVal, &minPos, &maxPos);

cout << "minVal: " << minVal << " at " << minPos << endl;
cout << "maxVal: " << maxVal << " at " << maxPos << endl;
```

앞 예제 코드에서 최솟값과 최댓값을 받을 변수 minVal, maxVal는 double형으로 선언하였고, 최솟값과 최댓값 위치를 받을 변수 minPos, maxPos는 Point 자료형으로 선언하였습니다. 그리고 minMaxLoc() 함수 인자에는 해당 변수의 주소를 넘겨주어야 하기 때문에 & 연산자를 함께 사용한 것을 확인하기 바랍니다. 앞 예제 코드의 실행 결과는 다음과 같습니다.

```
minVal: 25 at [508, 71]
maxVal: 245 at [116, 273]
```

즉, 그레이스케일 레나 영상에서 가장 작은 픽셀 값은 25이고, 해당 위치는 (508, 71)입니다. 그리고 가장 큰 픽셀 값은 245이고, 해당 위치는 (116, 273)입니다.

normalize() 함수

다음으로는 행렬의 노름(norm) 값을 정규화하거나 또는 원소 값 범위를 특정 범위로 정규화할 때 사용할 수 있는 normalize() 함수에 대해 알아보겠습니다. normalize() 함수 원형은 다음과 같습니다.

```
void normalize(InputArray src, InputOutputArray dst,
               double alpha = 1, double beta = 0,
               int norm_type = NORM_L2, int dtype = -1,
               InputArray mask = noArray());
```

- src   입력 행렬
- dst   출력 행렬. src와 같은 크기
- alpha   (노름 정규화인 경우) 목표 노름 값, (원소 값 범위 정규화인 경우) 최솟값
- beta   (원소 값 범위 정규화인 경우) 최댓값
- norm_type   정규화 타입. NORM_INF, NORM_L1, NORM_L2, NORM_MINMAX 중 하나를 지정합니다.
- dtype   결과 영상의 타입
- mask   마스크 영상

normalize() 함수는 norm_type 인자에 따라 동작이 결정됩니다. norm_type이 NORM_INF, NORM_L1, NORM_L2인 경우에는 $\| dst \|_{L_p} = $ alpha (p=Inf,1,2) 수식을 만족하도록 입력 행렬 원소 값의 크기를 조정합니다.

$$\|dst\|_{L_\infty} = \max_i |dst_i| = \mathrm{alpha}$$

$$\|dst\|_{L_1} = \sum_i |dst_i| = \mathrm{alpha}$$

$$\|dst\|_{L_2} = \sqrt{\sum_i dst_i^2} = \mathrm{alpha}$$

만약 norm_type 인자가 `NORM_MINMAX`인 경우에는 src 행렬의 최솟값이 alpha, 최댓값이 beta가 되도록 모든 원소 값 크기를 조절합니다. 많은 OpenCV 예제 코드에서 `NORM_MINMAX` 타입으로 normalize( ) 함수를 사용하고 있으며, 특히 실수로 구성된 행렬을 그레이스케일 영상 형태로 변환하고자 할 때 normalize( ) 함수를 사용하면 유용합니다.

예를 들어 −1에서 1 사이의 실수로 구성된 1×5 행렬을 0부터 255 사이의 정수 행렬로 변환하려면 다음과 같이 코드를 작성합니다.

```
Mat src = Mat_<float>({ 1, 5 }, { -1.f, -0.5f, 0.f, 0.5f, 1.f });

Mat dst;
normalize(src, dst, 0, 255, NORM_MINMAX, CV_8UC1);

cout << "src: " << src << endl;
cout << "dst: " << dst << endl;
```

앞 예제 코드는 주어진 행렬의 최솟값은 0, 최댓값은 255가 되도록 크기를 조정하고, 결과 행렬의 타입이 CV_8UC1이 되도록 변경합니다. src 행렬의 최솟값이 −1이고, 최댓값이 1이므로 −1부터 1까지의 범위가 0부터 255까지의 범위가 되도록 src 원소 값을 선형 변환합니다. 앞 코드의 실행 결과는 다음과 같습니다.

```
src: [-1, -0.5, 0, 0.5, 1]
dst: [  0,  64, 128, 191, 255]
```

cvRound( ) 함수

영상 처리를 수행하다 보면 내부 연산은 실수를 사용하고, 최종적인 결과는 정수로 변환하는 경우가 종종 있습니다. 실수 값을 정수로 변환할 때는 주로 반올림을 사용하며, OpenCV에서는 실수 값의 반올림 연산을 위해 cvRound( ) 함수를 제공합니다. cvRound( ) 함수 원형은 다음과 같습니다.

```
int cvRound(double value);
int cvRound(float value);
```

- value   입력 실수 값. 만약 value가 INT_MIN과 INT_MAX 사이를 벗어날 경우 알 수 없는 값이 반환됩니다.
- 반환값   반올림한 정수 값

cvRound( ) 함수는 value 인자의 소수점 아래가 0.5보다 크면 올림을 수행하고, 0.5보다 작으면 내림을 수행합니다. 소수점 아래가 정확하게 0.5인 경우에는 가장 가까운 짝수로 반올림을 수행합니다.[5] 이외에도 OpenCV는 실수의 올림을 수행하는 cvCeil( ) 함수와 실수의 내림을 수행하는 cvFloor( ) 함수도 제공합니다. 참고로 cvRound( ), cvCeil( ), cvFloor( ) 함수는 cv 네임스페이스로 선언되지 않은 전역 함수입니다.

다음은 cvRound( ) 함수의 예제 코드입니다.

```
cout << "cvRound(2.5): " << cvRound(2.5) << endl;
cout << "cvRound(2.51): " << cvRound(2.51) << endl;
cout << "cvRound(3.4999): " << cvRound(3.4999) << endl;
cout << "cvRound(3.5): " << cvRound(3.5) << endl;
```

앞 코드의 실행 결과는 다음과 같습니다.

```
cvRound(2.5): 2
cvRound(2.51): 3
cvRound(3.4999): 3
cvRound(3.5): 4
```

---

5 OpenCV의 반올림은 IEEE 754에 규정된 부동 소수형 연산을 따르며, 자세한 내용은 https://en.wikipedia.org/wiki/IEEE_754 #Rounding_rules 웹 사이트를 참고하기 바랍니다.

5 장

영상의 밝기와
명암비 조절

5.1 / 영상의 밝기 조절

디지털 카메라로 사진을 찍다 보면 조금 어둡거나 혹은 너무 밝게 사진이 찍히는 경우가 있습니다. 이러한 경우 간단한 영상 처리 기법을 이용하여 적정 밝기의 사진으로 보정할 수 있습니다. 영상의 밝기 조절은 행렬의 덧셈과 뺄셈 연산을 이용하여 매우 간단하게 구현할 수 있습니다. 이 절에서는 OpenCV에서 제공하는 영상의 밝기 조절 기법과 사용자가 직접 영상의 픽셀 값을 참조하여 밝기를 조절하는 방법을 각각 설명합니다. 또한 트랙바를 이용하여 프로그램 동작 중에 실시간으로 밝기 조절 결과를 확인할 수 있는 예제 프로그램도 만들어 보겠습니다.

5.1.1 그레이스케일 영상 다루기

이 장부터 본격적으로 다양한 영상 처리 알고리즘에 대해 알아보겠습니다. 먼저 영상의 밝기와 명암비 조절 방법부터 알아볼 예정인데요. 그 전에 한 가지 기억해야 할 사항이 있습니다. 앞으로 설명할 대부분의 영상 처리 알고리즘은 컬러 영상이 아니라 그레이스케일 영상을 대상으로 한다는 점입니다. 이는 과거에 개발되었던 많은 영상 처리 알고리즘이 주로 그레이스케일 영상을 대상으로 개발되었기 때문입니다. 일반적으로 컬러 영상은 빨간색(R), 녹색(G), 파란색(B) 세 개의 색상 채널을 가지고 있기 때문에 컬러 영상을 다루는 작업은 1채널 그레이스케일 영상을 다루는 것보다 3배 많은 메모리와 연산 시간을 필요로 합니다. 그렇기 때문에 특별히 컬러 정보를 이용해야 하는 경우가 아니라면 컬러 영상도 그레이스케일 영상으로 변환해서 사용하는 경우가 많습니다. 컬러 영상을 처리하는 방법은 10장에서 따로 설명할 것이며, 그 외의 경우에는 모두 그레이스케일 영상을 대상으로 하는 영상 처리 방법을 설명합니다. 그러므로 여기서는 그레이스케일 영상을 만드는 몇 가지 방법에 대해 알아보겠습니다.

OpenCV에서 영상 파일을 그레이스케일 형태로 불러오려면 imread() 함수의 두 번째 인자에 IMREAD_GRAYSCALE 플래그를 설정해야 합니다. 예를 들어 lenna.bmp 파일로부터 레나 영상을 그레이스케일 영상 형태로 불러오려면 다음과 같이 코드를 작성합니다.

```
Mat img1 = imread("lenna.bmp", IMREAD_GRAYSCALE);
```

이 소스 코드에서 사용된 lenna.bmp 파일에는 원래 트루컬러 비트맵 영상이 저장되어 있지만, imread() 함수 두 번째 인자에 IMREAD_GRAYSCALE을 지정했기 때문에 그레이스케일 형식으로 변환된 레나 영상이 img1 변수에 저장됩니다.

프로그램 동작 중 그레이스케일 영상을 저장할 새로운 Mat 객체를 생성하려면 CV_8UC1 타입의 객체를 생성해야 합니다. 예를 들어 다음 소스 코드는 모든 픽셀 값이 0으로 초기화된 640×480 그레이스케일 영상을 생성합니다.

```
Mat img2(480, 640, CV_8UC1, Scalar(0));
```

만약 이미 3채널 컬러 영상을 가지고 있고, 이 영상을 그레이스케일 영상으로 변환하려면 cvtColor() 함수를 사용합니다. 다음 코드는 3채널 컬러 영상을 1채널 그레이스케일 영상으로 변환하는 코드입니다.

```
Mat img3 = imread("lenna.bmp", IMREAD_COLOR);
Mat img4;
cvtColor(img3, img4, COLOR_BGR2GRAY);
```

이 예제 코드에서 img3 변수에는 3채널 BGR 컬러 형식의 레나 영상이 저장됩니다. 여기서 BGR이라는 것은 색상 채널 순서가 파란색(Blue), 녹색(Green), 빨간색(Red) 순서로 설정되어 있음을 의미합니다. cvtColor() 함수는 Mat 객체에 저장된 색상 정보를 변경할 때 사용하는 함수이며, cvtColor() 함수에 전달하는 인자는 차례대로 입력 영상, 출력 영상, 컬러 변환 코드입니다.[1] 앞 소스 코드에서 사용한 컬러 변환 코드 COLOR_BGR2GRAY는 BGR 3채널 컬러 영상을 1채널 그레이스케일 영상으로 변환할 때 사용합니다. 그러므로 3채널 컬러 영상 img3을 그레이스케일 영상으로 변환하여 img4에 저장됩니다.

지금까지 그레이스케일 형태의 Mat 객체를 생성하는 세 가지 방법을 알아보았습니다. 앞으로 그레이스케일 영상을 많이 다루게 되는 만큼 이 방법들을 잘 기억하기 바랍니다.

> Note ≡ OpenCV 함수 중에는 그레이스케일 영상만을 입력으로 받는 함수도 있고, 반대로 BGR 3채널 컬러 영상만을 입력으로 받는 함수가 있습니다. 그레이스케일 영상을 입력으로 받는 함수에 컬러 영상을 전달하면 에러가 발생하여 프로그램이 종료되는 경우도 있습니다. 그러므로 Mat 객체의 타입을 제대로 파악하여 사용하는 것은 매우 중요합니다.
>
> 만약 여러분이 만든 함수에서 입력으로 전달된 영상이 그레이스케일 영상인지를 확인하려면 Mat::type() 멤버 함수 반환값이 CV_8UC1인지를 확인하면 됩니다. 예를 들어 여러분이 직접 만든 함수에 전달된 인자가 그레이스케일 영상인지를 확인하려면 다음과 같이 소스 코드를 작성합니다.

○ 계속

---

1 cvtColor() 함수에 대해서는 10.1.2절에서 자세히 설명합니다.

```
void func(Mat& img)
{
    CV_Assert(img.type() == CV_8UC1);

    // 그레이스케일 영상 처리 수행
}
```

여기에 나타낸 func() 함수는 전달된 img 영상의 타입이 CV_8UC1인 경우에만 정상적으로 실행되고, 그렇지 않은 경우에는 에러가 발생하면서 프로그램이 종료됩니다. 이 소스 코드에서 사용된 CV_Assert()는 OpenCV에서 제공하는 매크로 함수로서 괄호 안의 조건식이 참(true)이면 정상적으로 함수를 진행하고, 거짓(false)이면 에러를 발생시킵니다.

```
CV_Assert(expr)
CV_DbgAssert(expr)
```

- expr   조건식. 조건식이 거짓(false)이면 에러가 발생하며 프로그램이 종료합니다.

참고로 앞에서 CV_Assert()와 함께 나타낸 CV_DbgAssert() 매크로 함수는 디버그 모드에서만 동작하고, CV_Assert() 함수는 디버그 모드와 릴리스 모드에서 모두 동작합니다. CV_Assert() 매크로에 전달된 조건식이 거짓이면 그림 5-1과 같이 커맨드창에 에러 메시지를 출력하며, 이 메시지를 활용하여 잘못된 소스 코드를 수정할 수 있습니다.

▼ 그림 5-1 CV_Assert() 함수에 의한 예외 발생

```
OpenCV Error: Assertion failed (img.type() == 0) in func, file main.cpp, line 9
```

5.1.2 영상의 밝기 조절

영상의 밝기(brightness) 조절이란 영상의 전체적인 밝기를 조절하여 좀 더 밝거나 어두운 영상을 만드는 작업입니다. 영상의 밝기를 조절하려면 입력 영상의 모든 픽셀에 일정 값을 더하거나 빼는 작업을 수행합니다. 입력 영상의 모든 픽셀에 양수 값을 더하면 영상이 밝아지고, 반대로 양수 값을 빼면 영상이 어두워집니다.

그림 5-2는 rose.bmp 장미꽃 영상의 밝기를 조절하여 조금 어둡거나 밝은 영상을 만든 예입니다. 그림 5-2(a)는 그레이스케일 형식의 입력 장미꽃 영상이고, 그림 5-2(b)는 입력 영상의 모든 픽셀 값에서 50을 빼서 어둡게 만든 영상입니다. 그림 5-2(c)는 입력 영상의 모든 픽셀에 50을 모두 더하여 밝게 만든 결과 영상입니다.

| (a) 입력 영상 | (b) 밝기 −50 조절 | (c) 밝기 +50 조절 |

영상의 밝기 조절을 수식으로 표현하면 다음과 같습니다.

$$\text{dst}(x, y) = \text{src}(x, y) + n$$

이 수식에서 src는 입력 영상, dst는 출력 영상, n은 조절할 밝기 값을 나타냅니다. n이 양수이면 출력 영상 dst의 전체적인 밝기가 증가하고, n이 음수이면 밝기가 감소하여 어두워집니다. 앞수식을 함수의 그래프 형태로 나타내면 그림 5-3과 같습니다. 그림 5-3에서 파란색 실선 그래프가 영상의 밝기 조절을 표현한 변환 함수 그래프입니다. 이 그래프에서 가로축은 입력 영상 src의 그레이스케일 값을 나타내고, 세로축은 출력 영상 dst의 그레이스케일 값입니다. 그림 5-3(a)는 n이 음수인 경우의 그래프이며 전체적으로 밝기가 어두워진 결과 영상이 생성됩니다. 반면에 그림 5-3(b)는 n이 양수인 경우이며 결과 영상의 밝기가 밝아지는 그래프입니다.

▼ 그림 5-3 영상의 밝기 조절 함수의 그래프

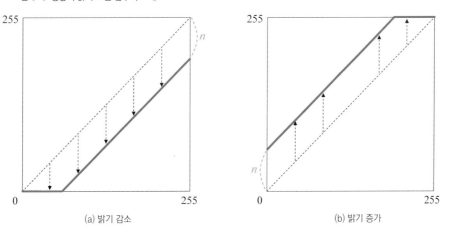

| (a) 밝기 감소 | (b) 밝기 증가 |

그런데 그림 5-3의 밝기 변환 그래프를 살펴보면 dst 영상의 픽셀 값이 0보다 작아지거나 또는 255보다 커지는 부분에서 직선이 꺾여 있는 것을 볼 수 있습니다. 앞서 소개한 밝기 조절 수식을 그대로 적용하면 결과 영상의 픽셀 값이 255보다 커지거나 0보다 작아지는 경우가 발생할 수 있

습니다. 예를 들어 입력 영상의 특정 픽셀 값이 210이고 밝기를 50만큼 증가시킨다면 결과 영상의 픽셀 값은 260으로 계산됩니다. 그러나 255보다 큰 값을 결과 영상의 픽셀 값으로 설정할 수 없기 때문에 이러한 경우에는 결과 영상의 픽셀 값을 그레이스케일 값의 최댓값인 255로 설정해야 합니다. 마찬가지로 영상의 밝기를 어둡게 하는 연산을 수행할 경우, 밝기 조절 계산 결과가 음수이면 결과 영상의 픽셀 값을 그레이스케일 범위의 최솟값인 0으로 설정합니다. 이처럼 행렬의 원소 값을 설정할 때, 원소 자료형이 가질 수 있는 값의 범위를 벗어나는 경우 해당 자료형의 최솟값 또는 최댓값으로 원소 값을 설정하는 연산을 OpenCV에서는 포화(saturate) 연산이라고 부릅니다. uchar 자료형을 사용하는 그레이스케일 영상에 대해 포화 연산을 수식으로 나타내면 다음과 같습니다.

$$\text{saturate}(x) = \begin{cases} 0 & x < 0 \text{ 일 때} \\ 255 & x > 255 \text{ 일 때} \\ x & \text{그 외} \end{cases}$$

그러므로 실제로 영상의 밝기 조절을 구현할 때에는 다음과 같이 포화 연산을 함께 고려한 수식을 사용해야 합니다.

$$\text{dst}(x, y) = \text{saturate}(\text{src}(x, y) + n)$$

그렇다면 OpenCV에서 영상의 밝기를 조절하려면 소스 코드를 어떻게 작성해야 할까요? OpenCV 라이브러리는 매우 잘 설계되어 만들어졌기 때문에 훨씬 직관적으로 밝기를 조절할 수 있습니다. 코드 5-1의 brightness1() 함수는 lenna.bmp 영상의 밝기를 100만큼 증가시켜 화면에 출력합니다. brightness1() 함수가 정의된 소스 파일은 내려받은 예제 파일 중 ch05/brightness 프로젝트에서 확인할 수 있습니다.

코드 5-1 영상의 밝기를 100만큼 증가하기 [ch05/brightness]

```
01    void brightness1()
02    {
03        Mat src = imread("lenna.bmp", IMREAD_GRAYSCALE);
04
05        if (src.empty()) {
06            cerr << "Image load failed!" << endl;
07            return;
08        }
09
10        Mat dst = src + 100;
11
12        imshow("src", src);
```

```
13        imshow("dst", dst);
14        waitKey();
15
16        destroyAllWindows();
17    }
```

- 3행   lenna.bmp 레나 영상을 그레이스케일 형식으로 불러와 src에 저장합니다.
- 5~8행   lenna.bmp 파일 불러오기가 실패하면 에러 메시지를 출력하고 종료합니다.
- 10행   src 영상의 모든 픽셀 값을 100만큼 증가시킨 결과 영상을 dst에 저장합니다.
- 12~14행   src와 dst 영상을 각각 새 창에 출력하고 키 입력이 있을 때까지 기다립니다.
- 16행   영상 출력 창을 모두 닫습니다.

코드 5-1에서 10행 코드를 좀 더 자세히 살펴보겠습니다.

```
Mat dst = src + 100;
```

앞 코드에서 src와 dst 변수는 Mat 클래스 타입이고, 숫자 100은 일반적인 int 자료형입니다. 앞서 3.2.7절에서도 언급하였듯이 OpenCV에서는 덧셈, 뺄셈 연산자에 대하여 연산자 재정의가 되어 있어서 Mat 객체와 C/C++ 기본 자료형과의 덧셈 및 뺄셈 연산이 가능합니다. 그러므로 앞과 같은 코드를 만나면 OpenCV 라이브러리는 src 행렬의 모든 원소에 각각 100을 더하고, 포화연산까지 수행한 결과를 dst 행렬에 저장합니다. 즉, src가 그레이스케일 영상이므로 덧셈 연산 결과가 255보다 클 경우 dst 영상의 픽셀 값을 255로 설정합니다.

코드 5-1의 brightness1() 함수 실행 결과를 그림 5-4에 나타냈습니다. 그림 5-4에서 src 창은 입력 레나 영상이고, dst 창은 밝기가 100만큼 증가된 결과 영상을 나타냅니다. 입력 영상보다 결과 영상이 전체적으로 밝아진 것을 확인할 수 있습니다.

❤ 그림 5-4 영상의 밝기를 100만큼 증가하기 예제 실행 결과

만약 영상을 전체적으로 어둡게 만들고 싶다면 덧셈 대신 뺄셈 연산자를 사용하면 됩니다. 다음은 입력 영상 src보다 픽셀 값이 100만큼 어두운 결과 영상 dst를 생성하는 코드입니다.

```
Mat dst = src - 100;
```

만약 영상의 밝기 조절 결과를 dst 같은 새로운 영상에 저장하는 것이 아니라 자기 자신에게 저장하려면 += 연산자 재정의를 사용할 수 있습니다. 다음은 img에 저장된 레나 영상 밝기를 100만큼 증가시키는 예제 코드입니다.

```
Mat img = imread("lenna.bmp", IMREAD_GRAYSCALE);
img += 100;
```

> Note ≡ 영상의 밝기를 조절하기 위해 덧셈/뺄셈 연산자 재정의를 이용하는 방법 외에 명시적으로 행렬의 덧셈 또는 뺄셈 함수를 사용할 수 있습니다. OpenCV는 행렬의 덧셈과 뺄셈을 수행하는 add() 함수와 subtract() 함수를 제공합니다. 만약 add() 함수를 사용하여 레나 영상의 밝기를 100만큼 증가시키려면 다음과 같이 코드를 작성합니다.
>
> ```
> Mat src = imread("lenna.bmp", IMREAD_GRAYSCALE);
> Mat dst;
> add(src, 100, dst);
> ```
>
> 이와 같이 add() 함수를 이용하는 방법과 코드 5-1의 10행처럼 덧셈 연산자를 이용하는 방법의 실행 결과는 완전히 같습니다. add() 함수와 subtract() 함수에 대해서는 6.1절에서 자세히 설명하겠습니다.

5.1.3 영상의 밝기 조절 직접 구현하기

앞 절에서 OpenCV가 제공하는 덧셈과 뺄셈 연산자 재정의를 이용하여 영상의 밝기를 조절하는 방법을 배웠습니다. 만약 OpenCV가 제공하는 연산자 함수를 사용하지 않고 여러분이 직접 영상의 밝기 조절 코드를 작성하려면 어떻게 해야 할까요? Mat 행렬의 원소 값 참조 방법을 사용하면 어렵지 않게 밝기 조절을 직접 구현할 수 있습니다. 즉, 입력 영상의 모든 픽셀을 방문하면서 픽셀 값에 일정한 상수를 더하거나 빼면 밝기 조절이 적용됩니다. 코드 5-2는 픽셀 값을 직접 참조하여 레나 영상의 밝기를 100만큼 증가시키는 예제 코드입니다.

코드 5-2 포화 연산을 고려하지 않은 영상의 밝기 증가 직접 구현 [ch05/brightness]

```
01    void brightness2()
02    {
```

```
03        Mat src = imread("lenna.bmp", IMREAD_GRAYSCALE);
04
05        if (src.empty()) {
06            cerr << "Image load failed!" << endl;
07            return;
08        }
09
10        Mat dst(src.rows, src.cols, src.type());
11
12        for (int j = 0; j < src.rows; j++) {
13            for (int i = 0; i < src.cols; i++) {
14                dst.at<uchar>(j, i) = src.at<uchar>(j, i) + 100;
15            }
16        }
17
18        imshow("src", src);
19        imshow("dst", dst);
20        waitKey();
21
22        destroyAllWindows();
23    }
```

- 3행   lenna.bmp 레나 영상을 그레이스케일 형태로 불러와 src에 저장합니다.
- 10행   입력 영상 src와 크기, 타입이 같은 결과 영상 dst를 생성합니다.
- 12~16행   영상 전체를 스캔하면서 입력 영상의 픽셀 값에 100을 더하여 결과 영상 픽셀 값으로 설정합니다.

코드 5-2에서 10행 코드에 주목하기 바랍니다.

```
Mat dst(src.rows, src.cols, src.type());
```

사용자가 직접 결과 영상의 픽셀 값을 설정하려면 반드시 적절한 크기와 타입의 결과 영상을 미리 생성해야 합니다. 만약 단순히 Mat dst; 형태로 결과 영상을 저장할 변수를 선언하면 dst 객체는 비어 있는 행렬 객체로 만들어지고, 이 경우 Mat::at() 함수로 dst 영상의 픽셀 값을 참조하려고 하면 에러가 발생합니다. 그러므로 코드 5-2에서는 입력 영상 src와 크기 및 타입이 같은 dst 객체를 미리 생성하였습니다.

밝기 조절을 직접 구현하기 위해 코드 5-2에서는 이중 for 반복문을 이용하여 영상 전체를 스캔하고, for 반복문 안에서 다음 코드를 이용하여 결과 영상의 픽셀 값을 설정하였습니다.

```
dst.at<uchar>(j, i) = src.at<uchar>(j, i) + 100;
```

이 코드는 입력 영상에서 (i, j) 좌표에서의 픽셀 값에 100을 더하여 결과 영상의 픽셀 값으로 설정합니다. Mat::at() 함수의 첫 번째 인자가 y축 좌표에 해당하는 j이고, 두 번째 인자가 x축 좌표에 해당하는 i라는 점을 기억하기 바랍니다.

그렇다면 코드 5-2의 brightness2() 함수를 실행하면 어떻게 될까요? 실제로 brightness2() 함수를 실행한 결과를 그림 5-5에 나타냈습니다.

▼ 그림 5-5 포화 연산을 고려하지 않은 영상의 밝기 증가 직접 구현 실행 결과

그림 5-5에 나타난 결과 영상 dst를 보면 영상 내부에 매우 밝은 영역과 어두운 영역이 비정상적으로 섞여 있는 것을 볼 수 있습니다. 이처럼 밝은 픽셀 주변에서 급격하게 어두운 픽셀이 나타나는 것은 앞에서 설명했던 포화 연산을 수행하지 않았기 때문에 발생하는 현상입니다. 그림 5-5와 같은 결과가 나타난 원인을 알아보기 위해 다음 C/C++ 코드를 살펴보겠습니다.

```
unsigned char a = 256;
cout << "a = " << a << endl;
```

이 코드를 실행하면 "a = 256"이 출력되는 것이 아니라 "a = 0"이 출력됩니다. C/C++의 unsigned char 자료형은 1바이트의 메모리 공간을 사용하고 0부터 255까지의 정수 값을 저장할 수 있습니다. 그러므로 변수 a에 256을 대입하려고 하면 자동으로 0으로 변환되어 저장됩니다. 좀 더 자세히 설명하면, 정수 256을 16진수로 표현하면 0x00000100이고, 이 값을 unsigned char 자료형에 대입하려고 하면 하위 1바이트만 대입되기 때문에 변수 a에는 0x00이 저장됩니다. 마찬가지 방식으로 unsigned char 자료형의 변수에 257을 대입하려고 하면 실제로는 1이 저장됩니다. 결국 코드 5-2를 실행할 경우, 입력 영상의 픽셀 중에서 밝기 100을 더하여 255보다 큰 값이 되는 픽셀은 오히려 픽셀 값이 0에 가까운 어두운 픽셀로 바뀌게 되는 것이죠.

그렇다면 어떻게 해야 정상적인 밝기 조절 결과 영상을 얻을 수 있을까요? 코드 5-2에서 12~16
행 이중 for 반복문을 다음과 같이 변경하면 정상적인 밝기 조절 결과 영상을 만들 수 있습니다.

```
for (int j = 0; j < src.rows; j++) {
    for (int i = 0; i < src.cols; i++) {
        int v = src.at<uchar>(j, i) + 100;
        dst.at<uchar>(j, i) = v > 255 ? 255 : v < 0 ? 0 : v;
    }
}
```

이 코드에서 변수 v는 int형으로 선언하였기 때문에 255보다 큰 정수도 저장할 수 있습니다. 그리
고 C/C++ 문법 중 삼항 조건 연산자를 이용하여 0보다 작거나 255보다 큰 정수 값을 0 또는 255
로 설정하여 결과 영상의 픽셀 값으로 대입했습니다. 즉, v > 255가 참이면 255를 결과 영상 픽셀
값으로 대입하고, 거짓이면 다시 v < 0 조건을 검사합니다. v < 0이 참이면 0을 대입하고, 그렇지
않으면 v를 결과 영상 픽셀 값으로 대입합니다. 결국 v가 0에서 255 사이인 경우에는 v를 그대로
결과 영상 픽셀 값으로 설정합니다. 소스 코드가 조금 복잡해 보일 수도 있지만, 찬찬히 살펴보면
충분히 이해할 수 있을 것입니다.

그런데 이처럼 그레이스케일 값 범위에 맞게끔 결과 영상 픽셀 값을 설정하는 작업은 컴퓨터 비
전 프로그래밍에서는 매우 빈번하게 일어납니다. 그래서 OpenCV는 앞과 같이 행렬의 자료형에
맞게끔 포화 연산을 수행하는 saturate_cast()라는 이름의 캐스팅 함수를 지원합니다. saturate_
cast() 함수는 템플릿 함수로 정의되어 있으며, 그레이스케일 영상에 대해 자주 사용되는 형식은
다음과 같습니다.

```
template<> inline
uchar saturate_cast<uchar>( int v );
```

• v   int 자료형이 표현할 수 있는 범위의 정수
• 반환값   0~255 사이의 정수

saturate_cast() 함수는 원래 템플릿으로 정의된 함수이기 때문에 <> 괄호 사이에 사용하는 자료
형을 명시해야 합니다. 앞에 나타낸 saturate_cast() 함수 형식은 int 자료형의 값을 uchar 자료
형 범위로 포화 연산을 수행합니다. 그레이스케일 영상에서는 uchar 타입으로 픽셀 값을 표현하
기 때문에 밝기 조절 코드에 포화 연산을 추가하려면 다음과 같이 코드를 작성합니다.

```
int v = src.at<uchar>(j, i) + 100;
dst.at<uchar>(j, i) = saturate_cast<uchar>(v);
```

saturate_cast() 함수를 사용하여 영상의 밝기를 직접 조절하는 소스 코드를 코드 5-3에 나타냈습니다. 코드 5-3에 나타난 brightness3() 함수는 앞서 설명한 brightness2() 함수에서 포화 연산이 추가된 코드입니다.

코드 5-3 포화 연산을 고려한 영상의 밝기 증가 직접 구현 [ch05/brightness]

```
01    void brightness3()
02    {
03        Mat src = imread("lenna.bmp", IMREAD_GRAYSCALE);
04
05        if (src.empty()) {
06            cerr << "Image load failed!" << endl;
07            return;
08        }
09
10        Mat dst(src.rows, src.cols, src.type());
11
12        for (int j = 0; j < src.rows; j++) {
13            for (int i = 0; i < src.cols; i++) {
14                dst.at<uchar>(j, i) = saturate_cast<uchar>(src.at<uchar>(j, i) + 100);
15            }
16        }
17
18        imshow("src", src);
19        imshow("dst", dst);
20
21        waitKey();
22        destroyAllWindows();
23    }
```

- 14행   밝기 조절된 픽셀 값에 saturate_cast() 함수를 이용하여 포화 연산을 수행한 후 결과 영상 픽셀 값으로 설정합니다.

코드 5-3의 brightness3() 함수를 실행해 보면 포화 연산이 추가되어 레나 영상의 밝기가 정상적으로 밝아지는 것을 확인할 수 있습니다. brightness3() 함수의 실행 결과는 앞서 OpenCV 덧셈 연산자 재정의를 사용하여 밝기를 조절한 그림 5-4와 완전히 동일합니다.

일반적으로 밝기 조절과 같은 작업을 수행할 때 코드 5-3처럼 사용자가 직접 for 루프를 돌면서 픽셀 값을 하나씩 변경하는 것보다 OpenCV에서 제공하는 덧셈 연산자 재정의를 사용하여 코드를 작성하는 것이 더욱 빠르고 간편합니다. OpenCV에서 제공하는 함수를 사용하면 CPU 최적화 및 병렬 처리를 수행하기 때문에 빠르게 동작하고, 소스 코드 가독성도 높은 편입니다. 다만 컴퓨터 비전 프로젝트를 수행하다 보면 OpenCV에서 지원하지 않는 새로운 기능을 직접 구현해야 하는 경우가 발생하기 때문에 영상의 픽셀 값을 직접 참조하고 변경하는 방법은 반드시 기억하고 있어야 합니다. 더불어 포화 연산을 위한 saturate_cast() 함수 사용법도 숙지해 두기 바랍니다.

5.1.4 트랙바를 이용한 영상의 밝기 조절

OpenCV 라이브러리를 사용하면 영상의 밝기를 덧셈 혹은 뺄셈 연산자를 사용하여 쉽게 변경할 수 있었습니다. 예를 들어 레나 영상의 밝기를 50만큼 밝게 만들려면 다음과 같이 코드를 작성합니다.

```
Mat src = imread("lenna.bmp", IMREAD_GRAYSCALE);
Mat dst = src + 50;
```

그런데 만약 밝기를 50만큼 증가한 결과 영상이 마음에 들지 않으면 어떻게 할까요? 아마도 소스 코드에서 50이라는 정수 값을 변경한 후 다시 프로그램을 빌드하고 실행해서 결과를 확인해야 할 것입니다. 이러한 소스 코드 수정과 빌드 작업을 여러 번 하는 것이 불편하다면 밝기 조절 프로그램에 트랙바를 부착하고, 프로그램 동작 중 트랙바로 밝기를 조정하여 곧바로 그 결과를 확인하는 것이 좋습니다.

트랙바를 사용하는 방법은 4.3.3절에서 자세하게 설명하였으므로, 여기서는 실제로 트랙바를 이용하여 밝기를 조절하고 그 결과를 화면에 나타내는 소스 코드 위주로 설명하겠습니다. 결과 영상 출력 창에 트랙바를 부착하고, 트랙바가 움직일 때 트랙바 위치만큼의 밝기를 조절하는 소스 코드를 코드 5-4에 나타냈습니다. brightness4() 함수가 정의된 소스 파일은 내려받은 예제 파일 중 ch05/brightness 프로젝트에서 확인할 수 있습니다.

코드 5-4 트랙바를 이용한 영상의 밝기 조절하기 [ch05/brightness]

```
01    void on_brightness(int pos, void* userdata);
02
03    void brightness4()
04    {
05        Mat src = imread("lenna.bmp", IMREAD_GRAYSCALE);
06
07        if (src.empty()) {
08            cerr << "Image load failed!" << endl;
09            return;
10        }
```

```
11
12        namedWindow("dst");
13        createTrackbar("Brightness", "dst", 0, 100, on_brightness, (void*)&src);
14        on_brightness(0, (void*)&src);
15
16        waitKey();
17        destroyAllWindows();
18    }
19
20    void on_brightness(int pos, void* userdata)
21    {
22        Mat src = *(Mat*)userdata;
23        Mat dst = src + pos;
24
25        imshow("dst", dst);
26    }
```

- 12행   결과 영상을 출력하고 트랙바를 부착할 dst 창을 미리 생성합니다.
- 13행   dst 창에 트랙바를 부착하고 콜백 함수 on_brightness를 등록합니다. 입력 영상 src의 주소를 트랙
           바 콜백 함수의 사용자 데이터로 설정합니다.
- 14행   프로그램 실행 시 dst 창에 레나 영상이 정상적으로 표시되도록 강제로 on_brightness() 함수를 호
           출합니다.
- 20~26행   트랙바 콜백 함수에서 밝기 조절된 결과 영상 dst를 화면에 출력합니다.

코드 5-4의 14행에서 on_brightness() 콜백 함수를 강제로 호출하는 코드에 대해 알아보겠습니
다. 코드 5-4에서 밝기가 조절된 레나 영상을 dst 창에 출력하는 imshow() 함수 호출 코드는 트
랙바 콜백 함수 on_brightness() 안에만 포함되어 있습니다. 그러므로 brightness4() 함수가 실
행되어 dst 창이 화면에 처음 나타날 때 on_brightness() 함수가 실행되어야 dst 창에 레나 영상
이 나타날 수 있습니다. 사실 트랙바 콜백 함수는 사용자가 직접 호출하는 용도가 아니라 시스템
에 의해 자동으로 호출되도록 만드는 함수이지만, 여기서는 프로그램 동작을 매끄럽게 만들기 위
한 편법으로 on_brightness() 함수를 강제로 호출한 것입니다. 만약 14행의 on_brightness() 함
수 호출을 생략하면 프로그램이 시작될 때는 레나 영상이 나타나지 않고, 트랙바를 움직이기 시작
한 후부터 레나 영상이 나타납니다.

코드 5-4의 brightness4() 함수를 실행한 결과 화면을 그림 5-6에 나타냈습니다. brightness4()
함수가 실행되면 그림 5-6의 왼쪽 그림처럼 Brightness 값이 0인 위치에 트랙바가 위치하며, 원
본과 같은 밝기의 레나 영상이 dst 창에 나타납니다. brightness4() 함수에서 createTrackbar()
함수를 호출할 때 트랙바의 최댓값을 100으로 설정하였기에 실제 dst 창에 나타난 트랙바는 0부
터 100 사이에서 그 위치를 선택할 수 있습니다. 만약 마우스를 이용하여 트랙바의 위치를 변경하

면 그림 5-6의 오른쪽 그림처럼 트랙바 위치에 해당하는 밝기만큼 밝아진 결과 영상이 dst 창에 나타나게 됩니다.

▼ 그림 5-6 트랙바를 이용한 영상의 밝기 조절 결과

OPENCV

5.2 영상의 명암비 조절

이 절에서는 영상의 명암비를 조절하는 방법에 대해 설명합니다. 앞 절에서 설명한 영상의 밝기 조절이 기본적으로 덧셈 연산을 사용하는 방식이라면, 영상의 명암비 조절은 전체 픽셀에 적절한 실수를 곱하는 곱셈 연산을 사용합니다. 다만 명암비 조절을 위한 곱셈 수식을 어떻게 적용하느냐에 따라 결과 영상의 품질에서 차이가 발생할 수 있습니다. 이 절에서는 다양한 명암비 조절 방법에 대해 알아보고 명암비 조절 결과 영상의 품질을 비교해 보겠습니다.

5.2.1 기본적인 명암비 조절 방법

명암비란 영상에서 밝은 영역과 어두운 영역 사이에 드러나는 밝기 차이의 강도를 의미하고, 명암 대비 또는 콘트라스트(contrast)라고도 합니다. 영상이 전반적으로 어둡거나 또는 전반적으로 밝은 픽셀로만 구성된 경우, 명암비가 낮다고 표현합니다. 반면에 밝은 영역과 어두운 영역이 골고루 섞여 있는 영상은 명암비가 높다고 말합니다. 일반적으로 명암비가 낮은 영상은 객체 간의 구분이

잘 되지 않아서 전반적으로 흐릿하게 느껴지고, 명암비가 높은 영상은 사물의 구분이 잘 되며 선명한 느낌을 줍니다.

그림 5-7은 서로 다른 명암비를 갖는 영상의 예입니다. 그림 5-7(a)는 명암비가 낮은 영상의 예이며, 꽃과 나뭇잎의 밝기 차이가 크지 않아서 흐릿하고 탁한 느낌입니다. 반면에 그림 5-7(b)는 명암비가 높은 영상의 예입니다. 이 영상에서 꽃 부분은 밝게 표현되었고 나뭇잎은 충분히 어두워서 사물의 구분이 뚜렷하고 눈으로 보기에 선명한 느낌을 받습니다.

❤ 그림 5-7 서로 다른 명암비를 갖는 영상

(a)   (b)

일반적으로 명암비가 높은 사진이 잘 찍은 사진처럼 보이기 때문에 대부분의 디지털 카메라는 명암비가 높은 사진을 촬영하도록 설정되어 있습니다. 이미 촬영된 영상의 경우에는 픽셀의 밝기 값을 조절하여 전체적인 명암비를 높이거나 낮출 수 있습니다. 앞 절에서 설명한 밝기 조절이 영상의 모든 픽셀에서 정수 값을 더하거나 빼는 연산이라면, 명암비 조절은 기본적으로 곱셈 연산을 사용하여 구현합니다. 다음 수식은 기본적인 명암비 조절 수식입니다.

$$\mathrm{dst}(x, y) = \mathrm{saturate}(s \cdot \mathrm{src}(x, y))$$

이 수식에서 src는 입력 영상, dst는 출력 영상, 그리고 상수 s는 0보다 큰 양의 실수입니다. 입력 영상 픽셀 값에 상수 s를 곱한 결과가 255보다 커지는 경우가 발생할 수 있으므로 포화 연산도 함께 사용해야 합니다. 상수 s가 1보다 작은 경우에는 명암비가 낮아지는 효과가 있고, s가 1보다 큰 경우에는 명암비가 높아지는 효과가 있습니다. 예를 들어 $s = 2$인 경우, 원본 영상에서 밝기가 60이었던 픽셀은 120으로 변경되고, 100이었던 픽셀은 200으로 바뀌게 됩니다. 그 결과 두 픽셀의 밝기 차이가 원본 영상에서는 100 - 60 = 40이었지만 결과 영상에서는 200 - 120 = 80으로 증가합니다. 반면에 $s = 0.5$인 경우, 밝기 값이 60이었던 픽셀은 30이 되고, 밝기 값이 100이었던 픽셀은 50으로 감소합니다. 그 결과 두 픽셀의 밝기 차이는 40에서 20으로 감소합니다.

그러나 앞 수식을 이용하여 명암비를 조절하면 결과 영상이 전반적으로 어두워지거나, 또는 결과 영상의 밝기가 너무 쉽게 포화되는 단점이 있습니다. 앞 수식에서 $s = 0.5$인 경우와 $s = 2$인 경우의 그래프를 그림 5-8에 나타냈습니다. 그림 5-8에서 $s = 0.5$인 그래프의 경우, 결과 영상의 픽셀이 가질 수 있는 값의 범위가 0부터 128 사이로 제한되기 때문에 전체적으로 어두워지면서 명암비가 감소합니다. 그림 5-8에서 $s = 2$인 그래프의 경우, 입력 영상에서 0부터 128 사이의 값을 갖는 픽셀은 0부터 255 사이의 값으로 변하기 때문에 명암비가 높아집니다. 그러나 입력 영상에서 128 이상의 값을 갖는 픽셀은 모두 포화되어 255 값을 가지게 됩니다.

▼ 그림 5-8 기본적인 영상의 명암비 조절 함수 그래프

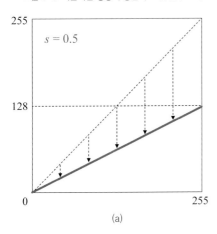
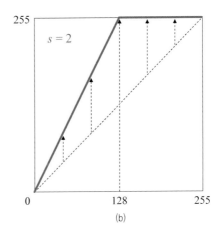

기본적인 명암비 조절 방법을 구현한 소스 코드를 코드 5-5에 나타냈습니다. 코드 5-5의 contrast1() 함수는 입력 영상의 모든 픽셀 값에 2를 곱하여 결과 영상을 생성하고 화면에 출력합니다. contrast1() 함수가 정의된 소스 파일은 내려받은 예제 파일 중 ch05/contrast 폴더에서 확인할 수 있습니다.

코드 5-5 기본적인 영상의 명암비 증가 예제 [ch05/contrast]

```
01    void contrast1()
02    {
03        Mat src = imread("lenna.bmp", IMREAD_GRAYSCALE);
04
05        if (src.empty()) {
06            cerr << "Image load failed!" << endl;
07            return;
08        }
09
10        float s = 2.f;
11        Mat dst = s * src;
12
```

```
13        imshow("src", src);
14        imshow("dst", dst);
15
16        waitKey();
17        destroyAllWindows();
18    }
```

- 10~11행 입력 영상 src의 모든 픽셀 값에 2.0을 곱하여 결과 영상 dst를 생성합니다.

코드 5-5에서 주목해야 할 부분은 10~11행 코드입니다.

```
float s = 2.f;
Mat dst = s * src;
```

이 코드는 앞서 설명한 기본적인 명암비 조절 수식을 그대로 OpenCV 코드 형태로 작성한 것입니다. OpenCV는 C/C++ 실수형 자료형과 Mat 객체 사이의 곱셈 연산자 재정의도 제공하며, 그 결과 Mat 행렬의 모든 원소에 주어진 실수 값을 곱한 결과 행렬을 반환합니다. 이때 결과 행렬에 대해 포화 연산도 함께 수행합니다.

코드 5-5의 contrast1() 함수 실행 결과를 그림 5-9에 나타냈습니다. 그림 5-9의 dst 영상을 보면 전체적으로 픽셀 값이 포화되어 흰색으로 나타나는 영역이 너무 많으며, 이로 인해 사물의 윤곽 구분이 더 어려워졌습니다. 그러므로 사실상 픽셀 값에 일정 상수를 단순히 곱하여 명암비를 조절하는 방식은 실전에서는 잘 사용되지 않습니다. 다음 절에서는 기본적인 명암비 조절 방식을 개선하여 좀 더 효과적으로 명암비를 조절하는 방법에 대해 알아보겠습니다.

▼ 그림 5-9 기본적인 영상의 명암비 증가 예제 실행 결과

5.2.2 효과적인 명암비 조절 방법

명암비를 효과적으로 높이기 위해서는 밝은 픽셀은 더욱 밝게, 어두운 픽셀은 더욱 어두워지게 변경해야 합니다. 이때 픽셀 값이 밝고 어둡다는 기준을 어떻게 설정할 것인지가 명암비 조절 결과 영상의 품질 차이를 가져올 수 있습니다. 그레이스케일 범위 중간값인 128을 기준으로 설정할 수도 있고, 입력 영상의 평균 밝기를 구하여 기준으로 삼을 수도 있습니다. 여기서는 조금 간단하게 그레이스케일 범위 중간값인 128을 기준으로 명암비를 조절하는 방법을 구현해 보겠습니다. 즉, 입력 영상의 픽셀 값이 128보다 크면 더욱 밝게 만들고, 128보다 작으면 픽셀 값을 더 작게 만드는 방식입니다. 반대로 명암비를 감소시키려면 128보다 큰 입력 영상 픽셀 값은 좀 더 작게 만들고, 128보다 작은 픽셀 값은 오히려 128에 가깝게 증가시킵니다. 이러한 픽셀 값 변경 방식을 수식으로 정리하면 다음과 같습니다.

$$\text{dst}(x, y) = \text{src}(x, y) + (\text{src}(x, y) - 128) \cdot \alpha$$

이 수식에서 α는 -1보다 같거나 큰 실수입니다. 이 수식은 항상 (128, 128) 좌표를 지나가고, α에 의해 기울기가 변경되는 직선의 방정식입니다. α의 범위가 $-1 \le \alpha \le 0$이면 기울기가 0부터 1 사이의 직선이 되며, 이는 명암비를 감소시키는 변환 함수입니다. 반면에 α의 범위가 $\alpha > 0$이면 기울기가 1보다 큰 직선의 방정식이며, 이는 명암비를 증가시키는 변환 함수입니다. 앞 수식에 의해 계산되는 결과 영상의 픽셀 값은 0보다 작거나 255보다 커지는 경우가 발생할 수 있으므로 포화 연산도 함께 수행해야 합니다. 포화 연산까지 포함한 효과적인 명암비 조절 수식은 다음과 같습니다.

$$\text{dst}(x, y) = \text{saturate}(\text{src}(x, y) + (\text{src}(x, y) - 128) \cdot \alpha)$$

이 수식에서 $\alpha = -0.5$인 경우와 $\alpha = 1.0$인 경우의 함수 그래프를 그림 5-10에 나타냈습니다. 그림 5-10(a)는 $\alpha = -0.5$인 경우이며, 명암비를 감소시키는 함수의 그래프입니다. 이 경우 결과 영상의 픽셀 값이 가질 수 있는 범위는 64부터 192로 한정됩니다. 그림 5-10(b)는 $\alpha = 1.0$인 경우이며 명암비가 높은 결과 영상을 생성합니다. 대부분의 영상에서 픽셀 값이 0 또는 255에 가까운 픽셀보다 중간 밝기의 픽셀이 많기 때문에 포화 연산의 영향을 받는 픽셀은 그리 많지 않습니다.

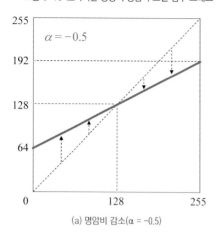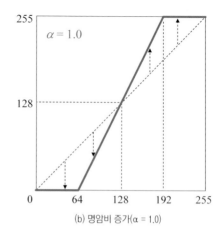

(a) 명암비 감소(α = -0.5)   (b) 명암비 증가(α = 1.0)

효과적인 명암비 조절 수식을 이용하여 영상의 명암비를 증가시키는 소스 코드를 코드 5-6에 나타냈습니다. 코드 5-6의 contrast2() 함수에서는 α 값 1.0을 사용하여 레나 영상의 명암비를 증가시킵니다. contrast2() 함수가 정의된 소스 파일은 내려받은 예제 파일 코드 중에서 ch05/contrast 폴더에서 확인할 수 있습니다.

코드 5-6 효과적인 영상의 명암비 조절 방법 [ch05/contrast]

```
01    void contrast2()
02    {
03        Mat src = imread("lenna.bmp", IMREAD_GRAYSCALE);
04
05        if (src.empty()) {
06            cerr << "Image load failed!" << endl;
07            return;
08        }
09
10        float alpha = 1.f;
11        Mat dst = src + (src - 128) * alpha;
12
13        imshow("src", src);
14        imshow("dst", dst);
15
16        waitKey();
17        destroyAllWindows();
18    }
```

- 10~11행 효과적인 영상의 명암비 조절 수식을 그대로 C/C++ 소스 코드 형태로 변환한 코드이며, 입력 영상 src로부터 명암비가 증가된 결과 영상 dst를 생성합니다.

코드 5-6에서 주목할 부분은 10~11행이며, 이 부분은 앞서 설명한 효과적인 명암비 조절 수식을 그대로 OpenCV 소스 코드 형태로 변환한 것입니다. 코드 5-6의 contrast2() 함수를 실행하여 나타난 결과 화면을 그림 5-11에 나타냈습니다. 앞서 그림 5-9에서 보았던 기본적인 명암비 증가 예제보다 그림 5-11에 나타난 결과 화면이 좀 더 자연스럽게 명암비가 증가되었음을 확인할 수 있습니다.

▼ 그림 5-11 효과적인 영상의 명암비 증가 예제 실행 결과

OPENCV

5.3 히스토그램 분석

앞 절에서는 영상에 사용자가 지정한 픽셀 값 변환 함수를 적용하여 밝기와 명암비를 조절하는 방법에 대해 알아보았습니다. 이 절에서는 주어진 영상의 픽셀 밝기 분포를 조사하여 밝기 및 명암비를 적절하게 조절하는 방법에 대해 알아보겠습니다. 먼저 영상의 픽셀 밝기 값 분포를 나타내는 히스토그램에 대해 알아보고, OpenCV에서 히스토그램을 구하는 방법에 대해 설명하겠습니다. 그리고 히스토그램 분석을 통해 영상의 밝기 및 명암비를 자동으로 조절하는 히스토그램 스트레칭과 히스토그램 평활화 기법에 대해 알아보겠습니다.

5.3.1 히스토그램 구하기

영상의 히스토그램(histogram)이란 영상의 픽셀 값 분포를 그래프 형태로 표현한 것을 의미합니다. 그레이스케일 영상의 경우, 각 그레이스케일 값에 해당하는 픽셀의 개수를 구하고 이를 막대 그래프 형태로 표현함으로써 히스토그램을 구할 수 있습니다. 컬러 영상에 대해서도 세 개의 색상 성분 조합에 따른 픽셀 개수를 계산하여 히스토그램을 구할 수 있습니다. 이 절에서는 그레이스케일 영상의 밝기 성분으로부터 히스토그램을 계산하고 응용하는 방법에 대해 설명할 것이며, 컬러 영상의 히스토그램 사용 방법은 10장에서 따로 설명하겠습니다.

단순한 형태의 영상을 이용하여 히스토그램 계산 과정을 알아보겠습니다. 테스트로 사용할 영상과 히스토그램을 그림 5-12에 나타냈습니다. 그림 5-12 왼쪽에 나타난 4×4 입력 영상은 각 픽셀이 0부터 7 사이의 밝기를 가질 수 있는 단순한 형태의 영상입니다. 이 영상에서 값이 0인 픽셀 개수를 세어 보면 4이고, 밝기 값이 1인 픽셀 개수는 3입니다. 나머지 밝기 값에 해당하는 픽셀 개수도 어렵지 않게 구할 수 있습니다. 이처럼 각각의 밝기에 해당하는 픽셀 개수를 세어서 막대그래프 형태로 표현한 히스토그램을 그림 5-12 오른쪽에 나타냈습니다.

▼ 그림 5-12 단순한 영상에서 히스토그램 구하기

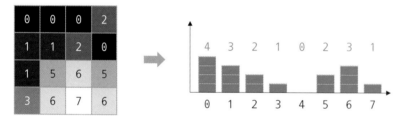

히스토그램 그래프에서 가로축을 히스토그램의 빈(bin)이라고 합니다. 그러므로 그림 5-12에 나타난 히스토그램에서 빈 개수는 8입니다. 그림 5-12에서 사용된 영상이 0부터 7 사이의 픽셀 값을 가질 수 있기 때문에 여덟 개의 빈으로 구성된 히스토그램을 생성한 것입니다. 그레이스케일 영상의 경우에는 256개의 빈을 갖는 히스토그램을 구하는 것이 일반적입니다.

그러나 히스토그램의 빈 개수가 항상 픽셀 값 범위와 같아야 하는 것은 아닙니다. 경우에 따라서는 히스토그램의 빈 개수를 픽셀 값 범위보다 작게 설정할 수도 있습니다. 예를 들어 그림 5-12와 같이 여덟 개의 밝기 값을 가질 수 있는 영상에서 히스토그램 빈 개수를 4로 설정할 수도 있으며, 이러한 히스토그램 그래프를 그림 5-13에 나타냈습니다. 그림 5-13에 나타난 히스토그램에서 0번 빈은 픽셀 값이 0 또는 1인 픽셀 개수이고, 1번 빈의 히스토그램 값은 픽셀 값이 2 또는 3인 픽셀 개수입니다. 2번과 3번 빈의 히스토그램 값도 같은 방식으로 구할 수 있습니다. 일반적으로 히스토그램의 빈 개수가 줄어들면 히스토그램이 표현하는 영상의 픽셀 값 분포 모양이 좀 더 대략적인 형태로 바뀝니다. 반대로 빈 개수가 많으면 세밀한 픽셀 값 분포 표현이 가능합니다.

▼ 그림 5-13 빈 개수를 변경하여 히스토그램 구하기

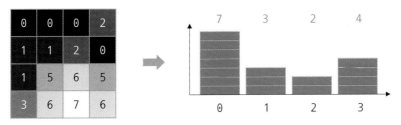

OpenCV에서 영상의 히스토그램을 구하려면 calcHist() 함수를 사용합니다. calcHist() 함수는 한 장의 영상뿐만 아니라 여러 장의 영상으로부터 히스토그램을 구할 수 있고, 여러 채널로부터 히스토그램을 구할 수도 있습니다. 또한 히스토그램 빈 개수도 조절할 수 있습니다. 다양한 형식의 히스토그램 생성을 지원하기 때문에 calcHist() 함수의 사용법은 꽤 복잡한 편입니다. calcHist() 함수 원형과 인자에 대한 설명은 다음과 같습니다.

```
void calcHist(const Mat* images, int nimages,
              const int* channels, InputArray mask,
              OutputArray hist, int dims, const int* histSize,
              const float** ranges, bool uniform = true, bool accumulate = false);
```

- images   입력 영상의 배열 또는 입력 영상의 주소. 영상의 배열인 경우, 모든 영상의 크기와 깊이는 같아야 합니다.
- nimages   입력 영상 개수
- channels 히스토그램을 구할 채널을 나타내는 정수형 배열
- mask   마스크 영상. 입력 영상과 크기가 같은 8비트 배열이어야 합니다. 마스크 행렬의 원소 값이 0이 아닌 좌표의 픽셀만 히스토그램 계산에 사용됩니다. mask 인자에 Mat() 또는 noArray()를 지정하면 입력 영상 전체에 대해 히스토그램을 구합니다.
- hist   출력 히스토그램. CV_32F 깊이를 사용하는 dims-차원의 행렬입니다.
- dims   출력 히스토그램의 차원 수
- histSize 각 차원의 히스토그램 배열 크기를 나타내는 배열(즉, 각 차원의 히스토그램 빈 개수를 나타내는 배열)
- ranges   각 차원의 히스토그램 범위. 등간격 히스토그램이면(uniform = true), ranges[i]는 각 차원의 최솟값과 최댓값으로 구성된 배열이고 [최솟값, 최댓값)[2] 범위를 나타냅니다. 비등간격 히스토그램이면 (uniform = false), ranges[i]는 각각의 구역을 나타내는 histSize[i]+1개의 원소로 구성된 배열입니다.
- uniform   히스토그램 빈의 간격이 균등한지를 나타내는 플래그
- accumulate 누적 플래그. 이 값이 true이면 hist 배열을 초기화하지 않고 누적하여 히스토그램을 계산합니다.

---

2   대괄호와 소괄호를 이용하여 범위를 나타낼 때, 대괄호는 포함을 의미하고 소괄호는 포함하지 않음을 의미합니다. 예를 들어 변수 x의 범위가 [a, b)라는 것은 a≤x<b를 의미합니다.

calcHist() 함수는 모두 열 개의 인자를 가지고, 맨 뒤에 나오는 uniform과 accumulate 인자는 기본값을 가지고 있기 때문에 최소 여덟 개의 인자를 설정해야 합니다. uniform과 accumulate 인자를 명시적으로 지정하지 않으면 자동으로 각각 true와 false가 설정되며, 이 경우 hist 배열을 0으로 초기화한 후 등간격 히스토그램을 계산합니다. 등간격 히스토그램이란 빈이 표현하는 밝기 값 간격이 균일하다는 의미입니다. 이 책에서 사용하는 모든 예제 코드에서는 uniform 인자와 accumulate 인자를 따로 지정하지 않고 기본값을 그대로 사용합니다.

calcHist() 함수의 사용법을 알아보기 위해 하나의 그레이스케일 영상으로부터 히스토그램을 구하는 코드를 작성해 보겠습니다. 그레이스케일 입력 영상으로부터 256개의 빈으로 구성된 히스토그램을 생성하는 사용자 정의 함수 calcGrayHist()를 코드 5-7에 나타냈습니다. calcGrayHist() 함수는 내부적으로 calcHist() 함수를 호출하여 히스토그램을 계산하며, 이때 calcHist() 함수 인자를 어떻게 설정하는지를 주의 깊게 살펴보기 바랍니다. 코드 5-7의 calcGrayHist() 함수가 정의된 소스 파일은 내려받은 예제 파일 중 ch05/histogram 프로젝트에서 확인할 수 있습니다.

코드 5-7 그레이스케일 영상의 히스토그램 구하기 [ch05/histogram]

```
01    Mat calcGrayHist(const Mat& img)
02    {
03        CV_Assert(img.type() == CV_8UC1);
04
05        Mat hist;
06        int channels[] = { 0 };
07        int dims = 1;
08        const int histSize[] = { 256 };
09        float graylevel[] = { 0, 256 };
10        const float* ranges[] = { graylevel };
11
12        calcHist(&img, 1, channels, noArray(), hist, dims, histSize, ranges);
13
14        return hist;
15    }
```

- 3행   CV_Assert() 매크로 함수를 이용하여 calcGrayHist() 함수로 전달된 img 영상이 그레이스케일 영상인지를 검사합니다. 만약 img 영상이 그레이스케일 영상이 아니면 에러가 발생하며 프로그램이 종료합니다.

- 5~10행   12행에서 호출하는 calcHist() 함수에 전달할 인자를 생성하는 구문입니다.

- 5행   히스토그램 정보를 저장할 Mat 타입의 변수 hist를 선언합니다.

- 6행   히스토그램을 구할 채널 번호를 담은 channels 배열을 생성합니다. 그레이스케일 영상은 한 개의 채널을 가지고 있고, 채널 번호는 0부터 시작하므로 channels 배열은 0 하나만 원소로 가집니다.

- 7행　　　dims 변수에 1을 대입한 것은 하나의 채널에 대해서만 히스토그램을 구하기 때문이며, 결과로 구해지는 hist 행렬이 1차원 행렬임을 나타냅니다.

- 8행　　　histSize 배열 원소에 256을 하나 지정한다는 것은 입력 영상의 첫 번째 채널 값의 범위를 256개 빈으로 나누어 히스토그램을 구하겠다는 의미입니다.

- 9~10행　graylevel 배열의 원소에는 그레이스케일 값의 최솟값과 최댓값인 0과 256을 차례대로 지정합니다. ranges 배열은 graylevel 배열 이름을 원소로 갖는 배열입니다.

- 12행　　　calcHist() 함수를 이용하여 img 영상의 히스토그램을 구하고, 그 결과를 hist 변수에 저장합니다.

- 14행　　　구해진 히스토그램 hist를 반환합니다.

calcGrayHist() 함수는 내부에서 OpenCV 함수 calcHist()를 이용하여 그레이스케일 영상의 히스토그램을 표현하는 행렬 hist를 구하여 반환합니다. 이때 반환되는 hist는 CV_32FC1 타입을 갖는 256×1 크기의 행렬입니다. 즉, hist 행렬의 행 개수는 256이고, 열 개수는 1입니다.

calcGrayHist() 함수로 구한 히스토그램 행렬을 막대그래프 형태로 나타내려면 여러분이 직접 hist 행렬을 참조하여 막대그래프 영상을 생성해야 합니다. 256개의 빈을 갖는 hist 행렬로부터 가로가 256픽셀, 세로가 100픽셀인 크기의 히스토그램 그래프 영상을 생성하는 getGrayHistImage() 함수를 코드 5-8에 나타냈습니다. getGrayHistImage() 함수는 히스토그램 그래프에서 최대 빈도수를 표현하는 막대그래프 길이가 100픽셀이 되도록 그래프를 그립니다.

코드 5-8 그레이스케일 영상의 히스토그램 그래프 그리기 [ch05/histogram]

```
01    Mat getGrayHistImage(const Mat& hist)
02    {
03        CV_Assert(hist.type() == CV_32FC1);
04        CV_Assert(hist.size() == Size(1, 256));
05
06        double histMax;
07        minMaxLoc(hist, 0, &histMax);
08
09        Mat imgHist(100, 256, CV_8UC1, Scalar(255));
10        for (int i = 0; i < 256; i++) {
11            line(imgHist, Point(i, 100),
12                Point(i, 100 - cvRound(hist.at<float>(i, 0)*100/histMax)), Scalar(0));
13        }
14
15        return imgHist;
16    }
```

- 3~4행　　getGrayHistImage() 함수의 인자로 전달된 hist 행렬이 256개의 빈으로 구성된 히스토그램 행렬인지 검사합니다.

- 6~7행　　hist 행렬 원소의 최댓값을 histMax 변수에 저장합니다.

- 9행   흰색으로 초기화된 256×100 크기의 새 영상 imgHist를 생성합니다.
- 10~13행   for 반복문과 line() 함수를 이용하여 각각의 빈에 대한 히스토그램 그래프를 그립니다.
- 15행   hist 행렬로부터 구한 256×100 크기의 히스토그램 영상 imgHist를 반환합니다.

코드 5-8의 7행에서 hist 행렬 원소의 최댓값을 찾기 위해 minMaxLoc() 함수를 사용했습니다. 이때 hist 행렬의 최솟값은 관심이 없으므로 minMaxLoc() 함수의 두 번째 인자는 0으로 설정하였습니다. 히스토그램 행렬의 최댓값 histMax는 이후 12행에서 히스토그램 막대그래프를 그릴 때 사용합니다.

```
line(imgHist, Point(i, 100),
    Point(i, 100 - cvRound(hist.at<float>(i, 0)*100/histMax)), Scalar(0));
```

앞 코드에 의해 그려지는 히스토그램 막대그래프의 최대 길이는 100픽셀로 설정됩니다. 즉, 히스토그램 행렬의 최댓값 위치에서 100픽셀에 해당하는 검은색 직선을 그리고, 나머지 히스토그램 막대그래프는 100픽셀보다 짧은 길이의 직선으로 표현됩니다.

코드 5-7과 코드 5-8에서 설명한 calcGrayHist() 함수와 getGrayHistImage() 함수를 사용하여 camera.bmp 카메라맨 영상의 히스토그램을 화면에 출력하려면 다음과 같이 코드를 작성합니다.

```
Mat src = imread("camera.bmp", IMREAD_GRAYSCALE);
Mat hist = calcGrayHist(src);
Mat hist_img = getGrayHistImage(hist);

imshow("src", src);
imshow("srcHist", hist_img);
```

앞 예제 코드에서 hist는 히스토그램 정보를 담고 있는 행렬이고, hist_img는 히스토그램 그래프를 담고 있는 영상입니다. 만약 단순히 히스토그램 그래프 영상을 화면에 출력하는 것이 목적이라면 hist 또는 hist_img 변수를 선언할 필요 없이 다음과 같이 코드를 작성할 수 있습니다.

```
Mat src = imread("camera.bmp", IMREAD_GRAYSCALE);

imshow("src", src);
imshow("srcHist", getGrayHistImage(calcGrayHist(src)));
```

실제로 이와 같이 코드를 작성하여 실행한 결과를 그림 5-14에 나타냈습니다. 그림 5-14에서 src 창에 나타난 영상이 camera.bmp 카메라맨 영상입니다. 카메라맨 영상의 히스토그램에는 크게 두 개의 픽셀 값 분포가 두드러지게 나타나는 것을 볼 수 있습니다. srcHist 창에 나타난 히스토그램에서 A 영역은 주로 카메라맨이 입고 있는 외투 또는 머리카락 픽셀로부터 만들어진 어두운 픽셀 분포를 표현합니다. 상대적으로 밝은 회색을 표현하는 B 영역은 camera.bmp 영상에서 하늘 또는 잔디밭의 픽셀로부터 생성되었음을 가늠할 수 있습니다.

❤ 그림 5-14 영상의 히스토그램 분석

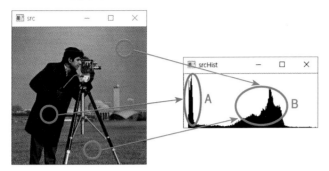

Note ≡   C/C++ 문법을 이용하여 그레이스케일 영상의 히스토그램을 직접 구할 수도 있습니다. 일단 0으로 초기화된 256개 크기의 정수형 배열을 선언하고, 영상의 모든 픽셀을 스캔하면서 해당 픽셀 값에 해당하는 히스토그램 배열 값을 1씩 증가시키는 형태로 코드를 작성하면 됩니다. 예를 들어 그레이스케일 레나 영상에 대해 히스토그램을 구하는 C/C++ 코드는 다음과 같이 작성할 수 있습니다.

```
Mat src = imread("lenna.bmp", IMREAD_GRAYSCALE);

int hist[256] = { 0, };
for (int j = 0; j < src.rows; j++) {
    for (int i = 0; i < src.cols; i++) {
        hist[src.at<uchar>(j, i)]++;
    }
}
```

이 코드를 수행하면 hist 배열에 히스토그램 정보가 저장되고, 이 정보를 이용하여 히스토그램 그래프를 그리는 것도 가능합니다. 그러나 OpenCV에서 제공하는 히스토그램 관련 기능(예를 들어 히스토그램 역투영, 히스토그램 비교 등)을 사용하려면 히스토그램 정보가 Mat 객체 형태로 저장되어 있어야 합니다. 그러므로 calcHist() 함수를 사용하여 히스토그램 행렬을 만드는 방법을 잘 익혀 두는 것이 중요합니다.

그림 5-15는 밝기와 명암비가 다른 여러 레나 영상을 이용하여 입력 영상과 히스토그램과의 상관관계를 보여 주는 예입니다. 그림 5-15(a)는 원본 lenna.bmp 영상과 히스토그램을 나타냅니다. 이 영상의 밝기를 30만큼 증가시킨 영상과 히스토그램을 그림 5-15(b)에 나타냈습니다. 그림 5-15(b)의 히스토그램을 보면 그림 5-15(a)의 히스토그램에 비해 전체적으로 그래프가 오른쪽으로 이동한 것을 확인할 수 있습니다. 그림 5-15(c)는 밝기를 감소시킨 레나 영상이고, 이 영상의 히스토그램 그래프는 전체적으로 왼쪽으로 이동한 것을 볼 수 있습니다. 그림 5-15(d)는 명암

비를 증가시킨 레나 영상과 히스토그램 그래프입니다. 이 경우 히스토그램 그래프가 그레이스케일 값 범위 전체 구간에 골고루 나타납니다. 마지막으로 그림 5-15(e)는 명암비가 낮은 레나 영상이며, 이 경우 히스토그램 그래프가 가운데 일부 구간에 몰려서 나타납니다. 이처럼 히스토그램의 픽셀 분포 그래프는 영상의 밝기와 명암비를 가늠할 수 있는 유용한 도구로 사용될 수 있습니다.

❤ 그림 5-15 영상 특성에 따른 히스토그램 분석

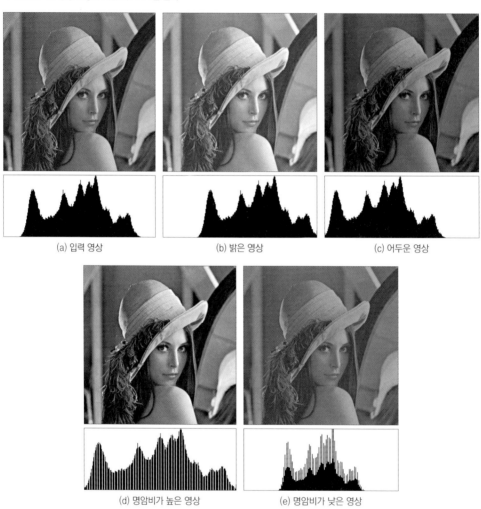

(a) 입력 영상 (b) 밝은 영상 (c) 어두운 영상

(d) 명암비가 높은 영상 (e) 명암비가 낮은 영상

5.3.2 히스토그램 스트레칭

히스토그램 스트레칭(histogram stretching)은 영상의 히스토그램이 그레이스케일 전 구간에 걸쳐서 나타나도록 변경하는 선형 변환 기법입니다. 보통 명암비가 낮은 영상은 히스토그램이 특정 구간에 집중되어 나타나게 되는데, 이러한 히스토그램을 마치 고무줄을 잡아 늘이듯이 펼쳐서 히스토그램 그래프가 그레이스케일 전 구간에서 나타나도록 변환하는 기법입니다. 히스토그램 스트레칭을 수행한 영상은 명암비가 높아지기 때문에 대체로 보기 좋은 사진으로 바뀌게 됩니다.

히스토그램 스트레칭을 수식으로 표현하면 다음과 같습니다.

$$\text{dst}(x, y) = \frac{\text{src}(x, y) - G_{\min}}{G_{\max} - G_{\min}} \times 255$$

이 식에서 src와 dst는 각각 입력 영상과 출력 영상을 나타내고, $G_{\min}$과 $G_{\max}$는 입력 영상의 픽셀 값 중에서 가장 큰 그레이스케일 값과 가장 작은 그레이스케일 값을 나타냅니다.

히스토그램 스트레칭 동작 방식을 이해하기 위해 그림 5-16을 살펴보겠습니다. 그림 5-16(a)는 레나 영상과 레나 영상의 히스토그램입니다. $G_{\min}$과 $G_{\max}$는 레나 영상에서의 최소 픽셀 값과 최대 픽셀 값이며, 레나 영상의 히스토그램 분포는 $G_{\min}$과 $G_{\max}$ 사이에서만 나타납니다. 이러한 히스토그램 그래프를 그레이스케일 양방향으로 늘려서 $G_{\min}$은 0이 되게 하고, $G_{\max}$는 255가 되도록 변환하면 히스토그램이 그레이스케일 전체 구간에 대해 나타나게 됩니다. 즉, 입력 레나 영상의 히스토그램이 그림 5-16(c)와 같이 되도록 변경하는 변환이 히스토그램 스트레칭입니다.

▼ 그림 5-16 히스토그램 스트레칭과 변환 함수 그래프

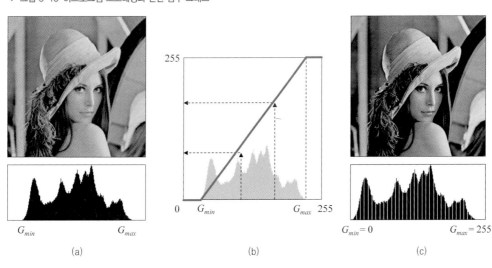

그렇다면 그림 5-16(a) 히스토그램을 그림 5-16(c) 히스토그램처럼 만들려면 어떻게 해야 할까요? 그 해답이 바로 그림 5-16(b)에 나타난 변환 함수 그래프입니다. 그림 5-16(b)와 같이 $(G_{min}, 0)$과 $(G_{max}, 255)$를 지나가는 직선의 방정식을 구해서 이를 변환 함수로 사용하면 히스토그램 스트레칭이 수행됩니다. 이 직선의 방정식을 구하려면 직선의 기울기와 y 절편을 구하면 됩니다. 직선의 기울기는 $255 / (G_{max} - G_{min})$이고, y 절편은 비례식을 이용하여 구하면 $-255 \cdot G_{min} / (G_{max} - G_{min})$이 됩니다. 그러므로 직선의 방정식은 다음과 같이 결정됩니다.

$$
\begin{aligned}
\mathrm{dst}(x, y) &= \frac{255}{G_{max} - G_{min}} \times \mathrm{src}(x, y) - \frac{255 \cdot G_{min}}{G_{max} - G_{min}} \\
&= \frac{\mathrm{src}(x, y) - G_{min}}{G_{max} - G_{min}} \times 255
\end{aligned}
$$

히스토그램 스트레칭을 위한 함수는 OpenCV에서 따로 제공하지는 않습니다. 그러나 OpenCV가 기본적인 산술 연산에 대한 연산자 재정의를 지원하기 때문에 앞 수식을 소스 코드로 변경하는 것은 그리 어려운 일이 아닙니다. 앞 수식에서 G_{min}과 G_{max} 값은 minMaxLoc() 함수를 사용하면 쉽게 구할 수 있습니다.

실제 영상에 대하여 히스토그램 스트레칭을 수행하는 예제 코드를 코드 5-9에 나타냈습니다. 코드 5-9의 histogram_stretching() 함수는 hawkes.bmp 입력 영상에 대해 히스토그램 스트레칭을 수행하고, 해당 히스토그램 그래프를 화면에 출력합니다. histogram_stretching() 함수가 정의된 소스 파일과 사용된 영상 파일은 내려받은 예제 파일 중 ch05/histogram 프로젝트에서 확인할 수 있습니다.

코드 5-9 히스토그램 스트레칭 [ch05/histogram]

```
01    void histogram_stretching()
02    {
03        Mat src = imread("hawkes.bmp", IMREAD_GRAYSCALE);
04
05        if (src.empty()) {
06            cerr << "Image load failed!" << endl;
07            return;
08        }
09
10        double gmin, gmax;
11        minMaxLoc(src, &gmin, &gmax);
12
13        Mat dst = (src - gmin) * 255 / (gmax - gmin);
14
15        imshow("src", src);
16        imshow("srcHist", getGrayHistImage(calcGrayHist(src)));
```

```
17
18      imshow("dst", dst);
19      imshow("dstHist", getGrayHistImage(calcGrayHist(dst)));
20
21      waitKey();
22      destroyAllWindows();
23  }
```

- 3행   hawkes.bmp 파일을 그레이스케일 형식으로 불러와서 src에 저장합니다.
- 10~11행   입력 영상 src에서 그레이스케일 최솟값과 최댓값을 구하여 gmin과 gmax에 저장합니다.
- 13행   히스토그램 스트레칭 수식을 그대로 적용하여 결과 영상 dst를 생성합니다.
- 15~19행   입력 영상과 히스토그램 스트레칭 결과 영상, 그리고 각각의 히스토그램을 화면에 출력합니다.

코드 5-9에 정의한 histogram_stretching( ) 함수의 실제 실행 결과를 그림 5-17에 나타냈습니다.
입력 영상 src가 전체적으로 뿌옇게 보이는 것과 달리, 히스토그램 스트레칭이 수행된 결과 영상
dst는 어두운 영역과 밝은 영역이 골고루 분포하는, 명암비가 높은 영상으로 바뀌었습니다. 히스
토그램 그래프를 살펴보면, dstHist 창에 나타난 결과 영상의 히스토그램은 입력 영상의 히스토그
램이 양 옆으로 늘어난 듯한 형태로 변경된 것을 확인할 수 있습니다.

▼ 그림 5-17 히스토그램 스트레칭 예제 실행 결과[3]

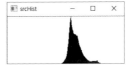

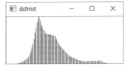

---

3   영상 출처: https://en.wikipedia.org/wiki/Histogram_equalization

5.3.3 히스토그램 평활화

히스토그램 평활화(histogram equalization)는 히스토그램 스트레칭과 더불어 영상의 픽셀 값 분포가 그레이스케일 전체 영역에서 골고루 나타나도록 변경하는 알고리즘의 하나입니다. 히스토그램 평활화는 히스토그램 그래프에서 특정 그레이스케일 값 근방에서 픽셀 분포가 너무 많이 뭉쳐 있는 경우 이를 넓게 펼쳐 주는 방식으로 픽셀 값 분포를 조절합니다. 히스토그램 평활화는 히스토그램 균등화 또는 히스토그램 평탄화라는 용어로도 번역되어 사용되고 있습니다.

히스토그램 평활화를 구현하기 위해서는 먼저 히스토그램을 구해야 합니다. 설명의 편의상 그레이스케일 영상의 히스토그램을 그레이스케일 값 g에 대한 함수 $h(g)$로 표현하겠습니다. 즉, $h(g)$는 영상에서 그레이스케일 값이 g인 픽셀 개수를 나타냅니다. 히스토그램 평활화를 계산하기 위해서는 $h(g)$로부터 히스토그램 누적 함수 $H(g)$를 구해야 합니다. 히스토그램 누적 함수 $H(g)$는 다음 수식으로 정의됩니다.

$$H(g) = \sum_{0 \le i \le g} h(i)$$

히스토그램 평활화는 이 히스토그램 누적 함수 $H(g)$를 픽셀 값 변환 함수로 사용합니다. 다만 $H(g)$ 값의 범위가 보통 그레이스케일 값의 범위(0~255)보다 훨씬 크기 때문에 $H(g)$ 함수의 최댓값이 255가 되도록 정규화 과정을 거쳐야 합니다. 만약 입력 영상의 픽셀 개수를 N이라고 표기하면 히스토그램 평활화는 다음과 같은 형태로 정의됩니다.

$$\text{dst}(x, y) = \text{round}\left(H(\text{src}(x, y)) \times \frac{L_{\max}}{N} \right)$$

이 수식에서 $L_{\max}$는 영상이 가질 수 있는 최대 밝기 값을 의미하며 일반적인 그레이스케일 영상의 경우 $L_{\max} = 255$입니다. round()는 반올림 함수를 나타냅니다.

단순한 형태의 영상을 대상으로 실제 히스토그램 평활화가 동작하는 방식을 살펴보겠습니다. 테스트로 사용할 영상을 그림 5-18(a)에 나타냈습니다. 이 영상은 4×4 크기를 갖고, 픽셀의 밝기 값 범위를 0부터 7 사이로 설정한 영상입니다. 이 영상으로부터 구한 히스토그램 $h(g)$와 히스토그램 누적 함수 $H(g)$를 그림 5-18(b)에 표 형태로 나타냈습니다. 영상의 픽셀 개수가 16개이므로 $H(7)$에 해당하는 값이 16인 것을 확인할 수 있습니다. 테스트로 사용한 영상은 최대 밝기 값이 7이고 전체 픽셀 개수가 16이므로 정규화를 위한 상수는 7/16을 사용해야 합니다. 즉, $H(g)$에 7/16을 곱한 값을 결과 영상의 픽셀 값으로 설정합니다. 다만 $H(g) \times \dfrac{7}{16}$의 결과가 실수로 계산되기 때문에 이 값을 반올림하여 결과 영상의 픽셀 값으로 설정합니다. 이러한 연산 과정을 그림 5-18(c)에 나타냈습니다. 결국 입력 영상에서 그레이스케일 값이 0이었던 픽셀은 변환 함수를 거쳐 2로 변경하고, 그레이스케일 값이 1이었던 픽셀은 3으로, 그레이스케일 값이 2였던 픽셀은 4로 변경합니다. 나머지 그레이스케일 값에 대해서도 비슷한 방식으로 값을 변경하면 최종적으로 그림 5-18(d)와 같이 히스토그램 평활화 결과 영상을 얻을 수 있습니다.

❤ 그림 5-18 단순한 영상에서 히스토그램 평활화 구현하기

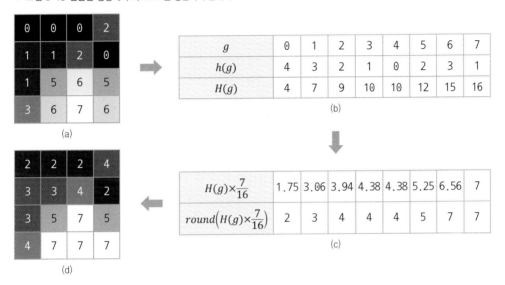

OpenCV는 그레이스케일 영상의 히스토그램 평활화를 수행하는 equalizeHist() 함수를 제공합니다. equalizeHist() 함수 원형은 다음과 같습니다.

```
void equalizeHist( InputArray src, OutputArray dst );
```

- src   입력 영상. 8비트 1채널
- dst   출력 영상. src와 크기와 타입이 같습니다.

equalizeHist() 함수는 CV_8UC1 타입을 사용하는 그레이스케일 영상만 입력으로 받습니다. 3채널로 구성된 컬러 영상을 equalizeHist() 함수 입력으로 전달하면 에러가 발생하므로 주의해야 합니다. 컬러 영상에서 히스토그램 평활화를 수행하는 방법에 대해서는 10.2.1절에서 따로 설명하겠습니다.

실제 영상에 대하여 히스토그램 평활화를 수행하고 히스토그램을 화면에 출력하는 예제 코드를 코드 5-10에 나타냈습니다. 코드 5-10의 histogram_equalization() 함수는 equalizeHist() 함

수를 이용하여 hawkes.bmp 영상에 대한 히스토그램 평활화를 수행하고, 평활화 전후의 영상과 히스토그램 그래프를 화면에 출력합니다. histogram_equalization() 함수를 사용하는 전체 예제 코드는 내려받은 예제 파일 중 ch05/histogram 프로젝트에서 확인할 수 있습니다.

코드 5-10 히스토그램 평활화 [ch05/histogram]

```
01    void histogram_equalization()
02    {
03        Mat src = imread("hawkes.bmp", IMREAD_GRAYSCALE);
04
05        if (src.empty()) {
06            cerr << "Image load failed!" << endl;
07            return;
08        }
09
10        Mat dst;
11        equalizeHist(src, dst);
12
13        imshow("src", src);
14        imshow("srcHist", getGrayHistImage(calcGrayHist(src)));
15
16        imshow("dst", dst);
17        imshow("dstHist", getGrayHistImage(calcGrayHist(dst)));
18
19        waitKey();
20        destroyAllWindows();
21    }
```

- 3행   hawkes.bmp 파일을 그레이스케일 형태로 불러와서 src에 저장합니다.
- 10~11행   히스토그램 평활화를 수행한 결과를 dst에 저장합니다.
- 13~17행   입력 영상과 히스토그램 평활화 결과 영상, 그리고 각각의 히스토그램을 화면에 출력합니다.

코드 5-10의 histogram_equalization() 함수 실행 결과를 그림 5-19에 나타냈습니다. src 창과 dst 창에 나타난 영상을 비교해 보면 히스토그램 평활화 수행 결과 영상이 전체적으로 밝은 영역과 어두운 영역의 대비가 크게 증가한 것을 확인할 수 있습니다. 히스토그램 그래프를 살펴보면, srcHist 그래프에서 큰 값이 몰려 있던 부분의 히스토그램 그래프가 dstHist 그래프에서는 그레이스케일 전체 범위로 넓게 펼쳐진 것을 확인할 수 있습니다.

6장

영상의 산술 및
논리 연산

6.1 영상의 산술 연산

영상은 일종의 2차원 행렬이기 때문에 행렬의 산술 연산(arithmetic operation)을 그대로 적용할 수 있습니다. 즉, 두 개의 영상을 서로 더하거나 빼는 연산을 수행함으로써 새로운 결과 영상을 생성할 수 있습니다. 다만 영상을 서로 곱하거나 나누는 연산은 거의 사용하지 않습니다. 이 절에서는 두 개의 입력 영상에 대하여 다양한 형태의 덧셈 및 뺄셈 연산을 수행하는 방법에 대해 알아보겠습니다.

먼저 두 개의 영상을 서로 더하는 덧셈 연산에 대해 알아보겠습니다. 영상의 덧셈 연산은 두 개의 입력 영상에서 같은 위치 픽셀 값을 서로 더하여 결과 영상 픽셀 값으로 설정하는 연산입니다. 영상의 덧셈 연산을 수식으로 표현하면 다음과 같습니다.

$$dst(x, y) = src1(x, y) + src2(x, y)$$

앞 수식에서 src1과 src2는 입력 영상이고, dst는 덧셈 연산의 결과 영상입니다. 영상의 덧셈 연산을 수행하면 그 결괏값이 그레이스케일 최댓값인 255보다 커지는 경우가 발생할 수 있습니다. 이러한 경우에는 결과 영상 픽셀 값을 255로 설정하는 포화 연산도 함께 수행해야 합니다. 그러므로 영상의 덧셈 연산 수식을 좀 더 정확하게 표현하면 다음과 같습니다.

$$dst(x, y) = saturate(src1(x, y) + src2(x, y))$$

OpenCV에서는 add( ) 함수를 사용하여 영상의 덧셈을 수행할 수 있습니다. add( ) 함수 원형은 다음과 같습니다.

```
void add(InputArray src1, InputArray src2, OutputArray dst,
        InputArray mask = noArray(), int dtype = -1);
```

- src1   첫 번째 입력 행렬 또는 스칼라
- src2   두 번째 입력 행렬 또는 스칼라
- dst   입력 행렬과 같은 크기, 같은 채널 수를 갖는 출력 행렬. dst의 깊이는 src1, src2의 깊이와 같거나 또는 dtype 인자에 의해 결정됩니다.
- mask   8비트 1채널 마스크 영상. mask 행렬 원소 값이 0이 아닌 위치에서만 덧셈 연산을 수행합니다.
- dtype   출력 행렬의 깊이. src1과 src2의 깊이가 같은 경우에는 dtype에 -1을 지정할 수 있고, 이 경우 dst의 깊이는 src1, src2와 같은 깊이로 설정됩니다. src1과 src2의 깊이가 서로 다른 경우에는 dtype을 반드시 지정해야 합니다.

add() 함수는 두 개의 행렬 또는 영상을 입력으로 받고, 하나의 행렬 또는 영상을 출력으로 생성합니다. src1과 src2 인자에는 Mat 객체 또는 Scalar 객체, 정수, 실수 자료형 등을 전달할 수 있습니다. src1과 src2가 모두 영상처럼 2차원 행렬을 나타내는 Mat 객체라면 일반적인 행렬의 덧셈 연산을 수행합니다. 만약 src1이 Mat 객체이고 src2는 Scalar 객체, 정수, 실수라면 src1 행렬의 모든 픽셀 값에 src2 값을 더하여 결과 영상을 생성합니다. 이때 덧셈 결과가 dst 객체가 표현할 수 있는 자료형 범위를 벗어나면 자동으로 포화 연산을 수행합니다.[1] add() 함수에서 mask 인자와 dtype 인자는 기본값을 가지고 있으며, 기본값을 변경할 필요가 없다면 따로 지정하지 않아도 됩니다. src1과 src2 행렬 깊이가 서로 다른 경우에는 dtype 인자를 반드시 지정해야 합니다.

add() 함수를 사용하여 두 개의 영상을 더하는 코드는 다음과 같이 작성할 수 있습니다.

```
Mat src1 = imread("aero2.bmp", IMREAD_GRAYSCALE);
Mat src2 = imread("camera.bmp", IMREAD_GRAYSCALE);

Mat dst;
add(src1, src2, dst);
```

앞 소스 코드에서 사용한 aero2.bmp 파일과 camera.bmp 파일은 모두 256×256 크기의 그레이스케일 영상입니다. 즉, 두 입력 영상의 타입은 모두 CV_8UC1입니다. 두 입력 영상의 타입이 서로 같으므로 dtype 인자를 따로 지정하지 않아도 되며, 그 결과로 생성되는 dst 영상의 타입은 두 입력 영상의 타입과 같은 CV_8UC1로 설정됩니다. 이 소스 코드에서 mask 인자를 따로 지정하지 않았으므로 두 영상의 모든 픽셀 위치에서 덧셈 연산을 수행합니다.

만약 덧셈 연산의 두 입력 영상 타입이 같다면 add() 함수 대신 + 연산자 재정의를 사용할 수 있습니다. 다음은 + 연산자 재정의를 이용하여 두 영상을 더하는 예제 코드입니다.

```
Mat src1 = imread("aero2.bmp", IMREAD_GRAYSCALE);
Mat src2 = imread("camera.bmp", IMREAD_GRAYSCALE);

Mat dst = src1 + src2;
```

그림 6-1은 두 영상의 덧셈 연산 예를 보여 줍니다. 그림 6-1에서 왼쪽 영상은 aero2.bmp 파일이고, 가운데 영상은 camera.bmp 파일입니다. 덧셈 연산의 결과 영상은 그림 6-1에서 맨 오른쪽에 나타냈습니다. 덧셈 연산의 결과 영상은 두 입력 영상의 윤곽을 조금씩 포함하고 있고, 전반적으로 밝게 포화되는 부분이 많다는 특징이 있습니다.

---

1 예외적으로 출력 영상 dst의 깊이가 CV_32S인 경우에는 포화 연산이 수행되지 않습니다.

 +  =

두 영상을 더할 때 각 영상에 가중치를 부여하여 덧셈 연산을 할 수도 있습니다. 두 개의 행렬에 각각 가중치를 부여하여 덧셈하는 연산을 수식으로 표현하면 다음과 같습니다.

$$dst(x, y) = \text{saturate}(\alpha \cdot src1(x, y) + \beta \cdot src2(x, y))$$

앞 수식에서 α와 β는 각각 src1과 src2 영상의 가중치를 의미하는 실수입니다. 보통 $\alpha + \beta = 1$이 되도록 가중치를 설정하는 경우가 많으며, $\alpha + \beta = 1$이면 결과 영상에서 포화되는 픽셀이 발생하지 않습니다. 만약 $\alpha = 0.1$, $\beta = 0.9$로 설정하면 src1 영상의 윤곽은 조금만 나타나고 src2 영상의 윤곽은 많이 나타나는 결과 영상이 생성됩니다. 만약 $\alpha = \beta = 0.5$로 설정하면 두 입력 영상의 윤곽을 골고루 가지는 평균 영상이 생성됩니다. 만약 $\alpha + \beta > 1$이면 결과 영상이 두 입력 영상보다 밝아지게 되고, 덧셈의 결과가 255보다 커지는 포화 현상이 발생할 수 있습니다. 만약 $\alpha + \beta < 1$이면 dst 영상은 두 입력 영상의 평균 밝기보다 어두운 결과 영상이 생성됩니다.

OpenCV에서 두 영상의 가중치 합을 구하려면 addWeighted() 함수를 사용합니다. addWeighted() 함수 원형은 다음과 같습니다.

```
void addWeighted(InputArray src1, double alpha, InputArray src2,
                 double beta, double gamma, OutputArray dst, int dtype = -1);
```

- src1   첫 번째 입력 행렬
- alpha   src1 행렬의 가중치
- src2   두 번째 입력 행렬. src1과 크기와 채널 수가 같아야 합니다.
- beta   src2 행렬의 가중치
- gamma   가중합 결과에 추가적으로 더할 값
- dst   출력 행렬. 입력 행렬과 같은 크기, 같은 채널 수의 행렬이 생성됩니다.
- dtype   출력 행렬의 깊이. src1과 src2의 깊이가 같은 경우에는 dtype에 −1을 지정할 수 있고, 이 경우 dst의 깊이는 src1, src2와 같은 깊이로 설정됩니다. src1과 src2의 깊이가 서로 다른 경우에는 dtype을 반드시 지정해야 합니다.

addWeighted( ) 함수는 gamma 인자를 통해 가중치의 합에 추가적인 덧셈을 한꺼번에 수행할 수 있습니다. 그러므로 addWeighted( ) 함수에 의해 생성되는 dst는 다음과 같이 나타낼 수 있습니다.

$$dst(x, y) = saturate(src1(x, y) * alpha + src2(x, y) * beta + gamma)$$

addWeighted( ) 함수를 이용하여 두 입력 영상의 평균 영상을 생성하려면 다음과 같이 코드를 작성합니다.

```
Mat src1 = imread("aero2.bmp", IMREAD_GRAYSCALE);
Mat src2 = imread("camera.bmp", IMREAD_GRAYSCALE);

Mat dst;
addWeighted(src1, 0.5, src2, 0.5, 0, dst);
```

앞 예제 코드에서는 addWeighted( ) 함수에 가중치를 모두 0.5로 지정했으며, 추가적으로 더하는 값은 0으로 지정했습니다. 앞 예제 코드의 실행 결과를 그림 6-2에 나타냈습니다. 평균 연산에 의한 결과 영상이 두 입력 영상의 윤곽을 골고루 포함하고 있고 평균 밝기가 그대로 유지되는 것을 확인할 수 있습니다.

▼ 그림 6-2 영상의 평균 연산

덧셈 연산과 마찬가지로 두 개의 영상에 대하여 뺄셈 연산도 수행할 수 있습니다. 두 영상의 뺄셈 연산을 수식으로 표현하면 다음과 같습니다.

$$dst(x, y) = saturate(src1(x, y) - src2(x, y))$$

뺄셈 연산은 두 영상에서 같은 위치에 있는 픽셀끼리 빼기 연산을 수행하는 것이며, 그 뺄셈의 결과가 0보다 작아지면 결과 영상의 픽셀 값을 0으로 설정하는 포화 연산을 수행해야 합니다.

OpenCV에서는 subtract( ) 함수를 통해 두 영상의 뺄셈 연산을 수행할 수 있습니다. subtract( ) 함수의 인자 구성과 설명은 add( ) 함수와 동일합니다.

```
void subtract(InputArray src1, InputArray src2, OutputArray dst,
              InputArray mask = noArray(), int dtype = -1);
```

- src1   첫 번째 입력 행렬 또는 스칼라
- src2   두 번째 입력 행렬 또는 스칼라
- dst   입력 행렬과 같은 크기, 같은 채널 수를 갖는 출력 행렬. dst의 깊이는 src1, src2의 깊이와 같거나 또는 dtype 인자에 의해 결정됩니다.
- mask   8비트 1채널 마스크 영상. mask 행렬 원소 값이 0이 아닌 위치에서만 덧셈 연산을 수행합니다.
- dtype   출력 행렬의 깊이. src1과 src2의 깊이가 같은 경우에는 dtype에 –1을 지정할 수 있고, 이 경우 dst의 깊이는 src1, src2와 같은 깊이로 설정됩니다. src1과 src2의 깊이가 서로 다른 경우에는 dtype을 반드시 지정해야 합니다.

만약 뺄셈 연산의 두 입력 영상 타입이 같다면 subtract( ) 함수 대신 – 연산자 재정의를 사용할 수 있습니다. 그러나 서로 타입이 다른 두 영상끼리 뺄셈 연산을 수행하려면 반드시 subtract( ) 함수를 사용해야 하고, dtype 인자를 명시해야 합니다.

덧셈 연산과 달리 뺄셈 연산은 뺄셈의 대상이 되는 영상 순서에 따라 결과가 달라집니다. 그림 6-3은 lenna.bmp 영상과 hole2.bmp 영상의 뺄셈 연산 순서에 따른 결과 차이를 보여 줍니다. hole2.bmp 영상은 가운데 영역이 0에 가까운 검은색이고, 주변부로 갈수록 255에 가까운 흰색으로 바뀝니다. 그림 6-3(a)는 lenna.bmp 영상에서 hole2.bmp 영상을 뺀 결과입니다. 결과 영상의 가운데 영역은 레나 영상 얼굴 윤곽이 그대로 유지되어 나타나고, 주변부는 0에 가까운 검은색으로 채워진 것을 확인할 수 있습니다. 그림 6-3(b)는 hole2.bmp 영상에서 lenna.bmp 영상을 뺀 결과입니다. 이 경우에는 결과 영상 중앙부는 0에 가까운 검은색으로 나타나고 주변부는 레나 영상을 반전한 형태로 나타나는 것을 확인할 수 있습니다.

만약 두 영상의 뺄셈 순서에 상관없이 픽셀 값 차이가 큰 영역을 두드러지게 나타내고 싶다면 차이 연산을 수행할 수 있습니다. 차이 연산은 뺄셈 연산 결과에 절댓값을 취하는 연산이며, 차이 연산으로 구한 결과 영상을 차영상(difference image)이라고 합니다. 차이 연산을 수식으로 표현하면 다음과 같습니다.

$$dst(x, y) = |\, src1(x, y) - src2(x, y)\,|$$

OpenCV에서는 absdiff( ) 함수를 이용하여 차영상을 구할 수 있습니다.

```
void absdiff(InputArray src1, InputArray src2, OutputArray dst);
```

- src1   첫 번째 입력 행렬 또는 스칼라
- src2   두 번째 입력 행렬 또는 스칼라
- dst   출력 행렬. 입력 행렬과 같은 크기, 같은 채널 수의 행렬이 생성됩니다.

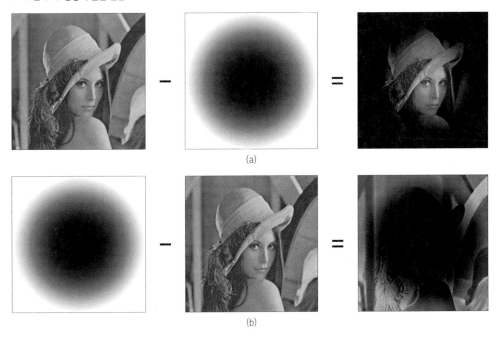

▼ 그림 6-3 영상의 뺄셈 연산

(a)

(b)

차이 연산을 이용하면 두 개의 영상에서 변화가 있는 영역을 쉽게 찾을 수 있습니다. 그림 6-4는 차이 연산을 이용하여 움직임이 있는 영역을 추출하는 예입니다. 그림 6-4의 왼쪽 영상은 움직임이 없는 정적인 배경 영상이고, 가운데 영상은 한 대의 자동차가 지나가고 있을 때 촬영된 영상입니다. 이 두 영상에 대해 차이 연산을 수행하면 그림 6-4의 오른쪽에 나타난 영상처럼 움직이는 자동차 영역에서만 픽셀 값 차이가 두드러지게 나타납니다. 두 입력 영상에서 큰 변화가 없는 영역은 픽셀 값이 0에 가까운 검은색으로 채워지게 됩니다.

▼ 그림 6-4 영상의 차이 연산[2]

---

2   영상 출처: http://www.cvg.reading.ac.uk/slides/pets.html

영상도 일종의 행렬이므로 두 입력 영상을 행렬로 생각하여 행렬의 곱셈을 수행할 수도 있습니다.[3] 그러나 영상을 이용하여 행렬의 곱셈을 수행하는 경우는 거의 없습니다. 다만 두 영상에서 같은 위치에 있는 픽셀 값끼리 서로 곱하거나 나누는 연산을 수행할 수 있으며, 이를 위해 OpenCV에서는 multiply() 함수와 divide() 함수를 제공합니다.

```
void multiply(InputArray src1, InputArray src2,
              OutputArray dst, double scale = 1, int dtype = -1);
```

- src1   첫 번째 입력 행렬
- src2   두 번째 입력 행렬. src1과 크기와 타입이 같아야 합니다.
- dst   출력 행렬. src1과 같은 크기, 같은 타입

  $$dst(x, y) = saturate(scale \cdot src1(x, y) \cdot src2(x, y))$$

- scale   추가적으로 확대/축소할 비율
- dtype   출력 행렬의 깊이

```
void divide(InputArray src1, InputArray src2, OutputArray dst,
            double scale = 1, int dtype = -1);
```

- src1   첫 번째 입력 행렬
- src2   두 번째 입력 행렬. src1과 크기와 타입이 같아야 합니다.
- dst   출력 행렬. src1과 같은 크기, 같은 타입

  $$dst(x, y) = saturate(scale \cdot src1(x, y) / src2(x, y))$$

- scale   추가적으로 확대/축소할 비율
- dtype   출력 행렬의 깊이

앞에서 소개한 add(), addWeighted(), subtract(), absdiff() 함수를 이용하여 다양한 영상의 산술 연산을 수행하는 예제 코드를 코드 6-1에 나타냈습니다. 코드 6-1은 lenna.bmp 파일과 square.bmp 파일을 이용하여 덧셈, 뺄셈, 평균, 차이 영상을 생성하고 그 결과를 화면에 출력합니다. 이 예제 코드와 사용된 영상 파일은 내려받은 예제 파일 중 ch06/arithmetic 프로젝트 폴더에서 확인할 수 있습니다.

코드 6-1 영상의 산술 연산 예제 프로그램 [ch06/arithmetic]

```
01   #include "opencv2/opencv.hpp"
02   #include <iostream>
03
04   using namespace cv;
```

---

3   일반적인 행렬의 곱셈 연산은 gemm() 함수를 사용합니다. gemm() 함수에 대해서는 OpenCV 문서 사이트를 참고하기 바랍니다.

```
05    using namespace std;
06
07    int main(void)
08    {
09        Mat src1 = imread("lenna256.bmp", IMREAD_GRAYSCALE);
10        Mat src2 = imread("square.bmp", IMREAD_GRAYSCALE);
11
12        if (src1.empty() || src2.empty()) {
13            cerr << "Image load failed!" << endl;
14            return -1;
15        }
16
17        imshow("src1", src1);
18        imshow("src2", src2);
19
20        Mat dst1, dst2, dst3, dst4;
21
22        add(src1, src2, dst1);
23        addWeighted(src1, 0.5, src2, 0.5, 0, dst2);
24        subtract(src1, src2, dst3);
25        absdiff(src1, src2, dst4);
26
27        imshow("dst1", dst1);
28        imshow("dst2", dst2);
29        imshow("dst3", dst3);
30        imshow("dst4", dst4);
31        waitKey();
32
33        return 0;
34    }
```

- 9~10행   영상의 산술 연산 입력으로 사용할 영상을 그레이스케일 형식으로 불러와서 src1과 src2 변수에 저장합니다.

- 22~25행   src1과 src2 영상을 이용하여 덧셈, 평균, 뺄셈, 차이 연산을 수행하고, 그 결과 영상을 각각 dst1, dst2, dst3, dst4 변수에 저장합니다.

- 27~30행   덧셈, 평균, 뺄셈, 차이 연산 결과 영상을 각각 새 창에 나타냅니다.

코드 6-1의 산술 연산 예제 프로그램 실행 결과를 그림 6-5에 나타냈습니다. 그림 6-5에서 src1 창에 나타난 영상은 256×256 크기의 lenna256.bmp 파일이고, src2 창에 나타난 영상은 같은 크기의 square.bmp 파일입니다. square.bmp 영상에서 가운데 밝은 사각형 영역의 픽셀 값은 255이고, 주변 어두운 영역의 픽셀 값은 0입니다. 이 두 영상에 대한 덧셈, 평균, 뺄셈, 차이 연산 결과 영상을 차례대로 dst1, dst2, dst3, dst4 창에 나타냈습니다.

dst1 영상의 경우, 사각형 바깥 영역은 레나 영상의 픽셀 값에 0을 더하는 것이므로 변화가 없고 사각형 내부는 255가 더해지므로 무조건 포화가 발생하여 픽셀 값이 모두 255로 설정됩니다. dst2 영상은 평균 연산의 결과이며 사각형 바깥 영역은 레나 영상과 밝기 값 0의 평균이므로 어두워지고, 사각형 안쪽은 레나 영상과 밝기 값 255의 평균이므로 다소 밝아집니다. 뺄셈 연산의 실행 결과인 dst3 영상의 경우, 사각형 바깥 영역은 레나 영상의 픽셀 값에서 0을 뺀 결과이므로 변화가 없고 사각형 내부는 레나 영상에서 255를 뺀 결과이기 때문에 포화 연산에 의해 무조건 0으로 설정됩니다. 마지막으로 dst4 영상은 차영상을 구한 것이며, 사각형 안쪽 영역에서만 반전이 되는 효과가 나타나게 됩니다. square.bmp 파일이 0 또는 255의 픽셀 값으로 구성된 간단한 영상이므로, 각 산술 연산 결과가 여러분이 머릿속으로 가늠한 것과 동일하게 나타나는지를 꼭 확인해 보기 바랍니다.

▼ 그림 6-5 영상의 산술 연산 예제 프로그램 실행 화면

6.2 영상의 논리 연산

영상의 논리 연산(logical operation)은 픽셀 값을 이진수로 표현하여 각 비트(bit) 단위 논리 연산을 수행하는 것을 의미합니다. OpenCV에서는 다양한 논리 연산 중에서 논리곱(AND), 논리합(OR), 배타적 논리합(XOR), 부정(NOT) 연산을 지원합니다. 비트 단위 논리곱은 두 개의 입력 비트가 모두 1인 경우에 결과가 1이 되는 연산입니다. 비트 단위 논리합은 두 개의 입력 비트 중 하나라도 1이 있으면 결과가 1이 됩니다. 비트 단위 배타적 논리합은 두 개의 입력 비트 중 오직 하나만 1인 경우에 결과가 1이 되고, 입력 비트가 모두 0이거나 모두 1이면 결과가 0이 됩니다. 비트 단위 부정은 하나의 입력 영상에 대해 동작하며 입력 비트가 0이면 결과가 1이 되고 입력 비트가 1이면 결과가 0이 됩니다. OpenCV에서 제공하는 논리 연산의 종류와 동작 방식을 하나의 진리표로 정리하여 표 6-1에 나타냈습니다.

▼ 표 6-1 OpenCV에서 제공하는 논리 연산 진리표

입력 비트		논리 연산 결과			
a	b	a AND b	a OR b	a XOR b	NOT a
0	0	0	0	0	1
0	1	0	1	1	1
1	0	0	1	1	0
1	1	1	1	0	0

영상의 논리 연산은 각 픽셀 값에 대하여 비트 단위로 이루어집니다. 그레이스케일 영상의 경우, 한 픽셀을 구성하는 여덟 개의 비트에 모두 논리 연산이 이루어집니다. 예를 들어 두 개의 입력 영상에서 특정 좌표에 있는 픽셀의 그레이스케일 값이 각각 110과 200인 경우, 이 두 값에 대하여 논리곱(AND), 논리합(OR), 배타적 논리합(XOR), 부정(NOT) 연산을 수행하면 다음과 같이 계산됩니다.

$$110 = 01101110_{(2)}$$
$$200 = 11001000_{(2)}$$
$$110 \text{ AND } 200 = 01001000_{(2)} = 72$$
$$110 \text{ OR } 200 = 11101110_{(2)} = 238$$
$$110 \text{ XOR } 200 = 10100110_{(2)} = 166$$
$$\text{NOT } 110 = 10010001_{(2)} = 145$$

십진수 110을 이진수로 표시하면 $01101110_{(2)}$이고, 200은 이진수로 $11001000_{(2)}$입니다. 이 두 수를 비트 단위 논리곱 연산을 수행하면 $01001000_{(2)}$이 되고, 이를 다시 십진수로 변경하면 72가 됩니다. 나머지 논리합, 배타적 논리합, 부정 연산도 비슷한 방식으로 계산할 수 있습니다.

OpenCV에서는 영상의 비트 단위 논리 연산을 수행하는 bitwise_and(), bitwise_or(), bitwise_xor(), bitwise_not() 함수를 제공합니다. 각 함수의 이름에서 쉽게 알 수 있듯이, bitwise_and() 함수는 비트 단위 논리곱, bitwise_or() 함수는 비트 단위 논리합, bitwise_xor() 함수는 비트 단위 배타적 논리합, bitwise_not() 함수는 비트 단위 부정 연산을 수행합니다. 각 함수의 인자 구성은 다음과 같습니다.

```
void bitwise_and(InputArray src1, InputArray src2,
                 OutputArray dst, InputArray mask = noArray());
void bitwise_or(InputArray src1, InputArray src2,
                OutputArray dst, InputArray mask = noArray());
void bitwise_xor(InputArray src1, InputArray src2,
                 OutputArray dst, InputArray mask = noArray());
void bitwise_not(InputArray src1, OutputArray dst, InputArray mask = noArray());
```

- src1   첫 번째 입력 행렬 또는 스칼라
- src2   두 번째 입력 행렬 또는 스칼라. src1과 크기와 타입이 같아야 합니다.
- dst   출력 행렬. src1과 같은 크기, 같은 타입으로 생성됩니다. dst 행렬 원소 값은 논리 연산 종류에 의해 각각 다르게 결정됩니다.
- mask   마스크 영상

앞서 나열된 네 개의 비트 단위 논리 연산 함수들 중에서 bitwise_and(), bitwise_or(), bitwise_xor() 함수는 두 개의 영상을 입력으로 받고, bitwise_not() 함수는 하나의 영상을 입력으로 받습니다. 각각의 함수들은 모두 mask 인자를 가지고 있어서, mask 영상의 픽셀 값이 0이 아닌 위치에서만 논리 연산을 수행하도록 설정할 수 있습니다. 만약 mask 인자를 따로 지정하지 않거나, noArray() 또는 Mat()를 mask 인자로 설정하면 영상 전체에 대해 논리 연산을 수행합니다.

앞에서 소개한 bitwise_and(), bitwise_or(), bitwise_xor(), bitwise_not() 함수를 이용하여 영상의 논리 연산을 수행하는 예제 프로젝트 소스 코드를 코드 6-2에 나타냈습니다. 코드 6-2는 lenna.bmp 파일과 square.bmp 파일을 이용하여 논리곱, 논리합, 배타적 논리합 연산을 수행하고, lenna.bmp 영상에 대해서 부정 연산을 수행한 후 그 결과를 화면에 출력합니다. 이 예제 코드와 사용된 영상 파일은 내려받은 예제 파일 중 ch06/logical 프로젝트 폴더에서 확인할 수 있습니다.

```
01    #include "opencv2/opencv.hpp"
02    #include <iostream>
03
04    using namespace cv;
05    using namespace std;
06
07    int main(void)
08    {
09        Mat src1 = imread("lenna256.bmp", IMREAD_GRAYSCALE);
10        Mat src2 = imread("square.bmp", IMREAD_GRAYSCALE);
11
12        if (src1.empty() || src2.empty()) {
13            cerr << "Image load failed!" << endl;
14            return -1;
15        }
16
17        imshow("src1", src1);
18        imshow("src2", src2);
19
20        Mat dst1, dst2, dst3, dst4;
21
22        bitwise_and(src1, src2, dst1);
23        bitwise_or(src1, src2, dst2);
24        bitwise_xor(src1, src2, dst3);
25        bitwise_not(src1, dst4);
26
27        imshow("dst1", dst1);
28        imshow("dst2", dst2);
29        imshow("dst3", dst3);
30        imshow("dst4", dst4);
31        waitKey();
32
33        return 0;
34    }
```

- 9~10행   영상의 비트 단위 논리 연산 입력으로 사용할 영상을 그레이스케일 형식으로 불러와서 src1과 src2 변수에 저장합니다.

- 22~25행   src1과 src2 영상을 이용하여 논리곱, 논리합, 배타적 논리합, (src1 영상의) 부정을 구하고, 그 결과를 각각 dst1, dst2, dst3, dst4 영상에 저장합니다.

- 27~30행   논리곱, 논리합, 배타적 논리합, (src1 영상의) 부정 연산의 결과 영상을 각각 새 창으로 나타내고, 키 입력이 있으면 프로그램을 종료합니다.

코드 6-2의 논리 연산 예제 프로그램 실행 결과를 그림 6-6에 나타냈습니다. 그림 6-6에서 src1 창에 나타난 영상은 256×256 크기의 lenna256.bmp 파일이고, src2 창 영상은 같은 크기의

square.bmp 파일입니다. square.bmp 영상에서 가운데 사각형 영역의 픽셀 값은 255이고, 이를 이진수로 표현하면 모든 비트가 1로 설정된 $11111111_{(2)}$입니다. square.bmp 영상에서 사각형 바깥 영역의 픽셀 값은 0이고, 이를 이진수로 표현하면 $00000000_{(2)}$입니다. 이 두 개의 영상에 대한 비트 단위 논리곱, 비트 단위 논리합, 비트 단위 배타적 논리합, 비트 단위 부정 연산을 수행한 결과 영상을 각각 dst1, dst2, dst3, dst4 창에 표시했습니다. square.bmp 영상의 픽셀 값 비트 구성에 따라 각각의 논리 연산 결과가 부합되게 나타나는지 확인해 보기 바랍니다.

▼ 그림 6-6 영상의 논리 연산 예제 프로그램 실행 화면

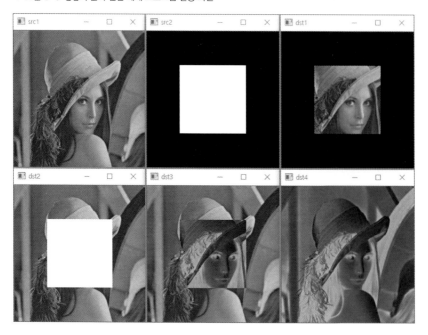

Note ≡ OpenCV는 영상의 비트 단위 논리 연산을 수행하는 연산자 재정의도 지원합니다. 그러므로 코드 6-2의 22~25행처럼 bitwise_and(), bitwise_or(), bitwise_xor(), bitwise_not() 함수를 사용하는 것 대신 아래와 같이 코드를 작성해도 동일하게 동작합니다.

```
dst1 = src1 & src2;  // bitwise_and(src1, src2, dst1);
dst2 = src1 | src2;  // bitwise_or(src1, src2, dst2);
dst3 = src1 ^ src2;  // bitwise_xor(src1, src2, dst3);
dst4 = ~src1;        // bitwise_not(src1, dst4);
```

즉, Mat 객체 간의 & 연산은 비트 단위 논리곱, | 연산은 비트 단위 논리합, ^ 연산은 비트 단위 배타적 논리합을 의미합니다. Mat 타입의 변수 앞에 ~ 연산자를 붙이면 해당 Mat 영상에 대해 비트 단위 부정(NOT) 연산을 수행합니다. 참고로 8비트 unsigned char 자료형을 사용하는 영상의 경우, 비트 단위 부정 연산은 영상의 반전을 구하는 것과 그 결과가 같습니다.

7장

필터링

7.1 영상의 필터링

이 절에서는 영상의 필터링에 대한 개념과 기본적인 구현 방법에 대해 알아봅니다. 그리고 OpenCV에서 제공하는 기본적인 필터링 함수를 사용하여 원하는 용도의 필터링을 수행하는 코딩 방법에 대해 설명합니다. 간단한 예제로 엠보싱 필터 마스크를 설계하고, OpenCV 함수를 이용하여 엠보싱 효과가 적용된 결과 영상을 만들어 보겠습니다.

7.1.1 필터링 연산 방법

일상생활에서도 널리 사용되는 필터(filter)라는 말은 무언가를 걸러 내고 일부만을 통과시키는 장치를 의미합니다. 에어컨에 들어 있는 필터는 먼지를 걸러 내고 깨끗한 공기만을 통과시키는 역할을 수행합니다. 영상 처리에서 필터링(filtering)이란 영상에서 원하는 정보만 통과시키고 원치 않는 정보는 걸러 내는 작업입니다. 예를 들어 영상에서 지저분한 잡음(noise)을 걸러 내어 영상을 깔끔하게 만드는 필터가 있고, 또는 부드러운 느낌의 성분을 제거함으로써 영상을 좀 더 날카로운 느낌이 나도록 만들 수도 있습니다.

영상의 필터링은 보통 마스크(mask)라고 부르는 작은 크기의 행렬을 이용합니다. 마스크는 필터링의 성격을 정의하는 행렬이며 커널(kernel), 윈도우(window)라고도 부르며, 경우에 따라서는 마스크 자체를 필터라고 부르기도 합니다. 마스크는 다양한 크기와 모양으로 정의할 수 있으며, 마스크 행렬의 원소는 보통 실수로 구성됩니다. 영상 처리에서 사용되는 다양한 모양의 필터 마스크 예를 그림 7-1에 나타냈습니다. 1×3 또는 3×1 형태의 직사각형 행렬을 사용하기도 하고 3×3, 5×5 등 정방형 행렬을 사용하기도 합니다. 필요하다면 십자가 모양의 마스크를 사용할 수도 있습니다. 여러 가지 모양의 필터 마스크 중에서 3×3 정방형 행렬이 다양한 필터링 연산에서 가장 널리 사용되고 있습니다. 그림 7-1에 표시한 다양한 필터 마스크에서 진한 색으로 표시한 위치는 고정점(anchor point)을 나타냅니다. 고정점은 현재 필터링 작업을 수행하고 있는 기준 픽셀 위치를 나타내고, 대부분의 경우 마스크 행렬 정중앙을 고정점으로 사용합니다.

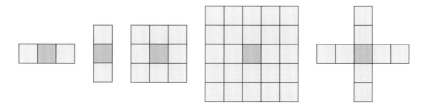

필터링 연산의 결과는 마스크 행렬의 모양과 원소 값에 의해 결정됩니다. 즉, 마스크 행렬을 어떻게 정의하는가에 따라 영상을 전반적으로 부드럽게 만들 수도 있고, 반대로 날카롭게 만들 수도 있습니다. 또는 영상에서 잡음을 제거하거나 에지(edge) 성분만 나타나도록 만들 수도 있습니다.[1] 원하는 필터링 결과를 얻기 위해 마스크 행렬을 어떻게 설정해야 하는지에 대해서는 다음 절부터 하나하나 알아보기로 하고, 여기서는 마스크를 사용하여 필터링을 수행하는 기본적인 방법에 대해 알아보겠습니다.

가장 널리 사용되는 3×3 정방형 마스크를 이용한 필터링 수행 방법을 그림 7-2에 나타냈습니다. 그림 7-2에서 m은 마스크 행렬을 나타내고, f와 g는 각각 입력 영상과 출력 영상을 의미합니다. 이 그림에서 마스크 행렬 크기가 3×3이므로 고정점의 좌표는 중심 좌표인 $(1, 1)$로 설정하였습니다. 마스크를 이용한 필터링은 입력 영상의 모든 픽셀 위로 마스크 행렬을 이동시키면서 마스크 연산을 수행하는 방식으로 이루어집니다. 마스크 연산이란 마스크 행렬의 모든 원소에 대하여 마스크 행렬 원소 값과 같은 위치에 있는 입력 영상 픽셀 값을 서로 곱한 후, 그 결과를 모두 더하는 연산입니다. 그리고 마스크 연산의 결과를 출력 영상에서 고정점 위치에 대응되는 픽셀 값으로 설정합니다. 그러므로 마스크 행렬 m의 중심이 입력 영상의 (x, y) 좌표 위에 위치했을 때 필터링 결과 영상의 픽셀 값 $g(x, y)$는 다음과 같이 계산됩니다.

$$
\begin{aligned}
g(x, y) = \ & m(0,0)f(x-1, y-1) + m(1,0)f(x, y-1) + m(2,0)f(x+1, y-1) \\
& + m(0,1)f(x-1, y) \quad\ + m(1,1)f(x, y) \quad\quad + m(2,1)f(x+1, y) \\
& + m(0,2)f(x-1, y+1) + m(1,2)f(x, y+1) + m(2,2)f(x+1, y+1)
\end{aligned}
$$

---

1 에지를 검출하는 필터링 기법은 9.1.2절에서 따로 설명합니다.

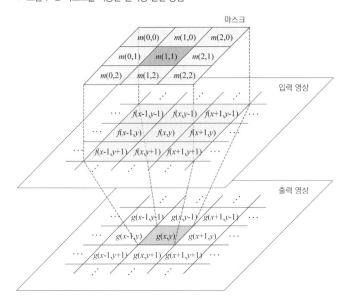

(x, y) 좌표에서 마스크 연산을 통해 결과 영상의 픽셀 값 $g(x, y)$를 구했으면, 다음에는 마스크를 한 픽셀 옆으로 이동하여 $(x+1, y)$ 좌표에 다시 마스크 연산을 수행하고 그 결과를 $g(x+1, y)$에 저장합니다. 이 과정을 영상 전체 픽셀에 대해 수행하면 필터링이 완료됩니다.

그런데 영상의 맨 바깥쪽, 가장자리 픽셀에서는 앞서 설명한 수식을 그대로 적용하기 어렵습니다. 영상의 가장자리 픽셀이란 영상에서 가장 왼쪽 또는 오른쪽 열, 가장 위쪽 또는 아래쪽 행에 있는 픽셀을 의미합니다. 예를 들어 $(x, y) = (0, 1)$ 위치에서 3×3 크기의 마스크 연산을 수행하는 경우, 결과 영상의 픽셀 값 $g(0, 1)$은 다음과 같이 계산됩니다.

$$
\begin{aligned}
g(0,1) \; = \; & m(0,0)\,f(-1,0) + m(1,0)\,f(0,0) + m(2,0)\,f(1,0) \\
+ \; & m(0,1)\,f(-1,1) \;\; + m(1,1)\,f(0,1) \;\; + m(2,1)\,f(1,1) \\
+ \; & m(0,2)\,f(-1,2) + m(1,2)\,f(0,2) + m(2,2)\,f(1,2)
\end{aligned}
$$

그러나 앞 수식에서 $x = -1$인 위치에서의 픽셀 값, 즉 $f(-1,0)$, $f(-1,1)$, $f(-1,2)$ 세 픽셀은 실제 영상에 존재하지 않습니다. 그러므로 이 수식은 적용할 수 없으며, 영상의 가장자리 픽셀에 대해 필터링을 수행할 때에는 특별한 처리를 해야 합니다.

OpenCV는 영상의 필터링을 수행할 때, 영상의 가장자리 픽셀을 확장하여 영상 바깥쪽에 가상의 픽셀을 만듭니다. 이때 영상의 바깥쪽 가상의 픽셀 값을 어떻게 설정하는가에 따라 필터링 연산 결과가 달라집니다. OpenCV 필터링 연산에서 기본적으로 사용하는 가장자리 픽셀 확장 방법을 그림 7-3에 나타냈습니다. 그림 7-3은 입력 영상의 좌측 상단 부분을 확대하여 나타낸 것으로 각각의 사각형은 픽셀을 표현합니다. 실선으로 그려진 노란색 픽셀은 영상에 실제 존재하는 픽셀이고, 점선으로 표현된 바깥쪽 분홍색 픽셀은 필터링 연산 시 사용할 가상의 픽셀입니다. 이 그림에서는 5×5 크기의 필터 마스크를 사용하는 필터링을 고려하여 영상 바깥쪽에 두 개씩의 가상 픽셀을 표현했습니다. 각각의 픽셀에 쓰여진 영문자는 픽셀 값을 나타내며, 가상의 픽셀 위치에는 실제 영상의 픽셀 값이 대칭 형태로 나타나도록 설정되어 있습니다. 결국 OpenCV는 이러한 가장자리 픽셀 확장 방법을 이용하여 영상의 가장자리 픽셀에 대해서도 문제없이 필터링 연산을 수행합니다.

▼ 그림 7-3 필터링 연산을 위한 기본적인 가장자리 픽셀 확장 방법

대부분의 OpenCV 필터링 함수는 기본적으로 그림 7-3과 같은 방식으로 가장자리 픽셀을 확장하지만, 다른 방식으로 가상의 픽셀 값을 설정할 수도 있습니다. OpenCV 필터링 연산에서 사용할 수 있는 가장자리 픽셀 확장 방법을 표 7-1에 나타냈습니다. 표 7-1에 나타난 상수는 BorderTypes라는 이름의 열거형 상수 중 일부입니다.

▼ 표 7-1 OpenCV 필터링에서 가장자리 픽셀 처리 방법

BorderTypes 열거형 상수	설명												
BORDER_CONSTANT	0	0	0	a	b	c	d	e	f	g	h	0	0	0
BORDER_REPLICATE	a	a	a	a	b	c	d	e	f	g	h	h	h	h
BORDER_REFLECT	c	b	a	a	b	c	d	e	f	g	h	h	g	f
BORDER_REFLECT_101	d	c	b	a	b	c	d	e	f	g	h	g	f	e
BORDER_REFLECT101	BORDER_REFLECT_101과 같음													
BORDER_DEFAULT	BORDER_REFLECT_101과 같음													

OpenCV에서 필터 마스크를 사용하는 일반적인 필터링은 filter2D() 함수를 이용하여 수행합니다. filter2D() 함수 원형은 다음과 같습니다.

```
void filter2D(InputArray src, OutputArray dst, int ddepth,
              InputArray kernel, Point anchor = Point(-1,-1),
              double delta = 0, int borderType = BORDER_DEFAULT);
```

- src   입력 영상
- dst   출력 영상. src와 같은 크기, 같은 채널 수를 갖습니다.
- ddepth   결과 영상의 깊이
- kernel   필터링 커널. 1채널 실수형 행렬
- anchor   고정점 좌표. Point(-1, -1)을 지정하면 커널 중심을 고정점으로 사용합니다.
- delta   필터링 연산 후 추가적으로 더할 값
- borderType   가장자리 픽셀 확장 방식

filter2D() 함수는 src 영상에 kernel 필터를 이용하여 필터링을 수행하고, 그 결과를 dst에 저장합니다. 만약 src 인자와 dst 인자에 같은 변수를 지정하면 필터링 결과를 입력 영상에 덮어쓰게 됩니다. filter2D() 함수가 수행하는 연산을 수식으로 표현하면 다음과 같습니다.

$$\text{dst}(x, y) = \sum_{j} \sum_{i} \text{kernel}(i, j) \cdot \text{src}(x + i - \text{anchor.x}, y + j - \text{anchor.y}) + \text{delta}$$

filter2D() 함수 인자 중에서 ddepth는 결과 영상의 깊이를 지정하는 용도로 사용하며, 입력 영상 깊이에 따라 지정할 수 있는 ddepth 값을 표 7-2에 나타냈습니다. 만약 ddepth에 -1을 지정하면 출력 영상의 깊이는 입력 영상과 같게 설정됩니다.

❤ 표 7-2 입력 영상의 깊이에 따라 지정 가능한 ddepth 값

입력 영상의 깊이(src.depth())	지정 가능한 ddepth 값
CV_8U	-1/CV_16S/CV_32F/CV_64F
CV_16U/CV_16S	-1/CV_32F/CV_64F
CV_32F	-1/CV_32F/CV_64F
CV_64F	-1/CV_64F

filter2D() 함수에서 anchor, delta, borderType 인자는 기본값을 가지고 있기 때문에 생략할 수 있습니다. anchor 인자는 커널 행렬에서 고정점으로 사용할 좌표이며, 기본값인 Point(-1, -1)을 지정하면 커널 행렬 중심 좌표를 고정점으로 사용합니다. delta 인자에는 필터링 연산 후 결과 영상에 추가적으로 더할 값을 지정할 수 있으며, 기본값은 0입니다. borderType 인자에는 앞서 표 7-1에 나타낸 BorderTypes 열거형 상수 중 하나를 지정할 수 있습니다.

Note ☰ | 3×3 필터 마스크를 이용하여 입력 영상 src와 필터링을 수행하는 수식을 다시 쓰면 다음과 같습니다.

$$\text{dst}(x, y) = \sum_{j=0}^{2} \sum_{i=0}^{2} m(i, j) \text{src}(x+i-1, y+j-1)$$

앞 수식은 입력 영상 (x, y) 좌표에 마스크 행렬을 올려놓고, 같은 위치에 있는 마스크 행렬 원소와 입력 영상 픽셀 값을 모두 곱한 후 더하는 연산입니다. 이처럼 두 개의 신호가 있을 때 같은 위치에 있는 신호 값을 모두 곱한 후 다시 더하는 연산을 신호 처리 분야에서 코릴레이션(correlation) 또는 상관이라고 합니다. 신호 처리에서 코릴레이션은 두 신호의 유사성을 판단하는 기준으로 사용되기도 합니다. 두 개의 연속 신호 f와 g가 있을 때 두 신호의 코릴레이션을 구하는 수식은 다음과 같습니다.

$$(f \otimes g)(t) = \int_a^b f^*(\tau) g(t+\tau) d\tau$$

그런데 영상 필터링을 신호 처리의 컨볼루션(convolution) 연산이라고 말하는 경우가 많습니다. 컨볼루션은 회선 또는 합성곱이라고도 하며, 두 신호의 컨볼루션은 다음 수식으로 정의됩니다.

$$(f * g)(t) = \int_a^b f(\tau) g(t-\tau) d\tau$$

컨볼루션은 두 입력 신호 중 하나를 원점 기준 대칭 변환한 후 코릴레이션을 구하는 것과 같습니다. 그러므로 2차원 마스크 행렬과 입력 영상의 컨볼루션 연산을 정확하게 수행하려면 마스크 행렬을 상하 및 좌우 대칭으로 변환한 후 필터링 연산을 수행해야 합니다. 그러나 필터 마스크가 상하 및 좌우 대칭으로 구성되어 있는 경우에는 코릴레이션과 컨볼루션의 결과는 서로 같습니다. 영상 처리에서 널리 사용되고 있는 많은 필터 마스크가 상하 및 좌우 대칭으로 구성되어 있기 때문에 관용적으로 필터링 연산을 컨볼루션 연산이라고 부르고 있습니다.

7.1.2 엠보싱 필터링

filter2D() 함수를 사용하여 영상에 엠보싱(embossing) 필터링을 적용하는 예제 프로그램을 만들어 보겠습니다. 엠보싱이란 직물이나 종이, 금속판 등에 올록볼록한 형태로 만든 객체의 윤곽 또는 무늬를 뜻하며, 엠보싱 필터는 입력 영상을 엠보싱 느낌이 나도록 변환하는 필터입니다. 보통 입력 영상에서 픽셀 값 변화가 적은 평탄한 영역은 회색으로 설정하고, 객체의 경계 부분은 좀 더 밝거나 어둡게 설정하면 엠보싱 느낌이 납니다.

간단한 형태의 엠보싱 필터 마스크를 그림 7-4에 나타냈습니다. 그림 7-4의 필터 마스크는 대각선 방향으로 +1 또는 -1의 값이 지정되어 있는 3×3 행렬입니다. 이 필터 마스크를 사용하여 필터링을 수행하면 대각선 방향으로 픽셀 값이 급격하게 변하는 부분에서 결과 영상 픽셀 값이 0보다 훨씬 크거나 또는 0보다 훨씬 작은 값을 가지게 됩니다. 입력 영상에서 픽셀 값이 크게 바뀌지 않는 평탄한 영역에서는 결과 영상의 픽셀 값이 0에 가까운 값을 가지게 됩니다. 이렇게 구한 결과 영상을 그대로 화면에 나타내면 음수 값은 모두 포화 연산에 의해 0이 되어 버리기 때문에 입체감이 크게 줄어들게 됩니다. 그래서 엠보싱 필터를 구현할 때에는 결과 영상에 128을 더하는 것이 보기에 좋습니다.

❤ 그림 7-4 엠보싱 필터 마스크

−1	−1	0
−1	0	1
0	1	1

실제 영상에 대해 엠보싱 필터링을 수행하는 소스 코드를 코드 7-1에 나타냈습니다. 코드 7-1의 filter_embossing() 함수는 rose.bmp 장미 영상에 엠보싱 필터링을 수행하고 그 결과를 화면에 출력합니다. filter_embossing() 함수가 정의된 소스 파일과 사용된 영상 파일은 내려받은 예제 파일 중 ch07/filter 프로젝트에서 확인할 수 있습니다.

코드 7-1 엠보싱 필터링 예제 [ch07/filter]

```
01    void filter_embossing()
02    {
03        Mat src = imread("rose.bmp", IMREAD_GRAYSCALE);
04
05        if (src.empty()) {
06            cerr << "Image load failed!" << endl;
07            return;
08        }
09
10        float data[] = { -1, -1, 0, -1, 0, 1, 0, 1, 1 };
11        Mat emboss(3, 3, CV_32FC1, data);
12
13        Mat dst;
14        filter2D(src, dst, -1, emboss, Point(-1, -1), 128);
15
16        imshow("src", src);
17        imshow("dst", dst);
18
19        waitKey();
20        destroyAllWindows();
21    }
```

- 3행   rose.bmp 영상을 그레이스케일 형식으로 불러옵니다.

- 10~11행   data 배열을 이용하여 3×3 크기의 엠보싱 필터 마스크 행렬 emboss를 생성합니다.

- 14행   filter2D() 함수를 이용하여 엠보싱 필터링을 수행합니다. 이때 filter2D() 함수 여섯 번째 인자에 128을 지정하여 필터링 결과 영상에 128을 더합니다.

코드 7-1의 10~11행에서 만든 emboss 행렬은 앞서 설명한 그림 7-4와 같은 3×3 실수형 행렬입니다. 이 행렬을 filter2D() 함수 인자로 전달하여 엠보싱 필터링을 수행하였고, 그 결과는 dst 영상에 저장됩니다. 더욱 입체감 있는 엠보싱 결과 영상을 얻기 위해 filter2D() 함수의 여섯 번째 인자에 128을 지정하였고, 다섯 번째 인자에는 원래 기본값으로 지정되어 있던 Point(-1, -1)을 그대로 지정하여 필터 마스크 중앙을 고정점으로 사용하도록 설정하였습니다.

코드 7-1의 filter_embossing() 함수 실행 결과를 그림 7-5에 나타냈습니다. 그림 7-5에서 src는 rose.bmp 장미 입력 영상이고, dst는 엠보싱 필터링이 적용된 결과 영상입니다. dst 영상에서 장미꽃 경계 부분이 입체감 있게 표현된 것을 확인할 수 있습니다. 그리고 픽셀 값이 완만하게 바뀌는 부분에서는 필터링 결과 영상이 대체로 밝기 값 128에 가까운 회색으로 표현되었습니다.

▼ 그림 7-5 엠보싱 필터링 예제 실행 결과

 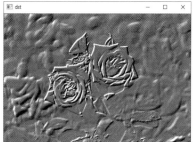

OPENCV

7.2 블러링: 영상 부드럽게 하기

블러링(blurring)은 마치 초점이 맞지 않은 사진처럼 영상을 부드럽게 만드는 필터링 기법이며 스무딩(smoothing)이라고도 합니다. 영상에서 인접한 픽셀 간의 픽셀 값 변화가 크지 않은 경우 부드러운 느낌을 받을 수 있습니다. 블러링은 거친 느낌의 입력 영상을 부드럽게 만드는 용도로 사용되기도 하고, 혹은 입력 영상에 존재하는 잡음의 영향을 제거하는 전처리 과정으로도 사용됩니다. 이 절에서는 비교적 간단한 평균값 필터를 사용하는 블러링 기법과 수식이 조금 복잡하지만 좀 더 자연스러운 블러링을 수행하는 가우시안 필터에 대해 알아보겠습니다.

7.2.1 평균값 필터

이 절에서는 영상을 부드럽게 만드는 블러링 필터 중에서 단순하고 구현하기 쉬운 평균값 필터(mean filter)에 대해 알아보겠습니다. 평균값 필터는 입력 영상에서 특정 픽셀과 주변 픽셀들의 산술 평균을 결과 영상 픽셀 값으로 설정하는 필터입니다. 평균값 필터에 의해 생성되는 결과 영상은 픽셀 값의 급격한 변화가 줄어들어 날카로운 에지가 무뎌지고 잡음의 영향이 크게 사라지는 효과가 있습니다. 그러나 평균값 필터를 너무 과도하게 사용할 경우 사물의 경계가 흐릿해지고 사물의 구분이 어려워질 수 있습니다.

다양한 크기의 평균값 필터 마스크를 그림 7-6에 나타냈습니다. 그림 7-6에서 왼쪽 그림은 3×3 크기의 평균값 필터 마스크이고, 오른쪽 그림은 5×5 크기의 평균값 필터 마스크입니다. 각각의 행렬은 모두 원소 값이 1로 설정되어 있고, 행렬의 전체 원소 개수로 각 행렬 원소 값을 나누는 형태로 표현되어 있습니다. 결국 3×3 평균값 필터 마스크는 모든 원소가 1/9로 설정된 행렬이고, 5×5 평균값 필터 마스크는 모든 원소가 1/25로 구성된 행렬입니다. 평균값 필터는 마스크의 크기가 커지면 커질수록 더욱 부드러운 느낌의 결과 영상을 생성하며, 그 대신 연산량이 크게 증가할 수 있습니다.

▼ 그림 7-6 다양한 크기의 평균값 필터 마스크

$$\frac{1}{9}\times\begin{bmatrix}1&1&1\\1&1&1\\1&1&1\end{bmatrix} \qquad \frac{1}{25}\times\begin{bmatrix}1&1&1&1&1\\1&1&1&1&1\\1&1&1&1&1\\1&1&1&1&1\\1&1&1&1&1\end{bmatrix}$$

OpenCV에서는 blur() 함수를 이용하여 평균값 필터링을 수행할 수 있습니다. blur() 함수의 사용법은 다음과 같습니다.

```
void blur(InputArray src, OutputArray dst, Size ksize,
          Point anchor = Point(-1,-1), int borderType = BORDER_DEFAULT);
```

- src　　입력 영상. 다채널 영상은 각 채널별로 블러링을 수행합니다. 입력 영상의 깊이는 CV_8U, CV_16U, CV_16S, CV_32F, CV_64F 중 하나여야 합니다.
- dst　　출력 영상. src와 같은 크기, 같은 채널 수를 갖습니다.
- ksize　　블러링 커널 크기
- anchor　　고정점 좌표. Point(-1, -1)을 지정하면 커널 중심을 고정점으로 사용합니다.
- borderType　　가장자리 픽셀 확장 방식

blur() 함수는 src 영상에 ksize 크기의 평균값 필터 마스크를 사용하여 dst 출력 영상을 생성합니다. anchor 인자와 borerType 인자는 기본값을 가지고 있으므로 함수 호출 시 생략할 수 있습니다. blur() 함수에서 사용하는 커널은 다음과 같은 형태를 가집니다.

$$\text{kernel} = \frac{1}{\text{ksize.width} \times \text{ksize.height}} \begin{bmatrix} 1 & 1 & \cdots & 1 \\ 1 & 1 & \cdots & 1 \\ \vdots & \vdots & \ddots & \vdots \\ 1 & 1 & \cdots & 1 \end{bmatrix}$$

blur() 함수를 사용하여 실제 영상에 블러링을 수행하는 예제 코드를 코드 7-2에 나타냈습니다. 코드 7-2의 blurring_mean() 함수는 3×3, 5×5, 7×7 크기의 평균값 필터를 이용하여 rose.bmp 장미 영상을 부드럽게 변환하고 그 결과를 화면에 출력합니다. blurring_mean() 함수가 정의된 소스 파일과 사용된 영상 파일은 내려받은 예제 파일 중 ch07/blurring 프로젝트에서 확인할 수 있습니다.

7

블러링

코드 7-2 평균값 필터를 이용한 블러링 [ch07/blurring]

```
01    void blurring_mean()
02    {
03        Mat src = imread("rose.bmp", IMREAD_GRAYSCALE);
04
05        if (src.empty()) {
06            cerr << "Image load failed!" << endl;
07            return;
08        }
09
10        imshow("src", src);
11
12        Mat dst;
13        for (int ksize = 3; ksize <= 7; ksize += 2) {
14            blur(src, dst, Size(ksize, ksize));
15
16            String desc = format("Mean: %dx%d", ksize, ksize);
17            putText(dst, desc, Point(10, 30), FONT_HERSHEY_SIMPLEX, 1.0,
18                    Scalar(255), 1, LINE_AA);
19
20            imshow("dst", dst);
21            waitKey();
22        }
23
24        destroyAllWindows();
25    }
```

- 13행 　　　　ksize 값이 3, 5, 7이 되도록 for 반복문을 설정합니다.
- 14행 　　　　ksize×ksize 크기의 평균값 필터 마스크를 이용하여 블러링을 수행합니다.
- 16~18행 　사용된 평균값 필터의 크기를 문자열 형태로 결과 영상 dst 위에 출력합니다.

코드 7-2의 blurring_mean( ) 함수 실행 결과를 그림 7-7에 나타냈습니다. 그림 7-7에서 src는 입력 영상인 rose.bmp 파일이고, dst는 blur( ) 함수에 의해 생성된 블러링 결과 영상입니다. 평균값 필터의 크기가 커질수록 결과 영상이 더욱 부드럽게 변경되는 것을 확인할 수 있습니다.

▼ 그림 7-7 평균값 필터를 이용한 블러링 실행 결과

Note ≡ 　일반적으로 필터 마스크 행렬은 모든 원소 합이 1 또는 0이 되도록 설계합니다. 필터 마스크 행렬의 원소 합이 1이면 필터링 결과 영상의 평균 밝기가 입력 영상 평균 밝기와 같게 유지됩니다. 필터 마스크 행렬 원소의 합이 1 보다 작으면 입력 영상보다 어두운 결과 영상이 생성되고, 반면에 필터 마스크 행렬 원소의 합이 1보다 크면 좀 더 밝은 형태의 결과 영상이 생성됩니다. 그러므로 입력 영상의 평균 밝기를 그대로 유지하려면 필터 마스크 행렬 원소의 합이 1이 되어야 합니다.

필터 마스크 행렬 원소의 합이 0이면 전체적으로 검은색으로 구성된 필터링 결과 영상이 생성됩니다. 대표적으로 9.1.2절에서 설명할 에지 검출 필터 마스크는 행렬 원소 합이 0이며, 이 경우 에지 성분이 강한 부분에서만 0이 아닌 값을 갖는 결과 영상이 생성됩니다.

7.2.2 가우시안 필터

이 절에서는 평균값 필터보다 자연스러운 블러링 결과를 생성하는 가우시안 필터(Gaussian filter)에 대해 설명합니다. 가우시안 필터는 가우시안 분포(Gaussian distribution) 함수를 근사하여 생성한 필터 마스크를 사용하는 필터링 기법입니다. 먼저 가우시안 분포의 정의와 특징에 대해 알아본후, OpenCV에서 가우시안 필터링을 수행히는 방법에 대해 설명하겠습니다.

가우시안 분포는 평균을 중심으로 좌우 대칭의 종 모양(bell shape)을 갖는 확률 분포를 말하며 정규 분포(normal distribution)라고도 합니다.[2] 자연계에서 발생하는 대부분의 사건은 가우시안 분포를 따르는 것으로 알려져 있습니다. 예를 들어 학생들의 키, 몸무게, 시험 점수 등 통계를 취합하여 분포를 그래프로 그려 보면 평균 근방에서 분포가 가장 많이 발생하고, 평균에서 멀어질수록 발생 빈도가 종 모양으로 감소하는 형태를 따릅니다.

가우시안 분포는 평균과 표준 편차에 따라 분포 모양이 결정됩니다. 다만 영상의 가우시안 필터에서는 주로 평균이 0인 가우시안 분포 함수를 사용합니다. 평균이 0이고 표준 편차가 σ인 1차원 가우시안 분포를 함수식으로 나타내면 다음과 같습니다.

$$G_\sigma(x) = \frac{1}{\sqrt{2\pi}\sigma} e^{-\frac{x^2}{2\sigma^2}}$$

평균이 0이고 표준 편차 σ가 각각 0.5, 1.0, 2.0인 가우시안 분포 그래프를 그림 7-8에 나타냈습니다. 세 개의 그래프가 모두 평균이 0이므로 $x = 0$에서 최댓값을 가지며, x가 0에서 멀어질수록 함수 값이 감소합니다. 표준 편차 σ가 작으면 가우시안 분포 함수 그래프가 뾰족한 형태가 되고, 반대로 표준 편차 σ가 크면 그래프가 넓게 퍼지면서 완만한 형태를 따릅니다. 가우시안 분포 함수 값은 특정 x가 발생할 수 있는 확률의 개념을 가지며, 그래프 아래 면적을 모두 더하면 1이 됩니다.

---

2 가우시안 분포를 보통 종 모양이라고 부르며, 여기서 말하는 종은 보신각종 같은 모양의 종이 아니라 크리스마스 트리에 장식하는 종처럼 주변부가 넓게 펼쳐지는 모양의 종을 의미합니다.

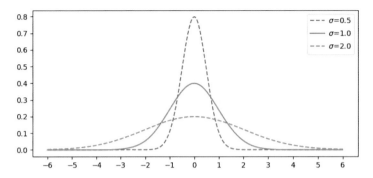

가우시안 분포를 따르는 2차원 필터 마스크 행렬을 생성하려면 2차원 가우시안 분포 함수를 근사해야 합니다. 2차원 가우시안 분포 함수는 x와 y 두 개의 변수를 사용하고, 분포의 모양을 결정하는 평균과 표준 편차도 x축과 y축 방향에 따라 따로 설정합니다. 평균이 $(0, 0)$이고 x축과 y축 방향의 표준 편차가 각각 σ_x, σ_y인 2차원 가우시안 분포 함수는 다음과 같이 정의됩니다.

$$G_{\sigma_x \sigma_y}(x, y) = \frac{1}{2\pi\sigma_x\sigma_y} e^{-\left(\frac{x^2}{2\sigma_x^2} + \frac{y^2}{2\sigma_y^2}\right)}$$

평균은 $(0, 0)$이고 $\sigma_x = \sigma_y = 1.0$인 2차원 가우시안 분포 함수 그래프를 그림 7-9에 나타냈습니다. 2차원 가우시안 분포 함수 그래프는 1차원 가우시안 분포 함수 그래프의 차원을 확장한 형태입니다. 평균이 $(0, 0)$이므로 그림 7-9 그래프는 $(0, 0)$에서 최댓값을 갖고, 평균에서 멀어질수록 함수가 감소합니다. 2차원 가우시안 분포 함수의 경우, 함수 그래프 아래의 부피를 구하면 1이 됩니다.

♥ 그림 7-9 평균이 $(0, 0)$인 2차원 가우시안 함수 그래프($\sigma_x = \sigma_y = 1.0$)

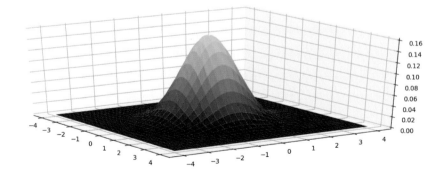

가우시안 필터는 이러한 2차원 가우시안 분포 함수로부터 구한 마스크 행렬을 사용합니다. 가우시안 분포 함수는 연속 함수이지만 이산형의 마스크를 만들기 위해서 x와 y 값이 정수인 위치에서만 가우시안 분포 함수 값을 추출하여 마스크를 생성합니다. 평균이 0이고 표준 편차가 σ인 가우시안 분포는 x가 -4σ부터 4σ 사이인 구간에서 그 값의 대부분이 존재하기 때문에 가우시안 필터 마스크의 크기는 보통 $(8\sigma+1)$로 결정합니다.[3] 예를 들어 그림 7-9와 같이 $\sigma_x = \sigma_y = 1.0$인 가우시안 함수를 사용할 경우, $x=\{-4, -3, -2, -1, 0, 1, 2, 3, 4\}$, $y=\{-4, -3, -2, -1, 0, 1, 2, 3, 4\}$인 경우에만 가우시안 분포 함수 값을 추출하여 필터 마스크를 생성합니다. 이러한 방식으로 추출한 9×9 가우시안 필터 마스크를 그림 7-10에 나타냈습니다.[4]

▼ 그림 7-10 $\sigma_x = \sigma_y = 1.0$인 경우의 가우시안 필터 마스크

$$
\mathbf{G} = \begin{pmatrix}
0.0000 & 0.0000 & 0.0000 & 0.0000 & 0.0001 & 0.0000 & 0.0000 & 0.0000 & 0.0000 \\
0.0000 & 0.0000 & 0.0002 & 0.0011 & 0.0018 & 0.0011 & 0.0002 & 0.0000 & 0.0000 \\
0.0000 & 0.0002 & 0.0029 & 0.0131 & 0.0215 & 0.0131 & 0.0029 & 0.0002 & 0.0000 \\
0.0000 & 0.0011 & 0.0131 & 0.0586 & 0.0965 & 0.0586 & 0.0131 & 0.0011 & 0.0000 \\
0.0001 & 0.0018 & 0.0215 & 0.0965 & 0.1592 & 0.0965 & 0.0215 & 0.0018 & 0.0001 \\
0.0000 & 0.0011 & 0.0131 & 0.0586 & 0.0965 & 0.0586 & 0.0131 & 0.0011 & 0.0000 \\
0.0000 & 0.0002 & 0.0029 & 0.0131 & 0.0215 & 0.0131 & 0.0029 & 0.0002 & 0.0000 \\
0.0000 & 0.0000 & 0.0002 & 0.0011 & 0.0018 & 0.0011 & 0.0002 & 0.0000 & 0.0000 \\
0.0000 & 0.0000 & 0.0000 & 0.0000 & 0.0001 & 0.0000 & 0.0000 & 0.0000 & 0.0000
\end{pmatrix}
$$

그림 7-10에 나타난 가우시안 필터 마스크 행렬은 중앙부에서 비교적 큰 값을 가지고, 주변부로 갈수록 행렬 원소 값이 0에 가까운 작은 값을 가집니다. 그러므로 이 필터 마스크를 이용하여 마스크 연산을 수행한다는 것은 필터링 대상 픽셀 근처에는 가중치를 크게 주고, 필터링 대상 픽셀과 멀리 떨어져 있는 주변부에는 가중치를 조금만 주어서 가중 평균(weighted average)을 구하는 것과 같습니다. 즉, 가우시안 필터 마스크가 가중 평균을 구하기 위한 가중치 행렬 역할을 하는 것입니다.

마스크 연산에 의한 영상 필터링은 마스크 크기가 커짐에 따라 연산량도 함께 증가합니다. 그림 7-10의 경우, 마스크 행렬 크기가 9×9이기 때문에 한 번의 마스크 연산 시 81번의 곱셈 연산이 필요합니다. 큰 표준 편차 값을 사용하면 마스크 크기도 함께 커지므로 연산 속도 측면에서 부담이 될 수 있습니다. 다행히도 2차원 가우시안 분포 함수는 1차원 가우시안 분포 함수의 곱으로 분

---

3 예외적으로 CV_8U 깊이의 영상에 대해 가우시안 필터를 적용하면 $(6\sigma+1)$ 크기의 필터 마스크를 사용합니다. 만약 필터 마스크 크기를 반올림하여 만든 정수 값이 짝수이면 1을 더하여 홀수로 만듭니다.

4 정수 좌표에서 가우시안 분포 함수 값을 선택하여 가우시안 필터 마스크를 만든 후, 필터 마스크 행렬 원소 합이 1이 되도록 행렬 원소 값의 크기를 전체적으로 조정해야 합니다.

리할 수 있으며, 이러한 특성을 이용하면 가우시안 필터 연산량을 크게 줄일 수 있습니다. 2차원 가우시안 분포 함수 수식은 다음과 같이 분리하여 작성할 수 있습니다.

$$G_{\sigma_x \sigma_y}(x, y) = \frac{1}{2\pi\sigma_x\sigma_y} e^{-\left(\frac{x^2}{2\sigma_x^2} + \frac{y^2}{2\sigma_y^2}\right)}$$

$$= \frac{1}{\sqrt{2\pi}\sigma_x} e^{-\frac{x^2}{2\sigma_x^2}} \times \frac{1}{\sqrt{2\pi}\sigma_y} e^{-\frac{y^2}{2\sigma_y^2}} = G_{\sigma_x}(x) \cdot G_{\sigma_y}(y)$$

앞 수식에서 2차원 가우시안 분포 함수가 x축과 y축 방향의 1차원 가우시안 분포 함수의 곱으로 분리되는 것을 볼 수 있습니다. 이처럼 2차원 필터 마스크 생성 함수를 x축 방향으로의 함수와 y축 방향으로의 함수로 각각 분리할 수 있을 경우, 입력 영상을 x축 방향으로의 함수와 y축 방향으로의 함수로 각각 1차원 마스크 연산을 수행함으로써 필터링 결과 영상을 얻을 수 있습니다.

예를 들어 $\sigma_x = \sigma_y = 1.0$인 2차원 가우시안 마스크로 영상을 필터링하는 것은 $\sigma = 1.0$인 1차원 가우시안 마스크를 가로 방향과 세로 방향으로 각각 생성하여 두 번 필터링하는 것과 같습니다. 실제로 $\sigma = 1.0$인 1차원 가우시안 함수로부터 1×9 가우시안 마스크 행렬은 다음과 같습니다.

$$\mathbf{g} = \begin{pmatrix} 0.0001 & 0.0044 & 0.0540 & 0.2420 & 0.3989 & 0.2420 & 0.0540 & 0.0044 & 0.0001 \end{pmatrix}$$

그러므로 행렬 $\mathbf{g}$를 이용하여 필터링을 한 번 수행하고, 그 결과를 다시 $\mathbf{g}$의 전치 행렬인 $\mathbf{g}^T$를 이용하여 필터링하는 것은 2차원 가우시안 필터 마스크로 한 번 필터링하는 것과 같은 결과를 얻을 수 있습니다. 이 경우 픽셀 하나에 대해 필요한 곱셈 연산 횟수가 18번으로 감소하며 연산량이 크게 줄어듭니다.

OpenCV에서 가우시안 필터링을 수행하려면 GaussianBlur() 함수를 사용합니다. GaussianBlur() 함수 원형은 다음과 같습니다.

```
void GaussianBlur(InputArray src, OutputArray dst, Size ksize,
                  double sigmaX, double sigmaY = 0,
                  int borderType = BORDER_DEFAULT);
```

- src   입력 영상. 다채널 영상은 각 채널별로 블러링을 수행합니다.
- dst   출력 영상. src와 같은 크기, 같은 타입을 갖습니다.
- ksize   가우시안 커널 크기. ksize.width와 ksize.height는 0보다 큰 홀수이어야 합니다. ksize에 Size()를 지정하면 표준 편차로부터 커널 크기를 자동으로 결정합니다.
- sigmaX   x 방향으로의 가우시안 커널 표준 편차
- sigmaY   y 방향으로의 가우시안 커널 표준 편차. 만약 sigmaY = 0이면 sigmaX와 같은 값을 사용합니다. 만약 sigmaX와 simgaY가 모두 0이면 ksize의 width와 height 값으로부터 표준 편차를 계산하여 사용합니다.
- borderType   가장자리 픽셀 확장 방식

GaussianBlur() 함수는 src 영상에 가우시안 필터링을 수행하고 그 결과를 dst 영상에 저장합니다. x축과 y축 방향으로의 표준 편차 sigmaX와 sigmaY는 서로 다른 값을 지정해도 되지만, 특별한 이유가 없다면 sigmaX와 sigmaY는 같은 값을 사용합니다. GaussianBlur() 함수에서 sigmaY 인자를 지정하지 않거나 0으로 설정하면 y축 방향에 대해서도 sigmaX와 같은 표준 편차를 사용합니다. 또한 가우시안 필터의 크기를 지정하는 ksize 인자에도 특별한 이유가 없다면 Size()를 전달하여 적절한 필터 크기를 자동으로 결정하도록 하는 것이 좋습니다.

GaussianBlur() 함수를 사용하여 실제 영상에 가우시안 블러링을 수행하는 예제 코드를 코드 7-3에 나타냈습니다. 코드 7-3의 blurring_gaussian() 함수는 가우시안 표준 편차를 1부터 5까지 정수 단위로 증가시키면서 rose.bmp 장미 영상에 대해 가우시안 필터링을 수행합니다. blurring_gaussian() 함수가 정의된 소스 파일과 사용된 영상 파일은 내려받은 예제 파일 중 ch07/blurring 프로젝트에서 확인할 수 있습니다.

코드 7-3 가우시안 필터링 [ch07/blurring]

```
01    void blurring_gaussian()
02    {
03        Mat src = imread("rose.bmp", IMREAD_GRAYSCALE);
04
05        if (src.empty()) {
06            cerr << "Image load failed!" << endl;
07            return;
08        }
09
10        imshow("src", src);
11
12        Mat dst;
13        for (int sigma = 1; sigma <= 5; sigma++) {
14            GaussianBlur(src, dst, Size(), (double)sigma);
15
16            String text = format("sigma = %d", sigma);
17            putText(dst, text, Point(10, 30), FONT_HERSHEY_SIMPLEX, 1.0,
18                    Scalar(255), 1, LINE_AA);
19
20            imshow("dst", dst);
21            waitKey();
22        }
23
24        destroyAllWindows();
25    }
```

- 13~20행 sigma 값을 1부터 5까지 증가시키면서 가우시안 블러링을 수행하고 그 결과를 화면에 나타냅니다.

- 14행　　　　src 영상에 가우시안 표준 편차가 sigma인 가우시안 블러링을 수행하고 그 결과를 dst에 저장합니다.
- 16~18행　　사용한 가우시안 표준 편차(sigma) 값을 결과 영상 dst 위에 출력합니다.

코드 7-3의 blurring_gaussian( ) 함수 실행 결과를 그림 7-11에 나타냈습니다. 그림 7-11에서 src는 입력 영상인 rose.bmp 파일이고, dst는 GaussianBlur( ) 함수에 의해 생성된 블러링 결과 영상입니다. 표준 편차 값이 커질수록 결과 영상이 더욱 부드럽게 변경되는 것을 확인할 수 있습니다.

▼ 그림 7-11 가우시안 필터링 예제 실행 화면

앞에서 영상의 가우시안 필터링은 x축 방향과 y축 방향으로 각각 1차원 가우시안 필터를 적용하여 수행한다고 설명했습니다. 실제로 GaussianBlur( ) 함수 내부에서 가우시안 필터링을 구현할 때에도 x축 방향과 y축 방향에 따라 1차원 가우시안 필터 마스크를 각각 생성하여 필터링을 수행합니다. 이때 1차원 가우시안 필터 마스크를 생성하기 위해 OpenCV에서 제공하는 getGaussianKernel( ) 함수를 사용합니다. 이 함수는 사용자가 지정한 표준 편차를 따르는 1차원 가우시안 필터 마스크 행렬을 생성하여 반환합니다. getGaussianKernel( ) 함수 원형은 다음과 같습니다.

```
Mat getGaussianKernel(int ksize, double sigma, int ktype = CV_64F);
```

- ksize　　　커널 크기. ksize는 0보다 큰 홀수이어야 합니다.
- sigma　　가우시안 표준 편차. 만약 0 또는 음수를 지정하면 sigma = 0.3*((ksize−1)*0.5 − 1) + 0.8 형태로 sigma 를 계산합니다.
- ktype　　필터의 타입. CV_32F 또는 CV_64F
- 반환값　　ksize×1 크기의 가우시안 필터 커널

getGaussianKernel() 함수는 표준 편차가 sigma인 1차원 가우시안 분포 함수로부터 ksize×1 크기의 필터 마스크 행렬을 생성하여 반환합니다. ksize는 (8*sigma + 1)보다 같거나 크게 지정하는 것이 좋습니다. 이 행렬의 원소에 저장되는 값은 다음 수식을 따릅니다.

$$G_i = \alpha \cdot e^{-\frac{(i-(\text{ksize}-1)/2)^2}{2 \cdot \text{sigma}^2}}$$

앞 수식에서 $i = 0, ..., \text{ksize-1}$의 범위를 가지며, α는 $\sum_i G_i = 1$이 되도록 만드는 상수입니다.

> Note ≡   getGaussianKernel() 함수는 ksize 값이 7보다 같거나 작고 sigma 값이 0 또는 음수인 경우에는 다음과 같이 미리 정해 놓은 배열 값을 이용하여 커널 행렬을 생성합니다.
>
> ```
> static const float small_gaussian_tab[][7] =
> {
>     { 1.f },
>     { 0.25f, 0.5f, 0.25f },
>     { 0.0625f, 0.25f, 0.375f, 0.25f, 0.0625f },
>     { 0.03125f, 0.109375f, 0.21875f, 0.28125f, 0.21875f, 0.109375f, 0.03125f }
> };
> ```

OPENCV

7.3 / 샤프닝: 영상 날카롭게 하기

이 절에서는 블러링과 반대되는 개념인 샤프닝 기법에 대해 알아보겠습니다. 샤프닝은 초점이 잘 맞은 사진처럼 사물의 윤곽이 뚜렷하고 선명한 느낌이 나도록 영상을 변경하는 필터링 기법입니다. 이 절에서는 샤프닝 필터를 구현하는 기본적인 방법에 대해 알아보고 OpenCV에서 샤프닝을 적용하는 방법에 대해 알아보겠습니다.

7.3.1 언샤프 마스크 필터

샤프닝(sharpening)이란 영상을 날카로운 느낌이 나도록 변경하는 필터링 기법입니다. 날카로운 느낌의 영상이란 초점이 잘 맞은 사진처럼 객체의 윤곽이 뚜렷하게 구분되는 영상을 의미합니다.

이미 촬영된 사진을 초점이 잘 맞은 사진처럼 보이게끔 변경하려면 영상 에지 근방에서 픽셀 값의 명암비가 커지도록 수정해야 합니다.

샤프닝 기법과 관련해서 흥미로운 사실은 샤프닝을 구현하기 위해 블러링된 영상을 사용한다는 점입니다. 블러링이 적용되어 부드러워진 영상을 활용하여 반대로 날카로운 영상을 생성한다는 것이죠. 여기서 블러링이 적용된 영상, 즉 날카롭지 않은 영상을 언샤프(unsharp)하다고 말하기도 합니다. 이처럼 언샤프한 영상을 이용하여 역으로 날카로운 영상을 생성하는 필터를 언샤프 마스크 필터(unsharp mask filter)라고 합니다.

언샤프 마스크 필터링의 과정을 이해하기 위하여 그림 7-12를 살펴보겠습니다. 그림 7-12에서 가로축은 픽셀 좌표의 이동을 나타내며, 세로축은 픽셀 값을 나타냅니다. 그림 7-12(a)는 영상의 에지 부근에서 픽셀 값이 증가하는 모양을 나타낸 것입니다. 그림 7-12(b)에서 파란색 실선 그래프는 $f(x, y)$에 블러링을 적용한 결과를 나타내며, 이를 $\overline{f}(x, y)$로 표기했습니다. 블러링된 결과와 원본 픽셀 값 변화를 비교해서 볼 수 있도록 그림 7-12(b)에 $f(x, y)$를 검은색 점선으로 함께 나타냈습니다. 그림 7-12(c)는 입력 영상 $f(x, y)$에서 블러링된 영상 $\overline{f}(x, y)$를 뺀 결과이며, 이를 $g(x, y)$로 표기하였습니다. 즉, $g(x, y) = f(x, y) - \overline{f}(x, y)$입니다. $g(x, y)$는 입력 함수 값이 증가하기 시작하는 부분에서 음수 값을 가지고, 입력 함수 값 증가가 멈추는 부근에서 양수 값을 가집니다. 그러므로 입력 함수 $f(x, y)$에 $g(x, y)$를 더하면 에지가 강조된 함수가 생성됩니다. 즉, 그림 7-12(d)에서 $h(x, y) = f(x, y) + g(x, y)$가 샤프닝이 적용된 결과 영상입니다.

❤ 그림 7-12 언샤프 마스크 필터의 동작 방식

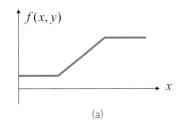

(a)

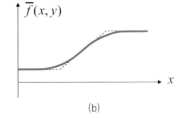

(b)

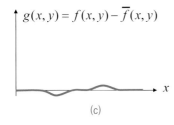

(c)

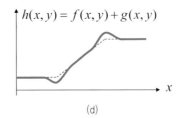

(d)

그림 7-12에서 $g(x, y)$는 입력 영상에서 블러링된 영상을 뺀 결과이므로 $g(x, y)$는 입력 영상에서 오직 날카로운 성분만을 가지고 있는 함수라고 할 수 있습니다. 그러므로 입력 영상 $f(x, y)$에 $g(x, y)$를 더함으로써 날카로운 성분이 강조된 최종 영상 $h(x, y)$가 얻어지는 것으로 해석할 수 있습니다. 그런데 $f(x, y)$에 $g(x, y)$를 단순하게 더하는 것이 아니라 실수 가중치를 곱한 후 더하면 날카로운 정도를 사용자가 조절할 수 있습니다. 즉, 샤프닝이 적용된 결과 영상 $h(x, y)$ 수식을 다음과 같이 수정할 수 있습니다.

$$h(x, y) = f(x, y) + \alpha \cdot g(x, y)$$

앞 수식에서 α는 샤프닝 결과 영상의 날카로운 정도를 조절할 수 있는 파라미터입니다. 즉, α에 1.0을 지정하면 날카로운 성분을 그대로 한 번 더하는 셈이고, α에 1보다 작은 값을 지정하면 조금 덜 날카로운 영상을 만들 수 있습니다. 앞 수식에서 $g(x, y)$ 대신 $f(x, y) - \overline{f}(x, y)$ 수식을 대입하고 식을 정리하면 다음과 같습니다.

$$h(x, y) = f(x, y) + \alpha(f(x, y) - \overline{f}(x, y))$$
$$= (1 + \alpha)f(x, y) - \alpha \cdot \overline{f}(x, y)$$

OpenCV는 언샤프 마스크 필터 함수를 따로 제공하지 않습니다. 다만 앞 수식을 그대로 소스 코드 형태로 작성하면 어렵지 않게 샤프닝 결과 영상을 얻을 수 있습니다. 이 수식에서 $\overline{f}(x, y)$는 입력 영상에 블러링이 적용된 영상이며, 이때 블러링 영상을 구하기 위해 평균값 필터를 사용해도 되고 가우시안 필터를 사용해도 됩니다. 가우시안 필터로 $\overline{f}(x, y)$ 영상을 생성할 경우, 가우시안 분포의 표준 편차를 어떻게 지정하느냐가 샤프닝 결과에 영향을 줄 수 있습니다.

언샤프 마스크 필터링을 수행하는 예제 코드를 코드 7-4에 나타냈습니다. 코드 7-4의 unsharp_mask( ) 함수는 rose.bmp 장미 영상을 다양한 표준 편차 값으로 가우시안 필터를 적용하고, 블러링된 영상을 이용하여 샤프닝 결과 영상을 생성합니다. unsharp_mask( ) 함수가 정의된 소스 파일과 사용된 영상 파일은 내려받은 예제 파일 중 ch07/sharpen 프로젝트에서 확인할 수 있습니다.

코드 7-4 언샤프 마스크 필터링 예제 코드 [ch07/sharpen]

```
01    void unsharp_mask()
02    {
03        Mat src = imread("rose.bmp", IMREAD_GRAYSCALE);
04
05        if (src.empty()) {
06            cerr << "Image load failed!" << endl;
07            return;
08        }
```

```
09
10          imshow("src", src);
11
12          for (int sigma = 1; sigma <= 5; sigma++) {
13              Mat blurred;
14              GaussianBlur(src, blurred, Size(), sigma);
15
16              float alpha = 1.f;
17              Mat dst = (1 + alpha) * src - alpha * blurred;
18
19              String desc = format("sigma: %d", sigma);
20              putText(dst, desc, Point(10, 30), FONT_HERSHEY_SIMPLEX, 1.0,
21                      Scalar(255), 1, LINE_AA);
22
23              imshow("dst", dst);
24              waitKey();
25          }
26
27          destroyAllWindows();
28      }
```

- 12~24행   가우시안 필터의 표준 편차 sigma 값을 1부터 5까지 증가시키면서 언샤프 마스크 필터링을 수행합니다.
- 13~14행   가우시안 필터를 이용한 블러링 영상을 blurred에 저장합니다.
- 16~17행   언샤프 마스크 필터링을 수행합니다.
- 19~21행   샤프닝 결과 영상 dst에 사용된 sigma 값을 출력합니다.

코드 7-4의 언샤프 마스크 필터링 예제를 실행한 결과 화면을 그림 7-13에 나타냈습니다. src 창에 나타난 장미 영상은 입력 영상이고, dst 창에 나타난 영상은 다양한 sigma 값에 의해 생성된 언샤프 마스크 필터링 결과 영상입니다. src 영상보다 dst 영상이 장미꽃 경계 부분이 좀 더 뚜렷하게 구분이 되는 것을 확인할 수 있습니다. 다만 sigma 값이 커짐에 따라 다소 과장된 느낌의 샤프닝 결과 영상이 만들어질 수도 있으니 주의해야 합니다. 코드 7-4에서는 날카로운 성분에 대한 가중치 alpha 값을 1.0으로 고정하여 사용하였지만, 소스 코드를 변경하여 다양한 alpha 값에 대해서도 샤프닝 결과를 확인해 보기 바랍니다.

7.4 잡음 제거 필터링

영상을 획득하는 과정에서 항상 원치 않은 잡음이 포함될 수 있습니다. 스마트폰 카메라로 어두운 곳에서 사진을 찍으면 검붉은 픽셀이 많이 보이는 것을 경험했을 것입니다. 조명이 잘 설치된 환경에서 촬영된 영상도 크든 작든 잡음은 포함되어 있습니다. 그러므로 많은 컴퓨터 비전 시스템이 전처리 과정으로 잡음 제거 필터를 사용합니다. 이 절에서는 다양한 종류의 잡음에 대해 사용할 수 있는 잡음 제거 필터링 기법에 대해 알아보겠습니다.

7.4.1 영상과 잡음 모델

자동차를 타면서 라디오를 듣다 보면 간혹 터널을 지나가는 경우에 지지직거리는 잡음이 섞이는 경우가 있습니다. 신호 처리 관점에서 잡음(noise)이란 원본 신호에 추가된 원치 않은 신호를 의미합니다. 영상에서 잡음은 주로 영상을 획득하는 과정에서 발생하며, 디지털 카메라에서 사진을 촬영하는 경우에는 광학적 신호를 전기적 신호로 변환하는 센서(sensor)에서 주로 잡음이 추가됩니다.

디지털 카메라에서 카메라 렌즈가 바라보는 장면을 원본 신호 $s(x, y)$라고 하고, 여기에 추가되는 잡음을 $n(x, y)$라고 표현한다면 실제로 카메라에서 획득되는 영상 신호 $f(x, y)$는 보통 다음과 같이 표현합니다.

$$f(x, y) = s(x, y) + n(x, y)$$

잡음이 생성되는 방식을 잡음 모델(noise model)이라고 하며, 다양한 잡음 모델 중에서 가장 대표적인 잡음 모델은 가우시안 잡음 모델(Gaussian noise model)입니다. 가우시안 잡음 모델은 보통 평균이 0인 가우시안 분포를 따르는 잡음을 의미합니다.

그림 7-14는 평균이 0이고, 표준 편차가 10인 1차원 가우시안 분포 그래프입니다. 평균이 0이고 표준 편차가 σ인 가우시안 분포는 x 값이 $-\sigma \le x \le \sigma$ 구간에서 전체 데이터의 67%가 존재하고, $-2\sigma \le x \le 2\sigma$ 구간에는 95%, $-3\sigma \le x \le 3\sigma$ 구간에는 99.7%가 존재합니다. 그러므로 평균이 0이고 표준 편차가 10인 가우시안 분포를 따르는 잡음 모델은 67%의 확률로 -10에서 10 사이의 값이 잡음으로 추가됩니다. 잡음 값이 -20부터 20 사이일 확률은 95%이며, 그 밖의 값이 잡음으로 추가될 확률은 5%입니다. 그러므로 표준 편차가 작은 가우시안 잡음 모델일수록 잡음에 의한 픽셀 값 변화가 적다고 생각할 수 있습니다.

▼ 그림 7-14 평균이 0이고 표준 편차가 10인 가우시안 분포 그래프

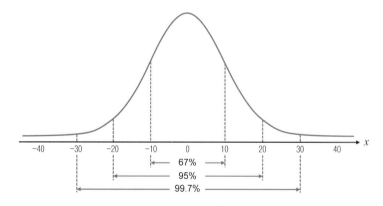

OpenCV 함수를 이용하여 영상에 가우시안 모델을 따르는 잡음을 인위적으로 추가할 수 있습니다. randn() 함수는 가우시안 잡음으로 구성된 행렬을 생성하여 반환합니다. randn() 함수 원형은 다음과 같습니다.

```
void randn(InputOutputArray dst, InputArray mean, InputArray stddev);
```

- dst   가우시안 난수로 채워질 행렬. dst 행렬은 미리 할당이 되어 있어야 합니다.
- mean   가우시안 분포 평균
- stddev   가우시안 분포 표준 편차

randn() 함수는 dst 행렬을 가우시안 분포를 따르는 난수로 채웁니다. 이때 사용하는 가우시안 분포의 평균은 mean이고 표준 편차는 stddev입니다. randn() 함수에 전달되는 dst 영상은 미리 적절한 타입으로 생성되어 있어야 하며, randn() 함수에 의해 생성된 난수는 dst 행렬의 자료형에 맞게끔 포화 연산이 수행됩니다. 평균이 0인 가우시안 잡음을 생성할 경우 양수와 음수가 섞여 있는 난수가 발생하므로 CV_32S, CV_32F처럼 부호 있는 자료형 행렬을 사용해야 합니다.

다양한 표준 편차의 가우시안 잡음을 영상에 추가하는 예제 코드를 코드 7-5에 나타냈습니다. 코드 7-5의 noise_gaussian() 함수는 레나 영상에 평균이 0이고 표준 편차가 각각 10, 20, 30인 가우시안 잡음을 추가하여 화면에 나타냅니다. noise_gaussian() 함수가 정의된 소스 파일은 내려받은 예제 파일 중 ch07/noise 프로젝트에서 확인할 수 있습니다.

코드 7-5 가우시안 잡음 추가 예제 코드 [ch07/noise]

```
01    void noise_gaussian()
02    {
03        Mat src = imread("lenna.bmp", IMREAD_GRAYSCALE);
04
05        if (src.empty()) {
06            cerr << "Image load failed!" << endl;
07            return;
08        }
09
10        imshow("src", src);
11
12        for (int stddev = 10; stddev <= 30; stddev += 10) {
13            Mat noise(src.size(), CV_32SC1);
14            randn(noise, 0, stddev);
15
16            Mat dst;
17            add(src, noise, dst, Mat(), CV_8U);
18
19            String desc = format("stddev = %d", stddev);
20            putText(dst, desc, Point(10, 30), FONT_HERSHEY_SIMPLEX, 1.0,
                        Scalar(255), 1, LINE_AA);
21            imshow("dst", dst);
22            waitKey();
23        }
```

```
24
25        destroyAllWindows();
26    }
```

- 3행   lenna.bmp 파일을 그레이스케일 형식으로 불러와 src에 저장합니다.
- 12행   표준 편차 stddev 값이 10, 20, 30이 되도록 for 반복문을 수행합니다.
- 13~14행   평균이 0이고 표준 편차가 stddev인 가우시안 잡음을 생성하여 noise 행렬에 저장합니다. 이때 noise
              행렬은 부호 있는 정수형(CV_32SC1)을 사용하도록 미리 생성하여 randn( ) 함수에 전달합니다.
- 17행   입력 영상 src에 가우시안 잡음 noise를 더하여 결과 영상 dst를 생성합니다. dst 영상의 깊이는
              CV_8U로 설정합니다.

코드 7-5의 noise_gaussian( ) 함수 실행 결과를 그림 7-15에 나타냈습니다. 원본 영상 src에 비
해 가우시안 잡음이 추가된 결과 영상 dst가 거칠고 지저분해 보이는 것을 확인할 수 있습니다. 특
히 표준 편차 stddev 값이 증가함에 따라 잡음의 영향이 커지므로 결과 영상이 더욱 지저분해지는
것을 볼 수 있습니다.

▼ 그림 7-15 가우시안 잡음 추가 예제 실행 결과

7.4.2 양방향 필터

대부분의 영상에는 가우시안 잡음이 포함되어 있으며 많은 컴퓨터 비전 시스템이 가우시안 잡음을 제거하기 위해 가우시안 필터를 사용합니다. 입력 영상에서 픽셀 값이 크게 변하지 않는 평탄한 영역에 가우시안 필터가 적용될 경우, 주변 픽셀 값이 부드럽게 블러링되면서 잡음의 영향도 크게 줄어듭니다. 그러나 픽셀 값이 급격하게 변경되는 에지 근방에 동일한 가우시안 필터가 적용되면 잡음뿐만 아니라 에지 성분까지 함께 감소하게 됩니다. 즉, 잡음이 줄어들면서 함께 에지도 무뎌지기 때문에 객체의 윤곽이 흐릿하게 바뀝니다.

이러한 단점을 보완하기 위해 많은 사람들이 에지 정보는 그대로 유지하면서 잡음만 제거하는 에지 보전 잡음 제거 필터(edge-preserving noise removal filter)에 대해 연구하였습니다. 특히 1998년 토마시(C. Tomasi)가 제안한 양방향 필터(bilateral filter)는 에지 성분은 그대로 유지하면서 가우시안 잡음을 효과적으로 제거하는 알고리즘입니다[Tomasi98]. 양방향 필터 기능은 OpenCV 라이브러리 초기 버전부터 포함되어 있어서 많은 사람들이 사용하고 있습니다.

양방향 필터는 다음 공식을 사용하여 필터링을 수행합니다.

$$g_{\mathbf{p}} = \frac{1}{W_{\mathbf{p}}} \sum_{\mathbf{q} \in S} G_{\sigma_s}\left(\|\mathbf{p} - \mathbf{q}\|\right) G_{\sigma_r}\left(|f_{\mathbf{p}} - f_{\mathbf{q}}|\right) f_{\mathbf{q}}$$

앞 수식에서 f는 입력 영상, g는 출력 영상, 그리고 $\mathbf{p}$와 $\mathbf{q}$는 픽셀의 좌표를 나타냅니다. $f_{\mathbf{p}}$와 $f_{\mathbf{q}}$는 각각 $\mathbf{p}$점과 $\mathbf{q}$점에서의 입력 영상 픽셀 값이고, $g_{\mathbf{p}}$는 $\mathbf{p}$점에서의 출력 영상 픽셀 값입니다. G_{σ_s}와 G_{σ_r}는 각각 표준 편차가 σ_s와 σ_r인 가우시안 분포 함수입니다. S는 필터 크기를 나타내고, $W_{\mathbf{p}}$는 양방향 필터 마스크 합이 1이 되도록 만드는 정규화 상수입니다. 양방향 필터 수식은 매우 복잡해 보이지만 가만히 살펴보면 두 개의 가우시안 함수 곱으로 구성된 필터입니다.

먼저 $G_{\sigma_s}\left(\|\mathbf{p} - \mathbf{q}\|\right)$ 함수는 두 점 사이의 거리에 대한 가우시안 함수로서, 앞서 7.2.2절에서 설명한 가우시안 필터와 완전히 같은 의미로 동작합니다. 반면에 $G_{\sigma_r}\left(|f_{\mathbf{p}} - f_{\mathbf{q}}|\right)$ 함수는 두 점의 픽셀 값 차이에 의한 가우시안 함수입니다. $G_{\sigma_r}\left(|f_{\mathbf{p}} - f_{\mathbf{q}}|\right)$ 함수는 두 점의 픽셀 밝기 값의 차이가 적은 평탄한 영역에서는 큰 가중치를 갖게 만듭니다. 반면에 에지를 사이에 두고 있는 두 픽셀에 대해서는 $|f_{\mathbf{p}} - f_{\mathbf{q}}|$ 값이 크게 나타나므로 상대적으로 $G_{\sigma_r}\left(|f_{\mathbf{p}} - f_{\mathbf{q}}|\right)$는 거의 0에 가까운 값이 됩니다. 이로 인해 에지 근방에서는 가우시안 블러링 효과가 거의 나타나지 않고 에지가 보존됩니다.

양방향 필터 수식이 픽셀 값의 차이에 의존적이기 때문에 양방향 필터 마스크는 영상의 모든 픽셀에서 서로 다른 형태를 갖게 됩니다. 즉, 모든 픽셀 위치에서 주변 픽셀과의 밝기 차이에 의한 고유의 필터 마스크 행렬을 만들어서 마스크 연산을 수행해야 합니다. 이는 일반적인 가우시안 블러링이 모든 위치에서 일정한 가우시안 마스크 행렬을 사용하는 것과 차이가 있습니다. 그러므로 양방향 필터는 가우시안 블러링보다 훨씬 많은 연산량을 필요로 합니다.

OpenCV에서는 bilateralFilter() 함수를 이용하여 양방향 필터를 수행할 수 있습니다. bilateralFilter() 함수 원형은 다음과 같습니다.

```
void bilateralFilter(InputArray src, OutputArray dst, int d,
                     double sigmaColor, double sigmaSpace,
                     int borderType = BORDER_DEFAULT);
```

- src   입력 영상. 8비트 또는 실수형. 1채널 또는 3채널 영상
- dst   출력 영상. src와 같은 크기, 같은 타입을 갖습니다.
- d   필터링에 사용할 이웃 픽셀과의 거리(지름). 양수가 아닌 값(예를 들어 −1)을 지정하면 sigmaSpace로부터 자동 계산됩니다.
- sigmaColor   색 공간에서의 가우시안 필터 표준 편차
- sigmaSpace   좌표 공간에서의 가우시안 필터 표준 편차
- borderType   가장자리 픽셀 확장 방식

bilateralFilter() 함수에서 sigmaSpace 값은 일반적인 가우시안 필터링에서 사용하는 표준 편차와 같은 개념입니다. 즉, 값이 클수록 더 많은 주변 픽셀을 고려하여 블러링을 수행합니다. sigmaColor 값은 주변 픽셀과의 밝기 차이에 관한 표준 편차입니다. sigmaColor 값을 작게 지정할 경우, 픽셀 값 차이가 큰 주변 픽셀과는 블러링이 적용되지 않습니다. 반면에 sigmaColor 값을 크게 지정하면 픽셀 값 차이가 조금 크더라도 블러링이 적용됩니다. 즉, sigmaColor 값을 이용하여 어느 정도 밝기 차를 갖는 에지를 보존할 것인지를 조정할 수 있습니다.

가우시안 잡음이 추가된 영상에 대해 양방향 필터링을 수행하는 예제 코드를 코드 7-6에 나타냈습니다. 코드 7-6의 filter_bilateral() 함수는 레나 영상에 가우시안 잡음을 추가하고, 가우시안 블러와 양방향 필터를 각각 적용하여 그 결과를 비교합니다. filter_bilateral() 함수가 정의된 소스 파일은 내려받은 예제 파일 중 ch07/noise 프로젝트에서 확인할 수 있습니다.

코드 7-6 양방향 필터링 예제 코드 [ch07/noise]

```
01   void filter_bilateral()
02   {
03       Mat src = imread("lenna.bmp", IMREAD_GRAYSCALE);
04
05       if (src.empty()) {
06           cerr << "Image load failed!" << endl;
07           return;
08       }
09
```

```
10        Mat noise(src.size(), CV_32SC1);
11        randn(noise, 0, 5);
12        add(src, noise, src, Mat(), CV_8U);
13
14        Mat dst1;
15        GaussianBlur(src, dst1, Size(), 5);
16
17        Mat dst2;
18        bilateralFilter(src, dst2, -1, 10, 5);
19
20        imshow("src", src);
21        imshow("dst1", dst1);
22        imshow("dst2", dst2);
23
24        waitKey();
25        destroyAllWindows();
26    }
```

- 10~12행 그레이스케일 레나 영상 src에 평균이 0이고 표준 편차가 5인 가우시안 잡음을 추가합니다.
- 14~15행 표준 편차가 5인 가우시안 필터링을 수행하여 dst1에 저장합니다.
- 17~18행 색 공간의 표준 편차는 10, 좌표 공간의 표준 편차는 5를 사용하는 양방향 필터링을 수행하여 dst2에 저장합니다.
- 20~22행 src, dst1, dst2 영상을 모두 화면에 출력합니다.

코드 7-6의 filter_bilateral() 함수를 실행한 결과를 그림 7-16에 나타냈습니다. src 창의 영상은 lenna.bmp 영상에 평균이 0이고 표준 편차가 5인 가우시안 잡음이 추가된 영상입니다. 이 영상에 대해 표준 편차가 5인 가우시안 필터링을 수행한 결과가 dst1 영상입니다. 입력 영상 src에 비해 지글거리는 잡음의 영향은 크게 줄었지만, 머리카락, 모자, 배경 사물의 경계 부분이 함께 블러링되어 흐릿하게 변경되었습니다. 반면에 양방향 필터가 적용된 src2 영상은 머리카락, 모자, 배경 사물의 경계는 그대로 유지되었고, 평탄한 영역의 잡음은 크게 줄어들어 눈으로 보기에 매우 깔끔한 느낌을 주는 것을 확인할 수 있습니다.

▼ 그림 7-16 양방향 필터링 예제 코드 실행 결과

271

7.4.3 미디언 필터

미디언 필터(median filter)는 입력 영상에서 자기 자신 픽셀과 주변 픽셀 값 중에서 중간값(median)을 선택하여 결과 영상 픽셀 값으로 설정하는 필터링 기법입니다. 미디언 필터는 마스크 행렬과 입력 영상 픽셀 값을 서로 곱한 후 모두 더하는 형태의 연산을 사용하지 않습니다. 미디언 필터는 주변 픽셀 값들의 중간값을 선택하기 위해 내부에서 픽셀 값 정렬 과정이 사용됩니다. 미디언 필터는 특히 잡음 픽셀 값이 주변 픽셀 값과 큰 차이가 있는 경우에 효과적으로 동작합니다.

영상에 추가되는 잡음 중에 소금&후추 잡음(salt & pepper noise)은 픽셀 값이 일정 확률로 0 또는 255로 변경되는 형태의 잡음입니다. '소금&후추'라는 다소 재미있는 이름이 붙은 이유는 잡음이 마치 소금과 후추처럼 흰색 또는 검은색으로 구성되기 때문입니다. 소금&후추 잡음이 추가된 영상에 미디언 필터를 적용하면 대부분 소금&후추 잡음이 아닌 원본 영상에 존재하는 픽셀 값이 중간값으로 선택되기 때문에 잡음은 효과적으로 제거됩니다.

3×3 정방형 마스크를 사용하는 미디언 필터 동작 방식을 그림 7-17에 도식적으로 나타냈습니다. 그림 7-17에서 가장 왼쪽 그림은 입력 영상 특정 위치에서의 3×3 주변 픽셀 값 배열을 나타냅니다. 이 영역의 픽셀 값을 일렬로 늘여 세운 후 픽셀 값 크기 순으로 정렬합니다. 그리고 정렬된 데이터에서 중앙에 있는 픽셀 값인 72를 선택하여, 결과 영상의 픽셀 값으로 설정합니다. 이와 같은 과정을 영상 전체 픽셀에 대하여 수행하면 미디언 필터 결과 영상이 만들어집니다.

▼ 그림 7-17 미디언 필터링 수행 과정

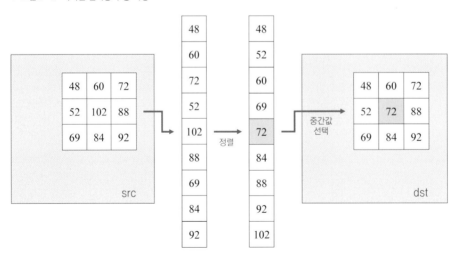

OpenCV에서는 medianBlur() 함수를 이용하여 미디언 필터링을 수행할 수 있습니다. medianBlur() 함수 원형은 다음과 같습니다.

```
void medianBlur(InputArray src, OutputArray dst, int ksize);
```

- src   입력 영상. 1, 3, 4채널 영상. ksize가 3 또는 5이면 src는 CV_8U, CV_16U, CV_32F의 깊이를 가질 수 있고, 그 이상의 필터 크기에서는 CV_8U 깊이만 사용할 수 있습니다.
- dst   출력 영상. src와 같은 크기, 같은 타입을 갖습니다.
- ksize   필터 크기. 3과 같거나 큰 홀수를 지정합니다.

medianBlur() 함수는 ksize×ksize 필터 크기를 이용하여 미디언 필터링을 수행합니다. 다채널 영상인 경우 각 채널별로 필터링을 수행합니다. medianBlur() 함수는 내부적으로 BORDER_REPLICATE 방식으로 가장자리 외곽 픽셀 값을 설정하여 필터링을 수행합니다.

medianBlur() 함수를 이용하여 미디언 필터링을 수행하는 예제 코드를 코드 7-7에 나타냈습니다. 코드 7-7의 filter_median() 함수는 입력 영상 전체 크기의 10%에 해당하는 픽셀에 소금&후추 잡음을 추가하고, 가우시안 필터와 미디언 필터를 수행한 결과 영상을 화면에 출력합니다. filter_median() 함수를 사용하는 전체 소스 코드는 내려받은 예제 파일 중 ch07/noise 프로젝트에서 확인할 수 있습니다.

코드 7-7 미디언 필터링 예제 코드 [ch07/noise]

```
01    void filter_median()
02    {
03        Mat src = imread("lenna.bmp", IMREAD_GRAYSCALE);
04
05        if (src.empty()) {
06            cerr << "Image load failed!" << endl;
07            return;
08        }
09
10        int num = (int)(src.total() * 0.1);
11        for (int i = 0; i < num; i++) {
12            int x = rand() % src.cols;
13            int y = rand() % src.rows;
14            src.at<uchar>(y, x) = (i % 2) * 255;
15        }
16
17        Mat dst1;
18        GaussianBlur(src, dst1, Size(), 1);
19
20        Mat dst2;
21        medianBlur(src, dst2, 3);
22
23        imshow("src", src);
24        imshow("dst1", dst1);
```

```
25        imshow("dst2", dst2);
26
27        waitKey();
28        destroyAllWindows();
29    }
```

- 10~15행   src 영상에서 10%에 해당하는 픽셀 값을 0 또는 255로 설정합니다.

- 17~18행   표준 편차가 1인 가우시안 필터링을 수행하여 dst1에 저장합니다.

- 20~21행   크기가 3인 미디언 필터를 실행하여 dst2에 저장합니다.

- 23~25행   src, dst1, dst2 영상을 모두 화면에 출력합니다.

코드 7-7의 filter_median() 함수 실행 결과를 그림 7-18에 나타냈습니다. src 영상은 레나 영상에 10%의 확률로 소금&후추 잡음이 추가된 영상입니다. 이 영상에 대해 가우시안 필터를 적용한 결과가 dst1 영상입니다. 소금&후추 잡음에 대해서는 가우시안 블러링을 적용하여도 여전히 영상이 지저분하게 보이는 것을 확인할 수 있습니다. 반면에 미디언 필터를 적용한 dst2 영상에서는 잡음에 의해 추가된 흰색 또는 검은색 픽셀이 효과적으로 제거된 것을 확인할 수 있습니다.

❤ 그림 7-18 미디언 필터링 실행 화면

8장

영상의 기하학적 변환

8.1 / 어파인 변환

어파인 변환은 영상의 평행 이동, 확대 및 축소, 회전 등의 조합으로 만들 수 있는 기하학적 변환을 나타냅니다. 이 절에서는 먼저 일반적인 어파인 변환의 정의와 특징에 대해 알아보고, 실제 영상 처리에서 널리 사용되고 있는 어파인 변환을 OpenCV에서 적용하는 방법에 대해 설명합니다. 특히 영상을 확대 또는 축소하는 크기 변환과 임의의 각도만큼 회전하는 작업은 다양한 컴퓨터 비전 시스템에서 전처리 과정으로도 널리 사용되고 있으므로 OpenCV 함수 사용법을 제대로 익히기 바랍니다.

8.1.1 어파인 변환

영상의 기하학적 변환(geometric transform)은 영상을 구성하는 픽셀의 배치 구조를 변경함으로써 전체 영상의 모양을 바꾸는 작업입니다. 앞에서 설명한 영상의 밝기 및 명암비 조절, 필터링 등은 픽셀 위치는 고정한 상태에서 픽셀 값을 변경하였지만 기하학적 변환은 픽셀 값은 그대로 유지하면서 위치를 변경하는 작업입니다. 입력 영상에서 (x, y) 좌표의 픽셀을 결과 영상의 (x', y') 좌표로 변환하는 방법은 보통 다음과 같이 고유의 함수 형태로 나타낼 수 있습니다.

$$\begin{cases} x' = f_1(x, y) \\ y' = f_2(x, y) \end{cases}$$

앞 수식에서 f_1과 f_2는 각각 x와 y를 입력으로 받아 결과 영상에서의 픽셀 좌표를 출력하는 함수입니다. 함수 f_1과 f_2를 어떻게 정의하는지에 따라 영상의 크기를 변경할 수도 있고 영상을 회전시킬 수도 있습니다. 또는 정교한 연산을 통해 시점이 다른 위치에서 촬영된 것 같은 영상으로 변경할 수도 있습니다.

영상의 기하학적 변환 중에서 어파인 변환(affine transformation)은 영상을 평행 이동시키거나 회전, 크기 변환 등을 통해 만들 수 있는 변환을 통칭합니다.[1] 또는 영상을 한쪽 방향으로 밀어서 만든 것 같은 전단 변환도 어파인 변환에 포함됩니다. 영상에 어파인 변환을 적용할 경우 직선은 그대로 직선으로 나타나고, 직선 간의 길이 비율과 평행 관계가 그대로 유지됩니다. 직사각형 형태의

---

1   어파인 변환은 아핀 변환이라고도 많이 번역되어 사용되지만, 이 책에서는 좀 더 영어 발음에 가까운 어파인 변환이라는 용어를 사용하겠습니다.

영상은 어파인 변환에 의해 평행사변형에 해당하는 모양으로 변경됩니다.

다양한 어파인 변환의 예를 그림 8-1에 나타냈습니다. 그림 8-1(a)는 입력으로 사용한 원본 영상이고, 그림 8-1(b)는 입력 영상을 x축과 y축 방향으로 일정 크기만큼 평행 이동시킨 결과입니다. 그림 8-1(c)는 y 좌표가 증가함에 따라 영상의 x축 시작 위치를 조금씩 오른쪽 이동한 전단 변환 결과입니다. 그림 8-1(d)는 입력 영상을 가로 방향으로는 축소하고, 세로 방향으로는 확대한 크기 변환 결과입니다. 그림 8-1(e)는 영상을 원점 기준으로 시계 방향으로 $10°$ 회전한 결과입니다. 그림 8-1(f)는 앞서 설명한 이동, 크기, 회전, 전단 변환을 복합적으로 적용하여 만든 어파인 변환 결과 영상입니다. 각각의 변환 결과 영상 크기는 입력 영상 크기와 같게 설정하였고, 원한다면 결과 영상 크기는 변경할 수 있습니다.

▼ 그림 8-1 다양한 어파인 변환의 예

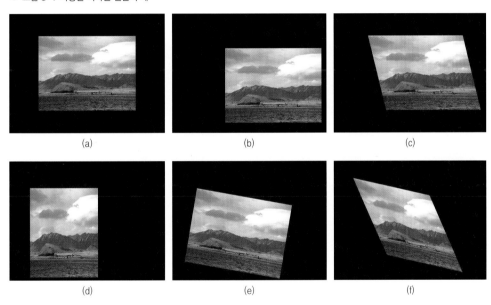

어파인 변환은 모두 여섯 개의 파라미터를 이용한 수식으로 정의할 수 있습니다. 어파인 변환에 의해 입력 영상의 좌표 (x, y)가 결과 영상의 좌표 (x', y')로 이동하는 수식은 다음과 같이 1차 다항식으로 표현합니다.

$$\begin{cases} x' = f_1(x, y) = ax + by + c \\ y' = f_2(x, y) = dx + ey + f \end{cases}$$

앞 수식에서 a, b, c, d, e, f가 어파인 변환을 결정하는 여섯 개의 파라미터입니다. 앞과 같이 두 개의 수식으로 표현된 어파인 변환은 행렬을 이용하여 하나의 수식으로 표현할 수 있습니다.

$$\begin{pmatrix} x' \\ y' \end{pmatrix} = \begin{pmatrix} a & b \\ d & e \end{pmatrix} \begin{pmatrix} x \\ y \end{pmatrix} + \begin{pmatrix} c \\ f \end{pmatrix}$$

즉, 입력 영상의 좌표를 나타내는 행렬 $\begin{pmatrix} x \\ y \end{pmatrix}$ 앞에 2×2 행렬 $\begin{pmatrix} a & b \\ d & e \end{pmatrix}$ 를 곱하고, 그 뒤에 2×1 행렬 $\begin{pmatrix} c \\ f \end{pmatrix}$ 를 더하는 형태로 어파인 변환을 표현합니다. 그리고 수학적 편의를 위해 입력 영상의 좌표 (x, y)에 가상의 좌표 1을 하나 추가하여 $(x, y, 1)$ 형태로 바꾸면, 앞 행렬 수식을 다음과 같이 하나의 행렬 곱셈 형태로 바꿀 수 있습니다.

$$\begin{pmatrix} x' \\ y' \end{pmatrix} = \begin{pmatrix} a & b & c \\ d & e & f \end{pmatrix} \begin{pmatrix} x \\ y \\ 1 \end{pmatrix}$$

앞 수식에서 여섯 개의 파라미터로 구성된 2×3 행렬 $\begin{pmatrix} a & b & c \\ d & e & f \end{pmatrix}$ 를 어파인 변환 행렬(affine transformation matrix)이라고 부릅니다. 즉, 어파인 변환은 2×3 실수형 행렬 하나로 표현할 수 있습니다.

입력 영상과 어파인 변환 결과 영상으로부터 어파인 변환 행렬을 구하기 위해서는 최소 세 점의 이동 관계를 알아야 합니다. 점 하나의 이동 관계로부터 x 좌표와 y 좌표에 대한 변환 수식 두 개를 얻을 수 있으므로, 점 세 개의 이동 관계로부터 총 여섯 개의 방정식을 구할 수 있습니다. 그러므로 점 세 개의 이동 관계를 알고 있다면 여섯 개의 원소로 정의되는 어파인 변환 행렬을 구할 수 있습니다.

그림 8-2는 점 세 개의 이동 관계에 의해 결정되는 어파인 변환을 보여 줍니다. 그림 8-2에서 왼쪽 직사각형 꼭지점 세 개를 빨간색, 보라색, 녹색으로 표시하였고, 이 점들이 이동한 위치를 그림 8-2 오른쪽 그림에 같은 색상으로 나타냈습니다. 어파인 변환에 의해 직사각형 영상은 평행사변형 형태로 변환될 수 있기 때문에 입력 영상의 좌측 하단 모서리 점이 이동하는 위치는 자동으로 결정됩니다. 그러므로 어파인 변환은 점 세 개의 이동 관계만으로 정의할 수 있습니다.

❤ 그림 8-2 어파인 변환

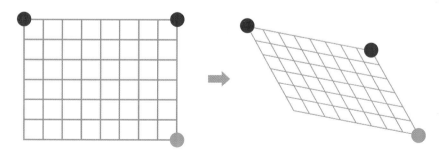

OpenCV는 어파인 변환 행렬을 구하는 함수와 어파인 변환 행렬을 이용하여 실제 영상을 어파인 변환하는 함수를 모두 제공합니다. 먼저 어파인 변환 행렬을 구하는 함수 이름은 getAffineTransform()입니다. getAffineTransform() 함수는 입력 영상에서 세 점의 좌표와 이 점들이 이동한 결과 영상의 좌표 세 개를 입력으로 받아 2×3 어파인 변환 행렬을 계산합니다. getAffineTransform() 함수 원형은 다음과 같습니다.

```
Mat getAffineTransform(const Point2f src[], const Point2f dst[]);
Mat getAffineTransform(InputArray src, InputArray dst);
```

- src   입력 영상에서 세 점의 좌표
- dst   결과 영상에서 세 점의 좌표
- 반환값   2×3 어파인 변환 행렬. CV_64FC1

getAffineTransform() 함수는 src에 저장된 세 점을 dst 좌표의 점으로 옮기는 어파인 변환 행렬을 반환합니다. 점의 좌표를 담고 있는 src와 dst에는 크기가 3인 Point2f 배열을 사용해도 되고, 또는 vector<Point2f> 자료형 변수를 사용해도 됩니다. getAffineTransform() 함수가 반환하는 Mat 객체는 CV_64FC1 타입을 사용하는 2×3 크기의 어파인 변환 행렬입니다.

2×3 어파인 변환 행렬을 가지고 있을 때, 영상을 어파인 변환한 결과 영상을 생성하려면 warpAffine() 함수를 사용합니다. warpAffine() 함수 원형은 다음과 같습니다.

```
void warpAffine(InputArray src, OutputArray dst,
                InputArray M, Size dsize,
                int flags = INTER_LINEAR,
                int borderMode = BORDER_CONSTANT,
                const Scalar& borderValue = Scalar());
```

- src   입력 영상
- dst   결과 영상. src와 같은 타입이고, 크기는 dsize에 의해 결정됩니다.
- M   2×3 어파인 변환 행렬
- dsize   결과 영상 크기
- flags   보간법 알고리즘. 만약 OR 연산자를 이용하여 WARP_INVERSE_MAP 플래그를 함께 지정하면 역방향으로 변환을 수행합니다.
- borderMode   가장자리 픽셀 확장 방식. BorderTypes 열거형 상수 중 하나를 지정합니다. 만약 BORDER_TRANSPARENT 를 지정하면 입력 영상의 픽셀 값이 복사되지 않는 영역은 dst 픽셀 값을 그대로 유지합니다.
- borderValue borderMode가 BORDER_CONSTANT일 때 사용할 상수 값. 기본값으로 검은색이 지정되어 있습니다.

warpAffine() 함수는 src 영상을 어파인 변환하여 dst 영상을 생성합니다. 이때 전달되는 어파인 변환 행렬 M은 CV_32FC1 또는 CV_64FC1 타입이어야 하고, 크기는 2×3이어야 합니다. 어파인 결과 영상의 크기 dsize는 어파인 변환 성격에 따라 사용자가 적절하게 지정해야 하며, dsize 인자에 Size()를 전달하면 입력 영상과 같은 크기의 결과 영상을 생성합니다. warpAffine() 함수는 일 곱 개의 인자를 가지고 있지만 세 개는 기본값을 가지고 있으므로 처음 네 개 인자만 지정하여 사용할 수 있습니다.

세 점의 이동 관계로부터 어파인 변환 행렬을 구하고, 이를 이용하여 실제 영상을 어파인 변환하는 예제 코드를 코드 8-1에 나타냈습니다. 코드 8-1의 affine_transform() 함수는 tekapo.bmp 호수 영상을 평행사변형 형태로 변환합니다. 입력 영상에서 세 점은 좌측 상단, 우측 상단, 우측 하단의 모서리 점을 선택하였고, 이 점들이 이동할 결과 영상에서의 위치는 임의로 지정했습니다. affine_transform() 함수가 정의된 소스 파일과 사용된 영상 파일은 내려받은 예제 파일 중 ch08/affine 프로젝트에서 확인할 수 있습니다.

코드 8-1 영상의 어파인 변환 예제 [ch08/affine]

```
01   void affine_transform()
02   {
03       Mat src = imread("tekapo.bmp");
04
05       if (src.empty()) {
06           cerr << "Image load failed!" << endl;
07           return;
08       }
09
10       Point2f srcPts[3], dstPts[3];
11       srcPts[0] = Point2f(0, 0);
12       srcPts[1] = Point2f(src.cols - 1, 0);
13       srcPts[2] = Point2f(src.cols - 1, src.rows - 1);
14       dstPts[0] = Point2f(50, 50);
15       dstPts[1] = Point2f(src.cols - 100, 100);
16       dstPts[2] = Point2f(src.cols - 50, src.rows - 50);
17
18       Mat M = getAffineTransform(srcPts, dstPts);
19
20       Mat dst;
21       warpAffine(src, dst, M, Size());
22
23       imshow("src", src);
24       imshow("dst", dst);
25
26       waitKey();
27       destroyAllWindows();
28   }
```

- 3행   tekapo.bmp 파일을 3채널 컬러 영상으로 불러와 src에 저장합니다.

- 10행   입력 영상과 출력 영상에서의 세 점 좌표를 저장할 srcPts와 dstPts 배열을 선언합니다.

- 11~13행   srcPts 배열에 입력 영상의 좌측 상단, 우측 상단, 우측 하단의 좌표를 저장합니다.

- 14~16행   dstPts 배열에 srcPts 점들이 이동할 좌표를 저장합니다.

- 18행   2×3 어파인 변환 행렬을 M에 저장합니다.

- 21행   어파인 변환 행렬 M을 이용하여 src 영상을 어파인 변환하여 dst에 저장합니다. warpAffine() 함수의 네 번째 인자에 Size()를 지정하여 dst 영상 크기가 src 영상 크기와 같아지도록 설정하였습니다.

코드 8-1에서 사용한 tekapo.bmp 영상은 640×480 크기의 호수 영상입니다. 기하학적 변환은 그레이스케일 영상과 3채널 컬러 영상에 대해 동일한 방식으로 동작하므로 이 예제에서는 3채널 컬러 영상을 입력으로 사용하였습니다. 입력 영상에서 좌측 상단, 우측 상단, 우측 하단 점의 좌표를 srcPts 배열에 저장하였고, dstPts 배열은 srcPts 각 점이 이동할 좌표를 임의로 지정하였습니다. 즉, affine_transform() 함수에서는 $(0, 0)$ 점은 $(50, 50)$으로 이동하고, $(639, 0)$ 점은 $(540, 100)$으로, $(639, 479)$ 점은 $(590, 430)$ 좌표로 이동하는 어파인 변환을 사용합니다.

그림 8-3은 affine_transform() 함수를 실행한 결과입니다. 그림 8-3에서 src는 tekapo.bmp 입력 영상이고, dst는 어파인 변환에 의해 생성된 결과 영상입니다. 입력 영상에서 세 모서리 점이 지정한 위치로 적절하게 이동하였고, 어파인 변환된 결과 영상이 평행사변형 형태로 나타난 것을 확인할 수 있습니다.

❤ 그림 8-3 영상의 어파인 변환 예제 실행 결과

참고로 어파인 변환 행렬을 가지고 있을 때, 영상 전체를 어파인 변환하는 것이 아니라 일부 점들이 어느 위치로 이동하는지를 알고 싶다면 transform() 함수를 사용할 수 있습니다. transform() 함수 원형은 다음과 같습니다.

```
void transform(InputArray src, OutputArray dst, InputArray m);
```

- src   입력 행렬 또는 vector〈Point2f〉. 점의 좌표를 다채널로 표현합니다.
- dst   출력 행렬 또는 vector〈Point2f〉
- m   변환 행렬. 2×2 또는 2×3 실수형 행렬

예를 들어 2×3 어파인 변환 행렬 M을 가지고 있고, 점 (100, 20), (200, 50)이 어파인 변환 행렬 M에 의해 이동하는 위치를 알고 싶다면 다음과 같이 코드를 작성할 수 있습니다. 다음 소스 코드를 실행하면 dst 변수에 이동된 점들의 좌표가 저장됩니다.

```
vector<Point2f> src = { Point2f(100, 20), Point2f(200, 50) };
vector<Point2f> dst;

transform(src, dst, M);
```

지금까지 일반적인 어파인 변환 이론과 OpenCV 어파인 변환 방법에 대해 알아보았습니다. 이 절의 나머지 부분에서는 어파인 변환에 포함되는 이동 변환, 전단 변환, 크기 변환, 회전 변환 등에 대한 직관적인 이해와 OpenCV에서 각각의 변환을 수행하는 방법에 대해 다루겠습니다.

8.1.2 이동 변환

영상의 이동 변환(translation transformation)은 영상을 가로 또는 세로 방향으로 일정 크기만큼 이동시키는 연산을 의미하며 시프트(shift) 연산이라고도 합니다. 영상의 이동 변환을 그림으로 나타내면 그림 8-4와 같습니다. 그림 8-4에서 노란색으로 표현한 사각형은 $w \times h$ 크기의 원본 영상이고, 녹색으로 표현한 사각형은 가로 방향으로 a, 세로 방향으로 b만큼 이동 변환된 결과 영상입니다. 그림에서 입력 영상의 원점 (0,0)이 (a,b) 좌표로 이동한 것을 볼 수 있습니다.

❤ 그림 8-4 영상의 이동 변환

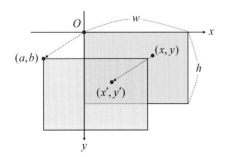

입력 영상의 모든 좌표를 x 방향으로 a만큼, y 방향으로 b만큼 이동하는 변환을 수식으로 나타내면 다음과 같습니다.

$$\begin{cases} x' = x + a \\ y' = y + b \end{cases}$$

앞 수식에서 (x, y)는 입력 영상의 픽셀 좌표이고, (x', y')는 결과 영상의 픽셀 좌표입니다. 앞 수식을 행렬을 이용하면 다음과 같이 하나의 식으로 표현할 수 있습니다.

$$\begin{bmatrix} x' \\ y' \end{bmatrix} = \begin{bmatrix} 1 & 0 \\ 0 & 1 \end{bmatrix} \begin{bmatrix} x \\ y \end{bmatrix} + \begin{bmatrix} a \\ b \end{bmatrix}$$

앞 수식에서 입력 영상의 좌표를 나타내는 행렬 $\begin{bmatrix} x \\ y \end{bmatrix}$ 앞의 2×2 행렬과 그 뒤에 더해지는 2×1 행렬을 합쳐서 하나의 2×3 행렬을 구성하면 이동 변환을 나타내는 어파인 변환 행렬을 만들 수 있습니다. 즉, 영상을 x 방향으로 a만큼, y 방향으로 b만큼 이동하는 어파인 변환 행렬 M은 다음과 같습니다.

$$M = \begin{bmatrix} 1 & 0 & a \\ 0 & 1 & b \end{bmatrix}$$

그러므로 OpenCV에서 영상을 이동 변환하려면 앞과 같은 형태의 2×3 실수 행렬 M을 만들고, 이를 warpAffine() 함수 인자로 전달합니다.

실제로 이동 변환을 위한 2×3 어파인 변환 행렬을 생성하여 영상을 이동 변환하는 예제 코드를 코드 8-2에 나타냈습니다. 코드 8-2의 affine_translation() 함수는 tekapo.bmp 호수 영상을 가로로 150픽셀, 세로로 100픽셀만큼 이동시키고 그 결과를 화면에 출력합니다. affine_translation() 함수가 정의된 소스 파일과 사용된 영상 파일은 내려받은 예제 파일 중 ch08/affine 프로젝트에서 확인할 수 있습니다.

코드 8-2 영상의 이동 변환 [ch08/affine]

```
01    void affine_translation()
02    {
03        Mat src = imread("tekapo.bmp");
04
05        if (src.empty()) {
06            cerr << "Image load failed!" << endl;
07            return;
08        }
09
```

```
10        Mat M = Mat_<double>({ 2, 3 }, { 1, 0, 150, 0, 1, 100 });
11
12        Mat dst;
13        warpAffine(src, dst, M, Size());
14
15        imshow("src", src);
16        imshow("dst", dst);
17
18        waitKey();
19        destroyAllWindows();
20   }
```

- 3행   tekapo.bmp 파일을 3채널 컬러 영상으로 불러와 src에 저장합니다.
- 10행   가로로 150픽셀, 세로로 100픽셀 이동하는 어파인 변환 행렬 M을 생성합니다.
- 13행   src 영상을 이동 변환하여 dst 영상을 생성합니다. dst 영상 크기는 src 영상과 같게 설정하였습니다.

코드 8-2의 affine_translation() 함수 실행 결과를 그림 8-5에 나타냈습니다. 그림 8-5에서 src
는 tekapo.bmp 원본 영상이고, dst는 이동 변환된 결과 영상입니다. 결과 영상에서 호수 영상이
(150, 100) 좌표부터 나타나는 것을 확인할 수 있고, 입력 영상의 픽셀 값이 복사되지 않은 영역
은 검은색으로 채워진 것을 확인할 수 있습니다.

▼ 그림 8-5 영상의 이동 변환 결과

8.1.3 전단 변환

전단 변환(shear transformation)은 직사각형 형태의 영상을 한쪽 방향으로 밀어서 평행사변형 모양
으로 변형되는 변환이며 층밀림 변환이라고도 합니다. 전단 변환은 가로 방향 또는 세로 방향으

로 각각 정의할 수 있습니다. 영상의 전단 변환을 그림으로 나타내면 그림 8-6과 같습니다. 그림 8-6(a)는 y 좌표가 증가함에 따라 영상이 조금씩 가로 방향으로 이동하는 가로 방향 전단 변환이고, 그림 8-6(b)는 x 좌표가 증가함에 따라 영상이 조금씩 세로 방향으로 이동하는 세로 방향 전단 변환입니다. 전단 변환은 영상의 픽셀을 가로 방향 또는 세로 방향으로 이동하지만, 픽셀이 어느 위치에 있는가에 따라 이동 정도가 달라집니다. 입력 영상에서 원점은 전단 변환에 의해 이동하지 않고 그대로 원점에 머물러 있습니다.

▼ 그림 8-6 영상의 전단 변환

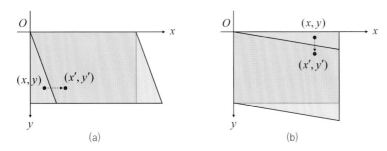

그림 8-6(a)와 같이 y 좌표가 증가함에 따라 영상을 가로 방향으로 조금씩 밀어서 만드는 전단 변환 수식은 다음과 같습니다.

$$\begin{cases} x' = x + m_x y \\ y' = y \end{cases} \text{또는} \begin{bmatrix} x' \\ y' \end{bmatrix} = \begin{bmatrix} 1 & m_x \\ 0 & 1 \end{bmatrix} \begin{bmatrix} x \\ y \end{bmatrix} + \begin{bmatrix} 0 \\ 0 \end{bmatrix}$$

그리고 그림 8-6(b)와 같이 x 좌표가 증가함에 따라 영상을 세로 방향으로 조금씩 밀어서 만드는 전단 변환 수식은 다음과 같습니다.

$$\begin{cases} x' = x \\ y' = m_y x + y \end{cases} \text{또는} \begin{bmatrix} x' \\ y' \end{bmatrix} = \begin{bmatrix} 1 & 0 \\ m_y & 1 \end{bmatrix} \begin{bmatrix} x \\ y \end{bmatrix} + \begin{bmatrix} 0 \\ 0 \end{bmatrix}$$

앞의 두 수식에서 m_x와 m_y는 영상으로 각각 가로 방향과 세로 방향으로 밀림 정도를 나타내는 실수입니다. 결국 전단 변환을 나타내는 2×3 어파인 변환 행렬 M은 다음과 같이 나타낼 수 있습니다.

$$M = \begin{bmatrix} 1 & m_x & 0 \\ 0 & 1 & 0 \end{bmatrix} \text{또는} \ M = \begin{bmatrix} 1 & 0 & 0 \\ m_y & 1 & 0 \end{bmatrix}$$

전단 변환을 수행하는 2×3 어파인 변환 행렬을 생성하여 영상을 전단 변환하는 예제 코드를 코드 8-3에 나타냈습니다. 코드 8-3의 affine_shear() 함수는 tekapo.bmp 호수 영상에 대해 y 좌표가 증가함에 따라 $0.3y$에 해당하는 x 좌표에서 원본 영상 픽셀이 나타나기 시작하는 전단 변환을 수행합니다. affine_shear() 함수가 정의된 소스 파일과 사용된 영상 파일은 내려받은 예제 파일 중 ch08/affine 프로젝트에서 확인할 수 있습니다.

코드 8-3 영상의 전단 변환 [ch08/affine]

```
01   void affine_shear()
02   {
03       Mat src = imread("tekapo.bmp");
04
05       if (src.empty()) {
06           cerr << "Image load failed!" << endl;
07           return;
08       }
09
10       double mx = 0.3;
11       Mat M = Mat_<double>({ 2, 3 }, { 1, mx, 0, 0, 1, 0 });
12
13       Mat dst;
14       warpAffine(src, dst, M, Size(cvRound(src.cols + src.rows * mx), src.rows));
15
16       imshow("src", src);
17       imshow("dst", dst);
18
19       waitKey();
20       destroyAllWindows();
21   }
```

- 10~11행   가로 방향으로 밀림 정도를 0.3으로 설정한 전단 변환 행렬 M을 생성합니다.
- 14행   행렬 M을 이용하여 어파인 변환을 수행합니다. 전단 변환에 의해 입력 영상의 일부가 잘리지 않도록 결과 영상 가로 크기를 cvRound(src.cols + src.rows * mx) 형태로 지정하였습니다.

코드 8-3의 affine_shear() 함수에서는 영상으로 가로 방향으로 전단 변환하였으며, 이때 입력 영상 일부가 잘리지 않도록 결과 영상 크기를 적절하게 확대하였습니다. 가로 방향으로 층밀림을 수행하였으므로 src 영상과 dst 영상의 세로 크기는 동일하고, dst 영상의 가로 크기는 src.cols + src.rows * mx로 설정하였습니다. affine_shear() 함수 실행 결과는 그림 8-7에 나타냈습니다.

8.1.4 크기 변환

영상의 크기 변환(scale transformation)은 영상의 전체적인 크기를 확대 또는 축소하는 변환입니다. 컴퓨터 비전 프로그래밍에서 영상의 크기를 변경하는 작업은 매우 자주 발생합니다. 예를 들어 몇 몇 영상 인식 시스템은 정해진 크기의 영상만을 입력으로 받기 때문에 영상을 해당 크기에 맞게 변경하여 입력으로 전달해야 합니다. 또는 복잡한 알고리즘을 수행하기에 앞서 연산 시간을 단축하기 위하여 입력 영상의 크기를 줄여서 사용하는 경우도 있습니다.

영상의 크기 변환을 그림으로 나타내면 그림 8-8과 같습니다. 그림 8-8에서 노란색 사각형 영역은 $w \times h$ 크기의 원본 영상이고, 녹색으로 표시한 사각형 영역은 $w' \times h'$ 크기로 확대된 결과 영상입니다. 원본 영상의 가로 픽셀 크기가 w이고 결과 영상의 가로 크기가 w'이기 때문에 가로 방향으로의 크기 변환 비율 s_x는 $s_x = w' / w$ 수식으로 계산할 수 있습니다. 마찬가지로 y 방향으로의 크기 변환 비율 s_y는 $s_y = h' / h$ 수식으로 계산됩니다. 그리고 입력 영상의 좌표 (x, y)로부터 크기 변환 결과 영상의 좌표 (x', y')를 계산하는 수식은 다음과 같습니다.

$$\begin{cases} x' = s_x x \\ y' = s_y y \end{cases} \text{ 또는 } \begin{bmatrix} x' \\ y' \end{bmatrix} = \begin{bmatrix} s_x & 0 \\ 0 & s_y \end{bmatrix} \begin{bmatrix} x \\ y \end{bmatrix} + \begin{bmatrix} 0 \\ 0 \end{bmatrix}$$

앞 수식에서 s_x 또는 s_y가 1보다 크면 영상이 확대되고, 1보다 작으면 축소됩니다.

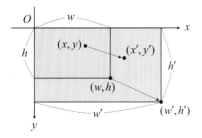

영상의 크기 변환을 나타내는 어파인 변환 행렬 M은 다음과 같습니다.

$$M = \begin{bmatrix} s_x & 0 & 0 \\ 0 & s_y & 0 \end{bmatrix}$$

그러므로 앞과 같은 어파인 변환 행렬을 생성하고 warpAffine() 함수를 이용하면 영상의 크기 변환을 수행할 수 있습니다. 그러나 영상의 크기를 변경하는 작업은 실제 영상 처리 시스템에서 매우 빈번하게 사용되기 때문에 OpenCV는 보다 간단하게 크기를 변경할 수 있는 resize() 함수를 제공합니다. resize() 함수의 원형과 사용법은 다음과 같습니다.

```
void resize(InputArray src, OutputArray dst,
            Size dsize, double fx = 0, double fy = 0,
            int interpolation = INTER_LINEAR);
```

- src   입력 영상
- dst   결과 영상
- dsize   결과 영상 크기
- fx x축 방향으로의 크기 변환 비율. dsize에 Size()를 지정한 경우에 사용됩니다.
- fy y축 방향으로의 크기 변환 비율. dsize에 Size()를 지정한 경우에 사용됩니다.
- interpolation   보간법 지정. INTER_NEAREST, INTER_LINEAR, INTER_CUBIC, INTER_AREA, INTER_LANCZOS4 중 하나를 지정합니다.

resize() 함수는 src 입력 영상을 dsize 크기로 확대 또는 축소한 dst 영상을 생성합니다. 결과 영상의 크기는 dsize 인자를 통해 명시적으로 지정할 수도 있고, 또는 가로 방향 및 세로 방향으로의 크기 변환 비율인 fx와 fy 값을 통해 결정되도록 할 수 있습니다. 만약 결과 영상의 크기를 픽셀 단위로 지정하여 크기 변환을 수행하려면 dsize에 0이 아닌 값을 지정하고, fx와 fy는 0으로 설정합니다. 만약 입력 영상 크기를 기준으로 크기 변환 비율을 지정하여 영상을 확대 또는 축소하려면 dsize 인자에는 Size()를 지정하고 fx와 fy에는 0이 아닌 양의 실수를 지정합니다. 이 경우 결과 영상의 크기는 다음과 같이 결정됩니다.

$$\begin{cases} \text{dst.cols} = \text{round(src.cols} \times \text{fx)} \\ \text{dst.rows} = \text{round(src.rows} \times \text{fy)} \end{cases}$$

resize() 함수의 여섯 번째 인자 interpolation에는 보간법(interpolation) 알고리즘을 나타내는 InterpolationFlags 열거형 상수를 지정합니다. 보간법은 결과 영상의 픽셀 값을 결정하기 위해 입력 영상에서 주변 픽셀 값을 이용하는 방식을 의미하며, resize() 함수에서는 표 8-1에 나타난 보간법 알고리즘을 사용할 수 있습니다. INTER_NEAREST 방법은 가장 빠르게 동작하지만 결과 영상 화질이 좋지 않습니다. INTER_LINEAR 방법은 연산 속도가 빠르고 화질도 충분히 좋은 편이라서 널리 사용되고 있고, resize() 함수에서 기본값으로 지정되어 있습니다. INTER_LINEAR 방법보다 더 좋은 화질을 원한다면 INTER_CUBIC 또는 INTER_LANCZOS4 상수를 사용하는 것이 좋습니다. 영상을 축소하는 경우 INTER_AREA 방법을 사용하면 무아레(moiré) 현상이 적게 발생하며 화질 면에서 유리합니다.

▼ 표 8-1 보간법 지정 InterpolationFlags 열거형 상수

InterpolationFlags 열거형 상수	설명
INTER_NEAREST	최근방 이웃 보간법
INTER_LINEAR	양선형 보간법
INTER_CUBIC	3차 보간법
INTER_AREA	픽셀 영역 리샘플링
INTER_LANCZOS4	8×8 이웃 픽셀을 사용하는 란초스(Lanczos) 보간법

resize() 함수와 다양한 보간법을 이용하여 영상을 확대하는 예제 코드를 코드 8-4에 나타냈습니다. 코드 8-4에 나타난 affine_scale() 함수는 480×320 크기의 rose.bmp 장미 영상을 다양한 보간법으로 확대하고, 결과 영상의 일부를 화면에 출력합니다. affine_scale() 함수가 정의된 소스 파일과 사용된 영상 파일은 내려받은 예제 파일 중 ch08/affine 프로젝트에서 확인할 수 있습니다.

코드 8-4 다양한 방법에 의한 영상의 크기 변환 [ch08/affine]

```
01    void affine_scale()
02    {
03        Mat src = imread("rose.bmp");
04
05        if (src.empty()) {
06            cerr << "Image load failed!" << endl;
07            return;
```

```
08          }
09
10          Mat dst1, dst2, dst3, dst4;
11          resize(src, dst1, Size(), 4, 4, INTER_NEAREST);
12          resize(src, dst2, Size(1920, 1280));
13          resize(src, dst3, Size(1920, 1280), 0, 0, INTER_CUBIC);
14          resize(src, dst4, Size(1920, 1280), 0, 0, INTER_LANCZOS4);
15
16          imshow("src", src);
17          imshow("dst1", dst1(Rect(400, 500, 400, 400)));
18          imshow("dst2", dst2(Rect(400, 500, 400, 400)));
19          imshow("dst3", dst3(Rect(400, 500, 400, 400)));
20          imshow("dst4", dst4(Rect(400, 500, 400, 400)));
21
22          waitKey();
23          destroyAllWindows();
24      }
```

- **3행** rose.bmp 파일을 3채널 컬러 영상으로 불러와 src에 저장합니다.

- **11행** src 영상을 x 방향으로 4배, y 방향으로 4배 확대하여 dst1을 생성합니다. src 영상의 크기가 480×320이므로 결과 영상 dst1의 크기는 1920×1280으로 결정됩니다. 보간법은 최근방 이웃 보간법을 사용하였습니다.

- **12행** src 영상을 1920×1280 크기로 확대하여 dst2를 생성합니다. 보간법을 따로 지정하지 않았으므로 기본값인 양선형 보간법을 사용합니다.

- **13행** src 영상을 1920×1280 크기로 확대하여 dst3을 생성합니다. 보간법은 3차 회선 보간법을 사용합니다.

- **14행** src 영상을 1920×1280 크기로 확대하여 dst4를 생성합니다. 보간법은 란초스 보간법을 사용합니다.

- **16~20행** 입력 영상 src와 확대 변환 결과 영상을 화면에 출력합니다. 확대 변환 결과 영상은 (400, 500) 좌표부터 400×400 크기의 부분 영상을 화면에 출력합니다.

코드 8-4의 affine_scale() 함수 실행 결과를 그림 8-9에 나타냈습니다. 그림 8-9에서 src는 입력 영상이고, dst1부터 dst4 영상은 resize() 함수에 의해 4배 확대된 결과 영상에서 추출한 부분 영상입니다. dst1 영상은 최근방 이웃 보간법을 사용한 결과로 픽셀 자체가 커진 것처럼 보이고, 장미꽃 경계선이 매우 거친 느낌입니다. dst2 영상은 양선형 보간법을 사용한 확대 결과이며, 최근방 이웃 보간법에 비해 경계면이 부드럽게 확대되어 화질이 훨씬 좋아졌습니다. 확대 영상의 화질은 3차 보간법을 사용하는 dst3 또는 란초스 보간법을 사용한 dst4 영상이 미세하게 더 좋아 보이지만, 다만 연산 속도 면에서 느리다는 점을 기억하기 바랍니다.

8.1.5 회전 변환

영상 처리 시스템을 개발하다 보면 입력 영상을 회전해야 하는 경우가 종종 발생합니다. 예를 들어 문서를 인식하는 OCR 시스템의 경우, 보통 글씨 영상의 수평이 맞아야 인식률이 증가하므로 문서의 회전 각도를 측정하여 영상을 적절하게 회전한 후 OCR 시스템 입력으로 사용하는 것이 좋습니다. 이 절에서는 영상의 회전을 위한 기본적인 수학 이론과 OpenCV에서 영상을 회전하는 방법에 대해 알아보겠습니다.

영상의 회전 변환(rotation transformation)은 특정 좌표를 기준으로 영상을 원하는 각도만큼 회전하는 변환입니다. 원점을 기준으로 영상을 반시계 방향으로 θ만큼 회전하는 변환을 그림 8-10에 나타냈습니다. 그림 8-10에서 노란색 사각형은 원본 영상이고, 녹색으로 표시한 사각형이 회전 변환으로 생성된 결과 영상입니다. 영상의 회전 변환에 의해 입력 영상의 점 (x, y)가 이동하는 점의 좌표 (x', y')는 다음과 같이 삼각함수를 이용하여 구할 수 있습니다.

$$\begin{cases} x' = \cos\theta \cdot x + \sin\theta \cdot y \\ y' = -\sin\theta \cdot x + \cos\theta \cdot y \end{cases} \text{또는} \begin{bmatrix} x' \\ y' \end{bmatrix} = \begin{bmatrix} \cos\theta & \sin\theta \\ -\sin\theta & \cos\theta \end{bmatrix} \begin{bmatrix} x \\ y \end{bmatrix} + \begin{bmatrix} 0 \\ 0 \end{bmatrix}$$

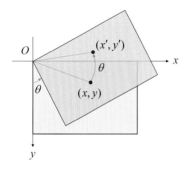

▼ 그림 8-10 영상의 회전 변환

영상을 반시계 방향으로 θ 만큼 회전하는 어파인 변환 행렬 M은 다음과 같이 정의됩니다.

$$M = \begin{bmatrix} \cos\theta & \sin\theta & 0 \\ -\sin\theta & \cos\theta & 0 \end{bmatrix}$$

그러므로 cos() 함수와 sin() 함수를 이용하여 앞과 같은 행렬을 생성하고, warpAffine() 함수를 사용하면 영상을 회전시킬 수 있습니다. 다만 영상을 회전하는 경우가 실제로 많이 발생하기 때문에 OpenCV는 영상의 회전을 위한 어파인 변환 행렬을 생성하는 getRotationMatrix2D() 함수를 제공합니다. 이 함수를 이용하면 영상을 원점이 아닌 특정 좌표를 기준으로 회전시키거나 필요한 경우 크기 변환까지 함께 수행하는 어파인 변환 행렬을 쉽게 만들 수 있습니다. getRotationMatrix2D() 함수 원형은 다음과 같습니다.

```
Mat getRotationMatrix2D(Point2f center, double angle, double scale);
```

- center   회전 중심 좌표
- angle   회전 각도. 양수는 반시계 방향, 음수는 시계 방향을 의미합니다.
- scale   회전 후 추가적으로 확대 또는 축소할 비율. 크기를 그대로 유지하려면 1을 지정합니다.
- 반환값   2×3 어파인 변환 행렬(CV_64F)

getRotationMatrix2D() 함수는 영상을 center 점을 기준으로 반시계 방향으로 angle 각도만큼 회전한 후, scale 크기만큼 확대 또는 축소하는 2×3 어파인 변환 행렬을 반환합니다. 만약 영상을 시계 방향으로 회전하는 어파인 변환 행렬을 구하고 싶다면 angle 인자에 음수를 지정합니다. getRotationMatrix2D() 함수가 반환하는 어파인 변환 행렬은 다음과 같이 계산됩니다.

$$\begin{bmatrix} \alpha & \beta & (1-\alpha)\cdot center.x - \beta \cdot center.y \\ -\beta & \alpha & \beta \cdot center.x + (1-\alpha) \cdot center.y \end{bmatrix}$$

이 수식에서 $\alpha = scale \cdot \cos(angle)$ 이고, $\beta = scale \cdot \sin(angle)$ 을 의미합니다.

getRotationMatrix2D() 함수로 구한 2×3 어파인 변환 행렬을 이용하여 영상을 회전시키는 예제 코드를 코드 8-5에 나타냈습니다. 코드 8-5의 affine_rotation() 함수는 tekapo.bmp 호수 영상을 영상 중심을 기준으로 반시계 방향으로 20°만큼 회전시키고 그 결과를 화면에 출력합니다. affine_rotation() 함수가 정의된 소스 파일과 사용된 영상 파일은 내려받은 예제 파일 중 ch08/affine 프로젝트에서 확인할 수 있습니다.

코드 8-5 영상의 회전 변환 [ch08/affine]

```
01   void affine_rotation()
02   {
03       Mat src = imread("tekapo.bmp");
04
05       if (src.empty()) {
06           cerr << "Image load failed!" << endl;
07           return;
08       }
09
10       Point2f cp(src.cols / 2.f, src.rows / 2.f);
11       Mat M = getRotationMatrix2D(cp, 20, 1);
12
13       Mat dst;
14       warpAffine(src, dst, M, Size());
15
16       imshow("src", src);
17       imshow("dst", dst);
18
19       waitKey();
20       destroyAllWindows();
21   }
```

- 3행   tekapo.bmp 호수 영상을 3채널 컬러 영상으로 불러와 src 변수에 저장합니다.
- 10행   영상의 중심 좌표를 가리키는 변수 cp를 선언합니다.
- 11행   cp 좌표를 기준으로 반시계 방향으로 20° 회전하는 변환 행렬 M을 생성합니다.
- 13~14행   변환 행렬 M을 이용하여 src 영상을 어파인 변환하고, 그 결과를 dst에 저장합니다. dst 영상 크기는 src 영상 크기와 같게 설정합니다.

코드 8-5의 affine_rotation() 함수에서는 영상의 중심 좌표를 Point2f 자료형의 변수 cp에 저장하고, 이 점을 기준으로 영상을 반시계 방향으로 20°만큼 회전합니다. affine_rotation() 함수의 실행 결과는 그림 8-11에 나타냈습니다. 참고로 직사각형 형태의 영상을 회전하면 입력 영상의 일부가 결과 영상에 나타나지 않을 수 있으며, 입력 영상의 일부가 잘리지 않게 영상을 회전하려면 결과 영상의 크기를 더 크게 설정하고 회전과 이동 변환을 함께 고려해야 합니다.

참고로 OpenCV에서 영상을 90° 단위로 회전하고 싶은 경우에는 rotate() 함수를 사용할 수 있습니다. rotate() 함수 원형은 다음과 같습니다.

```
void rotate(InputArray src, OutputArray dst, int rotateCode);
```

- src 입력 행렬
- dst 출력 행렬
- rotateCode 회전 각도 지정 플래그. ROTATE_90_CLOCKWISE, ROTATE_180, ROTATE_90_COUNTERCLOCKWISE 세 개의 상수 중 하나를 지정합니다.

rotate() 함수의 세 번째 인자 rotateCode에 ROTATE_90_CLOCKWISE를 지정하면 시계 방향으로 90° 회전하고, ROTATE_90_COUNTERCLOCKWISE를 지정하면 반시계 방향으로 90° 회전합니다. rotateCode에 ROTATE_180을 지정하면 180° 회전합니다. rotate() 함수에 의해 생성되는 출력 영상 dst의 크기는 회전 각도에 따라 자동으로 결정됩니다. 즉, 시계 방향 또는 반시계 방향으로 90° 회전할 경우, dst 영상 크기는 src 영상의 가로와 세로 크기를 서로 뒤바꾼 형태로 결정됩니다.

8.1.6 대칭 변환

영상의 기하학적 변환 중에 영상의 좌우를 서로 바꾸거나, 또는 상하를 뒤집는 형태의 변환도 있습니다. 영상을 마치 거울에 비친 것처럼 좌우를 바꾸는 변환을 좌우 대칭 또는 좌우 반전이라고 합니다. 이와 비슷하게 영상의 상하를 뒤집은 것처럼 바꾸는 변환을 상하 대칭 또는 상하 반전이라고 합니다. 이러한 대칭 변환은 입력 영상과 같은 크기의 결과 영상을 생성하며, 입력 영상의 픽셀과 결과 영상의 픽셀이 일대일로 대응되므로 보간법이 필요하지 않습니다.

영상의 좌우 대칭 변환에 의한 좌표 변환 수식은 다음과 같습니다.

$$\begin{cases} x' = w - 1 - x \\ y' = y \end{cases}$$

이 수식에서 (x, y)는 입력 영상의 픽셀 좌표이고, (x', y')는 결과 영상의 픽셀 좌표이며, w는 입력 영상의 가로 크기입니다. 앞 수식을 정리해서 행렬 형태로 바꿔 쓰면 다음과 같습니다.

$$\begin{bmatrix} x' \\ y' \end{bmatrix} = \begin{bmatrix} -1 & 0 \\ 0 & 1 \end{bmatrix} \begin{bmatrix} x \\ y \end{bmatrix} + \begin{bmatrix} w-1 \\ 0 \end{bmatrix}$$

앞과 같이 수식을 정리해서 보면, 결국 좌우 대칭은 영상을 x축 방향으로 −1배 크기 변환한 후 x축 방향으로 $w-1$만큼 이동 변환한 것과 같습니다. 그러므로 좌우 대칭 변환도 어파인 변환의 일종입니다.

영상의 상하 대칭 변환도 비슷한 방식으로 생각할 수 있으며, 수식으로 정리하면 다음과 같습니다.

$$\begin{cases} x' = x \\ y' = h - 1 - y \end{cases} \quad \text{또는} \quad \begin{bmatrix} x' \\ y' \end{bmatrix} = \begin{bmatrix} 1 & 0 \\ 0 & -1 \end{bmatrix} \begin{bmatrix} x \\ y \end{bmatrix} + \begin{bmatrix} 0 \\ h-1 \end{bmatrix}$$

이 수식에서 h는 입력 영상의 세로 크기를 의미합니다.

OpenCV는 영상의 대칭 변환을 수행하는 flip() 함수를 제공합니다. flip() 함수는 영상을 가로 방향, 세로 방향, 또는 가로와 세로 양 방향에 대해 대칭 변환한 영상을 생성합니다. flip() 함수 원형은 다음과 같습니다.

```
void flip(InputArray src, OutputArray dst, int flipCode);
```

- src   입력 영상
- dst   결과 영상. src와 같은 크기, 타입
- flipCode   대칭 방법 지정 플래그. flipCode가 양수이면 좌우 대칭, 0이면 상하 대칭, 음수이면 상하 대칭과 좌우
             대칭을 모두 수행합니다.

flip() 함수는 src 영상을 대칭 변환하여 결과 영상 dst를 생성합니다. 이때 대칭 방법은 flipCode 인자의 부호에 따라 결정됩니다. 일반적으로 영상을 좌우로 대칭 변환하려면 flipCode에 1을 지정하고, 상하 대칭 변환하려면 0을 지정합니다. 그리고 상하 대칭과 좌우 대칭을 모두 수행하려면 flipCode에 −1을 지정합니다. 참고로 상하 대칭과 좌우 대칭을 모두 수행한 결과 영상은 입력 영상을 180° 회전한 결과와 같습니다.

flip( ) 함수를 이용하여 영상을 대칭 변환하는 예제 코드를 코드 8-6에 나타냈습니다. 코드 8-6
의 affine_flip( ) 함수는 영상을 좌우 대칭, 상하 대칭, 상하 및 좌우 대칭을 수행한 결과를 화면
에 출력합니다. affine_flip( ) 함수가 정의된 소스 파일과 사용된 영상 파일은 내려받은 예제 파
일 중 ch08/affine 프로젝트에서 확인할 수 있습니다.

코드 8-6 영상의 대칭 변환 [ch08/affine]

```
01    void affine_flip()
02    {
03        Mat src = imread("eastsea.bmp");
04
05        if (src.empty()) {
06            cerr << "Image load failed!" << endl;
07            return;
08        }
09
10        imshow("src", src);
11
12        Mat dst;
13        int flipCode[] = { 1, 0, -1 };
14        for (int i = 0; i < 3; i++) {
15            flip(src, dst, flipCode[i]);
16
17            String desc = format("flipCode: %d", flipCode[i]);
18            putText(dst, desc, Point(10, 30), FONT_HERSHEY_SIMPLEX, 1.0,
                        Scalar(255, 0, 0), 1, LINE_AA);
19
20            imshow("dst", dst);
21            waitKey();
22        }
23
24        destroyAllWindows();
25    }
```

- 13행   flip( ) 함수에 전달할 flipCode 세 개를 정수형 배열에 저장합니다.
- 15행   flipCode 배열에 저장된 정수 값을 이용하여 대칭 변환을 수행합니다.
- 17~18행   대칭 변환 결과 영상 위에 flipCode 값을 출력합니다.

코드 8-6의 affine_flip( ) 함수 실행 결과를 그림 8-12에 나타냈습니다. 그림 8-12(a)는 입력으
로 사용한 eastsea.bmp 바다 영상입니다. 이 영상에 대해 flipCode 값을 1로 설정하여 flip( )
함수를 호출한 결과 영상을 그림 8-12(b)에 나타냈습니다. 그림 8-12(b)에 나타난 영상이 그림
8-12(a) 영상의 좌우를 서로 뒤바꾼 형태인 것을 확인할 수 있습니다. flipCode 값을 0으로 설정

하여 flip( ) 함수를 사용한 결과 영상을 그림 8-12(c)에 나타냈으며, 이는 입력 영상의 상하가 뒤바뀐 형태입니다. flip( ) 함수의 flipCode 값을 –1로 설정한 경우의 결과 영상은 그림 8-12(d)에 나타냈으며, 이는 상하와 좌우를 모두 뒤집은 결과입니다.

▼ 그림 8-12 영상의 대칭 변환 예제 실행 결과

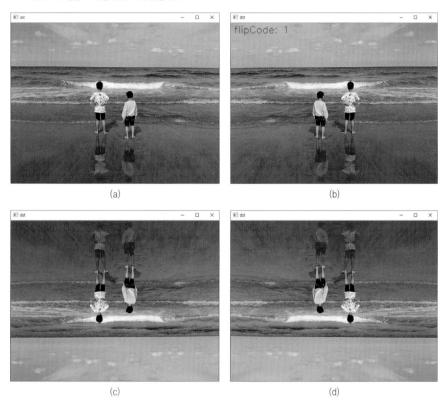

8.2 투시 변환

널리 사용되는 영상의 기하학적 변환 중에는 어파인 변환보다 자유도가 높은 투시 변환 (perspective transform)이 있습니다. 투시 변환은 직사각형 형태의 영상을 임의의 볼록 사각형 형태로 변경할 수 있는 변환입니다. 투시 변환에 의해 원본 영상에 있던 직선은 결과 영상에서 그대로 직선성이 유지되지만, 두 직선의 평행 관계는 깨어질 수 있습니다.

그림 8-13은 점 네 개의 이동 관계에 의해 결정되는 투시 변환을 보여 줍니다. 그림 8-13에서 왼쪽 직사각형 꼭지점 네 개를 빨간색, 보라색, 녹색, 파란색으로 표시하였고, 이 점들이 이동한 위치를 꼭지점으로 사용하는 사각형을 그림 8-13 오른쪽에 나타냈습니다. 투시 변환은 직선의 평행 관계가 유지되지 않기 때문에 결과 영상의 형태가 임의의 사각형으로 나타나게 됩니다. 점 하나의 이동 관계로부터 x 좌표에 대한 방정식 하나와 y 좌표에 대한 방정식 하나를 얻을 수 있으므로, 점 네 개의 이동 관계로부터 여덟 개의 방정식을 얻을 수 있습니다. 이 여덟 개의 방정식으로부터 투시 변환을 표현하는 파라미터 정보를 계산할 수 있습니다.

▼ 그림 8-13 투시 변환

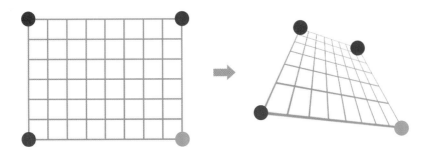

투시 변환은 보통 3×3 크기의 실수 행렬로 표현합니다. 투시 변환은 여덟 개의 파라미터로 표현할 수 있지만, 좌표 계산의 편의상 아홉 개의 원소를 갖는 3×3 행렬을 사용합니다. 투시 변환을 표현하는 행렬을 M_P이라고 하면, 입력 영상의 픽셀 좌표 (x, y)가 행렬 M_P에 의해 이동하는 결과 영상 픽셀 좌표 (x', y')는 다음과 같이 계산됩니다.

$$
\begin{pmatrix} wx' \\ wy' \\ w \end{pmatrix} = M_P \begin{pmatrix} x \\ y \\ 1 \end{pmatrix} = \begin{pmatrix} p_{11} & p_{12} & p_{13} \\ p_{21} & p_{22} & p_{23} \\ p_{31} & p_{32} & p_{33} \end{pmatrix} \begin{pmatrix} x \\ y \\ 1 \end{pmatrix}
$$

앞의 행렬 수식에서 입력 좌표와 출력 좌표를 $(x, y, 1)$, (wx', wy', w) 형태로 표현한 것을 동차 좌표계(homogeneous coordinates)라고 하며, 좌표 계산의 편의를 위해 사용하는 방식입니다. 여기서 w는 결과 영상의 좌표를 표현할 때 사용되는 비례 상수이며, $w = p_{31}x + p_{32}y + p_{33}$ 형태로 계산됩니다. 그러므로 x'과 y'은 다음과 같이 구할 수 있습니다.

$$
x' = \frac{p_{11}x + p_{12}y + p_{13}}{p_{31}x + p_{32}y + p_{33}}, \quad y' = \frac{p_{21}x + p_{22}y + p_{23}}{p_{31}x + p_{32}y + p_{33}}
$$

OpenCV는 투시 변환 행렬을 구하는 함수와 투시 변환 행렬을 이용하여 실제 영상을 투시 변환하는 함수를 모두 제공합니다. 먼저 투시 변환 행렬을 구하는 함수 이름은 getPerspectiveTransform()입니다. getPerspectiveTransform() 함수는 입력 영상에서 네 점의 좌표와 이 점들이 이동한 결과 영상의 좌표 네 개를 입력으로 받아 3×3 투시 변환 행렬을 계산합니다. getPerspectiveTransform() 함수 원형은 다음과 같습니다.

```
Mat getPerspectiveTransform(const Point2f src[], const Point2f dst[],
                            int solveMethod = DECOMP_LU);
Mat getPerspectiveTransform(InputArray src, InputArray dst,
                            int solveMethod = DECOMP_LU);
```

- src   입력 영상에서 네 점의 좌표
- dst   결과 영상에서 네 점의 좌표
- solveMethod 계산 방법 지정. DecompTypes 열거형 상수 중 하나를 지정합니다.
- 반환값 3×3 크기의 투시 변환 행렬

getPerspectiveTransform() 함수는 src에 저장된 네 점을 dst 좌표의 점으로 옮기는 투시 변환 행렬을 반환합니다. 점의 좌표를 담고 있는 src와 dst는 Point2f 자료형 네 개를 가지고 있는 배열을 사용해도 되고, 또는 vector<Point2f> 자료형을 사용해도 됩니다. getPerspectiveTransform() 함수가 반환하는 Mat 객체는 CV_64FC1 타입을 사용하는 3×3 크기의 투시 변환 행렬입니다.

3×3 투시 변환 행렬을 가지고 있을 때, 영상을 투시 변환한 결과 영상을 생성하려면 warpPerspective() 함수를 사용합니다. warpPerspective() 함수 원형은 다음과 같습니다.

```
void warpPerspective(InputArray src, OutputArray dst,
                     InputArray M, Size dsize,
                     int flags = INTER_LINEAR,
                     int borderMode = BORDER_CONSTANT,
                     const Scalar& borderValue = Scalar());
```

- src   입력 영상
- dst   결과 영상. src와 같은 타입. 크기는 dsize
- M 3×3 투시 변환 행렬
- dsize   결과 영상의 크기
- flags   보간법 알고리즘. 만약 OR 연산자를 이용하여 WARP_INVERSE_MAP 플래그를 함께 지정하면 역방향으로 변환을 수행합니다.
- borderMode 가장자리 픽셀 확장 방식. BorderTypes 열거형 상수 중 하나를 지정합니다. 만약 BORDER_TRANSPARENT를 지정하면 입력 영상의 픽셀 값이 복사되지 않는 영역은 dst 픽셀 값을 그대로 유지합니다.
- borderValue borderMode가 BORDER_CONSTANT일 때 사용할 상수 값. 기본값으로 검은색이 지정되어 있습니다.

warpPerspective() 함수는 투시 변환 행렬 M을 이용하여 src 영상으로부터 dst 영상을 생성합니다. 이때 전달되는 투시 변환 행렬 M은 CV_32FC1 또는 CV_64FC1 타입이어야 하고, 크기는 3×3이어야 합니다. 투시 변환 결과 영상의 크기 dsize는 사용자가 적절하게 지정해야 하며, dsize 위치에 Size()를 지정하면 입력 영상과 같은 크기의 결과 영상을 생성합니다. warpPerspective() 함수는 일곱 개의 인자를 가지고 있지만 뒤쪽 세 개 인자는 기본값을 가지고 있으므로 src, dst, M, dsize 네 개의 인자만 지정하여 사용할 수 있습니다.

네 점의 이동 관계로부터 투시 변환 행렬을 구하고, 이를 이용하여 실제 영상을 투시 변환하는 예제 코드를 코드 8-7에 나타냈습니다. 코드 8-7에 나타난 perspective 예제 프로그램은 card. bmp 트럼프 카드 영상에서 사용자가 마우스로 카드 모서리 좌표를 선택하면 해당 카드를 반듯한 직사각형 형태로 투시 변환하여 화면에 출력합니다. 코드 8-7에 나타난 소스 코드 파일과 사용된 영상 파일은 내려받은 예제 파일 중 ch08/perspective 프로젝트에서 확인할 수 있습니다.

코드 8-7 영상의 투시 변환 예제 [ch08/perspective]

```
01   #include "opencv2/opencv.hpp"
02   #include <iostream>
03
04   using namespace cv;
05   using namespace std;
06
07   Mat src;
08   Point2f srcQuad[4], dstQuad[4];
09
10   void on_mouse(int event, int x, int y, int flags, void* userdata);
11
12   int main()
13   {
14       src = imread("card.bmp");
15
16       if (src.empty()) {
17           cerr << "Image load failed!" << endl;
18           return -1;
19       }
20
21       namedWindow("src");
22       setMouseCallback("src", on_mouse);
23
24       imshow("src", src);
25       waitKey();
26
27       return 0;
28   }
```

```
29
30    void on_mouse(int event, int x, int y, int flags, void*)
31    {
32        static int cnt = 0;
33
34        if (event == EVENT_LBUTTONDOWN) {
35            if (cnt < 4) {
36                srcQuad[cnt++] = Point2f(x, y);
37
38                circle(src, Point(x, y), 5, Scalar(0, 0, 255), -1);
39                imshow("src", src);
40
41                if (cnt == 4) {
42                    int w = 200, h = 300;
43
44                    dstQuad[0] = Point2f(0, 0);
45                    dstQuad[1] = Point2f(w - 1, 0);
46                    dstQuad[2] = Point2f(w - 1, h - 1);
47                    dstQuad[3] = Point2f(0, h - 1);
48
49                    Mat pers = getPerspectiveTransform(srcQuad, dstQuad);
50
51                    Mat dst;
52                    warpPerspective(src, dst, pers, Size(w, h));
53
54                    imshow("dst", dst);
55                }
56            }
57        }
58    }
```

- 7행   입력 영상을 저장할 변수 src를 전역 변수로 선언합니다.

- 8행   입력 영상과 출력 영상에서의 네 점 좌표를 저장할 srcQuad와 dstQuad 배열을 선언합니다.

- 21~22행 "src" 창을 미리 생성한 후, "src" 창에 마우스 콜백 함수를 등록합니다.

- 32행   cnt는 마우스 왼쪽 버튼이 눌린 횟수를 저장하는 변수입니다.

- 34행   마우스 이벤트 중에서 마우스 왼쪽 버튼이 눌려지는 이벤트에 대해서만 처리합니다.

- 36행   "src" 창에서 마우스 왼쪽 버튼을 눌려진 좌표를 srcQuad 배열에 저장합니다. 그리고 cnt 값을 1만큼
          증가시킵니다.

- 38행   마우스 왼쪽 버튼이 눌려진 위치에 반지름이 5인 빨간색 원을 그립니다.

- 41행   마우스 왼쪽 버튼이 네 번 눌려지면 if 문 블록을 수행합니다.

- 42행   투시 변환하여 만들 결과 영상의 가로와 세로 크기를 w와 h 변수에 저장합니다.

- 44~47행 "src" 창에서 사용자가 마우스로 선택한 사각형 꼭지점이 이동할 결과 영상 좌표를 설정합니다.

- 49행 　　3×3 투시 변환 행렬을 pers 변수에 저장합니다.
- 51~52행 　　투시 변환을 수행하여 w×h 크기의 결과 영상 dst를 생성합니다.

코드 8-7의 perspective 프로그램 실행 결과를 그림 8-14에 나타냈습니다. perspective 프로그램이 처음 실행되면 일단 src 창만 화면에 나타납니다. src 창에 나타난 영상은 card.bmp 파일이고, 이 영상에는 네 장의 카드가 정돈되지 않은 상태로 나열되어 있습니다. 이 창에서 사용자가 특정 카드의 네 모서리를 마우스로 클릭하면 직사각형 형태로 투시 변환된 결과 영상이 dst 창에 나타납니다. 그림 8-14에 나타난 결과는 다이아 K 카드의 네 모서리를 마우스로 클릭한 후의 모습입니다. 이때 마우스를 이용한 좌표 선택은 카드의 좌측 상단 모서리 점부터 시작하여 시계 방향 순서로 선택해야 하며, 마우스로 클릭한 위치는 빨간색 원을 그려서 표시하였습니다. 일반적인 카드의 가로 대 세로 크기 비율이 2:3이기 때문에 dst 창에 나타날 영상의 크기를 200×300으로 설정하였습니다. 그 결과 dst 창에 다이아 K 카드가 200×300 크기로 반듯하게 투시 변환되어 나타나는 것을 확인할 수 있습니다.

▼ 그림 8-14 영상의 투시 변환 예제 실행 결과

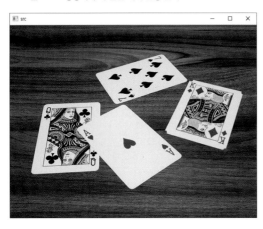

참고로 3×3 투시 변환 행렬을 가지고 있을 때, 일부 점들이 투시 변환에 의해 어느 위치로 이동할 것인지를 알고 싶다면 perspectiveTransform() 함수를 사용할 수 있습니다. perspectiveTransform() 함수 원형은 다음과 같습니다.

```
void perspectiveTransform(InputArray src, OutputArray dst, InputArray m);
```

- src 　　입력 행렬 또는 vector〈Point2f〉. 점의 좌표를 다채널로 표현합니다.
- dst 　　출력 행렬 또는 vector〈Point2f〉
- m 　　변환 행렬. 3×3 또는 4×4 실수형 행렬

9^장

에지 검출과
응용

9.1 에지 검출

이 절에서는 영상에서 에지를 검출하는 기본적인 이론과 널리 사용되는 에지 검출 방법에 대해 설명합니다. 에지는 픽셀 값이 급격하게 변경되는 부분이므로 픽셀 값의 변화율을 이용하여 에지를 찾을 수 있습니다. 2차원 디지털 영상에서 픽셀 값의 변화율을 근사화하여 구하는 방법과 다양한 응용에서 영상의 미분을 구하는 용도로 사용되고 있는 소벨 필터에 대해 알아보겠습니다. 또한 정확하고 깔끔한 에지 영상을 구성하기 위해 널리 사용되는 캐니 에지 검출 방법 이론과 실제 OpenCV 함수 사용 방법에 대해서도 자세히 알아보겠습니다.

9.1.1 미분과 그래디언트

영상에서 에지(edge)는 한쪽 방향으로 픽셀 값이 급격하게 바뀌는 부분을 가리킵니다. 즉, 어두운 영역에서 갑자기 밝아지거나 또는 반대로 밝은 영역에서 급격하게 어두워지는 부분을 에지라고 합니다. 일반적으로 객체와 배경의 경계, 또는 객체와 다른 객체의 경계에서 에지가 발생합니다. 그러므로 영상에서 에지를 찾아내는 작업은 객체의 윤곽을 알아낼 수 있는 유용한 방법이며 다양한 컴퓨터 비전 시스템에서 객체 판별을 위한 전처리로 에지 검출이 사용되고 있습니다.

기본적으로 영상에서 에지를 찾아내려면 픽셀 값의 변화율을 측정하여 변화율이 큰 픽셀을 선택해야 합니다. 수학에서 함수 또는 데이터의 변화율을 미분(derivative)이라고 합니다. 좀 더 정확하게 기술하면 함수의 미분이란 주어진 함수의 순간 변화율을 의미하며, 1차원 연속 함수 $f(x)$의 미분은 다음과 같이 정의합니다.

$$f' = \frac{df}{dx} = \lim_{\Delta x \to 0} \frac{f(x + \Delta x) - f(x)}{\Delta x}$$

앞 수식에서 Δx는 x의 변화량을 의미합니다. 즉, x의 변화량이 무한히 0에 가까워질 때의 함수 값 변화량을 미분이라고 합니다. 함수 값이 증가하는 위치에서는 함수의 미분 값이 0보다 큰 양수로 나타나고, 함수 값이 감소하는 위치에서는 함수의 미분 값이 0보다 작은 음수를 갖게 됩니다. 함수 값이 일정한 구간에서는 함수의 미분이 0에 가까운 값을 가집니다.

1차원 연속 함수 $f(x)$의 값 변화에 따른 미분 $f'(x)$를 그림 9-1에 나타냈습니다. 그림 9-1(a)는 함수 $f(x)$의 그래프이고, 그림 9-1(b)는 $f(x)$를 미분한 $f'(x)$의 그래프입니다. 그림 9-1(a)에서 함수 그래프가 수평으로 진행되는 부분은 함수 값 변화가 없는 부분이고, 이 위치에서의 $f'(x)$ 값은 0입니다. 함수 $f(x)$ 값이 급격하게 증가하는 ⓐ 위치에서는 $f'(x)$ 값이 0보다 큰 값을 가집니다. $f(x)$ 값이 급격하게 감소하는 ⓑ 위치에서는 $f'(x)$ 값이 0보다 훨씬 작은 음수로 나타납니다. ⓒ 위치에서는 $f(x)$ 값이 대체로 일정한 기울기로 증가하므로 $f'(x)$ 값은 0보다 큰 양수 값이 일정하게 나타납니다. 그러므로 함수 $f(x)$ 값이 급격하게 바뀌는 부분을 찾기 위해서는 함수의 미분 $f'(x)$ 값이 0보다 훨씬 크거나 또는 훨씬 작은 위치를 찾아야 합니다.

▼ 그림 9-1 1차원 연속 함수의 미분

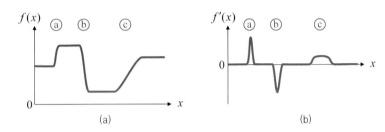

(a)　　　　　　　　　　　　　　　(b)

잘 알려진 다항함수나 삼각함수 등의 미분을 계산하는 것은 이미 수학의 미적분학에서 많이 연구되었기 때문에 공식을 통해 쉽게 구할 수 있습니다. 그러나 영상은 2차원 평면 위에 픽셀 값이 정형화되지 않은 상태로 나열되어 있는 형태이므로 미분 공식을 적용할 수 없습니다. 영상으로부터 미분을 계산하려면 두 가지 특징을 고려해야 합니다. 하나는 영상이 2차원 평면에서 정의된 함수라는 점이고, 두 번째는 영상이 정수 단위 좌표에 픽셀이 나열되어 있는 이산함수라는 점입니다.

영상의 미분을 곧바로 설명하기에 앞서 먼저 1차원 이산함수에서 미분을 구하는 방법에 대해 알아보겠습니다. 영상과 같이 일련의 데이터가 순서대로 나열되어 있는 경우에는 미분 근사화 방법을 이용하여 변화량을 측정할 수 있습니다. 미분 근사는 다음 세 가지 방법을 주로 사용합니다.

- 전진 차분(forward difference): $\dfrac{dI}{dx} \cong \dfrac{I(x+h)-I(x)}{h}$

- 후진 차분(backward difference): $\dfrac{dI}{dx} \cong \dfrac{I(x)-I(x-h)}{h}$

- 중앙 차분(centered difference): $\dfrac{dI}{dx} \cong \dfrac{I(x+h)-I(x-h)}{2h}$

앞 수식에서 $I(x)$는 1차원 이산함수이고, h는 이산 값의 간격을 의미합니다. 미분 근사 방법을 영상에 적용할 경우, h는 픽셀의 간격이라고 생각할 수 있으며 보통 픽셀 간격의 최소 단위인 1을 h 값으로 사용합니다. 즉, 전진 차분 수식은 $I(x+1)-I(x)$로 정리되며, 이는 자기 자신 바로 앞에 있는 픽셀에서 자기 자신 픽셀 값을 뺀 형태입니다. 후진 차분은 $I(x)-I(x-1)$로 정리되며, 이는 자기 자신 픽셀에서 바로 뒤에 있는 픽셀 값을 뺀 형태입니다. 마지막으로 중앙 차분은 $(I(x+1)-I(x-1))/2$ 수식으로 정리되며, 자기 자신을 제외하고 바로 앞과 뒤에 있는 픽셀 값을 이용하는 미분 근사 방법입니다. 세 가지 미분 근사 방법 중에서 중간값 차이를 이용하는 방법이 이론적으로 근사화 오류가 가장 적으며, 실제 영상에서 미분을 계산할 때에도 널리 사용되고 있습니다.

영상은 2차원 평면에서 정의된 함수이기 때문에 영상에서 에지를 찾기 위해서는 영상을 가로 방향과 세로 방향으로 각각 미분해야 합니다. 2차원 영상 $I(x, y)$를 가로 방향으로 미분한다는 것은 y 좌표는 고정한 상태에서 x축 방향으로만 미분 근사를 계산하는 것을 의미하며, 이러한 연산을 x축 방향으로의 편미분(partial derivative)이라고 합니다. x축 방향의 편미분은 I_x 또는 $\dfrac{\partial I}{\partial x}$ 로 표기합니다. 이와 유사하게 y축 방향으로의 편미분은 I_y 또는 $\dfrac{\partial I}{\partial y}$ 라고 표기하고, x 좌표를 고정한 상태에서 y축 방향으로 미분 근사를 수행하여 구할 수 있습니다. 2차원 영상 $I(x, y)$에 대하여 x축과 y축 방향에 대한 각각의 편미분을 중앙 차분 방법으로 근사화하면 다음과 같습니다.

$$I_x = \frac{\partial I}{\partial x} \cong \frac{I(x+1, y) - I(x-1, y)}{2}$$

$$I_y = \frac{\partial I}{\partial y} \cong \frac{I(x, y+1) - I(x, y-1)}{2}$$

중앙 차분을 이용한 영상의 미분 근사는 마스크 연산을 이용하여 쉽게 구현할 수 있습니다. 2차원 영상을 x축과 y축 방향에 대해 편미분을 수행하는 필터 마스크를 그림 9-2에 나타냈습니다. 그림 9-2(a)는 영상을 x축 방향으로 편미분을 수행하는 1×3 필터 마스크이고, 그림 9-2(b)는 영상을 y축 방향으로 편미분하는 3×1 필터 마스크입니다. 앞서 설명한 편미분 근사 수식을 그대로 적용하려면 필터 마스크 값에 1/2을 곱해야 하지만 보통 미분 값의 상대적 크기를 중요시하기 때문에 그림 9-2와 같이 단순화시킨 마스크를 주로 사용합니다. 그림 9-2의 마스크를 이용하여 영상을 각각 필터링하면 영상을 가로 방향과 세로 방향으로 편미분한 정보를 담고 있는 행렬을 얻을 수 있습니다.

▼ 그림 9-2 중앙 차분에 의한 미분 근사 마스크

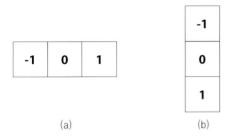

(a)   (b)

실제 영상에 대하여 x축 방향과 y축 방향으로 각각 편미분한 결과를 그림 9-3에 나타냈습니다. 그림 9-3(a)는 입력으로 사용한 레나 영상이고, 이 영상에 대해 x축 방향과 y축 방향으로 편미분한 결과를 각각 그림 9-3(b)와 그림 9-3(c)에 나타냈습니다. 원래 영상의 미분은 부호가 있는 실수로 계산되지만 그림 9-3에서는 미분 결과를 시각적으로 분석하기 위하여 미분 값에 128을 더한 후, 0부터 255 사이의 정수로 형변환하여 그레이스케일 영상 형태로 나타냈습니다. 그러므로 그림 9-3(b)와 그림 9-3(c)에서 그레이스케일 값 128에 해당하는 회색 영역은 입력 영상에서 픽셀 값 변화가 작은 영역이고, 흰색 또는 검은색으로 표현된 픽셀은 입력 영상에서 픽셀 값이 급격하게 바뀌는 부분입니다. 그림 9-3(b)에서 흰색으로 표현된 부분은 x 좌표가 증가함에 따라 픽셀 값이 급격하게 커지는 위치이고, 검은색으로 표현된 부분은 픽셀 값이 급격하게 감소하는 위치입니다. 그림 9-3(c)에서는 y 좌표가 증가함에 따른 픽셀 값이 크게 증가하거나 감소하는 부분이 흰색 또는 검은색으로 나타납니다. 참고로 그림 9-3에 나타난 영상을 생성하는 소스 코드는 내려받은 예제 파일 중에서 ch09/edges 프로젝트의 sobel_derivative( ) 함수를 참고하기 바랍니다.

▼ 그림 9-3 레나 영상의 편미분 결과

(a)   (b)   (c)

2차원 공간에서 정의된 영상에서 에지를 찾으려면 x축 방향과 y축 방향의 편미분을 모두 사용해야 합니다. 2차원 공간에서 정의된 함수 $f(x,y)$가 있을 때 이 함수의 x축 방향 미분과 y축 방향 미분을 한꺼번에 벡터로 표현한 것을 그래디언트(gradient)라고 하고 다음과 같이 표기합니다.

$$\nabla f = \begin{bmatrix} f_x \\ f_y \end{bmatrix} = f_x \mathbf{i} + f_y \mathbf{j}$$

그래디언트는 벡터이기 때문에 크기(magnitude)와 방향(phase) 성분으로 표현할 수 있습니다. 그래디언트 벡터의 방향은 변화 정도가 가장 큰 방향을 나타내고, 그래디언트 벡터의 크기는 변화율 세기를 나타내는 척도로 생각할 수 있습니다. 그래디언트 크기는 보통 $\|\nabla f\|$로 표기하고, 다음과 같이 구합니다.

$$\|\nabla f\| = \sqrt{f_x^2 + f_y^2}$$

그래디언트 방향 θ는 다음 수식으로 구할 수 있습니다.

$$\theta = \tan^{-1}\left(\frac{f_y}{f_x}\right)$$

그래디언트 벡터의 크기와 방향을 제대로 이해하기 위해 실제 영상에서 그래디언트를 구한 예를 그림 9-4에 나타냈습니다. 그림 9-4에 나타난 영상은 어두운 배경에 밝기가 다른 두 개의 객체가 있는 영상입니다. 이 영상에서 객체와 배경 경계상의 세 점 a, b, c를 선택하고, 각 점에서의 그래디언트 벡터를 빨간색 화살표로 나타냈습니다. 빨간색 화살표의 길이는 그래디언트 크기를 나타내고, 화살표 방향은 그래디언트 벡터의 방향을 나타냅니다. 그래디언트 벡터의 크기는 밝기 차이가 클수록 크게 나타나므로 점 a, b의 화살표보다 점 c에서 화살표 길이가 더 길게 나타납니다. 그래디언트 벡터의 방향은 해당 위치에서 밝기가 가장 밝아지는 방향을 가리킵니다. 점 c에 대해서는 특별히 x축 방향으로의 편미분 f_x와 y축 방향으로의 편미분 f_y 성분을 함께 표시하였으며, 이 두 성분을 이용하여 빨간색 화살표를 그릴 수 있습니다. 참고로 그림 9-4에서 노란색으로 표시된 화살표는 그래디언트 벡터와 수직인 방향을 표시한 것이며, 이를 에지의 방향이라고 부릅니다.

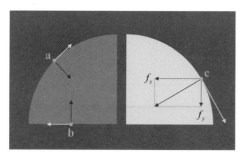

2차원 영상에서 에지를 찾는 기본적인 방법은 그래디언트 크기가 특정 값보다 큰 위치를 찾는 것입니다. 여기서 에지 여부를 판단하기 위해 기준이 되는 값을 임계값(threshold) 또는 문턱치라고 부릅니다. 임계값은 영상의 특성에 따라 다르게 설정해야 하며, 보통 사용자의 경험에 의해 결정됩니다. 일반적으로 임계값을 높게 설정하면 밝기 차이가 급격하게 변하는 에지 픽셀만 검출되고, 임계값을 낮게 설정하면 약한 에지 성분도 검출됩니다.

9.1.2 마스크 기반 에지 검출

앞 절에서 영상을 x축 방향과 y축 방향으로 편미분하는 1×3 또는 3×1 크기의 마스크에 대해 알아봤습니다. 그러나 대부분의 영상에는 잡음이 포함되어 있어서 1×3 또는 3×1 마스크를 이용하여 미분을 구할 경우 다소 부정확한 결과가 생성될 수 있습니다. 그러므로 실제 영상에서 미분을 구할 때에는 잡음의 영향을 줄일 수 있도록 좀 더 큰 크기의 마스크를 이용합니다. 여러 가지 방법의 미분 근사 마스크가 개발되었지만 그중 가장 널리 사용되고 있는 미분 마스크는 소벨 필터(Sobel filter) 마스크입니다.

영상을 가로 방향과 세로 방향으로 미분하는 3×3 크기의 소벨 필터 마스크를 그림 9-5에 나타냈습니다. 그림 9-5(a)는 x축 방향으로의 편미분을 구하는 소벨 마스크이고, 그림 9-5(b)는 y축 방향으로의 편미분을 구하는 소벨 마스크입니다. 그림 9-5(a)에 나타난 x축 방향 미분 마스크는 현재 행에 대한 중앙 차분 연산을 2회 수행하고, 이전 행과 다음 행에 대해서도 중앙 차분 연산을 1회씩 수행합니다. 이러한 연산은 현재 행과 이웃 행에서의 픽셀 값 변화가 유사하다는 점을 이용하여 잡음의 영향을 줄이기 위함이며, 특히 현재 행에서 두 번의 중앙 차분 연산을 수행하는 것은 현재 행의 중앙 차분 근사에 더 큰 가중치를 주기 위함입니다. y축 방향 미분을 계산하는 그림 9-5(b) 마스크도 같은 방식으로 설계되었습니다.

▼ 그림 9-5 3×3 소벨 마스크

▼ 그림 9-5 3×3 소벨 마스크

-1	0	1
-2	0	2
-1	0	1

(a)

-1	-2	-1
0	0	0
1	2	1

(b)

OpenCV는 소벨 마스크를 이용하여 영상을 미분하는 Sobel() 함수를 제공합니다. Sobel() 함수는 3×3 소벨 마스크 또는 확장된 형태의 큰 마스크를 이용하여 영상을 미분합니다. Sobel() 함수 원형은 다음과 같습니다.

```
void Sobel(InputArray src, OutputArray dst, int ddepth,
           int dx, int dy, int ksize = 3, double scale = 1, double delta = 0,
           int borderType = BORDER_DEFAULT);
```

- src   입력 영상
- dst   출력 영상. src와 같은 크기, 같은 채널 수를 갖습니다.
- ddepth   출력 영상의 깊이
- dx   x 방향 미분 차수
- dy   y 방향 미분 차수
- ksize   소벨 커널의 크기
- scale   필터링 연산 후 추가적으로 곱할 값
- delta   필터링 연산 후 추가적으로 더할 값
- borderType   가장자리 픽셀 확장 방식

Sobel() 함수는 입력 영상 src를 편미분한 결과를 dst에 저장합니다. 결과 영상의 자료형은 ddepth 인자를 통해 명시적으로 지정해야 하고, ddepth에 −1을 지정하면 src와 같은 타입을 사용하는 dst 영상을 생성합니다. dx와 dy 인자는 각각 x 방향과 y 방향으로의 편미분 차수를 의미하며, Sobel() 함수에 의해 계산되는 결과 행렬 dst는 다음 수식과 같은 의미를 갖습니다.

$$\text{dst} = \frac{\partial^{xorder+yorder} \text{src}}{\partial^{xorder} \partial^{yorder}}$$

ksize 이후의 인자는 모두 기본값을 가지고 있으므로 실제 함수 호출 시에는 생략할 수 있습니다. ksize 인자에 1을 지정하면 3×1 또는 1×3 커널을 사용하고, 기본값인 3을 지정하면 그림 9-5에서 설명한 3×3 소벨 마스크를 사용합니다.

Sobel() 함수는 x 방향과 y 방향으로의 고차 미분을 계산할 수 있지만 대부분의 경우 x 방향 또는 y 방향으로의 1차 미분을 구하는 용도로 사용됩니다. 예를 들어 그레이스케일 레나 영상을 x 방향으로 편미분한 결과를 dx 행렬에, y 방향으로 편미분한 결과를 dy 행렬에 저장하려면 다음과 같이 코드를 작성합니다.

```
Mat src = imread("lenna.bmp", IMREAD_GRAYSCALE);

Mat dx, dy;
Sobel(src, dx, CV_32FC1, 1, 0);
Sobel(src, dy, CV_32FC1, 0, 1);
```

앞 예제 코드에서 dx와 dy 행렬 크기는 src 행렬과 같고, 행렬 원소는 float 자료형을 사용하도록 설정하였습니다.

OpenCV는 널리 사용되고 있는 소벨 마스크 외에도 샤르 필터(Scharr filter) 마스크를 이용한 미분 연산도 지원합니다. 샤르 필터는 3×3 소벨 마스크보다 정확한 미분 계산을 수행하는 것으로 알려져 있습니다. 가로 방향과 세로 방향으로 미분을 수행하는 샤르 필터 마스크를 그림 9-6에 나타냈습니다.

❤ 그림 9-6 3×3 샤르 필터 마스크

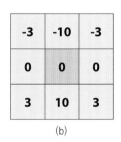

(a)　　　　　(b)

샤르 필터 마스크를 이용하여 영상을 미분하려면 Scharr() 함수를 사용합니다. Scharr() 함수 원형은 다음과 같습니다.

```
void Scharr(InputArray src, OutputArray dst, int ddepth,
            int dx, int dy, double scale = 1, double delta = 0,
            int borderType = BORDER_DEFAULT);
```

- src   입력 영상
- dst   출력 영상. src와 같은 크기, 같은 채널 수를 갖습니다.
- ddepth   출력 영상의 깊이
- dx   x 방향 미분 차수
- dy   y 방향 미분 차수
- scale   필터링 연산 후 추가적으로 곱할 값

◆ 계속

- delta   필터링 연산 후 추가적으로 더할 값
- borderType   가장자리 픽셀 확장 방식

샤르 필터를 이용한 영상의 미분은 앞서 설명한 Sobel() 함수를 이용하여 구할 수도 있습니다. Sobel() 함수의 ksize 인자에 FILTER_SCHARR 또는 -1을 지정하면 3×3 샤르 마스크를 사용하여 영상을 미분합니다.

Sobel() 또는 Scharr() 함수를 이용하여 x 방향으로 미분과 y 방향으로 미분을 각각 계산하여 행렬에 저장한 후, 두 미분 행렬을 이용하여 그래디언트 크기를 계산할 수 있습니다. OpenCV는 2차원 벡터의 x 방향 좌표와 y 방향 좌표를 이용하여 벡터의 크기를 계산하는 magnitude() 함수를 제공합니다. magnitude() 함수 원형은 다음과 같습니다.

```
void magnitude(InputArray x, InputArray y, OutputArray magnitude);
```

- x   벡터의 x 좌표를 나타내는 실수 행렬 또는 벡터
- y   벡터의 y 좌표를 나타내는 실수 행렬 또는 벡터. x와 크기와 타입이 같아야 합니다.
- magnitude   벡터의 크기를 나타내는 실수 행렬 또는 벡터. x와 같은 크기, 같은 타입을 갖습니다.

magnitude() 함수의 입력으로 사용되는 x와 y는 CV_32F 또는 CV_64F 깊이를 사용하는 행렬 또는 벡터이어야 합니다. magnitude() 함수의 출력 magnitude를 구성하는 원소 값은 다음 수식에 의해 계산됩니다.

$$\text{magnitude}(I) = \sqrt{\text{x}(I)^2 + \text{y}(I)^2}$$

만약 x 방향으로 미분과 y 방향으로 미분이 저장된 두 개의 행렬이 있을 때, 그래디언트의 방향을 계산하고 싶다면 phase() 함수를 사용할 수 있습니다. phase() 함수 원형은 다음과 같습니다.

```
void phase(InputArray x, InputArray y, OutputArray angle, bool angleInDegrees = false);
```

- x   벡터의 x 좌표를 나타내는 실수 행렬 또는 벡터
- y   벡터의 y 좌표를 나타내는 실수 행렬 또는 벡터. x와 크기와 타입이 같아야 합니다.
- angle   벡터의 방향을 나타내는 실수 행렬 또는 벡터. x와 같은 크기, 같은 타입을 갖습니다.
- angleInDegrees   이 값이 true이면 각도(degree) 단위를 사용하고, false이면 라디안(radian) 단위를 사용합니다.

phase() 함수에서 x와 y는 입력이고, angle은 출력입니다. angle의 각 원소는 다음 수식에 의해 계산됩니다.

$$\text{angle}(I) = \text{atan2}\left(\frac{\text{y}(I)}{\text{x}(I)}\right)$$

Sobel() 함수를 사용하여 실제 영상으로부터 그래디언트를 계산하고, 그래디언트 크기를 이용하여 에지를 검출하는 예제 코드를 코드 9-1에 나타냈습니다. 코드 9-1에 나타난 sobel_edge() 함수는 레나 영상에 대해 x축 방향과 y축 방향의 1차 미분을 구하고, 그래디언트 크기가 특정 임계 값보다 큰 픽셀을 에지로 검출합니다. sobel_edge() 함수가 정의된 소스 파일은 내려받은 예제 파일 중 ch09/edges 프로젝트에서 확인할 수 있습니다.

코드 9-1 소벨 마스크 기반 에지 검출 예제 [ch09/edges]

```
01    void sobel_edge()
02    {
03        Mat src = imread("lenna.bmp", IMREAD_GRAYSCALE);
04
05        if (src.empty()) {
06            cerr << "Image load failed!" << endl;
07            return;
08        }
09
10        Mat dx, dy;
11        Sobel(src, dx, CV_32FC1, 1, 0);
12        Sobel(src, dy, CV_32FC1, 0, 1);
13
14        Mat fmag, mag;
15        magnitude(dx, dy, fmag);
16        fmag.convertTo(mag, CV_8UC1);
17
18        Mat edge = mag > 150;
19
20        imshow("src", src);
21        imshow("mag", mag);
22        imshow("edge", edge);
23
24        waitKey();
25        destroyAllWindows();
26    }
```

- 10~12행   x축 방향으로 1차 편미분, y축 방향으로 1차 편미분을 각각 구하여 dx와 dy 행렬에 저장합니다. dx와 dy 행렬은 float 자료형을 사용하도록 설정하였습니다.

- 15행   dx와 dy 행렬로부터 그래디언트 크기를 계산하여 fmag에 저장합니다. dx와 dy가 모두 float 자료형을 사용하므로 fmag도 float 자료형을 사용하는 행렬로 생성됩니다.

- 16행   실수형 행렬 fmag를 그레이스케일 형식으로 변환하여 mag에 저장합니다.

- 18행   에지 판별을 위한 그래디언트 크기 임계값을 150으로 설정하여 에지를 판별합니다. 행렬 edge의 원소 값은 mag 행렬 원소 값이 150보다 크면 255로, 작으면 0으로 설정됩니다.

코드 9-1의 sobel_edge( ) 함수 실행 결과를 그림 9-7에 나타냈습니다. 그림 9-7에서 src는 입력으로 사용한 lenna.bmp 영상이고, mag 영상은 그래디언트 크기를 그레이스케일 영상 형식으로 나타낸 것입니다. 만약 각 픽셀에서 계산된 그래디언트 크기가 255보다 큰 경우에는 포화 연산에 의해 흰색으로 표현됩니다. 그림 9-7에서 edge 영상은 그래디언트 크기가 150보다 큰 픽셀은 흰색으로, 그렇지 않은 픽셀은 검은색으로 표현된 이진 영상입니다. 만약 코드 9-1의 18행에서 사용된 임계값을 150보다 낮게 설정하면 더 많은 에지 픽셀이 edge 영상에 나타나게 됩니다. 다만 임계값을 너무 낮추면 잡음의 영향도 에지로 검출될 수 있으므로 주의해야 합니다.

▼ 그림 9-7 소벨 마스크 기반 에지 검출 실행 결과

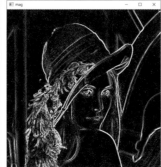

9.1.3 캐니 에지 검출기

앞 절에서 설명한 소벨 마스크 기반 에지 검출 방법은 구현이 간단하고 빠르게 동작하기 때문에 아직도 많은 컴퓨터 비전 시스템에서 사용되고 있습니다. 그러나 그래디언트 크기만을 기준으로 에지 픽셀을 검출하기 때문에 임계값에 민감하고 에지 픽셀이 두껍게 표현되는 문제점이 있습니다. 1986년 캐니(J. Canny)는 에지 검출을 최적화 문제 관점으로 접근함으로써 소벨 에지 검출 방법의 단점을 해결할 수 있는 방법을 제시하였습니다[Canny86]. 캐니는 자신의 논문에서 다음 세 가지 항목을 좋은 에지 검출기의 조건으로 제시하였습니다.

1. **정확한 검출**(good detection): 에지를 검출하지 못하거나 또는 에지가 아닌데 에지로 검출하는 확률을 최소화해야 합니다.

2. **정확한 위치**(good localization): 실제 에지의 중심을 찾아야 합니다.

3. **단일 에지**(single edge): 하나의 에지는 하나의 점으로 표현되어야 합니다.

캐니는 이러한 조건을 만족하는 새로운 형태의 에지 검출 방법을 제시하였으며, 이를 캐니 에지 검출기(canny edge detector)라고 합니다. 앞서 소개한 소벨 에지 검출 방법이 단순히 그래디언트 크기만을 이용하여 에지를 찾는 방법이라면 캐니 에지 검출기는 그래디언트의 크기와 방향을 모두 고려하여 좀 더 정확한 에지 위치를 찾을 수 있습니다. 또한 에지는 서로 연결되어 있는 가능성이 높다는 점을 고려하여 그래디언트 크기가 다소 약하게 나타나는 에지도 놓치지 않고 찾을 수 있습니다.

캐니 에지 검출기는 내부적으로 크게 네 개의 연산 과정을 포함합니다. 캐니 에지 검출기에서 수행되는 네 가지 연산 과정을 그림 9-8에 나타냈습니다. 그림 9-8에 나타난 각 연산의 의미와 수행 방법에 대해 이제부터 알아보겠습니다.

▼ 그림 9-8 캐니 에지 검출기 수행 과정

가우시안 필터링

캐니 에지 검출기의 첫 번째 과정은 가우시안 필터링입니다. 가우시안 필터링은 7.2.2절에서 소개한 바 있으며, 캐니 에지 검출기의 첫 번째 단계에서 가우시안 필터를 적용하는 이유는 영상에 포함된 잡음을 제거하기 위함입니다. 다만 가우시안 필터링에 의해 영상이 부드러워지면서 에지의 세기도 함께 감소할 수 있기 때문에 적절한 표준 편차를 선택하여 가우시안 필터링을 수행해야 합니다. 영상에 포함된 잡음이 심하지 않다면 가우시안 필터링은 생략할 수 있습니다.

그래디언트 계산

캐니 에지 검출기의 두 번째 과정은 영상의 그래디언트를 구하는 작업입니다. 캐니 에지 검출기에서 그래디언트 계산은 보통 3×3 소벨 마스크를 사용합니다. 다만 앞 절에서 설명한 소벨 에지 검출 방법이 오직 그래디언트 크기만을 이용하여 에지를 탐색하였다면, 캐니 에지 검출기는 좀 더 정확한 에지를 찾기 위해 그래디언트 방향도 함께 고려합니다. 그러므로 가로 방향과 세로 방향으로 각각 소벨 마스크 필터링을 수행한 후, 그래디언트 크기와 방향을 모두 계산해야 합니다.

2차원 공간에서 정의된 함수 $f(x, y)$의 그래디언트를 $\nabla f = f_x \mathbf{i} + f_y \mathbf{j}$라고 할 경우, 그래디언트 크기는 $\|\nabla f\| = \sqrt{f_x^2 + f_y^2}$로 정의되고 이를 벡터 ∇f의 L2 노름(L2 norm)이라고 합니다. 그러나 그래디언트 크기를 실제로 계산할 때에는 연산 속도 향상을 위해 그래디언트 크기를 $\|\nabla f\| \approx |f_x| + |f_y|$ 형태로 계산하기도 하며, 이를 벡터 ∇f의 L1 노름(L1 norm)이라고 합니다. 실제로 OpenCV에 구현되어 있는 캐니 에지 검출기에서도 그래디언트 크기 계산 시 기본적으로 L1 노름을 사용합니다.

비최대 억제

에지 검출을 위해 단순히 그래디언트 크기가 특정 임계값보다 큰 픽셀을 선택할 경우, 에지 근방의 여러 픽셀이 한꺼번에 에지로 선택될 수 있습니다. 에지가 두껍게 표현되는 현상을 방지하기 위해 캐니 에지 검출기에서는 비최대 억제(non-maximum suppression) 과정을 사용합니다. 비최대 억제는 그래디언트 크기가 국지적 최대(local maximum)인 픽셀만을 에지 픽셀로 설정하는 기법입니다. 상대적으로 국지적 최대가 아닌 픽셀은 에지 픽셀에서 제외하기 때문에 비최대 억제라는 용어를 사용합니다.

일반적인 2차원 영상에서 국지적 최대를 찾으려면 특정 픽셀을 둘러싸고 있는 모든 픽셀 값을 검사하여 국지적 최대인지를 판별해야 합니다. 그러나 캐니 에지 검출기의 비최대 억제 과정에서는 그래디언트 벡터의 방향과 같은 방향에 있는 인접 픽셀끼리만 국지적 최대 검사를 수행합니다. 결과적으로 비최대 억제를 수행함으로써 가장 변화율이 큰 위치의 픽셀만 에지로 검색됩니다.

이중 임계값을 이용한 히스테리시스 에지 트래킹

앞 절에서 설명한 소벨 에지 검출 방법에서는 그래디언트 크기가 특정 임계값보다 크면 에지 픽셀로, 작으면 에지가 아닌 픽셀로 판단했습니다. 이 경우 조명이 조금 바뀌거나 또는 임계값을 조금만 조절해도 에지 픽셀 판단 결과가 크게 달라질 수 있습니다. 즉, 하나의 임계값을 사용할 경우 이분법으로 결과가 판단되기 때문에 환경 변화에 민감해질 수 있습니다. 이러한 문제를 보완하기 위해 캐니 에지 검출기에서는 두 개의 임계값을 사용합니다.

캐니 에지 검출기에서 사용하는 두 개의 임계값 중에서 높은 임계값을 T_{High}, 낮은 임계값을 T_{Low}라고 표기하겠습니다. 만약 그래디언트 크기가 T_{High}보다 크면 이 픽셀은 최종적으로 에지로 판단합니다. 그래디언트 크기가 T_{Low}보다 작으면 에지 픽셀이 아니라고 판단합니다. 그래디언트 크기가 T_{Low}와 T_{High} 사이인 픽셀은 에지일 수도 있고 에지가 아닐 수도 있다고 판단하며, 이런 픽셀에 대해서는 추가적인 검사를 수행합니다.

설명의 편의를 위해 그래디언트 크기가 T_{High}보다 큰 픽셀을 강한 에지(strong edge)라고 표현하고, 그래디언트 크기가 T_{Low}와 T_{High} 사이인 픽셀은 약한 에지(weak edge)라고 표현하겠습니다. 캐니 에지 검출기의 마지막 단계에서는 히스테리시스 에지 트래킹(hysteresis edge tracking) 방법을 사용하여 약한 에지 중에서 최종적으로 에지로 판별할 픽셀을 선택합니다. 히스테리시스 에지 트래킹 방법은 에지 픽셀이 대체로 상호 연결되어 있다는 점을 이용합니다. 만약 약한 에지 픽셀이 강한 에지 픽셀과 서로 연결되어 있다면 이 픽셀은 최종적으로 에지로 판단합니다. 반면에 강한 에지와 연결되어 있지 않은 약한 에지 픽셀은 최종적으로 에지가 아니라고 판단합니다.

히스테리시스 에지 트래킹의 동작을 이해하기 위해 그림 9-9를 살펴보겠습니다. 그림 9-9는 서로 연결되어 있는 에지 픽셀의 그래디언트 크기를 표현한 그림입니다. 세 가지 형태의 에지 후보에 대하여 최종적으로 에지로 선택되는 픽셀들은 두꺼운 주황색으로 표시하였습니다. 그림 9-9(a)는 약한 에지 픽셀이 모두 강한 에지와 연결되어 있으므로 모든 픽셀이 최종적으로 에지로 결정됩니다. 그림 9-9(b)에서는 약한 에지 픽셀이 강한 에지와 연결되어 있지 않으므로 최종 에지로 선택되지 않습니다. 그림 9-9(c)에 나타난 약한 에지는 강한 에지와 연결되어 있으므로 최종적으로 에지로 판별하지만 그래디언트 크기가 T_{Low}보다 작은 픽셀은 에지로 판별하지 않습니다.

❤ 그림 9-9 이중 임계값을 이용한 히스테리시스 에지 트래킹

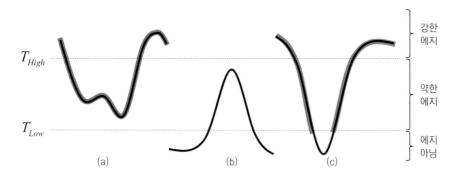

OpenCV에서 캐니 에지 검출 알고리즘은 Canny( ) 함수에 구현되어 있습니다. Canny( ) 함수는 두 가지 형태로 정의되어 있고, 각각의 함수 원형은 다음과 같습니다.

```
void Canny(InputArray image, OutputArray edges,
           double threshold1, double threshold2,
           int apertureSize = 3, bool L2gradient = false);
void Canny(InputArray dx, InputArray dy, OutputArray edges,
           double threshold1, double threshold2,
           bool L2gradient = false);
```

• image   8비트 입력 영상

○ 계속

- dx 입력 영상의 x 방향 미분 영상. CV_16SC1 또는 CV_16SC3
- dy 입력 영상의 y 방향 미분 영상. CV_16SC1 또는 CV_16SC3
- edges 출력 에지 영상. 입력 영상과 크기가 같은 8비트 단일 채널 영상입니다.
- threshold1 히스테리시스 에지 검출을 위한 첫 번째 임계값
- threshold2 히스테리시스 에지 검출을 위한 두 번째 임계값
- apertureSize 그래디언트 계산을 위한 소벨 마스크 크기
- L2gradient 그래디언트 크기 계산 시 L2 노름을 사용하려면 true를 지정합니다. 이 값이 false이면 L1 노름을 사용합니다.

앞에 나열된 두 개의 Canny() 함수 중에서 첫 번째 함수는 일반 영상을 입력으로 전달하여 에지를 검출할 때 사용하고, 두 번째 함수는 이미 x 방향과 y 방향의 미분 영상을 가지고 있을 때 사용합니다. Canny() 함수를 사용할 때에는 두 개의 임계값을 적절하게 지정하는 것이 중요합니다. threshold1과 threshold2 인자에 지정하는 두 개의 임계값은 캐니 에지 검출기의 히스테리시스 에지 트래킹 단계에서 사용됩니다. 보통 threshold1 인자에는 낮은 임계값을 지정하고, threshold2 인자에는 높은 임계값을 지정합니다. 낮은 임계값과 높은 임계값은 보통 1:2 또는 1:3의 비율로 지정합니다. apertureSize와 L2gradient 인자는 기본값이 있으므로 생략할 수 있습니다.

Canny() 함수를 사용하여 영상에서 에지를 검출하는 예제 코드를 코드 9-2에 나타냈습니다. 코드 9-2에 나타난 canny_edge() 함수는 두 가지 임계값 쌍을 이용하여 캐니 에지 검출을 수행하고 그 결과를 각각 화면에 출력합니다. canny_edge() 함수가 정의된 소스 파일은 내려받은 예제 파일 중 ch09/edges 프로젝트에서 확인할 수 있습니다.

코드 9-2 캐니 에지 검출 예제 [ch09/edges]

```
01    void canny_edge()
02    {
03        Mat src = imread("lenna.bmp", IMREAD_GRAYSCALE);
04
05        if (src.empty()) {
06            cerr << "Image load failed!" << endl;
07            return;
08        }
09
10        Mat dst1, dst2;
11        Canny(src, dst1, 50, 100);
12        Canny(src, dst2, 50, 150);
13
```

```
14          imshow("src", src);
15          imshow("dst1", dst1);
16          imshow("dst2", dst2);
17
18          waitKey();
19          destroyAllWindows();
20     }
```

- 11행   낮은 임계값을 50, 높은 임계값을 100으로 설정하여 캐니 에지 검출을 수행하고 그 결과를 dst1에 저
          장합니다.
- 12행   낮은 임계값을 50, 높은 임계값을 150으로 설정하여 캐니 에지 검출을 수행하고 그 결과를 dst2에 저
          장합니다.

코드 9-2의 canny_edge() 함수 실행 결과를 그림 9-10에 나타냈습니다. 그림 9-10에서 src 창은
입력 영상인 lenna.bmp 파일이고, dst1과 dst2 창은 서로 다른 임계값을 사용하여 구한 캐니 에
지 검출 결과 영상입니다. dst1과 dst2의 에지 영상을 구할 때 낮은 임계값은 50으로 동일하게 설
정하였고 높은 임계값은 각각 100과 150으로 설정하였습니다. 임계값을 낮출수록 에지로 판별되
는 픽셀이 더 많아지므로 dst1 영상에 더 많은 에지 픽셀이 검출된 것을 확인할 수 있습니다. 다만
임계값을 낮출수록 잡음에 해당하는 픽셀도 에지로 검출할 가능성이 높아질 수 있으므로 주의해
야 합니다.

▼ 그림 9-10 캐니 에지 검출 예제 실행 결과

9.2 / 직선 검출과 원 검출

이 절에서는 영상에서 추출한 에지 정보를 이용하여 영상에서 직선 또는 원을 검출하는 방법에 대해 설명합니다. 컴퓨터 비전에서 직선 검출은 주로 허프 변환 기법을 사용합니다. 이 절에서는 기본적인 허프 변환 이론과 직선 검출에 적용되는 방법에 대해 설명하고, OpenCV에서 제공하는 허프 변환 직선 검출 함수 사용법에 대해 알아봅니다. 그리고 영상에서 원을 검출하기 위해 사용되는 허프 그래디언트 방법과 OpenCV 함수 사용법도 알아보겠습니다.

9.2.1 허프 변환 직선 검출

직선은 영상에서 찾을 수 있는 많은 특징 중의 하나이며 영상을 분석함에 있어 중요한 정보를 제공합니다. 자율 주행 자동차에서 차선을 검출하는 용도로 사용될 수도 있고, 수평이 맞지 않는 영상에서 수평선 또는 수직선 성분을 찾아내어 자동 영상 회전을 위한 정보로 사용할 수도 있습니다. 영상에서 직선 성분을 찾기 위해서는 우선 에지를 찾아내고, 에지 픽셀들이 일직선상에 배열되어 있는지를 확인해야 합니다.

영상에서 직선을 찾기 위한 용도로 허프 변환(hough transform) 기법이 널리 사용됩니다. 허프 변환은 2차원 xy 좌표에서 직선의 방정식을 파라미터(parameter) 공간으로 변환하여 직선을 찾는 알고리즘입니다. 일반적인 2차원 평면에서 직선의 방정식은 다음과 같이 나타낼 수 있습니다.

$$y = ax + b$$

이 수식에서 a는 기울기(slope)이고, b는 y 절편(y intersection)입니다. 이 직선의 방정식은 가로축이 x, 세로축이 y인 2차원 xy 좌표 공간에서 정의되어 있으며, a와 b는 직선의 형태를 결정하는 파라미터입니다. 그런데 이 수식은 다음과 같이 바꿔 쓸 수 있습니다.

$$b = -xa + y$$

직선의 방정식을 앞과 같이 변경하면, 마치 ab 좌표 공간에서 기울기가 $-x$이고 y 절편이 y인 직선의 방정식처럼 보입니다. 이처럼 xy 공간에서 직선의 방정식을 ab 공간으로 변경하면 재미난 현상을 발견할 수 있습니다. xy 공간에서 직선은 ab 공간에서 한 점으로 표현되고, 반대로 xy 공간에서 한 점은 ab 공간에서 직선의 형태로 나타난다는 점입니다.

xy 좌표 공간과 ab 좌표 공간과의 관계를 제대로 이해하기 위해 그림 9-11을 살펴보겠습니다. 그림 9-11(a)에서 파란색 실선은 xy 공간에서 정의된 직선 $y = a_0x + b_0$입니다. 이 수식에서 a_0와 b_0는 직선의 모양을 결정하는 상수입니다. xy 공간에서 직선상의 한 점 (x_0, y_0)를 선택하고, 이 점의 좌표를 이용하면 ab 공간에서 빨간색 직선 $b = -x_0a + y_0$를 정의할 수 있습니다. 마찬가지로 xy 공간에서 직선상의 다른 한 점 (x_1, y_1)을 이용하면 ab 공간에서 보라색 직선 $b = -x_1a + y_1$을 표현할 수 있습니다. 이 경우 ab 공간에서 빨간색 직선과 보라색 직선이 서로 교차하는 점의 좌표는 (a_0, b_0)이며, 이는 xy 공간에서 직선의 방정식 $y = a_0x + b_0$를 정의하는 두 개의 파라미터로 구성된 좌표입니다. 즉, xy 공간에서 파란색 직선상의 점을 이용하여 생성한 ab 공간상의 직선들은 모두 (a_0, b_0) 점을 지나갑니다.

❤ 그림 9-11 xy 공간에서 ab 파라미터 공간으로 허프 변환

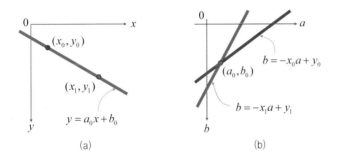

(a)   (b)

허프 변환을 이용하여 직선의 방정식을 찾으려면 xy 공간에서 에지로 판별된 모든 점을 이용하여 ab 파라미터 공간에 직선을 표현하고, 직선이 많이 교차되는 좌표를 모두 찾아야 합니다. 이때 직선이 많이 교차하는 점을 찾기 위해서 보통 축적 배열(accumulation array)을 사용합니다. 축적 배열은 0으로 초기화된 2차원 배열에서 직선이 지나가는 위치의 배열 원소 값을 1씩 증가시켜 생성합니다.

그림 9-12는 허프 변환에서 축적 배열을 구축하는 방법을 보여 줍니다. 그림 9-12의 왼쪽 xy 영상 좌표계에서 직선 위 세 개의 점을 선택하였고, 각 점에 대응되는 ab 파라미터 공간에서의 직선을 오른쪽 배열 위에 나타냈습니다. 그리고 배열 위에서 직선이 지나가는 위치의 원소 값을 1씩 증가시킨 결과를 숫자로 나타냈습니다. 그림 9-12에서 오른쪽에 나타난 배열이 축적 배열이며, 축적 배열에서 최댓값을 갖는 위치에 해당하는 a와 b 값이 xy 공간에 있는 파란색 직선의 방정식 파라미터입니다. 그림 9-12에서는 하나의 직선에 대해 허프 변환 예를 설명하였으며, 여러 개의 직선이 존재하는 영상이라면 축적 배열에서 여러 개의 국지적 최댓값 위치를 찾아서 직선의 방정식 파라미터를 결정할 수 있습니다.

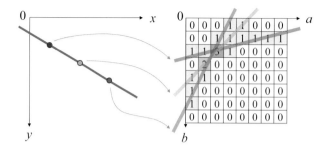

그러나 $y = ax + b$ 형태의 직선의 방정식을 사용할 경우 모든 형태의 직선을 표현하기 어렵다는 단점이 있습니다. 대표적으로 $y = ax + b$ 수식은 y축과 평행한 수직선을 표현할 수 없습니다. 수직선을 표현하려면 기울기 a 값이 무한대가 되어야 하기 때문입니다. 그러므로 실제 허프 변환을 구현할 때에는 다음과 같이 극좌표계 형식의 직선의 방정식을 사용합니다.

$$x \cos\theta + y \sin\theta = \rho$$

앞 수식에서 ρ는 원점에서 직선까지의 수직 거리를 나타내고, θ는 원점에서 직선에 수직선을 내렸을 때 x축과 이루는 각도를 의미합니다. 이 경우 xy 공간에서 한 점은 $\rho\theta$ 공간에서는 삼각함수 그래프 형태의 곡선으로 표현되고, $\rho\theta$ 공간에서 한 점은 xy 공간에서 직선으로 나타나게 됩니다. 극좌표계 형식의 직선의 방정식을 사용하여 허프 변환을 수행할 경우에도 축적 배열을 사용하고, 축적 배열에서 국지적 최댓값이 발생하는 위치에서의 ρ와 θ 값을 찾아 직선의 방정식을 구할 수 있습니다.

극좌표계 직선의 방정식을 이용한 허프 변환 직선 검출 과정을 그림 9-13에 나타냈습니다. 그림 9-13(a)는 입력 영상이 사용하는 2차원 xy 좌표계이며, 파란색 직선은 $x \cos\theta_0 + y \sin\theta_0 = \rho_0$입니다. 이 직선 위의 세 점을 선택하고, 각 점에 대응하는 $\rho\theta$ 공간에서의 곡선을 그림 9-13(b)에 나타냈습니다. $\rho\theta$ 공간에서 세 곡선은 하나의 점에서 모두 교차하며, 이 점의 좌표 (ρ_0, θ_0)가 그림 9-13(a)의 파란색 직선을 나타내는 파라미터입니다.

▼ 그림 9-13 $\rho\theta$ 파라미터를 이용한 직선의 표현

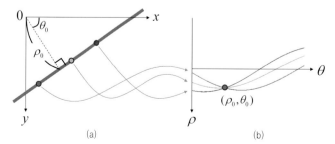

ρ와 θ는 실수 값을 가지기 때문에 C/C++ 코드로 축적 배열을 구현하려면 ρ와 θ가 가질 수 있는 값의 범위를 적당한 크기로 나눠서 저장하는 양자화(quantization) 과정을 거쳐야 합니다. 예를 들어 θ는 0부터 π 사이의 실수를 가질 수 있는데, 이 구간을 180단계로 나눌 수도 있고 360단계로 나눌 수도 있습니다. 구간을 촘촘하게 나눌 경우 입력 영상에서 정밀한 직선 검출이 가능하지만 연산 시간이 늘어날 수 있습니다. 반면에 구간을 너무 듬성하게 나눌 경우 연산이 빨라지지만 직선 검출의 정확도가 낮아질 수 있습니다.

OpenCV에서는 HoughLines() 함수를 사용하여 허프 변환 직선 검출을 수행할 수 있습니다. HoughLines() 함수 원형은 다음과 같습니다.

```
void HoughLines(InputArray image, OutputArray lines,
                double rho, double theta, int threshold,
                double srn = 0, double stn = 0,
                double min_theta = 0, double max_theta = CV_PI);
```

- image   8비트 단일 채널 입력 영상. 주로 에지 영상을 지정합니다.
- lines   직선 정보(rho, theta)를 저장할 출력 벡터
- rho   축적 배열에서 ρ 값의 해상도(픽셀 단위)
- theta   축적 배열에서 θ 값의 해상도(라디안 단위)
- threshold 축적 배열에서 직선으로 판단할 임계값
- srn   멀티스케일 허프 변환에서 rho 해상도를 나누는 값. srn에 양의 실수를 지정하면 rho 해상도와 rho/srn 해상도를 각각 이용하여 멀티스케일 허프 변환을 수행합니다. srn과 stn이 모두 0이면 일반 허프 변환을 수행합니다.
- stn   멀티스케일 허프 변환에서 theta 해상도를 나누는 값
- min_theta 검출할 직선의 최소 theta 값
- max_theta 검출할 직선의 최대 theta 값

HoughLines() 함수의 첫 번째 인자 image에는 보통 Canny() 함수 등을 이용하여 구한 에지 영상을 지정합니다. HoughLines() 함수는 image 영상에서 0이 아닌 픽셀을 이용하여 축적 배열을 구성합니다. 직선 파라미터 정보를 받아 올 lines 인자에는 보통 vector<Vec2f> 또는 vector<Vec3f> 자료형의 변수를 지정합니다. vector<Vec2f> 자료형을 사용할 경우 ρ와 θ 값이 저장되고, vector<Vec3f> 자료형을 사용할 경우 ρ와 θ 값 외에 축적 배열에서의 누적 값을 함께 얻어 올 수 있습니다. rho와 theta 인자는 ρ와 θ 값의 해상도를 조정하는 용도로 사용됩니다. 예를 들어 rho에 1을 지정하면 ρ 값을 1픽셀 단위로 설정하며, theta에 CV_PI / 180을 지정하면 θ를 1° 단위로 구분합니다. 결국 rho와 theta 인자는 HoughLines() 함수 내부에서 사용할 축적 배열의 크기를 결정하는 역할을 합니다. threshold 인자에는 축적 배열에서 직선으로 판단할 임계값을 지정하며, 이 값이 작으면 더 많은 직선이 검출됩니다.

HoughLines() 함수를 사용하여 영상에서 직선을 검출하는 예제 코드를 코드 9-3에 나타냈습니다. 코드 9-3의 hough_lines() 함수에서는 Canny() 함수로 에지 영상을 구하고, 이 영상을 HoughLines() 함수 입력으로 사용하여 직선을 검출합니다. 그리고 HoughLines() 함수가 반환하는 직선 파라미터 정보를 이용하여 영상 위에 빨간색 직선을 그려서 화면에 나타냅니다. hough_lines() 함수가 정의된 소스 파일과 사용된 영상 파일은 내려받은 예제 파일 중 ch09/hough 프로젝트에서 확인할 수 있습니다.

코드 9-3 허프 변환 직선 검출 예제 [ch09/hough]

```
01    void hough_lines()
02    {
03        Mat src = imread("building.jpg", IMREAD_GRAYSCALE);
04
05        if (src.empty()) {
06            cerr << "Image load failed!" << endl;
07            return;
08        }
09
10        Mat edge;
11        Canny(src, edge, 50, 150);
12
13        vector<Vec2f> lines;
14        HoughLines(edge, lines, 1, CV_PI / 180, 250);
15
16        Mat dst;
17        cvtColor(edge, dst, COLOR_GRAY2BGR);
18
19        for (size_t i = 0; i < lines.size(); i++) {
20            float r = lines[i][0], t = lines[i][1];
21            double cos_t = cos(t), sin_t = sin(t);
22            double x0 = r * cos_t, y0 = r * sin_t;
23            double alpha = 1000;
24
25            Point pt1(cvRound(x0 + alpha * (-sin_t)), cvRound(y0 + alpha * cos_t));
26            Point pt2(cvRound(x0 - alpha * (-sin_t)), cvRound(y0 - alpha * cos_t));
27            line(dst, pt1, pt2, Scalar(0, 0, 255), 2, LINE_AA);
28        }
29
30        imshow("src", src);
31        imshow("dst", dst);
32
33        waitKey();
34        destroyAllWindows();
35    }
```

- 3행   building.jpg 영상을 그레이스케일 형식으로 불러와 src에 저장합니다.
- 10~11행   캐니 에지 검출기를 이용하여 구한 에지 영상을 edge에 저장합니다.
- 13~14행   HoughLines( ) 함수를 이용하여 직선의 방정식 파라미터 ρ와 θ 정보를 lines에 저장합니다. 축적 배열에서 ρ 간격은 1픽셀 단위로, θ는 1° 단위로 처리합니다.
- 17행   그레이스케일 에지 영상 edge를 BGR 3채널 컬러 영상으로 변환하여 dst에 저장합니다.
- 19행   HoughLines( ) 함수에 의해 구해진 직선의 개수만큼 for 반복문을 수행합니다.
- 20~26행   직선의 방정식 파라미터 중에서 ρ를 변수 r에, θ를 변수 t에 저장합니다. x0와 y0는 원점에서 직선에 수선을 내렸을 때 만나는 점의 좌표입니다. pt1과 pt2에는 (x0, y0)에서 충분히 멀리 떨어져 있는 직선 상의 두 점 좌표가 저장됩니다.
- 27행   검출된 직선을 두께가 2인 빨간색 실선으로 그립니다.

코드 9-3에서 사실 직선을 검출하는 작업은 앞부분에서 Canny( ) 함수와 HoughLines( ) 함수를 호출하는 것으로 완료됩니다. 그 뒤에 길게 나타나는 소스 코드는 HoughLines( ) 함수에 의해 구한 $\rho\theta$ 파라미터 값을 이용하여 에지 영상에 빨간색 직선을 그리기 위한 코드입니다. 영상 위에 직선을 그리려면 직선의 양 끝점 좌표를 알아야 하기 때문에 ρ와 θ 값을 이용하여 직선상의 두 점 좌표 pt1과 pt2를 구합니다. 이때 변수 alpha 값을 충분히 크게 설정해야 pt1과 pt2가 영상 바깥쪽에 위치하며, 자연스러운 직선을 그릴 수 있습니다. 만약 alpha 값을 작게 설정하면 직선의 일부만 그려질 수 있으니 주의해야 합니다.

코드 9-3의 hough_lines( ) 함수 실행 결과를 그림 9-14에 나타냈습니다. 그림 9-14에서 src는 입력 영상으로 사용한 building.jpg 파일이고, dst는 캐니 에지 검출 영상 위에 허프 변환에 의해 구해진 직선을 함께 표시한 영상입니다. 만약 코드 9-3에서 HoughLines( ) 함수의 다섯 번째 인자로 지정한 직선 검출 임계값을 250보다 작게 설정하면 더 많은 직선을 확인할 수 있습니다.

❤ 그림 9-14 허프 변환 직선 검출 예제 실행 결과

OpenCV는 기본적인 허프 변환 직선 검출 방법 외에 확률적 허프 변환(probabilistic Hough transform)에 의한 직선 검출 방법도 제공합니다. 확률적 허프 변환 방법은 직선의 방정식 파라미터 ρ와 θ를 반환하는 것이 아니라 직선의 시작점과 끝점 좌표를 반환합니다. 즉, 확률적 허프 변환 방법은 선분을 찾는 방법입니다. OpenCV에서 확률적 허프 변환 방법은 HoughLinesP() 함수에 구현되어 있습니다. HoughLinesP() 함수 원형은 다음과 같습니다.

```
void HoughLinesP(InputArray image, OutputArray lines,
                 double rho, double theta, int threshold,
                 double minLineLength = 0, double maxLineGap = 0);
```

- image   8비트 단일 채널 입력 영상. 주로 에지 영상을 지정합니다.
- lines   선분의 시작점과 끝점의 정보(x1, y1, x2, y2)를 저장할 출력 벡터
- rho   축적 배열에서 ρ 값의 해상도(픽셀 단위)
- theta   축적 배열에서 θ 값의 해상도(라디안 단위)
- threshold   축적 배열에서 직선으로 판단할 임계값
- minLineLength   검출할 선분의 최소 길이
- maxLineGap   직선으로 간주할 최대 에지 점 간격

HoughLinesP() 함수에서 검출된 선분 정보가 저장되는 lines 인자에는 보통 vector<Vec4i> 자료형의 변수를 지정합니다. 각각의 선분 정보는 Vec4i 자료형으로 저장되고, 하나의 Vec4i 객체에는 선분 시작점의 x 좌표와 y 좌표, 선분 끝점의 x 좌표와 y 좌표가 저장됩니다. rho, theta, threshold 인자의 의미와 설정 방법은 HoughLines() 함수와 동일합니다. maxLineGap 인자는 일직선상의 직선이 잡음 등 영향으로 끊어져 있을 때, 두 직선을 하나의 직선으로 간주하고자 할 때 사용합니다.

HoughLinesP() 함수를 사용하여 직선을 검출하는 예제 코드를 코드 9-4에 나타냈습니다. 코드 9-4에 나타난 hough_line_segments() 함수의 구성은 앞서 소개한 코드 9-3의 hough_lines() 함수와 거의 유사합니다. 다만 HoughLinesP() 함수는 검출한 직선의 시작점과 끝점의 좌표를 반환하기 때문에 검출된 직선을 그리는 코드가 훨씬 간단합니다. hough_line_segments() 함수가 정의된 소스 파일은 내려받은 예제 파일 중 ch09/hough 프로젝트에서 확인할 수 있습니다.

코드 9-4 확률적 허프 변환 선분 검출 예제 [ch09/hough]

```
01    void hough_line_segments()
02    {
03        Mat src = imread("building.jpg", IMREAD_GRAYSCALE);
04
05        if (src.empty()) {
06            cerr << "Image load failed!" << endl;
07            return;
08        }
```

```
09
10      Mat edge;
11      Canny(src, edge, 50, 150);
12
13      vector<Vec4i> lines;
14      HoughLinesP(edge, lines, 1, CV_PI / 180, 160, 50, 5);
15
16      Mat dst;
17      cvtColor(edge, dst, COLOR_GRAY2BGR);
18
19      for (Vec4i l : lines) {
20          line(dst, Point(l[0], l[1]), Point(l[2], l[3]), Scalar(0, 0, 255),
21              2, LINE_AA);
21      }
22
23      imshow("src", src);
24      imshow("dst", dst);
25
26      waitKey();
27      destroyAllWindows();
28  }
```

- 3행   building.jpg 영상을 그레이스케일 형식으로 불러와 src에 저장합니다.

- 11행   캐니 에지 검출기를 이용하여 구한 에지 영상을 edge에 저장합니다.

- 13~14행   HoughLinesP( ) 함수를 이용하여 모든 직선 성분의 시작점과 끝점 좌표를 구합니다.

- 17행   그레이스케일 에지 영상 edge를 BGR 3채널 컬러 영상으로 변환하여 dst에 저장합니다.

- 19행   HoughLinesP( ) 함수에 의해 구해진 모든 직선 성분을 dst 영상 위에 빨간색 직선으로 그립니다.

코드 9-4의 hough_line_segments( ) 함수 실행 결과를 그림 9-15에 나타냈습니다. 그림 9-15에서 src는 입력 영상으로 사용한 building.jpg 파일이고, dst는 캐니 에지 검출 영상 위에 확률적 허프 변환에 의해 구해진 직선 성분을 함께 표시한 영상입니다. 확률적 허프 변환에 의해 실제로 직선이 있는 위치에서만 선분이 그려진 것을 확인할 수 있습니다.

❤ 그림 9-15 확률적 허프 변환 선분 검출 예제 실행 결과

9.2.2 허프 변환 원 검출

앞 절에서는 직선의 방정식을 파라미터 공간으로 변환하는 허프 변환을 이용하여 영상에서 직선을 검출하였습니다. 이번에는 허프 변환을 이용하여 원을 검출하는 방법에 대해 알아보겠습니다. 중심 좌표가 (a, b)이고 반지름이 r인 원의 방정식은 다음과 같이 표현합니다.

$$(x - a)^2 + (y - b)^2 = r^2$$

이러한 원의 방정식은 세 개의 파라미터를 가지고 있으므로, 허프 변환을 그대로 적용하려면 3차원 파라미터 공간에서 축적 배열을 정의하고 가장 누적이 많은 위치를 찾아야 합니다. 그러나 3차원 파라미터 공간에서 축적 배열을 정의하고 사용하려면 너무 많은 메모리와 연산 시간을 필요로하게 됩니다. 그러므로 OpenCV에서는 일반적인 허프 변환 대신 허프 그래디언트 방법(Hough gradient method)을 사용하여 원을 검출합니다.

허프 그래디언트 방법은 두 가지 단계로 구성됩니다. 첫 번째 단계에서는 영상에 존재하는 모든 원의 중심 좌표를 찾고, 두 번째 단계에서는 검출된 원의 중심으로부터 원에 적합한 반지름을 구합니다. 원의 중심 좌표를 찾는 과정에서 축적 배열이 사용됩니다. 다만 허프 그래디언트 방법에서 사용하는 축적 배열은 파라미터 공간에서 만드는 것이 아니라 입력 영상과 동일한 xy 좌표 공간에서 2차원 배열로 만듭니다. 원의 중심을 찾기 위해 허프 그래디언트 방법은 입력 영상의 모든 에지 픽셀에서 그래디언트를 구하고, 그래디언트 방향을 따르는 직선상의 축적 배열 값을 1씩 증가시킵니다.

허프 그래디언트 방법을 이용하여 원의 중심을 검출하는 과정을 그림 9-16에 나타냈습니다. 그림 9-16처럼 원주상의 모든 점에 대해 그래디언트 방향의 직선을 그리고, 직선상의 축적 배열 값을 증가시키면 결과적으로 원의 중심 위치에서 축적 배열 값이 크게 나타나게 됩니다. 일단 원의 중심을 찾은 후에는 다양한 반지름의 원에 대해 원주상에 충분히 많은 에지 픽셀이 존재하는지 확인하여 적절한 반지름을 선택합니다.

❤ 그림 9-16 허프 그래디언트 방법을 이용한 원 중심 검출

OpenCV에서는 HoughCircles() 함수를 사용하여 원을 검출할 수 있습니다. HoughCircles() 함수 원형은 다음과 같습니다.

```
void HoughCircles(InputArray image, OutputArray circles,
                  int method, double dp, double minDist,
                  double param1 = 100, double param2 = 100,
                  int minRadius = 0, int maxRadius = 0);
```

- image   입력 영상. 에지 영상이 아닌 원본 그레이스케일 영상을 지정합니다.
- circles   검출된 원 정보를 저장할 출력 벡터
- method   HOUGH_GRADIENT만 지정 가능합니다.
- dp   입력 영상과 축적 배열의 크기 비율
- minDist   인접한 원 중심의 최소 거리
- param1   Canny 에지 검출기의 높은 임계값
- param2   축적 배열에서 원 검출을 위한 임계값
- minRadius   검출할 원의 최소 반지름
- maxRadius   검출할 원의 최대 반지름

HoughCircles() 함수의 첫 번째 인자 image에는 원본 그레이스케일 입력 영상을 전달합니다. 직선을 검출하는 HoughLines() 또는 HoughLinesP() 함수에서는 입력 영상으로 에지 영상을 전달하였지만, HoughCircles() 함수의 입력 영상에는 에지 영상이 아닌 원본 그레이스케일 영상을 전달해야 합니다. 그러면 HoughCircles() 함수 내부에서 Sobel() 함수와 Canny() 함수를 이용하여 그래디언트와 에지 영상을 계산한 후, 허프 그래디언트 방법으로 원을 검출합니다.

HoughCircles() 함수의 circles 인자에는 보통 vector\<Vec3f\> 또는 vector\<Vec4f\> 자료형의 변수를 지정합니다. vector\<Vec3f\> 자료형을 사용하면 원의 중심 좌표가 (a, b)와 반지름 r이 차례대로 저장되고, vector\<Vec4f\> 자료형을 사용할 경우 추가적으로 축적 배열 누적 값이 저장됩니다. dp 인자는 사용할 축적 배열의 크기를 결정하는 용도로 사용됩니다. 만약 dp 인자를 1로 지정하면 입력 영상과 같은 크기의 축적 배열을 사용하고, 2를 지정하면 입력 영상의 가로와 세로 크기를 2로 나눈 크기의 축적 배열을 사용합니다. minDist 인자에는 인접한 원의 최소 거리를 지정합니다. 즉, 두 원의 중심점 사이 거리가 minDist보다 작으면 두 원 중 하나는 검출하지 않습니다.

param1 인자는 HoughCircles() 함수 내부에서 캐니 에지 검출기를 이용할 때 높은 임계값으로 사용됩니다. 캐니 에지 검출기의 낮은 임계값은 param1의 절반으로 설정합니다. param2는 축적 배열에서 원의 중심을 찾을 때 사용하는 임계값입니다. minRadius와 maxRadius 인자에는 검출할 원의 최소 반지름과 최대 반지름을 지정합니다. 만약 영상에서 검출할 원의 대략적인 크기를 알고 있다면 minRadius와 maxRadius를 적절하게 지정함으로써 연산 속도를 향상시킬 수 있습니다.

HoughCircles() 함수를 사용하여 영상에서 원을 찾는 예제 코드를 코드 9-5에 나타냈습니다. 코드 9-5에 나타난 hough_circles() 함수는 은색 동전이 놓여 있는 영상에서 원을 검출하고, 검출된 원을 빨간색으로 표시합니다. hough_circles() 함수가 정의된 소스 파일과 사용된 영상 파일은 내려받은 예제 파일 중 ch09/hough 프로젝트에서 확인할 수 있습니다.

코드 9-5 허프 원 검출 예제 [ch09/hough]

```
01   void hough_circles()
02   {
03       Mat src = imread("coins.png", IMREAD_GRAYSCALE);
04
05       if (src.empty()) {
06           cerr << "Image load failed!" << endl;
07           return;
08       }
09
10       Mat blurred;
11       blur(src, blurred, Size(3, 3));
12
13       vector<Vec3f> circles;
14       HoughCircles(blurred, circles, HOUGH_GRADIENT, 1, 50, 150, 30);
15
16       Mat dst;
17       cvtColor(src, dst, COLOR_GRAY2BGR);
18
19       for (Vec3f c : circles) {
20           Point center(cvRound(c[0]), cvRound(c[1]));
```

```
21          int radius = cvRound(c[2]);
22          circle(dst, center, radius, Scalar(0, 0, 255), 2, LINE_AA);
23      }
24
25      imshow("src", src);
26      imshow("dst", dst);
27
28      waitKey();
29      destroyAllWindows();
30  }
```

- 3행   coins.png 동전 영상을 불러와 src에 저장합니다.

- 11행   입력 영상 src의 잡음을 제거하는 용도로 blur() 함수를 적용합니다.

- 14행   HoughCircles() 함수를 이용하여 원을 검출합니다. 축적 배열 크기는 입력 영상과 같은 크기로 사용
           하고, 두 원의 중심점 거리가 50픽셀보다 작으면 검출하지 않습니다. 캐니 에지 검출기의 높은 임계값은
           150으로 지정하고, 축적 배열 원소 값이 30보다 크면 원의 중심점으로 선택합니다. 검출된 원의 중심
           좌표와 반지름 정보는 circles 변수에 저장됩니다.

- 16~17행 입력 영상 src를 3채널 컬러 영상으로 변환하여 dst에 저장합니다.

- 19~23행 dst 영상 위에 검출된 원을 빨간색으로 그립니다.

코드 9-5의 hough_circles() 함수 실행 결과를 그림 9-17에 나타냈습니다. 그림 9-17에서 src는
입력 영상 coins.png 파일이고, dst는 허프 그래디언트 방법으로 검출된 원을 함께 표시한 영상입
니다. 입력 영상에 존재하는 모든 동전에 빨간색 원이 적절하게 그려진 것을 확인할 수 있습니다.

❤ 그림 9-17 허프 원 검출 예제 실행 결과

10^장

컬러 영상 처리

10.1 / 컬러 영상 다루기

지금까지는 주로 그레이스케일 영상을 대상으로 하는 영상 처리 기법에 대해 알아봤습니다. 이 절에서는 OpenCV에서 컬러 영상을 다루는 기본적인 방법과 다양한 색 공간에 대해 알아보겠습니다. 먼저 컬러 영상에서 픽셀 값을 참조하여 변경하는 방법을 알아보고, RGB 색 공간의 영상을 HSV, YCrCb 등 다른 색 공간으로 변환하는 방법에 대해 설명하겠습니다. 그리고 3채널 컬러 영상의 채널을 분리하거나 합치는 방법에 대해 알아보겠습니다.

10.1.1 컬러 영상의 픽셀 값 참조

OpenCV에서 영상 파일을 불러와서 Mat 객체를 생성할 때에는 imread() 함수를 사용합니다. 이때 imread() 함수의 두 번째 인자를 IMREAD_COLOR로 설정하면 영상을 3채널 컬러 영상 형식으로 불러옵니다. 예를 들어 butterfly.jpg 나비 영상을 3채널 컬러 영상 형식으로 불러오려면 다음과 같이 코드를 작성합니다.

```
Mat img = imread("butterfly.jpg", IMREAD_COLOR);
```

일반적으로 컬러 영상은 흔히 RGB라고 부르는 빨간색(R), 녹색(G), 파란색(B) 색상 성분의 조합으로 픽셀 값을 표현합니다. 그러나 OpenCV의 컬러 영상은 기본적으로 RGB 색상 순서가 아니라 BGR 색상 순서로 픽셀 값을 표현합니다. 즉, imread() 함수로 영상을 3채널 컬러 영상 형식으로 불러오면 각 픽셀의 색상 값이 파란색(B), 녹색(G), 빨간색(R) 순서로 저장된 Mat 객체가 생성됩니다.

컬러 영상에서 각각의 R, G, B 색상 성분은 0부터 255 사이의 값을 가질 수 있습니다. 색상 성분 값이 0이면 해당 색상 성분이 전혀 없는 상태이고, 255이면 해당 색상 성분이 가득 차 있음을 의미합니다. OpenCV에서 각 색상 성분 값은 uchar 자료형을 사용하여 표현합니다. 그리고 컬러 영상에서 하나의 픽셀은 세 개의 색상 성분을 가지고 있으므로 컬러 영상의 한 픽셀을 정확하게 표현하려면 Vec3b 자료형을 이용해야 합니다. Vec3b 클래스는 크기가 3인 uchar 자료형 배열을 멤버 변수로 가지고 있는 클래스입니다. Vec3b 클래스의 바이트 크기는 정확하게 3바이트이며, 이는 실제 3채널 컬러 영상의 한 픽셀이 차지하는 바이트 수와 같습니다.

컬러 영상에서 픽셀 값을 참조할 때에도 Mat::at() 함수를 사용합니다. Mat::at() 함수는 템플릿으로 정의된 함수이므로 3채널 컬러 영상에 대해 Mat::at() 함수를 사용하려면 Vec3b 자료형을 명시해야 합니다. 예를 들어 앞에서 butterfly.jpg 나비 영상을 저장하고 있는 img 객체에서 (0, 0) 위치의 픽셀 값을 참조하려면 다음과 같이 코드를 작성합니다.

```
Vec3b& pixel = img.at<Vec3b>(0, 0);
```

앞의 예제 코드에서 Vec3b 참조형으로 선언된 변수 pixel은 img 영상의 (0, 0) 좌표에서 BGR 색상 정보를 가리킵니다. Mat::at() 함수가 픽셀 정보를 참조 형태로 반환하기 때문에 변수 pixel 값을 변경하면 img 영상의 (0, 0) 좌표 픽셀 값도 같이 변경됩니다. Vec3b 클래스는 [ ] 연산자 재정의를 이용하여 각 멤버 변수 값에 접근할 수 있으므로, pixel에 저장된 파란색(B), 녹색(G), 빨간색(R) 색상 성분 값을 각각 알고 싶다면 다음과 같이 코드를 작성합니다.

```
uchar b1 = pixel[0];
uchar g1 = pixel[1];
uchar r1 = pixel[2];
```

이 예제 코드에서 변수 b1, g1, r1에는 각각 pixel의 파란색, 녹색, 빨간색 성분 값이 저장됩니다.

Mat::ptr() 함수를 이용하여 컬러 영상의 특정 행 시작 주소를 얻어 올 때에도 Vec3b 자료형을 명시하여 사용해야 합니다. 예를 들어 img 컬러 영상에서 0번째 행 시작 픽셀 주소를 알고 싶다면 다음과 같이 코드를 작성합니다.

```
Vec3b* ptr = img.ptr<Vec3b>(0);
```

이와 같이 포인터 변수 ptr에 특정 행 시작 주소를 받아 온 후에는 해당 행의 픽셀 값을 ptr[0], ptr[1], ..., ptr[img.cols-1] 형태로 접근할 수 있습니다. 예를 들어 ptr[0]은 (0, 0) 좌표 픽셀을 가리키며, 이는 Vec3b 자료형에 해당합니다. 그러므로 ptr[0] 코드 뒤에 다시 한 번 [ ] 연산자를 붙여서 해당 픽셀의 파란색(B), 녹색(G), 빨간색(R) 색상 성분 값을 얻을 수 있습니다.

```
uchar b2 = ptr[0][0];
uchar g2 = ptr[0][1];
uchar r2 = ptr[0][2];
```

결국 앞 코드에서 변수 b2, g2, r2에는 각각 (0, 0) 픽셀의 파란색, 녹색, 빨간색 성분 값이 저장됩니다.

컬러 영상의 픽셀 값 참조 방법을 이용하여 컬러 영상을 반전하는 예제 코드를 코드 10-1에 나타 냈습니다. 코드 10-1에 나타난 color_inverse() 함수는 butterfly.jpg 컬러 영상의 모든 픽셀 값 을 반전시켜 화면에 나타냅니다. 컬러 영상을 반전하려면 B, G, R 세 개의 색상 성분 값을 각각 255에서 빼는 연산을 수행해야 합니다. color_inverse() 함수가 정의된 소스 파일과 사용된 영상 파일은 내려받은 예제 파일 중에서 ch10/ColorOp 프로젝트를 참고하기 바랍니다.

코드 10-1 컬러 영상의 픽셀 값 반전 [ch10/ColorOp]

```
01    void color_inverse()
02    {
03        Mat src = imread("butterfly.jpg", IMREAD_COLOR);
04
05        if (src.empty()) {
06            cerr << "Image load failed!" << endl;
07            return;
08        }
09
10        Mat dst(src.rows, src.cols, src.type());
11
12        for (int j = 0; j < src.rows; j++) {
13            for (int i = 0; i < src.cols; i++) {
14                Vec3b& p1 = src.at<Vec3b>(j, i);
15                Vec3b& p2 = dst.at<Vec3b>(j, i);
16
17                p2[0] = 255 - p1[0]; // B
18                p2[1] = 255 - p1[1]; // G
19                p2[2] = 255 - p1[2]; // R
20            }
21        }
22
23        imshow("src", src);
24        imshow("dst", dst);
25
26        waitKey();
27        destroyAllWindows();
28    }
```

- 3행   butterfly.jpg 파일을 3채널 BGR 컬러 영상으로 불러와서 src에 저장합니다.
- 10행   반전된 영상을 저장할 dst 영상을 생성합니다. dst 영상의 모든 픽셀 값은 이후 for 반복문에서 설정할 것이므로 초깃값은 따로 지정하지 않았습니다.
- 14~15행   src와 dst 영상의 (i, j) 좌표 픽셀 값을 각각 p1과 p2 변수에 참조로 받아 옵니다.
- 17~19행   p1 픽셀의 세 개 색상 성분 값을 모두 반전시켜 p2 픽셀 값으로 설정합니다.

코드 10-1의 color_inverse() 함수에서 영상의 픽셀 값을 반전하는 코드는 for 반복문 안쪽의 14~19행입니다. 코드 10-1에서는 가독성을 위해서 src 영상과 dst 영상의 (i, j) 위치 픽셀 값을 각각 Vec3b 자료형 변수 p1과 p2로 참조한 후에 반전하였지만, 이 코드는 다음과 같이 간략하게 바꿔 쓸 수도 있습니다.

```
for (int j = 0; j < src.rows; j++) {
    for (int i = 0; i < src.cols; i++) {
        dst.at<Vec3b>(j, i) = Vec3b(255, 255, 255) - src.at<Vec3b>(j, i);
    }
}
```

이 예제 코드는 B, G, R 색상 성분의 반전을 각각 따로 처리하지 않고, Vec3b 클래스에서 지원하는 - 연산자 재정의를 이용하여 한꺼번에 반전을 수행합니다.

코드 10-1의 color_inverse() 함수 실행 결과를 그림 10-1에 나타냈습니다. 그림 10-1에서 src는 입력 영상 butterfly.jpg 파일이고, dst는 반전된 영상입니다. 입력 영상 src에서 검은색 나비 날개 부분이 반전되어 흰색으로 변경된 것을 확인할 수 있습니다. 또한 입력 영상에서 배경의 녹색 나뭇잎 영역은 B, G, R 각 채널이 각각 반전되어 결과 영상에서는 보라색으로 변경되었습니다.

❤ 그림 10-1 컬러 영상의 반전

> Note ≡   코드 10-1에서는 컬러 영상의 픽셀 값 참조 방법을 설명하기 위해 영상의 반전을 직접 구현하는 코드를 설명했습니다. 그러나 실전에서 컬러 영상을 반전하려면 Mat 클래스에 대해 정의된 - 연산자 재정의 함수를 사용하는 것이 효율적입니다. 예를 들어 butterfly.jpg 나비 영상을 반전하려면 다음과 같이 코드를 작성합니다.
>
> ```
> Mat src = imread("butterfly.jpg", IMREAD_COLOR);
> Mat dst = Scalar(255, 255, 255) - src;
> ```
>
> 이 예제 코드는 src 영상의 모든 픽셀에 대하여 B, G, R 색상 성분을 각각 255에서 빼고, 그 결과를 dst 영상의 픽셀 값으로 설정합니다.

10.1.2 색 공간 변환

컴퓨터에서는 보통 빛의 삼원색이라고 부르는 빨간색(R), 녹색(G), 파란색(B) 성분의 조합으로 색을 표현합니다. OpenCV에서는 컬러 영상을 Mat 객체에 저장할 때 파란색, 녹색, 빨간색 순서로 색 정보를 저장하기 때문에 정확하게 BGR 표현이지만, 빛의 삼원색 조합으로 색을 표현한다는 것은 같습니다. 이처럼 빨간색, 녹색, 파란색 세 가지 색 성분의 조합으로 색을 표현하는 방식을 RGB 색 모델(color model) 또는 RGB 색 공간(color space) 표현이라고 합니다. 우리가 흔히 사용하는 모니터에서도 빨간색, 녹색, 파란색 성분을 조합하여 색상을 표현합니다. 디지털 카메라에서 컬러 영상을 획득할 때에도 빨간색, 녹색, 파란색 필터를 사용하여 색상 정보를 추출합니다. 이처럼 RGB 색 공간은 일상생활에 널리 사용되고 있지만, 컬러 영상 처리 관점에서는 그렇게 환영받지 못하는 편입니다. 컬러 영상 처리에서는 보통 색상 구분이 용이한 HSV, HSL 색 공간을 사용하거나 또는 휘도 성분이 구분되어 있는 YCrCb, YUV 등 색 공간을 사용하는 것이 유리합니다. 그래서 OpenCV는 BGR 순서로 색상이 저장된 컬러 영상의 색 공간을 HSV, YCrCB 등 다른 색 공간으로 변환하는 인터페이스를 제공합니다.

OpenCV에서 영상의 색 공간을 다른 색 공간으로 변환할 때에는 cvtColor() 함수를 사용합니다. cvtColor() 함수 원형은 다음과 같습니다.

```
void cvtColor(InputArray src, OutputArray dst, int code, int dstCn = 0);
```

- src 입력 영상. CV_8U, CV_16U, CV_32F 중 하나의 깊이를 사용해야 합니다.
- dst 결과 영상. src와 크기 및 깊이가 같습니다.
- code 색 공간 변환 코드. ColorConversionCodes 열거형 상수 중 하나를 지정합니다.
- dstCn 결과 영상의 채널 수. 0이면 자동으로 결정됩니다.

cvtColor() 함수는 입력 영상 src의 색 공간을 변환하여 결과 영상 dst를 생성합니다. 색 공간을 어떻게 변환할 것인지는 code 인자로 지정합니다. code 인자에는 ColorConversionCodes 열거형 상수를 지정할 수 있으며, 주로 사용되는 색 공간 변환 코드를 표 10-1에 나타냈습니다. OpenCV는 표 10-1에 나타난 변환 코드 외에도 훨씬 많은 색 공간 변환을 지원하며, 자세한 사항은 OpenCV 문서 사이트를 참고하기 바랍니다.[1]

---

1 OpenCV 4.0.0에서 지원하는 전체 색 공간 변환 코드는 https://docs.opencv.org/4.0.0/d8/d01/group__imgproc__color__conversions.html에서 확인할 수 있습니다.

ColorConversionCodes 열거형 상수	설명
COLOR_BGR2RGB 또는 COLOR_RGB2BGR	BGR 채널 순서와 RGB 채널 순서를 상호 변환합니다.
COLOR_BGR2GRAY	3채널 BGR 컬러 영상을 1채널 그레이스케일 영상으로 변환합니다.
COLOR_GRAY2BGR	1채널 그레이스케일 영상을 3채널 BGR 컬러 영상으로 변환합니다.
COLOR_BGR2XYZ	BGR 색 공간을 CIE XYZ 색 공간으로 변환합니다.
COLOR_XYZ2BGR	CIE XYZ 색 공간을 BGR 색 공간으로 변환합니다.
COLOR_BGR2YCrCb	BGR 색 공간을 YCrCb 색 공간으로 변환합니다.
COLOR_YCrCb2BGR	YCrCb 색 공간을 BGR 색 공간으로 변환합니다.
COLOR_BGR2HSV	BGR 색 공간을 HSV 색 공간으로 변환합니다.
COLOR_HSV2BGR	HSV 색 공간을 BGR 색 공간으로 변환합니다.
COLOR_BGR2Lab	BGR 색 공간을 CIE Lab 색 공간으로 변환합니다.
COLOR_Lab2BGR	CIE Lab 색 공간을 BGR 색 공간으로 변환합니다.

10

컬러 영상 처리

cvtColor() 함수와 ColorConversionCodes 열거형 상수의 조합으로 수행할 수 있는 색 공간 변환 중에서 사용성이 높은 몇 가지 색 공간 변환에 대해 좀 더 자세히 알아보겠습니다.

BGR2GRAY와 GRAY2BGR

BGR2GRAY 색 공간 변환 코드는 BGR 컬러 영상을 그레이스케일 영상으로 변환할 때 사용합니다. 컬러 영상을 그레이스케일 영상으로 변환하는 주된 이유는 연산 속도와 메모리 사용량을 줄이기 위함입니다. 기본적으로 컬러 영상은 그레이스케일 영상에 비해 3배 많은 메모리를 필요로 하고, 또한 세 개의 채널에 대해 연산을 수행해야 하기 때문에 더 많은 연산 시간이 필요하게 됩니다. 그러므로 입력 영상에서 색상 정보의 활용도가 그리 높지 않은 경우에는 입력 영상을 그레이스케일 영상으로 변환하여 처리하는 것이 효율적입니다.

BGR 3채널 컬러 영상을 그레이스케일 영상으로 변환할 때에는 다음 공식을 사용합니다.

$$Y = 0.299R + 0.587G + 0.114B$$

앞의 공식에서 R, G, B는 각각 픽셀의 빨간색, 녹색, 파란색 성분의 값을 나타내며, Y는 해당 픽셀의 그레이스케일 성분 크기를 나타냅니다. BGR2GRAY 색 공간 변환 코드에 의해 만들어지는 결과 영상은 CV_8UC1 타입으로 설정됩니다.

반대로 GRAY2BGR 색 공간 변환 코드는 그레이스케일 영상을 BGR 컬러 영상으로 변환할 때 사용합니다. 이 경우 결과 영상은 CV_8UC3 타입으로 결정되고, 각 픽셀의 B, G, R 색상 성분 값은 다음과 같이 결정됩니다.

$$R = G = B = Y$$

이 책에서는 주로 그레이스케일 영상 위에 색깔이 있는 선 또는 글씨를 나타내기 위해 미리 그레이스케일 영상을 BGR 컬러 영상으로 변환합니다. 기본적으로 그레이스케일 영상에는 색깔 있는 선 또는 글씨를 출력할 수 없기 때문입니다.

BGR2HSV와 HSV2BGR

HSV 색 모델은 색상(hue), 채도(saturation), 명도(value)로 색을 표현하는 방식입니다. 색상은 빨간색, 노란색, 녹색과 같은 색의 종류를 의미합니다. 채도는 색의 순도를 나타냅니다. 즉, 빨간색에 대하여 채도가 높으면 맑은 선홍색이고, 채도가 낮으면 탁한 빨간색으로 보이게 됩니다. 명도는 빛의 세기를 나타냅니다. 명도가 높으면 밝고, 명도가 낮으면 어둡게 느껴집니다.

HSV 색 공간은 그림 10-2와 같이 원뿔 모양으로 표현할 수 있습니다. HSV 색 공간 모형에서 색상은 원뿔을 가로로 잘랐을 때 나타나는 원형에서 각도로 정의됩니다. 각도가 0°에 해당할 때 빨간색을 나타내고, 각도가 증가할수록 노란색, 녹색, 하늘색, 파란색, 보라색을 거쳐 각도가 360°에 가까워지면 다시 빨간색으로 표현됩니다. 채도는 원뿔을 가로로 잘랐을 때 나타나는 원 모양의 중심에서 최솟값을 갖고, 원의 중심에서 방사형으로 멀어지는 방향으로 값이 증가합니다. 명도는 원뿔 아래쪽 꼭지점에서 최솟값을 갖고 원뿔의 축을 따라 올라가면서 증가합니다.

▼ 그림 10-2 원뿔 모양의 HSV 색 공간 모형[2]

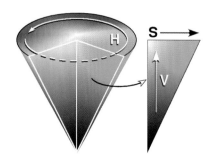

---

2   그림 출처: https://ko.wikipedia.org/wiki/HSV_색_공간

OpenCV에서 BGR2HSV 색 공간 변환 코드를 이용하여 8비트 BGR 영상을 HSV 영상으로 변환할 경우, H 값은 0부터 179 사이의 정수로 표현되고, S와 V는 0부터 255 사이의 정수로 표현합니다. 색상 값은 보통 0°부터 360° 사이의 각도로 표현하지만, uchar 자료형으로는 256 이상의 정수를 표현할 수 없기 때문에 OpenCV에서는 각도를 2로 나눈 값을 H 성분으로 저장합니다. 만약 cvtColor() 함수의 입력 BGR 영상이 0에서 1 사이 값으로 정규화된 CV_32FC3 타입의 행렬이라면, H 값은 0에서 360 사이의 실수로 표현되고 S와 V는 0에서 1 사이의 실수 값으로 표현됩니다.

BGR2YCrCb와 YCrCb2BGR

YCrCb 색 공간에서 Y 성분은 밝기 또는 휘도(luminance) 정보를 나타내고, Cr과 Cb 성분은 색상 또는 색차(chrominance) 정보를 나타냅니다. RGB 색상 성분으로부터 Y 성분을 계산하는 공식은 그레이스케일 계산 공식과 완전히 같습니다. Cr과 Cb 성분은 밝기에 대한 정보는 포함하지 않으며 오직 색상에 대한 정보만을 가지고 있습니다. 그러므로 YCrCb 색 공간은 영상을 그레이스케일 정보와 색상 정보로 분리하여 처리할 때 유용합니다.

OpenCV에서 BGR2YCrCb 색 공간 변환 코드를 이용하여 8비트 BGR 영상을 YCrCb 영상으로 변환할 경우, Y, Cr, Cb 각각의 성분 값은 0부터 255 사이의 값으로 표현됩니다. 만약 cvtColor() 함수의 입력 영상이 0에서 1 사이 값으로 정규화된 CV_32FC3 타입의 행렬이라면 Y, Cr, Cb 각각의 성분 값도 0에서 1 사이의 실수 값으로 표현됩니다.

Y 성분을 128로 고정한 상태에서 Cr과 Cb 값에 따른 색상 표현을 그림 10-3에 나타냈습니다. HSV 색 공간에서는 H 값만을 이용하여 색 종류를 구분할 수 있지만 YCrCb 색 공간에서는 Cr과 Cb를 함께 조합하여 색을 구분할 수 있습니다.

❤ 그림 10-3 CrCb 색 분포(Y=128)

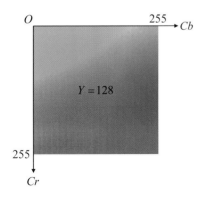

지금까지 설명한 BGR2GRAY, BGR2HSV, BGR2YCrCb 등의 색 공간 변환 코드에서 사용되는 색 공간 변환 공식에 대한 좀 더 자세한 설명은 OpenCV 문서 페이지를 참고하기 바랍니다.[3]

cvtColor() 함수를 이용하여 BGR 컬러 영상을 그레이스케일 영상으로 변환하는 예제 코드를 코드 10-2에 나타냈습니다. 코드 10-2에 나타난 color_grayscale() 함수는 butterfly.jpg 영상을 3채널 BGR 컬러 영상 형식으로 불러온 후 그레이스케일 영상으로 변환하여 화면에 나타냅니다. color_grayscale() 함수가 정의된 소스 파일은 내려받은 예제 파일 중에서 ch10/ColorOp 프로젝트를 참고하기 바랍니다.

코드 10-2 컬러 영상을 그레이스케일 영상으로 변환하기 [ch10/ColorOp]

```
01   void color_grayscale()
02   {
03       Mat src = imread("butterfly.jpg");
04
05       if (src.empty()) {
06           cerr << "Image load failed!" << endl;
07           return;
08       }
09
10       Mat dst;
11       cvtColor(src, dst, COLOR_BGR2GRAY);
12
13       imshow("src", src);
14       imshow("dst", dst);
15
16       waitKey();
17       destroyAllWindows();
18   }
```

- 3행   imread() 함수의 두 번째 인자를 지정하지 않으면 기본적으로 3채널 BGR 컬러 영상 형식으로 불러옵니다.
- 11행   3채널 BGR 컬러 영상 src를 그레이스케일 영상으로 변환하여 dst에 저장합니다.

코드 10-2의 color_grayscale() 함수 실행 결과를 그림 10-4에 나타냈습니다. 그림 10-4에서 src는 입력 영상 butterfly.jpg 파일이고, dst는 그레이스케일 형식으로 변경된 영상입니다. cvtColor() 함수로 생성한 dst 영상은 imread("butterfly.jpg", IMREAD_GRAYSCALE) 코드를 이용하여 나비 영상을 그레이스케일 영상 형식으로 불러오는 것과 완전히 같습니다.

---

3   https://docs.opencv.org/4.0.0/de/d25/imgproc_color_conversions.html

10.1.3 색상 채널 나누기

imread( ) 함수로부터 생성된 컬러 영상은 하나의 픽셀이 파란색(B), 녹색(G), 빨간색(R) 세 개의
색상 정보를 가지고 있습니다. 그래서 OpenCV에서 컬러 영상은 보통 uchar 자료형을 사용하고
세 개의 채널을 갖는 Mat 객체로 표현합니다. 그런데 컬러 영상을 다루다 보면 빨간색 성분만을
이용하거나 HSV 색 공간으로 변환한 후 H 성분만을 이용하는 경우가 종종 발생합니다. 이러한
경우에는 3채널 Mat 객체를 1채널 Mat 객체 세 개로 분리해서 다루는 것이 효율적입니다.

OpenCV에서 다채널 행렬을 1채널 행렬 여러 개로 변환할 때에는 split( ) 함수를 사용합니다.
split( ) 함수 원형은 다음과 같습니다.

```
void split(const Mat& src, Mat* mvbegin);
void split(InputArray src, OutputArrayOfArrays mv);
```

- src   입력 다채널 행렬
- mvbegin   분리된 1채널 행렬을 저장할 Mat 배열 주소. 영상 배열 개수는 src 영상 채널 수와 같아야 합니다.
- mv   분리된 1채널 행렬을 저장할 벡터

split( ) 함수의 입력 src는 여러 개의 채널로 구성된 다채널 행렬입니다. 그리고 1채널 행렬로 분
할된 결과는 Mat 자료형의 배열 또는 vector<Mat> 형식의 변수로 받을 수 있습니다. Mat 자료형 배
열을 사용할 경우에는 배열의 크기가 입력 영상의 채널 수보다 같거나 커야 합니다.

split( ) 함수와 반대로 1채널 행렬 여러 개를 합쳐서 다채널 행렬 하나를 생성하려면 merge( ) 함
수를 사용합니다. merge( ) 함수 원형은 다음과 같습니다.

```
void merge(const Mat* mv, size_t count, OutputArray dst);
void merge(InputArrayOfArrays mv, OutputArray dst);
```

- mv   1채널 행렬을 저장하고 있는 배열 또는 벡터. 모든 행렬은 크기와 깊이가 같아야 합니다.
- count   (mv가 Mat 타입의 배열인 경우) Mat 배열의 크기
- dst   출력 다채널 행렬

split() 함수를 이용하여 BGR 컬러 영상으로부터 B, G, R 색 채널을 분리하여 화면에 출력하는 예제 코드를 코드 10-3에 나타냈습니다. 코드 10-3에 나타난 color_split() 함수는 candies. png 파일을 3채널 컬러 영상 형식으로 불러온 후 각 채널을 분리합니다. 이때 분리된 각 채널은 CV_8UC1 타입의 그레이스케일 영상이므로 imshow() 함수를 이용하여 화면에 나타낼 수 있습니다. color_split() 함수가 정의된 소스 코드 파일과 사용된 영상 파일은 내려받은 예제 파일 중에서 ch10/ColorOp 프로젝트를 참고하기 바랍니다.

코드 10-3 BGR 컬러 영상의 채널 나누기 [ch10/ColorOp]

```
01    void color_split()
02    {
03        Mat src = imread("candies.png");
04
05        if (src.empty()) {
06            cerr << "Image load failed!" << endl;
07            return;
08        }
09
10        vector<Mat> bgr_planes;
11        split(src, bgr_planes);
12
13        imshow("src", src);
14        imshow("B_plane", bgr_planes[0]);
15        imshow("G_plane", bgr_planes[1]);
16        imshow("R_plane", bgr_planes[2]);
17
18        waitKey();
19        destroyAllWindows();
20    }
```

- 3행   candies.png 영상을 3채널 BGR 컬러 영상 형식으로 불러옵니다.
- 10~11행   src 영상의 채널을 분할하여 bgr_planes 벡터에 저장합니다. bgr_planes[0]에는 파란색 색상 평면,
              bgr_planes[1]에는 녹색 색상 평면, bgr_planes[2]에는 빨간색 색상 평면이 저장됩니다.

코드 10-3의 color_split() 함수 실행 결과를 그림 10-5에 나타냈습니다. 그림 10-5에서 src는 입력 영상 candies.png 파일이고, B_plane은 파란색 채널, G_plane은 녹색 채널, R_plane은 빨간색 채널을 나타내는 영상입니다. 원본 영상 src에서 파란색 초콜릿 영역은 파란색 성분 값이 크기 때문에 B_plane 영상에서 밝은 흰색으로 표시됩니다. 원본 영상 src에서 노란색 캔디 영역은 빨간색과 녹색 성분 값이 크기 때문에 R_plane과 G_plane 영상에서 밝게 표현됩니다. 반면에 B_plane 영상에서는 어두운 검은색으로 표현되는 것을 확인할 수 있습니다.

▼ 그림 10-5 BGR 컬러 영상의 채널 나누기 예제 실행 결과[4]

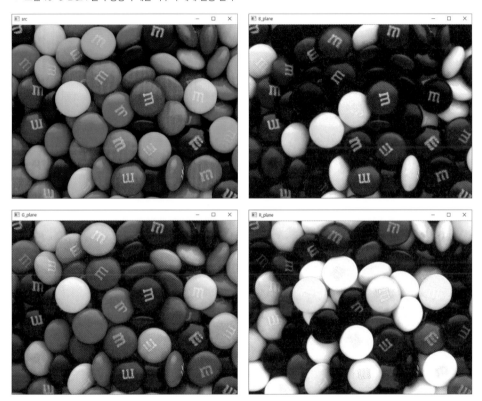

이 절에서는 간단하게 RGB 색 공간에서 색상 채널을 나누는 예제만을 살펴봤습니다. 그러나 컬러 영상을 다루는 응용에서는 RGB 색 공간보다 HSV, YCrCb 등의 색 공간에서 채널을 나눠서 색 정보를 다루는 경우가 많습니다. HSV 또는 YCrCb 색 공간에서 색상 평면을 나누거나 합치는 방법에 대해서는 10.2절 컬러 영상 처리 기법에서 예제를 통해 알아보겠습니다.

---

4   그림 출처: https://en.wikipedia.org/wiki/M%26M%27s

10.2 컬러 영상 처리 기법

이 절에서는 영상의 색상 정보를 이용하여 영상을 처리하는 방법에 대해 소개합니다. 먼저 컬러 영상의 명암비를 높이는 컬러 히스토그램 평활화 기법에 대해 알아보고, 컬러 영상에서 원하는 색상 영역을 검출하는 방법에 대해 알아보겠습니다.

10.2.1 컬러 히스토그램 평활화

5.3.3절에서 영상의 히스토그램 정보를 이용하여 명암비를 증가시키는 히스토그램 평활화 기법에 대해 소개했습니다. OpenCV에서는 equalizeHist() 함수를 통해 히스토그램 평활화를 수행할 수 있지만 equalizeHist() 함수는 그레이스케일 영상만 입력으로 받을 수 있습니다. 그러므로 3채널 컬러 영상에 대해 히스토그램 평활화를 수행하려면 OpenCV 함수를 조합하여 직접 구현해야 합니다.

그레이스케일 영상의 히스토그램 평활화를 배운 학생들에게 컬러 영상의 히스토그램 평활화를 구현하는 과제를 내 주면 보통 그림 10-6과 같은 방식을 많이 생각합니다. 즉, 입력 영상을 R, G, B 각 채널로 나누고, 채널별로 히스토그램 평활화를 수행한 후 다시 채널을 합치는 방식입니다. 그러나 이러한 방식은 R, G, B 색상 채널마다 서로 다른 형태의 명암비 변환 함수를 사용하게 됨으로써 원본 영상과 다른 색상의 결과 영상이 만들어지는 단점이 있습니다.

❤ 그림 10-6 RGB 각 채널에 히스토그램 평활화 수행하기

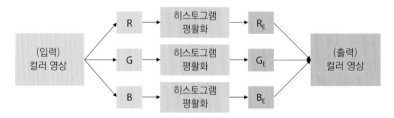

실제 컬러 영상에 그림 10-6과 같은 방식으로 히스토그램 평활화를 수행한 결과를 그림 10-7에 나타냈습니다. 그림 10-7(a)는 테스트로 사용한 입력 영상 pepper.bmp 파일이며, 이 영상은 전체적으로 녹색 성분이 많이 포함되어 있습니다. 이 영상에 대해 R, G, B 각각의 색상 채널에 대해

히스토그램 평활화를 수행하고, 다시 채널을 합쳐서 만든 결과 영상이 그림 10-7(b)입니다. 입력 영상에서 상대적으로 적었던 파란색 성분이 강해지면서 원본 영상의 색감과 완전히 다른 결과 영상이 만들어졌습니다.

▼ 그림 10-7 RGB 각 채널에 히스토그램 평활화 수행하기 결과

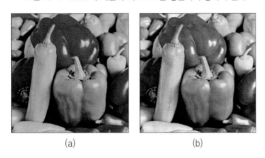

(a)   (b)

컬러 영상의 색감은 변경하지 않고 명암비를 높이려면 영상의 밝기 정보만을 사용해야 합니다. 그러므로 보통 컬러 영상에 대하여 히스토그램 평활화를 수행하려면 입력 영상을 밝기 정보와 색상 정보로 분리한 후, 밝기 정보에 대해서만 히스토그램 평활화를 수행합니다. 예를 들어 YCrCb 색 공간을 사용할 경우, 입력 영상을 YCrCb 색 공간으로 변환하여 Y 성분에 대해서만 히스토그램 평활화를 수행하고 Cr과 Cb 색 성분은 변경하지 않고 그대로 유지합니다. 그리고 변경된 Y 채널과 Cr, Cb 채널을 다시 합치면 컬러 히스토그램 평활화 결과 영상을 얻을 수 있습니다. 이러한 방식의 컬러 히스토그램 평활화 방법을 그림 10-8에 그림으로 나타냈습니다. 이 방식은 Cr과 Cb 채널의 색상 정보는 전혀 변경하지 않으므로 입력 영상의 색감이 그대로 유지되고, 오직 밝기 성분에 대해서만 명암비가 증가하게 됩니다.

▼ 그림 10-8 컬러 히스토그램 평활화 방법

그림 10-8의 컬러 히스토그램 평활화 방법을 실제 영상에 적용한 예제 코드를 코드 10-4에 나타냈습니다. 코드 10-4에 나타난 coloreq 예제 프로그램은 pepper.bmp 영상에 대하여 컬러 히스토그램 평활화를 수행하고 그 결과를 화면에 나타냅니다. 코드 10-4에 나타난 소스 코드 파일과 사용된 영상 파일은 내려받은 예제 파일 중 ch10/coloreq 프로젝트에서 확인할 수 있습니다.

```
01    #include "opencv2/opencv.hpp"
02    #include <iostream>
03
04    using namespace cv;
05    using namespace std;
06
07    int main(void)
08    {
09        Mat src = imread("pepper.bmp", IMREAD_COLOR);
10
11        if (src.empty()) {
12            cerr << "Image load failed!" << endl;
13            return -1;
14        }
15
16        Mat src_ycrcb;
17        cvtColor(src, src_ycrcb, COLOR_BGR2YCrCb);
18
19        vector<Mat> ycrcb_planes;
20        split(src_ycrcb, ycrcb_planes);
21
22        equalizeHist(ycrcb_planes[0], ycrcb_planes[0]); // Y channel
23
24        Mat dst_ycrcb;
25        merge(ycrcb_planes, dst_ycrcb);
26
27        Mat dst;
28        cvtColor(dst_ycrcb, dst, COLOR_YCrCb2BGR);
29
30        imshow("src", src);
31        imshow("dst", dst);
32
33        waitKey();
34        return 0;
35    }
```

- 9행   pepper.bmp 영상을 3채널 BGR 영상으로 불러와서 src에 저장합니다.

- 16~17행   BGR 색 공간의 src 영상을 YCrCb 색 공간으로 변경하여 src_ycrcb에 저장합니다.

- 19~20행   src_ycrcb 영상의 채널을 분리하여 ycrcb_planes에 저장합니다.

- 22행   Y 성분에 해당하는 ycrcb_planes[0] 영상에 대해서만 히스토그램 평활화를 수행합니다.

- 24~25행   ycrcb_planes 벡터에 들어 있는 세 영상을 합쳐서 dst_ycrcb 영상을 생성합니다.

- 27~28행   dst_ycrcb 영상의 색 공간을 BGR 색 공간으로 변환하여 dst에 저장합니다.

코드 10-4의 coloreq 프로그램 수행 결과를 그림 10-9에 나타냈습니다. 그림 10-9에서 src 영상은 pepper.bmp 파일이고, dst 영상은 컬러 히스토그램 평활화가 적용된 결과 영상입니다. 원본 영상의 색감은 그대로 유지한 채 명암비가 높아진 것을 확인할 수 있습니다.

❤ 그림 10-9 컬러 영상의 히스토그램 평활화 예제 실행 결과

10.2.2 색상 범위 지정에 의한 영역 분할

컬러 영상을 다루는 응용에서 자주 요구되는 기법은 특정 색상 영역을 추출하는 작업입니다. 예를 들어 입력 영상에서 빨간색 픽셀을 모두 찾아내면 빨간색 객체의 위치와 크기를 알 수 있습니다. 컬러 영상에서 빨간색, 파란색 등의 대표적인 색상 영역을 구분할 때에는 RGB 색 공간보다 HSV 등의 색상(H) 정보가 따로 설정되어 있는 색 공간을 사용하는 것이 유리합니다. 예를 들어 HSV 색 공간에서 녹색은 H 값이 60 근방으로 표현되기 때문에 H 값이 60에 가까운지를 조사하여 녹색 픽셀을 찾아낼 수 있습니다.

OpenCV에서 행렬의 원소 값이 특정 범위 안에 있는지 확인하려면 inRange() 함수를 사용할 수 있습니다. inRange() 함수 원형은 다음과 같습니다.

```
void inRange(InputArray src, InputArray lowerb,
             InputArray upperb, OutputArray dst);
```

- src   입력 영상
- lowerb   하한 값. 주로 Mat 또는 Scalar 객체를 지정합니다.
- upperb   상한 값. 주로 Mat 또는 Scalar 객체를 지정합니다.
- dst   출력 마스크 영상. 입력 영상과 크기가 같고, 타입은 CV_8UC1입니다.

inRange() 함수는 입력 영상 src의 픽셀 값이 지정한 밝기 또는 색상 범위에 포함되어 있으면 흰색, 그렇지 않으면 검은색으로 채워진 마스크 영상 dst를 반환합니다. 입력 영상 src에는 그레이스케일 영상 같은 1채널 행렬과 컬러 영상 같은 다채널 행렬을 모두 지정할 수 있습니다. 만약 그레이스케일 영상을 입력 영상으로 사용할 경우, 특정 밝기 값 범위에 있는 픽셀 영역을 추출할 수 있습니다. 1채널 영상에 대해 inRange() 함수의 동작을 수식으로 표현하면 다음과 같습니다.

$$\text{dst}(x, y) = \begin{cases} 255 & lowerb(x, y) \le src(x, y) \le upperb(x, y) \text{ 일 때} \\ 0 & \text{그 외} \end{cases}$$

만약 src 영상의 채널이 두 개 이상이라면 입력 영상의 각 채널 값이 모두 지정된 범위를 만족할 때 dst 영상의 픽셀 값이 255로 설정됩니다.

inRange() 함수의 lowerb와 upperb 인자에는 Mat 객체 또는 Scalar 객체를 지정할 수 있습니다. 만약 입력 영상 src와 같은 크기의 Mat 객체를 지정할 경우, src의 모든 픽셀에 각기 다른 하한 값과 상한 값을 지정할 수 있습니다. 반면에 lowerb와 upperb 인자에 Scalar 객체 또는 int, double 같은 C/C++ 기본 자료형을 지정할 경우에는 src 모든 픽셀에 동일한 하한 값과 상한 값이 적용됩니다.

inRange() 함수를 이용하여 입력 영상에서 특정 색상 영역을 추출하는 예제 프로그램 소스 코드를 코드 10-5에 나타냈습니다. 코드 10-5에 나타난 inrange 예제 프로그램은 영상 출력 창에 두 개의 트랙바를 붙여서 사용자가 HSV 색 공간에서 색상의 하한 값과 상한 값을 설정할 수 있도록 하였습니다. 그리고 사용자가 설정한 색상 값 범위에 해당하는 영역은 흰색, 그 외의 영역은 검은색으로 표현된 마스크 영상을 화면에 출력합니다. 코드 10-5에 나타난 소스 코드 파일과 사용된 영상 파일은 내려받은 예제 파일 중 ch10/inrange 프로젝트에서 확인할 수 있습니다.

코드 10-5 inRange() 함수를 이용한 특정 색상 영역 분할 [ch10/inrange]

```
01    #include "opencv2/opencv.hpp"
02    #include <iostream>
03
04    using namespace cv;
05    using namespace std;
06
07    int lower_hue = 40, upper_hue = 80;
08    Mat src, src_hsv, mask;
09
10    void on_hue_changed(int, void*);
11
12    int main(int argc, char* argv[])
```

```
13   {
14       src = imread("candies.png", IMREAD_COLOR);
15
16       if (src.empty()) {
17           cerr << "Image load failed!" << endl;
18           return -1;
19       }
20
21       cvtColor(src, src_hsv, COLOR_BGR2HSV);
22
23       imshow("src", src);
24
25       namedWindow("mask");
26       createTrackbar("Lower Hue", "mask", &lower_hue, 179, on_hue_changed);
27       createTrackbar("Upper Hue", "mask", &upper_hue, 179, on_hue_changed);
28       on_hue_changed(0, 0);
29
30       waitKey();
31       return 0;
32   }
33
34   void on_hue_changed(int, void*)
35   {
36       Scalar lowerb(lower_hue, 100, 0);
37       Scalar upperb(upper_hue, 255, 255);
38       inRange(src_hsv, lowerb, upperb, mask);
39
40       imshow("mask", mask);
41   }
```

10
컬러 영상 처리

- 7행   두 개의 트랙바 위치를 저장할 정수형 변수 lower_hue, upper_hue를 전역 변수로 선언합니다.

- 8행   main() 함수와 트랙바 콜백 함수 on_hue_changed() 함수에서 함께 사용할 Mat 객체를 전역 변수로 선언합니다.

- 14행   candies.png 파일을 불러와서 src 변수에 저장합니다.

- 21행   src 영상을 HSV 색 공간으로 변환하여 src_hsv에 저장합니다.

- 26~27행   색상의 하한 값과 상한 값을 조절할 수 있는 두 개의 트랙바를 생성합니다. 색상의 최댓값을 179로 설정하고, 두 트랙바의 콜백 함수를 모두 on_hue_change() 함수로 설정합니다.

- 28행   프로그램이 처음 실행될 때 영상이 정상적으로 출력되도록 트랙바 콜백 함수를 강제로 호출합니다.

- 36~37행   사용자가 지정한 색상의 하한 값과 상한 값을 이용하여 lowerb, upperb 객체를 생성합니다. 채도의 범위는 임의로 100부터 255로 설정하였습니다. 명도의 영향은 무시하도록 범위를 0부터 255로 설정하였습니다.

- 38행   src_hsv 영상에서 HSV 색 성분 범위가 lowerb부터 upperb 사이인 위치의 픽셀만 흰색으로 설정한 mask 영상을 생성합니다.

코드 10-5의 inrange 프로그램을 실행한 결과 화면을 그림 10-10에 나타냈습니다. 그림 10-10(a)는 입력 영상인 candies.png 파일이고, 그림 10-10(b)는 입력 영상에서 녹색 초콜릿 영역만 찾은 결과입니다. 좀 더 정확하게 설명하면 그림 10-10(b)는 입력 영상에서 색상 H의 범위가 40에서 80, 채도 S의 범위가 100에서 255, 명도 V의 범위가 0에서 255 사이인 픽셀 위치를 찾은 결과입니다. OpenCV의 HSV 색 공간에서 H 값이 60 근방이면 녹색을 나타냅니다. 채도 값이 100보다 큰 픽셀만 찾은 것은 충분히 선명한 녹색만 찾기 위함입니다. 명도 범위를 0에서 255 사이로 지정한 것은 명도 값이 몇이든지 상관하지 않겠다는 의미입니다. 만약 상단의 트랙바를 Lower Hue를 100, Upper Hue를 140으로 설정하면 그림 10-10(c)와 같이 파란색 초콜릿 영역만 찾을 수 있습니다.

❤ 그림 10-10 inRange() 함수를 이용한 특정 색상 영역 분할 예제 실행 결과

(a)

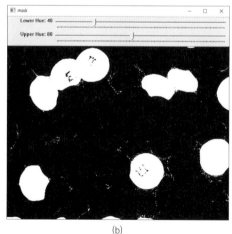

(b)

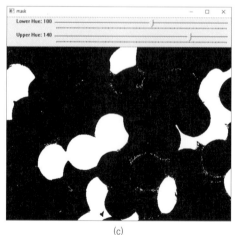

(c)

10.2.3 히스토그램 역투영

앞 절에서는 HSV 색 공간에서 inRange() 함수를 이용하여 사용자가 지정한 색상 영역을 검출하는 방법을 소개했습니다. HSV 색 공간에서 H 값을 이용하면 간단하게 특정 색상을 골라낼 수 있어서 편리합니다. 다만 이러한 방식은 보통 빨간색, 노란색, 녹색, 파란색처럼 원색에 가까운 색상을 찾기에는 효과적이지만 사람의 피부색처럼 미세한 변화가 있거나 색상 값을 수치적으로 지정하기 어려운 경우에는 적합하지 않습니다.

만약 입력 영상에서 찾고자 하는 객체의 기준 영상을 미리 가지고 있다면 컬러 히스토그램 정보를 이용하여 비슷한 색상 영역을 찾을 수 있습니다. 즉, 기준 영상으로부터 찾고자 하는 객체의 컬러 히스토그램을 미리 구하고, 주어진 입력 영상에서 해당 히스토그램에 부합하는 영역을 찾아내는 방식입니다. 이처럼 주어진 히스토그램 모델과 일치하는 픽셀을 찾아내는 기법을 히스토그램 역투영(histogram backprojection)이라고 합니다. 예를 들어 피부색에 대한 색상 히스토그램을 가지고 있다면 역투영 방법을 사용하여 영상에서 피부색 영역을 검출할 수 있습니다.

OpenCV에서 히스토그램 역투영은 calcBackProject() 함수를 이용하여 수행할 수 있습니다. calcBackProject() 함수 원형은 다음과 같습니다.

```
void calcBackProject(const Mat* images, int nimages,
                     const int* channels, InputArray hist,
                     OutputArray backProject, const float** ranges,
                     double scale = 1, bool uniform = true);
```

- images   입력 영상의 배열 또는 입력 영상의 주소. 영상의 배열인 경우, 모든 영상의 크기와 깊이는 같아야 합니다.
- nimages   입력 영상 개수
- channels   역투영 계산 시 사용할 채널 번호 배열
- hist   입력 히스토그램
- backProject 출력 히스토그램 역투영 영상. 입력 영상과 같은 크기, 같은 깊이를 갖는 1채널 행렬입니다.
- ranges   각 차원의 히스토그램 빈 범위를 나타내는 배열의 배열
- scale   히스토그램 역투영 값에 추가적으로 곱할 값
- uniform   히스토그램 빈의 간격이 균등한지를 나타내는 플래그

calcBackProject() 함수는 입력 영상 images에서 히스토그램 hist를 따르는 픽셀을 찾고, 그 정보를 backProject 영상으로 반환합니다. 이때 사용하는 히스토그램 행렬 hist는 5.3.1절에서 설명한 calcHist() 함수로 구합니다. calcHist() 함수와 비교해 보면 calcBackProject() 함수의 인자 구성이 calcHist() 함수의 인자 구성과 매우 비슷하다는 것을 발견할 수 있습니다. 실제로 calcHist() 함수를 호출할 때 사용한 인자의 일부를 그대로 calcBackProject() 함수에 전달하여 함수를 호출합니다.

calcBackProject( ) 함수를 이용하여 입력 영상에서 피부색 영역을 추출하는 예제 프로그램 소스 코드를 코드 10-6에 나타냈습니다. 코드 10-6에 나타난 backproj 예제 프로그램은 기준 영상으로부터 피부색 영역에 대한 히스토그램을 추출하고, 이 히스토그램 정보를 이용하여 입력 영상에서 피부색 영역을 검출합니다. 코드 10-6에 나타난 소스 코드 파일과 사용된 영상 파일은 내려받은 예제 파일 중 ch10/backproj 프로젝트에서 확인할 수 있습니다.

코드 10-6 히스토그램 역투영을 이용한 피부색 영역 검출 예제 [ch10/backproj]

```
01    #include "opencv2/opencv.hpp"
02    #include <iostream>
03
04    using namespace cv;
05    using namespace std;
06
07    int main()
08    {
09        // Calculate CrCb histogram from a reference image
10
11        Mat ref, ref_ycrcb, mask;
12        ref = imread("ref.png", IMREAD_COLOR);
13        mask = imread("mask.bmp", IMREAD_GRAYSCALE);
14        cvtColor(ref, ref_ycrcb, COLOR_BGR2YCrCb);
15
16        Mat hist;
17        int channels[] = { 1, 2 };
18        int cr_bins = 128; int cb_bins = 128;
19        int histSize[] = { cr_bins, cb_bins };
20        float cr_range[] = { 0, 256 };
21        float cb_range[] = { 0, 256 };
22        const float* ranges[] = { cr_range, cb_range };
23
24        calcHist(&ref_ycrcb, 1, channels, mask, hist, 2, histSize, ranges);
25
26        // Apply histogram backprojection to an input image
27
28        Mat src, src_ycrcb;
29        src = imread("kids.png", IMREAD_COLOR);
30        cvtColor(src, src_ycrcb, COLOR_BGR2YCrCb);
31
32        Mat backproj;
33        calcBackProject(&src_ycrcb, 1, channels, hist, backproj, ranges, 1, true);
34
35        imshow("src", src);
36        imshow("backproj", backproj);
```

```
37        waitKey();
38
39        return 0;
40    }
```

- 12행   피부색 히스토그램 정보를 추출할 기준 영상 ref.png 파일을 불러옵니다.
- 13행   기준 영상에서 피부색이 있는 위치를 흰색으로 표시한 마스크 영상 mask.bmp 파일을 불러옵니다.
- 14행   기준 영상을 YCrCb 색 공간으로 변환합니다.
- 16~24행   기준 영상에서 피부색 영역의 CrCb 2차원 히스토그램을 계산하여 hist에 저장합니다.
- 28~30행   입력 영상 kids.png 파일을 불러와 YCrCb 색 공간으로 변환합니다.
- 32~33행   앞서 구한 히스토그램 hist를 이용하여 입력 영상에서 히스토그램 역투영을 수행합니다. 역투영 결과는 backproj에 저장됩니다.

코드 10-6에서 기준 영상으로부터 CrCb 색 평면에서의 2차원 히스토그램을 구하는 과정을 그림 10-11에 나타냈습니다. 그림 10-11(a)는 피부색이 많이 포함된 기준 영상이고, 그림 10-11(b)는 기준 영상에서 실제로 피부색이 나타난 영역만 흰색으로 표시한 마스크 영상입니다. 마스크 영상은 포토샵 같은 영상 편집 툴을 이용하여 미리 생성하였습니다. 이 두 영상을 이용하여 기준 영상에서 피부색 영역의 CrCb 히스토그램을 구하고, 그 결과를 그레이스케일 영상 형식으로 나타낸 결과가 그림 10-11(c)입니다. 그림 10-11(c)에서 밝게 나타나는 부분이 CrCb 평면에서 피부색을 표현하는 영역입니다.

▼ 그림 10-11 기준 영상과 마스크 영상을 이용하여 피부색 CrCb 히스토그램 구하기

(a)   (b)   (c)

코드 10-6의 backproj 프로그램 실행 결과를 그림 10-12에 나타냈습니다. 그림 10-12에서 src는 입력 영상인 kids.png 파일이고, backproj는 히스토그램 역투영을 통해 구한 피부색 영역입니다. calcBackProject() 함수가 반환하는 backproj 영상은 CV_8UC1 타입이므로 imshow() 함수를 이용하여 쉽게 화면에 나타낼 수 있습니다. backproj 영상에서 밝은 회색 또는 흰색으로 표시된 영역은 입력 영상의 픽셀 값이 지정한 히스토그램에서 높은 빈도수로 표현됨을 의미합니다.

반대로 backproj 영상에서 어두운 회색 또는 검은색으로 표시된 영역은 해당 위치의 입력 영상 픽셀 값이 지정한 히스토그램에서 빈도수가 낮거나 0임을 나타냅니다.

▼ 그림 10-12 히스토그램 역투영을 이용한 피부색 영역 검출 예제 실행 결과

11^장

이진화와
모폴로지

11.1 영상의 이진화

이 절에서는 그레이스케일 영상의 픽셀 값을 0 또는 255로 변환하는 이진화 기법에 대해 설명합니다. 영상의 이진화는 영상에서 관심 있는 객체 영역과 배경 영역을 구분하기 위한 용도로 널리 사용됩니다. 영상의 이진화를 수행하는 기본적인 이론을 먼저 알아보고 OpenCV에서 이진화를 수행하는 코드 작성 방법에 대해 알아보겠습니다. 또한 조명이 균일하지 않은 영상에서 국지적 특성을 분석하여 효과적인 이진화를 수행하는 적응형 이진화 기법에 대해서도 알아보겠습니다.

11.1.1 이진화

영상의 이진화(binarization)는 영상의 각 픽셀을 두 개의 부류로 나누는 작업입니다. 예를 들어 입력 영상을 주요 객체 영역과 배경 영역으로 나누거나 또는 영상에서 중요도가 높은 관심 영역(ROI, Region Of Interest)과 그렇지 않은 비관심 영역으로 구분하는 용도로 이진화가 사용될 수 있습니다. 원래 디지털 컴퓨팅 분야에서 이진화는 입력 값을 0 또는 1로 설정하지만 영상의 이진화에서는 픽셀 값을 0 또는 255로 설정합니다. 그러므로 이진화가 적용된 이진 영상은 보통 흰색과 검은색 픽셀로만 구성됩니다.[1]

그림 11-1은 다양한 영상에 대해 이진화를 수행한 결과입니다. 그림 11-1의 윗줄은 입력 그레이스케일 영상이고, 아래 줄에 나타난 영상은 적절한 방법으로 이진화가 수행된 결과 영상입니다. 그림 11-1(a)는 흑백 사각형 마커를 포함한 영상에서 검은색 사각형이 잘 구분되도록 이진화를 적용한 결과입니다. 그림 11-1(b)는 문서를 스캔한 영상에서 배경과 글자 영역을 구분하기 위해 이진화가 사용되었습니다. 그림 11-1(c)는 지문 인식을 위한 전처리로 이진화가 사용된 예입니다.

---

1 이진화된 영상은 픽셀당 1비트(bit)를 이용하여 정보를 표현할 수 있지만, 여러 응용에서 그레이스케일 영상이 널리 사용되고 있기 때문에 이진 영상도 보통 CV_8UC1 타입 영상으로 표현합니다.

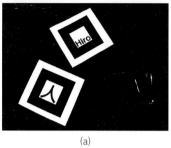
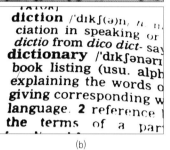

(a)   (b)   (c)

영상의 이진화는 기본적으로 영상의 각 픽셀 값을 이용합니다. 그레이스케일 영상에 대해 이진화를 수행하려면 영상의 픽셀 값이 특정 값보다 크면 255로 설정하고, 작으면 0으로 설정합니다. 이때 각 픽셀과의 크기 비교 대상이 되는 값을 임계값(threshold) 또는 문턱치라고 합니다. 임계값은 그레이스케일 범위인 0~255 사이의 정수를 지정할 수 있습니다. 영상의 이진화를 수식으로 표현하면 다음과 같습니다.

$$\text{dst}(x, y) = \begin{cases} 255 & \text{src}(x, y) > T \text{ 일 때} \\ 0 & \text{그 외} \end{cases}$$

이 식에서 src와 dst는 각각 입력 영상과 출력 영상을 의미하고, T는 임계값입니다. 임계값은 사용자의 경험에 의해 임의로 지정하거나, 또는 영상의 특성을 분석하여 자동으로 결정할 수도 있습니다.

임계값은 영상의 이진화를 수행하는 목적에 따라 적절하게 결정해야 합니다. 그림 11-2는 하나의 입력 영상에 대하여 서로 다른 임계값을 사용하여 영상을 이진화한 결과를 보여 줍니다. 그림 11-2(a)는 혈액 속 세포를 촬영한 영상이며, 촬영된 세포 중에는 특정 약품에 의해 염색되어 검은색으로 관찰되는 세포도 있습니다. 이 영상의 히스토그램을 그림 11-2(b)에 나타냈습니다. 입력 영상에서 흰색 배경과 밝은 회색 세포 영역으로부터 두 개의 큰 분포가 형성되어 있고, 검은색으로 염색된 픽셀에 의한 분포가 미세하게 발견됩니다. 만약 임계값을 T_1로 설정하여 이진화를 수행하면 그림 11-2(c)와 같이 염색된 세포 영역만 검은색으로 나타나는 이진 영상을 얻을 수 있습니다.

반면에 밝은 회색 분포와 흰색 배경 픽셀 분포 사이의 임계값 T_2를 사용하여 이진화를 수행하면 그림 11-2(d)의 결과 영상을 얻게 되며, 이는 입력 영상에서 모든 세포 영역을 검출한 결과입니다. 이처럼 임계값을 어떻게 설정하는지에 따라 서로 다른 의미를 갖는 이진화 영상을 얻을 수 있습니다.

❤ 그림 11-2 서로 다른 임계값에 의한 영상의 이진화[2]

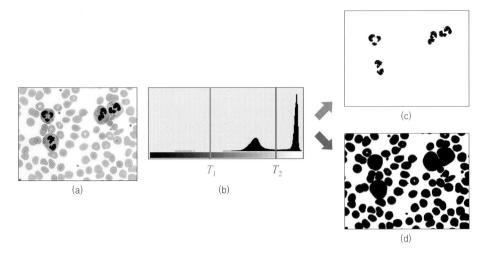

OpenCV에서 이진화는 threshold( ) 함수를 이용하여 수행할 수 있습니다. threshold( ) 함수는 임계값을 이용한 다양한 연산을 지원하는 함수입니다. threshold( ) 함수 원형은 다음과 같습니다.

```
double threshold(InputArray src, OutputArray dst,
                 double thresh, double maxval, int type);
```

- src 입력 영상
- dst 출력 영상. 입력 영상과 같은 크기, 같은 타입을 갖습니다.
- thresh 임계값
- maxval THRESH_BINARY 또는 THRESH_BINARY_INV 방법을 사용할 때 결과 영상의 최댓값
- type 임계값 연산 방법. ThresholdTypes 열거형 상수를 지정합니다.
- 반환값 사용된 임계값. THRESH_OTSU 또는 THRESH_TRIANGLE 방법을 사용할 때 자동으로 결정된 임계값을 반환합니다.

threshold( ) 함수의 동작은 type 인자에 의해 결정됩니다. type 인자에는 ThresholdTypes 열거형 상수를 지정할 수 있으며, threshold( ) 함수에서 사용할 수 있는 ThresholdTypes 열거형 상수와 의미를 표 11-1에 정리했습니다. 표 11-1에 나타난 ThresholdTypes 열거형 상수 중 THRESH_

---

2 영상 출처: https://en.wikipedia.org/wiki/Neutrophil

BINARY, THRESH_BINARY_INV, THRESH_TRUNC, THRESH_TOZERO, THRESH_TOZERO_INV 다섯 개의 상수가 threshold( ) 함수의 동작을 결정합니다. THRESH_OTSU와 THRESH_TRIANGLE 상수는 영상의 픽셀 값 분포를 분석하여 임계값을 자동으로 결정하여 이진화를 수행할 때 사용합니다.

▼ 표 11-1 주요 ThresholdTypes 열거형 상수

ThresholdTypes 열거형 상수	설명
THRESH_BINARY	$dst(x, y) = \begin{cases} maxval & src(x, y) > thresh \text{ 일 때} \\ 0 & \text{그 외} \end{cases}$
THRESH_BINARY_INV	$dst(x, y) = \begin{cases} 0 & src(x, y) > thresh \text{ 일 때} \\ maxval & \text{그 외} \end{cases}$
THRESH_TRUNC	$dst(x, y) = \begin{cases} thresh & src(x, y) > thresh \text{ 일 때} \\ src(x, y) & \text{그 외} \end{cases}$
THRESH_TOZERO	$dst(x, y) = \begin{cases} src(x, y) & src(x, y) > thresh \text{ 일 때} \\ 0 & \text{그 외} \end{cases}$
THRESH_TOZERO_INV	$dst(x, y) = \begin{cases} 0 & src(x, y) > thresh \text{ 일 때} \\ src(x, y) & \text{그 외} \end{cases}$
THRESH_OTSU	오츠(Otsu) 알고리즘을 이용한 자동 임계값 결정
THRESH_TRIANGLE	삼각(triangle) 알고리즘을 이용한 자동 임계값 결정

threshold( ) 함수를 이용하여 영상을 이진화하려면 maxval 인자에 255를 지정하고, type 인자에 THRESH_BINARY 또는 THRESH_BINARY_INV를 지정합니다. THRESH_BINARY_INV 방법으로 이진화를 수행하는 것은 THRESH_BINARY 방법으로 이진화를 수행한 후 영상을 반전하는 것과 같습니다. 예를 들어 문서 영상을 임계값 128을 이용하여 이진화를 수행하려면 다음과 같이 코드를 작성합니다.

```
Mat src = imread("document.bmp", IMREAD_GRAYSCALE);

Mat dst;
threshold(src, dst, 128, 255, THRESH_BINARY);
```

이 예제 코드에 의한 이진화 결과를 그림 11-3에 나타냈습니다. 그림 11-3(a)는 입력 영상으로 사용한 document.bmp 영상이고, 그림 11-3(b)는 그레이스케일 값 128을 임계값으로 사용하여 이진화한 결과 영상입니다. 그림 11-3(c)는 threshold( ) 함수의 type 인자에 THRESH_BINARY 대신 THRESH_BINARY_INV를 지정하여 이진화를 수행한 결과입니다. OpenCV에서는 객체를 흰색, 배경을 검은색으로 취급하는 경우가 많기 때문에 상황에 따라 THRESH_BINARY와 THRESH_BINARY_INV를 적절하게 선택해서 사용해야 합니다.

(a)   (b)   (c)

ThresholdTypes 열거형 상수 중 THRESH_OTSU와 THRESH_TRIANGLE는 임계값을 자동으로 결정할 때 사용합니다. 두 가지 방법 모두 영상의 픽셀 값 분포를 분석하여 임계값을 자동으로 결정하고, 결정된 임계값을 이용하여 임계값 연산을 수행합니다. 두 방법 중 THRESH_OTSU 상수는 오츠(Otsu)가 제안한 자동 이진화 임계값 결정 알고리즘을 이용하여 임계값을 결정하며, 이 방법은 입력 영상의 픽셀 값 분포가 두 개의 부류로 구분되는 경우에 최적의 임계값을 결정하는 알고리즘입니다 [Otsu79]. THRESH_OTSU와 THRESH_TRIANGLE 상수는 보통 논리합 연산자(|)를 이용하여 앞서 소개한 다섯 개의 ThresholdTypes 상수와 함께 사용됩니다.[3] 자동 이진화를 수행할 경우, threshold() 함수 내부에서 임계값을 자체적으로 계산하여 사용하기 때문에 threshold() 함수의 세 번째 인자로 전달한 thresh 값은 사용되지 않습니다. 자동 임계값 결정 방법은 CV_8UC1 타입의 영상에만 적용할 수 있습니다.

예를 들어 camera.bmp 영상에 대해 오츠 방법으로 임계값을 결정하여 자동 이진화를 수행하려면 다음과 같이 코드를 작성합니다.

```
Mat src = imread("camera.bmp", IMREAD_GRAYSCALE);

Mat dst;
int th = (int)threshold(src, dst, 0, 255, THRESH_BINARY | THRESH_OTSU);
```

이 예제 코드는 threshold() 함수 인자에 THRESH_BINARY와 THRESH_OTSU 상수를 함께 지정하였으므로 함수 내부에서 임계값을 자동으로 결정하여 이진화를 수행합니다. 이 경우 사용자가 threshold() 함수 세 번째 인자로 설정한 임계값은 사용되지 않으며, 앞의 코드에서는 이 값을 0으로 설정했습니다. threshold() 함수는 이진화에 사용된 임계값을 반환하며, 앞의 예제 코드에서는 오츠 알고리즘에 의해 결정된 임계값이 th 변수에 저장됩니다. 실제 camera.bmp 영상에

---

3   만약 threshold() 함수의 type 인자에 THRESH_OTSU 또는 THRESH_TRIANGLE 상수만 지정하면 각각의 알고리즘에 의해 자동으로 임계값을 결정하고, THRESH_BINARY 방법으로 이진화를 수행합니다.

대해서는 th 변수에 88이 저장됩니다. 오츠 방법에 의해 camera.bmp 영상의 자동 이진화 결과를 그림 11-4에 나타냈습니다. 그림 11-4(a)는 camera.bmp 입력 영상이고, 그림 11-4(b)는 오츠 방법에 의해 이진화된 결과 영상입니다.

▼ 그림 11-4 오츠 방법에 의한 자동 이진화

(a)   (b)

다양한 임계값을 이용하여 이진화를 수행하고 그 결과를 바로 확인할 수 있는 예제 프로그램 소스 코드를 코드 11-1에 나타냈습니다. 코드 11-1은 영상 출력 창에 0~255 사이의 정수를 선택할 수 있는 트랙바를 생성하고, 트랙바 위치를 이진화 임계값으로 사용하여 이진화를 수행합니다. 코드 11-1에 나타난 소스 코드 파일과 사용된 영상 파일은 내려받은 예제 파일 중 ch11/threshold 프로젝트에서 확인할 수 있습니다.

코드 11-1 트랙바를 이용한 이진화 예제 프로그램 [ch11/threshold]

```
01    #include "opencv2/opencv.hpp"
02    #include <iostream>
03
04    using namespace cv;
05    using namespace std;
06
07    void on_threshold(int pos, void* userdata);
08
09    int main(int argc, char* argv[])
10    {
11        Mat src;
12
13        if (argc < 2)
14            src = imread("neutrophils.png", IMREAD_GRAYSCALE);
15        else
16            src = imread(argv[1], IMREAD_GRAYSCALE);
17
18        if (src.empty()) {
```

```
19              cerr << "Image load failed!" << endl;
20              return -1;
21          }
22
23      imshow("src", src);
24
25      namedWindow("dst");
26      createTrackbar("Threshold", "dst", 0, 255, on_threshold, (void*)&src);
27      setTrackbarPos("Threshold", "dst", 128);
28
29      waitKey();
30      return 0;
31  }
32
33  void on_threshold(int pos, void* userdata)
34  {
35      Mat src = *(Mat*)userdata;
36
37      Mat dst;
38      threshold(src, dst, pos, 255, THRESH_BINARY);
39
40      imshow("dst", dst);
41  }
```

- 9행   프로그램 실행 시 명령행 인자를 받을 수 있도록 main( ) 함수에 argc와 argv 인자를 지정했습니다.

- 13~16행   명령행 인자 개수가 2보다 작으면 neutrophils.png 파일을 입력 영상으로 사용합니다. 만약 프로그램 실행 파일 이름 뒤에 사용할 영상 파일 이름을 명시하면 해당 파일을 입력 영상으로 사용합니다.

- 26행   dst 창에 Threshold 이름의 트랙바를 생성합니다. 트랙바의 최댓값은 2550이고, 트랙바 콜백 함수 이름은 on_threshold입니다. 입력 영상 src의 주소를 사용자 데이터로 전달합니다.

- 27행   프로그램이 처음 실행될 때 트랙바 위치가 128이 되도록 설정하여 on_threshold( ) 함수가 처음에 한 번 실행되도록 합니다.

- 35행   void* 타입의 인자 userdata를 Mat* 타입으로 형변환한 후 src 변수로 참조합니다.

- 38행   사용자가 지정한 트랙바 위치를 이용하여 이진화를 수행하고, 그 결과를 dst 영상에 저장합니다.

코드 11-1의 threshold 예제 프로그램 실행 결과를 그림 11-5에 나타냈습니다. 그림 11-5(a)는 입력 영상으로 사용한 neutrophils.png 파일입니다. 그림 11-5(b)는 dst 창의 트랙바 위치를 85로 설정하였을 때 이진화 결과입니다. 즉, 임계값을 85로 설정하여 입력 영상을 이진화한 결과이며, 입력 영상에서 어둡게 염색된 세포 영역만 결과 영상에서 검은색으로 표시되었습니다. 그림 11-5(c)는 트랙바 위치를 230으로 설정하였을 경우의 이진화 결과이며, 입력 영상에서 세포 영역은 검은색으로, 배경 영역은 흰색으로 이진화되었습니다. 코드 11-1의 threshold 예제 프로그램은 트랙바 인터페이스를 이용하여 프로그램 동작 중 임계값을 조절할 수 있으므로 편리하게 이진화 결과를 확인할 수 있습니다.

❤ 그림 11-5 트랙바를 이용한 이진화 예제 프로그램 실행 결과

(a)   (b)   (c)

Note≡   OpenCV에서는 Mat 영상을 부등호 연산자 재정의를 이용하여 간단하게 이진화할 수 있습니다. 예를 들어 lenna.bmp 영상에 대해 임계값 128을 이용하여 이진화하려면 다음과 같이 코드를 작성할 수 있습니다.

```
Mat src = imread("lenna.bmp", IMREAD_GRAYSCALE);
Mat dst = src > 128;
```

이 코드는 src 영상의 각 픽셀 값과 정수 128의 크기를 비교하여 결과가 참인 위치에서만 dst 영상 픽셀 값을 255로 설정합니다. 크기 비교 결과가 거짓인 위치에서는 dst 픽셀 값을 0으로 설정합니다. 그리고 dst 영상의 깊이는 CV_8U로 설정됩니다. 그러므로 dst 영상은 0 또는 255 픽셀 값으로 구성된 그레이스케일 이진 영상입니다.

11.1.2 적응형 이진화

앞 절에서 설명한 threshold( ) 함수는 지정한 임계값을 영상 전체 픽셀에 동일하게 적용하여 이진화 영상을 생성합니다. 이처럼 영상의 모든 픽셀에 같은 임계값을 적용하여 이진화를 수행하는 방식을 전역 이진화(global binarization)라고 합니다. 그런데 영상의 특성에 따라서 전역 이진화를 적용하기 어려운 경우가 있습니다. 예를 들어 균일하지 않은 조명 환경에서 촬영된 영상에 대해 전역 이진화를 수행하면 객체와 배경이 적절하게 분리되지 않는 경우가 발생합니다.

그림 11-6은 불균일한 조명 환경에서 촬영된 sudoku.jpg 스도쿠 퍼즐 영상을 입력으로 사용하여 코드 11-1의 threshold 예제 프로그램을 실행한 결과 화면입니다.[4] 그림 11-6(a)는 입력 영상

---

4   코드 11-1의 threshold 예제 프로그램은 명령행 인자를 지원하므로 콘솔 창에서 'threshold.exe sudoku.jpg'라고 입력하여 실행합니다. threshold.exe 파일과 sudoku.jpg 파일은 같은 폴더에 있어야 합니다.

인 sudoku.jpg 파일입니다. 이 영상은 왼편 아래쪽 영역이 다소 어둡게 촬영되었지만 사람의 눈으로는 스도쿠 퍼즐의 사각형 직선과 숫자를 잘 구분할 수 있습니다. 이 영상에 임계값 100을 적용하여 이진화를 수행한 결과를 그림 11-6(b)에 나타냈습니다. 스도쿠 영상의 우측 상단 숫자는 제대로 이진화가 되어 분간이 가능하지만, 영상의 좌측 하단은 전반적으로 검은색으로 이진화되어 숫자를 읽을 수 없었습니다. 그림 11-6(c)는 트랙바의 임계값을 50으로 설정했을 때 이진화 결과입니다. 좌측 하단의 스도쿠 숫자까지 제대로 이진화가 수행되었지만, 반대로 오른쪽 상단의 숫자가 매우 흐려지고 스도쿠 퍼즐의 사각형 직선이 심하게 끊어지는 현상이 발생하였습니다.

▼ 그림 11-6 불균일한 조명 환경에서 촬영된 영상의 전역 이진화

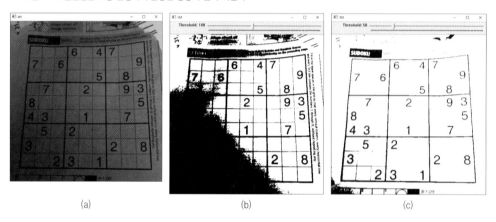

      (a)   (b)   (c)

이처럼 불균일한 조명 성분을 가지고 있는 영상에 대해서는 하나의 임계값으로 객체와 배경을 제대로 구분하기 어렵기 때문에 각 픽셀마다 서로 다른 임계값을 사용하는 적응형 이진화(adaptive binarization) 기법을 사용하는 것이 효과적입니다. 적응형 이진화는 영상의 모든 픽셀에서 정해진 크기의 사각형 블록 영역을 설정하고, 블록 영역 내부의 픽셀 값 분포로부터 고유의 임계값을 결정하여 이진화하는 방식입니다. 이때 (x, y) 좌표에서의 임계값 $T(x, y)$는 다음 수식을 이용하여 결정합니다.

$$T(x, y) = \mu(x, y) - C$$

이 수식에서 $\mu(x, y)$는 (x, y) 주변 블록 영역의 픽셀 값 평균이고, C는 임계값의 크기를 조정하는 상수입니다. 블록 내부 픽셀 값의 평균 $\mu(x, y)$는 일반적인 산술 평균을 사용하거나 또는 가우시안 함수 형태의 가중치를 적용한 가중 평균을 사용합니다. 상수 C는 영상의 특성에 따라 사용자가 결정합니다.

OpenCV에서 적응형 이진화는 adaptiveThreshold() 함수를 이용하여 수행할 수 있습니다. adaptiveThreshold() 함수 원형은 다음과 같습니다.

```
void adaptiveThreshold(InputArray src, OutputArray dst,
                       double maxValue, int adaptiveMethod,
                       int thresholdType, int blockSize, double C);
```

• image	입력 영상. CV_8UC1 또는 CV_8SC1
• dst	출력 영상. src와 같은 크기, 같은 타입입니다.
• maxValue	이진화 결과 영상의 최댓값
• adaptiveMethod	적응형 이진화에서 블록 평균 계산 방법 지정. ADAPTIVE_THRESH_MEAN_C 또는 ADAPTIVE_THRESH_GAUSSIAN_C 중 하나를 지정합니다.
• thresholdType	THRESH_BINARY 또는 THRESH_BINARY_INV 둘 중 하나를 지정합니다.
• blockSize	임계값 계산 시 사용하는 블록 크기. 3보다 같거나 큰 홀수를 지정해야 합니다.
• C	임계값 조정을 위한 상수. 블록 평균에서 C를 뺀 값을 임계값으로 사용합니다.

adaptiveThreshold() 함수는 각 픽셀 주변의 blockSize×blockSize 영역에서 평균을 구하고, 평균에서 상수 C를 뺀 값을 해당 픽셀의 임계값으로 사용합니다. 이때 블록 영역의 평균을 구하는 방식은 adaptiveMethod 인자를 통해 설정할 수 있습니다. adaptiveMethod 인자에 ADAPTIVE_THRESH_MEAN_C를 지정하면 blockSize×blockSize 크기의 주변 영역 픽셀로부터 산술 평균을 구합니다. adaptiveMethod 인자에 ADAPTIVE_THRESH_GAUSSIAN_C를 지정하면 각 픽셀 주변에 blockSize×blockSize 크기의 가우시안 마스크를 적용하여 가우시안 가중 평균을 계산합니다.

adaptiveThreshold() 함수를 이용하여 적응형 이진화를 수행하는 예제 프로그램 소스 코드를 코드 11-2에 나타냈습니다. 코드 11-2는 영상 출력 창에 0~200 사이의 정수를 선택할 수 있는 트랙바를 생성하고, 사용자가 설정한 트랙바 위치 값을 블록의 크기로 사용하는 적응형 이진화를 수행합니다. 코드 11-2에 나타난 소스 코드 파일과 사용된 영상 파일은 내려받은 예제 파일 중 ch11/adaptive 프로젝트에서 확인할 수 있습니다.

코드 11-2 적응형 이진화 예제 프로그램 [ch11/adaptive]

```
01    #include "opencv2/opencv.hpp"
02    #include <iostream>
03
04    using namespace cv;
05    using namespace std;
06
07    void on_trackbar(int pos, void* userdata);
08
09    int main()
10    {
```

```
11        Mat src = imread("sudoku.jpg", IMREAD_GRAYSCALE);
12
13        if (src.empty()) {
14            cerr << "Image load failed!" << endl;
15            return -1;
16        }
17
18        imshow("src", src);
19
20        namedWindow("dst");
21        createTrackbar("Block Size", "dst", 0, 200, on_trackbar, (void*)&src);
22        setTrackbarPos("Block Size", "dst", 11);
23
24        waitKey();
25        return 0;
26    }
27
28    void on_trackbar(int pos, void* userdata)
29    {
30        Mat src = *(Mat*)userdata;
31
32        int bsize = pos;
33        if (bsize % 2 == 0) bsize--;
34        if (bsize < 3) bsize = 3;
35
36        Mat dst;
37        adaptiveThreshold(src, dst, 255, ADAPTIVE_THRESH_GAUSSIAN_C, THRESH_BINARY,
38                          bsize, 5);
39
40        imshow("dst", dst);
41    }
```

- 21행   적응형 이진화의 블록 크기 지정을 위한 트랙바를 생성합니다.
- 22행   트랙바의 초기 위치를 11로 설정합니다.
- 33행   bsize 값이 짝수이면 1을 빼서 홀수로 만듭니다.
- 34행   bsize 값이 3보다 작으면 3으로 설정합니다.
- 37행   트랙바에서 설정한 블록 크기를 이용하여 적응형 이진화를 수행합니다. 가우시안 가중 평균을 사용하고, 블록 평균에서 5를 뺀 값을 임계값으로 사용합니다.

코드 11-2의 adaptive 프로그램 실행 결과를 그림 11-7에 나타냈습니다. 그림 11-7(a)는 불균일한 조명 성분을 가지고 있는 sudoku.jpg 입력 영상입니다. adaptive 프로그램이 처음 실행되면 트랙바의 블록 크기가 11로 설정되고, 이때 적응형 이진화 실행 결과를 그림 11-7(b)에 나타냈습니다. 전체적으로 스도쿠 글씨와 사각형 외곽선이 검은색으로 이진화되어 구분이 잘 되는 것을 확인할 수 있습니다. 그림 11-7(c)는 블록 크기를 51로 설정한 결과입니다.

❤ 그림 11-7 다양한 블록 크기를 사용한 적응형 이진화

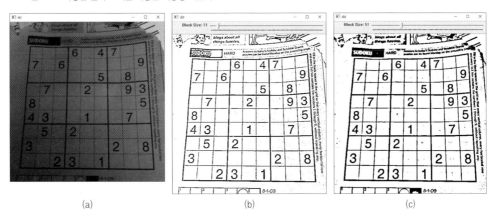

(a)   (b)   (c)

OPENCV

11.2 / 모폴로지 연산

모폴로지 연산은 영상 내부 객체의 형태와 구조를 분석하고 처리하는 기법입니다. 모폴로지 연산은 그레이스케일 영상과 이진 영상에 모두 적용이 가능하지만, 주로 이진화된 영상에서 객체의 모양을 변형하는 용도로 사용됩니다. 이 절에서는 이진 영상에 사용되는 기본적인 모폴로지 연산 동작에 대해 알아보고, OpenCV에서 제공하는 모폴로지 함수 사용 방법에 대해 설명합니다.

11.2.1 이진 영상의 침식과 팽창

모폴로지(morphology)는 형태 또는 모양에 관한 학문을 의미합니다. 영상 처리 분야에서 모폴로지는 영상에서 객체의 형태 및 구조에 대해 분석하고 처리하는 기법을 의미하며, 수학적 모폴로지(mathematical morphology)라고도 합니다. 모폴로지 기법은 그레이스케일 영상과 이진 영상에 대하여 모두 적용할 수 있지만, 주로 이진 영상에서 객체의 모양을 단순화시키거나 잡음을 제거하는 등 용도로 사용됩니다.

모폴로지 연산을 정의하려면 먼저 구조 요소(structuring element)를 정의해야 합니다. 구조 요소는 마치 필터링에서 사용되는 마스크처럼 모폴로지 연산의 동작을 결정하는 작은 크기의 행렬입니다. 구조 요소는 다양한 크기와 모양으로 정의할 수 있으며, 다양한 구조 요소의 예를 그림 11-8에 나타냈습니다. 필요에 따라 원하는 구조 요소를 선택하여 사용할 수 있지만 대부분의 모폴로지 연산에서는 그림 11-8에서 네 번째에 나타난 3×3 정방형 구조 요소를 사용합니다. 각각의 구조 요소 행렬에서 진한 색으로 표시한 원소는 모폴로지 연산 결과가 저장될 위치를 나타내는 고정점 (anchor point)이며, 대부분의 경우 구조 요소의 중심을 고정점으로 사용합니다.

❤ 그림 11-8 모폴로지 연산을 위한 다양한 구조 요소

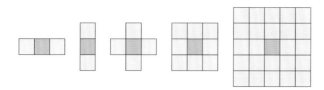

영상의 모폴로지 기법 중에서 가장 기본이 되는 연산은 침식(erosion)과 팽창(dilation)입니다. 이진 영상의 침식 연산은 객체 영역의 외곽을 골고루 깎아 내는 연산으로 전체적으로 객체 영역은 축소되고 배경은 확대됩니다. 침식 연산은 구조 요소를 영상 전체에 대해 스캔하면서, 구조 요소가 객체 영역 내부에 완전히 포함될 경우 고정점 위치 픽셀을 255로 설정합니다. 이진 영상의 팽창 연산은 객체 외곽을 확대하는 연산입니다. 팽창 연산을 수행하면 객체 영역은 확대되고, 배경 영역은 줄어듭니다. 팽창 연산은 구조 요소를 영상 전체에 대해 이동시키면서, 구조 요소와 객체 영역이 한 픽셀이라도 만날 경우 고정점 위치 픽셀을 255로 설정합니다.

작은 크기의 영상에서 3×3 정방형 구조 요소를 사용하여 침식과 팽창 연산을 수행한 결과를 그림 11-9에 나타냈습니다. 그림 11-9(a)는 12×12 크기의 입력 이진 영상을 확대하여 나타낸 것이며, 이 영상에는 흰색으로 표시된 객체가 하나 있습니다. 그림 11-9(b)는 3×3 정방형 구조 요소입니다. 그림 11-9(a) 영상에 대해 그림 11-9(b) 구조 요소를 이용하여 침식 연산을 수행한 결과를 그림 11-9(c)에 나타냈습니다. 침식 연산에 의해 객체 모양이 상하좌우 모든 방향에 대해 한 픽셀 정도 깎인 것 같이 변경되었습니다. 특히 객체 윗부분에 작게 튀어나온 부분은 매끈하게 제거되었습니다. 그림 11-9(a) 영상에 대해 같은 구조 요소를 사용하여 팽창 연산을 수행한 결과를 그림 11-9(d)에 나타냈습니다. 객체 영역이 상하좌우 모든 방향에 대해 한 픽셀 정도 확대된 것처럼 변경되었고, 특히 객체 아래쪽에 작게 패인 부분이 깔끔하게 메워진 것을 확인할 수 있습니다. 그림 11-9(c)와 그림 11-9(d)에서 빨간색 점선은 침식과 팽창 연산에 의한 객체 모양 변화를 쉽게 분석하기 위해 표시한 입력 객체의 윤곽입니다.

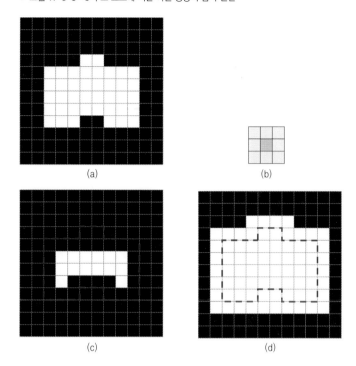

(a)   (b)

(c)   (d)

OpenCV에서 구조 요소는 원소 값이 0 또는 1로 구성된 CV_8UC1 타입의 Mat 행렬로 표현합니다. 구조 요소 행렬에서 값이 1인 원소만을 이용하여 구조 요소의 모양을 결정합니다. OpenCV는 널리 사용되는 모양의 구조 요소 행렬을 간단하게 생성할 수 있도록 getStructuringElement() 함수를 제공합니다. getStructuringElement() 함수 원형은 다음과 같습니다.

```
Mat getStructuringElement(int shape, Size ksize, Point anchor = Point(-1,-1));
```

- shape   구조 요소의 모양
- ksize   구조 요소의 크기
- anchor   MORPH_CROSS 모양의 구조 요소에서 십자가 중심 좌표. Point(-1, -1)을 지정하면 구조 요소 중앙을 십자가 중심 좌표로 사용합니다.
- 반환값   구조 요소 행렬

getStructuringElement() 함수는 지정한 모양과 크기에 해당하는 구조 요소 행렬을 반환합니다. getStructuringElement() 함수의 첫 번째 인자 shape은 구조 요소의 모양을 결정하는 역할을 하며, MorphShapes 열거형 상수 중 하나를 지정할 수 있습니다. getStructuringElement() 함수에서 사용할 수 있는 MorphShapes 열거형 상수와 의미를 표 11-2에 나타냈습니다. 구조 요소의 크기는 ksize 인자를 통해 지정하며, 보통 가로와 세로 크기를 모두 홀수로 지정합니다.

11

이진화와 모폴로지

❤ 표 11-2 MorphShapes 열거형 상수

MorphShapes 열거형 상수	설명
MORPH_RECT	사각형 모양의 구조 요소
MORPH_CROSS	십자가 모양의 구조 요소
MORPH_ELLIPSE	타원 모양의 구조 요소. 지정한 구조 요소 크기의 사각형에 내접하는 타원을 이용합니다.

OpenCV에서 영상의 침식 연산은 erode( ) 함수를 이용하여 수행합니다. erode( ) 함수 원형은 다음과 같습니다.

```
void erode(InputArray src, OutputArray dst, InputArray kernel,
           Point anchor = Point(-1,-1), int iterations = 1,
           int borderType = BORDER_CONSTANT,
           const Scalar& borderValue = morphologyDefaultBorderValue());
```

- src   입력 영상
- dst   출력 영상. src와 같은 크기, 같은 타입입니다.
- kernel   구조 요소. 만약 Mat( )을 지정하면 3×3 사각형 구조 요소를 사용합니다. 그 외의 구조 요소는 getStructuringElement( ) 함수를 이용하여 만들 수 있습니다.
- anchor   고정점 위치. (-1, -1)을 지정하면 구조 요소 중앙을 고정점으로 사용합니다.
- iterations   반복 횟수
- borderType   가장자리 픽셀 확장 방식
- borderValue borderType이 BORDER_CONSTANT인 경우, 확장된 가장자리 픽셀을 채울 값. 기본값으로 설정된 morphologyDefaultBorderValue( ) 함수는 모든 멤버 변수가 DBL_MAX로 채워진 Scalar 객체를 반환합니다.

erode( ) 함수는 꽤 많은 인자를 받을 수 있지만 src, dst, kernel 인자를 제외한 나머지는 기본값이 설정되어 있으므로 생략할 수 있습니다. erode( ) 함수의 세 번째 인자 kernel에는 getStructuringElement( ) 함수로 생성한 구조 요소 행렬을 지정할 수 있습니다. 다만 kernel 인자에 Mat( ) 또는 noArray( )를 지정하면 3×3 정방형 구조 요소를 사용하여 침식 연산을 수행합니다.

OpenCV에서 팽창 연산을 수행하려면 dilate( ) 함수를 사용합니다. dilate( ) 함수 원형은 다음과 같습니다.

```
void dilate(InputArray src, OutputArray dst, InputArray kernel,
            Point anchor = Point(-1,-1), int iterations = 1,
            int borderType = BORDER_CONSTANT,
            const Scalar& borderValue = morphologyDefaultBorderValue());
```

- src   입력 영상
- dst   출력 영상. src와 같은 크기, 같은 타입입니다.

⊙ 계속

- kernel 　　　　　 구조 요소. 만약 Mat()을 지정하면 3×3 사각형 구조 요소를 사용합니다. 그 외의 구조 요소는
　　　　　　　　　 getStructuringElement() 함수를 이용하여 만들 수 있습니다.
- anchor 　　　　　 고정점 위치. (−1, −1)을 지정하면 구조 요소 중앙을 고정점으로 사용합니다.
- iterations 　　　 반복 횟수
- borderType 　　　 가장자리 픽셀 확장 방식
- borderValue 　　　 borderType이 BORDER_CONSTANT인 경우, 확장된 가장자리 픽셀을 채울 값

dilate() 함수의 인자 구성과 사용법은 erode() 함수와 완전히 같습니다.

erode()와 dilate() 함수를 이용하여 모폴로지 침식과 팽창 연산을 수행하는 예제 코드를 코드
11-3에 나타냈습니다. 코드 11-3의 erode_dilate() 함수는 milkdrop.bmp 영상을 이진화한 후,
침식 연산과 팽창 연산을 각각 수행하여 그 결과를 화면에 출력합니다. erode_dilate() 함수가 정
의된 소스 코드 파일과 사용된 영상 파일은 내려받은 예제 파일 중 ch11/morphology 프로젝트
에서 확인할 수 있습니다.

코드 11-3 이진 영상의 침식과 팽창 예제 프로그램 [ch11/morphology]

```
01    void erode_dilate()
02    {
03        Mat src = imread("milkdrop.bmp", IMREAD_GRAYSCALE);
04
05        if (src.empty()) {
06            cerr << "Image load failed!" << endl;
07            return;
08        }
09
10        Mat bin;
11        threshold(src, bin, 0, 255, THRESH_BINARY | THRESH_OTSU);
12
13        Mat dst1, dst2;
14        erode(bin, dst1, Mat());
15        dilate(bin, dst2, Mat());
16
17        imshow("src", src);
18        imshow("bin", bin);
19        imshow("erode", dst1);
20        imshow("dilate", dst2);
21
22        waitKey();
23        destroyAllWindows();
24    }
```

- 3행   milkdrop.bmp 파일을 그레이스케일 영상 형식으로 불러와 src에 저장합니다.
- 11행   src 영상에 대해 오츠 알고리즘으로 자동 이진화를 수행하고, 그 결과를 bin에 저장합니다.
- 14행   bin 영상에 3×3 정방형 구조 요소를 이용하여 침식 연산을 수행하고, 그 결과를 dst1에 저장합니다.
- 15행   bin 영상에 3×3 정방형 구조 요소를 이용하여 팽창 연산을 수행하고, 그 결과를 dst2에 저장합니다.

코드 11-3의 erode_dilate( ) 함수 실행 결과를 그림 11-10에 나타냈습니다. 그림 11-10에서 src
는 입력 영상으로 사용한 milkdrop.bmp 파일이고, bin은 오츠 알고리즘을 이용하여 이진화한
영상입니다. erode 창 영상은 3×3 구조 요소를 이용하여 침식을 수행한 결과이고, dilate 창 영
상은 같은 구조 요소를 이용하여 팽창 연산을 수행한 결과입니다. erode 영상은 bin 영상에 비해
객체 외관이 다소 작아졌고, 영상의 우측 하단에 있던 한두 픽셀짜리 객체가 사라진 것을 확인할
수 있습니다. 반면에 흰색 객체 내부의 검은색 구멍은 더 확대되었습니다. dilate 영상은 erode
영상과는 반대로 흰색 객체 영역은 확대되었고, 객체 내부의 검은색 구멍은 사라지거나 좁아진 것
을 확인할 수 있습니다.

▼ 그림 11-10 이진 영상의 침식과 팽창 예제 프로그램 실행 결과

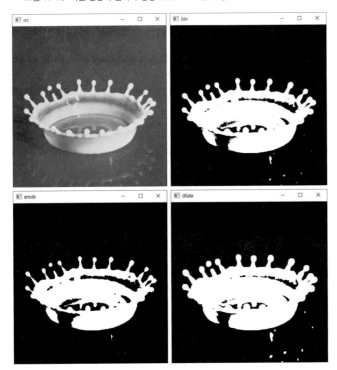

11.2.2 이진 영상의 열기와 닫기

이번에는 모폴로지 기법 중에서 열기(opening)와 닫기(closing) 연산에 대하여 알아보겠습니다. 열기와 닫기 연산은 앞 절에서 설명한 침식과 팽창 연산을 이용하여 쉽게 구현할 수 있는 연산입니다. 열기 연산은 입력 영상에 대하여 침식 연산을 수행한 후, 다시 팽창 연산을 수행하는 연산입니다. 이와 반대로 팽창 연산을 먼저 수행한 후, 다시 침식 연산을 수행하는 연산을 닫기라고 합니다. 열기와 닫기 연산은 각각 침식과 팽창 연산이 한 번씩 적용되기 때문에 객체 영역의 크기가 크게 바뀌지 않습니다. 다만 침식과 팽창 연산을 적용하는 순서에 따라 서로 다른 효과가 발생합니다. 열기 연산은 침식 연산을 먼저 수행하기 때문에 한두 픽셀짜리 영역이 제거된 후, 팽창 연산이 수행됩니다. 그 결과 입력 이진 영상에 존재하는 작은 크기의 객체가 효과적으로 제거됩니다. 닫기 연산은 팽창 연산을 먼저 수행하기 때문에 객체 내부의 작은 구멍이 메워진 후, 침식 연산이 수행됩니다. 결과적으로 닫기 연산은 객체 내부의 작은 구멍을 제거합니다.

작은 크기의 영상에서 3×3 정방형 구조 요소를 사용하여 열기와 닫기 연산을 수행한 결과를 그림 11-11에 나타냈습니다. 그림 11-11(a)는 입력으로 사용한 이진 영상을 확대하여 나타낸 것입니다. 그림 11-11(b)는 열기 연산의 결과로서 큰 객체 외곽에 돌출된 한두 픽셀이 제거되었고, 두 개의 객체를 연결하고 있던 가느다란 선도 제거되었습니다. 또한 한두 픽셀짜리 독립된 객체도 깔끔하게 제거되었습니다. 그림 11-11(c)는 닫기 연산을 수행한 결과 영상으로서 객체 내부의 작은 구멍이 사라졌고, 오른쪽 객체 외곽에 한 픽셀 오목하게 들어간 부분이 매끈하게 채워졌습니다.

▼ 그림 11-11 이진 영상의 열기와 닫기

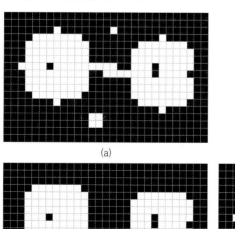

(a)

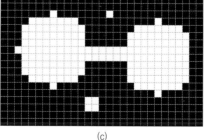

(b)　　　　　　　　　　　　　　　(c)

OpenCV에서 모폴로지 열기와 닫기 연산은 morphologyEx() 함수를 이용하여 수행할 수 있습니다. morphologyEx() 함수는 열기와 닫기뿐만 아니라 침식과 팽창 같은 일반적인 모폴로지 연산도 수행할 수 있는 범용적인 모폴로지 연산 함수입니다. morphologyEx() 함수 원형은 다음과 같습니다.

```
void morphologyEx(InputArray src, OutputArray dst,
                  int op, InputArray kernel,
                  Point anchor = Point(-1,-1), int iterations = 1,
                  int borderType = BORDER_CONSTANT,
                  const Scalar& borderValue = morphologyDefaultBorderValue());
```

• src	입력 영상
• dst	출력 영상. src와 같은 크기, 같은 타입입니다.
• op	모폴로지 연산 타입. MorphTypes 열거형 상수를 지정합니다.
• kernel	구조 요소. getStructuringElement() 함수를 이용하여 생성합니다.
• anchor	고정점 위치. (-1, -1)을 지정하면 구조 요소 중앙을 고정점으로 사용합니다.
• iterations	반복 횟수
• borderType	가장자리 픽셀 확장 방식
• borderValue	borderType이 BORDER_CONSTANT인 경우, 가장자리 픽셀 값

morphologyEx() 함수는 세 번째 인자 op를 이용하여 모폴로지 연산 방법을 지정합니다. op 인자에는 MorphTypes 열거형 상수 중 하나를 지정할 수 있으며, 이진 영상에 대해 주로 사용하는 MorphTypes 열거형 상수와 의미를 표 11-3에 나타냈습니다. MORPH_GRADIENT 상수는 팽창 결과 영상에서 침식 결과 영상을 빼는 연산을 수행하며, 객체의 외곽선이 추출되는 효과가 있습니다.

▼ 표 11-3 주요 MorphTypes 열거형 상수

MorphTypes 열거형 상수	설명
MORPH_ERODE	침식 연산
MORPH_DILATE	팽창 연산
MORPH_OPEN	열기 연산
MORPH_CLOSE	닫기 연산
MORPH_GRADIENT	모폴로지 그래디언트 계산 dst = dilate(src, element) – erode(src, element)

morphologyEx() 함수를 이용하여 이진 영상에 모폴로지 열기와 닫기 연산을 수행하는 예제 코드를 코드 11-4에 나타냈습니다. 코드 11-4의 open_close() 함수는 milkdrop.bmp 영상을 이진화한 후, 열기 연산과 닫기 연산을 각각 수행하고 그 결과를 화면에 출력합니다. open_close() 함수를 사용하는 전체 예제 소스 코드와 사용된 영상 파일은 내려받은 예제 파일 중 ch11/morphology 프로젝트에서 확인할 수 있습니다.

```
01   void open_close()
02   {
03       Mat src = imread("milkdrop.bmp", IMREAD_GRAYSCALE);
04
05       if (src.empty()) {
06           cerr << "Image load failed!" << endl;
07           return;
08       }
09
10       Mat bin;
11       threshold(src, bin, 0, 255, THRESH_BINARY | THRESH_OTSU);
12
13       Mat dst1, dst2;
14       morphologyEx(bin, dst1, MORPH_OPEN, Mat());
15       morphologyEx(bin, dst2, MORPH_CLOSE, Mat());
16
17       imshow("src", src);
18       imshow("bin", bin);
19       imshow("opening", dst1);
20       imshow("closing", dst2);
21
22       waitKey();
23       destroyAllWindows();
24   }
```

- 3행   milkdrop.bmp 파일을 그레이스케일 영상 형식으로 불러와 src에 저장합니다.
- 11행   src 영상에 대해 오츠 알고리즘으로 자동 이진화를 수행하고, 그 결과를 bin에 저장합니다.
- 14행   bin 영상에 3×3 정방형 구조 요소를 이용하여 열기 연산을 수행하고, 그 결과를 dst1에 저장합니다.
- 15행   bin 영상에 3×3 정방형 구조 요소를 이용하여 닫기 연산을 수행하고, 그 결과를 dst2에 저장합니다.

코드 11-4의 open_close() 함수 실행 결과를 그림 11-12에 나타냈습니다. 그림 11-12(a)는 입력 영상으로 사용한 milkdrop.bmp 파일이고, 그림 11-12(b)는 오츠 알고리즘으로 이진화한 bin 영상입니다. 그림 11-12(c)는 열기 연산을 수행한 결과이며, bin 영상의 우측 하단에 있던 자잘한 한두 픽셀 영역이 효과적으로 제거된 것을 확인할 수 있습니다. 그림 11-12(d)는 닫기 연산을 수행한 결과이며, 흰색 객체 내부의 한두 픽셀짜리 구멍이 사라진 것을 볼 수 있습니다.

▼ 그림 11-12 이진 영상의 열기와 닫기 예제 프로그램 실행 결과

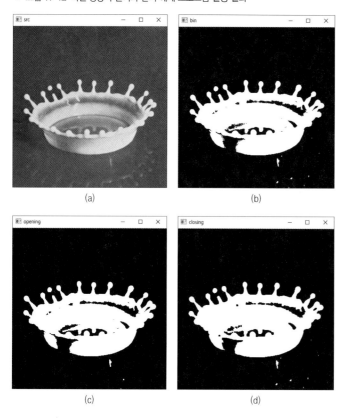

(a)   (b)

(c)   (d)

Note ≡ 이진 영상의 열기와 닫기 연산은 erode( )와 dilate( ) 함수를 사용하여 쉽게 구현할 수 있습니다. 예를 들어 이진 영상 src가 있을 경우, 다음 코드는 열기 연산 결과를 dst에 저장합니다.

```
Mat dst;
erode(src, dst, Mat());
dilate(dst, dst, Mat());
```

이 코드에서 erode( ) 함수의 입력은 src, 출력은 dst 영상이고, dilate( ) 함수는 입력과 출력이 모두 dst 영상입니다. 실제로 morphologyEx( ) 함수 내부에서도 이와 같이 erode( ) 함수와 dilate( ) 함수를 차례대로 호출하여 열기 연산을 수행합니다.

12^장

레이블링과
외곽선 검출

12^{장}

레이블링과
외곽선 검출

12.1 / 레이블링

이 절에서는 이진 영상에서 흰색으로 구분된 각 객체 영역에 고유의 번호를 지정하는 레이블링 기법에 대해 설명합니다. 레이블링 기법은 영상 내부에 있는 각 객체의 위치, 크기, 모양 등 특징을 분석할 때 사용됩니다. OpenCV에서 제공하는 기본적인 레이블링 함수에 대해 먼저 알아본 후, 각 객체의 통계 정보까지 함께 반환하는 레이블링 함수 사용법에 대해 알아보겠습니다.

12.1.1 레이블링의 이해

11장에서 설명한 영상의 이진화를 수행하면 주요 객체와 배경 영역을 구분할 수 있습니다. 일단 배경과 객체를 구분하였다면 이제 다시 각각의 객체를 구분하고 분석하는 작업이 필요합니다. 이때 사용할 수 있는 기법이 레이블링(labeling)입니다. 레이블링은 영상 내에 존재하는 객체 픽셀 집합에 고유 번호를 매기는 작업으로 연결된 구성 요소 레이블링(connected components labeling)이라고도 합니다. 레이블링 기법을 이용하여 각 객체의 위치와 크기 등 정보를 추출하는 작업은 객체 인식을 위한 전처리 과정으로 자주 사용됩니다.

영상의 레이블링은 일반적으로 이진화된 영상에서 수행됩니다. 이때 검은색 픽셀은 배경으로 간주하고, 흰색 픽셀은 객체로 간주합니다. 정확하게는 입력 영상의 픽셀 값이 0이면 배경, 0이 아니면 객체 픽셀로 인식합니다. 하나의 객체는 한 개 이상의 인접한 픽셀로 이루어지며, 하나의 객체를 구성하는 모든 픽셀에는 같은 레이블 번호가 지정됩니다.

특정 픽셀과 이웃한 픽셀의 연결 관계는 크게 두 가지 방식으로 정의할 수 있습니다. 첫 번째는 특정 픽셀의 상하좌우로 붙어 있는 픽셀끼리 연결되어 있다고 정의하는 4-방향 연결성(4-way connectivity)입니다. 다른 하나는 상하좌우로 연결된 픽셀뿐만 아니라 대각선 방향으로 인접한 픽셀도 연결되어 있다고 간주하는 8-방향 연결성(8-way connectivity)입니다. 두 가지 픽셀 연결 관계를 그림 12-1에 나타냈습니다. 그림 12-1(a)는 4-방향 연결성에 의한 연결 관계를 나타내고, 그림 12-1(b)는 8-방향 연결성에 의한 연결 관계를 나타냅니다. 각각의 그림에서 정중앙에 위치한 픽셀과 4-방향 연결성과 8-방향 연결성으로 연결된 픽셀은 흰색으로 표시하였습니다.

▼ 그림 12-1 4-방향 연결성과 8-방향 연결성

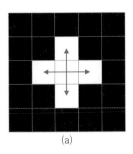 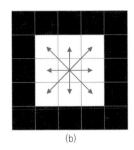

|(a)|(b)|

이진 영상에 레이블링을 수행하면 각각의 객체 영역에 고유의 번호가 매겨진 2차원 정수 행렬이 만들어집니다. 레이블링에 의해 만들어지는 이러한 2차원 정수 행렬을 레이블 맵(label map)이라 고 부릅니다. 레이블링을 수행하는 알고리즘은 매우 다양하게 존재하지만 모두 같은 형태의 레이 블 맵을 생성합니다.

작은 크기의 입력 영상에 대해 레이블링을 수행하였을 때 만들어지는 레이블 맵에 대해 자세히 살 펴보겠습니다. 그림 12-2는 작은 크기의 영상에 대해 레이블링을 수행한 결과입니다. 그림 12-2(a)는 레이블링 입력으로 사용한 8×8 크기의 이진 영상입니다. 이 영상은 서로 분리된 세 개의 흰색 객체 영역을 가지고 있습니다. 이 영상에 대해 레이블링을 수행하면 정수로 구성된 레이블 맵 행렬이 생성되고, 이 행렬을 그림 12-2(b)에 나타냈습니다. 입력 영상에서 배경 픽셀은 레이블 맵 행렬에서 0으로 설정되고, 입력 영상의 각 객체 픽셀 영역에는 고유의 번호가 매겨진 것을 확 인할 수 있습니다.

▼ 그림 12-2 레이블링 알고리즘의 입력과 출력

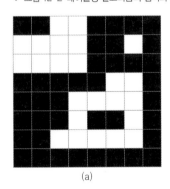 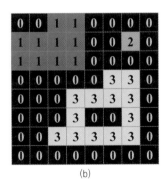

|(a)|(b)|

OpenCV 라이브러리는 3.0.0 버전부터 레이블링 함수를 제공합니다. OpenCV에서 레이블링을 수행하는 기본적인 함수 이름은 connectedComponents( )이고, 이 함수의 원형은 다음과 같습니다.

```
int connectedComponents(InputArray image, OutputArray labels,
                        int connectivity = 8, int ltype = CV_32S);
```

- image   입력 영상. CV_8UC1 또는 CV_8SC1
- labels   출력 레이블 맵 행렬
- connectivity   연결성. 8 또는 4를 지정할 수 있습니다.
- ltype   출력 행렬 타입. CV_32S 또는 CV_16S를 지정할 수 있습니다.
- 반환값   레이블 개수. 반환값이 N이면 0부터 N-1까지의 레이블 번호가 존재하며, 이 중 0번 레이블은 배경
                  을 나타냅니다. 실제 객체 개수는 N-1입니다.

connectedComponents() 함수는 입력 영상 image에 대해 레이블링을 수행하여 구한 레이블 맵 labels를 반환합니다. connectedComponents() 함수의 입력 image에는 보통 threshold() 또는 adaptiveThreshold() 등 함수를 통해 얻은 이진 영상을 지정합니다. 회색이 포함된 그레이스케일 영상을 입력으로 사용할 경우, 픽셀 값이 0이 아니면 객체 픽셀로 간주합니다. labels 인자에는 Mat 자료형의 변수 이름을 전달합니다. connectedComponents() 함수는 네 개의 인자를 받을 수 있지만, 뒤쪽 두 개의 인자는 기본값을 가지고 있어서 생략할 수 있습니다.

connectedComponents() 함수 사용법과 동작 결과를 확인하기 위한 예제 코드를 코드 12-1에 나타냈습니다. 코드 12-1의 labeling_basic() 함수는 앞서 그림 12-2에서 사용했던 8×8 크기의 입력 영상을 실제로 생성하여 레이블링을 수행하고, 그 결과를 확인합니다. labeling_basic() 함수가 정의된 소스 코드 파일은 내려받은 예제 파일 중 ch12/labeling 프로젝트에서 확인할 수 있습니다.

코드 12-1 영상의 레이블링 예제 [ch12/labeling]

```
01    void labeling_basic()
02    {
03        uchar data[] = {
04            0, 0, 1, 1, 0, 0, 0, 0,
05            1, 1, 1, 1, 0, 0, 1, 0,
06            1, 1, 1, 1, 0, 0, 0, 0,
07            0, 0, 0, 0, 0, 1, 1, 0,
08            0, 0, 0, 1, 1, 1, 1, 0,
09            0, 0, 0, 1, 0, 0, 1, 0,
10            0, 0, 1, 1, 1, 1, 1, 0,
11            0, 0, 0, 0, 0, 0, 0, 0,
12        };
13
14        Mat src = Mat(8, 8, CV_8UC1, data) * 255;
15
16        Mat labels;
```

```
17        int cnt = connectedComponents(src, labels);
18
19        cout << "src:\n" << src << endl;
20        cout << "labels:\n" << labels << endl;
21        cout << "number of labels: " << cnt << endl;
22    }
```

- 3~14행   그림 12-2에서 예제로 사용했던 입력 영상과 동일한 형태의 그레이스케일 영상 src를 생성합니다. uchar 자료형 배열 data를 픽셀 데이터로 사용하는 임시 Mat 객체를 생성한 후, 모든 원소에 255를 곱한 결과 행렬을 src에 저장합니다.

- 16~17행   connectedComponents() 함수를 실행하고, 레이블 맵을 labels 행렬에 저장합니다.

- 19~21행   src, labels 행렬과 connectedComponents() 함수가 반환한 정수를 화면에 출력합니다.

코드 12-1의 labeling_basic() 함수 실행 결과를 그림 12-3에 나타냈습니다. labeling_basic() 함수는 작은 크기의 입력 영상과 레이블 맵 행렬을 모두 콘솔 창에 출력합니다. 그림 12-3에 나타난 src 픽셀 값과 labels 행렬 원소 값이 앞서 그림 12-2에서 설명한 것과 완전히 같게 출력된 것을 확인할 수 있습니다. 입력 영상에는 세 개의 객체 영역이 존재하지만 connectedComponents() 함수가 반환하는 정수 값은 배경 영역까지 포함한 영역 개수인 4이기 때문에 "number of labels: 4" 문자열이 출력된 것도 확인하기 바랍니다.

▼ 그림 12-3 영상의 레이블링 예제 실행 결과

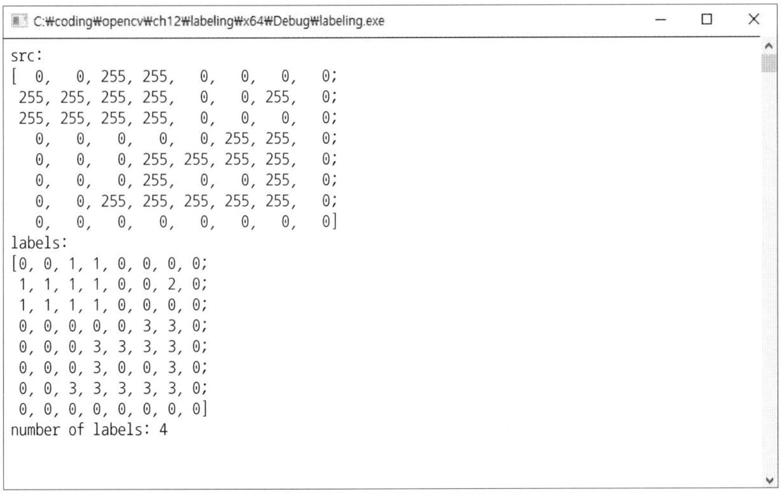

```
C:\coding\opencv\ch12\labeling\x64\Debug\labeling.exe
src:
[   0,   0, 255, 255,   0,   0,   0,   0;
  255, 255, 255, 255,   0,   0, 255,   0;
  255, 255, 255, 255,   0,   0,   0,   0;
    0,   0,   0,   0,   0, 255, 255,   0;
    0,   0,   0, 255, 255, 255, 255,   0;
    0,   0, 255,   0,   0,   0, 255,   0;
    0,   0, 255, 255, 255, 255, 255,   0;
    0,   0,   0,   0,   0,   0,   0,   0]
labels:
[0, 0, 1, 1, 0, 0, 0, 0;
 1, 1, 1, 1, 0, 0, 2, 0;
 1, 1, 1, 1, 0, 0, 0, 0;
 0, 0, 0, 0, 0, 3, 3, 0;
 0, 0, 0, 3, 3, 3, 3, 0;
 0, 0, 3, 0, 0, 0, 3, 0;
 0, 0, 3, 3, 3, 3, 3, 0;
 0, 0, 0, 0, 0, 0, 0, 0]
number of labels: 4
```

12.1.2 레이블링 응용

기본적인 레이블링 동작은 입력 영상으로부터 레이블 맵을 생성하는 것입니다. 그러나 보통 레이블링을 수행한 후에는 각각의 객체 영역이 어느 위치에 어느 정도의 크기로 존재하는지 확인할 필요가 있습니다. 이러한 작업을 사용자가 for 반복문 등을 이용하여 직접 구현하기는 꽤 번거롭습니다. 다행히 OpenCV는 레이블 맵과 각 객체 영역의 통계 정보를 한꺼번에 반환하는 connectedComponentsWithStats() 함수를 제공합니다. connectedComponentsWithStats() 함수 원형은 다음과 같습니다.

```
int connectedComponentsWithStats(InputArray image, OutputArray labels,
                                 OutputArray stats, OutputArray centroids,
                                 int connectivity = 8, int ltype = CV_32S);
```

- image   입력 영상. CV_8UC1 또는 CV_8SC1
- labels   출력 레이블 맵 행렬
- stats   각각의 레이블 영역에 대한 통계 정보를 담은 행렬. CV_32S
- centroids   각각의 레이블 영역의 무게 중심 좌표 정보를 담은 행렬. CV_64F
- connectivity   연결성. 8 또는 4를 지정할 수 있습니다.
- ltype   출력 행렬 타입. CV_32S 또는 CV_16S를 지정할 수 있습니다.
- 반환값   레이블 개수. 반환값이 N이면 0부터 N-1까지의 레이블 번호가 존재하며, 이 중 0번 레이블은 배경을 나타냅니다. 실제 객체 개수는 N-1입니다.

connectedComponentsWithStats() 함수의 인자 구성은 connectedComponents() 함수 인자에 stats와 centroids가 추가된 형태입니다. 보통 stats와 centroids 인자에는 Mat 자료형 변수를 지정합니다. 그러므로 입력 영상 src가 있을 때 connectedComponentsWithStats() 함수를 이용하여 레이블링을 수행하려면 다음과 같이 코드를 작성합니다.

```
Mat labels, stats, centroids;
connectedComponentsWithStats(src, labels, stats, centroids);
```

그림 12-2에서 사용한 8×8 영상에 대해 앞의 예제 코드를 수행했을 때 생성되는 labels, stats, centroids 행렬을 그림 12-4에 나타냈습니다. 그림 12-4(a)는 레이블 맵을 담고 있는 labels 행렬입니다. 그림 12-4(b)는 CV_32SC1 타입의 stats 행렬입니다. stats 행렬의 행 개수는 레이블 개수와 같고, 열 개수는 항상 5입니다. stats 행렬의 각 행은 labels 행렬에 나타난 번호에 해당하는 영역을 나타냅니다. 첫 번째 행은 배경 영역 정보를 담고 있고, 두 번째 행부터는 1번부터 시작하는 객체 영역에 대한 정보를 담고 있습니다. stats 행렬의 각 열은 차례대로 특정 영역을 감싸는 바운딩 박스의 x 좌표, y 좌표, 가로 크기, 세로 크기, 그리고 해당 영역의 픽셀 개수를 담고 있습

니다. 그림 12-4(c)는 CV_64FC1 타입의 centroids 행렬입니다. centroids 행렬의 행 개수는 레이블 개수와 같고, 열 개수는 항상 2입니다. centroids 행렬의 각 열은 차례대로 각 영역의 무게 중심 x 좌표와 y 좌표를 저장합니다.

❤ 그림 12-4 connectedComponentsWithStats() 함수의 출력 행렬 분석

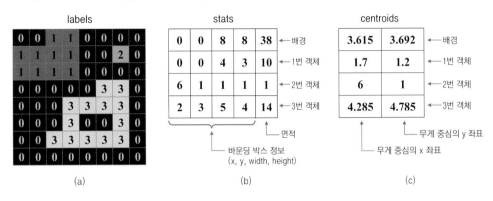

그림 12-4에서 labels 행렬에 1번으로 레이블 번호가 매겨진 객체 영역 정보에 대해 좀 더 자세히 분석해 보겠습니다. stats 행렬에서 두 번째 행 원소 값이 [0, 0, 4, 3, 10]으로 저장되어 있으며, 이는 1번 객체를 감싸는 바운딩 박스가 (0, 0) 좌표에서 시작하여 가로 크기가 4, 세로 크기가 3인 사각형이고, 1번 객체 픽셀 개수가 10임을 나타냅니다. centroids 행렬에서 두 번째 행 원소 값이 [1.7, 1.2]로 저장된 것은 1번 영역의 무게 중심 좌표가 (1.7, 1.2)라는 것을 의미하고, 이 값은 1번 객체 픽셀의 x 좌표와 y 좌표를 모두 더한 후 픽셀 개수로 나눈 값입니다.

$$(1.7, 1.2) = \left(\frac{2+3+0+1+2+3+0+1+2+3}{10}, \frac{0+0+1+1+1+1+2+2+2+2}{10} \right)$$

connectedComponentsWithStats() 함수를 사용하여 실제 영상에 레이블링을 수행하고, 검출된 객체의 위치와 크기를 화면에 표시하는 예제 코드를 코드 12-2에 나타냈습니다. 코드 12-2의 labeling_stats() 함수는 입력 영상을 이진화한 후 레이블링을 수행합니다. 그리고 레이블링에 의해 얻은 객체 통계 정보를 이용하여 각 객체를 감싸는 바운딩 박스를 노란색 사각형으로 표시합니다. labeling_stats() 함수가 정의된 소스 파일과 사용된 영상 파일은 내려받은 예제 파일 중 ch12/labeling 프로젝트에서 확인할 수 있습니다.

코드 12-2 레이블링을 이용하여 객체의 바운딩 박스 그리기 [ch12/labeling]

```
01    void labeling_stats()
02    {
03        Mat src = imread("keyboard.bmp", IMREAD_GRAYSCALE);
04
```

```
05          if (src.empty()) {
06              cerr << "Image load failed!" << endl;
07              return;
08          }
09
10          Mat bin;
11          threshold(src, bin, 0, 255, THRESH_BINARY | THRESH_OTSU);
12
13          Mat labels, stats, centroids;
14          int cnt = connectedComponentsWithStats(bin, labels, stats, centroids);
15
16          Mat dst;
17          cvtColor(src, dst, COLOR_GRAY2BGR);
18
19          for (int i = 1; i < cnt; i++) {
20              int* p = stats.ptr<int>(i);
21
22              if (p[4] < 20) continue;
23
24              rectangle(dst, Rect(p[0], p[1], p[2], p[3]), Scalar(0, 255, 255), 2);
25          }
26
27
28          imshow("src", src);
29          imshow("dst", dst);
30
31          waitKey();
32          destroyAllWindows();
33      }
```

- 3행   keyboard.bmp 영상을 그레이스케일 형식으로 불러와 src에 저장합니다.
- 10~11행   src 영상을 오츠 알고리즘으로 이진화하여 bin에 저장합니다.
- 13~14행   bin 영상에 대해 레이블링을 수행하고 각 객체 영역의 통계 정보를 추출합니다.
- 16~17행   src 영상을 3채널 컬러 영상 형식으로 변환하여 dst에 저장합니다.
- 19행   배경 영역을 제외하고 흰색 객체 영역에 대해서만 for 반복문을 수행합니다.
- 22행   객체의 픽셀 개수가 20보다 작으면 잡음이라고 간주하고 무시합니다.
- 24행   검출된 객체를 감싸는 바운딩 박스를 노란색으로 그립니다.

코드 12-2의 labeling_stats() 함수 실행 결과를 그림 12-5에 나타냈습니다. 그림 12-5에서 src
는 입력으로 사용한 keyboard.bmp 영상이고, dst는 키보드에서 흰색 글자만을 찾아서 노란색
사각형으로 표시한 결과 영상입니다. 키보드에 적힌 각 문자를 제대로 구분하여 표시한 것을 확인
할 수 있습니다.

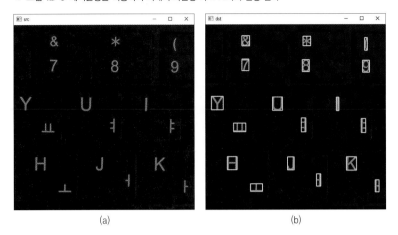

(a)   (b)

12.2 외곽선 검출

레이블링과 더불어 이진 영상에서 객체의 위치 및 크기 정보를 추출하는 유용한 방법 중에 외곽선 검출이 있습니다. OpenCV의 외곽선 검출 기능은 객체의 외곽선 픽셀 좌표를 모두 추출하여 계층 정보와 함께 반환합니다. 이 절에서는 이진 영상에서 외곽선 정보를 얻는 방법과 외곽선 정보로부터 객체의 모양 정보 등 특징을 추출하는 방법에 대해 알아보겠습니다.

12.2.1 외곽선 검출

객체의 외곽선(contour)은 객체 영역 픽셀 중에서 배경 영역과 인접한 일련의 픽셀을 의미합니다. 보통 검은색 배경 안에 있는 흰색 객체 영역에서 가장 최외곽에 있는 픽셀을 찾아 외곽선으로 정의합니다. 만약 흰색 객체 영역 안에 검은색 배경 영역인 홀(hole)이 존재한다면 홀을 둘러싸고 있는 객체 픽셀들도 외곽선으로 검출할 수 있습니다. 즉, 객체의 외곽선은 객체 바깥쪽 외곽선과 안쪽 홀 외곽선으로 구분할 수 있습니다.

객체 하나의 외곽선은 여러 개의 점으로 구성됩니다. 그러므로 객체 하나의 외곽선 정보는 vector<Point> 타입으로 저장할 수 있습니다.[1] 또한 하나의 영상에는 여러 개의 객체가 존재할 수 있으므로 영상 하나에서 추출된 전체 객체의 외곽선 정보는 vector<vector<Point>> 타입으로 표현할 수 있습니다. 그러므로 OpenCV에서는 다음과 같은 형식의 변수를 선언하여 외곽선 검출 함수에 전달합니다.

```
vector<vector<Point>> contours;
```

외곽선 검출이 실제로 어떻게 동작하는지를 가늠하기 위해 작은 크기의 영상을 대상으로 외곽선 검출과 표현 방법에 대해 알아보겠습니다. 테스트로 사용할 8×8 크기의 이진 영상을 그림 12-6(a)에 나타냈습니다. 이 영상은 흰색으로 표현된 객체 영역이 세 개 있고, 홀은 없는 단순한 형태입니다. 이 영상에 대해 외곽선 검출을 수행하면 그림 12-6(b)에서 녹색으로 표현한 픽셀들이 외곽선 점들로 검출됩니다. 검출된 외곽선 점들의 좌표는 앞에서 선언한 contours 변수에 모두 저장됩니다. contours 변수에 저장된 좌표 정보를 분석하기 위해 편의상 그림 12-6(b) 각각의 외곽선에 0부터 시작하는 임의의 번호를 표시했습니다.

❤ 그림 12-6 외곽선 검출 결과 분석을 위한 테스트 영상

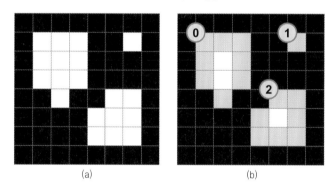

(a)   (b)

contours 변수는 vector<vector<Point>> 타입이며, 이는 vector<Point> 타입을 여러 개 포함할 수 있는 타입입니다. 그림 12-6에서는 외곽선 객체가 세 개 있으므로 contours 변수에는 vector<Point> 타입의 데이터가 세 개 저장됩니다. contours 변수에 저장된 각각의 외곽선은 contours[0], contours[1], contours[2] 형태로 접근할 수 있습니다. 여기서 contours[0], contours[1], contours[2]는 모두 vector<Point> 타입이고, 각각 인덱스에 해당하는 외곽선 점들의 좌표를 저장하고 있습니다. 그림 12-6과 같이 외곽선이 검출된 경우, contours[0],

---

1   vector는 std::vector 클래스이고, Point는 cv::Point 클래스입니다.

contours[1], contours[2]에 저장된 외곽선 점 좌표는 다음과 같습니다.[2]

```
contours[0] : [1, 1], [1, 2], [1, 3], [2, 4], [3, 3], [3, 2], [3, 1], [2, 1]
contours[1] : [6, 1]
contours[2] : [5, 4], [4, 5], [4, 6], [5, 6], [6, 6], [6, 5], [6, 4]
```

contours 변수로부터 전체 객체 개수를 알고 싶다면 contours.size() 반환값을 확인하면 되며, 그림 12-6의 예에서 contours.size()는 3입니다. 만약 0번 외곽선의 점 개수를 알고 싶다면 contours[0].size() 형태로 코드를 작성할 수 있으며, 그림 12-6의 예에서 contours[0].size()는 8을 반환합니다.

OpenCV에서 영상 내부 객체들의 외곽선을 검출하는 함수 이름은 findContours()입니다. 이 함수는 외곽선들의 계층 정보를 받아 오는 hierarchy 인자가 있는 형태와 없는 형태 두 가지로 정의되어 있습니다. findContours() 함수 원형은 다음과 같습니다.

```
void findContours(InputArray image, OutputArrayOfArrays contours,
                  OutputArray hierarchy, int mode,
                  int method, Point offset = Point());
void findContours(InputArray image, OutputArrayOfArrays contours,
                  int mode, int method, Point offset = Point());
```

- image   입력 영상. 8비트 1채널 영상이어야 하고, 0이 아닌 픽셀을 객체로 취급합니다. 만약 mode가 RETR_CCOMP이면 CV_32SC1 타입의 영상을 지정할 수 있습니다.
- contours   검출된 외곽선 정보. vector<vector<Point>> 타입의 변수를 지정합니다.
- hierarchy 외곽선 계층 정보. vector<Vec4i> 타입의 변수를 지정합니다.
- mode   외곽선 검출 모드. RetrievalModes 열거형 상수를 지정합니다.
- method   외곽선 근사화 방법. ContourApproximationModes 열거형 상수를 지정합니다.
- offset   외곽선 점 좌표의 오프셋(이동 변위)

findContours() 함수의 입력 영상으로는 보통 threshold() 등 함수에 의해 만들어진 이진 영상을 사용합니다. 실제 동작할 때는 입력 영상에서 픽셀 값이 0이 아니면 객체로 간주하여 외곽선을 검출합니다. contours 인자에는 검출된 외곽선 좌표 정보가 저장되고, 보통 vector<vector<Point>> 타입의 변수를 지정합니다. hierarchy 인자에는 검출된 외곽선의 계층 정보가 저장되고, 보통 vector<Vec4i> 타입의 변수를 지정합니다. Vec4i 클래스는 int 자료형 네 개를 저장할 수 있는 OpenCV 벡터 클래스입니다. i번째 외곽선에 대해 hierarchy[i][0]에는 다음 외곽선 번호, hierarchy[i][1]에는 이전 외곽선 번호, hierarchy[i][2]에는 자식 외곽선 번호, hierarchy[i]

---

[2] 실제로 OpenCV 함수를 이용하여 외곽선을 검출할 경우, 외곽선 번호는 그림 12-6(b)와는 다른 순서로 매겨집니다. 여기서는 설명의 편의를 위해 번호를 임의로 지정하였습니다.

[3]에는 부모 외곽선 번호가 저장됩니다. 만약 계층 구조에서 해당 외곽선이 존재하지 않으면 −1이 저장됩니다.

findContours() 함수의 mode 인자에는 외곽선을 어떤 방식으로 검출할 것인지를 나타내는 검출 모드를 지정합니다. mode 인자에는 RetrievalModes 열거형 상수 중 하나를 지정할 수 있으며, 주요 RetrievalModes 열거형 상수와 의미를 표 12-1에 나타냈습니다.

❤ 표 12-1 주요 RetrievalModes 열거형 상수

RetrievalModes 열거형 상수	설명
RETR_EXTERNAL	객체 바깥쪽 외곽선만 검색합니다. 계층 구조는 만들지 않습니다.
RETR_LIST	객체 바깥쪽과 안쪽 외곽선을 모두 검색합니다. 계층 구조는 만들지 않습니다.
RETR_CCOMP	모든 외곽선을 검색하고 2단계 계층 구조를 구성합니다.
RETR_TREE	모든 외곽선을 검색하고 전체 계층 구조를 구성합니다.

findContours() 함수의 method 인자에는 검출된 외곽선 점들의 좌표를 근사화하는 방법을 지정합니다. method 인자에 지정할 수 있는 ContourApproximationModes 열거형 상수를 표 12-2에 나타냈습니다. 저장되는 외곽선 점의 개수를 줄이고 싶다면 CHAIN_APPROX_SIMPLE 상수를 사용하면 유리합니다. CHAIN_APPROX_TC89_L1 또는 CHAIN_APPROX_TC89_KCOS 방식은 점의 개수는 많이 줄어들지만 외곽선 모양에 변화가 생기므로 주의해야 합니다.

❤ 표 12-2 ContourApproximationModes 열거형 상수

ContourApproximationModes 열거형 상수	설명
CHAIN_APPROX_NONE	모든 외곽선 점들의 좌표를 저장합니다.
CHAIN_APPROX_SIMPLE	외곽선 중에서 수평선, 수직선, 대각선 성분은 끝점만 저장합니다.
CHAIN_APPROX_TC89_L1	Teh & Chin L1 근사화를 적용합니다.
CHAIN_APPROX_TC89_KCOS	Teh & Chin k cos 근사화를 적용합니다.

간단한 테스트 영상을 이용하여 외곽선 검출 모드와 외곽선 계층 구조의 관계에 대해 알아보겠습니다. 테스트로 사용할 영상을 그림 12-7에 나타냈습니다. 이 영상은 검은색 배경에 큰 흰색 객체가 두 개 있고, 각각의 객체 안에는 검은색 홀이 여러 개 있습니다. 홀 안쪽에는 다시 작은 흰색 객체가 있을 수 있습니다. 설명의 편의를 위해 각 객체의 바깥쪽 외곽선과 안쪽 홀 외곽선에 각각 임의의 순서로 번호를 지정하여 그림 12-7에 나타냈습니다. 외곽선의 계층 구조는 외곽선의 포함 관계에 의해 결정됩니다. 즉, 0번 외곽선 안에는 1·2·3번 홀 외곽선이 있으므로 0번 외곽선은 1·2·3번 외곽선의 부모 외곽선이고, 1·2·3번 외곽선은 0번 외곽선의 자식 외곽선입니다. 0번

과 4번 외곽선은 서로 포함 관계가 없이 대등하므로 이전 외곽선 또는 다음 외곽선의 관계를 가집니다. 나머지 외곽선들도 유사한 방식으로 계층 정보가 결정됩니다.

▼ 그림 12-7 외곽선 계층 구조 확인을 위한 테스트 영상

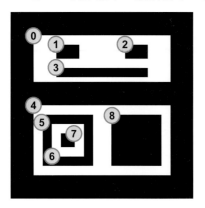

findContours() 함수에서 외곽선 검출 모드를 어떻게 지정하는지에 따라 검출되는 외곽선과 계층 구조가 서로 달라집니다. 네 가지 외곽선 검출 모드에 따른 외곽선 검출 결과와 계층 구조를 그림 12-8에 나타냈습니다. 그림 12-8에서 원 안에 쓰여진 숫자는 그림 12-7에 나타난 외곽선 번호를 나타내며, 각 외곽선 번호 사이에 연결된 화살표는 계층 구조를 나타냅니다. 화살표가 오른쪽 외곽선 번호를 가리키면 다음 외곽선을 나타내고, 화살표가 왼쪽 외곽선 번호를 가리키면 이전 외곽선을 나타냅니다. 화살표가 아래쪽을 가리키면 자식 외곽선을 나타내고, 화살표가 위쪽을 가리키면 부모 외곽선을 나타냅니다.

findContours() 함수에서 RETR_EXTERNAL 외곽선 검출 모드를 사용하면 흰색 객체의 바깥쪽 외곽선만 검출합니다. 이 경우 객체 내부의 홀 외곽선은 검출되지 않습니다. 또한 큰 객체 내부에 있는 작은 객체의 외곽선도 검출되지 않습니다. 그러므로 그림 12-7의 테스트 영상에서 RETR_EXTERNAL 모드로 외곽선을 검출하면 0번과 4번 외곽선만 검출됩니다. RETR_LIST 검출 모드를 사용하면 바깥쪽과 안쪽 홀 외곽선을 모두 검출합니다. RETR_EXTERNAL 또는 RETR_LIST 모드를 사용할 경우, 외곽선의 부모/자식 계층 정보는 생성되지 않습니다. 외곽선 검출 모드를 RETR_CCOMP로 설정하면 모든 흰색 객체의 바깥쪽 외곽선을 먼저 검출하고, 각 객체 안의 홀 외곽선을 자식 외곽선으로 설정합니다. 그러므로 RETR_CCOMP 모드에서는 상하 계층이 최대 두 개 층으로만 구성됩니다. 만약 흰색 객체에 여러 개의 홀이 존재할 경우, 그중 하나만 자식 외곽선으로 설정됩니다. 그리고 각각의 홀 외곽선은 객체 바깥쪽 외곽선을 모두 부모 외곽선으로 설정합니다. 외곽선 검출 모드를 RETR_TREE로 설정하면 외곽선 전체의 계층 구조를 생성합니다. 만약 객체 내부에 홀이 있고, 그 홀 안에 또 다른 작은 객체가 있다면 작은 객체의 외곽선은 홀 외곽선의 자식으로 설정됩니다.

▼ 그림 12-8 외곽선 검출 모드에 따른 계층 구조

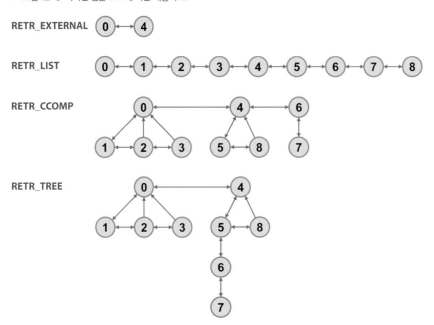

findContours() 함수로 검출한 외곽선 정보를 이용하여 영상 위에 외곽선을 그리고 싶다면 drawContours() 함수를 사용할 수 있습니다. drawContours() 함수 원형은 다음과 같습니다.

```
void drawContours(InputOutputArray image, InputArrayOfArrays contours,
                  int contourIdx, const Scalar& color,
                  int thickness = 1, int lineType = LINE_8,
                  InputArray hierarchy = noArray(),
                  int maxLevel = INT_MAX, Point offset = Point());
```

- • image   외곽선을 그릴 영상
- • contours   findContours() 함수로 구한 전체 외곽선 정보. vector<vector<Point>> 타입의 변수를 지정합니다.
- • contourIdx   외곽선 번호. 음수를 지정하면 전체 외곽선을 그립니다.
- • color   외곽선 색상(또는 밝기)
- • thickness   외곽선 두께. FILLED 또는 -1을 지정하면 외곽선 내부를 채웁니다.
- • lineType   외곽선 타입
- • hierarchy   외곽선 계층 정보
- • maxLevel   그릴 외곽선의 최대 레벨. 이 값이 0이면 지정한 번호의 외곽선만 그리고, 1보다 같거나 크면 그에 해당하는 하위 레벨의 외곽선까지 그립니다.
- • offset   추가적으로 지정할 외곽선 점 좌표의 오프셋(이동 변위). 지정한 좌표 크기만큼 외곽선 좌표를 이동하여 그립니다.

drawContours() 함수는 findContours() 함수로 얻은 외곽선 정보를 이용하여 영상에 외곽선을 그립니다. 전체 외곽선을 한꺼번에 그릴 수도 있고, 특정 번호의 외곽선을 선택하여 그릴 수도 있습니다. 외곽선 계층 정보를 함께 지정할 경우, 자식 외곽선도 함께 그릴 수 있습니다.

findContours() 함수로 객체의 외곽선을 찾고, 검출된 외곽선을 drawContours() 함수로 그리는 예제 프로그램 소스 코드를 코드 12-3에 나타냈습니다. 코드 12-3의 contours_basic() 함수는 이진 입력 영상에서 모든 외곽선을 찾아 각기 다른 색상으로 외곽선을 그립니다. contours_basic() 함수가 정의된 소스 파일과 사용된 영상 파일은 내려받은 예제 파일 중 ch12/findcts 프로젝트에서 확인할 수 있습니다.

코드 12-3 외곽선 검출과 그리기 [ch12/findcts]

```
01   void contours_basic()
02   {
03       Mat src = imread("contours.bmp", IMREAD_GRAYSCALE);
04
05       if (src.empty()) {
06           cerr << "Image load failed!" << endl;
07           return;
08       }
09
10       vector<vector<Point>> contours;
11       findContours(src, contours, RETR_LIST, CHAIN_APPROX_NONE);
12
13       Mat dst;
14       cvtColor(src, dst, COLOR_GRAY2BGR);
15
16       for (int i = 0; i < contours.size(); i++) {
17           Scalar c(rand() & 255, rand() & 255, rand() & 255);
18           drawContours(dst, contours, i, c, 2);
19       }
20
21       imshow("src", src);
22       imshow("dst", dst);
23
24       waitKey();
25       destroyAllWindows();
26   }
```

- 3행   contours.bmp 파일을 그레이스케일 형식으로 불러와 src에 저장합니다. contours.bmp는 픽셀 값이 0과 255로 구성된 이진 영상입니다.
- 10~11행   src 영상으로부터 모든 외곽선을 검출합니다. 외곽선의 계층 정보는 추출하지 않습니다.
- 13~14행   src 영상을 3채널 컬러 영상으로 변환하여 dst에 저장합니다.

- 16행   전체 외곽선 개수만큼 for 반복문을 수행합니다.

- 16~19행   contours에 저장된 각각의 외곽선을 임의의 색상으로 그립니다.

코드 12-3의 contours_basic() 함수에서는 RETR_LIST 검출 모드를 사용하여 findContours() 함수를 호출하였습니다. 그러므로 모든 객체의 바깥쪽과 안쪽 홀 외곽선을 모두 검출하되 부모/자식 간의 계층 정보는 얻어 오지 않습니다. 검출된 전체 외곽선 개수는 contours.size() 코드를 이용하여 알 수 있으며, 코드 12-3에서는 for 문을 0부터 contours.size()까지 반복하며 외곽선을 그립니다.

코드 12-3의 contours_basic() 함수 실행 결과를 그림 12-9에 나타냈습니다. 그림 12-9에서 src는 입력 영상으로 사용한 contours.bmp 파일이고, dst는 흰색 객체 외곽선을 다양한 색상으로 그린 결과 영상입니다. 객체 바깥쪽 외곽선과 안쪽 홀 외곽선이 모두 임의의 색상으로 그려진 것을 확인할 수 있습니다.

❤ 그림 12-9 계층 구조를 사용한 외곽선 검출과 그리기 예제 실행 결과

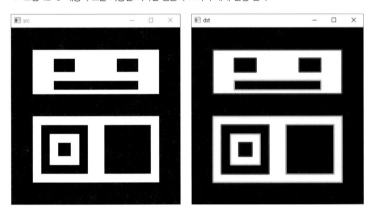

이번에는 외곽선 계층 구조를 사용하여 외곽선을 검출하고 그리는 예제 코드를 살펴보겠습니다. 코드 12-4에 나타난 contours_hier() 함수는 RETR_CCOMP 모드로 객체 외곽선을 검출하고, 외곽선 계층 구조 정보를 활용하여 외곽선을 그립니다. contours_hier() 함수가 정의된 소스 파일과 사용된 영상 파일은 내려받은 예제 파일 중 ch12/findcts 프로젝트에서 확인할 수 있습니다.

코드 12-4 계층 구조를 사용하는 외곽선 검출과 그리기 [ch12/findcts]

```
01    void contours_hier()
02    {
03        Mat src = imread("contours.bmp", IMREAD_GRAYSCALE);
04
05        if (src.empty()) {
```

```
06          cerr << "Image load failed!" << endl;
07          return;
08      }
09
10      vector<vector<Point> > contours;
11      vector<Vec4i> hierarchy;
12      findContours(src, contours, hierarchy, RETR_CCOMP, CHAIN_APPROX_SIMPLE);
13
14      Mat dst;
15      cvtColor(src, dst, COLOR_GRAY2BGR);
16
17      for (int idx = 0; idx >= 0; idx = hierarchy[idx][0]) {
18          Scalar c(rand() & 255, rand() & 255, rand() & 255);
19          drawContours(dst, contours, idx, c, -1, LINE_8, hierarchy);
20      }
21
22      imshow("src", src);
23      imshow("dst", dst);
24
25      waitKey();
26      destroyAllWindows();
27  }
```

- 10~12행 findContours() 함수 호출 시 hierarchy 인자를 전달하여 계층 정보를 받아 옵니다.

- 17행 0번 외곽선부터 시작하여 계층 정보의 다음 외곽선으로 이동하면서 for 반복문을 수행합니다.

- 19행 drawContours() 함수에 hierarchy 정보를 전달하여 외곽선을 그리도록 합니다. 선의 두께를 −1로 지정하였으므로 외곽선 내부를 지정한 색깔로 채웁니다.

코드 12-4에서는 vector<Vec4i> 타입의 변수 hierarchy를 findContours() 함수에 전달하여 외곽선 계층 정보를 추출합니다. findContours() 함수에서는 RETR_CCOMP 모드를 사용하여 2단계로 구성된 계층 구조가 만들어집니다. 코드 12-4에서 17행 for 문의 반복 조건을 주의 깊게 살펴보기 바랍니다. for 반복문에서 변수 idx의 초깃값은 0이고, idx = hierarchy[idx][0] 코드를 이용하여 idx 값이 갱신됩니다. 여기서 hierarchy[idx][0]은 idx번에 해당하는 외곽선의 다음 외곽선 번호를 가리킵니다. 만약 다음 외곽선 번호가 −1이 되어 idx >= 0 조건을 만족하지 않으면 for 반복문을 빠져나오게 됩니다. 19행에서 drawContours() 함수로 외곽선을 그릴 때에도 hierarchy 계층 정보를 전달하였습니다.

코드 12-4의 contours_hier() 함수 실행 결과를 그림 12-10에 나타냈습니다. 그림 12-10에서 src는 입력 영상으로 사용한 contours.bmp 파일이고, dst는 흰색 객체 외곽선을 임의의 색상으로 채워 그린 결과 영상입니다. 코드 12-4에서 17~20행의 for 문은 모두 3회 반복되므로 그림

12-10에서는 전체 세 가지 색상이 사용된 것을 볼 수 있습니다. drawContours() 함수에 외곽선 계층 정보 hierarchy 변수를 전달하였기 때문에 객체 바깥쪽 외곽선부터 안쪽 홀 외곽선까지 객체 영역만 지정된 색상으로 채워진 것을 확인할 수 있습니다.

▼ 그림 12-10 계층 구조를 사용하는 외곽선 검출과 그리기 예제 실행 결과

 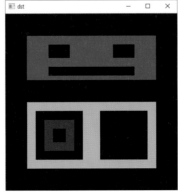

12.2.2 외곽선 처리 함수

이 절에서는 객체의 외곽선 검출 후 외곽선 좌표 정보를 이용하는 여러 OpenCV 함수 사용법에 대해 알아보겠습니다. 그리고 이들 함수로부터 얻은 정보를 이용하여 객체의 모양을 판단하는 예제 프로그램을 만들어 보겠습니다.

먼저 검출한 외곽선 정보로부터 객체의 위치와 크기 등 정보를 알아낼 수 있는 몇 가지 방법에 대해 알아보겠습니다. 주어진 외곽선 점들을 감싸는 가장 작은 크기의 사각형, 즉 바운딩 박스를 구하고 싶다면 boundingRect() 함수를 사용합니다.

```
Rect boundingRect(InputArray points);
```

- points   입력 점들의 집합. vector<Point> 또는 Mat 타입
- 반환값   입력 점들을 감싸는 최소 크기의 사각형

특정 객체의 바운딩 박스는 connectComponentsWithStats() 함수를 이용해서도 구할 수 있습니다. 다만 이미 외곽선 정보를 가지고 있는 경우에는 boundingRect() 함수를 이용하여 바운딩 박스를 구하는 것이 효율적입니다.

외곽선 또는 점들을 감싸는 최소 크기의 회전된 사각형을 구하고 싶을 때에는 minAreaRect() 함수를 사용합니다. minAreaRect() 함수는 함수 이름에서 알 수 있듯이 특정 외곽선을 감싸는 가장 작은

면적의 사각형 정보를 반환하는 함수이며, RotatedRect 클래스 객체를 반환합니다. minAreaRect() 함수 원형은 다음과 같습니다.

```
RotatedRect minAreaRect(InputArray points);
```

- points   입력 점들의 집합. vector<Point> 또는 Mat 타입
- 반환값   입력 점들을 감싸는 최소 크기의 회전된 사각형

외곽선 또는 점들을 감싸는 최소 크기의 원을 구하고 싶을 때에는 minEnclosingCircle() 함수를 사용합니다. minEnclosingCircle() 함수 원형은 다음과 같습니다.

```
void minEnclosingCircle(InputArray points,
                        Point2f& center, float& radius);
```

- points   입력 점들의 집합. vector<Point> 또는 Mat 타입
- center   원의 중심 좌표
- radius   원의 반지름

임의의 객체에 대해 바운딩 박스, 최소 크기 회전된 사각형, 최소 크기 원을 검출한 예를 그림 12-11에 나타냈습니다. 그림 12-11은 그리스 문자 β 모양의 객체에 대해 바깥쪽 외곽선을 검출하고, 검출한 외곽선 정보를 boundingRect(), minAreaRect(), minEnclosingCircle() 함수에 전달하여 구한 바운딩 박스, 최소 크기 회전된 사각형, 최소 크기 원을 영상 위에 나타낸 결과입니다. 빨간색 사각형은 바운딩 박스이고, 파란색 사각형은 최소 크기 회전된 사각형, 노란색 실선은 최소 크기 원입니다. 참고로 최소 크기 회전된 사각형의 각도 정보를 담고 있는 RotatedRect::angle 멤버 변수를 참조하여 객체의 대략적인 회전 각도를 가늠할 수 있습니다.

▼ 그림 12-11 객체를 감싸는 사각형과 원 검출

임의의 곡선을 형성하는 점들의 집합을 가지고 있을 때, 해당 곡선의 길이를 구하고 싶다면 arcLength() 함수를 사용할 수 있습니다.

```
double arcLength(InputArray curve, bool closed);
```

- curve   입력 곡선
- closed   폐곡선 여부
- 반환값   입력 곡선의 길이

arcLength() 함수는 입력 곡선의 길이를 계산하여 반환합니다. 입력 곡선 curve에는 보통 vector⟨Point⟩ 또는 vector⟨Point2f⟩ 자료형의 변수를 전달합니다. 두 번째 인자 closed 값이 true이면 입력 곡선의 시작점과 끝점이 연결되어 있는 폐곡선이라고 간주하여 길이를 계산합니다.

임의의 외곽선 정보를 가지고 있을 때, 외곽선이 감싸는 영역의 면적을 알고 싶다면 contourArea() 함수를 사용합니다. contourArea() 함수 원형은 다음과 같습니다.

```
double contourArea(InputArray contour, bool oriented = false);
```

- contour   입력 곡선
- oriented   진행 방향 정보 사용 여부. 이 값이 true이면 곡선의 진행 방향(시계 방향 또는 반시계 방향)에 따라 면적의 부호가 달라집니다. 이 값이 false이면 면적의 절댓값을 반환합니다.
- 반환값   입력 곡선이 감싸는 면적

예를 들어 (0, 0), (10, 0), (0, 10) 세 점에 의해 결정되는 삼각형이 있을 때, 이 삼각형의 외곽선 길이와 면적을 구하려면 다음과 같이 코드를 작성할 수 있습니다.

```
vector⟨Point⟩ pts = { Point(0, 0), Point(10, 0), Point(0, 10) };

cout ≪ "len = " ≪ arcLength(pts, true) ≪ endl;
cout ≪ "area = " ≪ contourArea(pts) ≪ endl;
```

이 예제 코드를 실행하면 콘솔 창에 "len = 34.1421"과 "area = 50" 문자열이 한 줄씩 출력됩니다.

OpenCV는 외곽선 또는 곡선을 근사화하는 approxPolyDP() 함수를 제공합니다. approxPolyDP() 함수는 주어진 곡선의 형태를 단순화하여 작은 개수의 점으로 구성된 곡선을 생성합니다. approxPolyDP() 함수 원형은 다음과 같습니다.

```
void approxPolyDP(InputArray curve, OutputArray approxCurve,
                  double epsilon, bool closed);
```

- curve   (입력) 2차원 점들의 좌표
- approxCurve (출력) 근사화된 점들의 좌표
- epsilon   근사화 정밀도 파라미터. 입력 곡선과 근사화된 곡선까지의 최대 거리를 지정합니다.
- closed   폐곡선 여부. true이면 폐곡선이고, false이면 폐곡선이 아닙니다.

approxPolyDP( ) 함수는 더글라스-포이커(Douglas-Peucker) 알고리즘을 사용하여 곡선 또는 다각형을 단순화시킵니다.[3] 더글라스-포이커 알고리즘은 입력 외곽선에서 가장 멀리 떨어져 있는 두 점을 찾아 직선으로 연결하고, 해당 직선에서 가장 멀리 떨어져 있는 외곽선상의 점을 찾아 근사화 점으로 추가합니다. 이러한 작업을 반복하다가 새로 추가할 외곽선상의 점과 근사화에 의한 직선과의 수직 거리가 epsilon 인자보다 작으면 근사화를 멈춥니다. epsilon 인자는 보통 입력 외곽선 또는 곡선 길이의 일정 비율(예를 들어 arcLength(curve, true) * 0.02)로 지정합니다. 보트 모양의 객체 외곽선에 대해 더글라스-포이커 알고리즘으로 외곽선 근사화를 수행하는 과정을 그림 12-12에 나타냈습니다.

▼ 그림 12-12 더글라스-포이커 알고리즘에 의한 외곽선 단순화

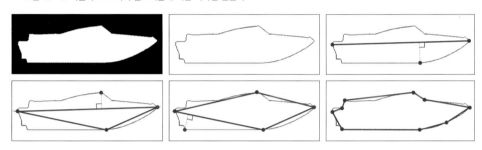

지금까지 설명한 외곽선 처리 함수를 이용하여 영상에서 다양한 다각형을 검출하고 인식하는 예제 프로그램을 만들어 보겠습니다. 코드 12-5에 나타난 프로그램은 입력 영상을 이진화하여 객체 영역을 모두 검출하고, 검출한 객체의 외곽선 정보를 이용하여 삼각형, 사각형, 원을 판단하여 화면에 표시합니다. 코드 12-5에 나타난 소스 코드 파일과 사용된 영상 파일은 내려받은 예제 파일 중 ch12/polygon 프로젝트에서 확인할 수 있습니다.

코드 12-5 다각형 검출 및 인식 예제 [ch12/polygon]

```
01    #include "opencv2/opencv.hpp"
02    #include <iostream>
03
04    using namespace cv;
05    using namespace std;
06
07    void setLabel(Mat& img, const vector<Point>& pts, const String& label)
08    {
09        Rect rc = boundingRect(pts);
```

---

3   approxPolyDP( ) 함수 이름 맨 뒤의 DP는 더글라스-포이커의 영문 앞 글자를 나타냅니다. 더글라스-포이커 알고리즘에 대한 좀 더 자세한 설명은 http://en.wikipedia.org/wiki/Ramer–Douglas–Peucker_algorithm 웹 사이트를 참고하기 바랍니다.

```
10        rectangle(img, rc, Scalar(0, 0, 255), 1);
11        putText(img, label, rc.tl(), FONT_HERSHEY_PLAIN, 1, Scalar(0, 0, 255));
12    }
13
14    int main(int argc, char* argv[])
15    {
16        Mat img = imread("polygon.bmp", IMREAD_COLOR);
17
18        if (img.empty()) {
19            cerr << "Image load failed!" << endl;
20            return -1;
21        }
22
23        Mat gray;
24        cvtColor(img, gray, COLOR_BGR2GRAY);
25
26        Mat bin;
27        threshold(gray, bin, 200, 255, THRESH_BINARY_INV | THRESH_OTSU);
28
29        vector<vector<Point>> contours;
30        findContours(bin, contours, RETR_EXTERNAL, CHAIN_APPROX_NONE);
31
32        for (vector<Point>& pts : contours) {
33            if (contourArea(pts) < 400)
34                continue;
35
36            vector<Point> approx;
37            approxPolyDP(pts, approx, arcLength(pts, true)*0.02, true);
38
39            int vtc = (int)approx.size();
40
41            if (vtc == 3) {
42                setLabel(img, pts, "TRI");
43            } else if (vtc == 4) {
44                setLabel(img, pts, "RECT");
45            } else if (vtc > 4) {
46                double len = arcLength(pts, true);
47                double area = contourArea(pts);
48                double ratio = 4. * CV_PI * area / (len * len);
49
50                if (ratio > 0.8) {
51                    setLabel(img, pts, "CIR");
52                }
53            }
54        }
55
56        imshow("img", img);
```

```
57
58        waitKey();
59        return 0;
60    }
```

- 7~12행   setLabel( ) 함수는 img 영상에서 pts 외곽선 주변에 바운딩 박스를 그리고 label 문자열을 출력합니다.

- 9행   pts 외곽선을 감싸는 바운딩 박스를 구합니다.

- 10행   바운딩 박스를 주황색으로 표시합니다.

- 11행   바운딩 박스 좌측 상단에 label 문자열을 출력합니다.

- 16행   polygon.bmp 파일을 3채널 컬러 영상 형식으로 불러와 img에 저장합니다.

- 23~24행   img 영상을 그레이스케일 형식으로 변환하여 gray에 저장합니다.

- 26~27행   gray 영상을 오츠 알고리즘으로 자동 이진화하여 bin에 저장합니다.

- 29~30행   bin 영상에서 모든 객체의 바깥쪽 외곽선을 검출합니다.

- 32행   검출된 각 객체의 외곽선 좌표를 pts 변수로 참조하면서 for 반복문을 수행합니다.

- 33~34행   외곽선이 감싸는 면적이 400보다 작으면 잡음으로 간주하여 무시합니다.

- 36~37행   pts 외곽선을 근사화하여 approx에 저장합니다.

- 39행   approx에 저장된 외곽선 점의 개수를 vtc에 저장합니다.

- 41~42행   근사화된 외곽선의 꼭지점 개수가 3이면 외곽선 주변에 바운딩 박스를 그리고 "TRI" 문자열을 출력합니다.

- 43~44행   근사화된 외곽선의 꼭지점 개수가 4이면 외곽선 주변에 바운딩 박스를 그리고 "RECT" 문자열을 출력합니다.

- 45~52행   객체의 면적 대 길이 비율을 조사하여 원에 가까우면 외곽선 주변에 바운딩 박스를 그리고 "CIR" 문자열을 출력합니다.

코드 12-5에 나타난 소스 코드는 입력 영상에 있는 모든 도형 객체의 바깥쪽 외곽선을 찾고, 각 외곽선을 근사화합니다. 만약 근사화된 외곽선이 점 세 개로 표현되면 삼각형이라고 판단하고, 점 네 개로 표현되면 사각형이라고 판단합니다. 그리고 삼각형과 사각형이 아닌 도형에 대해서는 원에 가까운 모양인지를 검사합니다. 이때 외곽선 모양이 원에 가까운 형태인지를 판별하기 위해 다음 수식을 이용하여 외곽선 길이와 도형의 면적 비율 R을 조사합니다.

$$R = \frac{4\pi A}{P^2}$$

이 수식에서 A는 객체의 면적이고, P는 객체의 외곽선 길이입니다. 이 수식으로 구한 비율 R은 0에서 1 사이의 실수로 계산되며, 입력 도형이 원 모양에 가까울수록 1에 가까운 값을 가지게 됩니다. 코드 12-5에서는 다음 코드를 사용하여 비율 R 값을 계산하였습니다.

```
double len = arcLength(pts, true);
double area = contourArea(pts);
double ratio = 4. * CV_PI * area / (len * len);
```

이 코드에서 pts는 각 객체의 외곽선 좌표가 저장된 vector<Point> 객체이고, CV_PI는 원주율 π 값을 저장하고 있는 OpenCV 상수입니다. 이렇게 구한 ratio 변수 값이 0.8보다 크면 원이라고 판단합니다.

코드 12-5에 나타난 polygon 프로그램을 실행한 결과를 그림 12-13에 나타냈습니다. polygon 프로그램은 polygon.bmp 파일을 컬러 영상으로 불러온 후, 해당 영상 위에 검출된 객체를 감싸는 바운딩 박스 사각형을 그립니다. 그리고 바운딩 박스 좌측 상단에 삼각형, 사각형, 원에 해당하는 TRI, RECT, CIR 문자열을 출력합니다. 프로그램 실행 결과 삼각형 두 개와 사각형 두 개를 검출하였고, 원도 제대로 검출한 것을 확인할 수 있습니다.

▼ 그림 12-13 다각형 검출 및 인식 예제 실행 결과

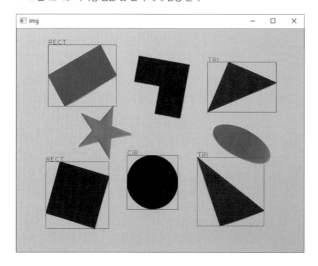

13^장

객체 검출

13.1 템플릿 매칭

입력 영상에서 작은 크기의 부분 영상 위치를 찾아내고 싶은 경우에 주로 템플릿 매칭(template matching) 기법을 사용합니다. 여기서 템플릿(template)은 찾고자 하는 대상이 되는 작은 크기의 영상을 의미합니다. 템플릿 매칭은 작은 크기의 템플릿 영상을 입력 영상 전체 영역에 대해 이동하면서 가장 비슷한 위치를 수치적으로 찾아내는 방식입니다.

그림 13-1을 보면서 템플릿 매칭의 동작 방식을 알아보겠습니다. 그림 13-1은 레나 영상에서 레나 얼굴 영역 부분 영상을 템플릿으로 사용하여 템플릿 매칭을 수행하는 과정을 보여 줍니다. 그림 13-1(a)와 같이 템플릿 영상을 입력 영상 전체 영역에 대해 이동하면서 템플릿 영상과 입력 영상 부분 영상과의 유사도(similarity) 또는 비유사도(dissimilarity)를 계산합니다. 유사도를 계산할 경우에는 템플릿 영상과 비슷한 부분 영상 위치에서 값이 크게 나타나고, 반대로 비유사도를 계산할 경우에는 템플릿 영상과 비슷한 부분에서 값이 작게 나타납니다. 그림 13-1(b)는 입력 영상의 모든 위치에서 템플릿 영상과의 유사도를 계산하고, 그 결과를 그레이스케일 영상 형태로 나타낸 것입니다. 그러므로 그림 13-1(b)에서 가장 밝은 픽셀 위치가 템플릿 영상과 가장 유사한 부분입니다. 이 위치를 빨간색 사각형으로 표시한 결과를 그림 13-1(c)에 나타냈습니다.

▼ 그림 13-1 템플릿 매칭 동작 원리

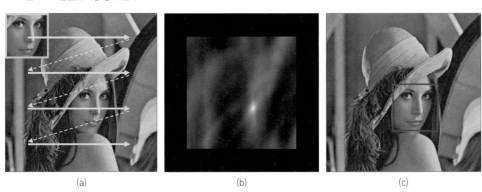

(a)   (b)   (c)

OpenCV에서는 matchTemplate() 함수를 사용하여 템플릿 매칭을 수행할 수 있습니다. matchTemplate() 함수 원형은 다음과 같습니다.

```
void matchTemplate(InputArray image, InputArray templ,
                   OutputArray result, int method, InputArray mask = noArray());
```

- image   입력 영상. 8비트 또는 32비트 실수형
- templ   템플릿 영상. 입력 영상 image보다 같거나 작아야 하며, image와 타입이 같아야 합니다.
- result   (출력) 비교 결과를 저장할 행렬. CV_32FC1 타입
- method   템플릿 매칭 비교 방법. TemplateMatchModes 열거형 상수 중 하나를 지정합니다.
- mask   찾고자 하는 템플릿의 마스크 영상. mask는 templ과 같은 크기, 같은 타입이어야 합니다. TM_SQDIFF 와 TM_CCORR_NORMED 방법에서만 지원됩니다.

matchTemplate() 함수는 입력 영상 image에서 템플릿 영상 templ을 이용하여 템플릿 매칭을 수행하고, 그 결과로 생성되는 유사도 맵 또는 비유사도 맵은 result 인자로 반환합니다. 만약 image 영상의 크기가 W×H이고 templ 영상 크기가 w×h인 경우, result 행렬의 크기는 (W − w + 1)×(H − h + 1)로 결정됩니다.

matchTemplate() 함수에서 템플릿 영상과 입력 영상 간의 비교 방식은 method 인자로 설정할 수 있습니다. method 인자에는 TemplateMatchModes 열거형 상수 중 하나를 지정할 수 있으며, TemplateMatchModes 열거형 상수와 의미를 표 13-1에 정리하였습니다. TM_SQDIFF는 제곱차(squared difference) 매칭 방법을 의미하며, 이 경우 두 영상이 완벽하게 일치하면 0이 되고 서로 유사하지 않으면 0보다 큰 양수를 갖습니다. TM_CCORR은 상관관계(correlation) 매칭 방법을 의미하며, 이 경우 두 영상이 유사하면 큰 양수가 나오고 유사하지 않으면 작은 값이 나옵니다. TM_CCOEFF는 상관계수(correlation coefficient) 매칭 방법을 의미하며, 이는 비교할 두 영상을 미리 평균 밝기로 보정한 후 상관관계 매칭을 수행하는 방식입니다. TM_CCOEFF 방법은 두 비교 영상이 유사하면 큰 양수가 나오고, 유사하지 않으면 0에 가까운 양수 또는 음수가 나오게 됩니다.

TM_SQDIFF, TM_CCORR, TM_CCOEFF 방법에 대해 각각 영상의 밝기 차이 영향을 줄여 주는 정규화 수식이 추가된 TM_SQDIFF_NORMED, TM_CCORR_NORMED, TM_CCOEFF_NORMED 방법도 제공합니다. TM_CCORR_NORMED 방법은 매칭 결괏값이 0에서 1 사이의 실수로 나타나고, TM_CCOEFF_NORMED 방법은 매칭 결괏값이 −1에서 1 사이의 실수로 나타납니다. 두 방법 모두 결괏값이 1에 가까울수록 매칭이 잘 되었음을 의미합니다.

▼ 표 13-1 TemplateMatchModes 열거형 상수[1]

TemplateMatchModes 열거형 상수	설명
TM_SQDIFF	제곱차 매칭 방법 $R(x,y) = \sum_{x',y'} \left(T(x',y') - I(x+x', y+y')\right)^2$
TM_SQDIFF_NORMED	정규화된 제곱차 매칭 방법 $R(x,y) = \dfrac{\sum_{x',y'} \left(T(x',y') - I(x+x', y+y')\right)^2}{\sqrt{\sum_{x',y'} T(x',y')^2 \cdot \sum_{x',y'} I(x+x', y+y')^2}}$
TM_CCORR	상관관계 매칭 방법 $R(x,y) = \sum_{x',y'} T(x',y') \cdot I(x+x', y+y')$
TM_CCORR_NORMED	정규화된 상관관계 매칭 방법 $R(x,y) = \dfrac{\sum_{x',y'} T(x',y') \cdot I(x+x', y+y')}{\sqrt{\sum_{x',y'} T(x',y')^2 \cdot \sum_{x',y'} I(x+x', y+y')^2}}$
TM_CCOEFF	상관계수 매칭 방법 $R(x,y) = \sum_{x',y'} T'(x',y') \cdot I'(x+x', y+y')$ $T'(x',y') = T(x',y') - 1/(w \cdot h) \cdot \sum_{x'',y''} T'(x'',y'')$ $I'(x+x', y+y') = I(x+x', y+y') - 1/(w \cdot h) \cdot \sum_{x'',y''} I(x+x'', y+y'')$
TM_CCOEFF_NORMED	정규화된 상관계수 매칭 방법 $R(x,y) = \dfrac{\sum_{x',y'} T'(x',y') \cdot I'(x+x', y+y')}{\sqrt{\sum_{x',y'} T'(x',y')^2 \cdot \sum_{x',y'} I'(x+x', y+y')^2}}$

여러 매칭 방법 중에서 정규화된 상관계수 매칭 방법이 좋은 결과를 제공하는 것으로 알려져 있습니다. 그러나 계산 수식이 가장 복잡하기 때문에 실제 동작 시 연산량이 많을 수 있다는 점을 고려해야 합니다. 제곱차 매칭 방법을 사용할 경우, result 결과 행렬에서 최솟값 위치를 가장 매칭이 잘 된 위치로 선택해야 합니다. 반면에 상관관계 또는 상관계수 매칭 방법을 사용할 경우에는 result 결과 행렬에서 최댓값 위치가 가장 매칭이 잘 된 위치입니다. 참고로 result 행렬에서 최솟값 위치 또는 최댓값 위치는 OpenCV의 minMaxLoc() 함수를 이용하여 쉽게 알아낼 수 있습니다.

matchTemplate() 함수를 사용하여 템플릿 매칭을 수행하는 예제 코드를 코드 13-1에 나타냈습니다. 코드 13-1에 나타난 template_matching() 함수는 imread() 함수로 두 장의 영상을 불러와서 템플릿 매칭을 수행하고, 유사도 계산 결과와 템플릿 매칭 결과를 화면에 출력합니다. template_

---

1   수식에서 $I(x,y)$는 입력 영상, $T(x,y)$는 템플릿 영상, $R(x,y)$는 비교 결과 행렬을 의미합니다.

matching() 함수가 정의된 소스 코드 파일과 사용된 영상 파일은 내려받은 예제 파일 중 ch13/
template 프로젝트에서 확인할 수 있습니다.

코드 13-1 템플릿 매칭 예제 [ch13/template]

```
01    void template_matching()
02    {
03        Mat img = imread("circuit.bmp", IMREAD_COLOR);
04        Mat templ = imread("crystal.bmp", IMREAD_COLOR);
05
06        if (img.empty() || templ.empty()) {
07            cerr << "Image load failed!" << endl;
08            return;
09        }
10
11        img = img + Scalar(50, 50, 50);
12
13        Mat noise(img.size(), CV_32SC3);
14        randn(noise, 0, 10);
15        add(img, noise, img, Mat(), CV_8UC3);
16
17        Mat res, res_norm;
18        matchTemplate(img, templ, res, TM_CCOEFF_NORMED);
19        normalize(res, res_norm, 0, 255, NORM_MINMAX, CV_8U);
20
21        double maxv;
22        Point maxloc;
23        minMaxLoc(res, 0, &maxv, 0, &maxloc);
24        cout << "maxv: " << maxv << endl;
25
26        rectangle(img, Rect(maxloc.x, maxloc.y, templ.cols, templ.rows),
                      Scalar(0, 0, 255), 2);
27
28        imshow("templ", templ);
29        imshow("res_norm", res_norm);
30        imshow("img", img);
31
32        waitKey();
33        destroyAllWindows();
34    }
```

- 3행   circuit.bmp 파일을 입력 영상 img로 사용합니다.

- 4행   crystal.bmp 파일을 템플릿 영상 templ로 사용합니다.

- 11행   입력 영상 밝기를 50만큼 증가시킵니다.

- 13~15행   입력 영상에 표준 편차가 10인 가우시안 잡음을 추가합니다.

- 18행   정규화된 상관계수 매칭 방법을 사용하여 템플릿 매칭을 수행합니다.

- 19행   템플릿 매칭 결과 행렬 res의 모든 원소 값을 0~255 사이로 정규화하고, 타입을 CV_8UC1로 변환하여 res_norm 영상에 저장합니다.

- 21~23행   res 행렬에서 최댓값 위치를 찾아 maxloc에 저장합니다. 이 위치에서의 최댓값 maxv는 템플릿 매칭이 잘 되었는지를 가늠하는 척도로 사용할 수 있습니다.

- 24행   res 행렬의 최댓값을 콘솔 창에 출력합니다.

- 26행   img 영상에 템플릿 매칭으로 찾은 위치를 빨간색 사각형으로 표시합니다.

코드 13-1의 template_matching() 함수에서 사용한 입력 영상과 템플릿 영상을 그림 13-2에 나타냈습니다. 그림 13-2(a)는 입력 영상인 circuit.bmp 파일이고, 그림 13-2(b)는 템플릿으로 사용한 crystal.bmp 영상입니다. 즉, template_matching() 함수는 그림 13-2(a)의 회로 기판 영상에서 그림 13-2(b)의 수정 발진기 부품 위치를 찾아 표시합니다. template_matching() 함수에서는 실제 영상 획득 과정에서 발생할 수 있는 잡음과 조명의 영향을 시뮬레이션하기 위해 입력 영상의 밝기를 50만큼 증가시키고 표준 편차가 10인 가우시안 잡음을 추가한 후 템플릿 매칭을 수행합니다.

▼ 그림 13-2 템플릿 매칭 예제에서 사용한 입력 영상과 템플릿 영상

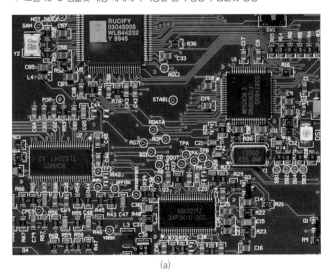

(a)   (b)

template_matching() 함수 실행 결과를 그림 13-3에 나타냈습니다. 그림 13-3(a)는 템플릿으로 사용한 crystal.bmp 영상이고, 그림 13-3(b)는 템플릿 매칭으로 계산된 유사도 행렬을 그레이스케일 형식 영상으로 나타낸 res_norm 영상입니다. template_matching() 함수에서 TM_CCOEFF_NORMED 방식으로 템플릿 매칭을 수행했으므로 템플릿 매칭 결과 행렬 res는 -1부터 1 사이의 실

수이며, 이를 0부터 255 사이의 정수 범위로 정규화한 결과가 res_norm입니다. 그러므로 res_norm 영상에서 가장 밝게 나타나는 위치가 템플릿 영상과 가장 유사한 부분입니다. 이 위치에 빨간색 사각형을 그려서 나타낸 결과를 그림 13-3(c) img 창에 나타냈습니다. 그림 13-3(c)에 나타난 img 영상은 원본 circuit.bmp 영상보다 밝아졌고 잡음이 추가되어 지저분하게 변경되었지만, 수정 발진기 부품 위치가 정확하게 검출되었습니다. template_matching( ) 함수가 실행되면 콘솔 창에는 "maxv: 0.976276" 문자열이 출력됩니다. 이는 템플릿 매칭으로 검출된 위치에서 정규화된 상관계수 값을 나타내며, 이 값이 1에 가까운 실수이므로 매칭이 잘 되었다고 가늠할 수 있습니다.

▼ 그림 13-3 템플릿 매칭 예제 실행 결과

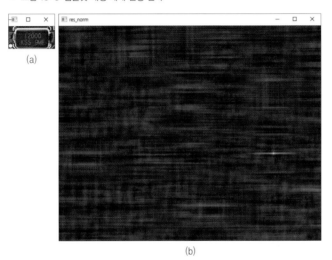

(a)

(b)

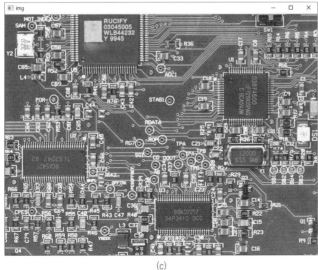

(c)

13.2 캐스케이드 분류기와 얼굴 검출

이 절에서는 오래전부터 많은 사람들의 관심을 받았던 OpenCV의 얼굴 검출 기능에 대해 알아보겠습니다. OpenCV에서 제공하는 얼굴 검출 기능은 2001년에 비올라(P. Viola)와 존스(M. Jones)가 발표한 부스팅(boosting) 기반의 캐스케이드 분류기(cascade classifier) 알고리즘을 기반으로 만들어졌습니다[Viola01]. 비올라와 존스가 개발한 객체 검출 알고리즘은 기본적으로 다양한 객체를 검출할 수 있지만, 특히 얼굴 검출에 적용되어 속도와 정확도를 인정받은 기술입니다. 먼저 비올라와 존스가 제안한 얼굴 검출 알고리즘에 대해 간략히 알아본 후, OpenCV에서 제공하는 캐스케이드 분류기 사용 방법에 대해 설명하겠습니다.

비올라-존스 얼굴 검출 알고리즘은 기본적으로 영상을 24×24 크기로 정규화한 후, 유사-하르 필터(Haar-like filter) 집합으로부터 특징 정보를 추출하여 얼굴 여부를 판별합니다. 유사-하르 필터란 흑백 사각형이 서로 붙어 있는 형태로 구성된 필터이며, 24×24 영상에서 만들 수 있는 유사-하르 필터의 예를 그림 13-4에 나타냈습니다. 유사-하르 필터 형태에서 흰색 영역 픽셀 값은 모두 더하고, 검은색 영역 픽셀 값은 모두 빼서 하나의 특징 값을 얻을 수 있습니다. 사람의 정면 얼굴 형태가 전형적으로 밝은 영역(이마, 미간, 볼 등)과 어두운 영역(눈썹, 입술 등)이 정해져 있기 때문에 유사-하르 필터로 구한 특징 값은 얼굴을 판별하는 용도로 사용할 수 있습니다.

❤ 그림 13-4 유사-하르 필터의 예

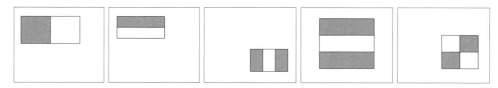

그러나 24×24 크기에서 다양한 크기의 유사-하르 필터를 대략 18만 개 생성할 수 있고, 픽셀 값의 합과 차를 계산하는 것이 복잡하지는 않지만 시간이 오래 걸린다는 점이 문제가 되었습니다. 다행히 비올라와 존스는 에이다부스트(adaboost) 알고리즘과 적분 영상(integral image)을 이용하여 이 문제를 해결하였습니다. 에이다부스트 알고리즘은 수많은 유사-하르 필터 중에서 얼굴 검출에 효과적인 필터를 선별하는 역할을 수행합니다. 실제 논문에서는 약 6000개의 유사-하르 필터를 선별하였으며, 이 중 얼굴 검출에 가장 유용하다고 판별된 유사-하르 필터 일부를 그림 13-5에 나타냈습니다.[2]

▼ 그림 13-5 얼굴 검출에 유용한 유사-하르 필터의 예[3]

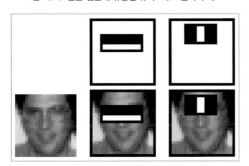

에이다부스트 알고리즘에 의해 24×24 부분 영상에서 검사할 특징 개수가 약 6000개로 감소하였지만, 입력 영상 전체에서 부분 영상을 추출하여 검사해야 하기 때문에 여전히 연산량이 부담될 수 있습니다. 더군다나 나타날 수 있는 얼굴 크기가 다양하기 때문에 보통 입력 영상의 크기를 줄여 가면서 전체 영역에 대한 검사를 다시 수행해야 합니다. 그래서 비올라와 존스는 대부분의 영상에 얼굴이 한두 개 있을 뿐이고 나머지 대부분의 영역은 얼굴이 아니라는 점에 주목하였습니다. 비올라-존스 알고리즘에서는 캐스케이드(cascade) 구조라는 새로운 방식을 도입하여 얼굴이 아닌 영역을 빠르게 걸러 내는 방식을 사용합니다.

그림 13-6은 얼굴이 아닌 영역을 걸러 내는 캐스케이드 구조입니다. 캐스케이드 구조 1단계에서는 얼굴 검출에 가장 유용한 유사-하르 필터 하나를 사용하여, 얼굴이 아니라고 판단되면 이후의 유사-하르 필터 계산은 수행하지 않습니다. 1단계를 통과하면 2단계에서 유사-하르 필터 다섯 개를 사용하여 얼굴이 아닌지를 검사하고, 얼굴이 아니라고 판단되면 이후 단계의 검사는 수행하지 않습니다. 이러한 방식으로 얼굴이 아닌 영역을 빠르게 제거함으로써 비올라-존스 얼굴 검출 알고리즘은 동시대의 다른 얼굴 검출 방식보다 약 15배 빠르게 동작하는 성능을 보여줬습니다.

---

2 에이다부스트 알고리즘과 적분 영상 기법에 대한 자세한 설명은 [Viola01] 논문을 참고하기 바랍니다.

3 그림 출처: [Viola01]

▼ 그림 13-6 캐스케이드 분류기

OpenCV는 비올라-존스 알고리즘을 구현하여 객체를 분류할 수 있는 CascadeClassifier 클래스를 제공합니다. 간략화한 CascadeClassifier 클래스 정의를 코드 13-2에 나타냈습니다. CascadeClassifier 클래스는 미리 훈련된 객체 검출 분류기 XML 파일을 불러오는 기능과 주어진 영상에서 객체를 검출하는 기능으로 이루어져 있습니다.

코드 13-2 간략화한 CascadeClassifier 클래스 정의

```
01    class CascadeClassifier
02    {
03    public:
04        CascadeClassifier();
05        CascadeClassifier(const String& filename);
06        ~CascadeClassifier();
07
08        bool load(const String& filename);
09        bool empty() const;
10
11        void detectMultiScale(InputArray image,
12                              std::vector<Rect>& objects,
13                              double scaleFactor = 1.1,
14                              int minNeighbors = 3, int flags = 0,
15                              Size minSize = Size(),
16                              Size maxSize = Size() );
17        ...
18    };
```

• 4~6행   CascadeClassifier 클래스의 생성자와 소멸자입니다.

• 8행   CascadeClassifier::load() 멤버 함수는 분류기 XML 파일을 불러옵니다.

• 9행   CascadeClassifier::empty() 멤버 함수는 분류기가 정상적으로 불러왔는지를 검사합니다.

• 11~16행 CascadeClassifier::detectMultiScale() 함수는 영상에서 객체를 검출합니다.

CascadeClassifier 클래스를 이용하여 객체를 검출하려면 먼저 CascadeClassifier 객체를 생성해야 합니다. CascadeClassifier 객체는 단순히 CascadeClassifier 클래스 타입의 변수를 하나 선언하는 방식으로 생성할 수 있습니다. 다음은 CascadeClassifier 타입의 객체 classifier를 선언하는 예제 코드입니다.

```
CascadeClassifier classifier;
```

CascadeClassifier 객체를 생성한 후에는 미리 훈련된 분류기 정보를 불러올 수 있습니다. 분류기 정보는 XML 파일 형식으로 저장되어 있으며, CascadeClassifier::load() 멤버 함수를 이용하여 분류기 XML 파일을 불러올 수 있습니다. CascadeClassifier::load() 함수 원형은 다음과 같습니다.

```
void CascadeClassifier::load(const String& filename);
```

• filename   불러올 분류기 XML 파일 이름

만약 불러올 XML 파일이 프로그램 실행 폴더에 있다면 파일 이름만 CascadeClassifier::load() 함수 인자로 전달합니다. 만약 XML 파일이 다른 폴더에 있다면 상대 경로 또는 절대 경로 형태의 문자열을 filename 인자로 전달해야 합니다. 예를 들어 C 드라이브 최상위 폴더에 있는 face.xml 파일을 불러오려면 filename 인자에 "C:\\face.xml" 문자열을 전달해야 합니다.

OpenCV는 미리 훈련된 얼굴 검출, 눈 검출 등을 위한 분류기 XML 파일을 제공합니다. 이러한 미리 훈련된 분류기 XML 파일은 %OPENCV_DIR%\etc\haarcascades 폴더에서 찾을 수 있습니다.[4] 이 폴더에서 찾을 수 있는 XML 파일 이름과 검출 대상에 대한 설명을 표 13-2에 정리하였습니다. 하나의 검출 대상에 대해 서로 다른 방법으로 훈련된 여러 개의 XML 파일이 제공됩니다.

❤ 표 13-2 OpenCV에서 제공하는 하르 기반 분류기 XML 파일

XML 파일 이름	검출 대상
haarcascade_frontalface_default.xml haarcascade_frontalface_alt.xml haarcascade_frontalface_alt2.xml haarcascade_frontalface_alt_tree.xml	정면 얼굴 검출
haarcascade_profileface.xml	측면 얼굴 검출
haarcascade_smile.xml	웃음 검출

➊ 계속

---

4   2장에서 설명한 OpenCV 설치 방법을 그대로 따랐다면 XML 파일은 C:\opencv\build\etc\haarcascades 폴더에서 찾을 수 있습니다.

XML 파일 이름	검출 대상
haarcascade_eye.xml haarcascade_eye_tree_eyeglasses.xml haarcascade_lefteye_2splits.xml haarcascade_righteye_2splits.xml	눈 검출
haarcascade_frontalcatface.xml haarcascade_frontalcatface_extended.xml	고양이 얼굴 검출
haarcascade_fullbody.xml	사람의 전신 검출
haarcascade_upperbody.xml	사람의 상반신 검출
haarcascade_lowerbody.xml	사람의 하반신 검출
haarcascade_russian_plate_number.xml haarcascade_licence_plate_rus_16stages.xml	러시아 자동차 번호판 검출

CascadeClassifier 객체를 생성한 후, CascadeClassifier::load() 함수를 이용하여 정면 얼굴 검출을 위한 XML 파일을 불러오려면 다음과 같이 코드를 작성합니다.

```
CascadeClassifier classifier;
classifier.load("haarcascade_frontalface_default.xml");
```

그런데 CascadeClassifier 클래스는 객체 생성과 동시에 XML 파일을 불러올 수 있는 생성자를 제공하기 때문에 앞에서 두 줄로 작성한 코드는 다음과 같이 한 줄로 바꿔 쓸 수 있습니다.

```
CascadeClassifier classifier("haarcascade_frontalface_default.xml");
```

참고로 앞 예제 코드에서 사용된 haarcascade_frontalface_default.xml 파일은 프로그램 실행 시 프로그램과 같은 폴더에 있어야 합니다.

XML 파일을 불러오는 코드를 수행한 후에는 XML 분류기 파일이 정상적으로 불러졌는지를 확인하는 것이 좋습니다. 이때 사용할 수 있는 함수가 CascadeClassifier::empty() 멤버 함수이며, 이 함수는 분류기 파일을 정상적으로 불러왔는지를 확인합니다.

```
bool CascadeClassifier::empty() const
```

- 반환값   분류기 파일을 정상적으로 불러왔으면 false, 그렇지 않으면 true를 반환합니다.

CascadeClassifier::empty() 함수가 true를 반환할 경우에는 객체 검출을 수행할 수 없으므로 예외 처리 코드를 추가하는 것이 안전합니다.

XML 파일을 정상적으로 불러왔다면 이제 CascadeClassifier::detectMultiScale() 멤버 함수를 이용하여 객체 검출을 실행할 수 있습니다. CascadeClassifier::detectMultiScale() 함수 원형은 다음과 같습니다.

```
void CascadeClassifier::detectMultiScale(InputArray image,
                                         vector<Rect>& objects,
                                         double scaleFactor = 1.1,
                                         int minNeighbors = 3, int flags = 0,
                                         Size minSize = Size(),
                                         Size maxSize = Size());
```

- image   입력 영상. CV_8U 깊이의 행렬
- objects   (출력) 검출된 객체의 사각형 좌표 정보
- scaleFactor   검색 윈도우 확대 비율. 1보다 커야 합니다.
- minNeighbors   검출 영역으로 선택하기 위한 최소 검출 횟수
- flags   현재 사용되지 않습니다.
- minSize   검출할 객체의 최소 크기
- maxSize   검출할 객체의 최대 크기

CascadeClassifier::detectMultiScale() 함수는 입력 영상 image에서 다양한 크기의 객체 사각형 영역을 검출합니다. 만약 입력 영상 image가 3채널 컬러 영상이면 함수 내부에서 그레이스케일 형식으로 변환하여 객체를 검출합니다. 각각의 사각형 영역 정보는 Rect 클래스를 이용하여 표현하고, vector<Rect> 타입의 인자 objects에 검출된 모든 사각형 정보가 저장됩니다. scaleFactor 인자는 검색 윈도우의 확대 비율을 지정합니다. CascadeClassifier::detectMultiScale() 함수는 다양한 크기의 얼굴을 검출하기 위하여 처음에는 작은 크기의 검색 윈도우를 이용하여 객체를 검출하고, 이후 scaleFactor 값의 비율로 검색 윈도우 크기를 확대시키면서 여러 번 객체를 검출합니다. minNeighbors 인자에는 검출할 객체 영역에서 얼마나 많은 사각형이 중복되어 검출되어야 최종적으로 객체 영역으로 설정할지를 지정합니다. minNeighbors 값을 기본값인 3으로 설정하면 검출된 사각형이 최소 세 개 이상 중첩되어야 최종적으로 객체 영역으로 판단합니다.

CascadeClassifier 클래스를 이용하여 얼굴을 검출하는 예제 코드를 코드 13-3에 나타냈습니다. 코드 13-3에 나타난 detect_face() 함수는 OpenCV에서 제공하는 haarcascade_frontalface_default.xml 파일을 이용하여 kids.png 영상에서 얼굴을 검출하고, 검출된 얼굴 영역을 화면에 표시합니다. detect_face() 함수가 정의된 소스 코드 파일과 사용된 영상 파일은 내려받은 예제 파일 중 ch13/cascade 프로젝트 폴더에서 확인할 수 있습니다.

```cpp
01    void detect_face()
02    {
03        Mat src = imread("kids.png");
04
05        if (src.empty()) {
06            cerr << "Image load failed!" << endl;
07            return;
08        }
09
10        CascadeClassifier classifier("haarcascade_frontalface_default.xml");
11
12        if (classifier.empty()) {
13            cerr << "XML load failed!" << endl;
14            return;
15        }
16
17        vector<Rect> faces;
18        classifier.detectMultiScale(src, faces);
19
20        for (Rect rc : faces) {
21            rectangle(src, rc, Scalar(255, 0, 255), 2);
22        }
23
24        imshow("src", src);
25
26        waitKey();
27        destroyAllWindows();
28    }
```

- 10행   CascadeClassifier 객체를 생성함과 동시에 haarcascade_frontalface_default.xml 파일을 불러옵니다.

- 12~15행   분류기를 정상적으로 불러왔는지를 확인합니다. 분류기를 정상적으로 불러오지 못했으면 에러 메시지를 출력하고 함수를 종료합니다.

- 17~18행   src 영상에서 얼굴을 검출하여 검출된 사각형 정보를 faces에 저장합니다.

- 20~22행   검출된 얼굴 영역 사각형을 src 영상에 보라색으로 그립니다.

코드 13-3의 detect_face() 함수는 kids.png 파일과 haarcascade_frontalface_default. xml 파일을 필요로 합니다. Visual Studio에서 **디버그 > 디버그하지 않고 시작** 메뉴를 선택하여 cascade 프로그램을 실행할 때에는 프로젝트 폴더를 프로그램 실행 폴더로 인식하기 때문에 kids.png 파일과 haarcascade_frontalface_default.xml 파일을 미리 프로젝트 폴더에 복사해두어야 합니다. haarcascade_frontalface_default.xml 파일은 OpenCV에서 제공하는 정면 얼굴 검출 분류기 XML 파일이며, %OPENCV_DIR%\etc\haarcascades 폴더에서 찾을 수 있습니다. 만약 파일 탐색기에서 cascade.exe 파일을 찾아서 실행하려면 cascade.exe 파일이 있는 폴더에 kids.png 파일과 haarcascade_frontalface_default.xml 파일이 있어야 합니다.

detect_face() 함수를 실행한 결과 화면을 그림 13-7에 나타냈습니다. 입력 영상으로 사용한 kids.png 파일은 두 명의 아이 얼굴이 들어 있는 영상입니다. 이 영상에서 두 아이의 얼굴 위치를 제대로 검출하여 보라색 사각형이 그려진 것을 확인할 수 있습니다.

▼ 그림 13-7 얼굴 검출 예제 프로그램 실행 화면

코드 13-3의 detect_face() 함수에 소스 코드를 추가하여, 검출된 얼굴 안에서 눈을 검출하는 기능을 만들어 보겠습니다. 눈을 검출하기 위해서는 먼저 얼굴을 검출하고, 얼굴 영역 안에서만 눈을 검출하는 것이 효율적입니다. 눈 검출을 위해 OpenCV가 제공하는 XML 파일 중 haarcascade_eye.xml 파일을 사용할 것이며, 이 파일을 미리 프로젝트 폴더에 복사해야 합니다. 입력 영상에서 얼굴을 찾은 후, 눈 위치까지 찾는 예제 프로그램 소스 코드를 코드 13-4에 나타냈습니다. 코드 13-4의 detect_eyes() 함수의 앞부분은 코드 13-3의 detect_face() 함수와 거의 동일하고, 얼굴을 찾은 후에 눈을 찾고 눈 위치에 파란색 원을 그리는 코드가 추가되어 있습니다. 코드 13-4의 detect_eyes() 함수가 정의된 소스 코드 파일과 사용된 영상 파일은 내려받은 예제 파일 중 ch13/cascade 프로젝트 폴더에서 확인할 수 있습니다.

코드 13-4 눈 검출 예제 프로그램 [ch13/cascade]

```
01   void detect_eyes()
02   {
03       Mat src = imread("kids.png");
04
05       if (src.empty()) {
```

```
06              cerr << "Image load failed!" << endl;
07              return;
08          }
09
10      CascadeClassifier face_classifier("haarcascade_frontalface_default.xml");
11      CascadeClassifier eye_classifier("haarcascade_eye.xml");
12
13      if (face_classifier.empty() || eye_classifier.empty()) {
14          cerr << "XML load failed!" << endl;
15          return;
16      }
17
18      vector<Rect> faces;
19      face_classifier.detectMultiScale(src, faces);
20
21      for (Rect face : faces) {
22          rectangle(src, face, Scalar(255, 0, 255), 2);
23
24          Mat faceROI = src(face);
25          vector<Rect> eyes;
26          eye_classifier.detectMultiScale(faceROI, eyes);
27
28          for (Rect eye : eyes) {
29              Point center(eye.x + eye.width / 2, eye.y + eye.height / 2);
30              circle(faceROI, center, eye.width / 2, Scalar(255, 0, 0), 2, LINE_AA);
31          }
32      }
33
34      imshow("src", src);
35
36      waitKey();
37      destroyAllWindows();
38  }
```

- 11행   눈 검출을 위해 haarcascade_eye.xml 파일을 사용하는 CascadeClassifier 객체를 생성합니다.
- 24행   입력 영상에서 검출한 사각형 얼굴 영역의 부분 영상을 추출하여 faceROI에 저장합니다.
- 25~26행 faceROI 영상에서 눈을 검출합니다.
- 28~31행 검출한 눈의 중앙에 파란색 원을 그립니다. faceROI 영상은 src 영상의 부분 영상을 참조하므로 faceROI에 원을 그리면 src 영상에도 원이 그려집니다.

코드 13-4의 detect_eyes() 함수를 실행한 결과 화면을 그림 13-8에 나타냈습니다. 앞서 detect_face() 함수에서 검출한 얼굴 영역 안에서 눈을 검출하여 파란색 원으로 나타낸 것을 확인할 수 있습니다.

> Note ≡ OpenCV 라이브러리는 원래 객체 검출을 위한 분류기 XML 파일을 생성하는 유틸리티 프로그램을 제공
> 했지만 4.0.0 버전부터는 C API를 제거하면서 분류기 학습 프로그램이 제공되지 않습니다. 만약 캐스케이드 분류기
> 를 이용하여 나만의 객체 검출 기능을 만들고 싶다면 OpenCV 3.4.x 버전에 들어 있는 opencv_createsamples.
> exe, opencv_traincascade.exe 프로그램을 이용하여 XML 파일을 생성하여 사용할 수 있습니다. 다만 최근의
> 컴퓨터 비전 트렌드에서는 캐스케이드 분류기에 의한 객체 검출보다 더 좋은 성능을 보여 주는 딥러닝에 의한 객체 검
> 출을 선호하는 편입니다. 이 책의 16.3.2절에서는 딥러닝을 활용한 실시간 얼굴 검출 방법에 대해 설명합니다.

OPENCV

13.3 HOG 알고리즘과 보행자 검출

이 절에서는 2005년에 다랄(N. Dalal)과 트릭스(B. Triggs)가 발표한 HOG 알고리즘을 이용한 보행자 검출 기능에 대해 설명합니다[Dalal05]. HOG(Histograms of Oriented Gradients)는 그래디언트 방향 히스토그램을 의미합니다.[5] 다랄과 트릭스는 사람이 서 있는 영상에서 그래디언트를 구하고, 그래디언트의 크기와 방향 성분을 이용하여 사람이 서 있는 형태에 대한 특징 벡터를 정의하였습니다. 그리고 머신 러닝의 일종인 서포트 벡터 머신(SVM, Support Vector Machine) 알고리즘을 이용하여 입력 영상에서 보행자 위치를 검출하는 방법을 제안했습니다. 먼저 HOG 알고리즘에 대해 간략하게 알아본 후, OpenCV에서 HOG 알고리즘을 사용하는 방법에 대해 설명하겠습니다.

---

5   HOG는 '호그' 또는 '에이치-오-지'로 읽습니다. 원문의 의미는 방향성이 있는 그래디언트의 히스토그램이지만, 실제 알고리즘은 그래디언트
    방향 성분에 대한 히스토그램에 가깝습니다.

그림 13-9를 보면서 주어진 영상으로부터 HOG를 계산하는 방법에 대해 알아보겠습니다. 보행자 검출을 위한 HOG는 기본적으로 64×128 크기의 영상에서 계산합니다. 그림 13-9(a)는 64×128 크기의 입력 영상을 확대하여 나타낸 그림입니다. HOG 알고리즘은 먼저 입력 영상으로부터 그래디언트를 계산합니다. 그래디언트는 크기와 방향 성분으로 계산하며, 방향 성분은 0°부터 180°까지로 설정합니다. 그다음은 입력 영상을 8×8 크기 단위로 분할하는데, 각각의 8×8 부분 영상을 셀(cell)이라고 부릅니다. 64×128 영상에서 셀은 가로 방향으로 여덟 개, 세로 방향으로 16개 생성됩니다. 각각의 셀로부터 그래디언트 방향 성분에 대한 히스토그램을 구하며, 이때 방향 성분을 20° 단위로 구분하면 총 아홉 개의 빈으로 구성된 방향 히스토그램이 만들어집니다. 그리고 인접한 네 개의 셀을 합쳐서 블록(block)이라고 정의합니다.

그림 13-9(b)에서 노란색 실선은 셀을 구분하는 선이고, 빨간색 사각형은 블록 하나를 나타냅니다. 하나의 블록에는 네 개의 셀이 있고 각 셀에는 아홉 개의 빈으로 구성된 히스토그램 정보가 있으므로, 블록 하나에서는 총 36개의 실수 값으로 이루어진 방향 히스토그램 정보가 추출됩니다. 블록은 가로와 세로 방향으로 각각 한 개의 셀만큼 이동하면서 정의합니다. 그러므로 64×128 영상에서 블록은 가로 방향으로 일곱 개, 세로 방향으로 15개 정의할 수 있습니다. 결국 64×128 영상에서 105개의 블록이 추출될 수 있고, 전체 블록에서 추출되는 방향 히스토그램 실수 값 개수는 105×36=3780이 됩니다. 이 3780개의 실수 값이 64×128 영상을 표현하는 HOG 특징 벡터 역할을 합니다. 그림 13-9(c)는 각 셀에서 계산된 그래디언트 방향 히스토그램을 비주얼하게 표현한 결과입니다.

❤ 그림 13-9 HOG 알고리즘

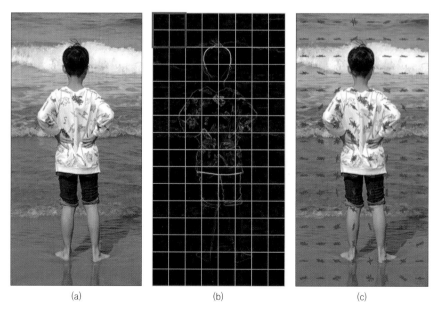

(a)   (b)   (c)

다랄과 트릭스는 수천 장의 보행자 영상과 보행자가 아닌 영상에서 HOG 특징 벡터를 추출하였고, 이 두 특징 벡터를 구분하기 위해 SVM 알고리즘을 사용했습니다. SVM은 두 개의 클래스를 효과적으로 분리하는 능력을 가진 머신 러닝 알고리즘입니다.[6] 다랄과 트릭스는 수천 개의 보행자 특징 벡터와 보행자가 아닌 특징 벡터를 이용하여 SVM을 훈련시켰고, 효과적인 보행자 검출 방법을 완성시켰습니다. HOG와 SVM을 이용한 객체 검출 기술은 이후 보행자 검출뿐만 아니라 다양한 형태의 객체 검출에서도 응용되었습니다.

OpenCV는 HOG 알고리즘을 구현한 HOGDescriptor 클래스를 제공합니다. HOGDescriptor 클래스를 이용하면 특정 객체의 HOG 기술자를 쉽게 구할 수 있습니다. 또한 HOGDescriptor 클래스는 보행자 검출을 위한 용도로 미리 계산된 HOG 기술자 정보를 제공합니다. 그러므로 이 절에서는 HOGDescriptor 클래스를 이용하여 간단한 보행자 검출 예제 프로그램을 만드는 방법에 대해 알아보겠습니다.

HOGDescriptor 클래스를 이용하려면 먼저 HOGDescriptor 객체를 생성해야 합니다. 보행자 검출이 목적이라면 HOGDescriptor 클래스의 기본 생성자를 이용하여 객체를 생성하면 됩니다. HOGDescriptor 클래스의 기본 생성자는 검색 윈도우 크기를 64×128로 설정하고, 셀 크기는 8×8, 블록 크기는 16×16, 그래디언트 방향 히스토그램 빈 개수는 9로 설정합니다. 그러므로 기본 생성자에 의해 만들어지는 HOG 기술자 하나는 3780개의 float 실수로 구성됩니다. 다음은 보행자 검출을 목적으로 HOGDescriptor 클래스 객체 hog를 선언하는 예제 코드입니다.

```
HOGDescriptor hog;
```

HOGDescriptor 클래스는 미리 계산된 보행자 검출을 위한 HOG 기술자 정보를 반환하는 정적 멤버 함수 HOGDescriptor::getDefaultPeopleDetector()를 제공합니다.

```
static std::vector<float> HOGDescriptor::getDefaultPeopleDetector();
```

• 반환값　　　　보행자 검출을 위해 훈련된 분류기 계수

HOGDescriptor::getDefaultPeopleDetector() 함수는 64×128 크기의 윈도우에서 똑바로 서 있는 사람을 검출하는 용도로 훈련된 분류기 계수를 반환합니다. HOGDescriptor::getDefaultPeople Detector() 함수는 정적 멤버 함수이기 때문에 소스 코드 작성 시에 클래스 이름과 함께 사용해야 합니다.

HOGDescriptor 클래스를 이용하여 원하는 객체를 검출하려면 먼저 검출할 객체에 대해 훈련된

6　SVM 알고리즘에 대해서는 15.3절에서 자세히 설명합니다.

SVM 분류기 계수를 HOGDescriptor::setSVMDetector() 함수에 등록해야 합니다. HOGDescriptor::
setSVMDetector() 함수 원형은 다음과 같습니다.

```
virtual void HOGDescriptor::setSVMDetector(InputArray svmdetector);
```

• svmdetector   선형 SVM 분류기를 위한 계수

보행자 검출이 목적이라면 HOGDescriptor::getDefaultPeopleDetector() 함수가 반환한 분류기
계수를 HOGDescriptor::setSVMDetector() 함수 인자로 전달하면 됩니다.

HOG 기술자를 이용하여 실제 입력 영상에서 객체 영역을 검출하려면 HOGDescriptor::
detectMultiScale() 멤버 함수를 사용합니다. HOGDescriptor::detectMultiScale() 함수는 두 가
지 형태로 정의되어 있으며, 각각의 함수 원형은 다음과 같습니다.

```
virtual void HOGDescriptor::detectMultiScale(InputArray img,
                                             std::vector<Rect>& foundLocations,
                                             std::vector<double>& foundWeights,
                                             double hitThreshold = 0,
                                             Size winStride = Size(),
                                             Size padding = Size(),
                                             double scale = 1.05,
                                             double finalThreshold = 2.0,
                                             bool useMeanshiftGrouping = false) const;
virtual void HOGDescriptor::detectMultiScale(InputArray img,
                                             std::vector<Rect>& foundLocations,
                                             double hitThreshold = 0,
                                             Size winStride = Size(),
                                             Size padding = Size(),
                                             double scale = 1.05,
                                             double finalThreshold = 2.0,
                                             bool useMeanshiftGrouping = false) const;
```

• img   입력 영상. CV_8UC1 또는 CV_8UC3
• foundLocations   (출력) 검출된 사각형 영역 정보
• foundWeights   (출력) 검출된 사각형 영역에 대한 신뢰도
• hitThreshold   특징 벡터와 SVM 분류 평면까지의 거리에 대한 임계값
• winStride   셀 윈도우 이동 크기. Size() 지정 시 셀 크기와 같게 설정합니다.
• padding   패딩 크기
• scale   검색 윈도우 크기 확대 비율
• finalThreshold   검출 결정을 위한 임계값
• useMeanshiftGrouping   겹쳐진 검색 윈도우를 합치는 방법 지정 플래그

HOGDescriptor::detectMultiScale() 함수는 입력 영상 img에서 다양한 크기의 객체 사각형 영역
을 검출하고, 그 결과를 std::vector<Rect> 타입의 인자 foundLocations에 저장합니다. 두 개의

HOGDescriptor::detectMultiScale() 함수 중에서 첫 번째 함수는 검출된 사각형 영역에 대한 신뢰도를 함께 반환합니다.

HOGDescriptor 클래스를 이용하여 동영상에서 보행자를 검출하는 예제 코드를 코드 13-5에 나타냈습니다. 코드 13-5에 나타난 보행자 검출 예제 프로그램은 HOGDescriptor 클래스가 제공하는 보행자 검출 HOG 정보를 이용하여 동영상 매 프레임에서 보행자를 검출하고, 그 결과를 화면에 표시합니다. 코드 13-5의 예제 코드는 내려받은 예제 파일 중 ch13/hog 프로젝트 폴더에서 확인할 수 있습니다.

코드 13-5 보행자 검출 예제 프로그램 [ch13/hog]

```
01    #include "opencv2/opencv.hpp"
02    #include <iostream>
03
04    using namespace cv;
05    using namespace std;
06
07    int main()
08    {
09        VideoCapture cap("vtest.avi");
10
11        if (!cap.isOpened()) {
12            cerr << "Video open failed!" << endl;
13            return -1;
14        }
15
16        HOGDescriptor hog;
17        hog.setSVMDetector(HOGDescriptor::getDefaultPeopleDetector());
18
19        Mat frame;
20        while (true) {
21            cap >> frame;
22            if (frame.empty())
23                break;
24
25            vector<Rect> detected;
26            hog.detectMultiScale(frame, detected);
27
28            for (Rect r : detected) {
29                Scalar c = Scalar(rand() % 256, rand() % 256, rand() % 256);
30                rectangle(frame, r, c, 3);
31            }
32
33            imshow("frame", frame);
34
35            if (waitKey(10) == 27)
36                break;
37        }
```

```
38
39        return 0;
40    }
```

- 9행   현재 폴더에서 vtest.avi 파일을 불러옵니다. 프로그램 시작 전에 vtest.avi 파일을 미리 현재 폴더로
            복사해야 합니다.

- 16행   HOGDescriptor 객체 hog를 선언합니다.

- 17행   보행자 검출을 위한 용도로 훈련된 SVM 분류기 계수를 등록합니다.

- 25~26행   동영상 매 프레임마다 보행자 검출을 수행합니다. 검출된 사각형 정보는 detected 변수에 저장됩니다.

- 28~31행   검출된 사각형 정보를 이용하여 임의의 색상으로 3픽셀 두께의 사각형을 그립니다.

코드 13-5의 hog 예제 프로그램은 vtest.avi 동영상 파일을 입력으로 사용합니다. vtest.avi 파일은 OpenCV 설치 시 함께 제공되는 테스트 동영상이며, OpenCV 소스 코드 폴더 아래의 〈OPENCV-SRC〉/samples/data/ 폴더에서 찾을 수 있습니다.[7] 그러므로 vtest.avi 파일을 미리 hog 프로젝트 폴더로 복사한 후, Visual Studio에서 예제 프로그램을 실행해야 합니다.

코드 13-5의 hog 예제 프로그램을 실행한 결과 화면을 그림 13-10에 나타냈습니다. 그림 13-10은 vtest.avi 파일의 46번째 프레임에서 보행자를 검출한 결과입니다. 거리에 지나가는 사람마다 각기 다른 색상으로 사각형이 그려진 것을 확인할 수 있습니다. HOG 알고리즘에 의한 보행자 검출은 꽤 많은 연산량을 필요로 하기 때문에 가급적 Debug 모드가 아닌 Release 모드로 실행해야 빠른 검출 결과를 확인할 수 있습니다.

▼ 그림 13-10 보행자 검출 예제 프로그램 실행 화면

---

7   〈OPENCV-SRC〉는 OpenCV 소스 코드가 저장된 폴더를 나타냅니다. 2장에서 설명한 OpenCV 설치 방법을 그대로 따랐다면 C:\opencv\sources\samples\data\ 폴더에서 vtest.avi 파일을 찾을 수 있습니다.

13.4 QR 코드 검출

QR 코드는 흑백 격자 무늬 모양의 2차원 바코드 일종으로 숫자, 영문자, 8비트 문자, 한자 등의 정보를 저장할 수 있습니다. 최근에는 명함이나 광고 전단 등에 웹 사이트 URL 문자열을 포함한 QR 코드를 프린트하여 사용자가 스마트폰의 QR 코드 앱을 통해 해당 웹 사이트에 쉽게 접속할 수 있도록 하는 서비스가 늘어나고 있습니다. 그림 13-11은 "https://opencv.org/" 문자열이 저장되어 있는 QR 코드의 예입니다.

▼ 그림 13-11 QR 코드의 예

입력 영상에서 QR 코드를 인식하려면 먼저 QR 코드 세 모서리에 포함된 흑백 정사각형 패턴을 찾아 QR 코드 전체 영역 위치를 알아내야 합니다. 그리고 검출된 QR 코드를 정사각형 형태로 투시 변환한 후, QR 코드 내부에 포함된 흑백 격자 무늬를 해석하여 문자열을 추출해야 합니다. 이러한 일련의 연산은 매우 복잡하고 정교한 영상 처리를 필요로 하며, 다행히 OpenCV는 4.0.0 버전부터 QR 코드를 검출하고 QR 코드에 포함된 문자열을 해석하는 기능을 제공합니다.

OpenCV에서 QR 코드를 검출하고 해석하는 기능은 QRCodeDetector 클래스에 구현되어 있습니다.[8] QRCodeDetector 클래스를 이용하여 영상에서 QR 코드를 검출하거나 해석하려면 먼저 QRCodeDetector 객체를 생성해야 합니다. QRCodeDetector 객체는 단순히 QRCodeDetector 클래스 타입의 변수를 하나 선언하는 방식으로 생성할 수 있습니다. 다음은 QRCodeDetector 타입의 변수 detector를 선언하는 예제 코드입니다.

```
QRCodeDetector detector;
```

---

8 QRCodeDetector 클래스의 기능은 무료 QR 코드 라이브러리인 QUirc를 기반으로 만들어졌습니다. QUirc 라이브러리에 대한 자세한 사항은 https://github.com/dlbeer/quirc 웹 사이트를 참고하기 바랍니다.

QRCodeDetector 객체를 생성한 후에는 QRCodeDetector 클래스 멤버 함수를 이용하여 QR 코드를 검출하거나 문자열을 해석할 수 있습니다.

먼저 입력 영상에서 QR 코드 영역을 검출하기 위해서는 QRCodeDetector::detect() 함수를 사용합니다. QRCodeDetector::detect() 함수 원형은 다음과 같습니다.

```
bool QRCodeDetector::detect(InputArray img, OutputArray points) const;
```

- img   입력 영상. CV_8U 또는 CV_8UC3
- points   (출력) QR 코드를 감싸는 사각형의 네 꼭지점 좌표
- 반환값   QR 코드를 검출하면 true, 검출하지 못하면 false를 반환합니다.

QRCodeDetector::detect() 함수는 입력 영상 img에서 QR 코드를 검출하고, QR 코드를 감싸는 사각형의 꼭지점 좌표를 반환합니다. points 인자에는 보통 vector<Point2f> 또는 vector<Point> 타입의 변수를 지정합니다. points 인자로 반환받은 QR 코드 영역 위치 정보는 이후 QR 코드를 해석할 때 입력 정보로 사용됩니다.

검출된 QR 코드 영역에서 QR 코드에 저장된 문자열을 추출할 때에는 QRCodeDetector::decode() 함수를 사용합니다. QRCodeDetector::decode() 함수 원형은 다음과 같습니다.

```
std::string QRCodeDetector::decode(InputArray img, InputArray points,
                                   OutputArray straight_qrcode = noArray());
```

- img   입력 영상
- points   (입력) QR 코드를 감싸는 사각형의 네 꼭지점 좌표
- straight_qrcode (출력) 정사각형 QR 코드 영상. CV_8UC1
- 반환값   QR 코드에 포함된 문자열

QRCodeDetector::decode() 함수는 img 영상에서 QR 코드를 해석하여 QR 코드에 암호화되어 있는 문자열을 반환합니다. points 인자에는 보통 QRCodeDetector::detect() 함수로 구한 QR 코드 꼭지점 좌표를 전달합니다. 만약 straight_qrcode 인자에 Mat 자료형의 변수를 전달하면 정사각형 형태로 투영 변환된 QR 코드 영상이 반환됩니다. 만약 QR 코드에 포함된 문자열 추출에 실패하면 QRCodeDetector::decode() 함수는 빈 문자열을 반환합니다.

입력 영상에서 QR 코드 검출과 해석을 한꺼번에 수행하려면 QRCodeDetector::detectAndDecode() 멤버 함수를 사용하는 것이 편리합니다. QRCodeDetector::detectAndDecode() 함수 원형은 다음과 같습니다.

```
std::string QRCodeDetector::detectAndDecode(InputArray img,
                                            OutputArray points = noArray(),
                                            OutputArray straight_qrcode = noArray());
```

- img   입력 영상. CV_8U
- points   (출력) QR 코드를 감싸는 사각형의 네 꼭지점 좌표
- straight_qrcode   (출력) 정사각형 QR 코드 영상. CV_8UC1
- 반환값   QR 코드에 포함된 문자열

QRCodeDetector::detectAndDecode() 함수는 기본적으로 입력 영상 img에서 QR 코드의 검출과 해석을 동시에 수행하고, 해석된 문자열을 반환합니다. 만약 QR 코드의 네 꼭지점 좌표 또는 정사각형 형태의 QR 코드 영상이 필요하다면 points와 straight_qrcode 인자를 전달합니다. 단순히 QR 코드에 포함된 문자열만 얻고 싶다면 points와 straight_qrcode 인자는 생략할 수 있습니다.

카메라 입력 영상에서 QR 코드를 검출하고 암호화된 문자열을 추출하여 출력하는 예제 코드를 코드 13-6에 나타냈습니다. 코드 13-6에 나타난 decode_qrcode() 함수는 컴퓨터에 연결된 카메라로부터 들어오는 매 프레임마다 QR 코드를 검출하고, 검출된 QR 코드 사각형 영역과 QR 코드에 포함된 문자열을 화면에 함께 표시합니다. decode_qrcode() 함수가 정의된 소스 코드 파일은 내려받은 예제 파일 중 ch13/QRCode 프로젝트에서 확인할 수 있습니다.

코드 13-6 QR 코드 검출 및 해석 예제 프로그램 [ch13/QRCode]

```
01    void decode_qrcode()
02    {
03        VideoCapture cap(0);
04
05        if (!cap.isOpened()) {
06            cerr << "Camera open failed!" << endl;
07            return;
08        }
09
10        QRCodeDetector detector;
11
12        Mat frame;
13        while (true) {
14            cap >> frame;
15
16            if (frame.empty()) {
17                cerr << "Frame load failed!" << endl;
18                break;
19            }
20
21            vector<Point> points;
```

```
22          String info = detector.detectAndDecode(frame, points);
23
24          if (!info.empty()) {
25              polylines(frame, points, true, Scalar(0, 0, 255), 2);
26              putText(frame, info, Point(10, 30), FONT_HERSHEY_DUPLEX, 1,
                        Scalar(0, 0, 255));
27          }
28
29          imshow("frame", frame);
30          if (waitKey(1) == 27)
31              break;
32      }
33  }
```

- 3행   컴퓨터에 연결된 기본 카메라를 이용하여 VideoCapture 객체 cap을 생성합니다.

- 10행   QRCodeDetector 객체 detector 변수를 선언합니다.

- 21~22행   카메라 매 프레임마다 QR 코드 검출 및 해석을 수행합니다.

- 24~27행   만약 QR 코드를 검출하고 QR 코드 문자열이 제대로 info 변수에 저장되었다면 QR 코드에 빨간색 사각형을 그리고, 해석된 문자열을 화면 좌측 상단에 빨간색 글자로 출력합니다.

- 31~32행   ESC 키를 누르면 while 반복문을 빠져나오고 프로그램이 종료됩니다.

코드 13-6의 decode_qrcode() 함수 실행 결과 화면을 그림 13-12에 나타냈습니다. 그림 13-12 는 decode_qrcode() 함수를 실행하여 카메라로 그림 13-11의 QR 코드를 가리켰을 때의 동작 모습입니다. QR 코드 영역을 빨간색 사각형으로 정확하게 표시하였고, 카메라 프레임 출력 창 상단에 QR 코드에 포함된 "https://opencv.org/" 문자열이 제대로 출력된 것을 확인할 수 있습니다.

▼ 그림 13-12 QR 코드 검출 및 해석 예제 프로그램 실행 결과

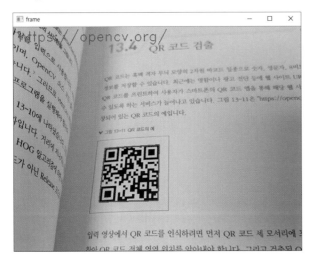

14^장

지역 특징점
검출과 매칭

14.1 / 코너 검출

이 절에서는 영상에서 특징점으로 사용할 수 있는 코너 점 검출 방법에 대해 설명합니다. 먼저 고전적이지만 수학적 분석이 의미 있는 해리스 코너 검출 방법에 대해 설명하고, 이후 2000년대에 새롭게 개발된 FAST 코너 검출 방법에 대해서 설명하겠습니다. 해리스 코너 검출 방법과 FAST 코너 검출 방법은 14.2절에서 설명할 크기 불변 특징점 검출의 기본이 되는 방법이므로 제대로 이해하기 바랍니다.

14.1.1 해리스 코너 검출 방법

앞서 13.1절에서 설명한 템플릿 매칭은 입력 영상에서 특정 객체 위치를 찾을 때 유용하게 사용할 수 있습니다. 그러나 템플릿 매칭은 영상의 크기가 바뀌거나 회전이 되면 제대로 동작하지 않는다는 한계가 있습니다. 이 장에서는 두 영상 사이에 기하학적 변환이 있어도 효과적으로 사용할 수 있는 지역 특징점 기반 매칭 방법에 대해 설명합니다.

영상에서 특징(feature)이란 영상으로부터 추출할 수 있는 유용한 정보를 의미하며 평균 밝기, 히스토그램, 에지, 직선 성분, 코너 등이 특징이 될 수 있습니다. 영상의 특징 중에서 에지, 직선 성분, 코너처럼 영상 전체가 아닌 일부 영역에서 추출할 수 있는 특징을 지역 특징(local feature)이라고 합니다. 영상의 지역 특징 중 코너(corner)는 에지의 방향이 급격하게 변하는 부분으로서 삼각형의 꼭지점이나 연필 심처럼 뾰족하게 튀어나와 있는 부분이 코너가 될 수 있습니다. 코너는 에지나 직선 성분 등의 다른 지역 특징에 비해 분별력이 높고 대체로 영상 전 영역에 골고루 분포하기 때문에 영상을 분석하는 데 유용한 지역 특징으로 사용됩니다. 참고로 코너처럼 한 점의 형태로 표현할 수 있는 특징을 특징점(feature point)이라고 하며, 특징점은 키포인트(keypoint) 또는 관심점(interest point)이라고 부르기도 합니다.

영상에서 코너 특징점의 분별력을 가늠하기 위해 그림 14-1을 살펴보겠습니다. 그림 14-1에서 오른쪽에 나타난 A, B, C 부분 영상은 왼쪽 원본 영상에서 추출한 부분 영상입니다. A 부분 영상은 내부 픽셀 값 변화가 크지 않은 평탄한 영역이며, 원본 영상에서 하늘 영역 전체는 모두 A와 비슷한 픽셀 값 분포를 가집니다. B 부분 영상은 하늘과 바다가 만나는 수평선 부근에서 추출되었다는 것을 쉽게 알아차릴 수 있지만, 정확한 x 좌표는 가늠하기 어렵습니다. 반면에 C 영상은 특정 건물이 뾰족하게 튀어나와 있는 부분 영상이며, 원본 영상 오른쪽 산등성이에서 유일한 위치를 찾을 수 있습니다. C 부분 영상에서 뾰족하게 튀어나와 있는 건물이 영상에서 코너 역할을 하며, 코너는 에지나 평탄한 영역에 비해 변별력이 높아서 그 위치를 파악하기 수월합니다.

▼ 그림 14-1 평탄한 영역과 에지와 코너의 분별력 비교

영상에서 코너를 찾는 연구는 1970년대 후반부터 활발하게 진행되었습니다. 그중 1988년 해리스(C. Harris)가 개발한 코너 검출 방법은 코너 점 구분을 위한 기본적인 아이디어를 수학적으로 잘 정의하였다는 점에서 큰 의미가 있습니다[Harris88]. 해리스는 영상의 특정 위치 (x, y)에서 Δx와 Δy만큼 떨어진 픽셀과의 밝기 차이를 다음 수식으로 표현하였습니다.

$$E(\Delta x, \Delta y) = \sum_{x,y} w(x, y) \left[I(x + \Delta x, y + \Delta y) - I(x, y) \right]^2$$

앞 수식에서 $w(x, y)$는 균일한 값을 갖는 사각형 윈도우 또는 가우시안 형태의 가중치를 갖는 윈도우입니다. 만약 $E(\Delta x, \Delta y)$ 함수가 모든 방향으로 값이 크게 나타난다면 점 (x, y)는 코너라고 간주할 수 있습니다. 해리스는 $E(\Delta x, \Delta y)$가 모든 방향으로 그 값이 크게 나타나는지를 검사하기 위해 테일러 급수(Taylor series), 고윳값 분석(eigenvalue analysis) 등의 수학적 기법을 적용하여 코너 응답 함수 R을 유도하였습니다.

$$R = \text{Det}(\mathbf{M}) - k \cdot \text{Tr}(\mathbf{M})^2$$

앞 수식에서 $\text{Det}()$는 행렬식(determinant)을, $\text{Tr}()$은 대각합(trace)을 의미하고, 행렬 $\mathbf{M}$은 다음과 같이 정의됩니다.

$$\mathbf{M} = \sum_{x,y} w(x, y) \begin{bmatrix} I_x I_x & I_x I_y \\ I_x I_y & I_y I_y \end{bmatrix}$$

앞 수식에서 I_x와 I_y는 입력 영상 I를 각각 x축 방향과 y축 방향으로 편미분한 결과입니다. 코너 응답 함수 정의에서 상수 k는 보통 0.04~0.06 사이의 값을 사용합니다.

해리스에 의해 정의된 코너 응답 함수 R은 입력 영상 각각의 픽셀에서 정의되는 실수 값이며, 이 값을 분석하여 코너, 에지, 평탄한 영역을 판별할 수 있습니다. 만약 R이 0보다 충분히 큰 양수이면 코너 점이라고 간주합니다. 반면에 R이 0에 가까운 실수이면 평탄한 영역이고, 0보다 작은 음수이면 에지라고 판별합니다.

OpenCV는 해리스 코너 응답 함수 값을 계산하는 cornerHarris() 함수를 제공합니다. cornerHarris() 함수가 반환하는 해리스 코너 응답 함수 값에 적절한 임계값 연산을 적용하면 영상에서 코너 위치를 모두 찾을 수 있습니다. cornerHarris() 함수 원형은 다음과 같습니다.

```
void cornerHarris(InputArray src, OutputArray dst, int blockSize,
                  int ksize, double k, int borderType = BORDER_DEFAULT);
```

- src   입력 영상. CV_8UC1 또는 CV_32FC1
- dst   해리스 코너 응답 함수 값을 저장할 행렬. src와 크기가 같고 CV_32FC1 타입입니다.
- blockSize   행렬 M 연산에 사용할 이웃 픽셀 크기. 픽셀 주변 blockSize×blockSize 윈도우를 설정하여 행렬 M 을 계산합니다.
- ksize   소벨 연산자를 위한 커널 크기
- k   해리스 코너 검출 상수
- borderType   가장자리 픽셀 확장 방식

cornerHarris() 함수는 입력 영상 src의 모든 픽셀 위치에서 해리스 코너 응답 함수 값을 계산하고, 그 결과를 dst 행렬로 반환합니다. dst 행렬의 모든 원소는 float 자료형을 사용하며, 이 값이 사용자가 지정한 임계값보다 크면 코너 점으로 판단할 수 있습니다. 이때 하나의 코너 위치에 사용자 지정 임계값보다 큰 픽셀이 여러 개 발생할 수 있으므로, 간단한 비최대 억제(non-maximum suppression)를 수행하여 지역 최댓값 위치만 코너로 판별하는 것이 좋습니다.

cornerHarris() 함수를 이용하여 코너 점을 검출하는 예제 코드를 코드 14-1에 나타냈습니다. 코드 14-1의 corner_harris() 함수는 building.jpg 빌딩 영상에서 코너 점을 찾아 빨간색 원으로 표시합니다. corner_harris() 함수가 정의된 소스 파일과 사용된 영상 파일은 내려받은 예제 파일 중 ch14/corners 프로젝트에서 확인할 수 있습니다.

코드 14-1 해리스 코너 검출 예제 [ch14/corners]

```
01    void corner_harris()
02    {
03        Mat src = imread("building.jpg", IMREAD_GRAYSCALE);
04
```

```
05          if (src.empty()) {
06              cerr << "Image load failed!" << endl;
07              return;
08          }
09
10          Mat harris;
11          cornerHarris(src, harris, 3, 3, 0.04);
12
13          Mat harris_norm;
14          normalize(harris, harris_norm, 0, 255, NORM_MINMAX, CV_8U);
15
16          Mat dst;
17          cvtColor(src, dst, COLOR_GRAY2BGR);
18
19          for (int j = 1; j < harris.rows - 1; j++) {
20              for (int i = 1; i < harris.cols - 1; i++) {
21                  if (harris_norm.at<uchar>(j, i) > 120) {
22                      if (harris.at<float>(j, i) > harris.at<float>(j - 1, i) &&
23                          harris.at<float>(j, i) > harris.at<float>(j + 1, i) &&
24                          harris.at<float>(j, i) > harris.at<float>(j, i - 1) &&
25                          harris.at<float>(j, i) > harris.at<float>(j, i + 1) ) {
26                          circle(dst, Point(i, j), 5, Scalar(0, 0, 255), 2);
27                      }
28                  }
29              }
30          }
31
32          imshow("src", src);
33          imshow("harris_norm", harris_norm);
34          imshow("dst", dst);
35
36          waitKey();
37          destroyAllWindows();
38      }
```

- **3행** building.jpg 영상을 그레이스케일 형식으로 불러와 src에 저장합니다.

- **10~11행** src 영상으로부터 해리스 코너 응답 함수 행렬 harris를 구합니다.

- **13~14행** harris 행렬 원소 값 범위를 0부터 255로 정규화하고, 타입을 CV_8UC1로 변환하여 harris_norm 에 저장합니다. harris_norm은 그레이스케일 영상 형식을 따르며, 해리스 코너 응답 함수 분포를 영상 형태로 화면에 표시하기 위해 만들었습니다.

- **16~17행** src 영상을 3채널 컬러 영상으로 변환하여 dst에 저장합니다.

- **21행** harris_norm 영상에서 값이 120보다 큰 픽셀을 코너로 간주합니다.

- **22~27행** 간단한 비최대 억제를 수행합니다. (i, j) 위치에서 주변 네 개의 픽셀을 비교하여 지역 최대인 경우에만 dst 영상에 빨간색 원으로 코너를 표시합니다.

14

지역 특징점 검출과 매칭

433

코드 14-1의 corner_harris() 함수 실행 결과를 그림 14-2에 나타냈습니다. src는 building.jpg 파일을 그레이스케일 형식으로 불러온 영상입니다. harris_norm은 해리스 코너 응답 함수 값을 0부터 255 사이로 정규화하여 나타낸 그레이스케일 영상이며, 이 영상에서 밝은 회색 점처럼 표현된 부분이 코너 위치입니다. harris_norm 영상에서 픽셀 값이 120보다 크고, 지역 최대인 지점을 선별하여 빨간색 원으로 표시한 결과를 dst 창에 나타냈습니다. 다수의 건물 모서리 부분과 나뭇가지 끝부분이 코너로 검출된 것을 확인할 수 있습니다. 코드 14-1의 21행에서 사용한 임계값 120을 낮추면 더 많은 건물 모서리를 코너로 검출할 수 있지만, 나뭇잎 또는 풀밭에서 코너로 검출되는 부분도 함께 늘어날 수 있으니 주의해야 합니다.

▼ 그림 14-2 해리스 코너 검출 예제 실행 화면

14.1.2 FAST 코너 검출 방법

앞 절에서 살펴본 해리스 코너 검출 방법은 영상의 코너 특성을 수학적으로 잘 정의하고, 복잡한 수식을 잘 전개하여 수치적으로 코너를 검출하였다는 데 의미가 있습니다. 이후로도 비슷한 컨셉을 발전시켜 추적에 적합한 특징(Good Features to Track)이라는 이름의 코너 검출 방법도 제안되었고, OpenCV에도 그 기능이 구현되어 있습니다[Shi94].[1] 그러나 이러한 코너 검출 방법들은 복잡한 연산을 필요로 하기 때문에 연산 속도가 느리다는 단점이 있습니다. 이러한 코너 검출 방법과 달리 2006년에 발표된 FAST 코너 검출 방법은 단순한 픽셀 값 비교 방법을 통해 코너를 검출합니다[Rosten06]. FAST는 Features from Accelerated Segment Test의 약자이며, 그 이름에 걸맞게 매우 빠르게 동작하는 코너 검출 방법입니다.

FAST 코너 검출 방법을 이해하기 위해 그림 14-3을 살펴보겠습니다. FAST 방법은 영상의 모든 픽셀에서 픽셀을 둘러싸고 있는 16개의 주변 픽셀과 밝기를 비교하여 코너 여부를 판별합니다. 그림 14-3에서는 점 p가 코너인지를 판별하기 위해 p점 주변 1번부터 16번 픽셀과의 밝기를 비교합니다. 그리고 만약 주변 16개의 픽셀 중에서 점 p보다 충분히 밝거나 또는 충분히 어두운 픽셀이 아홉 개 이상 연속으로 존재하면 코너로 정의합니다.

▼ 그림 14-3 FAST 코너 검출 방법[2]

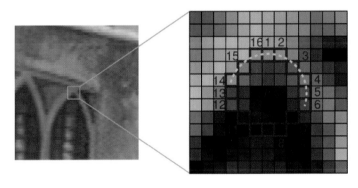

FAST 코너 검출 방법을 좀 더 수학적으로 표현하기 위해 점 p에서의 밝기를 I_p라고 표현하겠습니다. 만약 주변 16개의 픽셀 중에서 그 값이 $I_p + t$보다 큰 픽셀이 아홉 개 이상 연속으로 나타나면 점 p는 어두운 영역이 뾰족하게 돌출되어 있는 코너입니다. 반면에 주변 16개의 픽셀 중에서 그 값이 $I_p - t$보다 작은 픽셀이 아홉 개 이상 연속으로 나타나면 점 p는 밝은 영역이 돌출되어 있는 코너라고 간주합니다. 여기서 t는 충분히 밝거나 어두운 정도를 조절하기 위한 임계값입니다.

FAST 방법은 특정 코너 점 주변 픽셀들도 함께 코너로 검출하는 경우가 많기 때문에 주변 코너 픽셀 중에서 가장 코너에 적합한 픽셀을 선택하는 비최대 억제 작업을 추가적으로 수행하는 것이 좋습니다. FAST 방법에서는 코너 점과 주변 16개 점과의 픽셀 값 차이 합을 코너 점수로 정의하고, 인접한 코너 중에서 코너 점수가 가장 큰 코너만 최종 코너로 선택합니다.

---

1 추적에 적합한 특징은 goodFeaturesToTrack( ) 함수에 구현되어 있으며, 자세한 사용 방법은 OpenCV 문서 사이트를 참고하기 바랍니다.

2 그림 출처: http://www.edwardrosten.com/work/fast.html

OpenCV는 FAST 코너 검출 방법을 구현한 FAST() 함수를 제공합니다. FAST() 함수 이름은 영문자 대문자로 구성되어 있으며, 함수 원형은 다음과 같습니다.

```
void FAST(InputArray image, std::vector<KeyPoint>& keypoints,
          int threshold, bool nonmaxSuppression = true);
```

- image   입력 그레이스케일 영상
- keypoints   검출된 특징점을 표현하는 KeyPoint 객체의 벡터. KeyPoint::pt 멤버 변수에 코너 점 좌표가 저장됩니다.
- threshold   중심 픽셀 값과 주변 픽셀 값과의 차이 임계값
- nonmaxSuppression   비최대 억제 수행 여부. true이면 비최대 억제를 수행합니다.

FAST() 함수의 입력 영상으로는 CV_8UC1 타입의 그레이스케일 영상만 사용할 수 있습니다. FAST() 함수의 두 번째 인자 keypoints는 KeyPoint 클래스 객체의 벡터로 지정합니다. KeyPoint 클래스는 Point 타입의 멤버 변수 pt를 가지고 있어서, 여기에 코너 점 좌표가 저장됩니다.[3] 즉, FAST() 함수에 의해 결정된 코너 점 중에서 i번째 코너의 x, y 좌표는 keypoints[i].pt.x와 keypoints[i].pt.y 코드로 접근할 수 있습니다.

FAST() 함수를 이용하여 코너 점을 검출하는 예제 코드를 코드 14-2에 나타냈습니다. 코드 14-2의 corner_fast() 함수는 building.jpg 빌딩 영상에서 FAST 방법으로 코너 점을 찾아 빨간색 원으로 표시합니다. corner_fast() 함수가 정의된 소스 파일과 사용된 영상 파일은 내려받은 예제 파일 중 ch14/corners 프로젝트에서 확인할 수 있습니다.

코드 14-2 FAST 코너 검출 예제 [ch14/corners]

```
01    void corner_fast()
02    {
03        Mat src = imread("building.jpg", IMREAD_GRAYSCALE);
04
05        if (src.empty()) {
06            cerr << "Image load failed!" << endl;
07            return;
08        }
09
10        vector<KeyPoint> keypoints;
11        FAST(src, keypoints, 60, true);
12
13        Mat dst;
14        cvtColor(src, dst, COLOR_GRAY2BGR);
```

---

3   KeyPoint 클래스에 대해서는 14.2.2절에서 자세히 설명합니다.

```
15
16        for (KeyPoint kp : keypoints) {
17            Point pt(cvRound(kp.pt.x), cvRound(kp.pt.y));
18            circle(dst, pt, 5, Scalar(0, 0, 255), 2);
19        }
20
21        imshow("src", src);
22        imshow("dst", dst);
23
24        waitKey();
25        destroyAllWindows();
26    }
```

- 3행   building.jpg 영상을 그레이스케일 형식으로 불러와 src에 저장합니다.
- 10~11행   src 영상에서 FAST 방법으로 코너 점을 검출합니다. 밝기 차이 임계값으로 60을 지정하였고, 비최대
            억제를 수행하도록 설정하였습니다. 검출된 모든 코너 점 좌표는 keypoints 변수에 저장됩니다.
- 13~14행   src 영상을 3채널 컬러 영상으로 변환하여 dst에 저장합니다.
- 16~19행   검출된 모든 코너 점에 반지름이 5인 빨간색 원을 그립니다.

코드 14-2의 corner_fast() 함수 실행 결과를 그림 14-4에 나타냈습니다. src는 building.jpg
입력 영상이고, dst는 FAST 방법으로 검출된 코너 점을 빨간색 원으로 표시한 결과입니다. 대부
분의 건물 모서리와 나뭇잎 부분에서 다수의 코너가 검출된 것을 확인할 수 있습니다.

14

지역 특징점 검출과 매칭

▼ 그림 14-4 FAST 코너 검출 예제 실행 화면

Note ≡   4.5.2절에서 설명한 연산 시간 측정 방법을 이용하여 cornerHarris() 함수와 FAST() 함수의 동작 시
간을 비교해 보면, cornerHarris() 함수가 약 20밀리초 걸릴 때 FAST() 함수는 1밀리초 이하의 시간으로 동작하
는 것을 확인할 수 있습니다. 대략적으로 FAST() 코너 검출 방법이 cornerHarris() 방법보다 20배 이상 빠르게
동작한다고 볼 수 있습니다. 그러므로 FAST 코너 검출 방법은 속도가 중요한 컴퓨터 비전 응용 프로그램에서 사용하
기에 적합합니다.

14.2 크기 불변 특징점 검출과 기술

이 절에서는 영상의 크기가 변경되거나 회전이 되어도 반복적으로 찾을 수 있는 크기 불변 특징점 검출 방법과 검출된 특징점을 표현하는 기술 방법에 대해 설명합니다. 크기 불변 특징점 검출과 기술 방법은 2000년대 들어와서 크게 발전하였으며 영상 매칭, 영상 이어 붙이기 등 다양한 컴퓨터 비전 응용 분야에서 사용되고 있습니다. 먼저 기본적인 특징점 검출 및 기술 이론에 대해 알아보고, OpenCV에서 특징점 검출과 기술을 위한 코드 작성 요령에 대해 알아보겠습니다.

14.2.1 크기 불변 특징점 알고리즘

14.1절에서 설명한 코너는 영상이 회전되어도 여전히 코너로 검출됩니다. 그러므로 코너는 회전 불변 특징점이라고 할 수 있습니다. 그러나 영상의 크기가 변경될 경우 코너는 더 이상 코너로 검출되지 않을 수 있습니다. 그림 14-5는 객체의 크기 변화에 따른 코너의 형태 변화를 보여 줍니다. 그림 14-5 왼쪽 그림에서 파란색 사각형 내부는 에지가 급격하게 휘어지는 코너처럼 보입니다. 그러나 영상이 확대되어 그림 14-5 오른쪽 그림처럼 변경되면 같은 크기의 사각형 안에서 코너보다는 에지에 가까운 형태로 관측되는 것을 볼 수 있습니다.

❤ 그림 14-5 영상의 크기 변환에 따른 코너 모습 변화

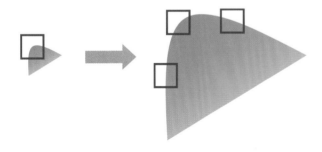

그러므로 크기가 다른 두 객체 영상에서 단순한 코너 점을 이용하여 서로 같은 위치를 찾는 것에는 한계가 있습니다. 그래서 많은 사람들이 크기가 다른 영상에서도 지속적으로 검출될 수 있는 크기 불변 특징에 대해 연구하였고, 그중 가장 대표적인 알고리즘이 SIFT입니다. SIFT는 크기 불변 특징 변환(Scale Invariant Feature Transform)의 약자이며, 2004년 캐나다의 브리티시 컬럼비아 대학교 로우(D. Lowe) 교수가 발표한 논문에 소개된 방법입니다[Lowe04].

SIFT 알고리즘은 영상의 크기 변화에 무관하게 특징점을 추출하기 위하여 입력 영상으로부터 스케일 스페이스(scale space)를 구성합니다. 스케일 스페이스는 영상에 다양한 표준 편차를 이용한 가우시안 블러링을 적용하여 구성한 영상 집합을 의미합니다. 레나 영상에 대해 스케일 스페이스를 구성한 예를 그림 14-6에 나타냈습니다. 그림 14-6에서 맨 윗 줄에 나타난 여섯 개의 블러링된 영상이 스케일 스페이스를 구성한 결과이며, 이렇게 구성한 영상 집합을 옥타브(octave)라고 부릅니다. 이후 입력 영상의 크기를 가로, 세로 반으로 줄여 가면서 여러 옥타브를 구성합니다.

▼ 그림 14-6 SIFT 특징점 검출을 위한 가우시안 피라미드와 DoG 구성

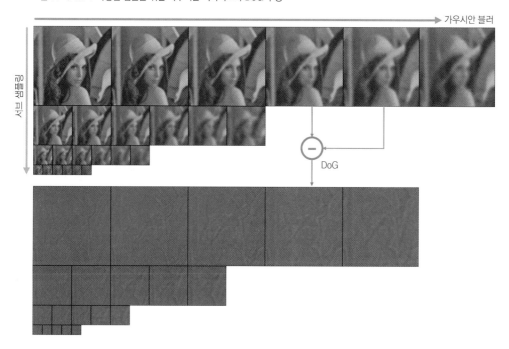

SIFT 알고리즘에서 크기에 불변한 특징점을 검출할 때에는 인접한 가우시안 블러링 영상끼리의 차영상을 사용하며, 이를 DoG(Difference of Gaussian) 영상이라고 합니다. 그림 14-6 아래쪽에 나열한 영상이 레나 영상으로부터 구한 DoG 영상입니다. 그림 14-6에서는 DoG 영상을 그레이스케일 영상 형식으로 보여 주기 위해 각각의 차영상 픽셀 값에 128을 더하여 나타냈습니다. SIFT 알고리즘은 DoG 영상 집합에서 인접한 DoG 영상을 고려한 지역 극값 위치를 특징점으로 사용하며, 이후 에지 성분이 강하거나 명암비가 낮은 지점은 특징점에서 제외합니다.

SIFT 알고리즘은 특징점을 검출하는 기능뿐만 아니라 특징점 주변의 픽셀 값을 이용한 기술자(descriptor) 계산 방법도 포함합니다. 특징점 기술자는 특징점 주변 영상의 특성을 여러 개의 실수 값으로 표현한 것을 의미하며, 특징 벡터(feature vector)라고도 합니다. 서로 같은 특징점에서 추출

된 기술자는 실수 값 구성이 서로 일치해야 합니다. SIFT는 기본적으로 특징점 부근의 부분 영상으로부터 그래디언트 방향 히스토그램을 추출하여 기술자로 사용합니다. 특징점 근방으로부터 특징점의 주된 방향 성분을 계산하고, 이 방향만큼 회전한 부분 영상으로부터 128개의 빈으로 구성된 그래디언트 방향 히스토그램을 계산합니다. 각각의 빈 값은 float 자료형을 사용하며, 하나의 SIFT 특징점은 512바이트 크기의 기술자로 표현됩니다.

SIFT 알고리즘은 영상의 크기, 회전 등의 변환뿐만 아니라 촬영 시점 변화에도 충분히 강인하게 동작하며, 잡음의 영향과 조명 변화가 있어도 특징점을 반복적으로 잘 찾아냅니다. SIFT 알고리즘은 다양한 컴퓨터 비전 분야에서 적용되었고, 특히 객체 인식, 파노라마 영상 이어 붙이기, 3차원 장면 인식 등의 분야에서 효과적으로 사용되었습니다.

SIFT 알고리즘이 발표된 이후, 많은 사람이 SIFT의 속도와 성능을 개선한 알고리즘을 발표했습니다. 2008년에 발표된 SURF(Speed-Up Robust Features) 알고리즘은 SIFT에서 사용한 DoG 영상을 단순한 이진 패턴으로 근사화하여 속도를 향상시켰습니다[Bay08]. 2012년에 발표된 KAZE 알고리즘은 가우시안 함수 대신 비등방성 확산 필터(nonlinear diffusion filter)를 이용하여 비선형 스케일 스페이스를 구축하여 특징점을 검출합니다[Alcantarilla12]. KAZE 알고리즘은 객체의 윤곽을 잘 보전함으로써 블러링, 크기 및 회전 변환, 잡음 등의 영향으로 변형된 영상에서 같은 특징점을 반복적으로 찾아내는 성능이 뛰어납니다.

그러나 SIFT, SURF, KAZE 방법은 스케일 스페이스를 구성하는 등의 복잡한 연산을 수행해야 하기 때문에 실시간 응용에서 사용하기 어렵다는 단점이 있습니다. 또한 이들 특징점 알고리즘에 의해 만들어지는 기술자는 128개 또는 64개의 실수 값으로 구성되어 있어서 메모리 사용량이 많고 특징점 사이의 거리 계산도 오래 걸릴 수 있다는 단점이 있습니다. 그래서 2010년 전후로는 특징점 검출이 매우 빠르고 이진수로 구성된 기술자를 사용하는 알고리즘이 발표되기 시작했습니다. 그중 2011년 발표된 ORB(Oriented FAST and Rotated BRIEF) 알고리즘은 당시 OpenCV를 관리하던 연구소에서 개발한 방법으로서, SIFT와 SURF를 대체하기에 좋은 알고리즘입니다[Rublee11].

ORB 알고리즘은 기본적으로 FAST 코너 검출 방법을 이용하여 특징점을 추출합니다. 다만 기본적인 FAST 알고리즘은 영상의 크기 변화에 취약하기 때문에 ORB 알고리즘은 입력 영상의 크기를 점진적으로 축소한 피라미드 영상을 구축하여 특징점을 추출합니다. 그리고 각 특징점에서 주된 방향 성분을 계산하고, 방향을 고려한 BRIEF 알고리즘으로 이진 기술자를 계산합니다.

ORB에서 사용한 BRIEF(Binary Robust Independent Elementary Features)는 순수하게 특징점 기술자만을 생성하는 알고리즘입니다[Calonder10]. BRIEF는 특징점 주변의 픽셀 쌍을 미리 정하고,

해당 픽셀 값 크기를 비교하여 0 또는 1로 특징을 기술합니다. 두 점 $\mathbf{x}$와 $\mathbf{y}$에서의 픽셀 값 크기 비교 테스트 τ는 다음과 같이 정의합니다.

$$\tau(\mathbf{x}, \mathbf{y}) = \begin{cases} 1 & I(\mathbf{x}) < I(\mathbf{y}) \text{일 때} \\ 0 & \text{그 외} \end{cases}$$

예를 들어 그림 14-7과 같이 특징점 $\mathbf{p}$ 주변에 $\mathbf{a}, \mathbf{b}, \mathbf{c}$ 점을 미리 정의하고, $\tau(\mathbf{a}, \mathbf{b})$, $\tau(\mathbf{b}, \mathbf{c})$, $\tau(\mathbf{c}, \mathbf{a})$를 구하면 이진수 $110_{(2)}$을 얻을 수 있습니다. 이진수 $110_{(2)}$은 $\mathbf{b}$ 점이 $\mathbf{a}$보다 밝고, $\mathbf{c}$ 점이 $\mathbf{b}$ 보다 밝고, $\mathbf{a}$ 점은 $\mathbf{c}$ 점보다 어둡다는 정보를 표현합니다. 이처럼 특징점 주변 정보를 이진수 형태로 표현하는 기술자를 이진 기술자(binary descriptor)라고 합니다.

❤ 그림 14-7 이진 기술자 구성 방법

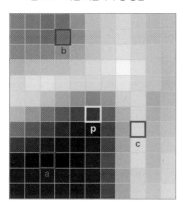

ORB 알고리즘은 FAST 기반의 방법으로 특징점을 구한 후, 각 특징점에서 픽셀 밝기 값 분포를 고려한 코너 방향 성분을 계산합니다. 그리고 이 방향 성분을 이용하여 BRIEF 계산에 필요한 점들의 위치를 보정함으로써 회전에 불변한 BRIEF 기술자를 계산합니다. ORB 알고리즘에서는 기본적으로 256개의 크기 비교 픽셀 쌍을 사용하여 이진 기술자를 구성하며, 결과적으로 하나의 특징점은 256비트로 표현할 수 있습니다. SIFT와 SURF 기술자가 각각 512바이트, 256바이트를 사용하는 것에 비해 ORB는 32바이트의 크기로 특징점을 기술할 수 있어서 효율적입니다.

이진 기술자로 표현된 특징점 사이의 거리 계산은 주로 해밍 거리(Hamming distance) 방법을 사용합니다. 해밍 거리는 이진수로 표현된 두 기술자에서 서로 값이 다른 비트의 개수를 세는 방식으로 계산합니다. 해밍 거리 계산은 두 기술자의 비트 단위 배타적 논리합(XOR) 연산 후, 비트 값이 1인 개수를 세는 방식으로 빠르게 계산할 수 있습니다. ORB 외에도 BRISK, AKAZE, FREAK 등의 이진 기술자를 사용하는 특징점 알고리즘이 있으며, 이 책에서는 주로 ORB 특징점을 사용하는 방법에 대해 설명하겠습니다.

14.2.2 OpenCV 특징점 검출과 기술

이 절에서는 OpenCV에서 제공하는 특징점 검출 알고리즘 구현 클래스에 대해 알아보고, 이들 클래스를 이용하여 영상에서 특징점을 검출하고 기술자를 구하는 방법에 대해 설명하겠습니다. 또한 OpenCV에서 제공하는 함수를 이용하여 검출된 특징점을 화면에 출력하는 방법도 알아보 겠습니다.

특징점 검출 방법을 설명하기에 앞서 OpenCV에서 특징점 정보를 저장할 때 사용하는 KeyPoint 클래스에 대해 알아보겠습니다. 특징점을 키포인트라고도 부르기 때문에 클래스 이름이 KeyPoint 입니다. 간략화한 KeyPoint 클래스 정의를 코드 14-3에 나타냈습니다.

코드 14-3 간략화한 KeyPoint 클래스 정의

```
01    class KeyPoint
02    {
03    public:
04        KeyPoint();
05        KeyPoint(Point2f _pt, float _size, float _angle = -1, float _response = 0,
06            int _octave = 0, int _class_id = -1);
07        ...
08
09        Point2f pt;
10        float   size;
11        float   angle;
12        float   response;
13        int     octave;
14        int     class_id;
15    };
```

- 4~6행   KeyPoint 클래스 생성자 및 멤버 함수입니다.
- 9행   KeyPoint::pt 멤버 변수는 특징점 좌표를 나타냅니다.
- 10행   KeyPoint::size 멤버 변수는 특징점 크기(지름)를 나타냅니다.
- 11행   KeyPoint::angle 멤버 변수는 특징점의 주된 방향(각도)을 나타냅니다.
- 12행   KeyPoint::response 멤버 변수는 특징점 반응성을 나타내며, 좋은 특징점을 선별하는 용도로 사용 할 수 있습니다.
- 13행   KeyPoint::octave 멤버 변수는 특징점이 추출된 옥타브(피라미드 단계)를 나타냅니다.
- 14행   KeyPoint::class_id 멤버 변수는 특징점이 포함된 객체 번호를 나타냅니다.

KeyPoint 클래스는 특징점 좌표뿐만 아니라 특징점 검출 시 고려한 주변 영역의 크기, 주된 방향, 옥타브 정보 등을 멤버 변수로 가지고 있습니다. 이러한 정보는 특징점 주변 영역의 특징을 표현

하는 기술자 계산 시에도 사용됩니다. 일반적으로 KeyPoint 객체는 사용자가 직접 생성하지 않으며, 특징점 검출 클래스 내부에서 생성하여 사용자에게 반환합니다.

OpenCV에서 제공하는 특징점 검출 및 기술 클래스 일부를 그림 14-8에 나타냈습니다.[4] OpenCV에서 특징점 관련 클래스는 모두 Feature2D 클래스를 상속받아 만들어집니다. Feature2D 클래스는 detect(), compute(), detectAndCompute()라는 이름의 가상 멤버 함수를 가지고 있으며, Feature2D 클래스를 상속받은 각각의 특징점 알고리즘 구현 클래스는 이들 멤버 함수 기능을 실제로 구현하도록 설계되어 있습니다. detect() 멤버 함수는 영상에서 키포인트를 검출하고, compute() 함수는 검출된 키포인트를 표현하는 기술자를 생성합니다. detectAndCompute() 멤버 함수는 키포인트 검출과 기술자 생성을 동시에 수행합니다.

▼ 그림 14-8 OpenCV 특징점 검출 및 기술 클래스

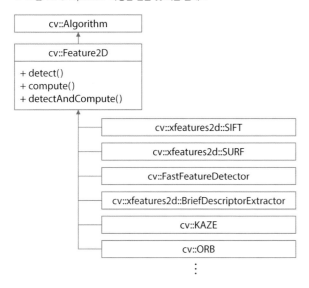

그림 14-8에서 Feature2D 클래스를 상속받아 만들어진 SIFT, SURF, FastFeatureDetector, BriefDescriptorExtractor, KAZE, ORB 등의 클래스는 실제 특징점 검출 및 기술 알고리즘을 구현한 클래스입니다. 가장 유명한 특징점 검출 알고리즘인 SIFT와 SURF는 각각 알고리즘과 동일한 이름의 클래스로 구현되어 있습니다. SIFT와 SURF는 소스 코드는 공개되어 있지만 알고리즘 자체에 특허가 걸려 있어서 상업적인 사용 시에는 제약이 있을 수 있습니다. BriefDescriptorExtractor 클래스는 BRIEF 기술자 계산 방법이 구현된 클래스입니다. SIFT, SURF, BriefDescriptorExtractor

---

4 OpenCV에서 Feature2D 클래스를 상속받아 만들어진 전체 특징점 관련 클래스 목록은 https://docs.opencv.org/4.0.0/d0/d13/classcv_1_1Feature2D.html 웹 사이트에서 확인할 수 있습니다.

클래스는 xfeatures2d 추가 모듈에 포함되어 있으며 cv::xfeatures2d 네임스페이스를 사용합니다. 그러므로 이들 클래스는 OpenCV 소스 코드를 직접 빌드해야 사용할 수 있습니다. 반면에 cv 네임스페이스를 사용하고 있는 FastFeatureDetector, KAZE, ORB 등의 클래스는 OpenCV 기본 소스에 포함되어 있어서 쉽게 사용할 수 있습니다.

그림 14-8에 나열된 특징점 알고리즘 구현 클래스 중에는 특징점 검출만 지원하거나 기술자 생성만 지원하는 클래스도 있습니다. 예를 들어 FastFeatureDetector 클래스는 FAST 코너 검출 방법을 클래스로 구현한 것이며, 이 클래스는 특징점을 검출하는 기능만 있습니다. 그러므로 FastFeatureDetector 객체에서 compute() 또는 detectAndCompute() 함수를 호출하면 에러가 발생합니다. 반면에 BriefDescriptorExtractor 클래스는 다른 방법으로 구한 특징점 위치에서 BRIEF 이진 기술자를 구하는 기능만 제공합니다. 그러므로 BriefDescriptorExtractor 객체에서 detect() 또는 detectAndCompute() 함수를 호출하면 안됩니다. SIFT, SURF, KAZE, ORB처럼 특징점 검출과 기술을 함께 지원하는 알고리즘 클래스는 detect(), compute(), detectAndCompute() 함수를 모두 사용할 수 있습니다.

특징점 구현 알고리즘 클래스를 이용하려면 먼저 각 특징점 클래스 객체를 생성해야 합니다. Feature2D를 상속받아 만들어진 특징점 클래스들은 모두 create()라는 이름의 정적 멤버 함수를 가지고 있으며, 각 특징점 클래스 객체는 해당 클래스의 create() 멤버 함수를 이용하여 생성해야 합니다. 특징점 클래스마다 정의된 create() 정적 멤버 함수의 인자 구성은 각기 다르지만, 모든 인자에 기본값이 지정되어 있기 때문에 인자를 지정하지 않고도 사용할 수 있습니다.[5] 그리고 각 특징점 클래스의 create() 멤버 함수는 해당 클래스 객체를 참조하는 스마트 포인터를 반환합니다.

예를 들어 ORB 클래스 객체를 생성하는 ORB::create() 멤버 함수 원형은 다음과 같습니다.

```
static Ptr<ORB> ORB::create(int nfeatures = 500, float scaleFactor = 1.2f,
                            int nlevels = 8, int edgeThreshold = 31,
                            int firstLevel = 0, int WTA_K = 2,
                            ORB::ScoreType scoreType = ORB::HARRIS_SCORE,
                            int patchSize = 31, int fastThreshold = 20);
```

- nfeatures   검출할 최대 특징 개수
- scaleFactor   피라미드 생성 비율(영상 축소 비율)
- nlevels   피라미드 단계 개수
- edgeThreshold 특징을 검출하지 않을 영상 가장자리 픽셀 크기
- firstLevel   항상 0을 지정해야 합니다.

◑ 계속

---

5 각 특징점 클래스의 create() 멤버 함수에서 사용하는 인자 구성은 해당 알고리즘에 특화된 내용이 많습니다. 그러므로 각각의 create() 함수에 대한 자세한 사항은 관련 논문과 OpenCV 문서 사이트를 참고하기 바랍니다.

- WTA_K   BRIEF 기술자 계산 시 사용할 점의 개수. 2, 3, 4 중 하나를 지정해야 합니다.
- scoreType   특징점 점수 결정 방법. ORB::HARRIS_SCORE 또는 ORB::FAST_SCORE 둘 중 하나를 지정합니다.
- patchSize   BRIEF 기술자 계산 시 사용할 패치 크기
- fastThreshold   FAST 코너 검출 방법에서 사용되는 임계값
- 반환값   ORB 객체를 참조하는 Ptr 스마트 포인터 객체

ORB::create() 멤버 함수는 ORB 특징점 검출 및 기술자 계산에 필요한 많은 인자를 가지고 있지만 모두 기본값을 가지고 있습니다. 그러므로 기본 설정을 이용하여 ORB 클래스 객체를 생성하려면 다음과 같이 코드를 작성합니다.

```
Ptr<ORB> feature = ORB::create();
```

앞 예제 코드에서 사용된 Ptr 클래스는 OpenCV에서 사용하는 스마트 포인터(smart pointer) 클래스입니다.[6] 그러므로 이 예제 코드에서 변수 feature는 마치 ORB 객체의 포인터처럼 사용할 수 있고, 동적으로 할당된 ORB 객체의 메모리는 자동으로 해제됩니다.

그런데 ORB 클래스가 Feature2D 클래스를 상속받아 만들어진 클래스이기 때문에 앞 예제 코드는 다음과 같이 바꿔 쓸 수 있습니다.

```
Ptr<Feature2D> feature = ORB::create();
```

이와 같은 코드 작성 방법은 Feature2D 클래스를 상속받아 만들어진 특징점 클래스에 대해 공통으로 사용할 수 있습니다. 예를 들어 ORB 특징점 대신 KAZE 특징점 검출 방법을 사용하고 싶다면 앞 예제 코드에서 ORB::create() 대신 KAZE::create()로만 변경하면 됩니다.

일단 특징점 클래스 객체를 생성하였다면 이제 영상에서 특징점을 검출하거나 검출된 특징점을 표현하는 기술자를 계산할 수 있습니다. 먼저 특징점을 검출할 때에는 Feature2D::detect() 가상 멤버 함수를 사용합니다. Feature2D::detect() 함수 원형은 다음과 같습니다.

```
virtual void Feature2D::detect(InputArray image,
                               std::vector<KeyPoint>& keypoints,
                               InputArray mask = noArray());
```

- image   입력 영상
- keypoints   검출된 키포인트 정보
- mask   마스크 행렬. 마스크 행렬 원소가 0이 아닌 위치에서만 특징점을 검출합니다.

---

6   원래 OpenCV는 자체적인 스마트 포인터를 cv::Ptr 클래스로 구현하여 사용하였지만, OpenCV 4.0.0 버전부터는 C++의 std::shared_ptr 클래스가 Ptr 클래스 기능을 대체하고 있습니다. 그러므로 cv::Ptr 클래스 사용법은 std::shared_ptr과 비슷합니다. 스마트 포인터와 std::shared_ptr 클래스에 대해서는 C++ 문법책을 참고하기 바랍니다.

Feature2D::detect() 함수는 image 영상으로부터 다수의 특징점을 검출하여 vector<KeyPoint> 타입의 변수 keypoints에 저장합니다. 만약 입력 영상의 일부 영역에서만 특징점을 검출하려면 mask 인자를 설정하여 사용할 수 있습니다.

예를 들어 레나 영상에 대해 ORB 특징점을 검출하려면 다음과 같은 형태로 코드를 작성할 수 있습니다.

```
Mat src = imread("lenna.bmp", IMREAD_GRAYSCALE);

Ptr<Feature2D> feature = ORB::create();

vector<KeyPoint> keypoints;
feature->detect(src, keypoints);
```

앞 예제 코드에서 feature 변수는 Ptr<Feature2D> 타입으로 선언되었지만 실제로는 ORB 클래스 객체를 가리키고 있습니다. 그러므로 feature->detect() 형태로 함수를 호출하면 실제로는 ORB 알고리즘 구현 클래스의 detect() 함수가 실행되고, 결과적으로 ORB 특징점이 keypoints에 저장됩니다.

이미 검출된 특징점에서 각 특징점 주변의 부분 영상을 표현하는 기술자를 추출하려면 Feature2D::compute() 가상 멤버 함수를 사용합니다. Feature2D::compute() 함수 원형은 다음과 같습니다.

```
virtual void Feature2D::compute(InputArray image,
                                std::vector<KeyPoint>& keypoints,
                                OutputArray descriptors);
```

- image   입력 영상
- keypoints   미리 검출해 둔 키포인트 정보
- descriptors   계산된 기술자 행렬. i번째 행은 i번째 키포인트의 기술자를 나타냅니다.

Feature2D::compute() 함수는 image 영상에서 추출된 keypoints 정보를 이용하여 각 특징점을 표현하는 기술자를 계산합니다. 만약 keypoints로 전달된 특징점에서 기술자를 계산할 수 없으면 해당 특징점은 제거됩니다. 계산된 각 특징점의 기술자는 모두 descriptors 행렬에 저장됩니다. descriptors 행렬의 행 개수는 특징점 개수와 같고, 열 개수는 사용하는 기술자 알고리즘에 의해 자동으로 결정됩니다. descriptors 행렬의 i번째 행에는 i번째 특징점을 표현하는 기술자가 저장됩니다.

만약 특징점 검출과 기술자 계산을 한꺼번에 수행하려면 Feature2D::detectAndCompute() 멤버 함수를 사용합니다.

```
virtual void Feature2D::detectAndCompute(InputArray image, InputArray mask,
                                         std::vector<KeyPoint>& keypoints,
                                         OutputArray descriptors,
                                         bool useProvidedKeypoints = false);
```

• image	입력 영상
• mask	마스크 행렬. 마스크 행렬 원소가 0이 아닌 위치에서만 특징점을 검출합니다.
• keypoints	검출된 키포인트 정보
• descriptors	계산된 기술자 행렬
• useProvidedKeypoints	이 값이 true이면 keypoints 인자로 전달된 키포인트 정보를 이용하여 기술자를 계산합니다.

특징점을 검출한 후에는 입력 영상 어느 위치에서 특징점이 검출되었는지를 영상 위에 직접 표시하여 확인할 수 있습니다. 이때 단순히 특징점 좌표만 보이도록 표현할 수도 있고, 또는 특징점 검출 시 고려한 크기 성분과 주된 방향 성분을 함께 표현할 수도 있습니다. OpenCV는 Feature2D::detect() 또는 Feature2D::detectAndCompute() 함수에 의해 검출된 특징점을 직접 영상 위에 그린 후, 그 결과 영상을 반환하는 drawKeypoints() 함수를 제공합니다.

```
void drawKeypoints(InputArray image, const std::vector<KeyPoint>& keypoints,
                   InputOutputArray outImage, const Scalar& color = Scalar::all(-1),
                   DrawMatchesFlags flags = DrawMatchesFlags::DEFAULT);
```

• image	입력 영상
• keypoints	입력 영상에서 검출된 키포인트
• outImage	키포인트가 그려진 출력 영상
• color	키포인트 색상. 이 값이 Scalar::all(-1)이면 각 특징점을 임의의 색상으로 그립니다.
• flags	키포인트 그리기 방법. DrawMatchesFlags 열거형 상수 중 하나를 지정합니다.

drawKeypoints() 함수는 입력 영상 image에 키포인트 정보 keypoints를 이용하여 각 키포인트 위치에 원을 그려서 표시한 outImage 영상을 반환합니다. 원의 색상은 color 인자로 지정할 수 있고, color 인자에 Scalar::all(-1)을 지정하면 각 키포인트마다 임의의 색상으로 원을 그립니다. flags 인자는 키포인트 위치에 원을 그리는 방식을 지정하며, 표 14-1에 나타난 DrawMatchesFlags 열거형 상수 중 DEFAULT 또는 DRAW_RICH_KEYPOINTS 상수를 지정할 수 있습니다. flags 인자에 기본값으로 설정되어 있는 DrawMatchesFlags::DEFAULT를 지정하면 모든 키포인트에 반지름이 3인 원을 그립니다. 만약 flags에 DrawMatchesFlags::DRAW_RICH_KEYPOINTS를 지정하면 키포인트의 크기와 주 방향 성분까지 함께 표시합니다.

DrawMatchesFlags 열거형 상수	설명
DEFAULT	기본 방식. 검출된 모든 특징점에 작은 크기의 원을 그리고, 서로 매칭된 특징점끼리 직선을 그립니다.
DRAW_OVER_OUTIMG	출력 영상을 새로 생성하지 않고 전달된 영상 위에 그립니다.
NOT_DRAW_SINGLE_POINTS	drawMatches() 함수와 함께 사용되며, 매칭되지 않은 특징점은 그리지 않습니다.
DRAW_RICH_KEYPOINTS	키포인트의 크기와 방향 정보를 함께 나타냅니다.

실제 영상에서 ORB 알고리즘을 이용하여 키포인트를 검출하는 예제 코드를 코드 14-4에 나타냈습니다. 코드 14-4의 detect_keypoints() 함수는 여러 개의 상자가 쌓여 있는 영상에서 ORB 방법으로 키포인트를 찾고, 검출된 키포인트의 위치와 크기, 주된 방향 정보를 표시합니다. detect_keypoints() 함수가 정의된 소스 파일과 사용된 영상 파일은 내려받은 예제 파일 중 ch14/keypoints 프로젝트에서 확인할 수 있습니다.

코드 14-4 키포인트 검출 예제 [ch14/keypoints]

```
01    void detect_keypoints()
02    {
03        Mat src = imread("box_in_scene.png", IMREAD_GRAYSCALE);
04
05        if (src.empty()) {
06            cerr << "Image load failed!" << endl;
07            return;
08        }
09
10        Ptr<Feature2D> feature = ORB::create();
11
12        vector<KeyPoint> keypoints;
13        feature->detect(src, keypoints);
14
15        Mat desc;
16        feature->compute(src, keypoints, desc);
17
18        cout << "keypoints.size(): " << keypoints.size() << endl;
19        cout << "desc.size(): " << desc.size() << endl;
20
21        Mat dst;
22        drawKeypoints(src, keypoints, dst, Scalar::all(-1),
                       DrawMatchesFlags::DRAW_RICH_KEYPOINTS);
23
24        imshow("src", src);
```

```
25      imshow("dst", dst);
26
27      waitKey();
28      destroyAllWindows();
29  }
```

- 10행 ORB 클래스 객체를 생성하여 feature 스마트 포인터에 저장합니다.
- 12~13행 ORB 키포인트를 검출하여 keypoints 벡터에 저장합니다.
- 15~16행 ORB 키포인트 기술자를 계산하여 desc 행렬에 저장합니다.
- 18~19행 keypoints에 저장된 키포인트 개수와 desc 행렬 크기를 콘솔 창에 출력합니다.
- 21~22행 입력 영상 src에 키포인트를 그린 결과를 dst에 저장합니다. 키포인트 그리는 방식을 DrawMatchesFlags:: DRAW_RICH_KEYPOINTS로 지정하여 키포인트 위치, 크기, 방향 정보를 함께 나타내도록 설정하였습니다.

코드 14-4의 detect_keypoints() 함수 실행 결과를 그림 14-9에 나타냈습니다. 그림 14-9에서 src는 입력으로 사용한 box_in_scene.png 파일이고, dst는 해당 영상에 ORB 알고리즘으로 검출된 특징점을 표시한 결과 영상입니다. dst 영상에는 각 특징점 위치를 중심으로 하는 다수의 원이 그려져 있으며, 원 크기는 특징점 검출 시 고려한 이웃 영역 크기를 나타냅니다. 그리고 각 원의 중심에서 뻗어 나간 직선은 특징점 근방에서 추출된 주된 방향을 표시합니다.

▼ 그림 14-9 키포인트 검출 예제 실행 화면

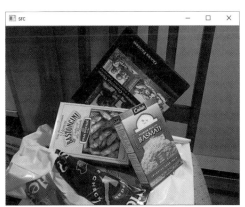

detect_keypoints() 함수를 실행하면 콘솔 창에는 다음 문자열이 출력됩니다.

```
keypoints.size(): 500
desc.size(): [32 x 500]
```

이는 ORB 알고리즘으로 box_in_scene.png 영상에서 500개의 특징점이 검출되었고, 특징점을 표현하는 기술자 행렬이 500행, 32열로 구성되었음을 나타냅니다. ORB 알고리즘에 의해 구해지는 기술자 행렬은 CV_8UC1 타입이기 때문에 각 기술자의 크기는 32바이트입니다.

참고로 코드 14-4에서 특징점을 검출하고, 검출한 특징점에서 기술자를 계산하는 12~16행 소스 코드는 특징점 검출과 기술자 계산을 한꺼번에 수행하는 Feature2D::detectAndCompute() 함수를 이용하여 다음과 같이 바꿔 쓸 수 있습니다.

```
vector<KeyPoint> keypoints;
Mat desc;
feature->detectAndCompute(src, Mat(), keypoints, desc);
```

14.3 특징점 매칭

이 절에서는 두 장의 영상에서 추출한 특징점 기술자를 비교하여 서로 비슷한 특징점을 찾는 특징점 매칭에 대해 알아보겠습니다. 서로 비슷한 특징점을 찾는 방법은 모든 특징점끼리 비교를 하는 전수 조사 방법과 근사화 기법을 이용하여 빠른 매칭을 수행하는 FLANN 기반 방법이 있습니다. 두 가지 매칭 방법의 자세한 사용 방법에 대해 설명하고, 이를 이용하여 두 영상 사이의 호모그래피를 계산하고 정확한 객체 위치를 찾아내는 방법까지 알아보겠습니다.

14.3.1 OpenCV 특징점 매칭

특징점 매칭(matching)이란 두 영상에서 추출한 특징점 기술자를 비교하여 서로 비슷한 특징점을 찾는 작업을 의미합니다. 특히 크기 불변 특징점으로부터 구한 기술자를 매칭하면 크기와 회전에 강인한 영상 매칭을 수행할 수 있습니다.

OpenCV에서 특징점을 매칭하는 방법을 설명하기에 앞서 OpenCV에서 특징점 매칭 정보를 저장할 때 사용하는 DMatch 클래스에 대해 알아보겠습니다. DMatch 클래스는 한 장의 영상에서 추출한 특징점과 다른 한 장의 영상, 또는 여러 영상에서 추출한 특징점 사이의 매칭 정보를 표현할 수 있습니다. 간략화한 DMatch 클래스 정의를 코드 14-5에 나타냈습니다.

```
01   class DMatch
02   {
03   public:
04       DMatch();
05       DMatch(int _queryIdx, int _trainIdx, float _distance);
06       DMatch(int _queryIdx, int _trainIdx, int _imgIdx, float _distance);
07
08       int queryIdx;
09       int trainIdx;
10       int imgIdx;
11
12       float distance;
13
14       bool operator<(const DMatch &m) const;
15   };
```

* 4~6행   DMatch 클래스 생성자입니다.
* 8행   DMatch::queryIdx 멤버 변수는 질의 기술자 번호를 나타냅니다.
* 9행   DMatch::trainIdx 멤버 변수는 훈련 기술자 번호를 나타냅니다.
* 10행   DMatch::imgIdx 멤버 변수는 훈련 영상 번호를 나타냅니다. 여러 장의 영상을 훈련 영상으로 설정한 경우에 사용됩니다.
* 12행   DMatch::distance 멤버 변수는 두 기술자 사이의 거리를 나타냅니다.
* 14행   DMatch 클래스에 대한 크기 비교 연산자 재정의이며, DMatch::distance 멤버 변수 값을 이용하여 크기를 비교합니다.

DMatch 클래스에서 distance 멤버 변수는 두 키포인트 기술자가 얼마나 차이가 나는지를 나타내는 매칭 척도의 역할을 합니다. 두 특징점이 서로 유사하면 distance 값이 0에 가깝고, 서로 다른 특징점이면 distance 값이 크게 나타납니다. distance 계산 방식은 다차원 벡터의 유클리드 거리(Euclidean distance)로 주로 계산하며, 다만 이진 기술자끼리 비교하는 경우에는 해밍 거리를 사용합니다. DMatch 클래스 객체는 보통 사용자가 직접 생성하지 않고, 특징점 매칭 알고리즘 내부에서 생성하여 사용자에게 반환합니다.

OpenCV에서 제공하는 특징점 매칭 클래스 상속 관계를 그림 14-10에 나타냈습니다. OpenCV의 특징점 매칭 클래스는 DescriptorMatcher 클래스를 상속받아 만들어집니다. DescriptorMatcher 클래스는 match(), knnMatch(), radiusMatch() 등의 가상 멤버 함수를 가지고 있는 추상 클래스이며, DescriptorMatcher 클래스를 상속받은 BFMatcher 클래스와 FlannBasedMatcher 클래스는 이들 멤버 함수 기능을 실제로 구현하도록 설계되어 있습니다. match() 함수는 가장 비슷한 기술자 쌍을 하나 찾고, knnMatch( ) 함수는 비슷한 기술자 쌍 k개를 찾습니다. radiusMatch( ) 함수는 지정한
거리 반경 안에 있는 기술자 쌍을 모두 찾아 반환합니다.

▼ 그림 14-10 OpenCV에서 제공하는 특징점 매칭 클래스

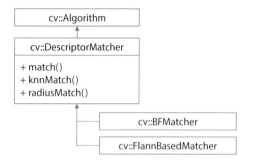

그림 14-10에서 DescriptorMatcher 클래스를 상속받아 만들어진 클래스 중에서 BFMatcher 클래
스는 전수 조사(Brute-Force) 매칭을 수행합니다. BFMatcher 클래스는 질의 기술자 집합에 있는 모
든 기술자와 훈련 기술자 집합에 있는 모든 기술자 사이의 거리를 계산하고, 이 중 가장 거리가 작
은 기술자를 찾아 매칭하는 방식입니다.

BFMatcher 클래스의 매칭 결정 방법은 매우 직관적이지만 특징점 개수가 늘어날수록 거리 계산
횟수가 급격하게 늘어날 수 있다는 단점이 있습니다. 예를 들어 첫 번째 영상에 1000개의 특징점
이 있고, 두 번째 영상에 2000개의 특징점이 있다면 BFMatcher 방법은 총 2,000,000번의 비교 연
산을 수행해야 합니다. 그러므로 특징점 개수가 늘어날수록 BFMatcher 방법에 의한 매칭 연산량
은 크게 늘어나게 되며, 이러한 경우에는 BFMatcher 클래스 대신 FlannBasedMatcher 클래스를 사
용하는 것이 효율적입니다.

Flann(Fast Library approximate nearest neighbors)은 근사화된 최근방 이웃(ANN, Approximate Nearest
Neighbors) 알고리즘을 빠르게 구현한 라이브러리입니다. 그리고 FlannBasedMatcher 클래스는
Flann 라이브러리를 이용하여 빠르게 매칭을 수행하는 클래스입니다. 즉, FlannBasedMatcher 클
래스는 근사화된 거리 계산 방법을 사용하므로 가장 거리가 작은 특징점을 찾지 못할 수 있지만,
매우 빠르게 동작합니다. 다만 FlannBasedMatcher 클래스는 기본적으로 L2 노름 거리 측정 방식
을 사용하므로 해밍 거리를 사용하는 이진 기술자에 대해서는 사용할 수 없습니다.[7]

---

7   이진 기술자에 대해서도 지역성 의존 해싱(LSH, Locality Sensitive Hashing) 기법을 이용하여 FlannBasedMatcher 클래스를 사용할 수
     는 있지만 사용법이 까다로운 편이며, 이 책에서는 자세히 다루지 않겠습니다.

실제 매칭을 수행하는 BFMatcher 또는 FlannBasedMatcher 클래스 객체를 생성하려면 각 클래스에 정의되어 있는 create( ) 정적 멤버 함수를 사용해야 합니다. 먼저 BFMatcher::create( ) 함수 사용법은 다음과 같습니다.

```
static Ptr<BFMatcher> BFMatcher::create(int normType = NORM_L2,
                                        bool crossCheck = false);
```

- normType   기술자 거리 측정 방식. NORM_L1, NORM_L2, NORM_HAMMING, NORM_HAMMING2 중 하나를 지정합니다.
- crossCheck   이 값이 true이면 i번째 질의 기술자와 가장 유사한 훈련 기술자가 j이고, j번째 훈련 기술자와 가장 유사한 질의 기술자가 i인 경우에만 매칭 결과로 반환합니다.
- 반환값   BFMatcher 객체를 참조하는 Ptr 스마트 포인터 객체

BFMatcher::create( ) 함수는 두 개의 인자를 받을 수 있지만, 모두 기본값이 지정되어 있기 때문에 생략할 수 있습니다. BFMatcher::create( ) 함수의 첫 번째 인자 normType에는 두 기술자 사이의 거리를 측정하는 방식을 지정합니다. SIFT, SURF, KAZE 알고리즘처럼 실수 값으로 구성된 기술자를 사용하는 경우에는 보통 NORM_L2 또는 NORM_L1 상수를 지정합니다. ORB, BRIEF, AKAZE 알고리즘처럼 이진 기술자를 사용하는 경우에는 normType에 NORM_HAMMING 플래그를 지정해야 하며, 이 경우에는 두 이진 기술자 사이의 해밍 거리를 사용합니다. 만약 ORB 기술자에서 WTA_K를 3 또는 4로 설정한 경우에는 normType을 NORM_HAMMING2로 지정해야 합니다.

FlannBasedMatcher 객체를 생성하는 FlannBasedMatcher::create( ) 함수는 조금 단순한 원형을 가지고 있습니다.

```
static Ptr<FlannBasedMatcher> FlannBasedMatcher::create();
```

- 반환값   FlannBasedMatcher 객체를 참조하는 Ptr 스마트 포인터 객체

예를 들어 BFMatcher 클래스 객체를 생성하려면 다음과 같이 코드를 작성합니다.

```
Ptr<DescriptorMatcher> matcher = BFMatcher::create();
```

BFMatcher::create( ) 함수는 원래 Ptr<BFMatcher> 타입을 반환하지만, DescriptorMatcher 클래스가 BFMatcher 클래스의 부모 클래스이기 때문에 앞 예제 코드에서는 matcher 객체를 Ptr<DescriptorMatcher> 타입으로 선언했습니다. 앞 예제 코드에서는 BFMatcher::create( ) 함수의 인자를 지정하지 않았기 때문에 생성된 matcher 객체는 특징점 기술자 사이의 L2 노름 거리를 이용하여 매칭을 수행합니다. 만약 사용하는 특징점 기술자 알고리즘이 이진 기술자를 생성하는 경우에는 해밍 거리를 사용해야 하며, 이 경우에는 다음과 같이 코드를 작성해야 합니다.

```
Ptr<DescriptorMatcher> matcher = BFMatcher::create(NORM_HAMMING);
```

일단 BFMatcher 또는 FlannBasedMatcher 객체를 생성한 후에는 두 입력 영상에서 추출한 기술자 행렬 사이의 매칭을 수행할 수 있습니다. 예를 들어 첫 번째 영상에서 추출한 특징점 기술자 행렬 이 desc1이고 두 번째 영상에서 추출한 특징점 기술자 행렬이 desc2인 경우, 다음 코드를 이용하 여 매칭을 수행할 수 있습니다.

```
vector<DMatch> matches;
matcher->match(desc1, desc2, matches);
```

앞 예제 코드에서 사용된 DescriptorMatcher::match() 함수는 desc1에 포함된 각각의 기술자와 가장 유사한 기술자를 desc2에서 찾고, 그 결과를 vector<DMatch> 타입의 변수 matches에 저장합니다. DescriptorMatcher::match() 함수 원형은 다음과 같습니다.

```
void DescriptorMatcher::match(InputArray queryDescriptors,
                              InputArray trainDescriptors,
                              std::vector<DMatch>& matches,
                              InputArray mask = noArray()) const;
```

• queryDescriptors   질의 기술자 집합
• trainDescriptors   훈련 기술자 집합
• matches   매칭 결과
• mask   서로 매칭 가능한 질의 기술자와 훈련 기술자를 지정할 때 사용합니다. 행 개수는 질의 기술자 개수와 같아야 하고, 열 개수는 훈련 기술자 개수와 같아야 합니다. 만약 mask. at<uchar>(i,j) 값이 0이면 queryDescriptors[i]는 trainDescriptors[j]로 매칭 될 수 없습니다. noArray()를 지정하면 모든 가능한 매칭을 찾습니다.

DescriptorMatcher::match() 함수는 queryDescriptors에 저장된 각각의 기술자에 대해 가장 유사한 기술자를 trainDescriptors에서 찾습니다. 각각의 매칭 결과에 대해 DMatch::queryIdx 에는 queryDescriptors의 번호가 저장되고, DMatch::trainIdx에는 trainDescriptors의 번호 가 저장됩니다. mask 인자를 특별히 지정하지 않는 경우, 매칭 결과가 저장되는 matches에는 queryDescriptors 기술자 개수와 같은 수의 DMatch 객체가 저장됩니다.

주어진 질의 기술자에 대해 k개의 유사한 훈련 기술자를 찾아 반환하는 DescriptorMatcher:: knnMatch() 함수와 지정한 거리보다 작은 거리를 갖는 훈련 기술자를 모두 찾아 반환하는 DescriptorMatcher::radiusMatch() 함수 사용법은 OpenCV 문서 사이트를 참고하기 바랍니다.

OpenCV는 두 영상에서 추출한 특징점의 매칭 결과를 한눈에 확인할 수 있도록 매칭 결과 영상 생성 기능을 제공합니다. drawMatches() 함수는 두 매칭 입력 영상을 가로로 이어 붙이고, 각 영상에서 추출한 특징점과 매칭 결과를 다양한 색상으로 표시한 결과 영상을 생성합니다. drawMatches() 함수 원형은 다음과 같습니다.

```
void drawMatches(InputArray img1, const std::vector<KeyPoint>& keypoints1,
                 InputArray img2, const std::vector<KeyPoint>& keypoints2,
                 const std::vector<DMatch>& matches1to2,
                 InputOutputArray outImg,
                 const Scalar& matchColor = Scalar::all(-1),
                 const Scalar& singlePointColor = Scalar::all(-1),
                 const std::vector<char>& matchesMask = std::vector<char>(),
                 DrawMatchesFlags flags = DrawMatchesFlags::DEFAULT);
```

- img1   첫 번째 입력 영상
- keypoints1   첫 번째 입력 영상에서 검출된 특징점
- img2   두 번째 입력 영상
- keypoints2   두 번째 입력 영상에서 검출된 특징점
- matches1to2   첫 번째 입력 영상에서 두 번째 입력 영상으로의 매칭 정보
- outImg   출력 영상
- matchColor   매칭된 특징점과 직선 색상. 만약 Scalar::all(-1)을 지정하면 임의의 색상으로 그립니다.
- singlePointColor   매칭되지 않은 특징점 색상. 만약 Scalar::all(-1)을 지정하면 임의의 색상으로 그립니다.
- matchesMask   매칭 정보를 선택하여 그릴 때 사용할 마스크. 만약 std::vector<char>()를 지정하면 모든 매칭 결과를 그립니다.
- flags   매칭 정보 그리기 방법. DrawMatchesFlags 열거형 상수를 지정합니다.

drawMatches() 함수는 두 개의 입력 영상 img1과 img2를 서로 가로로 이어 붙이고, 두 영상 사이의 특징점 매칭 결과를 직선으로 그린 결과 영상 outimg를 반환합니다. 두 입력 영상 사이의 매칭 정보는 matches1to2 인자로 전달합니다. 매칭 결과를 그리는 방식은 flags 인자로 지정할 수 있으며, flags 인자에는 14.2.2절에서 설명한 DrawMatchesFlags 열거형 상수를 지정할 수 있습니다.

ORB 알고리즘을 이용하여 두 장의 영상에서 특징점을 검출하고 서로 매칭하는 예제 코드를 코드 14-6에 나타냈습니다. 코드 14-6의 keypoint_matching() 함수는 box.png 스낵 상자 영상과 스낵 상자를 포함하고 있는 box_in_scene.png 장면 영상에서 ORB 알고리즘으로 특징점을 검출하고, BFMatcher 클래스를 이용하여 서로 유사한 특징점을 찾아 매칭합니다. keypoint_matching() 함수가 정의된 소스 파일과 사용된 영상 파일은 내려받은 예제 파일 중 ch14/matching 프로젝트에서 확인할 수 있습니다.

```
01    void keypoint_matching()
02    {
03        Mat src1 = imread("box.png", IMREAD_GRAYSCALE);
04        Mat src2 = imread("box_in_scene.png", IMREAD_GRAYSCALE);
05
06        if (src1.empty() || src2.empty()) {
07            cerr << "Image load failed!" << endl;
08            return;
09        }
10
11        Ptr<Feature2D> feature = ORB::create();
12
13        vector<KeyPoint> keypoints1, keypoints2;
14        Mat desc1, desc2;
15        feature->detectAndCompute(src1, Mat(), keypoints1, desc1);
16        feature->detectAndCompute(src2, Mat(), keypoints2, desc2);
17
18        Ptr<DescriptorMatcher> matcher = BFMatcher::create(NORM_HAMMING);
19
20        vector<DMatch> matches;
21        matcher->match(desc1, desc2, matches);
22
23        Mat dst;
24        drawMatches(src1, keypoints1, src2, keypoints2, matches, dst);
25
26        imshow("dst", dst);
27
28        waitKey();
29        destroyAllWindows();
30    }
```

- 3~4행   두 장의 영상을 각각 src1과 src2에 저장합니다.
- 11행   ORB 클래스 객체를 생성합니다.
- 13~16행   src1과 src2 영상에서 각각 특징점을 검출하고 기술자를 계산합니다. 각 영상의 기술자는 desc1과 desc2 행렬에 저장됩니다.
- 18행   BFMatcher 클래스 객체를 생성합니다. 기술자 거리 계산 방식은 해밍 거리를 사용합니다.
- 20~21행   desc1과 desc2 기술자를 서로 매칭하여 그 결과를 matches에 저장합니다.
- 23~24행   matches 정보를 이용하여 매칭 결과 영상 dst를 생성합니다.

코드 14-6의 keypoint_matching() 함수에서 사용한 두 입력 영상을 그림 14-11에 나타냈습니다. 그림 14-11(a)는 box.png 스낵 상자 영상이고, 그림 14-11(b)는 스낵 상자가 포함되어 있는

box_in_scene.png 장면 영상입니다. box_in_scene.png 영상에는 box.png 스낵 상자가 작은 크기로 회전되어 있고, 상자의 일부는 다른 상자에 의해 가려져 있습니다. 지역 특징점 매칭의 최종 목적은 box_in_scene.png 영상에서 box.png 영상이 있는 위치와 모양을 정확하게 알아내는 것입니다.

▼ 그림 14-11 키포인트 매칭 예제의 입력 영상

(a)

(b)

코드 14-6의 keypoint_matching( ) 함수 실행 결과를 그림 14-12에 나타냈습니다. 그림 14-12의 dst 창은 box.png와 box_in_scene.png 영상을 가로로 이어 붙인 영상 위에 특징점 매칭 결과를 다양한 색상의 직선으로 표시한 결과입니다. box.png 영상에서 추출한 모든 특징점 기술자에 대해 가장 유사한 box_in_scene.png 영상의 특징점 기술자를 찾아 직선을 그렸기 때문에 매칭 결과가 매우 복잡하게 나타납니다. 또한 box_in_scene.png 영상에서 추출된 일부 특징점은 매칭이 되지 않아 직선이 연결되어 있지 않은 것을 확인할 수 있습니다.

▼ 그림 14-12 키포인트 매칭 예제 실행 화면

box_in_scene.png 영상에서는 box.png 스낵 상자 영상 일부가 가려져 있기 때문에 box.png 영상에서 추출한 특징점이 모두 제대로 매칭되기는 어렵습니다. 일부 영역이 가려져 있지 않더라도 기하학적 변형과 조명 변화로 인하여 완벽한 매칭은 거의 불가능하며, 매칭 결과 중 상당수는 완전히 다른 특징점으로 잘못 매칭됩니다. 그러므로 전체 매칭 결과에서 잘못 매칭된 결과는 제외하고, 제대로 매칭되었다고 판단되는 결과만 선별하여 사용해야 합니다.

DMatch 클래스는 기술자 사이의 거리를 표현하는 distance를 멤버 변수로 가지고 있습니다. 그러므로 distance 값이 너무 큰 매칭 결과는 무시하고 distance 값이 작은 결과만 사용하는 것이 좋습니다. DMatch 클래스는 부등호 연산자에 대한 재정의가 되어 있고, 이 연산자 재정의에서는 distance 멤버 변수 크기를 비교하기 때문에 DMatch 객체를 std::sort() 함수로 정렬하면 자동으로 distance 값을 기준으로 정렬됩니다.

예를 들어 앞서 코드 14-6의 keypoint_matching() 함수에서 두 영상에서 추출한 기술자 desc1과 desc2를 매칭한 후, 매칭 결과를 distance 값 기준으로 오름차순 정렬하려면 다음과 같이 코드를 작성합니다.

```
vector<DMatch> matches;
matcher->match(desc1, desc2, matches);

std::sort(matches.begin(), matches.end());
```

앞 코드가 실행되면 matches에 저장된 DMatch 객체들은 distance 값이 작은 순서대로 앞쪽에 위치하게 됩니다. 그러므로 정렬된 matches에서 좋은 매칭 결과만 추출하려면 다음과 같이 코드를 작성할 수 있습니다.

```
vector<DMatch> good_matches(matches.begin(), matches.begin() + 50);
```

이 코드가 실행되면 good_matches 변수에는 전체 매칭 결과 matches 중에서 매칭이 잘 된 50개의 매칭 결과만 저장됩니다.

키포인트 매칭 후 좋은 매칭 결과만 추출하고, 그 결과를 화면에 출력하는 예제 코드를 코드 14-7에 나타냈습니다. 코드 14-7의 good_matching() 함수는 코드 14-6의 keypoint_matching() 함수 정의에 좋은 매칭 선별 코드가 추가된 형태입니다. good_matching() 함수가 정의된 소스 파일과 사용된 영상 파일은 내려받은 예제 파일 중 ch14/matching 프로젝트에서 확인할 수 있습니다.

```
01    void good_matching()
02    {
03        Mat src1 = imread("box.png", IMREAD_GRAYSCALE);
04        Mat src2 = imread("box_in_scene.png", IMREAD_GRAYSCALE);
05
06        if (src1.empty() || src2.empty()) {
07            cerr << "Image load failed!" << endl;
08            return;
09        }
10
11        Ptr<Feature2D> feature = ORB::create();
12
13        vector<KeyPoint> keypoints1, keypoints2;
14        Mat desc1, desc2;
15        feature->detectAndCompute(src1, Mat(), keypoints1, desc1);
16        feature->detectAndCompute(src2, Mat(), keypoints2, desc2);
17
18        Ptr<DescriptorMatcher> matcher = BFMatcher::create(NORM_HAMMING);
19
20        vector<DMatch> matches;
21        matcher->match(desc1, desc2, matches);
22
23        std::sort(matches.begin(), matches.end());
24        vector<DMatch> good_matches(matches.begin(), matches.begin() + 50);
25
26        Mat dst;
27        drawMatches(src1, keypoints1, src2, keypoints2, good_matches, dst,
28            Scalar::all(-1), Scalar::all(-1), vector<char>(),
29            DrawMatchesFlags::NOT_DRAW_SINGLE_POINTS);
30
31        imshow("dst", dst);
32
33        waitKey();
34        destroyAllWindows();
35    }
```

- 3~21행   코드 14-6의 keypoint_matching() 함수와 같습니다.

- 23행   두 영상의 특징점 매칭 결과를 정렬합니다.

- 24행   정렬된 매칭 결과에서 상위 50개 매칭 결과를 good_matches에 저장합니다.

- 26~29행   good_matches를 이용하여 매칭 결과 영상을 생성합니다. drawMatches() 함수의 10번째 인자에
          DrawMatchesFlags::NOT_DRAW_SINGLE_POINTS 상수를 지정하여 매칭되지 않은 특징점은 화면
          에 표시하지 않습니다.

코드 14-7의 good_matching() 함수 실행 결과를 그림 14-13에 나타냈습니다. box.png 스낵 상자 글자 부분에서 추출된 많은 특징점이 box_in_scene.png 영상으로 제대로 매칭된 것을 확인할 수 있습니다. 그러나 여전히 몇몇 특징점은 box_in_scene.png 영상에서 스낵 박스 위치가 아닌 다른 지점으로 매칭된 것을 볼 수 있습니다. 다음 절에서는 그림 14-13과 같이 일부 부정확한 매칭 정보가 포함되어 있어도 box_in_scene.png 영상에서 box.png에 해당하는 스낵 상자 위치를 정확하게 찾는 방법에 대해 알아보겠습니다.

▼ 그림 14-13 키포인트 매칭 후 좋은 매칭 선별 예제 실행 화면

14.3.2 호모그래피와 영상 매칭

이 절에서는 특징점 매칭 결과로부터 두 영상의 호모그래피(homography)를 계산하고, 이를 이용하여 크기가 다르고 회전이 되어 있는 객체를 정확하게 매칭하는 방법에 대해 알아보겠습니다. 호모그래피는 3차원 공간상의 평면을 서로 다른 시점에서 바라봤을 때 획득되는 영상 사이의 관계를 나타내는 용어입니다. 호모그래피는 수학적으로 하나의 평면을 다른 평면으로 투시 변환(perspective transform)하는 것과 같은 관계에 있습니다. 그림 14-14는 3차원 공간에서 평면과 획득된 영상과의 호모그래피 관계를 보여 줍니다. 그림 14-14에서 바닥에 놓인 평면 P를 $\mathbf{v}_1$ 시점에서 바라본 영상 I_1과 $\mathbf{v}_2$ 시점에서 바라본 영상 I_2 사이의 관계를 호모그래피 H_{12}로 표현하였습니다. 또한 영상 I_1과 평면 P 사이의 관계, 또는 영상 I_2와 평면 P 사이의 관계도 각각 호모그래피 H_1과 H_2 형태로 표현할 수 있습니다.

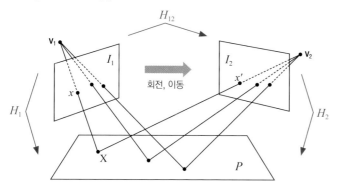

실제적인 연산 관점에서 호모그래피는 투시 변환과 같기 때문에 호모그래피는 3×3 실수 행렬로 표현할 수 있습니다. 또한 투시 변환을 구할 때와 마찬가지로 네 개의 대응되는 점의 좌표 이동 정보가 있으면 호모그래피 행렬을 구할 수 있습니다. 그러나 특징점 매칭 정보로부터 호모그래피를 구하는 경우에는 서로 대응되는 점 개수가 네 개보다 훨씬 많기 때문에 이러한 경우에는 투시 변환 시 에러가 최소가 되는 형태의 호모그래피 행렬을 구해야 합니다.

OpenCV는 두 영상 평면에서 추출된 특징점 매칭 정보로부터 호모그래피를 계산할 때 사용할 수 있는 findHomography() 함수를 제공합니다. findHomography() 함수 원형은 다음과 같습니다.

```
Mat findHomography(InputArray srcPoints, InputArray dstPoints,
                   int method = 0, double ransacReprojThreshold = 3,
                   OutputArray mask = noArray(), const int maxIters = 2000,
                   const double confidence = 0.995);
```

• srcPoints	원본 평면상의 점 좌표. CV_32FC2 타입의 Mat 객체 또는 vector⟨Point2f⟩ 타입의 변수를 지정합니다.
• dstPoints	목표 평면상의 점 좌표. CV_32FC2 타입의 Mat 객체 또는 vector⟨Point2f⟩ 타입의 변수를 지정합니다.
• method	호모그래피 행렬 계산 방법. 다음 방법 중 하나를 지정합니다. • 0 – 모든 점을 사용하는 일반적인 방법. 최소자승법 • LMEDS – 최소 메디안 제곱(least-median of squares) 방법 • RANSAC – RANSAC 방법 • RHO – PROSAC 방법
• ransacReprojThreshold	최대 허용 재투영 에러. 이 값 이내로 특징점이 재투영되는 경우에만 정상치로 간주합니다. RANSAC과 RHO 방법에서만 사용됩니다.
• mask	호모그래피 계산에 사용된 점들을 알려 주는 출력 마스크 행렬. LMEDS와 RANSAC 방법에서만 사용됩니다.
• maxIters	RANSAC 최대 반복 횟수
• confidence	신뢰도 레벨. 0에서 1 사이의 실수를 지정합니다.
• 반환값	CV_64FC1 타입의 3×3 호모그래피 행렬을 반환합니다. 만약 호모그래피를 계산할 수 없는 상황이라면 비어 있는 Mat 객체가 반환됩니다.

findHomography() 함수는 두 평면 위에 있는 점들을 투영 변환하는 3×3 호모그래피 행렬을 반환합니다. 원본 평면상의 점 좌표를 (x_i, y_i)로 표현하고 목표 평면상의 점 좌표를 (x'_i, y'_i)로 표현할 경우, 호모그래피 H는 다음 수식을 최소화하는 형태의 행렬입니다.

$$\sum_i \left(x'_i - \frac{h_{11}x_i + h_{12}y_i + h_{13}}{h_{31}x_i + h_{32}y_i + h_{33}} \right)^2 - \left(y'_i - \frac{h_{21}x_i + h_{22}y_i + h_{23}}{h_{31}x_i + h_{32}y_i + h_{33}} \right)^2$$

앞 수식에서 $h_{ij}(1 \le i, j \le 3)$는 호모그래피 행렬 H의 원소를 나타내고, 다음과 같은 관계를 만족시킵니다.

$$s_i \begin{bmatrix} x'_i \\ y'_i \\ 1 \end{bmatrix} \sim H \begin{bmatrix} x_i \\ y_i \\ 1 \end{bmatrix} = \begin{bmatrix} h_{11} & h_{12} & h_{13} \\ h_{21} & h_{22} & h_{23} \\ h_{31} & h_{32} & h_{33} \end{bmatrix} \begin{bmatrix} x_i \\ y_i \\ 1 \end{bmatrix}$$

findHomography() 함수의 method 인자에 기본값인 0을 지정하면 입력 점과 출력 점을 모두 사용하는 최소자승법(least squares)으로 호모그래피 행렬을 계산합니다. 그러나 일반적으로 특징점 매칭 결과로부터 호모그래피를 계산할 때 최소자승법을 사용하면 호모그래피가 제대로 계산되지 않습니다. 잘못 매칭된 점들처럼 오차가 큰 입력 정보를 이상치(outlier)라고 부르며, 이상치가 많이 존재하는 경우에는 호모그래피 계산 방법 method를 LMEDS, RANSAC, RHO 방법으로 설정하는 것이 좋습니다. LMEDS 메서드는 보통 이상치가 50% 이하인 경우에 올바르게 작동합니다. RANSAC 또는 RHO 방법은 이상치가 50% 이상 존재하더라도 호모그래피 행렬을 잘 찾아 주는 편입니다. RANSAC과 RHO 방법을 사용할 경우에는 srcPoints와 dstPoints에 저장된 점이 이상치가 아니라고 판단하기 위한 임계값을 설정해야 하며, 이 값은 ransacReprojThreshold 인자로 지정합니다. 만약 H*srcPoints$_i$와 dstPoints$_i$ 사이의 거리가 ransacReprojThreshold보다 작으면 정상치(inlier)로 간주합니다.

Note ≡ RANSAC(RANdom SAmple Consensus) 알고리즘은 이상치가 포함된 입력 데이터로부터 수학적 모델 파라미터를 효과적으로 결정하는 알고리즘입니다. RANSAC 알고리즘으로 호모그래피를 계산하는 경우, 다수의 특징점 매칭 정보로부터 네 개의 대응점을 임의로 추출합니다. 이 대응점 정보를 이용하여 3×3 호모그래피 행렬을 계산하고, 나머지 특징점 매칭 쌍 중에서 현재 구한 호모그래피 행렬에 부합되는 매칭 쌍 개수를 셉니다. 그리고 다시 임의로 네 개의 대응점을 추출하고, 호모그래피 행렬 계산과 해당 호모그래피에 부합되는 매칭 쌍 개수 세는 작업을 반복합니다. 이 작업을 여러 번 반복한 후, 가장 많은 매칭 쌍의 지지를 받은 호모그래피 행렬을 최종 호모그래피 행렬로 결정하는 방식이 RANSAC입니다.

두 장의 영상에서 추출한 특징점을 매칭하고, 매칭 정보를 이용하여 호모그래피를 계산하는 예제 코드를 코드 14-8에 나타냈습니다. 코드 14-8의 find_homography() 함수는 box.png 영상과 box_in_scene.png 영상에서 추출한 ORB 특징점을 이용하여 매칭을 수행하고, 매칭 정보로부터 두 영상 사이의 호모그래피를 계산합니다. 그리고 계산된 호모그래피를 이용하여 box_in_scene.png 장면 영상에서 box.png 스낵 박스가 있는 위치를 검출합니다. find_homography() 함수가 정의된 소스 파일과 사용된 영상 파일은 내려받은 예제 파일 중 ch14/matching 프로젝트에서 확인할 수 있습니다.

코드 14-8 키포인트 매칭 및 호모그래피 계산 예제 [ch14/matching]

```
01   void find_homography()
02   {
03       Mat src1 = imread("box.png", IMREAD_GRAYSCALE);
04       Mat src2 = imread("box_in_scene.png", IMREAD_GRAYSCALE);
05
06       if (src1.empty() || src2.empty()) {
07           cerr << "Image load failed!" << endl;
08           return;
09       }
10
11       Ptr<Feature2D> orb = ORB::create();
12
13       vector<KeyPoint> keypoints1, keypoints2;
14       Mat desc1, desc2;
15       orb->detectAndCompute(src1, Mat(), keypoints1, desc1);
16       orb->detectAndCompute(src2, Mat(), keypoints2, desc2);
17
18       Ptr<DescriptorMatcher> matcher = BFMatcher::create(NORM_HAMMING);
19
20       vector<DMatch> matches;
21       matcher->match(desc1, desc2, matches);
22
23       std::sort(matches.begin(), matches.end());
24       vector<DMatch> good_matches(matches.begin(), matches.begin() + 50);
25
26       Mat dst;
27       drawMatches(src1, keypoints1, src2, keypoints2, good_matches, dst,
28           Scalar::all(-1), Scalar::all(-1), vector<char>(),
29           DrawMatchesFlags::NOT_DRAW_SINGLE_POINTS);
30
31       vector<Point2f> pts1, pts2;
32       for (size_t i = 0; i < good_matches.size(); i++) {
33           pts1.push_back(keypoints1[good_matches[i].queryIdx].pt);
34           pts2.push_back(keypoints2[good_matches[i].trainIdx].pt);
```

```
35          }
36
37          Mat H = findHomography(pts1, pts2, RANSAC);
38
39          vector<Point2f> corners1, corners2;
40          corners1.push_back(Point2f(0, 0));
41          corners1.push_back(Point2f(src1.cols - 1.f, 0));
42          corners1.push_back(Point2f(src1.cols - 1.f, src1.rows - 1.f));
43          corners1.push_back(Point2f(0, src1.rows - 1.f));
44          perspectiveTransform(corners1, corners2, H);
45
46          vector<Point> corners_dst;
47          for (Point2f pt : corners2) {
48              corners_dst.push_back(Point(cvRound(pt.x + src1.cols), cvRound(pt.y)));
49          }
50
51          polylines(dst, corners_dst, true, Scalar(0, 255, 0), 2, LINE_AA);
52
53          imshow("dst", dst);
54
55          waitKey();
56          destroyAllWindows();
57      }
```

- 31~35행   good_matches 매칭 결과에 저장된 질의 영상과 훈련 영상의 특징점 좌표를 추출하여 vector
  <Point2f> 타입의 변수 pts1, pts2에 저장합니다.

- 37행   pts1 점들이 pts2 점들로 이동하는 호모그래피 행렬을 구하여 H에 저장합니다. 호모그래피 계산 방법
  은 RANSAC 알고리즘을 사용합니다.

- 39~44행   src1 영상의 네 모서리 점을 corners1에 저장한 후, 호모그래피 행렬 H를 이용하여 이 점들이 이동
  하는 위치를 계산하여 corners2에 저장합니다.

- 46~49행   매칭 결과 영상 dst에서 corner2 점들이 위치하는 좌표를 corners_dst에 저장합니다.

- 51행   매칭 결과 영상 dst에서 box.png 스낵 박스가 있는 위치에 녹색으로 사각형을 그립니다.

코드 14-8의 find_homography() 함수에서 3~29행 소스 코드는 앞서 코드 14-7의 good_
matching() 함수 소스 코드와 완전히 같습니다. find_homography() 함수는 두 영상 사이의 좋은
매칭 결과를 선별한 후, RANSAC 알고리즘을 이용하여 호모그래피 행렬 H를 계산합니다. 그리고
box.png 영상의 네 모서리 점의 위치가 box_in_scene.png 영상에서 어디로 이동하는지를 찾
아내어 녹색 실선으로 표시합니다.

코드 14-8의 find_homography() 함수 실행 결과를 그림 14-15에 나타냈습니다. dst 창 오른편에
나타난 box_in_scene.png 장면 영상 안에서 box.png 스낵 박스 위치가 녹색 실선 사각형으로

표시되었습니다. box_in_scene.png 영상에서 box.png 스낵 박스 일부가 가려져 있고, 잘못 매칭된 특징점들이 여럿 있음에도 스낵 박스 위치를 제대로 찾아내는 것을 확인할 수 있습니다.

▼ 그림 14-15 키포인트 매칭 및 호모그래피 계산 예제 실행 화면

OPENCV

14.4 / 영상 이어 붙이기

영상 이어 붙이기(image stitching)는 여러 장의 영상을 서로 이어 붙여서 하나의 큰 영상을 만드는 기법입니다. 영상 이어 붙이기로 만들어진 영상을 파노라마 영상(panorama image)이라고 부르며, 많은 디지털 카메라 또는 스마트폰 카메라 앱에서도 파노라마 영상을 만들어 주는 기능을 제공하고 있습니다. 영상 이어 붙이기에서 입력으로 사용할 영상은 서로 일정 비율 이상으로 겹치는 영역이 존재해야 하며, 서로 같은 위치를 분간할 수 있도록 유효한 특징점이 많이 있어야 합니다.

영상 이어 붙이기를 수행하려면 입력 영상에서 특징점을 검출하고, 서로 매칭을 수행하여 호모그래피를 구해야 합니다. 그리고 구해진 호모그래피 행렬을 기반으로 입력 영상을 변형하여 서로 이어 붙이는 작업을 수행합니다. 이때 영상을 이어 붙인 결과가 자연스럽게 보이도록 이어 붙인 영상의 밝기를 적절하게 보정하는 블렌딩(blending) 처리도 해야 합니다. OpenCV는 이러한 일련의 영상 이어 붙이기 작업을 수행하는 Stitcher 클래스를 제공합니다. Stitcher 클래스를 사용하면 간단한 함수 호출을 통해 여러 영상을 서로 이어 붙일 수 있습니다.

Stitcher 클래스를 이용하여 여러 장의 영상을 이어 붙이려면 먼저 Stitcher 객체를 생성해야 합니다. Stitcher 클래스 객체를 생성하려면 Stitcher 클래스에서 제공하는 Stitcher::create() 정적 멤버 함수를 사용합니다. Stitcher::create() 함수 원형은 다음과 같습니다.

```
static Ptr<Stitcher> Stitcher::create(Mode mode = Stitcher::PANORAMA);
```

- mode   이어 붙이기 방식. Stitcher::PANORAMA 또는 Stitcher::SCANS를 지정합니다.
- 반환값   Stitcher 객체를 참조하는 Ptr 스마트 포인터 객체

Stitcher::create() 함수는 하나의 인자 mode를 가지지만 기본값으로 Stitcher::PANORAMA가 정의되어 있으므로 생략할 수 있습니다. 만약 스캐너 등으로 스캔한 여러 장의 영상을 이어 붙이려면 Stitcher::SCANS를 mode 값으로 지정합니다. Stitcher::PANORAMA 모드는 입력 영상들이 서로 투시 변환(또는 호모그래피) 관계에 있다고 가정하고, Stitcher::SCANS 모드는 입력 영상들이 서로 어파인 변환 관계라고 간주합니다. Stitcher::create() 함수를 사용하여 Stitcher 클래스 객체를 생성하려면 다음과 같이 코드를 작성합니다.

```
Ptr<Stitcher> stitcher = Stitcher::create();
```

Stitcher 객체를 생성한 후, 영상을 실제로 이어 붙이는 작업은 Stitcher::stitch() 함수가 담당합니다. Stitcher::stitch() 함수는 다수의 영상을 입력으로 받고, 이어 붙인 결과 영상을 반환합니다. Stitcher::stitch() 함수 원형은 다음과 같습니다.

```
Stitcher::Status Stitcher::stitch(InputArrayOfArrays images, OutputArray pano);
```

- images   입력 영상의 벡터. vector<Mat> 타입을 사용합니다.
- pano   출력 파노라마 영상
- 반환값   함수 동작 결과 코드. 이 값이 Stitcher::Status::OK이면 정상 동작을 의미합니다.

Stitcher::stitch() 함수는 images에 포함된 입력 영상에서 ORB 특징점을 찾아 서로 매칭하고 호모그래피 행렬을 계산합니다. 그리고 호모그래피 행렬을 이용하여 인접한 영상을 적절하게 투시 변환하고, 서로 이어 붙인 부분의 밝기를 적절하게 보정한 결과 영상 pano를 반환합니다. Stitcher::stitch() 함수는 정상적으로 동작하면 Stitcher::Status::OK 상수를 반환합니다.

Stitcher 클래스를 이용하여 여러 장의 영상을 이어 붙이는 예제 코드를 코드 14-9에 나타냈습니다. 코드 14-9 프로그램은 명령행 인자로부터 여러 개의 영상 파일 이름을 입력으로 받고, 파노라마 결과 영상을 생성합니다. 코드 14-9의 소스 파일과 사용된 영상 파일은 내려받은 예제 파일 중 ch14/stitching 프로젝트에서 확인할 수 있습니다.

```
01    #include "opencv2/opencv.hpp"
02    #include <iostream>
03
04    using namespace cv;
05    using namespace std;
06
07    int main(int argc, char* argv[])
08    {
09        if (argc < 3) {
10            cerr << "Usage: stitching.exe <image_file1> <image_file2> [<image_file3>
    ...]" << endl;
11            return -1;
12        }
13
14        vector<Mat> imgs;
15        for (int i = 1; i < argc; i++) {
16            Mat img = imread(argv[i]);
17
18            if (img.empty()) {
19                cerr << "Image load failed!" << endl;
20                return -1;
21            }
22
23            imgs.push_back(img);
24        }
25
26        Ptr<Stitcher> stitcher = Stitcher::create();
27
28        Mat dst;
29        Stitcher::Status status = stitcher->stitch(imgs, dst);
30
31        if (status != Stitcher::Status::OK) {
32            cerr << "Error on stitching!" << endl;
33            return -1;
34        }
35
36        imwrite("result.jpg", dst);
37
38        imshow("dst", dst);
39
40        waitKey();
41        return 0;
42    }
```

- 9~12행   명령행 인자 개수가 3보다 작으면 프로그램 사용법을 콘솔 창에 출력하고 프로그램을 종료합니다.
- 14~24행   명령행 인자로 전달된 영상 파일을 각각 불러와서 vector<Mat> 타입의 변수 imgs에 추가합니다. 만약 영상 파일을 불러오지 못하면 에러 메시지를 출력하고 프로그램을 종료합니다.
- 26행   Stitcher 객체를 생성합니다.
- 28~29행   imgs에 저장된 입력 영상을 이어 붙여서 결과 영상 dst를 생성합니다.
- 31~34행   영상 이어 붙이기가 실패하면 에러 메시지를 출력하고 프로그램을 종료합니다.
- 36행   결과 영상을 result.jpg 파일로 저장합니다.
- 38행   결과 영상을 dst 창에 나타냅니다.

코드 14-9의 stitching 프로그램은 명령행 인자 개수가 3보다 작으면 다음과 같이 프로그램 사용법을 콘솔 창에 출력합니다.

```
Usage: stitching.exe <image_file1> <image_file2> [<image_file3> ...]
```

앞에 나타난 사용 방법대로 stitching.exe 실행 파일 이름 뒤에 이어 붙일 영상 파일 이름을 두 개 이상 지정해야 합니다. 예를 들어 stitching 프로젝트 폴더에 포함된 img1.jpg, img2.jpg, img3.jpg 세 영상을 이어 붙이려면 콘솔 창에 다음과 같이 명령어를 입력해야 합니다. 이때 stitching.exe 파일과 img1.jpg, img2.jpg, img3.jpg 파일은 모두 같은 폴더에 있어야 합니다.

```
stitching.exe img1.jpg img2.jpg img3.jpg
```

stitching 프로젝트 폴더에 있는 img1.jpg, img2.jpg, img3.jpg 세 장의 영상을 그림 14-16에 나타냈습니다. 그림 14-16에 나열된 세 개의 영상은 같은 장소에서 카메라 방향을 조금씩 돌려가면서 촬영한 일련의 사진입니다. 그리고 실제로 앞의 명령을 실행하여 나타난 이어 붙이기 결과 영상을 그림 14-17에 나타냈습니다. 눈으로 봤을 때 크게 어색한 부분 없이 깔끔하게 이어 붙은 영상이 생성된 것을 확인할 수 있습니다. 참고로 영상을 이어 붙이는 과정에서 입력 영상이 변형되면서 결과 영상 주변부에 검은색으로 채워지는 영역이 발생할 수 있습니다.

▼ 그림 14-16 영상 이어 붙이기 입력 영상

15^장

머신 러닝

15.1 머신 러닝과 OpenCV

이 절에서는 머신 러닝 알고리즘에 대한 일반적인 내용과 OpenCV에서 제공하는 머신 러닝 클래스에 대해 설명합니다. 머신 러닝 학습과 예측 과정에 대해 알아보고, 특히 지도 학습에 의한 영상 분류에서 고려해야 할 것들에 대해 알아보겠습니다. OpenCV 머신 러닝 알고리즘 클래스에서 학습과 예측을 수행하는 함수 사용법에 대해서도 설명하겠습니다.

15.1.1 머신 러닝 개요

머신 러닝(machine learning)이란 주어진 데이터를 분석하여 규칙성, 패턴 등을 찾고, 이를 이용하여 의미 있는 정보를 추출하는 과정을 말합니다. 예를 들어 다수의 사과와 바나나 사진으로부터 사과와 바나나를 구분할 수 있는 특징 또는 규칙을 찾고, 이를 이용하여 새로운 사진이 들어왔을 때 이것이 사과인지 또는 바나나인지를 판별하는 작업이 머신 러닝이 하는 일입니다. 이때 데이터로부터 규칙을 찾아내는 과정을 학습(train) 또는 훈련이라고 하고, 학습에 의해 결정된 규칙을 모델(model)이라고 합니다. 그리고 새로운 데이터를 학습된 모델에 입력으로 전달하고 결과를 판단하는 과정을 예측(predict) 또는 추론(inference)이라고 합니다.

머신 러닝은 크게 지도 학습(supervised learning)과 비지도 학습(unsupervised learning)으로 구분합니다. 지도 학습은 정답을 알고 있는 데이터를 이용하여 학습을 진행하는 방식입니다. 이때 훈련 데이터에 대한 정답에 해당하는 내용을 레이블(label)이라고 합니다. 예를 들어 사과 사진과 바나나 사진을 구분하기 위해 지도 학습을 수행하려면 각각의 사진이 사과 사진인지 바나나 사진인지를 함께 알려 주어야 합니다. 이 경우 머신 러닝 알고리즘은 사과 사진과 바나나 사진을 구분 지을 수 있는 규칙을 찾기 위해 수학적 또는 논리적 연산을 수행합니다.

지도 학습 방식으로 영상을 인식하는 과정을 그림 15-1에 나타냈습니다. 영상 데이터는 픽셀로 구성되어 있지만, 이 픽셀 값을 그대로 머신 러닝 입력으로 사용하는 것은 그다지 흔치 않습니다. 왜냐하면 영상의 픽셀 값은 조명 변화, 객체의 이동 및 회전 등에 의해 매우 민감하게 변화하기 때문입니다. 그러므로 많은 머신 러닝 응용에서는 영상의 다양한 변환에도 크게 변경되지 않는 특징 정보를 추출하여 머신 러닝 입력으로 전달합니다. 사과와 바나나 사진을 구분하는 용도라면 영상의 주된 색상(hue) 또는 객체 외곽선과 면적 비율 등이 유효한 특징으로 사용될 수 있습니다. 이처럼 영상 데이터를 사용하는 지도 학습에서는 먼저 다수의 훈련 영상에서 특징 벡터를 추출하고,

이를 이용하여 머신 러닝 알고리즘을 학습시킵니다. 학습의 결과로 생성된 학습 모델은 이후 예측 과정에서 사용됩니다. 예측 과정에서도 입력 영상으로부터 특징 벡터를 추출하고, 이 특징 벡터를 학습 모델 입력으로 전달하면 입력 영상이 어떤 영상인지에 대한 예측 결과를 얻을 수 있습니다.

▼ 그림 15-1 지도 학습에 의한 영상 분류 과정

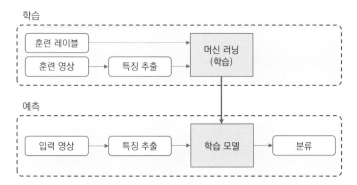

지도 학습은 주로 회귀(regression) 또는 분류(classification)에 사용됩니다. 회귀는 연속된 수치 값을 예측하는 작업입니다. 예를 들어 학생들의 키와 몸무게의 상관관계를 머신 러닝으로 학습하고, 새로운 학생의 키를 입력으로 주었을 때 몸무게를 예측하는 것은 회귀입니다. 반면에 분류는 이산적인 값을 결과로 출력하는 머신 러닝입니다. 예를 들어 사과를 0번 클래스, 바나나를 1번 클래스라고 설정하고, 새로운 사진이 머신 러닝 입력으로 들어오면 결과를 0 또는 1로 나오게 설정하는 것은 분류입니다. 즉, 입력 영상이 사과인지 바나나인지를 구분하는 것을 인식(recognition)이라고도 부르지만 결국은 분류 문제에 해당합니다.

비지도 학습은 훈련 데이터의 정답에 대한 정보 없이 오로지 데이터 자체만을 이용하는 학습 방식입니다. 예를 들어 무작위로 섞여 있는 사과와 바나나 사진을 입력으로 전달하고, 전체 사진을 두 개의 그룹으로 나누도록 학습시키는 방식입니다. 색상 정보만 적절하게 이용하여도 전체 사진을 사과 사진과 바나나 사진으로 구분할 수 있을 것입니다. 다만 비지도 학습의 경우 분리된 두 개의 사진 집합이 무엇을 의미하는지는 알 수 없습니다. 단지 두 사진 집합에서 서로 구분되는 특징을 이용하여 서로 분리하는 작업만 수행하는 것입니다. 비지도 학습은 주로 군집화(clustering)에 사용됩니다.

많은 머신 러닝 알고리즘이 지도 학습을 이용한 영상 분류 문제에 사용되고 있습니다. 사과와 바나나 영상을 구분하는 것도 분류이고, 0부터 9까지의 필기체 숫자를 인식하는 것도 열 개의 클래스 분류 문제에 해당합니다. 이처럼 머신 러닝을 이용하여 분류를 수행할 경우, 학습된 분류 모델이 얼마나 제대로 동작하는지를 확인해야 하는 경우가 있습니다. 학습된 모델의 성능이 좋지 않다면 다른 머신 러닝 알고리즘을 선택하거나 영상에서 다른 특징 벡터를 추출하는 것을 고려해야 하기 때문입니다. 그러므로 많은 사람이 사용할 수 있는 영상 데이터 전체를 학습에 사용하지 않고,

일부는 성능 측정을 위한 테스트 용도로 사용하기도 합니다. 예를 들어 주어진 1만 개의 영상 중에서 8000개만 학습에 사용하고, 나머지 2000개 영상으로는 테스트를 수행하여 머신 러닝 분류 정확도를 계산하는 방식입니다.

머신 러닝 알고리즘 종류에 따라서는 내부적으로 사용하는 많은 파라미터에 의해 성능이 달라지기도 합니다. 그러므로 최적의 파라미터를 찾는 것이 또 하나의 해결해야 할 문제가 되기도 합니다. 이런 경우에는 훈련 데이터를 k개의 부분 집합으로 분할하여 학습과 검증(validation)을 반복하면서 최적의 파라미터를 찾을 수도 있습니다. 예를 들어 8000개의 훈련 영상을 800개씩 열 개의 부분 집합으로 분할하고, 이 중 아홉 개의 부분 집합으로 학습하고 나머지 한 개의 집합을 이용하여 성능을 검증합니다. 그리고 검증을 위한 부분 집합을 바꿔 가면서 여러 번 학습과 검증을 수행합니다. 이러한 작업을 다양한 파라미터에 대해 수행하면서 가장 성능이 높게 나타나는 파라미터를 찾을 수 있습니다. 이처럼 훈련 데이터를 k개의 부분 집합으로 분할하여 학습과 검증을 반복하는 작업을 k-폴드 교차 검증(k-fold cross-validation)이라고 합니다.

머신 러닝 알고리즘으로 훈련 데이터를 학습할 경우 훈련 데이터에 포함된 잡음 또는 이상치(outlier)의 영향을 고려해야 합니다. 많은 머신 러닝 분류 알고리즘이 훈련 데이터를 효과적으로 구분하는 경계면을 찾으려고 합니다. 그런데 만약 훈련 데이터에 잘못된 정보가 섞여 있다면 경계면을 어떻게 설정하는 것이 좋은지 모호해질 수 있습니다. 그림 15-2는 빨간색 삼각형과 파란색 사각형 점을 구분하는 분류 문제입니다. 두 가지 종류의 점을 완벽하게 구분하는 경계면은 분명 보라색 점선입니다. 그러나 보라색 경계면은 훈련 데이터에 대해서는 100% 정확하게 동작하지만 실제 새로운 입력 데이터에 대해서는 오히려 정확도가 떨어질 수 있는 가능성을 포함하게 됩니다. a와 b 점은 각각 빨간색 삼각형과 파란색 사각형 분포와 동떨어진 위치에 존재하기 때문에 잡음 또는 잘못 측정된 이상치일 가능성이 높기 때문입니다. 이때는 보라색 점선 경계면보다는 오히려 녹색 실선 경계면을 사용하는 것이 실제 테스트에서 더 좋은 성능을 보여 줄 수 있습니다.

▼ 그림 15-2 훈련 데이터에 이상치가 있을 경우의 분류 경계면

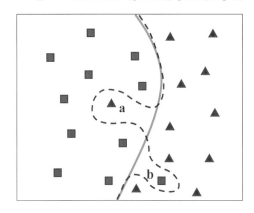

15.1.2 OpenCV 머신 러닝 클래스

OpenCV는 다양한 머신 러닝 알고리즘을 클래스로 구현하여 제공합니다. OpenCV에서 제공하는 머신 러닝 클래스는 주로 ml 모듈에 포함되어 있고, cv::ml::StatModel 추상 클래스를 상속받아 만들어집니다.[1] StatModel 클래스 이름은 통계적 모델(statistical model)을 의미합니다. StatModel 추상 클래스를 상속받아 만들어진 머신 러닝 알고리즘 구현 클래스를 그림 15-3에 나타냈습니다. StatModel 클래스는 머신 러닝 알고리즘을 학습시키는 StatModel::train() 멤버 함수와 학습된 모델을 이용하여 테스트 데이터에 대한 결과를 예측하는 StatModel::predict() 멤버 함수를 가지고 있습니다. StatModel 클래스를 상속받아 만든 머신 러닝 구현 클래스는 각각의 머신 러닝 알고리즘에 해당하는 train()과 predict() 기능을 재정의하고 있으며, 몇몇 클래스는 자신만의 학습 및 예측을 위한 멤버 함수를 따로 제공하기도 합니다.

▼ 그림 15-3 OpenCV 머신 러닝 클래스

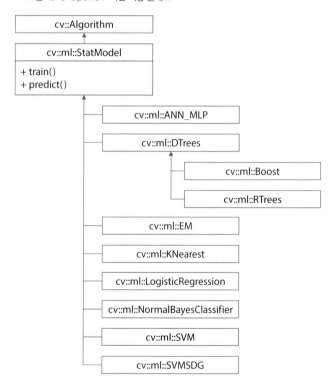

---

1 이 절에서 나오는 StatModel을 포함한 다수의 머신 러닝 클래스는 cv::ml 네임스페이스에 정의되어 있습니다. 다만 이 책에서는 표기를 간략하게 하기 위해 많은 경우 본문에서 cv::ml 네임스페이스 표기를 생략하겠습니다.

머신 러닝 클래스에서 학습을 수행하는 StatModel::train() 함수 원형은 다음과 같습니다.[2]

```
virtual bool StatModel::train(InputArray samples,
                              int layout,
                              InputArray responses);
```

- samples   훈련 데이터 행렬
- layout   훈련 데이터 배치 방법. ROW_SAMPLE 또는 COL_SAMPLE를 지정합니다.
- responses   각 훈련 데이터에 대응되는 응답(레이블) 행렬
- 반환값   정상적으로 학습이 완료되면 true를 반환합니다.

StatModel::train() 함수는 samples에 저장된 다수의 훈련 데이터를 사용하여 머신 러닝 알고리즘을 학습합니다. 이때 훈련 데이터에 대한 정답 또는 레이블 정보는 responses 인자로 전달합니다. 보통 samples와 responses 인자는 Mat 타입 객체로 전달합니다. Mat 행렬에 훈련 데이터가 어떠한 방식으로 저장되어 있는지를 layout 인자로 설정합니다. layout에는 표 15-1에 나타난 SampleTypes 열거형 상수 중 하나를 지정할 수 있으며, 많은 경우 ROW_SAMPLE 방법을 사용합니다. StatModel::train() 함수는 가상 함수로 선언되어 있으므로, StatModel 클래스를 상속받은 클래스 객체에서 train() 함수를 호출하면 각 머신 러닝 알고리즘에 해당하는 방식으로 학습을 진행합니다.

▼ 표 15-1 SampleTypes 열거형 상수

SampleTypes 열거형 상수	설명
ROW_SAMPLE	각 훈련 데이터가 samples 행렬에 행 단위로 저장되어 있습니다.
COL_SAMPLE	각 훈련 데이터가 samples 행렬에 열 단위로 저장되어 있습니다.

이미 학습된 모델에 대해 테스트 데이터의 응답을 얻고 싶으면 StatModel::predict() 함수를 사용합니다. StatModel::predict() 함수 원형은 다음과 같습니다.

```
virtual float StatModel::predict(InputArray samples,
                                 OutputArray results = noArray(),
                                 int flags = 0) const;
```

- samples   입력 벡터가 행 단위로 저장된 행렬. CV_32F
- results   각 입력 샘플에 대한 예측 결과가 저장된 행렬
- flags   추가적인 플래그 상수. StatModel::Flags 열거형 상수 중 하나를 지정할 수 있으며, 모델에 따라 사용법이 다릅니다.
- 반환값   알고리즘에 따라 다릅니다.

---

2   StatModel::train() 함수는 StatModel::train(const Ptr<TrainData>& trainData, int flags = 0) 형식도 지원합니다. 여기서 TrainData는 OpenCV에서 훈련 데이터를 표현하는 클래스이며, 이 책에서는 설명의 간소화를 위해 Mat 행렬을 이용한 학습 방법만 설명합니다. TrainData 클래스를 사용하는 방식은 OpenCV 문서 사이트를 참고하기 바랍니다.

StatModel::predict() 함수는 순수 가상 함수로 선언되어 있으며, 각각의 머신 러닝 알고리즘 구현 클래스는 자신만의 알고리즘을 이용한 예측을 수행하도록 predict() 함수를 재정의하고 있습니다. 일부 머신 러닝 알고리즘 구현 클래스는 predict() 함수를 대신할 수 있는 고유의 예측 함수를 제공하기도 합니다.

OpenCV에서 StatModel 클래스를 상속받아 만들어진 머신 러닝 알고리즘 구현 클래스에 대한 간략한 설명을 표 15-2에 정리하였습니다. 이 책에서는 이들 클래스 중에서 비교적 이해하기 쉽고 사용이 간단한 KNearest 클래스와 머신 러닝 알고리즘 중에서 성능이 좋고 사용 빈도가 높은 SVM 클래스에 대해 좀 더 자세히 알아보겠습니다. 15.2절에서는 k 최근접 이웃 알고리즘과 KNearest 클래스 사용법에 대해 알아보고, 15.3절에서는 서포트 벡터 머신 알고리즘과 SVM 클래스 사용법에 대해 설명하겠습니다.

▼ 표 15-2 OpenCV 머신 러닝 클래스 이름과 의미

클래스 이름	설명
ANN_MLP	인공 신경망(artificial neural network) 다층 퍼셉트론(multi-layer perceptrons). 여러 개의 은닉층을 포함한 신경망을 학습시킬 수 있고, 입력 데이터에 대한 결과를 예측할 수 있습니다.
DTrees	이진 의사 결정 트리(decision trees) 알고리즘. DTrees 클래스는 다시 부스팅 알고리즘을 구현한 ml::Boost 클래스와 랜덤 트리(random tree) 알고리즘을 구현한 ml::RTree 클래스의 부모 클래스 역할을 합니다.
Boost	부스팅(boosting) 알고리즘. 다수의 약한 분류기(weak classifier)에 적절한 가중치를 부여하여 성능이 좋은 분류기를 만드는 방법입니다.
RTrees	랜덤 트리(random tree) 또는 랜덤 포레스트(random forest) 알고리즘. 입력 특징 벡터를 다수의 트리로 예측하고, 그 결과를 취합하여 분류 또는 회귀를 수행합니다.
EM	기댓값 최대화(Expectation Maximization). 가우시안 혼합 모델(Gaussian mixture model)을 이용한 군집화 알고리즘입니다.
KNearest	k 최근접 이웃(k-Nearest Neighbor) 알고리즘. k 최근접 이웃 알고리즘은 샘플 데이터와 인접한 k개의 훈련 데이터를 찾고, 이 중 가장 많은 개수에 해당하는 클래스를 샘플 데이터 클래스로 지정합니다.
LogisticRegression	로지스틱 회귀(logistic regression). 이진 분류 알고리즘의 일종입니다.
NormalBayesClassifier	정규 베이즈 분류기. 정규 베이즈 분류기는 각 클래스의 특징 벡터가 정규 분포를 따른다고 가정합니다. 따라서 전체 데이터 분포는 가우시안 혼합 모델로 표현 가능합니다. 정규 베이즈 분류기는 학습 데이터로부터 각 클래스의 평균 벡터와 공분산 행렬을 계산하고, 이를 예측에 사용합니다.
SVM	서포트 벡터 머신(support vector machine) 알고리즘. 두 클래스의 데이터를 가장 여유 있게 분리하는 초평면을 구합니다. 커널 기법을 이용하여 비선형 데이터 분류에도 사용할 수 있으며, 다중 클래스 분류 및 회귀에도 적용할 수 있습니다.
SVMSDG	통계적 그래디언트 하향(stochastic gradient descent) SVM. 통계적 그래디언트 하향 방법을 SVM에 적용함으로써 대용량 데이터에 대해서도 빠른 학습이 가능합니다[Bottou10].

15.2 / k 최근접 이웃

이 절에서는 k 최근접 이웃 알고리즘 이론에 대해 자세히 알아보고, OpenCV에서 k 최근접 이웃 알고리즘을 구현한 KNearest 클래스 사용 방법에 대해 설명합니다. KNearest 클래스를 이용하여 2차원 평면에 분포하는 점들을 분류하는 예제와 간단한 필기체 숫자 인식 예제를 만들어 보면서 k 최근접 이웃 알고리즘에 대해 제대로 이해해 보겠습니다.

15.2.1 k 최근접 이웃 알고리즘

k 최근접 이웃(kNN, k-Nearest Neighbor) 알고리즘은 분류 또는 회귀에 사용되는 지도 학습 알고리즘의 하나입니다. kNN 알고리즘을 분류에 사용할 경우, 특징 공간에서 테스트 데이터와 가장 가까운 k개의 훈련 데이터를 찾고, k개의 훈련 데이터 중에서 가장 많은 클래스를 테스트 데이터의 클래스로 지정합니다. kNN 알고리즘을 회귀 문제에 적용할 경우에는 테스트 데이터에 인접한 k개의 훈련 데이터 평균을 테스트 데이터 값으로 설정합니다.

kNN 알고리즘 동작 방식을 이해하기 위해 그림 15-4를 살펴보겠습니다. 그림 15-4는 2차원 평면상에 파란색 사각형과 빨간색 삼각형 두 종류의 데이터가 분포되어 있습니다. 이들 파란색과 빨간색 점들이 훈련 데이터이고, 이 훈련 데이터는 두 개의 클래스로 구분되어 있습니다. 각 점들은 (x, y) 좌표로 표현되므로, 이들 데이터는 2차원 특징 공간에 정의되어 있다고 표현할 수 있습니다. 여기에 녹색으로 표시한 새로운 점을 추가할 경우, 이 점을 파란색 사각형 클래스로 넣을 것인지, 아니면 빨간색 삼각형 클래스로 넣을 것인지를 결정해야 합니다. 간단한 방법은 새로 들어온 점과 가장 가까이 있는 훈련 데이터 점을 찾아, 해당 훈련 데이터 클래스와 같게 설정하는 것입니다. 그림 15-4에서 녹색 점과 가장 가까운 점은 빨간색 삼각형이므로 녹색 점을 빨간색 삼각형 클래스로 지정할 수 있습니다. 이러한 방법을 최근접 이웃(NN, Nearest Neighbor) 알고리즘이라고 합니다.

그러나 그림 15-4를 좀 더 관찰해 보면 녹색 점 주변에 빨간색 삼각형보다 파란색 사각형이 더 많이 분포하는 것을 알 수 있습니다. 실제로 녹색 점을 중심으로 하는 원을 보라색 실선으로 그려 보면 원 안에 빨간색 삼각형보다 파란색 사각형이 더 많이 나타나는 것을 확인할 수 있습니다. 보라색 실선 원 안에 파란색 사각형은 두 개가 있고, 빨간색 삼각형은 하나만 존재합니다. 원을 조금

더 키워서 보라색 점선으로 그려진 원을 살펴보면 파란색 사각형이 세 개, 빨간색 삼각형이 두 개 발견됩니다. 즉, 녹색 점에서 가장 가까운 도형은 빨간색 삼각형이지만, 이 지점은 파란색 사각형이 더 많이 분포하는 지역이라고 판단할 수 있습니다. 그러므로 녹색 점을 파란색 사각형 클래스로 지정하는 것이 더욱 합리적일 수 있으며, 이러한 방식으로 분류하는 방법을 kNN 알고리즘이라고 합니다.

▼ 그림 15-4 kNN 알고리즘에 의한 점 분류

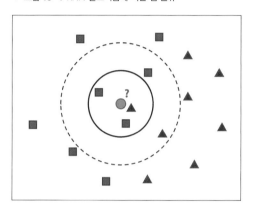

kNN 알고리즘에서 k를 1로 설정하면 최근접 이웃 알고리즘이 됩니다. 그러므로 보통 k는 1보다 큰 값으로 설정하며, k 값을 어떻게 설정하느냐에 따라 분류 및 회귀 결과가 달라질 수 있습니다. 최선의 k 값을 결정하는 것은 주어진 데이터에 의존적이며, 보통 k 값이 커질수록 잡음 또는 이상치 데이터의 영향이 감소합니다. 그러나 k 값이 어느 정도 이상으로 커질 경우 오히려 분류 및 회귀 성능이 떨어질 수 있습니다.

15.2.2 KNearest 클래스 사용하기

OpenCV에서 k 최근접 이웃 알고리즘은 KNearest 클래스에 구현되어 있습니다. KNearest 클래스는 ml 모듈에 포함되어 있고, cv::ml 네임스페이스에 정의되어 있습니다. KNearest 클래스를 이용하려면 먼저 KNearest 객체를 생성해야 하며, KNearest 객체는 KNearest::create() 정적 멤버 함수를 사용하여 생성할 수 있습니다. KNearest::create() 함수 원형은 다음과 같습니다.

```
static Ptr<KNearest> KNearest::create();
```

• 반환값   KNearest 객체를 참조하는 Ptr 스마트 포인터 객체

KNearest::create() 함수는 단순히 비어 있는 KNearest 객체를 생성하여 Ptr<KNearest> 타입으로 반환합니다.

KNearest 클래스는 기본적으로 k 값을 10으로 설정합니다. 이 값을 변경하려면 KNearest:: setDefaultK() 함수를 이용하여 변경할 수 있습니다. 다만 StatModel::predict() 함수 대신 KNearest::findNearest() 멤버 함수를 이용하여 테스트 데이터의 응답을 구할 경우에는 k 값을 KNearest::findNearest() 함수 인자로 명시적으로 지정할 수 있습니다.

```
virtual void KNearest::setDefaultK(int val);
```

- val   kNN 알고리즘에서 사용할 k 값. StatModel::predict() 함수를 사용할 경우 미리 k 값을 적절하게 설정해야 합니다.

KNearest 객체는 기본적으로 분류를 위한 용도로 생성됩니다. KNearest 객체를 분류가 아닌 회귀에 적용하려면 KNearest::setIsClassifier() 멤버 함수에 false를 지정하여 호출해야 합니다.

```
virtual void KNearest::setIsClassifier(bool val);
```

- val   이 값이 true이면 분류로 사용하고, false이면 회귀로 사용합니다.

KNearest 객체를 생성하고 속성을 설정한 후에는 StatModel::train() 함수를 이용하여 학습을 진행할 수 있습니다. KNearest 클래스의 경우에는 train() 함수에서 실제적인 학습이 진행되지는 않으며 단순히 훈련 데이터와 레이블 데이터를 KNearest 클래스 멤버 변수에 모두 저장하는 작업이 이루어집니다.

KNearest 클래스에서 훈련 데이터를 학습한 후, 테스트 데이터에 대한 예측을 수행할 때에는 주로 KNearest::findNearest() 멤버 함수를 사용합니다. KNearest 클래스에서도 StatModel:: predict() 함수를 사용할 수 있지만, KNearest::findNearest() 함수가 예측 결과와 관련된 정보를 더 많이 반환하기 때문에 유용합니다. KNearest::findNearest() 함수 원형은 다음과 같습니다.

```
virtual float KNearest::findNearest(InputArray samples,
                                     int k,
                                     OutputArray results,
                                     OutputArray neighborResponses = noArray(),
                                     OutputArray dist = noArray()) const;
```

- samples   테스트 데이터 벡터가 행 단위로 저장된 행렬. 입력 벡터의 차원은 훈련 벡터의 차원과 같아야 하며, 행렬 타입은 CV_32FC1이어야 합니다.
- k   사용할 최근접 이웃 개수. 1보다 같거나 커야 합니다.

○ 계속

- results 각 입력 샘플에 대한 예측(분류 또는 회귀) 결과를 저장한 행렬. samples.rows×1 크기를 갖고, 타입은 CV_32FC1입니다.

- neighborResponses 예측에 사용된 k개의 최근접 이웃 클래스 정보를 담고 있는 행렬. samples.rows×k 크기를 갖고, 타입은 CV_32FC1입니다.

- dist 입력 벡터와 예측에 사용된 k개의 최근접 이웃과의 거리를 저장한 행렬. samples. rows×k 크기를 갖고, 타입은 CV_32FC1입니다.

- 반환값 입력 벡터가 하나인 경우에 대한 응답이 반환됩니다.

KNearest::findNearest() 함수는 samples 행렬 각 행에 저장된 테스트 데이터와 가까운 k개의 훈련 데이터를 찾아 분류 또는 회귀 응답을 반환합니다. samples 행렬의 행 개수는 예측할 테스트 데이터 개수와 같고, 열 개수는 학습 시 사용한 훈련 데이터의 차원과 같아야 합니다. 분류 및 회귀 결과가 저장되는 results 행렬은 samples 행렬과 같은 행 개수를 가지고, 열 개수는 항상 1입니다. 즉, samples 행렬에서 i번째 행에 대한 응답이 results 행렬의 i번째 행에 저장됩니다. neighborResponses와 dist 인자는 kNN 알고리즘 수행 후 추가적인 정보를 받아 오는 용도이며, 필요하지 않으면 생략할 수 있습니다.

2차원 평면에서 세 개의 클래스로 구성된 점들을 kNN 알고리즘으로 분류하고, 그 경계면을 화면에 표시하는 예제 프로그램 소스 코드를 코드 15-1에 나타냈습니다. 코드 15-1은 (150, 150), (350, 150), (250, 400) 좌표를 중심으로 하는 가우시안 분포의 점을 각각 30개씩 생성하여 kNN 알고리즘 훈련 데이터로 사용합니다. 그리고 (0, 0) 좌표부터 (499, 499) 좌표 사이의 모든 점에 대해 kNN 분류를 수행하여 그 결과를 빨간색, 녹색, 파란색 색상으로 나타냅니다. kNN 알고리즘의 k 값은 트랙바를 이용하여 프로그램 실행 중 변경할 수 있도록 하였습니다. 코드 15-1에 나타난 소스 코드 파일은 내려받은 예제 파일 중 ch15/knnplane 프로젝트에서 확인할 수 있습니다.

코드 15-1 KNN 알고리즘을 이용한 2차원 점 분류 [ch15/knnplane]

```
01    #include "opencv2/opencv.hpp"
02    #include <iostream>
03
04    using namespace cv;
05    using namespace cv::ml;
06    using namespace std;
07
08    Mat img;
09    Mat train, label;
10    Ptr<KNearest> knn;
11    int k_value = 1;
12
13    void on_k_changed(int, void*);
14    void addPoint(const Point& pt, int cls);
```

```
15      void trainAndDisplay();

16

17      int main(void)

18      {

19          img = Mat::zeros(Size(500, 500), CV_8UC3);

20          knn = KNearest::create();

21

22          namedWindow("knn");

23          createTrackbar("k", "knn", &k_value, 5, on_k_changed);

24

25          const int NUM = 30;

26          Mat rn(NUM, 2, CV_32SC1);

27

28          randn(rn, 0, 50);

29          for (int i = 0; i < NUM; i++)

30              addPoint(Point(rn.at<int>(i, 0) + 150, rn.at<int>(i, 1) + 150), 0);

31

32          randn(rn, 0, 50);

33          for (int i = 0; i < NUM; i++)

34              addPoint(Point(rn.at<int>(i, 0) + 350, rn.at<int>(i, 1) + 150), 1);

35

36          randn(rn, 0, 70);

37          for (int i = 0; i < NUM; i++)

38              addPoint(Point(rn.at<int>(i, 0) + 250, rn.at<int>(i, 1) + 400), 2);

39

40          trainAndDisplay();

41

42          waitKey();

43          return 0;

44      }

45

46      void on_k_changed(int, void*)

47      {

48          if (k_value < 1) k_value = 1;

49          trainAndDisplay();

50      }

51

52      void addPoint(const Point& pt, int cls)

53      {

54          Mat new_sample = (Mat_<float>(1, 2) << pt.x, pt.y);

55          train.push_back(new_sample);

56

57          Mat new_label = (Mat_<int>(1, 1) << cls);

58          label.push_back(new_label);

59      }

60

61      void trainAndDisplay()
```

```
62   {
63       knn->train(train, ROW_SAMPLE, label);
64
65       for (int i = 0; i < img.rows; ++i) {
66           for (int j = 0; j < img.cols; ++j) {
67               Mat sample = (Mat_<float>(1, 2) << j, i);
68
69               Mat res;
70               knn->findNearest(sample, k_value, res);
71
72               int response = cvRound(res.at<float>(0, 0));
73               if (response == 0)
74                   img.at<Vec3b>(i, j) = Vec3b(128, 128, 255); // R
75               else if (response == 1)
76                   img.at<Vec3b>(i, j) = Vec3b(128, 255, 128); // G
77               else if (response == 2)
78                   img.at<Vec3b>(i, j) = Vec3b(255, 128, 128); // B
79           }
80       }
81
82       for (int i = 0; i < train.rows; i++)
83       {
84           int x = cvRound(train.at<float>(i, 0));
85           int y = cvRound(train.at<float>(i, 1));
86           int l = label.at<int>(i, 0);
87
88           if (l == 0)
89               circle(img, Point(x, y), 5, Scalar(0, 0, 128), -1, LINE_AA);
90           else if (l == 1)
91               circle(img, Point(x, y), 5, Scalar(0, 128, 0), -1, LINE_AA);
92           else if (l == 2)
93               circle(img, Point(x, y), 5, Scalar(128, 0, 0), -1, LINE_AA);
94       }
95
96       imshow("knn", img);
97   }
```

- 5행   cv::ml 네임스페이스를 사용하도록 설정합니다.

- 22~23행   kNN 이름의 창에 트랙바를 부착하고, 트랙바가 움직이면 on_k_changed( ) 함수가 실행되도록 합니다.

- 25~38행   (150, 150) 좌표를 중심으로 하는 0번 클래스 점, (350, 150) 좌표를 중심으로 하는 1번 클래스 점, (250, 400) 좌표를 중심으로 하는 2번 클래스 점을 각각 30개씩 생성하여 훈련 데이터에 추가합니다. 0번과 1번 클래스 점은 각각의 중심을 기준으로 표준 편차 50에 해당하는 가우시안 분포를 따르고, 2번 클래스 점은 중심을 기준으로 표준 편차 70에 해당하는 가우시안 분포를 따릅니다.

- 40행   프로그램이 처음 실행되자마자 kNN 알고리즘으로 분류된 결과를 보여 주도록 trainAndDisplay( ) 함수를 호출합니다.

- 46~50행   트랙바를 움직여서 k 값이 바뀌면 다시 kNN 알고리즘을 학습시키고 그 결과를 화면에 나타냅니다.
- 52~59행   addPoint( ) 함수는 특정 좌표 점 pt를 cls 클래스로 등록합니다.
- 63행   StatModel::train( ) 함수를 이용하여 kNN 알고리즘을 학습합니다.
- 65~80행   img 영상 전체 좌표에 대해 kNN 분류기 응답을 조사하여 빨간색, 녹색, 파란색으로 표시합니다.
- 82~94행   25~38행에서 추가한 훈련 데이터 점 좌표에 반지름 5인 원을 각각 빨간색, 녹색, 파란색으로 표시합니다.

코드 15-1에서 main( ) 함수는 주로 훈련 데이터를 만드는 작업을 수행합니다. 25~38행 코드가 실행되면 train 행렬은 90×2 크기의 행렬이 되고, label 행렬은 90×1 크기의 행렬이 됩니다. train 행렬은 2차원 평면에서 정의된 점들의 좌표를 포함하고 있으며, 각 점들이 속한 클래스 정보는 label 행렬에 저장되어 있습니다. 40행에서 호출한 trainAndDisplay( ) 함수는 kNN 알고리즘에 의한 학습과 img 영상 모든 좌표에서의 클래스 값 예측을 진행하고 그 결과를 knn 창에 표시합니다.

코드 15-1의 knnplane 프로그램 실행 결과를 그림 15-5에 나타냈습니다. 그림 15-5는 knnplane 프로그램을 실행하여 트랙바의 k 값을 각각 1, 3, 5로 지정했을 때의 분류 결과입니다. 그림 15-5(a)는 k가 1인 경우의 분류 결과이고, 그림 15-5(b)는 k가 3인 경우이며, 그림 15-5(c)는 k가 5인 경우입니다. k 값이 1인 경우에는 붉은색 영역에 가깝게 위치한 녹색 점과 녹색 영역에 가깝게 위치한 파란 점 때문에 클래스 경계면이 유난히 볼록하게 튀어나온 부분이 발생하였습니다. 반면에 k 값을 3 또는 5로 바꾸면 클래스 경계면이 다소 완만한 형태로 바뀌게 됩니다. 이는 k 값이 증가함에 따라 잡음 또는 이상치에 해당하는 훈련 데이터 영향이 줄어드는 것으로 생각할 수 있습니다.

❤ 그림 15-5 kNN 알고리즘을 이용한 2차원 점 분류

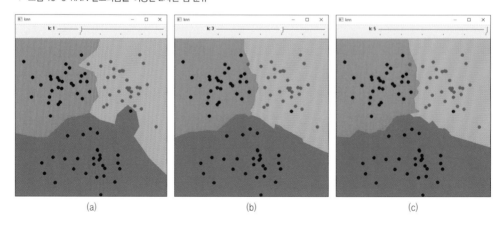

(a)   (b)   (c)

15.2.3 kNN을 이용한 필기체 숫자 인식

앞 절에서는 2차원 평면상의 점을 kNN 알고리즘을 이용하여 분류하는 예제를 살펴보았습니다. 이 절에서는 0부터 9까지의 필기체 숫자가 쓰여진 영상을 kNN 알고리즘으로 학습시킨 후, 사용자가 마우스로 입력한 숫자 영상을 인식하는 예제 프로그램을 만들어 보겠습니다.

머신 러닝으로 특정 문제를 해결하려면 많은 양의 훈련 데이터가 필요합니다. 머신 러닝으로 필기체 숫자 인식을 수행하려면 충분히 많은 필기체 숫자 영상을 훈련 데이터로 사용해야 합니다. 다행히 OpenCV는 5000개의 필기체 숫자가 적혀 있는 영상 파일을 제공합니다. OpenCV 소스 코드가 설치된 폴더 아래에서 〈OPENCV-SRC〉\samples\data\ 폴더에 있는 digits.png 파일은 0부터 9까지의 필기체 숫자가 5000개 적혀 있는 영상입니다. digits.png 숫자 영상을 그림 15-6에 나타냈습니다.

❤ 그림 15-6 OpenCV에서 제공하는 필기체 숫자 영상(digits.png)

digits.png 숫자 영상에는 0부터 9까지의 숫자가 각각 가로로 100개, 세로로 다섯 개씩 적혀 있습니다. 각각의 숫자는 20×20 픽셀 크기로 적혀 있으며, digits.png 숫자 영상의 전체 크기는 2000×1000입니다. 이 영상을 이용하여 머신 러닝 알고리즘을 학습시키려면 각각의 숫자 영상을 부분 영상으로 추출하여 훈련 데이터를 생성해야 합니다.

보통 머신 러닝으로 영상을 인식 또는 분류할 경우, 영상으로부터 인식 목적에 적합한 특징 벡터를 추출하여 머신 러닝 입력으로 사용합니다. 그러나 이 절에서는 단순히 20×20 숫자 영상 픽셀 값 자체를 kNN 알고리즘 입력으로 사용하겠습니다. digits.png 숫자 영상에 적혀 있는 필기체 숫자들이 대체로 20×20 부분 영상 정중앙에 위치해 있고, 숫자 크기도 거의 일정하기 때문에 픽셀 값을 그대로 이용해도 충분한 인식 결과를 얻을 수 있기 때문입니다.[3] 또한 5000개의 숫자 영상 데이터를 훈련 데이터와 테스트 데이터로 구분하지 않고, 5000개 전체를 학습에 사용하겠습니다. 대신 필기체 숫자 인식 테스트를 위한 간단한 GUI 인터페이스를 제공하는 형태로 예제 프로그램을 만들겠습니다.

숫자 영상 픽셀 값 자체를 이용하여 KNearest 훈련 데이터 행렬을 만드는 과정을 그림 15-7에 나타냈습니다. 한 장의 숫자 영상은 20×20 픽셀 크기이고, 이 픽셀 값을 모두 일렬로 늘어놓으면 1×400 크기의 행렬로 변환할 수 있습니다. 즉, 필기체 숫자 훈련 데이터 하나는 400개의 숫자 값으로 표현되고, 이는 400차원 공간에서의 한 점과 같습니다. digits.png 영상에 있는 각각의 숫자 영상을 1×400 행렬로 바꾸고, 이 행렬을 모두 세로로 쌓으면 전체 숫자 영상 데이터를 표현하는 5000×400 크기의 행렬을 만들 수 있습니다. 그리고 이 행렬을 KNearest 클래스의 훈련 데이터로 전달합니다.

▼ 그림 15-7 픽셀 값 자체를 이용한 필기체 숫자 학습

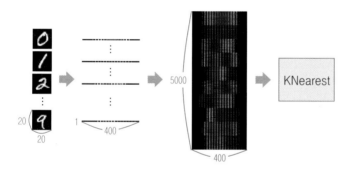

kNN 알고리즘으로 필기체 숫자 영상을 학습시키려면 각 필기체 숫자 영상이 나타내는 숫자 값을 레이블 행렬로 함께 전달해야 합니다. 이 레이블 행렬의 행 크기는 훈련 데이터 영상 개수와 같고, 열 크기는 1입니다. 그림 15-7에 나타난 훈련 데이터 행렬에서 처음 500개 행은 숫자 0에 대한 데이터이고, 그다음 500개 행은 숫자 1에 대한 데이터입니다. 그러므로 레이블 행렬도 처음 500개 행 원소는 0으로 설정하고, 그다음 500개 행은 1로 설정합니다. 이와 같은 방식으로 5000×1 행렬 원소를 모두 설정한 후, KNearest 클래스의 레이블 데이터로 전달합니다.

이처럼 digits.png 영상으로부터 훈련 데이터 행렬과 레이블 데이터 행렬을 만들고, KNearest 객체를 학습시키는 train_knn() 함수 소스 코드를 코드 15-2에 나타냈습니다. train_knn() 함수는

---

3 숫자 영상에서 유효한 특징 벡터를 추출하여 머신 러닝에서 학습하는 방법은 15.3.3절에서 예제를 통해 알아보도록 하겠습니다.

이 절에서 만드는 knndigits 예제 프로그램에서 kNN 알고리즘 학습을 위해 사용하는 함수입니다. train_knn() 함수가 정의된 소스 파일과 사용된 영상 파일은 내려받은 예제 파일 중 ch15/knndigits 프로젝트에서 확인할 수 있습니다.

코드 15-2 kNN 알고리즘을 이용한 필기체 숫자 학습 [ch15/knndigits]

```
01    Ptr<KNearest> train_knn()
02    {
03        Mat digits = imread("digits.png", IMREAD_GRAYSCALE);
04
05        if (digits.empty()) {
06            cerr << "Image load failed!" << endl;
07            return 0;
08        }
09                                            .
10        Mat train_images, train_labels;
11
12        for (int j = 0; j < 50; j++) {
13            for (int i = 0; i < 100; i++) {
14                Mat roi, roi_float, roi_flatten;
15                roi = digits(Rect(i * 20, j * 20, 20, 20));
16                roi.convertTo(roi_float, CV_32F);
17                roi_flatten = roi_float.reshape(1, 1);
18
19                train_images.push_back(roi_flatten);
20                train_labels.push_back(j / 5);
21            }
22        }
23
24        Ptr<KNearest> knn = KNearest::create();
25        knn->train(train_images, ROW_SAMPLE, train_labels);
26
27        return knn;
28    }
```

- 3행   digits.png 영상을 불러와 digits에 저장합니다.
- 12~13행   digits.png 영상에 가로 100개, 세로 50개의 필기체 숫자가 적혀 있으므로 for 반복문 범위를 동일하게 설정합니다.
- 15행   가로 i번째, 세로 j번째 필기체 숫자 영상을 roi에 저장합니다.
- 16행   roi 영상 자료형을 float로 변환하여 roi_float에 저장합니다.
- 17행   20×20 roi_float 영상을 400×1 크기의 영상으로 변환하여 roi_flatten에 저장합니다.
- 19행   roi_flatten 영상을 train_images 행렬의 맨 아래 행으로 추가합니다.
- 20행   train_labels 행렬의 맨 아래에 현재 추가한 필기체 숫자 영상의 정답(레이블)을 추가합니다.

- 24~25행   KNearest 객체 knn을 생성하고, kNN 학습을 수행합니다. knn->train( ) 함수 인자로 사용되는
            train_images 행렬 크기는 5000×400이고, train_labels 행렬 크기는 5000×1입니다.
- 27행   학습된 knn 스마트 포인터를 반환합니다.

knndigits 예제 프로그램은 필기체 숫자 인식 성능을 확인하기 위해 사용자가 직접 마우스로 영상 위에 글씨를 쓰고, 학습된 kNN 모델로 확인하는 인터페이스를 제공합니다. 그러므로 knndigits 프로그램은 마우스 이벤트를 처리하여 영상에 그림을 그리는 함수를 만들어 사용할 것입니다. 코드 15-3에 나타난 on_mouse( ) 함수는 마우스 왼쪽 버튼을 누른 상태에서 마우스를 움직이면 해당 위치에 두께 40픽셀로 흰색 글씨를 쓸 수 있습니다.

코드 15-3 마우스로 숫자 그리기 [ch15/knndigits]

```
01    Point ptPrev(-1, -1);
02
03    void on_mouse(int event, int x, int y, int flags, void* userdata)
04    {
05        Mat img = *(Mat*)userdata;
06
07        if (event == EVENT_LBUTTONDOWN) {
08            ptPrev = Point(x, y);
09        } else if (event == EVENT_LBUTTONUP) {
10            ptPrev = Point(-1, -1);
11        } else if (event == EVENT_MOUSEMOVE && (flags & EVENT_FLAG_LBUTTON)) {
12            line(img, ptPrev, Point(x, y), Scalar::all(255), 40, LINE_AA, 0);
13            ptPrev = Point(x, y);
14
15            imshow("img", img);
16        }
17    }
```

- 7~8행   마우스 왼쪽 버튼을 누른 위치를 ptPrev에 저장합니다.
- 9~10행   마우스 왼쪽 버튼을 떼면 ptPrev 좌표를 (−1, −1)로 초기화합니다.
- 11~13행   마우스 왼쪽 버튼을 누른 상태로 마우스가 움직이면 ptPrev 좌표부터 (x, y) 좌표까지 직선을 그립니다.
            그리고 ptPrev 좌표를 (x, y)로 변경합니다.

knndigits 예제 프로그램의 main( ) 함수는 코드 15-4에 나타냈습니다. main( ) 함수에서는 먼저 필기체 숫자 영상 데이터를 학습하는 train_knn( ) 함수를 호출하고, 사용자가 영상 위에 글씨를 쓸 수 있게끔 마우스 콜백 함수를 등록하는 setMouseCallback( ) 함수를 호출합니다. 그리고 키보드 입력을 확인하여 사용자가 Space 키를 누를 때마다 사용자가 그린 글씨를 인식하여 콘솔 창에 출력합니다. 코드 15-2부터 코드 15-4까지 소개된 knndigits 전체 소스 코드 파일과 사용

된 digits.png 영상 파일은 내려받은 예제 파일 중 ch15/knndigits 프로젝트에서 확인할 수 있습니다.

코드 15-4 KNearest 클래스를 이용한 필기체 숫자 인식 [ch15/knndigits]

```cpp
01    #include "opencv2/opencv.hpp"
02    #include <iostream>
03
04    using namespace cv;
05    using namespace cv::ml;
06    using namespace std;
07
08    Ptr<KNearest> train_knn();
09    void on_mouse(int event, int x, int y, int flags, void* userdata);
10
11    int main()
12    {
13        Ptr<KNearest> knn = train_knn();
14
15        if (knn.empty()) {
16            cerr << "Training failed!" << endl;
17            return -1;
18        }
19
20        Mat img = Mat::zeros(400, 400, CV_8U);
21
22        imshow("img", img);
23        setMouseCallback("img", on_mouse, (void*)&img);
24
25        while (true) {
26            int c = waitKey();
27
28            if (c == 27) {
29                break;
30            } else if (c == ' ') {
31                Mat img_resize, img_float, img_flatten, res;
32
33                resize(img, img_resize, Size(20, 20), 0, 0, INTER_AREA);
34                img_resize.convertTo(img_float, CV_32F);
35                img_flatten = img_float.reshape(1, 1);
36
37                knn->findNearest(img_flatten, 3, res);
38                cout << cvRound(res.at<float>(0, 0)) << endl;
39
40                img.setTo(0);
41                imshow("img", img);
```

```
42              }
43          }
44
45      return 0;
46  }
```

- 13행   train_knn() 함수를 실행하여 필기체 숫자를 학습한 결과를 knn에 저장합니다.
- 20행   400×400 크기의 영상 img를 생성합니다. img 영상에 마우스로 글씨를 쓰고 숫자를 인식할 것입니다.
- 28~29행   키보드에서 ESC 키를 누르면 프로그램을 종료합니다.
- 30행   키보드에서 Space 키를 누르면 필기체 숫자 인식을 수행합니다.
- 33행   숫자가 쓰여진 img 영상을 20×20 크기로 변환하여 img_resize에 저장합니다.
- 34행   img_resize 영상 자료형을 float로 변환하여 img_float에 저장합니다.
- 35행   20×20 img_float 영상을 400×1 크기의 영상으로 변환하여 img_flatten에 저장합니다.
- 37~38행   kNN 알고리즘으로 분류한 결과를 콘솔 창에 출력합니다.
- 40~41행   img 영상을 검은색으로 초기화한 후 화면에 나타냅니다.

코드 15-2부터 코드 15-4까지 설명한 knndigits 프로그램 실행 결과를 그림 15-8에 나타냈습니다. knndigits 프로그램을 실행하면 검은색으로 초기화된 img 영상이 화면에 나타나고, 이 위에서 마우스를 이용하여 숫자를 그릴 수 있습니다. 그리고 키보드에서 Space 키를 누르면 인식된 숫자가 콘솔 창에 나타납니다. 사용자가 필기체 숫자를 img 창 중앙에 적당한 크기로 입력하면 대체로 정확하게 숫자를 인식하는 것을 확인할 수 있습니다. 다만 글씨 크기를 너무 크거나 작게 입력하면, 또는 중앙이 아닌 위치에 글씨를 입력할 경우에는 인식 결과가 잘못될 수 있습니다.

▼ 그림 15-8 KNearest 클래스를 이용한 필기체 숫자 인식 실행 화면

15.3 서포트 벡터 머신

이 절에서는 서포트 벡터 머신 알고리즘 이론에 대해 자세히 알아보고, OpenCV에서 서포트 벡터 머신 알고리즘을 구현한 SVM 클래스 사용 방법에 대해 설명합니다. 앞 절에서 만들었던 필기체 숫자 인식 예제를 SVM 알고리즘을 사용하여 다시 만들어 볼 것이며, 이때 영상으로부터 유용한 특징 벡터를 추출하여 사용하는 방법에 대해 설명하겠습니다.

15.3.1 서포트 벡터 머신 알고리즘

서포트 벡터 머신(SVM, Support Vector Machine)은 기본적으로 두 개의 클래스로 구성된 데이터를 가장 여유 있게 분리하는 초평면(hyperplane)을 찾는 머신 러닝 알고리즘입니다. 초평면이란 두 클래스의 데이터를 분리하는 N차원 공간상의 평면을 의미합니다. 예를 들어 2차원 공간상의 점들을 분리하는 초평면은 단순한 직선 형태로 정의되며, 3차원 공간상의 점들을 분리하는 초평면은 3차원 공간에서의 평면의 방정식으로 표현할 수 있습니다. SVM 알고리즘은 지도 학습의 일종이며, 분류와 회귀에 사용될 수 있습니다.

SVM 알고리즘의 동작을 이해하기 위해 그림 15-9를 살펴보겠습니다. 그림 15-9는 파란색 사각형과 빨간색 삼각형으로 표시된 두 클래스 점들의 분포를 보여 줍니다. 이 두 클래스 점들을 구분하기 위한 직선은 매우 다양한 형태로 만들 수 있습니다. 그림 15-9(a)에 나타난 ①번과 ②번 직선은 모두 두 종류의 점들을 잘 분리합니다. 그러나 ①번 직선은 조금만 왼쪽 또는 오른쪽으로 이동하면 분리에 실패할 수 있습니다. ②번 직선은 왼쪽으로 조금 이동하는 것은 무난하지만, 오른쪽으로 조금만 이동하면 분리에 실패하게 됩니다. 이러한 현상이 나타나는 ①번과 ②번 직선이 모두 입력 점 데이터에 너무 가까이 위치하고 있기 때문입니다. 반면에 그림 15-9(b)에서 ③번 직선은 두 클래스 점들 사이를 충분히 여유 있게 분할하고 있습니다. 이때 ③번 직선에 해당하는 초평면과 가장 가까이 있는 빨간색 또는 파란색 점과의 거리를 마진(margin)이라고 하며, SVM은 이 마진을 최대로 만드는 초평면을 구하는 알고리즘입니다.

▼ 그림 15-9 SVM 알고리즘으로 두 클래스의 점 분할

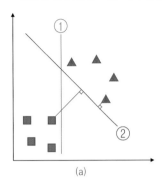
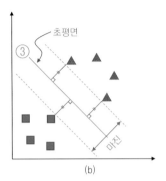

(a)   (b)

SVM 알고리즘은 기본적으로 선형으로 분리 가능한 데이터에 적용할 수 있습니다. 그러나 실생활에서 사용하는 데이터는 선형으로 분리되지 않는 경우가 많으며, 이러한 경우에도 SVM 알고리즘을 적용하기 위하여 SVM에서는 커널 트릭(kernel trick)이라는 기법을 사용합니다. 커널 트릭이란 적절한 커널 함수를 이용하여 입력 데이터 특징 공간 차원을 늘리는 방식입니다. 원본 데이터 차원에서는 선형으로 분리할 수 없었던 데이터를 커널 트릭으로 고차원 특징 공간으로 이동하면 선형으로 분리 가능한 형태로 바뀔 수 있습니다.

데이터 특징 공간 차원을 증가시켜서 데이터를 선형 분리하는 예를 살펴보겠습니다. 2차원 좌표 평면상의 점 집합 $\mathbf{X} = \{(0,0), (1,1)\}$와 $\mathbf{Y} = \{(1,0), (0,1)\}$가 있다고 가정하고, 이 두 클래스 점들을 그림 15-10(a)에 각각 파란색 사각형과 빨간색 삼각형으로 나타냈습니다. 2차원 평면상에서 $\mathbf{X}$와 $\mathbf{Y}$ 두 클래스 점들을 분리할 수 있는 직선은 존재하지 않습니다. 입력 점들의 좌표에 가상의 z축 좌표를 $z_i = |x_i - y_i|$ 형태로 추가할 경우, $\mathbf{X} = \{(0,0,0), (1,1,0)\}$와 $\mathbf{Y} = \{(1,0,1), (0,1,1)\}$ 형태로 3차원 공간상에서의 점 집합으로 바뀌게 됩니다. 이렇게 3차원 공간으로 변경된 $\mathbf{X}$와 $\mathbf{Y}$ 점들을 그림 15-10(b)에 나타냈습니다. 그리고 이 두 클래스 점들은 $z = 0.5$ 평면의 방정식을 이용하여 효과적으로 분리할 수 있습니다. 2차원 평면에서 선형 분리할 수 없었던 $\mathbf{X}$와 $\mathbf{Y}$ 데이터 집합이 가상의 차원이 추가됨으로써 선형으로 분리할 수 있게 되었습니다.

▼ 그림 15-10 비선형 데이터에 커널 트릭 적용하기

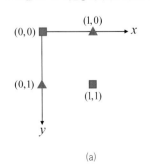
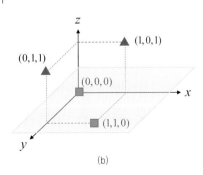

(a)   (b)

SVM 알고리즘에서 사용할 수 있는 커널 함수 종류를 표 15-3에 나타냈습니다. 표 15-3에서 가장 널리 사용하는 커널은 방사 기저 함수이며, 이 커널을 사용할 때에는 γ 인자 값을 적절하게 설정해야 합니다. 만약 입력 데이터가 선형으로 분리가 가능하다면 선형 커널을 사용하는 것이 가장 빠르게 동작합니다.

▼ 표 15-3 다양한 SVM 커널

SVM 커널	커널 함수
선형(linear)	$K(x_i, x_j) = x_i^T x_j$
다항식(polynomial)	$K(x_i, x_j) = (\gamma x_i^T x_j + c_0)^{\deg ree}, \gamma > 0$
방사 기저 함수(radial basis function)	$K(x_i, x_j) = \exp(-\gamma \| x_i - x_j \|^2), \gamma > 0$
시그모이드(sigmoid)	$K(x_i, x_j) = \tanh(\gamma x_i^T x_j + c_0)$
지수 카이 제곱(exponential chi-square)	$K(x_i, x_j) = \exp\left(-\gamma \dfrac{(x_i - x_j)^2}{(x_i + x_j)}\right), \gamma > 0$
히스토그램 교차(histogram intersection)	$K(x_i, x_j) = \min(x_i, x_j)$

15.3.2 SVM 클래스 사용하기

OpenCV에서 SVM 알고리즘은 같은 이름의 SVM 클래스에 구현되어 있습니다. SVM 클래스는 ml 모듈에 포함되어 있고, cv::ml 네임스페이스에 정의되어 있습니다. OpenCV에 구현된 SVM 클래스는 유명한 오픈 소스 라이브러리인 LIBSVM을 기반으로 만들어졌습니다.

SVM 클래스를 이용하려면 먼저 SVM 객체를 생성해야 하며, SVM 객체는 SVM::create() 정적 멤버 함수를 사용하여 생성할 수 있습니다. SVM::create() 함수 원형은 다음과 같습니다.

```
static Ptr<SVM> SVM::create();
```

• 반환값   SVM 객체를 참조하는 Ptr 스마트 포인터 객체

SVM 클래스 객체를 생성한 후, 훈련 데이터를 학습하기 전에 먼저 SVM 알고리즘 속성을 설정해야 합니다. 대표적으로 설정해야 할 SVM 클래스 속성에는 타입과 커널 함수 선택이 있습니다. 먼저 SVM 타입을 설정하는 SVM::setType() 함수 원형은 다음과 같습니다.

```
virtual void SVM::setType(int val)
```

- val   SVM 타입. SVM::Types 열거형 상수 중 하나를 지정합니다.

SVM 클래스는 기본적으로 SVM::Types::C_SVC 타입을 사용하도록 초기화됩니다. SVM::Types::C_SVC 타입은 일반적인 N-클래스 분류 문제에서 사용되는 방식입니다. SVM::Types::C_SVC가 아닌 다른 타입을 사용하려면 SVM::setType() 함수를 이용하여 타입을 변경해야 합니다. SVM::setType() 함수의 val 인자에는 SVM::Types 열거형 상수 중 하나를 지정할 수 있으며, 사용 가능한 열거형 상수를 표 15-4에 정리하였습니다. SVM::Types::C_SVC 타입을 사용하는 경우, SVM 알고리즘 내부에서 사용하는 C 파라미터 값을 적절하게 설정해야 합니다. C 값을 작게 설정하면 훈련 데이터 중에 잘못 분류되는 데이터가 있어도 최대 마진을 선택합니다. C 값을 크게 설정하면 마진이 작아지더라도 잘못 분류되는 데이터가 적어지도록 분류합니다. 만약 훈련 샘플 데이터에 잡음 또는 이상치 데이터가 많이 포함되어 있는 경우에는 C 파라미터 값을 조금 크게 설정하는 것이 유리합니다.

▼ 표 15-4 SVM::Types 열거형 상수[4]

SVM::Types 열거형 상수	설명	파라미터
C_SVC	C-서포트 벡터 분류. 일반적인 n-클래스 분류 문제에서 사용됩니다.	C
NU_SVC	v-서포트 벡터 분류. C_SVC와 비슷하지만 Nu 값 범위가 0~1 사이로 정규화되어 있습니다.	Nu
ONE_CLASS	1-분류 서포트 벡터 머신. 데이터 분포 측정에 사용됩니다.	C, Nu
EPS_SVR	ϵ-서포트 벡터 회귀	P, C
NU_SVR	v-서포트 벡터 회귀	Nu, C

SVM 타입을 설정하였으면, SVM 알고리즘에서 사용할 커널 함수를 지정해야 합니다. SVM 커널 함수 지정은 SVM::setKernel() 멤버 함수를 사용합니다.

```
virtual void SVM::setKernel(int kernelType);
```

- kernelType   커널 함수 종류. SVM::KernelTypes 열거형 상수 중 하나를 지정합니다.

SVM::setKernel() 함수의 kernelType 인자에는 SVM::KernelTypes 열거형 상수 중 하나를 지정할 수 있으며, 사용할 수 있는 SVM::KernelTypes 상수와 의미를 표 15-5에 나타냈습니다. 참고로 SVM 클래스는 기본적으로 SVM::KernelTypes::RBF 커널을 사용하도록 초기화됩니다.

---

4   표 15-4에 나타난 SVM 타입에 대한 자세한 내용은 https://www.csie.ntu.edu.tw/~cjlin/papers/libsvm.pdf 문서를 참고하기 바랍니다.

SVM::KernelTypes 열거형 상수	설명	파라미터
LINEAR	선형 커널	
POLY	다항식 커널	Degree, Gamma, Coef0
RBF	방사 기저 함수 커널	Gamma
SIGMOID	시그모이드 커널	Gamma, Coef0
CHI2	지수 카이 제곱 커널	Gamma
INTER	히스토그램 교차 커널	

SVM 알고리즘 타입과 커널 함수 종류를 설정한 후에는 각각의 타입과 커널 함수 정의에 필요한 파라미터를 설정해야 합니다. SVM 클래스에서 설정할 수 있는 파라미터는 C, Nu, P, Degree, Gamma, Coef0 등이 있으며, 이들 파라미터는 차례대로 1, 0, 0, 0, 1, 0으로 초기화됩니다. 각각의 파라미터는 파라미터 이름에 해당하는 setXXX()와 getXXX() 함수를 이용하여 값을 설정하거나 읽어 올 수 있습니다. 예를 들어 SVM::Types::C_SVC 타입을 사용하고 SVM::KernelTypes::RBF 커널을 사용할 경우, SVM::setC() 함수와 SVM::setGamma() 함수를 사용하여 적절한 C와 Gamma 파라미터 값을 설정해야 합니다.

SVM 객체를 생성하고 타입과 커널 함수 선택, 그리고 파라미터를 설정한 후에는 StatModel::train() 함수를 이용하여 학습시킬 수 있습니다. 그러나 SVM에서 사용하는 파라미터를 적절하게 설정하지 않으면 학습이 제대로 되지 않는 경우가 발생합니다. 사실 대부분의 훈련 데이터는 다차원 공간에서 다양한 분포와 형태를 갖기 때문에 SVM 파라미터 값을 어떻게 설정해야 학습이 잘 될 것인지를 직관적으로 알기 어렵습니다. 그래서 OpenCV의 SVM 클래스는 각각의 파라미터에 대해 설정 가능한 값을 적용해 보고, 그중 가장 성능이 좋은 파라미터를 자동으로 찾아 학습하는 SVM::trainAuto() 함수를 제공합니다. SVM::trainAuto() 함수 원형은 다음과 같습니다.

```
virtual bool SVM::trainAuto(InputArray samples,
                int layout,
                InputArray responses,
                int kFold = 10,
                Ptr<ParamGrid> Cgrid = SVM::getDefaultGridPtr(SVM::C),
                Ptr<ParamGrid> gammaGrid  = SVM::getDefaultGridPtr(SVM::GAMMA),
                Ptr<ParamGrid> pGrid      = SVM::getDefaultGridPtr(SVM::P),
                Ptr<ParamGrid> nuGrid     = SVM::getDefaultGridPtr(SVM::NU),
                Ptr<ParamGrid> coeffGrid  = SVM::getDefaultGridPtr(SVM::COEF),
                Ptr<ParamGrid> degreeGrid = SVM::getDefaultGridPtr(SVM::DEGREE),
                bool balanced = false)
```

◑ 계속

- samples   훈련 데이터 행렬
- layout   훈련 데이터 배치 방법. ROW_SAMPLE 또는 COL_SAMPLE를 지정합니다.
- responses   각 훈련 데이터에 대응되는 응답 벡터
- kFold   교차 검증을 위한 부분 집합 개수
- Cgrid   C 탐색 범위
- gammaGrid   gamma 탐색 범위
- pGrid   p 탐색 범위
- nuGrid   nu 탐색 범위
- coeffGrid   coeff 탐색 범위
- degreeGrid   degree 탐색 범위
- balanced   이 값이 true이고 두 클래스 분류 문제인 경우, 전체 훈련 데이터 비율을 고려하여 좀 더 균형 잡힌 교차 검증 부분 집합을 생성합니다.
- 반환값   정상적으로 학습이 완료되면 true를 반환합니다.

SVM::trainAuto() 함수는 다양한 파라미터 값을 이용하여 여러 번 학습과 검증을 반복한 후, 최적의 파라미터를 이용하여 학습을 완료합니다. 훈련 데이터를 kFold개의 부분 집합으로 분할하고, 이 중 (kFold − 1)개의 부분 집합으로 학습하고 나머지 한 개의 부분 집합으로 성능을 검증하는 k-폴드 교차 검증을 수행합니다. 각각의 파라미터가 가질 수 있는 값의 범위는 Cgrid, gammaGrid, pGrid, nuGrid, coeffGrid, degreeGrid 인자로 지정할 수 있으며, 이들 인자의 타입 ParamGird 클래스는 파라미터 값이 가질 수 있는 최솟값, 최댓값, 증가 단계 등을 표현하는 역할을 합니다. 결국 다양한 파라미터를 이용하여 많은 검증을 수행하고, 그중 가장 성능이 좋게 나타나는 파라미터를 찾는 방식이기 때문에 SVM::trainAuto() 함수 실행 시간은 꽤 오래 걸리는 편입니다.

SVM 학습이 완료되었으면 이제 테스트 데이터에 대한 예측을 수행할 수 있습니다. SVM 알고리즘에 의한 예측은 StatModel::predict() 함수를 사용합니다.

Note ≡   SVM 클래스를 사용할 경우, 최적의 파라미터를 찾기 위해 SVM::trainAuto() 함수를 사용하는 것이 편리합니다. 그러나 SVM::trainAuto() 함수는 매우 느리게 동작하기 때문에 한 번 학습이 완료된 후 선택된 파라미터를 저장했다가 재사용하는 것이 좋습니다. 즉, SVM::getXXX() 함수를 이용하여 사용된 파라미터를 알아낸 후, 다음 번 학습 시에는 SVM::setXXX() 함수를 이용하여 파라미터를 직접 지정하는 방식입니다. 이러한 방식은 훈련 데이터가 크게 바뀌지 않으면 충분히 잘 동작합니다.

만약 훈련 데이터가 고정되어 있고 이미 SVM::trainAuto() 함수로 학습이 완료되었다면 StatModel::save() 함수를 이용하여 SVM 학습 결과를 파일 형태로 저장할 수 있습니다. 그리고 저장된 파일은 다시 SVM::load() 함수를 이용하여 불러올 수 있습니다. StatModel::save()와 SVM::load() 함수 사용법은 OpenCV 문서 사이트를 참고하기 바랍니다.

2차원 평면에서 두 개의 클래스로 구성된 점들을 SVM 알고리즘으로 분류하고, 그 경계면을 화면에 표시하는 예제 프로그램 소스 코드를 코드 15-5에 나타냈습니다. 코드 15-5는 (150, 200), (200, 250), (100, 250), (150, 300) 점들을 0번 클래스로 정의하고, (350, 100), (400, 200), (400, 300), (350, 400) 점들을 1번 클래스로 정의한 후, SVM 알고리즘을 이용하여 이 두 점들을 효과적으로 분리하는 초평면을 구하여 화면에 나타냅니다. 코드 15-5에 나타난 소스 코드 파일은 내려받은 예제 파일 중 ch15/svmplane 프로젝트에서 확인할 수 있습니다.

코드 15-5 SVM 알고리즘을 이용한 2차원 점 분류 [ch15/svmplane]

```
01   #include "opencv2/opencv.hpp"
02   #include <iostream>
03
04   using namespace cv;
05   using namespace cv::ml;
06   using namespace std;
07
08   int main(void)
09   {
10       Mat train = Mat_<float>({ 8, 2 }, {
11           150, 200, 200, 250, 100, 250, 150, 300,
12           350, 100, 400, 200, 400, 300, 350, 400 });
13       Mat label = Mat_<int>({ 8, 1 }, { 0, 0, 0, 0, 1, 1, 1, 1 });
14
15       Ptr<SVM> svm = SVM::create();
16       svm->setType(SVM::Types::C_SVC);
17       svm->setKernel(SVM::KernelTypes::RBF);
18       svm->trainAuto(train, ROW_SAMPLE, label);
19
20       Mat img = Mat::zeros(Size(500, 500), CV_8UC3);
21
22       for (int j = 0; j < img.rows; j++) {
23           for (int i = 0; i < img.cols; i++) {
24               Mat test = Mat_<float>({ 1, 2 }, { (float)i, (float)j });
25               int res = cvRound(svm->predict(test));
26
27               if (res == 0)
28                   img.at<Vec3b>(j, i) = Vec3b(128, 128, 255); // R
29               else
30                   img.at<Vec3b>(j, i) = Vec3b(128, 255, 128); // G
31           }
32       }
33
34       for (int i = 0; i < train.rows; i++) {
35           int x = cvRound(train.at<float>(i, 0));
```

```
36              int y = cvRound(train.at<float>(i, 1));
37              int l = label.at<int>(i, 0);
38
39              if (l == 0)
40                  circle(img, Point(x, y), 5, Scalar(0, 0, 128), -1, LINE_AA); // R
41              else
42                  circle(img, Point(x, y), 5, Scalar(0, 128, 0), -1, LINE_AA); // G
43          }
44
45      imshow("svm", img);
46
47      waitKey();
48      return 0;
49  }
```

- 10~12행 여덟 개의 점 좌표를 포함하는 train 행렬을 생성합니다. train 행렬은 CV_32FC1 타입이며 크기는 8×2입니다.

- 13행 훈련 데이터 점들의 클래스를 정의한 label 행렬을 생성합니다. 처음 네 개 점의 클래스는 0이고, 나머지 네 개 점의 클래스는 1입니다. label 행렬은 CV_32SC1 타입이며 크기는 8×1입니다.

- 15행 SVM 객체를 생성하여 svm에 저장합니다.

- 16행 SVM 타입을 C_SVC로 설정합니다.

- 17행 SVM 커널 함수를 RBF로 설정합니다.

- 18행 SVM::trainAuto() 함수를 사용하여 최적의 파라미터 C와 gamma를 자동으로 찾아 학습합니다.

- 20행 SVM 분류 결과를 나타낼 img 영상을 생성합니다.

- 22~32행 img 영상의 모든 픽셀 좌표에 대해 SVM 응답을 구하여 빨간색 또는 녹색으로 표현합니다.

- 34~43행 train 행렬에 저장된 훈련 데이터 점을 반지름 5인 원으로 표시합니다. 0번 클래스 점은 빨간색 원으로, 1번 클래스 점은 녹색 원으로 그립니다.

코드 15-5는 50행 정도의 길이로 작성되었지만, 이 중 SVM 알고리즘을 학습하는 코드는 10~18행까지이고 나머지 대부분은 SVM 학습 결과를 img 영상을 이용하여 비주얼하게 표현하기 위한 코드입니다. 코드 15-5에서는 SVM 타입은 C_SVC로 설정하였고, 커널 함수는 방사 기저 함수를 사용하였습니다. SVM 학습을 위한 입력으로는 train 행렬과 label 행렬을 지정하였고, 이 두 행렬의 모양과 원소 값을 그림 15-11에 나타냈습니다. 여기서 train 행렬은 CV_32FC1 타입이어야 하고, label 행렬은 CV_32SC1 타입을 사용합니다.

▼ 그림 15-11 SVM 학습을 위한 train과 label 행렬

train		label
150	200	0
200	250	0
100	250	0
150	300	0
350	100	1
400	200	1
400	300	1
350	400	1

➡ SVM

코드 15-5의 svmplane 프로그램 실행 결과 화면을 그림 15-12에 나타냈습니다. 빨간색 원으로 표시된 점들이 0번 클래스이고, 녹색 점으로 표시된 점들은 1번 클래스입니다. 그리고 img 영상의 전체 픽셀 좌표를 학습된 SVM 분류기의 테스트 데이터로 사용하여 그 결과를 빨간색 또는 녹색으로 나타냈습니다. 방사 기저 함수를 SVM 커널로 사용하였기 때문에 두 클래스 경계면이 곡선의 형태로 나타나는 것을 확인할 수 있습니다. 참고로 코드 15-5에서 커널 함수를 SVM::KernelTypes::LINEAR로 변경할 경우, 두 점들을 세로로 양분하는 형태의 경계면이 만들어집니다.

▼ 그림 15-12 SVM 알고리즘을 이용한 2차원 점 분류 실행 결과

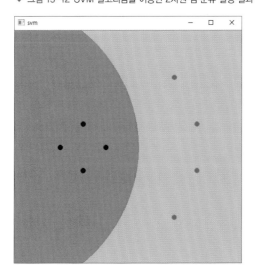

15.3.3 HOG & SVM 필기체 숫자 인식

이 절에서는 SVM 알고리즘을 이용하여 필기체 숫자 인식 프로그램을 만들어 보겠습니다. 필기체 숫자 인식 예제는 앞서 15.2.3절에서 kNN 알고리즘을 이용하여 만든 적이 있습니다. 이 절에서는 kNN 알고리즘 대신 SVM 알고리즘을 사용하여 비슷한 형태의 예제 프로그램을 만들어 보겠습니다.

SVM 필기체 숫자 인식을 위한 훈련 데이터 영상은 15.2.3절에서 사용하였던 digits.png 파일을 그대로 사용하겠습니다. digits.png 영상은 20×20 크기의 작은 필기체 숫자가 5000개 적혀 있는 영상입니다. 15.2.3절에서는 숫자 영상 픽셀 값 400개를 그대로 kNN 입력으로 사용하였지만, 이 절에서는 각 숫자 영상에서 HOG 특징 벡터를 추출하여 SVM 알고리즘 입력 데이터로 사용하겠습니다. HOG는 영상의 그래디언트 방향 히스토그램을 이용하여 만든 특징이며 13.3절에서 자세히 설명한 바 있습니다.

20×20 필기체 숫자 영상에서 HOG 특징 벡터를 추출하여 SVM 훈련 데이터 행렬을 만드는 과정을 그림 15-13에 나타냈습니다. HOG는 입력 영상을 일정 크기의 셀(cell)로 나누고, 2×2 셀을 합쳐 하나의 블록(block)으로 설정합니다. 필기체 숫자 영상 하나의 크기는 20×20이므로 여기서는 셀 하나의 크기를 5×5로 지정하고, 블록 하나의 크기는 10×10 크기로 설정하겠습니다. 셀 하나에서 그래디언트 방향 히스토그램은 아홉 개의 빈으로 구성하므로, 블록 하나에서는 $9 \times 4 = 36$개의 빈으로 구성된 히스토그램 정보가 추출됩니다. 또한 블록은 보통 하나의 셀 단위로 이동하므로 가로로 세 개, 세로로 세 개 만들 수 있습니다. 그러므로 필기체 숫자 영상 하나에서 만들어지는 HOG 특징 벡터의 차원 크기는 $36 \times 9 = 324$로 결정됩니다. 즉, 20×20 숫자 영상 하나에서 1×324 특징 벡터 행렬이 만들어지고, 이 행렬을 모두 세로로 쌓으면 5000×324 크기의 HOG 특징 벡터 행렬을 만들 수 있습니다. 그리고 이 행렬을 SVM 클래스의 훈련 데이터로 전달합니다.

▼ 그림 15-13 HOG 특징 벡터를 이용한 필기체 숫자 학습

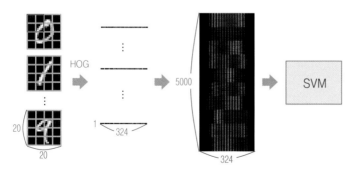

필기체 숫자 영상에서 HOG 특징 벡터를 추출하려면 HOGDescriptor 클래스를 사용합니다. 13.3 절에서는 보행자를 검출하는 용도로만 HOGDescriptor 클래스를 사용하였지만, HOGDescriptor 클래스는 임의의 영상에서 HOG 기술자를 추출하는 기능도 제공합니다. 임의의 영상에서 HOG 기술자를 추출하려면 HOGDescriptor 객체를 먼저 생성해야 합니다. 이때 HOGDescriptor 클래스 기본 생성자를 사용하면 보행자 검출 시 사용한 설정을 기반으로 HOGDescriptor 객체가 생성됩니다. 20×20 영상에서 5×5 셀과 10×10 블록을 사용하는 HOG 기술자를 생성하려면 다음의 생성자를 사용해야 합니다.

```
HOGDescriptor::HOGDescriptor(Size _winSize, Size _blockSize, Size _blockStride,
            Size _cellSize, int _nbins, int _derivAperture = 1, double _winSigma = -1,
            HOGDescriptor::HistogramNormType _histogramNormType = HOGDescriptor::L2Hys,
            double _L2HysThreshold = 0.2, bool _gammaCorrection = false,
            int _nlevels = HOGDescriptor::DEFAULT_NLEVELS,
            bool _signedGradient = false)
```

- _winSize   검출 윈도우 크기
- _blockSize   블록 크기
- _blockStride   블록 이동 크기
- _cellSize   셀 크기
- _nbins   히스토그램 빈 개수
- _derivAperture   현재 사용되지 않습니다.
- _winSigma   가우시안 블러를 위한 표준 편차
- _histogramNormType 현재 사용되지 않습니다.
- _L2HysThreshold   L2-Hys 정규화 임계값
- _gammaCorrection   감마 보정 수행 여부
- _nlevels   검출 윈도우 증가 최대 횟수. 기본값은 64입니다.
- _signedGradient   그래디언트 방향 부호 사용 여부

이 생성자는 매우 많은 인자를 받도록 되어 있지만, 뒷부분의 많은 인자는 기본값이 설정되어 있습니다.[5] 그러므로 _winSize, _blockSize, _blockStride, _cellSize, _nbins 인자만 적절하게 지정하여 사용할 수 있습니다. 20×20 영상에서 5×5 셀과 10×10 크기의 블록을 사용하고, 각 셀마다 아홉 개의 그래디언트 방향 히스토그램을 구하도록 설정하려면 다음과 같이 HOGDescriptor 객체를 생성합니다.

```
HOGDescriptor hog(Size(20, 20), Size(10, 10), Size(5, 5), Size(5, 5), 9);
```

---

5 사실 HOGDescriptor 클래스는 HOG 기술자를 생성하는 기본적인 동작은 수행하지만, 소스 코드가 잘 정리되어 있지 않은 상태입니다. 일부 클래스 멤버 변수는 사용되지 않고 있으며, OpenCV 문서화도 제대로 되어 있지 않은 상태입니다. 이 책에서는 HOGDescriptor 생성자에서 기본값이 지정되어 있는 인자는 그대로 기본값을 사용할 것이며, 이 경우 프로그램이 정상적으로 동작하는 것을 확인하였습니다.

일단 HOGDescriptor 객체를 생성한 후에는 HOGDescriptor::compute() 멤버 함수를 이용하여 HOG 기술자를 계산할 수 있습니다. HOGDescriptor::compute() 함수 원형은 다음과 같습니다.

```
virtual void HOGDescriptor::compute(InputArray img,
                std::vector<float>& descriptors,
                Size winStride = Size(),
                Size padding = Size(),
                const std::vector<Point>& locations = std::vector<Point>()) const;
```

- img   입력 영상
- descriptors 출력 HOG 기술자. CV_32F
- winStride   윈도우 이동 크기. 블록 이동 크기의 배수이어야 합니다.
- padding   영상 가장자리 패딩 크기
- locations   계산 시작 위치

HOGDescriptor::compute() 함수에 의해 계산되는 HOG 기술자는 descriptors 벡터에 저장되며, 이 벡터에 저장되는 float 값의 개수는 HOGDescriptor 객체 생성 시 설정한 셀 크기, 블록 크기, 블록 이동 크기 등에 의해 자동으로 결정됩니다.

digits.png 영상으로부터 HOG 특징 벡터를 추출하여 SVM 알고리즘으로 학습시키고, 사용자가 마우스로 쓴 필기체 숫자를 인식하는 svmdigits 예제 프로그램 소스 코드를 코드 15-6에 나타냈습니다. svmdigits 예제 프로그램은 15.2.3절에서 설명한 knndigits 예제 프로그램과 동작 방식이 거의 동일합니다. 다만 내부적으로 사용하는 머신 러닝 알고리즘과 머신 러닝에서 학습에 사용하는 특징 벡터 종류만 다를 뿐입니다. 코드 15-6의 svmdigits 전체 소스 코드 파일과 사용된 digits.png 영상 파일은 내려받은 예제 파일 중 ch15/svmdigits 프로젝트에서 확인하기 바랍니다.[6]

코드 15-6 SVM 알고리즘을 이용한 필기체 숫자 인식 [ch15/svmdigits]

```
01    #include "opencv2/opencv.hpp"
02    #include <iostream>
03
04    using namespace cv;
05    using namespace cv::ml;
06    using namespace std;
07
08    Ptr<SVM> train_hog_svm(const HOGDescriptor& hog);
09    void on_mouse(int event, int x, int y, int flags, void* userdata);
```

---

6 svmdigits 프로그램은 HOGDescriptor 클래스 구현상의 문제로 디버그 모드에서는 동작하지 않고 릴리스 모드에서만 동작합니다. 그러므로 Visual Studio 상단 솔루션 구성을 Release로 변경한 후 실행하기 바랍니다.

```
10
11   int main()
12   {
13   #if _DEBUG
14       cout << "svmdigits.exe should be built as Release mode!" << endl;
15       return 0;
16   #endif
17
18       HOGDescriptor hog(Size(20, 20), Size(10, 10), Size(5, 5), Size(5, 5), 9);
19
20       Ptr<SVM> svm = train_hog_svm(hog);
21
22       if (svm.empty()) {
23           cerr << "Training failed!" << endl;
24           return -1;
25       }
26
27       Mat img = Mat::zeros(400, 400, CV_8U);
28
29       imshow("img", img);
30       setMouseCallback("img", on_mouse, (void*)&img);
31
32       while (true) {
33           int c = waitKey();
34
35           if (c == 27) {
36               break;
37           } else if (c == ' ') {
38               Mat img_resize;
39               resize(img, img_resize, Size(20, 20), 0, 0, INTER_AREA);
40
41               vector<float> desc;
42               hog.compute(img_resize, desc);
43
44               Mat desc_mat(desc);
45               int res = cvRound(svm->predict(desc_mat.t()));
46               cout << res << endl;
47
48               img.setTo(0);
49               imshow("img", img);
50           }
51       }
52
53       return 0;
54   }
55
56   Ptr<SVM> train_hog_svm(const HOGDescriptor& hog)
```

```cpp
57  {
58      Mat digits = imread("digits.png", IMREAD_GRAYSCALE);
59
60      if (digits.empty()) {
61          cerr << "Image load failed!" << endl;
62          return 0;
63      }
64
65      Mat train_hog, train_labels;
66
67      for (int j = 0; j < 50; j++) {
68          for (int i = 0; i < 100; i++) {
69              Mat roi = digits(Rect(i * 20, j * 20, 20, 20));
70
71              vector<float> desc;
72              hog.compute(roi, desc);
73
74              Mat desc_mat(desc);
75              train_hog.push_back(desc_mat.t());
76              train_labels.push_back(j / 5);
77          }
78      }
79
80      Ptr<SVM> svm = SVM::create();
81      svm->setType(SVM::Types::C_SVC);
82      svm->setKernel(SVM::KernelTypes::RBF);
83      svm->setC(2.5);
84      svm->setGamma(0.50625);
85      svm->train(train_hog, ROW_SAMPLE, train_labels);
86
87      return svm;
88  }
89
90  Point ptPrev(-1, -1);
91
92  void on_mouse(int event, int x, int y, int flags, void* userdata)
93  {
94      Mat img = *(Mat*)userdata;
95
96      if (event == EVENT_LBUTTONDOWN)
97          ptPrev = Point(x, y);
98      else if (event == EVENT_LBUTTONUP)
99          ptPrev = Point(-1, -1);
100     else if (event == EVENT_MOUSEMOVE && (flags & EVENT_FLAG_LBUTTON))
101     {
102         line(img, ptPrev, Point(x, y), Scalar::all(255), 40, LINE_AA, 0);
103         ptPrev = Point(x, y);
```

```
104
105             imshow("img", img);
106         }
107     }
```

- 13~16행   HOGDescriptor 클래스 구현상의 문제로 svmdigits 프로그램은 디버그 모드에서 실행 시 에러가 발생합니다. 그러므로 디버그 모드로 실행할 때에는 문자열을 출력한 후 종료합니다.

- 18행   HOGDescriptor 객체 hog를 생성합니다.

- 20행   train_hog_svm() 함수를 이용하여 SVM을 학습시킵니다.

- 37~46행   img 창에서 [Space] 키를 누르면 img 영상을 20×20 크기로 변환한 후 HOG 특징 벡터를 계산합니다. 계산된 HOG 특징 벡터를 1×324 크기의 행렬로 변환하여 SVM 결과를 예측하고, 그 결과를 콘솔 창에 출력합니다.

- 65~78행   digits.png에 포함된 5000개의 필기체 숫자 부분 영상으로부터 각각 HOG 특징 벡터를 추출하여 5000×324 크기의 train_hog 행렬과 5000×1 크기의 train_labels 행렬을 생성합니다.

- 80행   SVM 객체를 생성합니다.

- 81~82행   SVM 타입은 C_SVC로 설정하고, 커널 함수는 RBF로 설정합니다.

- 83~84행   파라미터 C와 Gamma 값을 각각 2.5, 0.50625로 설정합니다.

- 85행   SVM 학습을 진행합니다.

- 90~107행   마우스를 이용하여 숫자 영상을 그립니다.

코드 15-6에서 SVM 알고리즘을 학습시키는 코드에 대해 살펴보겠습니다. 코드 15-6의 83~84행에서 설정한 C와 Gamma 파라미터 값은 사실 SVM::trainAuto() 함수를 이용하여 구한 값입니다. 즉, 85행 svm->train(); 함수 호출 코드 대신 다음 코드를 실행하고, 콘솔 창에 출력되는 C와 Gamma 값을 코드 15-6의 83~84행에서 사용한 것입니다.

```
svm->trainAuto(train_hog, ROW_SAMPLE, train_labels);
cout << "C: " << svm->getC() << endl;
cout << "Gamma: " << svm->getGamma() << endl;
```

코드 15-6에서 svm->train() 함수 대신 svm->trainAuto() 함수를 호출하면 상당히 오랜 시간 동안 학습이 진행되므로, 최적의 파라미터를 알아낸 후에는 svm->trainAuto() 함수 대신 svm->train() 함수를 사용하는 것이 효율적입니다.

코드 15-6의 svmdigits 예제 프로그램을 실행하면 검은색으로 초기화된 img 창이 나타나고, img 창에 마우스로 숫자를 쓰고 키보드의 [Space] 키를 누르면 인식된 결과 숫자가 콘솔 창에 나타납니다. svmdigits 프로그램에서 제대로 숫자가 인식된 영상의 예를 그림 15-14에 나타냈습니다. 그림 15-14에 나타낸 영상은 img 창에 실제로 마우스로 쓴 숫자 영상이며, 각각의 숫자는 모두 정상적으로 인식되었습니다.

▼ 그림 15-14 svmdigits 예제 프로그램에서 인식에 성공한 영상의 예

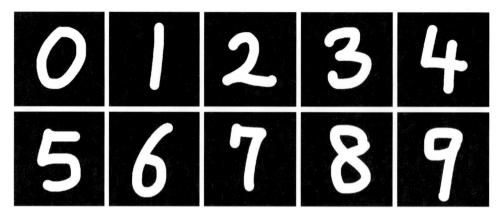

반면에 정상적으로 인식되지 않은 필기체 숫자의 예를 그림 15-15에 나타냈습니다. 그림 15-15(a)는 숫자 0을 적었지만 2로 인식되었고, 그림 15-15(b)는 숫자 1을 적었지만 4로 인식되었습니다. 그림 15-15(c)는 숫자 6을 적었지만 5로 인식되었고, 그림 15-15(d)는 숫자 9를 적었지만 7로 인식되었습니다. 숫자를 중앙이 아닌 한편으로 치우치게 적거나, 다른 숫자와 비슷한 형태로 쓴 경우에 잘못 인식하는 경우가 많이 발생합니다.

▼ 그림 15-15 svmdigits 예제 프로그램에서 인식에 실패한 영상의 예

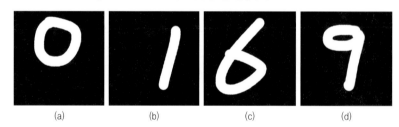

    (a)   (b)   (c)   (d)

16장

딥러닝과
OpenCV

16.1 딥러닝과 OpenCV DNN 모듈

이 절에서는 1950년대부터 시작된 신경망 기초 이론부터 최근의 딥러닝까지 전반적인 내용에 대해 알아보겠습니다. 그리고 OpenCV에서 딥러닝 실행을 위해 새롭게 지원하는 dnn 모듈의 기본적인 사용 방법에 대해 설명합니다. 딥러닝에 대한 깊이 있는 이론을 다루는 것은 이 책의 범위를 벗어나지만, OpenCV dnn 모듈을 이용하여 딥러닝을 활용하기 위해 필요한 기본적인 내용은 간략히 정리하겠습니다.

16.1.1 신경망과 딥러닝

딥러닝(deep learning)은 2000년대부터 사용되고 있는 심층 신경망(deep neural network)의 또 다른 이름입니다. 신경망(neural network)은 인공 신경망(artificial neural network)이라고도 불리며, 이는 사람의 뇌 신경 세포(neuron)에서 일어나는 반응을 모델링하여 만들어진 고전적인 머신 러닝 알고리즘입니다. 즉, 딥러닝이란 신경망을 여러 계층(layer)으로 쌓아서 만든 머신 러닝 알고리즘 일종입니다. 컴퓨터 비전 분야에서 딥러닝 기술이 크게 주목받고 있는 이유는 객체 인식, 얼굴 인식, 객체 검출, 분할 등의 다양한 영역에서 딥러닝이 적용된 기술이 기존의 컴퓨터 비전 기반 기술보다 월등한 성능을 보여 주고 있기 때문입니다.

영상을 인식하는 분류 문제에서 전통적인 머신 러닝과 딥러닝에 의한 학습 및 인식 과정을 그림 16-1에 나타냈습니다. 기존의 머신 러닝 학습에서는 영상으로부터 인식에 적합한 특징을 사람이 추출하여 머신 러닝 알고리즘 입력으로 전달합니다. 그러면 머신 러닝 알고리즘이 특징 벡터 공간에서 여러 클래스 영상을 상호 구분하기에 적합한 규칙을 찾아냅니다. 이때 사람이 영상에서 추출한 특징이 영상 인식에 적합하지 않다면 어떤 머신 러닝 알고리즘을 사용한다고 하더라도 좋은 인식 성능을 나타내기 어렵습니다. 그러나 최근의 딥러닝은 특징 추출과 학습을 모두 딥러닝이 알아서 수행합니다. 즉, 여러 영상을 분류하기 위해 적합한 특징을 찾는 것과 이 특징을 잘 구분하는 규칙까지 딥러닝이 한꺼번에 찾아낼 수 있습니다.

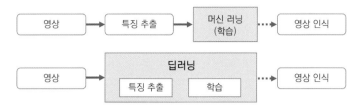

앞서 언급하였듯이 딥러닝은 신경망을 여러 계층으로 쌓아서 만들어진 구조입니다. 그러므로 딥러닝을 이해하려면 신경망에 대한 기본적인 이해가 필요합니다.

신경망의 가장 기초적인 형태는 1950년대에 개발된 퍼셉트론(perceptron) 구조입니다. 퍼셉트론 구조는 기본적으로 다수의 입력으로부터 가중합을 계산하고, 이를 이용하여 하나의 출력을 만들어 내는 구조입니다. 단순한 형태의 퍼셉트론 구조를 그림 16-2에 나타냈습니다. 그림 16-2에서 원으로 표현된 것을 노드(node) 또는 정점(vertex)이라고 하고, 노드 사이에 연결된 선을 에지(edge) 또는 간선이라고 부릅니다. 그림 16-2 위쪽에서 x_1과 x_2로 표기된 노드는 입력 노드이고, 오른쪽 y로 표기된 노드는 출력 노드입니다. 입력 노드로 이루어진 계층을 입력층(input layer)이라고 하고, 출력 노드로 이루어진 계층을 출력층(output layer)이라고 합니다. 각각의 에지는 가중치(weight)를 가지며, 그림 16-2에서는 두 개의 에지에 각각 w_1과 w_2의 가중치가 지정되어 있습니다. 이 퍼셉트론의 출력 y는 다음 수식에 의해 결정됩니다.

$$y = \begin{cases} 1 & w_1 x_1 + w_2 x_2 + b \geq 0 \text{일 때} \\ -1 & w_1 x_1 + w_2 x_2 + b < 0 \text{일 때} \end{cases}$$

앞 수식에서 b는 편향(bias)이라고 부르며, y 값 결정에 영향을 줄 수 있는 파라미터입니다.

▼ 그림 16-2 기본적인 퍼셉트론

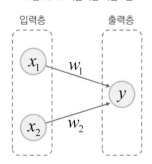

기본적인 퍼셉트론을 이용하여 어떤 일을 할 수 있는지 예제를 하나 살펴보겠습니다. 그림 16-3
은 2차원 평면상에 두 개의 클래스로 나눠진 점들의 분포를 보여 줍니다. 빨간색 삼각형 점들과
파란색 사각형 점을 분류하기 위해 퍼셉트론을 사용할 경우, 가중치는 $w_1 = w_2 = 1$로 설정하고,
편향은 $b = -0.5$로 설정할 수 있습니다. 이 경우 출력 y는 다음과 같이 결정됩니다.

$$y = \begin{cases} 1 & x_1 + x_2 - 0.5 \geq 0 일\ 때 \\ -1 & x_1 + x_2 - 0.5 < 0 일\ 때 \end{cases}$$

앞 수식에 빨간색 삼각형 점의 좌표를 입력하면 y는 1이 되고, 파란색 사각형 점의 좌표를 입
력하면 y는 -1이 됩니다. 그림 16-3에서 두 점들의 분포를 가르는 보라색 직선의 방정식은
$x_1 + x_2 - 0.5 = 0$으로 표현됩니다.

▼ 그림 16-3 퍼셉트론에 의한 점들의 분류

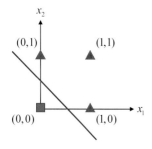

이처럼 기본적인 퍼셉트론은 입력 데이터를 두 개의 클래스로 선형 분류하는 용도로 사용할 수 있
습니다. 좀 더 복잡한 형태로 분포되어 있는 데이터 집합에 대해서는 노드의 개수를 늘리거나, 입
력과 출력 사이에 여러 개의 은닉층(hidden layer)을 추가하는 형태로 구조를 발전시켜 해결할 수
있습니다. 그림 16-4는 여러 개의 은닉층이 존재하는 다층 퍼셉트론(MLP, Multi-Layer Perceptron)
구조의 예입니다.

▼ 그림 16-4 다층 퍼셉트론

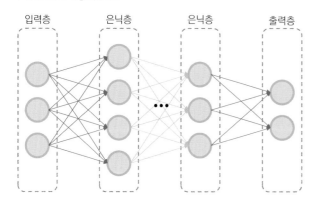

신경망이 주어진 문제를 제대로 해결하려면 신경망 구조가 문제에 적합해야 하고, 에지에 적절한 가중치가 부여되어야 합니다. 에지의 가중치와 편향 값은 경사 하강법(gradient descent), 오류 역전파(error backpropagation) 등의 알고리즘에 의해 자동으로 결정할 수 있습니다. 신경망에서 학습이란 결국 훈련 데이터셋을 이용하여 적절한 에지 가중치와 편향 값을 구하는 과정이라고 할 수 있습니다.

그러나 신경망은 2000년대 초반까지 크게 발전하지 못했습니다. 그 이유는 은닉층이 많아질수록 학습 시간이 너무 오래 걸리고, 학습도 제대로 되지 않는 문제가 해결되지 않았기 때문입니다. 그러다가 2000년대 후반, 2010년 초반부터 신경망은 심층 신경망 또는 딥러닝이라는 새로운 이름으로 크게 발전하기 시작했습니다. 2000년대에 딥러닝이 크게 발전한 이유는 크게 세 가지를 들 수 있습니다. 첫 번째는 딥러닝 알고리즘이 개선되면서 은닉층이 많아져도 학습이 제대로 이루어지게 되었다는 점입니다. 두 번째는 하드웨어의 발전, 특히 GPU(Graphics Processing Unit) 성능 향상과 GPU를 활용한 학습 방법으로 인해 딥러닝 학습 시간이 크게 단축되었기 때문입니다. 세 번째 이유는 인터넷의 발전에 따른 빅데이터 활용이 용이해졌다는 점입니다. 특히 컴퓨터 비전 분야에서는 Pascal VOC[1], ImageNet[2]과 같이 잘 다듬어진 영상 데이터를 활용할 수 있었다는 점이 큰 장점으로 작용했습니다. 대용량 영상 데이터셋을 이용한 영상 인식 대회 등을 통해 알고리즘 경쟁과 공유가 활발하게 이루어졌다는 점도 딥러닝 발전에 긍정적인 영향을 끼쳤습니다.

다양한 딥러닝 구조 중에서 특히 영상을 입력으로 사용하는 영상 인식, 객체 검출 등의 분야에서는 합성곱 신경망(CNN, Convolutional Neural Network) 구조가 널리 사용되고 있습니다. CNN 구조는 보통 2차원 영상에서 특징을 추출하는 컨볼루션(convolution) 레이어와 추출된 특징을 분류하는 완전 연결(FC, Fully Connected) 레이어로 구성됩니다.[3] 그림 16-5는 영상 분류를 위한 일반적인 CNN 네트워크 구조를 보여 줍니다. CNN 구조에서 컨볼루션은 7.1.1절에서 설명한 필터링과 유사한 성격을 가지며, 영상의 지역적인 특징을 추출하는 역할을 담당합니다. 풀링(pooling)은 비선형 다운샘플링(down sampling)을 수행하여 데이터양을 줄이고 일부 특징을 강조하는 역할을 합니다. 완전 연결 레이어는 고전적인 다층 퍼셉트론과 비슷한 구조로서, 앞에서 추출된 특징을 이용하여 출력 값을 결정합니다. 보통 컨볼루션 레이어를 여러 개 연결하고, 맨 뒤에 완전 연결 레이어를 연결하는 형태로 CNN 네트워크를 구성합니다.

---

1 2005년부터 2012년까지 진행되었던 영상 인식, 객체 검출, 분할 등의 성능을 겨루는 대회입니다. 이때 사용되었던 영상 데이터셋은 http://host.robots.ox.ac.uk/pascal/VOC/ 웹 사이트에서 내려받을 수 있습니다.

2 ImageNet은 사람이 수작업으로 분류한 1400만 개 이상의 영상 데이터셋입니다. 공식 사이트 주소는 http://www.image-net.org/입니다.

3 레이어(layer)는 앞에서 신경망 설명에서는 계층으로 표현하였지만, 이후 설명에서는 레이어라고 표기하겠습니다.

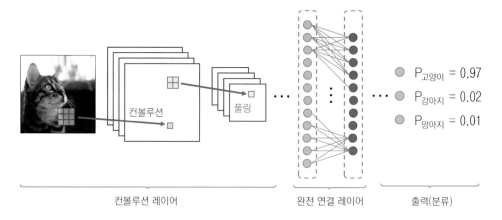

▼ 그림 16-5 일반적인 CNN 네트워크 구조

$P_{고양이}$ = 0.97

$P_{강아지}$ = 0.02

$P_{망아지}$ = 0.01

컨볼루션

풀링

컨볼루션 레이어

완전 연결 레이어

출력(분류)

컴퓨터 비전 분야에서 사용되는 딥러닝 알고리즘은 대부분 CNN 구조를 기본으로 사용하면서 인식의 정확도를 높이거나 연산 속도를 빠르게 하는 등의 목적에 맞게 변형된 형태입니다. 컨볼루션 단계에서 사용하는 커널을 1×1, 3×3, 5×5 등 다양한 크기로 구성하기도 하고, 레이어 사이의 연결 방식도 새롭게 설계하여 효과적인 성능을 얻기도 합니다. 최신 딥러닝 알고리즘에 대한 추가적인 설명은 다른 딥러닝 전문 서적을 참고하기 바랍니다.

16.1.2 OpenCV DNN 모듈

딥러닝은 데이터를 다루는 많은 분야에서 기존의 머신 러닝을 상당 부분 대체하고 있습니다. 음성 인식, 번역, 통계 분석 등의 다양한 분야에서 딥러닝이 활용되고 있지만 그중에서도 컴퓨터 비전은 딥러닝이 가장 활발하게 적용되고 발전을 거듭하고 있는 분야입니다. OpenCV는 이러한 트렌드를 제대로 이해하고 OpenCV 3.1 버전부터 딥러닝을 활용할 수 있는 dnn(deep neural network) 모듈을 새롭게 제공하기 시작했습니다.

OpenCV dnn 모듈은 이미 만들어진 네트워크에서 순방향 실행을 위한 용도로 설계되었습니다. 즉, 딥러닝 학습은 기존의 유명한 카페(Caffe), 텐서플로(TensorFlow) 등의 다른 딥러닝 프레임워크에서 진행하고, 학습된 모델을 불러와서 실행할 때에는 dnn 모듈을 사용하는 방식입니다.[4] 많은 딥러닝 프레임워크가 파이썬 언어를 사용하고 있지만, OpenCV dnn 모듈은 C/C++ 환경에서도 동작할 수 있기 때문에 프로그램 이식성이 높다는 장점이 있습니다. dnn 모듈은 OpenCV 3.1에

---

4 dnn 모듈은 이미 구성된 네트워크에 레이어를 추가하거나 수정하는 기능도 제공됩니다만, 이 책에서는 다루지 않습니다.

서는 추가 모듈 형태로 지원되었고, OpenCV 3.3 버전부터 기본 모듈에 포함되었습니다.

OpenCV dnn 모듈에서 지원하는 딥러닝 프레임워크는 다음과 같습니다.

- 카페(Caffe)　　　　　　http://caffe.berkeleyvision.org/
- 텐서플로(TensorFlow)　https://www.tensorflow.org/
- 토치(Torch)　　　　　　http://torch.ch/
- 다크넷(Darknet)　　　　https://pjreddie.com/darknet/
- DLDT　　　　　　　　https://github.com/opencv/dldt
- ONNX　　　　　　　　https://onnx.ai/

즉, OpenCV dnn 모듈은 카페, 텐서플로, 토치 등의 프레임워크에서 학습된 모델과 ONNX(Open Neural Network Exchange) 파일 형식으로 저장된 모델을 불러와 실행할 수 있습니다.

OpenCV dnn 모듈은 이미 널리 사용되고 있는 딥러닝 네트워크 구성을 지원하고, 최근에 새롭게 개발되고 있는 딥러닝 네트워크도 지속적으로 추가 지원하고 있습니다. 영상 인식과 관련된 AlexNet, GoogLeNet, VGG, ResNet, SqueezeNet, DenseNet, ShuffleNet, MobileNet, Darknet 등의 네트워크가 OpenCV에서 동작됨이 확인되었습니다. 객체 검출과 관련해서는 VGG-SSD, MobileNet-SSD, Faster-RCNN, R-FCN, OpenCV face detector, Mask-RCNN, EAST, YOLOv2, tiny YOLO, YOLOv3 등의 모델을 사용할 수 있습니다. 이외에도 사람의 포즈를 인식하는 OpenPose, 흑백 영상에 자동으로 색상을 입히는 Colorization, 사람 얼굴 인식을 위한 OpenFace 등의 모델도 OpenCV dnn 모듈에서 사용할 수 있습니다.

dnn 모듈에서 딥러닝 네트워크는 cv::dnn::Net 클래스를 이용하여 표현합니다. Net 클래스는 dnn 모듈에 포함되어 있고, cv::dnn 네임스페이스 안에 정의되어 있습니다.[5] Net 클래스는 다양한 레이어로 구성된 네트워크 구조를 표현하고, 네트워크에서 특정 입력에 대한 순방향 실행을 지원합니다. 간략화한 Net 클래스 정의를 코드 16-1에 나타냈습니다.

코드 16-1 간략화한 cv::dnn::Net 클래스 정의

```
01    class Net
02    {
03    public:
04        Net();
05        ~Net();
```

5　이 장에서 나오는 Net 클래스와 다수의 dnn 관련 함수는 cv::dnn 네임스페이스에 정의되어 있습니다. 다만 이 책에서는 표기를 간략하게 하기 위해 많은 경우 본문에서 cv::dnn 네임스페이스 표기를 생략하겠습니다.

```
06
07        bool empty() const;
08
09        Mat forward(const String& outputName = String());
10        void setInput(InputArray blob, const String& name = "",
11            double scalefactor = 1.0, const Scalar& mean = Scalar());
12
13        void setPreferableBackend(int backendId);
14        void setPreferableTarget(int targetId);
15
16        int64 getPerfProfile(std::vector<double>& timings);
17        ...
18    };
```

- 4~5행   기본 생성자와 소멸자입니다.

- 7행   Net::empty() 멤버 함수는 네트워크가 비어 있으면 true를 반환합니다.

- 9행   Net::forward() 멤버 함수는 네트워크 입력을 설정합니다.

- 10~11행 Net::setInput() 멤버 함수는 네트워크를 순방향으로 실행합니다.

- 13행   Net::setPreferableBackend() 멤버 함수는 선호하는 백엔드(backend)를 지정합니다.

- 14행   Net::setPreferableTarget() 멤버 함수는 선호하는 타깃 디바이스(target device)를 지정합니다.

- 16행   Net::getPerfProfile() 멤버 함수는 추론에 소요된 전체 틱 시간과 각 레이어에서 소요된 틱 시간
           을 반환합니다.

지금부터는 Net 클래스 객체를 생성하여 네트워크를 구성하고, 생성된 네트워크에서 특정 입력에
대한 출력을 얻기 위해 필요한 일련의 OpenCV 함수 사용법에 대해 자세히 알아보겠습니다.

Net 클래스 객체는 보통 사용자가 직접 생성하지 않으며 readNet() 등의 함수를 이용하여 생성합
니다. readNet() 함수는 미리 학습된 딥러닝 모델과 네트워크 구성 파일을 이용하여 Net 객체를
생성합니다. readNet() 함수 원형은 다음과 같습니다.

```
Net readNet(const String& model,
            const String& config = "",
            const String& framework = "");
```

- model   훈련된 가중치를 저장하고 있는 이진 파일 이름
- config   네트워크 구성을 저장하고 있는 텍스트 파일 이름
- framework   명시적인 딥러닝 프레임워크 이름
- 반환값   Net 객체

readNet() 함수는 훈련된 가중치가 저장된 model 파일과 네트워크 구조를 표현하는 config 파일
을 이용하여 Net 객체를 생성합니다. 만약 model 파일에 네트워크 훈련 가중치와 네트워크 구조가

함께 저장되어 있다면 config 인자를 생략할 수 있습니다. framework 인자에는 모델 파일 생성 시 사용된 딥러닝 프레임워크 이름을 지정합니다. 만약 model 또는 config 파일 이름 확장자를 통해 프레임워크 구분이 가능한 경우에는 framework 인자를 생략할 수 있습니다. model과 config 인자에 지정할 수 있는 파일 이름 확장자와 framework에 지정 가능한 프레임워크 이름을 표 16-1에 정리했습니다.

▼ 표 16-1 딥러닝 프레임워크에 따른 model 및 config 파일 확장자

딥러닝 프레임워크	model 파일 확장자	config 파일 확장자	framework 문자열
카페	*.caffemodel	*.prototxt	"caffe"
텐서플로	*.pb	*.pbtxt	"tensorflow"
토치	*.t7 또는 *.net		"torch"
다크넷	*.weights	*.cfg	"darknet"
DLDT	*.bin	*.xml	"dldt"
ONNX	*.onnx		"onnx"

readNet() 함수는 전달된 framework 문자열, 또는 model과 config 파일 이름 확장자를 분석하여 내부에서 해당 프레임워크에 맞는 readNetFromXXX() 형태의 함수를 다시 호출합니다. 예를 들어 model 파일 확장자가 *.caffemodel이면 readNetFromCaffe() 함수를 호출하고, model 파일 확장자가 *.pb이면 readNetFromTensorflow() 함수를 다시 호출하여 Net 객체를 생성합니다. 이외에도 readNetFromTorch(), readNetFromDarknet(), readNetFromModelOptimizer(), readNetFromONNX() 함수가 OpenCV에서 제공되고 있습니다. readNetFromXXX() 형태의 함수를 사용자가 직접 호출하여 사용할 수도 있지만, OpenCV 4.0.0 버전부터는 readNet() 대표 함수를 사용하는 것이 좋습니다.

readNet() 함수를 이용하여 Net 객체를 생성한 후에는 Net::empty() 멤버 함수를 사용하여 Net 객체가 정상적으로 생성되었는지 확인하는 것이 좋습니다. 만약 Net::empty() 함수가 true를 반환하면 예외 처리 코드를 추가합니다.

```
bool Net::empty() const;
```

- 반환값　　　　네트워크가 비어 있으면 true를 반환합니다.

일단 Net 객체가 정상적으로 생성되었다면 이제 생성된 네트워크에 새로운 데이터를 입력하여 그 결과를 확인할 수 있습니다. 이때 Net 객체로 표현되는 네트워크 입력으로 Mat 타입의 2차원 영상을 그대로 입력하는 것이 아니라 블롭(blob) 형식으로 변경해야 합니다. 블롭이란 영상 등의 데이

터를 포함할 수 있는 다차원 데이터 표현 방식입니다. OpenCV에서 블롭은 Mat 타입의 4차원 행렬로 표현됩니다. 이때 각 차원은 NCHW 정보를 표현합니다. 여기서 N은 영상 개수, C는 채널 개수, H와 W는 각각 영상의 세로와 가로 크기를 의미합니다. OpenCV에서는 blobFromImage() 함수를 이용하여 Mat 영상으로부터 블롭을 생성합니다. blobFromImage() 함수 원형은 다음과 같습니다.

```
Mat blobFromImage(InputArray image,
                  double scalefactor = 1.0,
                  const Size& size = Size(),
                  const Scalar& mean = Scalar(),
                  bool swapRB = false,
                  bool crop = false,
                  int ddepth = CV_32F);
```

• image	입력 영상. 1 또는 3 또는 4채널
• scalefactor	입력 영상 픽셀 값에 곱할 값
• size	출력 영상의 크기
• mean	입력 영상 각 채널에서 뺄 평균값. 만약 image가 BGR 채널 순서이고 swapRB가 true이면 (R 평균, G 평균, B 평균) 순서로 값을 지정합니다.
• swapRB	첫 번째 채널과 세 번째 채널을 서로 바꿀 것인지를 결정하는 플래그. 이 값이 true이면 컬러 입력 영상의 채널 순서를 BGR에서 RGB로 변경합니다.
• crop	입력 영상의 크기를 변경한 후, 크롭(crop)을 수행할 것인지를 결정하는 플래그
• ddepth	출력 블롭의 깊이. CV_32F 또는 CV_8U를 지정합니다.
• 반환값	영상으로부터 구한 블롭 객체. 4차원(NCHW) Mat 행렬입니다.

blobFromImage() 함수는 입력 영상 image로부터 4차원 블롭 객체를 생성하여 반환합니다. 입력 영상으로부터 블롭 객체를 만들 때에는 사용할 네트워크 구성에 대해 제대로 이해하고 있어야 합니다. 딥러닝 네트워크마다 고유의 입력 블롭 크기와 행렬 원소 값 구성 방법을 가지고 있으며, 이러한 구성에 맞게 블롭 크기 또는 원소 값을 제대로 설정해야 합니다. 예를 들어 사용할 네트워크가 학습 과정에서 224×224 크기의 입력 영상을 사용하였으므로 blobFromImage() 함수의 size 인자에 Size(224, 224)를 지정해야 합니다. 만약 입력 영상 픽셀 값 범위를 0에서 1 사이의 실수로 정규화하여 훈련된 딥러닝 모델을 사용한다면 scalefactor 인자에 1/255.f를 지정해야 합니다. mean 인자에는 입력 영상의 모든 픽셀에서 추가로 뺄 값을 지정하며, 없으면 Scalar()를 지정합니다. 만약 딥러닝 프레임워크에서 컬러 영상 채널 순서를 RGB로 사용하였다면 swapRB 인자를 true로 지정해야 합니다.

blobFromImage() 함수로 생성한 블롭 객체는 Net::setInput() 멤버 함수를 이용하여 네트워크 입력으로 설정합니다. Net::setInput() 함수 원형은 다음과 같습니다.

```
void Net::setInput(InputArray blob,
                   const String& name = "",
                   double scalefactor = 1.0,
                   const Scalar& mean = Scalar());
```

- blob   블롭 객체. CV_32F 또는 CV_8U
- name   입력 레이어 이름
- scalefactor   추가적으로 픽셀 값에 곱할 값
- mean   추가적으로 픽셀 값에서 뺄 평균값

Net::setInput() 함수 인자에도 blobFromImage() 함수에 있는 scalefactor와 mean 인자가 있어서, 추가적인 픽셀 값을 조정할 수 있습니다. 결국 네트워크에 입력되는 블롭은 다음과 같은 형태로 설정됩니다.

$$\text{input}(n, c, h, w) = \text{scalefactor} \times \big(\text{blob}(n, c, h, w) - \text{mean}_c\big)$$

네트워크 입력을 설정한 후에는 네트워크를 순방향으로 실행하여 결과를 예측할 수 있습니다. 네트워크를 실행할 때에는 Net::forward() 멤버 함수를 사용합니다. Net::forward() 함수는 순방향으로 네트워크를 실행한다는 의미이며, 이를 추론(inference)이라고도 합니다. Net::forward() 함수 원형은 다음과 같습니다.

```
Mat Net::forward(const String& outputName = String());
```

- outputName   출력 레이어 이름
- 반환값   지정한 레이어의 출력 블롭

Net::forward() 함수는 Net::setInput() 함수로 설정한 입력 블롭을 이용하여 네트워크를 실행하고, outputName에 해당하는 레이어에서의 결과를 Mat 객체로 반환합니다. 만약 outputName을 지정하지 않으면 전체 네트워크 실행 결과를 반환합니다. Net::forward() 함수가 반환하는 Mat 객체의 형태는 사용하는 네트워크 구조에 따라 다르게 나타납니다. 그러므로 Net::forward() 함수가 반환한 Mat 행렬을 제대로 이용하려면 네트워크 구조와 동작 방식에 대해 충분히 이해하고 있어야 합니다.

지금까지 dnn 모듈에서 미리 학습된 딥러닝 모델을 불러와서 네트워크를 생성하고, 새로운 데이터를 이용하여 추론하는 방법에 대해 설명했습니다. OpenCV dnn 모듈은 이 책에서 소개한 내용보다 더 많은 함수와 클래스를 제공하지만, 여기서는 사용성이 높은 기능만 축약하여 정리하였습니다. dnn 모듈이 제공하는 기능은 지금도 지속적으로 업데이트되고 있으며, 보다 자세한 사항은 OpenCV 문서 사이트를 참고하기 바랍니다.

16.2 딥러닝 학습과 OpenCV 실행

이 절에서는 필기체 숫자 인식을 수행하는 간단한 딥러닝 구조를 학습시키고, 학습된 결과 모델을 이용하여 필기체 숫자를 인식하는 OpenCV 예제 프로그램을 만들어 보겠습니다. 딥러닝 학습은 이 책에서 다루는 범위를 벗어난 주제이긴 합니다만, 간단하게 따라 할 수 있는 예제를 통해 딥러닝 학습 과정과 모델 저장 방법, 그리고 저장된 모델을 OpenCV에서 사용하는 전반적인 흐름에 대해 이해하기 바랍니다.

16.2.1 텐서플로로 필기체 숫자 인식 학습하기

OpenCV dnn 모듈은 다른 딥러닝 프레임워크에서 훈련된 학습 모델 파일과 구성 파일을 이용하여 네트워크를 생성하고 실행할 수 있습니다. 이때 사용할 학습 모델 파일과 구성 파일을 만들기 위해서는 다른 딥러닝 프레임워크에서 딥러닝 학습을 진행하고, 학습 결과를 파일 형태로 저장해야 합니다. 사실 딥러닝을 학습시키고 그 결과를 저장하기 위해서는 꽤 많은 공부와 프로그래밍 연습이 필요합니다. 다만 이 책에서는 딥러닝 초보자도 쉽게 따라 할 수 있는 예제 코드를 이용하여 학습을 진행하고, 학습된 모델을 이용하는 방법을 설명하겠습니다. 이 과정에서 딥러닝 학습 코드에 대한 설명은 최대한 생략할 것이며, 단순히 딥러닝 학습 과정을 따라 해 보면서 딥러닝 학습 과정의 전반적인 흐름에 대해 알아보겠습니다.

이 절에서는 필기체 숫자 영상 인식을 딥러닝을 통해 학습할 것이며, 학습에 사용할 딥러닝 구조는 간단한 형태의 CNN 네트워크입니다. 그리고 딥러닝 학습을 위한 프레임워크로는 텐서플로를 사용할 것입니다.

많은 딥러닝 프레임워크가 파이썬(python) 언어를 주력으로 사용합니다. 텐서플로도 마찬가지로 파이썬을 주력으로 사용하며, 이를 위해 먼저 파이썬 프로그램을 설치해야 합니다. 이 책을 쓰고 있는 현재 파이썬 최신 버전은 3.7.2입니다. 파이썬 3.7.2 버전 설치 프로그램은 https://www.python.org/downloads/release/python-372/ 웹 사이트에서 내려받을 수 있습니다. 웹 브라우저를 이용하여 이 웹 사이트에 접속한 후, 'Windows x86-64 executable installer' 항목을 찾아 설치 프로그램을 내려받으세요. 파이썬 3.7.2 64비트 버전 설치 파일은 다음 주소를 통해서도 곧바로 내려받을 수 있습니다.

- https://www.python.org/ftp/python/3.7.2/python-3.7.2-amd64.exe

파이썬 3.7.2 설치 실행 파일 이름은 python-3.7.2-amd64.exe입니다. 이 파일을 실행하면 그림 16-6과 같은 화면이 나타납니다. 여기서 하단의 **Add Python 3.7 to PATH** 항목을 선택한 후, 화면 가운데 **Install Now**를 클릭하여 설치를 진행하세요.

▼ 그림 16-6 파이썬 3.7.2 설치 화면

파이썬 설치가 완료되었으면 이제 파이썬 프로그램에서 제공하는 pip 명령을 이용하여 텐서플로를 설치할 수 있습니다. pip는 파이썬에서 사용하는 패키지 설치 및 관리 프로그램 이름입니다. Windows 시작 메뉴에서 **명령 프롬프트**를 선택하여 실행한 후, 나타난 콘솔 창에 다음 명령을 입력하세요.

```
> pip install --upgrade tensorflow
```

이 명령을 입력하면 인터넷에서 최신 버전의 텐서플로 패키지를 내려받아 설치합니다. 이 책을 쓰고 있는 2019년 3월 현재, 이 명령을 실행하면 텐서플로 1.13.1 버전이 설치됩니다.

파이썬과 텐서플로를 설치하였다면 이제 딥러닝을 학습시킬 준비가 모두 되었습니다. 이 절에서 텐서플로로 학습할 대상은 필기체 숫자 영상 인식입니다. 15장에서 k 최근접 이웃과 서포트 벡터 머신 알고리즘을 이용하여 만들었던 필기체 숫자 예제 프로그램을 이 절에서는 딥러닝을 이용하여 만들어 볼 예정입니다. 이를 위해 먼저 딥러닝을 이용하여 필기체 숫자 영상 인식을 학습시키고, 그 결과를 파일로 저장할 것입니다.

딥러닝 분야에서는 필기체 숫자 인식 훈련을 위해 MNIST 데이터셋을 주로 사용합니다.[6] MNIST 는 뉴욕 대학교 얀 르쿤(Yann LeCun) 교수가 우편 번호 등의 필기체 숫자 인식을 위해 사용했던 데이터셋으로, 6만 개의 훈련용 영상과 1만 개의 테스트 영상으로 구성되어 있습니다. 각각의 숫자 영상은 28×28 크기로 구성되어 있고, 픽셀 값은 0에서 1 사이의 실수 값으로 정규화되어 있습니다. 그림 16-7은 MNIST 데이터셋 일부를 그레이스케일 영상 형식으로 변환하여 나타낸 결과입니다.

▼ 그림 16-7 MNIST 숫자 영상의 예

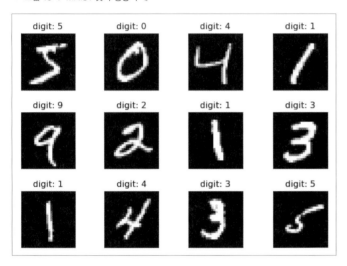

MNIST 데이터셋은 많은 딥러닝 프레임워크에서도 예제로 널리 사용하고 있으며, 텐서플로도 MNIST 데이터셋을 쉽게 불러올 수 있는 인터페이스를 제공합니다. 텐서플로에서 MNIST 데이터셋을 이용하여 필기체 숫자 인식 학습을 수행하는 파이썬 소스 코드를 코드 16-2에 나타냈습니다. 코드 16-2에 나타난 mnist_cnn.py 소스 파일은 내려받은 예제 파일 중 ch16/mnist_cnn 폴더에서 확인할 수 있습니다.

코드 16-2 텐서플로를 이용한 필기체 숫자 인식 학습(mnist_cnn.py 파일) [ch16/mnist_cnn]

```
01   import tensorflow as tf
02   from tensorflow.examples.tutorials.mnist import input_data
03   from tensorflow.python.framework import graph_util
04   from tensorflow.python.platform import gfile
05
06   tf.logging.set_verbosity(tf.logging.ERROR)
```

---

6   MNIST에 대한 자세한 정보는 http://yann.lecun.com/exdb/mnist/ 웹 사이트를 참고하세요.

```
07
08    mnist = input_data.read_data_sets("./MNIST_data/", one_hot=True)
09
10    #
11    # hyper parameters
12    #
13    learning_rate = 0.001
14    training_epochs = 20
15    batch_size = 100
16
17    #
18    # Model configuration
19    #
20    X = tf.placeholder(tf.float32, [None, 28, 28, 1], name='data')
21    Y = tf.placeholder(tf.float32, [None, 10])
22
23    conv1 = tf.layers.conv2d(X, 32, [3, 3], padding="same", activation=tf.nn.relu)
24    pool1 = tf.layers.max_pooling2d(conv1, [2, 2], strides=2, padding="same")
25
26    conv2 = tf.layers.conv2d(pool1, 64, [3, 3], padding="same", activation=tf.nn.relu)
27    pool2 = tf.layers.max_pooling2d(conv2, [2, 2], strides=2, padding="same")
28
29    flat3 = tf.contrib.layers.flatten(pool2)
30    dense3 = tf.layers.dense(flat3, 256, activation=tf.nn.relu)
31
32    logits = tf.layers.dense(dense3, 10, activation=None)
33    final_tensor = tf.nn.softmax(logits, name='prob')
34
35    cost = tf.reduce_mean(tf.nn.softmax_cross_entropy_with_logits_v2(labels=Y,
                              logits=logits))
36    optimizer = tf.train.AdamOptimizer(learning_rate).minimize(cost)
37
38    #
39    # Training
40    #
41    with tf.Session() as sess:
42        sess.run(tf.global_variables_initializer())
43        total_batch = int(mnist.train.num_examples / batch_size)
44
45        print('Start learning!')
46        for epoch in range(training_epochs):
47            total_cost = 0
48
49            for i in range(total_batch):
50                batch_xs, batch_ys = mnist.train.next_batch(batch_size)
51                batch_xs = batch_xs.reshape(-1, 28, 28, 1)
52                _, cost_val = sess.run([optimizer, cost], feed_dict={
```

```
53                                    X: batch_xs, Y: batch_ys})
54                    total_cost += cost_val
55
56          print('Epoch:', '%04d' % (epoch + 1), 'Avg. cost = ',
57                '{:.4f}'.format(total_cost/total_batch))
58
59      print('Learning finished!')
60
61      # Freeze variables and save pb file
62      output_graph_def = graph_util.convert_variables_to_constants(
63          sess, sess.graph_def, ['prob'])
64      with gfile.FastGFile('./mnist_cnn.pb', 'wb') as f:
65          f.write(output_graph_def.SerializeToString())
66
67      print('Save done!')
```

- 1~4행   프로그램 동작에 필요한 파이썬 패키지를 포함시킵니다.
- 8행   MNIST 데이터셋을 인터넷에서 내려받아 MNIST_data 폴더에 저장합니다.
- 20~36행   두 개의 컨볼루션 레이어와 하나의 완전 연결 레이어로 이루어진 네트워크를 구성합니다.
- 41~57행   딥러닝 학습을 수행합니다.
- 62~65행   학습 결과를 mnist_cnn.pb 파일로 저장합니다.

파이썬 프로그램과 텐서플로 사용법에 익숙하지 않으면 코드 16-2를 이해하기 쉽지 않을 것이며, 실제로도 완전히 이해할 필요는 없습니다. 앞에서도 언급하였지만 이 학습 프로그램의 소스 코드에 대한 자세한 설명은 생략하겠습니다. 여기서는 단순히 이 네트워크에서 입력 데이터로 MNIST 데이터셋을 사용하였기 때문에 각각의 필기체 숫자가 28×28 크기 행렬로 구성되어 있고, 각 행렬 원소 값은 0에서 1 사이의 실수 값으로 정규화되어 있다는 점을 기억하기 바랍니다. 또한 출력은 열 개의 노드로 구성되고, 각 노드의 값은 0부터 9까지의 숫자 값에 대한 확률이라는 점도 기억하세요. 그리고 학습된 결과와 네트워크 구성 정보는 mnist_cnn.pb 파일 하나에 저장됩니다.

코드 16-2의 mnist_cnn.py 파이썬 소스 코드는 python.exe 프로그램을 이용하여 실행할 수 있습니다. 명령 프롬프트 콘솔 창에서 mnist_cnn.py 소스 코드가 있는 폴더로 이동한 후, 다음 명령어를 입력하세요.

```
> python mnist_cnn.py
```

이 명령을 수행하면 mnist_cnn.py 파일에 적힌 파이썬 코드가 실행되면서 필기체 숫자 인식을 위한 학습을 수행합니다. 이 작업은 꽤 오랜 시간이 소요되며, 수십 분의 시간이 소요될 수 있습니다. 앞 명령을 실행하여 모든 학습이 완료된 상태의 콘솔 창 화면을 그림 16-8에 나타냈습니다. 이 작업이 완전히 종료되면 프로그램 실행 폴더에 mnist_cnn.pb 파일이 생성되고, 이 파일에 네트워크 구조와 학습된 모든 가중치 값이 저장됩니다. 다음 절에서는 학습 결과가 저장된 mnist_cnn.pb 파일을 이용하여 OpenCV에서 손글씨 숫자를 인식하는 예제 프로그램 작성 방법에 대해 알아보겠습니다.

❤ 그림 16-8 mnist_cnn.py 필기체 숫자 학습 화면

```
C:₩Windows₩System32₩cmd.exe                                          □    ×

C:\coding\opencv\ch16\mnist_cnn>python mnist_cnn.py
Successfully downloaded train-images-idx3-ubyte.gz 9912422 bytes.
Extracting ./MNIST_data/train-images-idx3-ubyte.gz
Successfully downloaded train-labels-idx1-ubyte.gz 28881 bytes.
Extracting ./MNIST_data/train-labels-idx1-ubyte.gz
Successfully downloaded t10k-images-idx3-ubyte.gz 1648877 bytes.
Extracting ./MNIST_data/t10k-images-idx3-ubyte.gz
Successfully downloaded t10k-labels-idx1-ubyte.gz 4542 bytes.
Extracting ./MNIST_data/t10k-labels-idx1-ubyte.gz
2019-02-18 21:49:15.069092: I tensorflow/core/platform/cpu_feature_guard.cc:141] Your CPU supports
instructions that this TensorFlow binary was not compiled to use: AVX2
Start learning!
Epoch: 0001 Avg. cost =  0.1776
Epoch: 0002 Avg. cost =  0.0500
Epoch: 0003 Avg. cost =  0.0334
Epoch: 0004 Avg. cost =  0.0231
Epoch: 0005 Avg. cost =  0.0171
Epoch: 0006 Avg. cost =  0.0126
Epoch: 0007 Avg. cost =  0.0112
Epoch: 0008 Avg. cost =  0.0086
Epoch: 0009 Avg. cost =  0.0088
Epoch: 0010 Avg. cost =  0.0065
Epoch: 0011 Avg. cost =  0.0047
Epoch: 0012 Avg. cost =  0.0050
Epoch: 0013 Avg. cost =  0.0061
Epoch: 0014 Avg. cost =  0.0037
Epoch: 0015 Avg. cost =  0.0048
Epoch: 0016 Avg. cost =  0.0032
Epoch: 0017 Avg. cost =  0.0018
Epoch: 0018 Avg. cost =  0.0053
Epoch: 0019 Avg. cost =  0.0030
Epoch: 0020 Avg. cost =  0.0023
Learning finished!
Save done!

C:\coding\opencv\ch16\mnist_cnn>
```

16.2.2 OpenCV에서 학습된 모델 불러와서 실행하기

앞 절에서는 텐서플로를 이용하여 MNIST 필기체 숫자 인식을 위한 학습을 수행하고, 그 결과를 mnist_cnn.pb 파일에 저장하였습니다. 이 절에서는 OpenCV dnn 모듈 기능을 이용하여 mnist_cnn.pb 파일을 불러와서 네트워크를 생성하고, 이 네트워크에 사용자가 마우스로 그린 숫자 영상을 입력으로 전달하여 인식하는 예제 프로그램을 만들어 보겠습니다.

OpenCV dnn 모듈을 사용함에 있어 가장 중요한 작업은 네트워크를 생성하는 일입니다. dnn

모듈에서 네트워크는 Net 클래스 객체로 표현되며, 이 객체는 readNet() 함수를 사용하여 생성할 수 있습니다. mnist_cnn.pb 학습 모델 파일을 이용하여 Net 객체를 생성하는 예제 코드는 다음과 같습니다.

```
Net net = readNet("mnist_cnn.pb");
```

앞 소스 코드에서 사용한 mnist_cnn.pb 파일은 프로그램 실행 폴더에 함께 있어야 합니다. readNet() 함수를 사용한 후에는 Net::empty() 함수를 사용하여 반환된 Net 객체가 정상적으로 생성되었는지를 확인하는 것이 좋습니다.

네트워크를 생성한 후에는 네트워크에 입력으로 전달할 블롭을 생성해야 합니다. 이 작업은 blobFromImage() 함수로 수행할 수 있습니다. 앞 절에서 사용한 MNIST 데이터셋은 하나의 필기체 숫자가 28×28 크기의 2차원 행렬 형식이고, 각 원소 값은 0에서 1 사이의 실수 값으로 구성된다고 설명했습니다. 그러므로 mnist_cnn.pb 파일로부터 생성한 네트워크에 새로운 입력 데이터를 전달할 때에도 이와 같은 형식에 맞게 변환해야 합니다. 다음은 입력 그레이스케일 영상 img의 각 픽셀에 1/255.f를 곱하고, 크기를 28×28로 변환하여 블롭 blob을 생성하는 코드입니다.

```
Mat blob = blobFromImage(img, 1/255.f, Size(28, 28));
```

이렇게 만든 blob 객체는 4차원 행렬이며, 그 크기는 1×1×28×28로 생성됩니다. 이 블롭 객체를 그대로 네트워크 입력으로 설정하고, 순방향으로 실행하면 예측 결과 행렬을 얻을 수 있습니다.

```
net.setInput(blob);
Mat prob = net.forward();
```

앞 예제 코드에 의해 반환되는 행렬 prob의 크기는 10×1이고, 타입은 CV_32FC1입니다. prob 행렬에서 각 행의 원소는 입력 영상이 0부터 9에 해당하는 숫자일 확률을 나타냅니다. 그러므로 prob 행렬에서 최댓값 위치 행 번호가 입력 필기체 숫자 인식 결과이고, 해당 위치의 원소 값은 확률을 의미합니다.

텐서플로에서 학습된 mnist_cnn.pb 파일을 이용하여 필기체 숫자를 인식하는 OpenCV 예제 프로그램 소스 코드를 코드 16-3에 나타냈습니다. 코드 16-3의 dnnmnist 예제 프로그램은 16.2.1절에서 텐서플로로 학습시킨 mnist_cnn.pb 파일을 불러와서 네트워크를 생성하고, 사용자가 마우스로 그린 필기체 숫자 영상을 네트워크 입력으로 전달하여 그 결과를 예측합니다. 코드 16-3에 나타난 소스 코드 파일은 내려받은 예제 파일 중 ch16/dnnmnist 프로젝트에서 확인할 수 있습니다.

```
01    #include "opencv2/opencv.hpp"
02    #include <iostream>
03
04    using namespace cv;
05    using namespace cv::dnn;
06    using namespace std;
07
08    void on_mouse(int event, int x, int y, int flags, void* userdata);
09
10    int main()
11    {
12        Net net = readNet("mnist_cnn.pb");
13
14        if (net.empty()) {
15            cerr << "Network load failed!" << endl;
16            return -1;
17        }
18
19        Mat img = Mat::zeros(400, 400, CV_8UC1);
20
21        imshow("img", img);
22        setMouseCallback("img", on_mouse, (void*)&img);
23
24        while (true) {
25            int c = waitKey();
26
27            if (c == 27) {
28                break;
29            } else if (c == ' ') {
30                Mat inputBlob = blobFromImage(img, 1/255.f, Size(28, 28));
31                net.setInput(inputBlob);
32                Mat prob = net.forward();
33
34                double maxVal;
35                Point maxLoc;
36                minMaxLoc(prob, NULL, &maxVal, NULL, &maxLoc);
37                int digit = maxLoc.x;
38
39                cout << digit << " (" << maxVal * 100 << "%)" << endl;
40
41                img.setTo(0);
42                imshow("img", img);
43            }
44        }
45
```

```
46        return 0;
47    }
48
49    Point ptPrev(-1, -1);
50
51    void on_mouse(int event, int x, int y, int flags, void* userdata)
52    {
53        Mat img = *(Mat*)userdata;
54
55        if (event == EVENT_LBUTTONDOWN) {
56            ptPrev = Point(x, y);
57        } else if (event == EVENT_LBUTTONUP) {
58            ptPrev = Point(-1, -1);
59        } else if (event == EVENT_MOUSEMOVE && (flags & EVENT_FLAG_LBUTTON)) {
60            line(img, ptPrev, Point(x, y), Scalar::all(255), 40, LINE_AA, 0);
61            ptPrev = Point(x, y);
62
63            imshow("img", img);
64        }
65    }
```

- 12행   mnist_cnn.pb 파일을 이용하여 Net 객체 net을 생성합니다.

- 14~17행   net 객체가 정상적으로 생성되지 않으면 에러 메시지를 출력하고 프로그램을 종료합니다.

- 19행   400×400 크기의 빈 영상 img를 생성합니다. 이후 img 영상에 숫자 그림을 그려서 숫자를 인식합니다.

- 22행   마우스 콜백 함수를 등록합니다. 마우스 콜백 함수에 사용자 데이터로 img 영상 주소를 전달합니다.

- 29행   img 창에서 키보드 Space 키를 누르면 dnn 인식을 수행합니다.

- 30행   img 영상을 28×28 크기로 줄이고, 픽셀 값을 0부터 1 사이로 정규화하여 네트워크에 입력으로 전달할 블롭 inputBlob을 생성합니다. inuptBlob은 4차원 행렬이고, 1×1×28×28 크기입니다.

- 31행   inputBlob을 네트워크 입력으로 설정합니다.

- 32행   네트워크를 순방향으로 실행하고, 네트워크 출력을 prob 행렬에 저장합니다. prob 행렬은 1×10 크기이고, 타입은 CV_32FC1입니다.

- 34~37행   prob 행렬에서 최댓값과 최댓값 위치를 찾습니다. 최댓값 maxVal은 최대 확률 값이며, 최댓값 위치 maxLoc.x는 가장 확률이 높은 숫자를 나타냅니다.

- 39행   인식된 숫자와 확률을 콘솔 창에 출력합니다.

- 41~42행   img 영상을 검은색으로 초기화하고, 화면에 출력합니다.

- 49~65행   마우스를 이용하여 img 영상에 숫자를 그리는 코드입니다. 자세한 코드 설명은 15.2.3절 코드 15-3을 참고하세요.

코드 16-3의 dnnmnist 프로그램 실행 결과를 그림 16-9에 나타냈습니다. dnnmnist 프로그램의 사용 방법은 앞서 15.2.3절과 15.3.3절에서 설명한 knndigits 또는 svmdigits 프로그램 사용 방법과 완전히 같습니다. 즉, 프로그램이 처음 실행되면 검은색으로 초기화된 img 영상이 화면에 나타나고, 이 위에서 마우스 왼쪽 버튼을 눌러서 숫자를 그린 후 [Space] 키를 누르면 콘솔 창에 인식 결과가 출력됩니다. 다만 knndigits 또는 svmdigits 예제 프로그램과 달리 dnnmnist 프로그램은 각 숫자에 대한 인식 확률도 함께 출력합니다.

❤ 그림 16-9 dnnmnist 프로그램 실행 결과

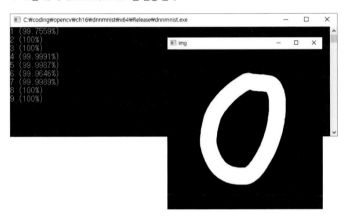

16.3 OpenCV와 딥러닝 활용

OPENCV

널리 알려진 딥러닝 알고리즘은 카페, 텐서플로 등에 의해 미리 학습된 모델 파일이 제공되는 경우가 많습니다. 이 절에서는 미리 학습된 딥러닝 알고리즘 모델 파일을 이용하여 OpenCV에서 실행하는 딥러닝 예제 프로그램을 만들어 보겠습니다. 먼저 1000가지 객체 영상을 93.3% 정확도로 인식할 수 있는 구글넷 모델 파일을 이용한 영상 인식 프로그램을 만들고, 이후 딥러닝 기반의 실시간 얼굴 검출 예제 프로그램을 만드는 방법을 설명하겠습니다.

16.3.1 구글넷 영상 인식

딥러닝이 컴퓨터 비전 분야에서 크게 발전할 수 있었던 이유 중에는 ILSVRC(ImageNet Large Scale Visual Recognition Competition) 대회의 영향도 있습니다. ILSVRC는 영상 인식과 객체 검출 등의 성능을 겨루는 일종의 알고리즘 경진 대회로서 2010년부터 매년 개최되고 있습니다. ILSVRC는 ImageNet이라는 대규모 영상 데이터베이스를 이용하며, 특히 영상 인식 분야에서는 1000개의 카테고리로 분류된 100만 개 이상의 영상을 사용하여 성능을 비교하였습니다. 이 대회에서 2012년에 알렉스넷(AlexNet)이라는 딥러닝 알고리즘이 기존 컴퓨터 비전 및 머신 러닝 기반의 알고리즘보다 월등히 높은 성능을 나타내면서 컴퓨터 비전 분야에 딥러닝 열풍이 시작되었습니다 [Krizhevsky12].

구글넷(GoogLeNet)은 이름에서 알 수 있듯이 구글(Google)에서 발표한 네트워크 구조이며, 2014년 ILSVRC 영상 인식 분야에서 1위를 차지했습니다[Szegedy15]. 구글넷은 총 22개의 레이어로 구성되었으며, 이는 동시대에 발표되었던 딥러닝 네트워크 구조 중에서 가장 많은 레이어를 사용한 형태입니다. 레이어를 매우 깊게 설계하였지만 완전 연결 레이어가 없는 구조를 통해 기존의 다른 네트워크보다 파라미터 수가 훨씬 적은 것이 특징입니다. 구글넷은 특히 다양한 크기의 커널을 한꺼번에 사용하여 영상에서 큰 특징과 작은 특징을 모두 추출할 수 있도록 설계되었습니다. 구글넷의 전체 네트워크 구조를 그림 16-10에 나타냈습니다.

▼ 그림 16-10 구글넷 네트워크 구조[7]

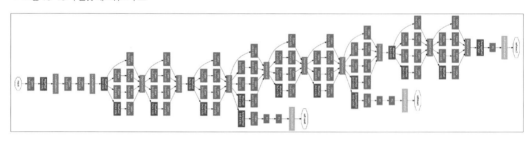

OpenCV에서 구글넷 인식 기능을 사용하려면 다른 딥러닝 프레임워크를 이용하여 미리 훈련된 모델 파일과 구성 파일이 필요합니다. 이 책에서는 유명한 딥러닝 프레임워크인 카페에서 제공하는 모델 파일을 사용하겠습니다. 카페는 미리 학습된 딥러닝 모델 파일을 내려받을 수 있는 모델 주(model zoo)[8]를 운영하고 있습니다. 카페 프레임워크를 이용하여 학습된 구글넷 모델 파일은 다음 링크에서 내려받을 수 있습니다.

- http://dl.caffe.berkeleyvision.org/bvlc_googlenet.caffemodel

---

7   그림 출처: [Szegedy15]
8   카페 모델 주 웹 사이트 주소는 http://caffe.berkeleyvision.org/model_zoo.html입니다.

또한 카페에서 훈련된 네트워크 구조를 표현한 구성 파일은 모델 주 깃허브 페이지에서 내려받을 수 있습니다.

- https://github.com/BVLC/caffe/blob/master/models/bvlc_googlenet/deploy. prototxt

구글넷 인식 기능을 제대로 구현하려면 모델 파일과 구성 파일 외에 인식된 영상 클래스 이름이 적힌 텍스트 파일이 추가로 필요합니다. 즉, ILSVRC 대회에서 사용된 1000개의 영상 클래스 이름이 적혀 있는 텍스트 파일이 필요하며, 이 파일은 OpenCV를 설치할 때 함께 제공됩니다. 이 텍스트 파일 이름은 classification_classes_ILSVRC2012.txt이며, 이 파일은 〈OPENCV-SRC〉\samples\data\dnn\ 폴더에서 찾을 수 있습니다. 이 파일에는 1000개의 영상 클래스 이름이 한 줄씩 적혀 있습니다.

구글넷 예제 프로그램을 만들기 위해 필요한 세 파일을 정리하면 다음과 같습니다.

- **학습 모델 파일:**   bvlc_googlenet.caffemodel
- **구성 파일:**   deploy.prototxt
- **클래스 이름 파일:**   classification_classes_ILSVRC2012.txt

일단 위에 적힌 파일이 모두 준비되었다면 이제 OpenCV에서 이 파일을 이용하여 영상을 인식하는 예제 프로그램 작성 방법에 대해 알아보겠습니다.

먼저 readNet() 함수를 이용하여 Net 객체를 생성하는 소스 코드를 살펴보겠습니다. readNet() 함수 인자로 모델 파일 이름과 구성 파일 이름을 순서대로 전달하면 Net 클래스 객체가 생성됩니다.

```
Net net = readNet("bvlc_googlenet.caffemodel", "deploy.prototxt");
```

앞 소스 코드에서 사용한 bvlc_googlenet.caffemodel 파일과 deploy.prototxt 파일은 프로그램 실행 폴더에 함께 있어야 합니다.

그다음은 각 클래스 이름이 적혀 있는 텍스트 파일로부터 각 클래스 이름을 불러와 vector〈String〉 타입의 변수에 저장하는 코드를 살펴보겠습니다.

```
ifstream fp("classification_classes_ILSVRC2012.txt");

vector<String> classNames;
string name;
while (!fp.eof()) {
    getline(fp, name);
```

```
        classNames.push_back(name);
    }

    fp.close();
```

앞 소스 코드에서는 std::ifstream 클래스를 이용하여 classification_classes_ILSVRC2012.txt 텍스트 파일을 열어서 한 줄씩 읽고, 각 줄에 적혀 있는 문자열을 classNames라는 문자열 벡터에 추가합니다. 앞 코드가 실행되면 classNames 벡터에는 모두 1000개의 문자열이 저장됩니다.

사용할 네트워크와 클래스 문자열 정보를 제대로 불러왔으면 이제 네트워크에 영상 블롭을 전달하여 추론하는 코드를 알아보겠습니다. 테스트로 사용할 입력 영상은 imread() 함수를 이용하여 불러옵니다. 그리고 불러온 영상을 blobFromImage() 함수를 이용하여 블롭으로 변환합니다. 카페에서 학습된 구글넷은 입력으로 224×224 크기의 BGR 컬러 영상을 사용하였고, 각 영상에서 평균값 Scalar(104, 117, 123)을 빼서 학습시켰습니다.[9] 그러므로 blobFromImage() 함수 인자는 다음과 같이 구성해야 합니다.

```
Mat img = imread("space_shuttle.jpg", IMREAD_COLOR);
Mat inputBlob = blobFromImage(img, 1, Size(224, 224), Scalar(104, 117, 123));
```

앞 코드에 의해 만들어지는 inputBlob 행렬은 1×3×224×224 형태를 갖는 4차원 행렬입니다. 이 행렬을 앞서 생성한 네트워크에 입력으로 전달하고, 순방향으로 실행하여 그 결과를 받아 옵니다.

```
net.setInput(inputBlob);
Mat prob = net.forward();
```

카페 구글넷 네트워크의 경우 최종 레이어는 1000개의 노드를 가지고 있고, 각 노드 출력은 해당 번호 영상 클래스에 대한 확률을 표현합니다. 앞 코드에서 net.forward() 코드가 반환하는 Mat 객체 prob는 CV_32FC1 타입이고, 1×1000 크기의 행렬입니다. 즉, prob는 1행 1000열 행렬이고, 각 열에는 1000개 클래스에 대한 확률이 저장됩니다. 그러므로 prob 행렬에서 최대 확률을 갖는 열 번호가 입력 영상에 해당하는 클래스 번호라고 판단할 수 있으며, prob 행렬에서 최대 확률 위치는 minMaxLoc() 함수를 이용하여 쉽게 알아낼 수 있습니다. 만약 최대 확률에 해당하는 클래스 이름을 알고 싶다면 classNames 벡터에서 해당 문자열을 추출할 수 있습니다.

---

9 카페에서 구글넷을 훈련할 때 입력 데이터를 어떻게 설정하였는지에 대한 정보는 다음 링크에서 참조할 수 있습니다. https://github.com/BVLC/caffe/blob/master/models/bvlc_googlenet/train_val.prototxt

지금까지 설명한 구글넷 사용 예제 코드를 모아서 영상을 인식하는 예제 프로그램을 만들어 보겠습니다. 코드 16-4에 나타난 classify 프로그램 소스 코드는 영상에 포함된 주된 객체를 판단하고, 해당 객체 이름과 판단 확률을 영상 위에 문자열로 출력합니다. 코드 16-4에 나타난 소스 코드 파일과 사용된 영상 파일은 내려받은 예제 파일 중 ch16/classify 프로젝트에서 확인할 수 있습니다.[10]

코드 16-4 구글넷 영상 인식 예제 프로그램 [ch16/classify]

```
01    #include "opencv2/opencv.hpp"
02    #include <iostream>
03    #include <fstream>
04
05    using namespace cv;
06    using namespace cv::dnn;
07    using namespace std;
08
09    int main(int argc, char* argv[])
10    {
11        // Load an image
12
13        Mat img;
14
15        if (argc < 2)
16            img = imread("space_shuttle.jpg", IMREAD_COLOR);
17        else
18            img = imread(argv[1], IMREAD_COLOR);
19
20        if (img.empty()) {
21            cerr << "Image load failed!" << endl;
22            return -1;
23        }
24
25        // Load network
26
27        Net net = readNet("bvlc_googlenet.caffemodel", "deploy.prototxt");
28
29        if (net.empty()) {
30            cerr << "Network load failed!" << endl;
31            return -1;
```

---

10 classify 프로그램을 실행하기 위해 필요한 파일 중에서 deploy.prototxt와 classification_classes_ILSVRC2012.txt 파일은 편의상 classify 프로젝트 폴더에 미리 넣어 두었습니다. bvlc_googlenet.caffemodel 파일은 528쪽에 나타난 링크에서 내려받은 후, classify 프로젝트 폴더로 이동하기 바랍니다.

```
32          }
33
34          // Load class names
35
36          ifstream fp("classification_classes_ILSVRC2012.txt");
37
38          if (!fp.is_open()) {
39              cerr << "Class file load failed!" << endl;
40              return -1;
41          }
42
43          vector<String> classNames;
44          string name;
45          while (!fp.eof()) {
46              getline(fp, name);
47              if (name.length())
48                  classNames.push_back(name);
49          }
50
51          fp.close();
52
53          // Inference
54
55          Mat inputBlob = blobFromImage(img, 1, Size(224, 224), Scalar(104, 117, 123));
56          net.setInput(inputBlob);
57          Mat prob = net.forward();
58
59          // Check results & display
60
61          double maxVal;
62          Point maxLoc;
63          minMaxLoc(prob, NULL, &maxVal, NULL, &maxLoc);
64
65          String str = format("%s (%4.2lf%%)", classNames[maxLoc.x].c_str(), maxVal * 100);
66          putText(img, str, Point(10, 30), FONT_HERSHEY_SIMPLEX, 0.8, Scalar(0, 0, 255));
67          imshow("img", img);
68
69          waitKey();
70          return 0;
71      }
```

- 6행   소스 코드에서 cv::dnn 네임스페이스를 사용하도록 설정합니다.

- 9행   명령행 인자를 받을 수 있도록 main( ) 함수 인자를 설정합니다.

- 13~18행 프로그램 실행 시 명령행 인자를 지정하지 않으면 space_shuttle.jpg 파일을 입력 영상으로 사용하고, 명령행 인자가 있으면 해당 영상 파일을 입력 영상으로 사용합니다.
- 27행 bvlc_googlenet.caffemodel 파일과 deploy.prototxt 파일을 이용하여 Net 객체를 생성합니다.
- 36~51행 classification_classes_ILSVRC2012.txt 파일을 한 줄씩 읽어서 해당 문자열을 classNames 벡터에 저장합니다.
- 55~57행 입력 영상 img를 이용하여 입력 블롭 inputBlob을 생성하고, 이를 네트워크에 입력으로 주고 실행합니다. 실행 결과는 prob 행렬에 저장됩니다.
- 61~63행 prob 행렬에서 최댓값과 최댓값 위치를 찾습니다. 최댓값 위치는 인식된 영상 클래스 번호이고, 최댓값은 확률을 의미합니다.
- 65~66행 인식된 클래스 이름과 확률을 문자열 형태로 영상 위에 나타냅니다.

코드 16-4의 classify 프로그램 실행 결과를 그림 16-11에 나타냈습니다. 그림 16-11은 명령행 인자를 지정하지 않고 프로그램을 실행한 결과이며, space_shuttle.jpg 우주 왕복선 사진을 인식한 결과입니다. img 창 상단에 객체의 이름 space shuttle과 확률 99.99% 문자열이 출력되어 있는 것을 확인할 수 있습니다.

▼ 그림 16-11 구글넷 영상 인식 예제 프로그램 실행 결과

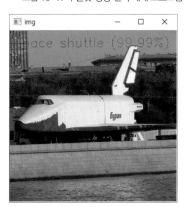

코드 16-4에 나타낸 classify 프로그램 소스 코드는 명령행 인자를 지원합니다. 그러므로 다른 영상 파일에 대해 분류를 수행하려면 콘솔 명령 창에서 "classify.exe ⟨filename⟩" 형태로 입력하여 프로그램을 실행할 수 있습니다. 또는 파일 탐색기에서 영상 파일을 드래그하여 classify.exe 프로그램 위로 드래그앤드롭을 하여 실행할 수도 있습니다. 인터넷에서 내려받은 몇몇 영상 파일에 대해 classify 프로그램으로 인식한 결과를 그림 16-12에 나타냈습니다. 비글 강아지를 78.35% 확률로 인식하였고, 파인애플을 99.99% 확률로 인식하였습니다. 또한 커피잔에 담긴 에스프레소를 99.72% 확률로 인식하였고, 모터 스쿠터를 59.21% 확률로 인식한 것을 볼 수 있습니다.

16.3.2 SSD 얼굴 검출

이 절에서는 딥러닝을 이용한 얼굴 검출 방법에 대해 알아보겠습니다. OpenCV를 설치하면 〈OPENCV-SRC〉/samples/dnn/face_detector 폴더에 딥러닝 얼굴 검출을 위한 파일이 함께 설치됩니다. 이 폴더에는 얼굴 검출에서 사용된 네트워크 정보가 담겨 있는 deploy.prototxt, opencv_face_detector.pbtxt 파일과 훈련된 학습 모델을 내려받을 수 있는 파이썬 스크립트 download_weights.py 파일이 들어 있습니다.

먼저 얼굴 검출을 위한 용도로 훈련된 딥러닝 학습 모델을 내려받는 방법을 설명하겠습니다. Windows 시작 메뉴에서 **명령 프롬프트**를 선택하여 실행한 후, 나타난 콘솔 창에서 다음 명령을 입력하여 download_weights.py 파일이 있는 위치로 이동하세요.

```
> cd c:\opencv\sources\samples\dnn\face_detector
```

만약 OpenCV를 다른 위치에 설치하였다면 해당 위치에 맞게 폴더 위치를 이동하세요. 폴더 위치가 정상적으로 이동되었다면, 이제 다음 명령을 입력하여 훈련 모델 파일을 내려받을 수 있습니다.[11]

```
> python download_weights.py
```

download_weights.py 파일은 인터넷에서 얼굴 검출을 위해 미리 훈련된 학습 모델 파일을 내려받습니다. 학습 모델 파일을 내려받는 과정을 그림 16-13에 나타냈습니다. download_weights.py 파일은 res10_300x300_ssd_iter_140000_fp16.caffemodel 파일과 opencv_face_detector_uint8.pb 파일 두 개를 내려받습니다. res10_300x300_ssd_iter_140000_fp16.caffemodel 파일은 Caffe 프레임워크에서 훈련된 파일이고, opencv_face_detector_uint8.pb 파일은 텐서플로에서 훈련된 파일입니다. 두 학습 모델은 비슷한 성능으로 동작하고, 어느 것을 사용해도 무방합니다.

16

▼ 그림 16-13 얼굴 검출용 학습 데이터 내려받기

```
C:\WINDOWS\system32\cmd.exe                                              —  □  ×

Microsoft Windows [Version 10.0.17763.253]
(c) 2018 Microsoft Corporation. All rights reserved.

C:\Users\sunkyoo>cd c:\opencv\sources\samples\dnn\face_detector\

c:\opencv\sources\samples\dnn\face_detector>python download_weights.py
*** res10_300x300_ssd_iter_140000_fp16.caffemodel
 [Errno 2] No such file or directory: 'res10_300x300_ssd_iter_140000_fp16.caffemodel'
 https://raw.githubusercontent.com/opencv/opencv_3rdparty/dnn_samples_face_detector_20180205_fp16/res10_300x300_
ssd_iter_140000_fp16.caffemodel
 > done
 > done
 SUCCESS
*** opencv_face_detector_uint8.pb
 [Errno 2] No such file or directory: 'opencv_face_detector_uint8.pb'
 https://raw.githubusercontent.com/opencv/opencv_3rdparty/dnn_samples_face_detector_20180220_uint8/opencv_face_
detector_uint8.pb
 > done
 > done
 SUCCESS

c:\opencv\sources\samples\dnn\face_detector>
```

---

11 파이썬 프로그램이 설치되어 있지 않으면 16.2.1절을 참고하여 설치하기 바랍니다.

내려받은 학습 모델 파일은 2016년에 발표된 SSD(Single Shot Detector) 알고리즘을 이용하여 학습된 파일입니다[Liu16]. SSD는 입력 영상에서 특정 객체의 클래스와 위치, 크기 정보를 실시간으로 추출할 수 있는 객체 검출 딥러닝 알고리즘입니다. SSD 알고리즘은 원래 다수의 클래스 객체를 검출할 수 있지만 OpenCV에서 제공하는 얼굴 검출은 오직 얼굴 객체의 위치와 크기를 알아내도록 훈련된 학습 모델을 사용합니다.

기본적인 SSD 네트워크 구조를 그림 16-14에 나타냈습니다. 이 구조에서 입력은 300×300 크기의 2차원 BGR 컬러 영상을 사용합니다. 이 영상은 Scalar(104, 117, 123) 값을 이용하여 정규화한 후 사용합니다.[12] SSD 네트워크의 출력은 추출된 객체의 ID, 신뢰도, 사각형 위치 등의 정보를 담고 있습니다. SSD 알고리즘에 대한 좀 더 자세한 설명은 [Liu16] 참고 문헌을 참고하기 바랍니다.

▼ 그림 16-14 SSD 네트워크 구조[13]

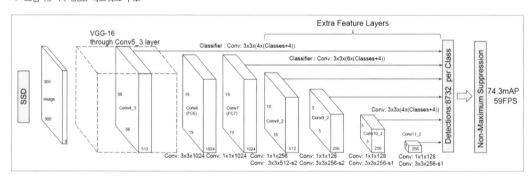

딥러닝을 이용한 얼굴 검출 예제 프로그램은 컴퓨터에 연결된 카메라로부터 들어오는 매 프레임마다 얼굴을 검출하고, 검출된 얼굴 위치에 사각형을 그리는 방식으로 만들어 보겠습니다. 카메라로부터 매 프레임을 받아 오기 전에 먼저 Net 객체를 생성해야 합니다. 카페에서 학습된 모델 파일과 구성 파일을 이용하여 Net 객체를 생성하려면 다음과 같이 코드를 작성합니다.

```
const String model = "res10_300x300_ssd_iter_140000_fp16.caffemodel";
const String config = "deploy.prototxt";
Net net = readNet(model, config);
```

만약 카페 대신 텐서플로에서 훈련된 데이터 파일을 사용하고 싶다면 model과 config 변수 내용을 다음과 같이 변경하여 네트워크를 불러옵니다.

---

12 훈련 시 사용된 평균값 정보는 train.prototxt 파일을 참고하여 알 수 있습니다.

13 그림 출처: [Liu16]

```
const String model = "opencv_face_detector_uint8.pb";
const String config = "opencv_face_detector.pbtxt";
Net net = readNet(model, config);
```

앞 코드에서 사용한 각각의 모델 파일과 구성 파일은 프로그램 실행 폴더에 함께 있어야 합니다. 그러므로 〈OPENCV-SRC〉/samples/dnn/face_detector 폴더에서 미리 사용할 모델 파일과 구성 파일을 프로젝트 폴더 또는 실행 파일이 있는 위치에 복사하기 바랍니다.

Net 객체가 정상적으로 생성되었다면 이제 카메라 장치를 열어서 매 프레임을 받아 옵니다. 매 프레임을 Mat 타입의 변수 frame에 저장하였다고 가정하고, frame 영상으로부터 네트워크 입력으로 전달할 블롭 객체를 생성해야 합니다. SSD 기본 네트워크 구조에서 입력 영상 크기는 300×300 이고, 영상 평균값으로 Scalar(104, 177, 123)을 사용하였으므로 blobFromImage() 함수 인자는 다음과 같이 설정합니다.

```
Mat blob = blobFromImage(frame, 1, Size(300, 300), Scalar(104, 177, 123));
```

이렇게 만들어진 blob 블롭 객체는 $1 \times 3 \times 300 \times 300$ 형태의 4차원 행렬이며, net 객체에 입력으로 사용됩니다.

```
net.setInput(blob);
Mat res = net.forward();
```

앞 소스 코드에 의해 생성되는 res 행렬은 $1 \times 1 \times N \times 7$ 크기의 4차원 행렬로 구성됩니다. 처음 두 개 차원 크기는 항상 1이고, 네 번째 차원 크기는 항상 7입니다. 세 번째 차원 크기 N은 검출된 얼굴 후보 영역 개수를 의미하며, SSD 기반 얼굴 검출 네트워크는 최대 200개까지의 후보 영역을 검출합니다. 출력으로 나온 N개의 얼굴 후보 영역 중에서 얼굴일 확률이 높은 영역만 최종 얼굴 영역으로 선택합니다. res 행렬에서의 1, 2차원 크기는 항상 1이므로 res 행렬의 3, 4차원만 이용하여 새로운 2차원 행렬을 구성하여 사용하는 것이 간편합니다. 다음은 4차원의 res 행렬을 2차원 행렬 detect로 변환하는 소스 코드입니다.

```
Mat detect(res.size[2], res.size[3], CV_32FC1, res.ptr<float>());
```

앞 코드에 의해 생성되는 detect 행렬은 $N \times 7$ 크기의 2차원 행렬이고, 타입은 CV_32FC1입니다. 이 행렬의 0번과 1번 열에는 항상 0과 1이 저장됩니다. 2번째 열에는 얼굴 신뢰도(confidence)가 저장됩니다. 신뢰도는 0부터 1 사이의 실수로 저장되며, 얼굴일 가능성이 높으면 1에 가까운 값이 저장됩니다. detect 행렬의 3번부터 6번 열에는 얼굴 영역 사각형 좌측 상단 꼭지점 좌표 (x1, y1)과 우측 하단 꼭지점 좌표 (x2, y2)가 차례대로 저장됩니다. 이때 사각형 좌표는 영상의 가로와 세로 크기를 1로 정규화하여 저장된 좌표이며, 실제 픽셀 좌표는 영상의 가로 및 세로 크기를 곱해서 계산해야 합니다. detect 행렬의 각 행은 얼굴 신뢰도가 높은 순서부터 내림차순 정렬되어 있습니다. 그러므로 detect 행렬에서 매 행을 읽고, 이 중 얼굴 신뢰도가 특정 임계값보다 큰 경우에 대해서만 얼굴이라고 간주합니다.

지금까지 설명한 SSD 네트워크를 이용한 얼굴 검출 코드를 모아서 코드 16-5에 나타냈습니다. 코드 16-5에 나타난 dnnface 예제 프로그램 소스 코드는 카메라 입력 영상에서 얼굴을 검출하고, 그 위치를 녹색 사각형으로 표시합니다. 코드 16-5에 나타난 소스 코드 파일은 내려받은 예제 파일 중 ch16/dnnface 프로젝트에서 확인할 수 있습니다.

코드 16-5 SSD 얼굴 검출 예제 프로그램 [ch16/dnnface]

```
01    #include "opencv2/opencv.hpp"
02    #include <iostream>
03
04    using namespace cv;
05    using namespace cv::dnn;
06    using namespace std;
07
08    const String model = "res10_300x300_ssd_iter_140000_fp16.caffemodel";
09    const String config = "deploy.prototxt";
10    //const String model = "opencv_face_detector_uint8.pb";
11    //const String config = "opencv_face_detector.pbtxt";
12
13    int main(void)
14    {
15        VideoCapture cap(0);
16
17        if (!cap.isOpened()) {
18            cerr << "Camera open failed!" << endl;
19            return -1;
20        }
21
22        Net net = readNet(model, config);
23
24        if (net.empty()) {
25            cerr << "Net open failed!" << endl;
26            return -1;
27        }
28
29        Mat frame;
30        while (true) {
31            cap >> frame;
32            if (frame.empty())
```

```
33              break;
34
35          Mat blob = blobFromImage(frame, 1, Size(300, 300), Scalar(104, 177, 123));
36          net.setInput(blob);
37          Mat res = net.forward();
38
39          Mat detect(res.size[2], res.size[3], CV_32FC1, res.ptr<float>());
40
41          for (int i = 0; i < detect.rows; i++) {
42              float confidence = detect.at<float>(i, 2);
43              if (confidence < 0.5)
44                  break;
45
46              int x1 = cvRound(detect.at<float>(i, 3) * frame.cols);
47              int y1 = cvRound(detect.at<float>(i, 4) * frame.rows);
48              int x2 = cvRound(detect.at<float>(i, 5) * frame.cols);
49              int y2 = cvRound(detect.at<float>(i, 6) * frame.rows);
50
51              rectangle(frame, Rect(Point(x1, y1), Point(x2, y2)), Scalar(0, 255, 0));
52
53              String label = format("Face: %4.3f", confidence);
54              putText(frame, label, Point(x1, y1 - 1), FONT_HERSHEY_SIMPLEX, 0.8,
55                      Scalar(0, 255, 0));
56          }
57
58          imshow("frame", frame);
59          if (waitKey(1) == 27)
60              break;
61      }
62
63      return 0;
64  }
```

- 8~9행   사용할 모델 파일과 구성 파일 이름을 각각 model과 config 변수에 저장합니다.

- 10~11행   만약 텐서플로에서 훈련된 모델 파일과 구성 파일을 사용하려면 8~9행을 주석으로 변경하고, 10~11
            행의 주석을 해제합니다.

- 15~20행   컴퓨터에 연결된 기본 카메라 장치를 열어서 cap에 저장합니다. 카메라 열기에 실패하면 에러 메시지
            를 출력하고 프로그램을 종료합니다.

- 22~27행   모델 파일과 구성 파일을 이용하여 Net 객체 net을 생성합니다. net 객체 생성에 실패하면 에러 메시
            지를 출력하고 프로그램을 종료합니다.

- 31~33행   카메라의 매 프레임을 frame 변수에 저장합니다. frame을 제대로 받아 오지 못하면 프로그램을 종료
            합니다.

- 35~37행   frame 영상을 이용하여 네트워크 입력 블롭을 설정하고, 네트워크 실행 결과를 res 행렬에 저장합니다.

- 42~44행   결과 행렬에서 신뢰도 값이 0.5보다 작으면 무시합니다.
- 46~49행   얼굴 검출 사각형 영역의 좌측 상단 좌표 (x1, y1)과 우측 하단 좌표 (x2, y2)를 계산합니다.
- 51~54행   frame 영상에서 얼굴 검출 영역에 녹색 사각형을 그리고, 얼굴 신뢰도를 출력합니다.

코드 16-5의 dnnface 프로그램을 실행하여 얼굴을 검출한 결과 화면의 예를 그림 16-15에 나타냈습니다. 얼굴 영역을 정확하게 검출하여 녹색 사각형을 그리고, 녹색 사각형 위에 얼굴 검출 신뢰도가 함께 출력된 것을 볼 수 있습니다. 13.2절에서 설명한 캐스케이드 분류기 기반의 얼굴 검출 방법은 정면 얼굴이 아니면 얼굴 검출에 실패하는 경우가 많지만, SSD 딥러닝 기반의 얼굴 검출은 얼굴 일부가 가려지거나 얼굴 옆모습이 입력으로 들어가도 안정적으로 얼굴 영역을 검출하는 것을 확인할 수 있습니다. 또한 얼굴 검출 속도도 캐스케이드 분류기 기반의 방법보다 SSD 딥러닝 기반의 얼굴 검출이 더 빠르게 동작합니다.

▼ 그림 16-15 SSD 얼굴 검출 예제 프로그램 실행 결과

부록 A

OpenCV
소스 코드
빌드하여 설치하기

A.1 / OpenCV 소스 코드 내려받기

Windows 운영 체제에서 OpenCV를 설치하려면 OpenCV 설치 실행 파일을 사용하는 것이 간편합니다. 그러나 OpenCV 설치 실행 파일을 사용할 경우 OpenCV 추가 모듈을 사용할 수 없다는 단점이 있습니다. OpenCV에서 제공하는 다양한 기능을 모두 사용하고, 자신의 시스템 환경에 최적화된 OpenCV 라이브러리를 사용하려면 OpenCV 소스 코드를 내려받아서 직접 설치하는 것이 좋습니다. 이 절에서는 Visual Studio 2017을 이용하여 64비트 환경에서 OpenCV 라이브러리를 직접 빌드하는 방법을 설명합니다. OpenCV 소스 코드를 직접 설치하려면 인터넷에 연결되어 있어야 하고, 소스 코드 빌드 작업을 위해 12GByte 정도의 하드디스크 공간이 필요합니다.

OpenCV 최신 소스 코드는 OpenCV 깃허브(GitHub) 사이트에서 내려받을 수 있습니다. OpenCV는 두 개의 저장소(repository)를 이용하여 소스 코드를 관리하고 있습니다. 하나는 opencv라는 이름의 저장소이고, 다른 하나는 opencv_contrib라는 이름의 저장소입니다. OpenCV 기본 모듈에 대한 소스 코드는 opencv 저장소에서 관리하고 있고, OpenCV 추가 모듈을 위한 소스 코드는 opencv_contrib 저장소를 통해 관리하고 있습니다. 그러므로 OpenCV 전체 소스 코드를 직접 빌드하려면 opencv 저장소의 기본 모듈 소스 코드와 opencv_contrib 저장소의 추가 모듈 소스 코드를 모두 내려받아야 합니다. OpenCV 소스 코드를 내려받을 수 있는 깃허브 웹 사이트 주소는 다음과 같습니다.

- https://github.com/opencv/opencv
- https://github.com/opencv/opencv_contrib

웹 브라우저를 이용하여 위 두 개의 저장소에서 접속하면 최신 버전의 OpenCV 소스 코드를 내려받을 수 있습니다. OpenCV 최신 소스 코드에는 지속적인 버그 수정 코드와 신기능이 추가되고 있습니다. 그러나 최신 소스 코드를 사용하는 것이 항상 좋은 것만은 아닙니다. 공식 배포 버전이 아닌 소스 코드를 사용할 경우 예상치 못한 빌드 에러가 발생할 수도 있기 때문입니다. 그러므로 이 책에서는 OpenCV 공식 배포 버전 소스 코드를 내려받아 빌드하는 방법을 설명하겠습니다.

이 책을 쓰고 있는 2019년 2월 현재 OpenCV 최신 버전은 OpenCV 4.0.1입니다. OpenCV 4.0.1은 OpenCV 4.0.0 버전에 있던 작은 버그가 수정된 버전입니다. 다만 이 책 본문에서는 OpenCV 4.0.0 버전을 사용하고 있으므로 OpenCV 소스 코드 빌드 작업도 OpenCV 4.0.0 버전의 소스 코드를 내려받아 사용하겠습니다. OpenCV 4.0.0 버전의 소스 코드는 다음 링크에서 내려받을 수 있습니다.

- https://github.com/opencv/opencv/releases/tag/4.0.0
- https://github.com/opencv/opencv_contrib/releases/tag/4.0.0

웹 브라우저를 이용하여 이 웹 사이트에 접속하면 각각 그림 A-1과 그림 A-2와 같은 화면이 나타납니다. 각각의 그림에서 사각형으로 표시한 **Source code (zip)** 링크를 클릭하면 OpenCV 4.0.0 기본 모듈 소스 코드와 추가 모듈 소스 코드를 내려받을 수 있습니다. 내려받은 소스 코드 압축 파일은 각각 opencv-4.0.0.zip과 opencv_contrib-4.0.0.zip 파일 이름으로 저장됩니다.

❤ 그림 A-1 OpenCV 4.0.0 기본 소스 코드 내려받기

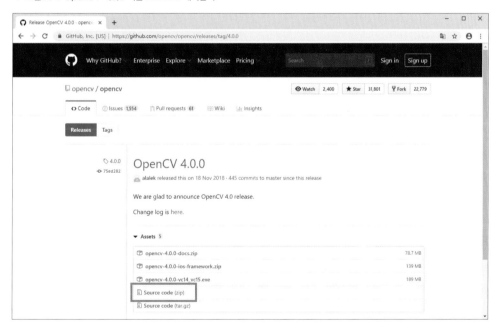

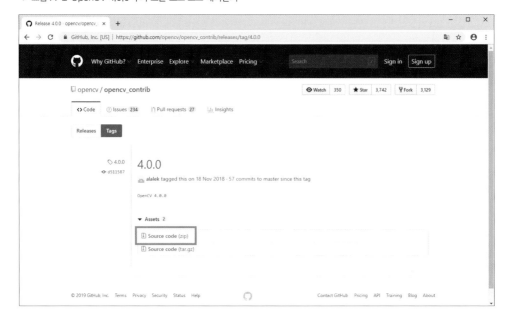

OpenCV 소스 코드를 모두 내려받았으면 이제 OpenCV 빌드 작업을 위한 폴더 구조를 만들어야 합니다. 이 책에서는 C 드라이브 최상위 폴더 아래에 opencv라는 이름의 폴더를 만들어서 빌드 작업을 수행하는 방법을 설명합니다. 그러므로 Windows 파일 탐색기를 이용하여 C:\opencv 폴더를 생성하세요.[1] 그리고 여기에 opencv-4.0.0.zip 파일 압축을 해제하면 C:\opencv\opencv-4.0.0 이름의 폴더가 새로 생성되고, 그 아래에 다수의 파일과 폴더가 생성됩니다. 마찬가지로 C:\opencv 폴더에 opencv_contrib-4.0.0.zip 파일 압축을 해제하면 C:\opencv\opencv_contrib-4.0.0이라는 폴더가 생성되고, 그 아래에 OpenCV 추가 모듈 소스 코드가 포함된 폴더와 파일이 생성됩니다.

OpenCV 소스 파일의 압축을 해제하였으면 이번에는 OpenCV 빌드 작업 시 사용할 작업 폴더를 새로 만들어야 합니다. OpenCV 빌드 작업을 할 폴더 이름은 build로 정할 것이고, 위치는 C:\opencv 폴더 아래에 만들겠습니다. 그러므로 파일 탐색기에서 C:\opencv\build 폴더를 새로 생성하세요.

OpenCV 소스 파일 압축을 해제하고 빌드 작업을 위한 build 폴더를 생성한 후의 폴더 구조를 그림 A-3에 나타냈습니다. 그림 A-3에 나타난 파일 탐색기 화면 왼쪽 폴더 구조에서 C:\

---

1 만약 2.1.2절에서 설명한 OpenCV 설치를 이미 따라 했다면 C:\opencv 폴더를 지운 후, 새로 C:\opencv 폴더를 생성하여 설치를 따라 하기 바랍니다.

opencv\ 폴더 아래에 build, opencv-4.0.0, opencv_contrib-4.0.0 폴더 세 개가 만들어져 있는 것을 확인할 수 있습니다. 소스 코드 폴더 구조가 그림 A-3과 동일한지 확실히 확인한 후 다음 과정으로 진행하기 바랍니다.

▼ 그림 A-3 OpenCV 빌드 작업을 위한 폴더 구조

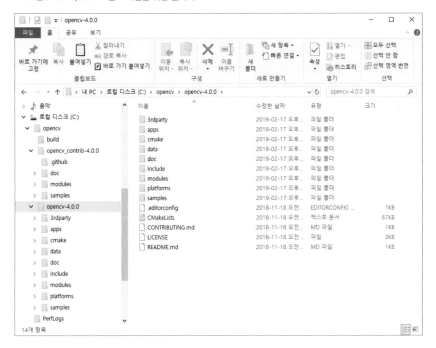

A.2 CMake를 이용하여 솔루션 파일 만들기

OPENCV

Windows 운영 체제에서 OpenCV를 빌드하려면 Visual Studio를 사용하는 것이 가장 좋으며, 이 책에서는 Visual Studio 2017 Community 에디션을 사용하여 OpenCV를 빌드하고 사용하는 방법을 설명합니다. 그러나 깃허브 웹 사이트에서 내려받은 OpenCV 소스 압축 파일에는 *.h, *.cpp 파일 같은 헤더 파일과 소스 파일만 들어 있고 Visual Studio에서 프로젝트 빌드를 위해 필요한 솔루션 파일과 프로젝트 파일은 들어 있지 않습니다. 그러므로 Visual Studio 2017을 사용하여 OpenCV를 빌드하려면 Visual Studio 2017 버전을 위한 솔루션 파일과 프로젝트 파일을 만들어야 합니다. 이때 사용하는 프로그램이 CMake입니다.

CMake는 다양한 운영 체제 또는 프로그래밍 개발 환경에 적합한 Make 파일 또는 프로젝트, 솔루션 파일을 생성하는 유틸리티입니다. 즉, OpenCV 소스 코드를 리눅스에서 사용하고자 할 때에는 CMake 프로그램을 이용하여 리눅스용 Makefile 파일을 만들 수 있고, Visual Studio 2017 버전을 사용할 때에는 Visual Studio 2017 버전에 맞는 opencv.sln 파일과 다수의 *.vcxproj 파일을 만들 수 있습니다.[2] 여기서 확장자가 *.sln인 파일이 Visual Studio 솔루션 파일이고, *.vcxproj 확장자 파일이 프로젝트 파일입니다.

CMake 프로그램은 https://cmake.org/download/ 웹 사이트에서 내려받을 수 있습니다. 웹 브라우저로 이 웹 사이트에 접속하여 최신 버전(Latest Release) 위치로 이동한 화면을 그림 A-4에 나타냈습니다. CMake는 자주 버전이 업그레이드되고 있으며, 현재 가장 최신 버전은 3.14.0입니다. 그림 A-4와 같이 최신 버전의 Windows win64-x64 Installer 파일을 클릭하여 내려받으세요.

▼ 그림 A-4 CMake 설치 파일 내려받기

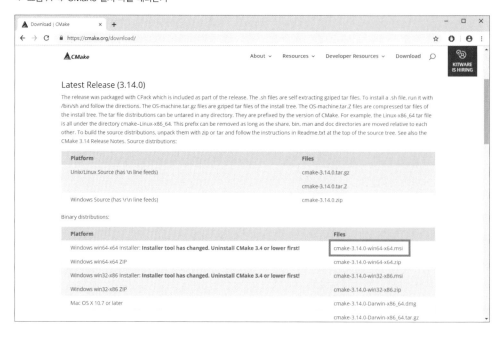

---

2 CMake 프로그램은 CMakeLists.txt 이름의 파일을 분석하여 솔루션 파일과 프로젝트 파일을 생성합니다. OpenCV 소스 압축 파일 안에는 다수의 CMakeLists.txt 파일이 포함되어 있습니다.

CMake 설치 파일을 내려받았으면 그대로 실행하여 CMake 설치를 진행하세요. 내려받은 cmake-3.14.0-win64-x64.msi 파일을 실행한 후, 설치 프로그램 화면에서 계속 **Next** 버튼을 클릭하여 CMake 설치를 진행할 수 있습니다.

CMake 설치가 완료되었으면 Windows 시작 메뉴에서 **CMake (cmake-gui)** 항목을 찾아 실행하세요. 그러면 그림 A-5와 같은 CMake 창이 나타납니다. 이 창에서 여러 가지 설정을 통해 OpenCV 솔루션 파일과 프로젝트 파일을 생성할 수 있습니다. 다만 설정을 제대로 하지 않을 경우 나중에 OpenCV 빌드가 실패할 수 있으니 주의해서 따라 하기 바랍니다.

먼저 CMake 창 맨 위에 있는 'Where is the source code' 항목에 OpenCV 기본 소스 코드 폴더 위치를 지정해야 합니다. 키보드로 직접 소스 코드 폴더를 입력해도 되지만, 가급적이면 오른쪽 **Browse Source...** 버튼을 클릭하여 OpenCV 소스 코드가 있는 C:\opencv\opencv-4.0.0 폴더를 선택하세요. 그리고 바로 아래 'Where to build the binaries' 항목에는 OpenCV 솔루션 파일과 프로젝트 파일을 생성할 폴더를 지정해야 합니다. 오른쪽 **Browse Build...** 버튼을 클릭하여 C:\opencv\build 폴더를 선택하세요. 그림 A-5는 두 개의 폴더를 선택한 후의 모습입니다. 폴더 선택을 제대로 완료했다면 이제 화면 왼쪽 아래 **Configure** 버튼을 클릭하세요. 그러면 그림 A-6과 같이 프로젝트 환경 선택 창이 나타납니다.

❤ 그림 A-5 CMake 실행 후 소스 코드 폴더와 빌드 폴더 지정하기

그림 A-6에서는 OpenCV 빌드를 위한 프로그래밍 환경을 선택할 수 있습니다. 이 책에서는 Visual Studio 2017을 사용하므로 맨 위의 'Specify the generator for this project' 항목은 **Visual Studio 15 2017**을 선택해야 합니다. 그리고 중간의 'Optional platform for generator' 항목은 **x64**를 선택하세요. 그 아래 옵션 입력 칸과 컴파일러 선택을 위한 라디오 버튼은 기본값을 그대로 사용합니다. 그림 A-6과 같이 선택하였으면 **Finish** 버튼을 클릭하세요. 그러면 그림 A-6 창이 닫히고, CMake 프로그램이 OpenCV 소스 코드 폴더를 분석하여 기본 설정 작업을 수행합니다.

CMake에서 OpenCV 소스 코드 분석이 끝나면 그림 A-7과 같은 화면이 나타납니다. CMake 프로그램 중앙에 빨간색 배경으로 채워져 있는 부분이 OpenCV 소스 코드를 빌드할 때 설정할 수 있는 항목들입니다. 이 중에서 필요한 항목은 추가로 선택하거나, 또는 불필요한 항목은 선택을 해제할 수 있습니다. 이 책에서는 대부분의 기본 설정을 그대로 사용할 것입니다. 다만 opencv_world 모듈을 사용하도록 설정하고, opencv_contrib 저장소에서 내려받은 추가 모듈 소스도 함께 빌드하도록 설정을 수정하겠습니다. 기본 설정에서 수정할 사항을 표 A-1에 나타냈습니다. 그림 A-7 화면에서 가운데 리스트 항목 스크롤바를 움직여서 BUILD_opencv_world 항목을 찾고, 오른쪽 체크 박스를 선택하세요. 그리고 다시 스크롤바를 이동하여 OPENCV_EXTRA_MODULES_PATH 항목을 찾아 선택하고, 오른쪽 ⬛ 버튼을 클릭하여 C:/opencv/opencv_contrib-4.0.0/modules 폴더를 선택하세요. 만약 이 책의 14장에서 설명한 SIFT, SURF 기능을 사용하고 싶다면 OPENCV_ENABLE_NONFREE 항목도 선택하는 것이 좋습니다. 표 A-1과 같이 선택을 수정하였다면 이제 **Configure** 버튼을 다시 클릭하세요. 그러면 약간의 시간이 흐른 후 그림 A-8과 같은 화면이 나타납니다.

✔ 그림 A-7 CMake 기본 설정 선택 화면

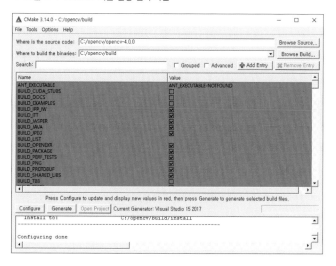

✔ 표 A-1 CMake에서 OpenCV 빌드 설정 변경 사항[3]

Name	Value
BUILD_opencv_world	항목 선택
OPENCV_ENABLE_NONFREE	항목 선택
OPENCV_EXTRA_MODULES_PATH	C:/opencv/opencv_contrib-4.0.0/modules 폴더 선택

✔ 그림 A-8 CMake 추가 모듈 소스 관련 설정 선택 화면

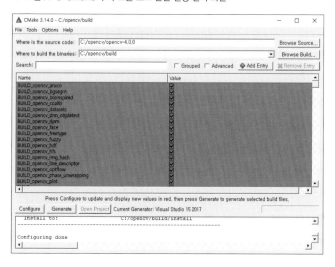

---

3   이 책에서는 컴퓨터에 Visual Studio 2017 이외의 별다른 프로그램이 설치되어 있지 않은 환경에서 CMake 설정 방법을 설명합니다.
    Python, QT, CUDA 등의 프로그램이 설치되어 있는 컴퓨터 환경이라면 이 부분에 대한 CMake 설정을 확인하여 진행하기 바랍니다.

그림 A-8은 그림 A-7과 매우 유사하지만 CMake 창 중앙에 나타난 항목 이름이 바뀌었습니다. 그림 A-8에 나타난 빨간색 항목은 주로 OpenCV 추가 모듈과 관련된 것들이며, 이들 모듈에 대한 설정은 기본값을 그대로 사용해도 무방합니다. 그러므로 여기서는 추가적인 설정 변경은 하지 않고 그대로 아래의 **Configure** 버튼을 다시 클릭합니다. 그러면 그림 A-9처럼 모든 항목의 빨간 배경색이 사라지게 됩니다. 빨간색 배경색이 사라졌다는 것은 이제 모든 설정을 확인했다는 의미입니다. 이제 **Generate** 버튼을 클릭하면 C:\opencv\build\ 폴더에 OpenCV.sln 솔루션 파일과 여러 개의 프로젝트 파일이 생성됩니다. 그림 A-9는 **Generate** 버튼을 클릭한 후의 화면이며, CMake 프로그램 맨 아래에 'Generating done' 메시지가 출력된 것을 확인할 수 있습니다. 이후 CMake 창에서 **Open Project** 버튼을 클릭하면 Visual Studio 2017 프로그램이 실행되면서 자동으로 OpenCV.sln 파일을 불러옵니다.

▼ 그림 A-9 CMake 설정 완료 화면

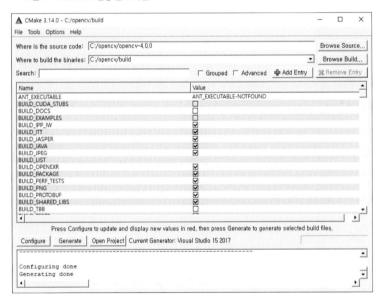

A.3 Visual Studio에서 OpenCV 빌드하고 설치하기

CMake 프로그램으로 OpenCV.sln 솔루션 파일을 생성하고, **Open Project** 버튼을 클릭하면 Visual Studio가 실행됩니다. 또는 Windows 시작 메뉴에서 Visual Studio 2017을 실행하고, **파일 › 열기 › 프로젝트/솔루션…** 메뉴를 선택하여 C:\opencv\build 폴더에 있는 OpenCV.sln 파일을 선택해도 됩니다. CMake 프로그램으로 OpenCV 솔루션 파일과 프로젝트 파일을 제대로 만들었다면, Visual Studio에서 OpenCV 라이브러리를 빌드하는 작업은 매우 쉽게 진행할 수 있습니다.

Visual Studio 2017에서 OpenCV.sln 솔루션 파일을 불러온 화면을 그림 A-10에 나타냈습니다. 왼편 솔루션 탐색기 창에 다수의 프로젝트가 포함되어 있는 것을 볼 수 있습니다. 그리고 상단 툴바에서 솔루션 구성이 'Debug'로 되어 있고, 솔루션 플랫폼은 'x64'로 설정되어 있는 것도 확인할 수 있습니다. 일단 OpenCV 솔루션 파일을 제대로 불러왔다면 Visual Studio 2017에서 **빌드 › 솔루션 빌드** 메뉴를 선택하여 빌드 작업을 진행합니다. 이 작업은 컴퓨터 성능에 따라 꽤 오랜 시간이 소요될 수 있습니다.

❤ 그림 A-10 Visual Studio에서 OpenCV 솔루션 불러오기

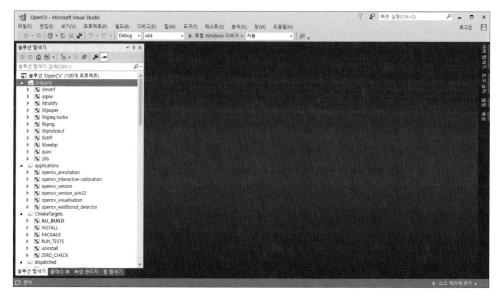

A

OpenCV 소스 코드 빌드하여 설치하기

한참의 시간이 지나고 빌드가 완료되면 Visual Studio 2017 출력 창에 다음과 같은 메시지가 나타납니다.

```
========== 빌드: 성공 91, 실패 0, 최신 0, 생략 9 ==========
```

Visual Studio 2017 출력 창에 나타나는 '성공' 개수는 컴퓨터 설정에 따라 다르게 나타날 수 있으며, '실패' 개수가 0이므로 정상적으로 빌드가 된 것이라고 볼 수 있습니다. 만약 실패 개수가 0이 아니라면 어떤 에러가 발생한 것인지 확인해야 합니다. 치명적인 에러로 인해 opencv_world400d.dll 파일이 생성되지 않았다면 CMake를 이용한 솔루션 파일 만들기부터 다시 진행해야 합니다.

OpenCV 전체 빌드가 제대로 완료되면 C:\opencv\build\bin\Debug 폴더에 opencv_world400d.dll 파일이 생성되고, C:\opencv\build\lib\Debug 폴더에 opencv_world400d.lib 파일이 생성됩니다. 그러나 OpenCV 라이브러리를 편하게 사용하려면 이들 파일을 특정 폴더 위치로 모아서 관리하는 것이 좋습니다. 또한 OpenCV 소스 코드 폴더에 산재되어 있는 여러 헤더 파일도 모두 모아서 관리할 필요가 있습니다. 이처럼 OpenCV와 관련된 헤더 파일, 라이브러리 파일을 하나의 폴더 위치로 모으는 작업을 설치(install)라고 하며, 이 작업은 Visual Studio 2017 안에서 쉽게 수행할 수 있습니다.

OpenCV 설치 폴더는 기본적으로 C:\opencv\build\install 폴더로 설정됩니다. 이 폴더 위치는 앞서 CMake 프로그램 설정에서 변경할 수도 있지만, 이 책에서는 기본 위치를 그대로 사용하겠습니다. OpenCV 설치 작업은 OpenCV 솔루션에 포함된 프로젝트 중에서 INSTALL 프로젝트를 빌드하는 방식으로 수행합니다. INSTALL 프로젝트를 빌드하는 방법을 그림 A-11에 나타냈습니다. 일단 Visual Studio 솔루션 탐색기 창에 나타난 프로젝트 목록 중에서 'INSTALL' 프로젝트를 마우스로 선택하세요. 그리고 INSTALL 프로젝트 이름 위에서 마우스 오른쪽 버튼을 클릭하면 그림 A-11과 같이 컨텍스트 메뉴가 나타나며, 여기서 **빌드** 메뉴 항목을 선택하세요. INSTALL 프로젝트를 빌드하는 작업은 단순히 빌드된 라이브러리 파일과 헤더 파일을 특정 폴더로 복사하는 작업이기 때문에 그리 오래 걸리지는 않습니다.

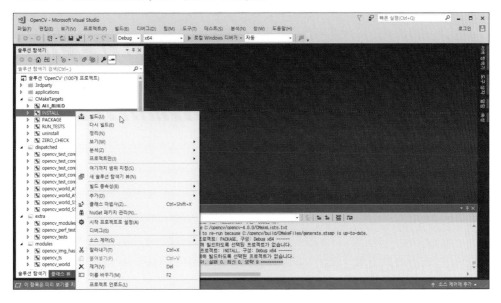

INSTALL 프로젝트 빌드 작업이 완료되면 Visual Studio 2017 출력 창에 다음과 같은 메시지가 출력됩니다.

========== 빌드: 성공 1, 실패 0, 최신 91, 생략 0 ==========

이제 Visual Studio 2017에서 OpenCV 라이브러리를 빌드하고 설치하는 작업을 모두 마쳤습니다. 그러나 지금까지 작업한 빌드와 설치는 모두 Debug 모드에서 작업한 것입니다. 이제 Visual Studio 솔루션 구성을 Release로 변경하여 다시 빌드와 설치 작업을 반복해야 합니다. 즉, Visual Studio 2017 화면 상단 도구 모음에서 **Debug** 항목을 **Release**로 변경하고, 메뉴에서 **빌드 > 솔루션 빌드** 항목을 선택합니다. 그리고 솔루션 빌드 작업이 완료되면 다시 INSTALL 프로젝트에 대해서만 따로 빌드 작업을 수행합니다. 그러면 OpenCV 라이브러리를 Debug 모드와 Release 모드에 대해 각각 빌드하고 설치하는 작업이 모두 완료됩니다.

OpenCV 라이브러리를 직접 빌드하고 설치한 후, C:\opencv\build\install 폴더 구조를 그림 A-12에 나타냈습니다. C:\opencv\build\install\include 폴더 아래에 OpenCV 헤더 파일이 모두 위치하게 되고, C:\opencv\build\install\x64\vc15\ 아래에 *.dll 파일과 *.lib 파일이 생성됩니다.

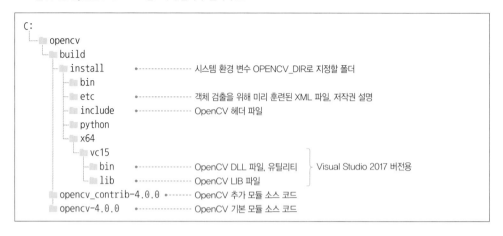

OpenCV 라이브러리 파일 중에서 *.lib 파일은 추후 Visual Studio에서 OpenCV 응용 프로그램을 개발할 때 사용됩니다. 그리고 OpenCV 응용 프로그램을 실행할 때에는 OpenCV DLL 파일이 필요합니다. OpenCV DLL 파일은 여러 OpenCV 응용 프로그램에서 공통으로 사용하므로 OpenCV DLL 파일이 있는 폴더를 시스템 환경 변수 PATH에 추가하여 사용하는 것이 편리합니다.

시스템 환경 변수 PATH에 OpenCV DLL 파일 폴더 위치를 추가하는 방법에 대해 알아보겠습니다. 컴퓨터 제어판에서 **시스템** 항목을 선택하고, 다시 시스템 창에서 **고급 시스템 설정** 항목을 클릭하면 시스템 속성 창이 나타납니다. 또는 키보드에서 Windows 로고 키 ⊞와 S 키를 함께 눌러 윈도우 검색 창이 나타나게 한 후, 여기에 '시스템 환경 변수 편집'이라고 입력하면 시스템 속성 창을 띄울 수 있습니다. 시스템 속성 창에서 **고급** 탭을 선택하고, 다시 아래쪽의 **환경 변수** 버튼을 클릭하면 환경 변수 창이 나타납니다. 여기서 '〈사용자계정〉에 대한 사용자 변수' 항목의 **새로 만들기** 버튼을 클릭하면 새 사용자 변수 창이 나타납니다. 새 사용자 변수 창에서 '변수 이름' 항목에는 OPENCV_DIR을 입력하고 '변수 값'에는 C:\opencv\build\install로 설정합니다(그림 A-13). 그리고 Path 환경 변수를 더블클릭하여 %OPENCV_DIR%\x64\vc15\bin을 추가합니다. OPENCV_DIR 환경 변수가 추가된 모습과 Path 환경 변수를 편집하는 화면을 그림 A-14에 나타냈으니 참고하기 바랍니다. 환경 변수 추가가 완료되었으면 **확인** 버튼을 눌러 창을 모두 닫습니다.

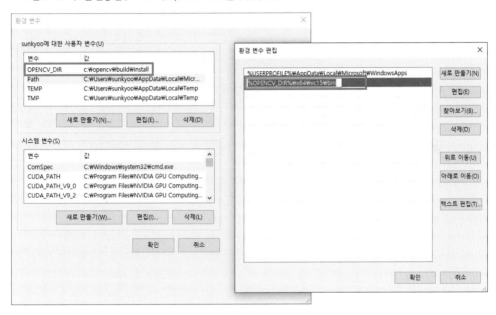

▼ 그림 A-14 시스템 환경 변수 PATH에 OpenCV DLL 폴더 위치 추가

이제 OpenCV DLL 폴더 위치가 시스템 Path 환경 변수에 잘 적용이 되었는지 확인해 보겠습니다. Windows 로고 키 ⊞와 키보드 R 키를 함께 눌러서 실행 창이 나타나게 한 후, cmd라고 입력하면 콘솔 창이 나타납니다. 여기에 opencv_version.exe를 입력하고 키보드 Enter 키를 입력하세요. 그러면 그림 A-15와 같이 '4.0.0' 문자열이 출력됩니다. opencv_version.exe 프로그램은 OpenCV DLL 폴더 위치에 함께 존재하는 실행 파일이며, 시스템에 설치된 OpenCV 버전을 출력합니다. 만약 정확한 버전 번호 대신 "'opencv_version.exe'은(는) 내부 또는 외부 명령, 실행할 수 있는 프로그램, 또는 배치 파일이 아닙니다."라는 에러 메시지가 나타나면 시스템 환경 변수 PATH 등록 부분을 다시 한 번 확인하기 바랍니다.

이로써 OpenCV 라이브러리를 직접 빌드하고, 설치 및 Path 환경 변수 설정까지 마쳤습니다. 이후 OpenCV 라이브러리를 이용하여 OpenCV 응용 프로그램을 개발하는 방법은 본문 2.2절부터 똑같이 따라 할 수 있습니다.

리눅스에서 OpenCV 설치하고 사용하기

B.1 리눅스에서 OpenCV 설치하기

OpenCV는 다양한 운영 체제에서 동작합니다. 이 책에서는 주로 Windows 운영 체제에서 Visual Studio 2017을 이용하여 OpenCV 예제 프로그램을 만드는 방법을 설명하였지만, 이 책에서 설명한 모든 예제 소스 코드는 리눅스, macOS 같은 다른 운영 체제에서도 동일하게 동작합니다. 이 장에서는 다양한 리눅스 배포판 중에서 최신 우분투(Ubuntu) 18.04.2 버전에서 OpenCV 라이브러리를 설치하고, 예제 프로그램을 빌드하고 실행하는 방법에 대해 설명하겠습니다.

리눅스에서 OpenCV 라이브러리를 빌드하는 작업은 모두 터미널 창에서 수행할 수 있습니다. 우분투 윈도우 환경에서 터미널 창을 열거나, 또는 텔넷(telnet), SSH 등을 이용하여 원격 접속을 한 상태에서도 OpenCV를 빌드하고 설치할 수 있습니다. 그림 B-1은 우분투 윈도우 환경에서 OpenCV 설치 작업을 위해 터미널 창을 열어 놓은 화면입니다.

▼ 그림 B-1 리눅스 터미널 창에서 작업하기

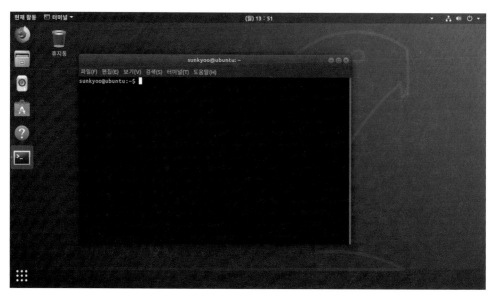

OpenCV 소스 코드를 빌드하고 설치하기 전에 먼저 여러분이 사용하고 있는 리눅스 시스템 상태를 최신으로 업데이트하는 것이 좋습니다. 다음 두 명령은 우분투 저장소에서 업그레이드 가능한 패키지 목록을 확인하고, 실제로 업그레이드를 진행합니다.

```
$ sudo apt -y update
$ sudo apt -y upgrade
```

앞 명령에서 sudo는 관리자 권한이 필요한 경우에 사용하며, 명령어 입력 후 관리자 암호를 입력해야 할 수도 있습니다.

리눅스 시스템 업그레이드가 완료되었으면 이제 본격적으로 OpenCV 설치를 진행합니다. 먼저 OpenCV 소스 코드 빌드에 필요한 패키지를 설치해야 합니다.

```
$ sudo apt -y install build-essential cmake pkg-config
```

다음으로는 다양한 정지 영상 파일을 불러오거나 저장하기 위해 필요한 패키지를 설치합니다.

```
$ sudo apt -y install libjpeg-dev libtiff5-dev libpng-dev
```

동영상 파일을 다루거나 컴퓨터에 연결된 카메라를 활용하기 위해 필요한 패키지를 설치합니다.

```
$ sudo apt -y install libavcodec-dev libavformat-dev libswscale-dev
$ sudo apt -y install libdc1394-22-dev libxvidcore-dev libx264-dev
$ sudo apt -y install libxine2-dev libv4l-dev v4l-utils
$ sudo apt -y install libgstreamer1.0-dev libgstreamer-plugins-base1.0-dev
```

우분투 GUI 환경에서 영상을 새 창에 띄워서 보여 주기 위해 필요한 그래픽 툴킷을 설치합니다. 그래픽 툴킷은 gtk 또는 qt 등을 선택할 수 있으며, 이 책에서는 GTK 3 패키지를 사용하겠습니다.

```
$ sudo apt -y install libgtk-3-dev
```

OpenCV에서 함께 사용할 최적화 관련 패키지와 Python3 개발 환경을 위한 패키지를 설치합니다. Python3 관련 패키지는 추후 파이썬 언어로 OpenCV를 개발하고자 할 경우에 사용됩니다.

```
$ sudo apt -y install libatlas-base-dev libeigen3-dev gfortran
$ sudo apt -y install python3-dev python3-numpy libtbb2 libtbb-dev
```

OpenCV 빌드를 위해 필요한 패키지는 이것으로 충분히 설치하였습니다. 이제부터는 OpenCV 소스 코드를 내려받아서 실제로 빌드하는 작업을 진행하겠습니다. OpenCV 소스 코드 내려받기 및 빌드 작업은 사용자 계정 홈 디렉터리 아래에 opencv 디렉터리를 만들고, 그 아래에서 진행하겠습니다.

```
$ cd ~
$ mkdir opencv
$ cd opencv
```

앞 명령에서 ~는 사용자 홈 디렉터리를 의미합니다. 그러므로 이 명령을 수행하면 현재 작업 디렉터리가 ~/opencv로 이동합니다. 이 위치에서 다음 명령어를 차례대로 입력하면 OpenCV 4.0.0 기본 모듈 소스 코드와 추가 모듈 소스 코드를 내려받게 됩니다.

```
$ wget -O opencv-4.0.0.zip https://github.com/opencv/opencv/archive/4.0.0.zip
$ wget -O opencv_contrib-4.0.0.zip \
https://github.com/opencv/opencv_contrib/archive/4.0.0.zip
```

앞 명령에서 wget은 인터넷 웹 서버에서 특정 파일을 내려받는 프로그램입니다. 그리고 두 번째 명령에서 사용한 역슬래시(\)는 긴 명령을 여러 줄로 나누어 입력할 때 사용합니다. 앞의 두 명령을 실행하면 현재 디렉터리에 opencv-4.0.0.zip과 opencv_contrib-4.0.0.zip 파일이 생성됩니다. 이 두 압축 파일은 unzip 프로그램을 이용하여 해제할 수 있습니다.

```
$ unzip opencv-4.0.0.zip
$ unzip opencv_contrib-4.0.0.zip
```

unzip 프로그램으로 두 파일의 압축을 해제하면 현재 디렉터리에 opencv-4.0.0과 opencv_contrib-4.0.0 이름의 디렉터리가 생성되고, 그 아래에 다수의 OpenCV 소스 파일이 생성됩니다.

OpenCV 소스 코드가 준비되었으면 이제 빌드를 위한 Makefile 파일을 만드는 작업을 하겠습니다. OpenCV 빌드 작업은 ~/opencv 디렉터리 아래에 build 디렉터리를 새로 만들고, 그 안에서 진행하겠습니다. 다음 두 명령을 입력하면 현재 디렉터리에 build 디렉터리를 만들고, 그 아래로 이동합니다.

```
$ mkdir build
$ cd build
```

이제 현재 작업 디렉터리는 ~/opencv/build로 변경되었습니다. Windows 운영 체제에서 OpenCV를 빌드할 때와 마찬가지로 리눅스 운영 체제에서도 CMake 유틸리티를 이용하여 OpenCV 빌드에 필요한 Makefile 파일을 생성해야 합니다. 리눅스에서는 CMake 유틸리티를 명령행 인터페이스로 실행할 수 있습니다. 다음과 같이 여러 줄로 구성된 명령을 주의하여 입력하세요.

```
$ cmake \
-D CMAKE_BUILD_TYPE=Release \
-D CMAKE_INSTALL_PREFIX=/usr/local \
-D BUILD_WITH_DEBUG_INFO=OFF \
-D BUILD_EXAMPLES=ON \
-D BUILD_opencv_python3=ON \
-D INSTALL_PYTHON_EXAMPLES=ON \
-D OPENCV_ENABLE_NONFREE=ON \
-D OPENCV_EXTRA_MODULES_PATH=../opencv_contrib-4.0.0/modules \
-D OPENCV_GENERATE_PKGCONFIG=ON \
-D WITH_TBB=ON \
../opencv-4.0.0/
```

cmake 명령을 실행하고 약간의 시간이 흐르면 다음과 같은 메시지가 출력되는 것을 확인할 수 있습니다.

```
-- Configuring done
-- Generating done
-- Build files have been written to: /home/sunkyoo/opencv/build
```

만약 이와 같은 메시지가 출력되지 않고 에러가 발생한다면 에러 메시지를 잘 읽어 보고 필요한 부분을 수정해야 합니다.

cmake 명령의 목적은 Makefile 파일을 생성하는 것입니다. 실제로 위 명령을 입력하고 난 후 ~/opencv/build 디렉터리에서 ls -al Makefile 명령을 입력하면 다음과 같이 파일이 존재하는 것을 확인할 수 있습니다.

```
sunkyoo@sunkyoo-VirtualBox:~/opencv/build$ ls -al Makefile
-rw-r--r-- 1 sunkyoo sunkyoo 451204  2월 17 18:58 Makefile
```

Makefile 파일이 만들어졌으면 이제 OpenCV 소스 코드를 빌드할 수 있습니다. 빌드 작업은 make 명령으로 실행할 수 있으며, 이때 사용하고 있는 컴퓨터의 CPU 코어 개수에 맞게 병렬 작업을 수행할 수 있습니다. 현재 컴퓨터의 CPU 코어 개수는 nproc 명령으로 확인할 수 있습니다.

```
$ nproc
```

앞의 명령을 입력하면 콘솔 창에 하나의 숫자가 출력됩니다. 이 숫자를 기억하였다가 다음 명령어에서 -j 뒤에 숫자 4 대신 입력하세요. make 명령에서 -j 옵션은 병렬로 처리할 작업(job) 개수를 지정하는 옵션입니다.

```
$ make -j4
```

앞 명령을 수행하면 OpenCV 소스 코드를 빌드하여 *.so 라이브러리 파일을 생성합니다. OpenCV 빌드 작업은 컴퓨터 사양에 따라 다르겠지만 적게는 10분에서 많게는 수십 분의 시간이 소요됩니다.

에러가 발생하지 않고 빌드 작업이 완료되면 다음 두 명령을 입력하여 빌드된 *.so 파일을 시스템에 설치합니다.

```
$ sudo make install
$ sudo ldconfig
```

이제 OpenCV 라이브러리를 빌드하고 설치하는 작업이 모두 완료되었습니다. 에러가 발생하지 않고 정상적으로 설치되었다면 pkg-config --list-all | grep opencv 명령어를 입력하였을 때 다음과 같이 opencv4 메시지가 출력됩니다.

```
$ pkg-config --list-all | grep opencv
opencv4                      OpenCV - Open Source Computer Vision Library
```

B.2 리눅스에서 OpenCV 프로그램 개발하기

이 절에서는 OpenCV 라이브러리가 설치된 리눅스 윈도우 환경에서 OpenCV 예제 프로그램을 만들고 실행하는 방법에 대해 알아보겠습니다. 예제로 만들어 볼 프로그램은 2.2.2절에서 설명한 HelloCV 예제 프로그램 소스를 사용하겠습니다. 일단 홈 디렉터리 아래에 ~/HelloCV 디렉터리를 만들고, 그 안에 main.cpp 파일을 코드 B-1과 같이 작성합니다.

```
$ cd ~
$ mkdir HelloCV
$ cd HelloCV
$ pico main.cpp
```

참고로 앞에 나타낸 명령어에서는 pico 편집기를 사용하였지만, vi 등의 다른 편집기를 사용해도 무방합니다. pico 편집기를 사용하는 경우라면 코드 B-1에 나타난 소스 코드를 모두 입력하고, Ctrl + X 키를 누르고 파일을 저장한 후 종료하세요.

코드 B-1 HelloCV 소스 코드 main.cpp 파일 [appx/HelloCV][1]

```cpp
01    #include "opencv2/opencv.hpp"
02    #include <iostream>
03
04    using namespace cv;
05    using namespace std;
06
07    int main()
08    {
09        cout << "Hello OpenCV " << CV_VERSION << endl;
10
11        Mat img;
12        img = imread("lena.jpg");
13
14        if (img.empty()) {
15            cerr << "Image load failed!" << endl;
16            return -1;
17        }
```

B

리눅스에서 OpenCV 설치하고 사용하기

---

[1] 코드 B-1에 나타난 소스 코드는 2.2.2절에서 설명한 코드 2-3과 거의 같으며, 다만 불러오는 영상 파일 이름만 lena.jpg로 변경되었습니다. 소스 코드에 대한 자세한 설명은 2.2.2절 설명을 참고하세요.

```
18
19        namedWindow("image");
20        imshow("image", img);
21
22        waitKey();
23        return 0;
24    }
```

리눅스에서 C++ 소스 코드를 빌드하기 위해서는 Makefile 파일이 필요합니다. 그리고 Makefile 파일은 CMake 프로그램을 이용하여 생성할 수 있습니다. 이때 Makefile 파일 생성에 필요한 사항을 CMakeLists.txt 텍스트 파일로 지정해야 합니다. HelloCV 예제 프로그램의 Makefile 파일 생성을 위한 CMakeLists.txt 파일 내용을 코드 B-2에 나타냈습니다. 이 파일도 pico 등의 편집기를 이용하여 생성하세요.

```
$ pico CMakeLists.txt
```

코드 B-2 HelloCV CMakeLists.txt 파일 [appx/HelloCV]

```
01    cmake_minimum_required(VERSION 2.8)
02    project(HelloCV)
03    find_package(OpenCV REQUIRED)
04    include_directories(${OpenCV_INCLUDE_DIRS})
05    add_executable(HelloCV main.cpp)
06    target_link_libraries(HelloCV ${OpenCV_LIBS})
```

코드 B-2에 나타난 CMakeLists.txt 파일 내용 중에서 HelloCV는 프로젝트 이름이자 생성할 실행 파일 이름입니다. 코드 B-2의 5행 add_executable() 괄호 안의 내용은 HelloCV 실행 파일을 만들기 위해 main.cpp 파일이 필요하다는 의미입니다. 만약 여러 개의 소스 파일을 사용할 경우에는 add_executable() 괄호 안에 소스 파일 이름을 빈칸으로 구분하여 모두 입력해야 합니다. CMakeLists.txt 파일을 생성하였다면 다음 두 명령을 입력하여 Makefile 파일을 생성하고, 프로그램을 빌드합니다.

```
$ cmake .
$ make
```

OpenCV 라이브러리가 정상적으로 설치되었고, main.cpp 파일과 CMakeLists.txt 파일에 오타가 없다면 정상적으로 HelloCV 실행 파일이 생성될 것입니다. 그러므로 ./HelloCV 명령어를 입력하여 프로그램을 실행시킬 수 있습니다. 다만 코드 B-1에서 imread( ) 함수로 lena.jpg 영상 파일을 불러오도록 하였지만, 이 파일이 현재 디렉터리에 없는 상태입니다. lena.jpg 파일은 OpenCV 소스 코드 폴더에서 복사해서 사용할 수 있습니다. 다음 명령어를 입력하여 OpenCV 소스 코드 폴더에 있는 lena.jpg 영상 파일을 현재 디렉터리로 복사하세요.

```
$ cp ~/opencv/opencv-4.0.0/samples/data/lena.jpg .
```

이제 HelloCV 프로그램을 실행할 준비가 다 되었습니다. 터미널 창에 ./HelloCV 명령어를 입력하면 그림 B-2와 같이 lena.jpg 레나 영상이 화면에 나타납니다. HelloCV 프로그램은 image 창에서 키보드의 아무 키나 누르면 종료합니다.

```
$ ./HelloCV
```

▼ 그림 B-2 리눅스에서 HelloCV 프로그램 실행 결과 화면

지금까지 리눅스에서 OpenCV 라이브러리를 빌드하여 설치하고, 사용하는 방법에 대해 설명했습니다. 이 책 본문에서 설명한 모든 OpenCV 예제 프로그램은 리눅스 환경에서도 동일하게 동작합니다. 각각의 예제 프로젝트에 대해 적절한 CMakeLists.txt 파일을 이용하여 Makefile 파일을 만들고, 프로그램을 빌드하여 테스트해 보기 바랍니다.

Note ≡ OpenCV 예제 프로그램을 만들 때마다 CMakeLists.txt 파일을 만들고 CMake 프로그램으로 Makefile을 만드는 것이 귀찮게 느껴질 수도 있습니다. 사실 간단한 OpenCV 예제 프로그램을 만드는 경우에는 CMake 프로그램을 이용하여 Makefile 파일을 만드는 것보다 직접 Makefile 파일을 만드는 것이 편리할 수도 있습니다. HelloCV 예제 프로그램을 빌드하기 위한 간단한 형태의 Makefile 예제를 코드 B-3에 나타냈습니다.

코드 B-3 HelloCV 프로젝트 빌드를 위한 Makefile 파일의 예 [appx/HelloCV]

```
01   CC = g++
02   CFLAGS = -g -Wall
03   SRCS = main.cpp
04   PROG = HelloCV
05
06   OPENCV = `pkg-config opencv4 --cflags --libs`
07   LIBS = $(OPENCV)
08
09   .PHONY: all clean
10
11   $(PROG):$(SRCS)
12       $(CC) $(CFLAGS) -o $(PROG) $(SRCS) $(LIBS)
13
14   all: $(PROG)
15
16   clean:
17       rm -f $(OBJS) $(PROG)
```

코드 B-3에서 주의할 부분은 3행 파일 이름 입력 부분입니다. 만약 여러 개의 소스 파일을 사용한다면 3행 SRCS 변수에 모든 소스 파일 이름을 빈칸으로 구분하여 입력하세요. 4행의 PROG 변수는 생성할 실행 파일 이름을 나타냅니다.

Makefile 파일을 직접 만들 때 주의해야 할 사항은 들여쓰기를 Space 키 대신 Tab 키를 사용해야 한다는 점입니다. 즉, 코드 B-3에서 12행과 17행 앞에 나타나는 공백은 Space 키로 띄우면 안 되고 Tab 키를 이용하여 입력해야 합니다.

[Alcantarilla12] P. F. Alcantarilla et al., "Kaze features," European Conference on Computer Vision (ECCV), pp. 214-227, 2012.

[Bay08] H. Bay, A. Ess, T. Tuytelaars, and L. V. Gool, "SURF: Speeded Up Robust Features," Computer Vision and Image Understanding (CVIU), vol. 110, no. 3, pp. 346-359, 2008.

[Bottou10] L. Bottou, "Large-scale machine learning with stochastic gradient descent," In Proceedings of COMPSTAT'2010, Springer, pp. 177-186, 2010.

[Calonder10] M. Calonder, V. Lepetit, C. Strecha and P. Fua, "BRIEF: Binary Robust Independent Elementary Features," European Conference on Computer Vision (ECCV), pp. 778-792, September, 2010.

[Canny86] J. Canny, "A computational approach to edge detection," IEEE Transactions on Pattern Analysis and Machine Intelligence, vol. 6, pp. 679-698, 1986.

[Dalal05] N. Dalal and B. Triggs, "Histograms of oriented gradients for human detection," IEEE Conference on Computer Vision and Pattern Recognition, pp. 886-893, 2005.

[Harris88] C. Harris and M. Stephens, "A combined corner and edge detector," Proceedings of the 4th Alvey Vision Conference, pp. 147-151, 1988.

[Krizhevsky12] A. Krizhevsky, I. Sutskever, and G. E. Hinton, "ImageNet Classification with Deep Convolutional Neural Networks," Advances in neural information processing systems, pp. 1097-1105, 2012.

[Liu16] W. Liu et al., "SSD: Single Shot MultiBox Detector," European Conference on Computer Vision (ECCV), 2016.

[Lowe04] D. G. Lowe, "Distinctive image features from scale-invariant keypoints," International Journal of Computer Vision, vol. 60, no. 2, pp. 91-110, 2004.

[Otsu79] N. Otsu, "A Threshold Selection Method from Gray-Level Histograms," in IEEE Transactions on Systems, Man, and Cybernetics, vol. 9, no. 1, pp. 62-66, Jan. 1979.

[Rosten06] E. Rosten and T. Drummond, "Machine learning for high-speed corner detection," In Computer Vision-ECCV, Springer, pp. 430-443, 2006.

[Rublee11] E. Rublee et al., "Orb: an efficient alternative to sift or surf," IEEE International Conference on Computer Vision (ICCV), pp. 2564-2571, 2011.

[Shi94] J. Shi and C. Tomasi, "Good features to track. In Computer Vision and Pattern Recognition," IEEE Conference on Computer Vision and Pattern Recognition, pp. 593-600, 1994.

[Szegedy15] C. Szegedy et al., "Going deeper with convolutions," IEEE Conference on Computer Vision and Pattern Recognition, pp. 1-9, 2015.

[Tomasi98] C. Tomasi and R. Manduchi, "Bilateral filtering for gray and color images," Proc. IEEE Int. Conf. on Computer Vision, pp. 839-846, 1998.

[Viola01] P. Viola and M. Jones, "Rapid object detection using a boosted cascade of simple features," IEEE Conference on Computer Vision and Pattern Recognition, 2001.